历史教育

主体在「知」「识」之间叙事

束鹏芳 著

人民东方出版传媒
东方出版社
The Oriental Press

图书在版编目（CIP）数据

历史教育：主体在"知""识"之间叙事 / 束鹏芳著． -- 北京：东方出版社，2025.2
 ISBN 978-7-5207-3206-2

Ⅰ．①历… Ⅱ．①束… Ⅲ．①中学历史课－教学研究－文集 Ⅳ．① G633.512-53

中国版本图书馆CIP数据核字（2022）第 227997 号

历史教育：主体在"知""识"之间叙事
LISHI JIAOYU: ZHUTI ZAI ZHI SHI ZHIJIAN XUSHI

作　　者：	束鹏芳
责任编辑：	李小娜
出　　版：	东方出版社
发　　行：	人民东方出版传媒有限公司
地　　址：	北京市东城区朝阳门内大街166号
邮　　编：	100010
印　　刷：	三河市九洲财鑫印刷有限公司
版　　次：	2025年2月第1版
印　　次：	2025年2月第1次印刷
开　　本：	710mm×1000mm　1/16
印　　张：	42.25
字　　数：	635千字
书　　号：	ISBN 978-7-5207-3206-2
定　　价：	125.00元
发行电话：	（010）85924640

版权所有，违者必究

如有印装质量问题，我社负责调换，请拨打电话：（010）85924640

八珍杂俎（代前言）

本书为笔者从教 39 年公开发表的教育类文章汇编，是理论与实践相结合的教学经验的映射。本书分为 8 辑，包含有价值的文章 70 余篇。

第一辑，教育经纬。本辑涉及教育史、教育与课程理论诸方面，在教育史和课程实践的视野里，彰显明体达用、学以成人的主体性教育的教育观。

第二辑，教学目标。本辑讨论历史教学的目标指向与目标达成等问题，从"人文·学习·经验"这一历史课程的性质与定位出发，认为中学历史教学的目标是"人在知识理解中的主体性生成"，精神性与生活性兼备，强调教学目标要考虑知识基础与学生立场。

第三辑，教学内容。本辑关注对历史教科书内容的理解与课堂上的呈现方式，强调基于教材重组的教学内容叙事化、能级化与价值性，这是置身课堂场景的教学内容的基本面相。

第四辑，教学策略。本辑从师生双主体的主体性生成出发，探寻课堂教学的模式、手段和方法，剖析历史教学的课堂机理，申明"叙事分析的知性教学"这一教学主张。

第五辑，学业评价。本辑探讨历史学业评价的指标、结构与技艺，聚焦考试测量的技术与应考策略，认为由"知"到"识"的知识进阶是历史学业评价的核心，对学科素养的考查也摆脱不了知识进阶的路线，强调"命题与教学是彼此倚靠和镜鉴的关系"，考试不能绑架教学。

第六辑，教学批评。本辑呈现笔者自己的课堂教学实例及专家的点评，兼顾对他人的课堂教学点评，实证性地阐明历史教学由"知"到"识"的叙事路径，示意历史教学的匠心独运，展现历史教师修为的着力点。

第七辑，教师模样。本辑从笔者的自我反思、跨科思维，他人镜鉴等维度勾勒历史教师的专业发展之路和不期然而然的心性，以个案的样貌，思考"师"与"士"的关联。

第八辑，业界风景。本辑聚焦业内知名刊物《中学历史教学参考》举办的全国历史教育研讨会，以综述形式，呈现不同层次的专家与教师的历史教育思想与实践，折射2016年以来中学历史教育界思想创作的轨迹，铺展丰富的业界信息、多维的思考空间和新颖的研究成果。

本书虽是历史教育杂俎，却刷新教师日常的"知识"话语，追求课堂教学中的师生"主体间性"，呈现主体在"知""识"之间叙事的概念元素与技术路线。无论是"双基"年代还是"三维目标"时期还是"核心素养"之际，无论是学科教学还是跨学科主题学习，历史的"知"与"识"都是端口，历史叙事都是必要的路径，学生主体都是在获得主体地位中养育正确价值观导向下的主体精神，并通过学生对历史的"知"与"识"的新建构而得以证实。与学生一路伴行的教师，理当彰显人的主体性，探索"知""识"贯通的叙事技巧与分析策略。这是笔者一以贯之的思想主题，是众多文章中藕断丝连的思想印痕，杂俎之中有一味风骨。恰如某一菜系，菜品虽多却掩不住该菜系的基本格调。换言之，放在当下学科核心素养的话语范式里，本书诸多文章所提及的概念元素与技术路线依然无法被漠视。

本书所论，涉及历史教育的多个方面，折射改革开放以来中学历史教育的基本面相。有些问题，如历史课程的定义、定性、定位，历史教育的精神根柢，历史教学的知识基础，历史阐释的基点，测评的知识谱系，能力与价值观序列，课堂的生活状态，等等，都是发幽探微、扩展常识认知的基本问题，是实践中的理论问题，也是理论中的实践问题，努力在守常中开出新知，以期引发同行的持续思考和深度实践，共同推动中学历史教育常说常新。

本书算是历史教育散论，年轮之下的旧痕，还请读者诸君抚痕、拭目、拂尘、指正。

束鹏芳
2022年5月于江苏省大港中学

目录

第一辑　教育经纬

两宋迄清朝："苏派教育"行走的历史启迪	02
近代江苏教育对"苏派教育"的照映和馈赠	10
生活教育论：一个值得反思的话题	22
刘百川的乡教溪流	28
主体性教育：演绎与实证	34
论心理健康教育的课程化	41
开设价值观课程：人文社会学科教改新探索	47
调查报告：七、八年级的学生拥有怎样的价值观念	
——小样本分析和价值观教育的目标构想	58
自主学习：回归学习常理的教学优化	68
在本土知识的视野里探讨农村的学习型学校建设	75
远离教育的功利与浮躁	
——台湾地区中小学教育考察报告	85

第二辑　教学目标

"课程"醒来：历史课程的定义、定性与定位　　**98**

主体性目标引领下的中学历史知识教学

　　——20 世纪 90 年代的自我建构　　**110**

关注中学历史教学的课堂生活　　**120**

探寻中学历史教育的精神根柢

　　——从中国传统哲学的园地开始　　**126**

略论历史教学的目标在于构建人的主体性　　**134**

简述初中历史价值观目标的有效达成　　**139**

试论中国文化史的教学走向　　**145**

第三辑　教学内容

试述中学历史教学内容的改革　　**152**

重组历史教材　引导学生有效学习历史

　　——有关历史学习的本体论思考　　**160**

释统编普通高中历史教材的"统"　　**168**

叙事的喜悦是新教科书的生命

　　——华东师范大学版《中国历史（七年级·上）》的叙述　　**179**

《中外历史人物评述》的独特价值与实施建议　　**185**

科技史里的价值观目标和价值观目标下的科技史

　　——以近代以来世界科技史的叙写为例　　**193**

历史课程之"中华文化"的"内容要求"　　**205**

给学生有温度的、多面相的教学材料

　　——在江苏省扬州中学举办的名师工作室论坛上的讲演　　213

时空隧道里的风景区

　　——来到历史教学内容面前　　217

试述文艺史的教学图式　　220

第四辑　教学策略

高中历史课堂教学模式新探　　230

在课程权力的表达中组织历史教学　　239

探问历史教学中历史阐释的基点

　　——从"史观"的文献梳理出发　　246

价值判断：历史教育何以可能　　259

历史知识与主体精神的同构

　　——关于高中历史主体性教学的思考与实践　　268

看见知识：例题教学中的去蔽与敞开　　275

历史教学中"叙事分析的知性"　　289

历史教育：叙事之上的知识展开　　299

历史课程之"中华文化"的教学格调　　306

历史教学立体化的尝试　　315

让中学历史教学鲜活起来

　　——兼谈主体教学的一种误区　　319

张扬人文大旗　　323

第五辑　学业评价

中学历史评价能力探微	*328*
论历史学科能力的内涵与操作策略	*334*
还原知识谱系：试题本相的技术识别	*349*
命题者告诉我们什么	
——从2013年江苏历史卷说开	*362*
在基于材料的问答对接中避免语言的黑洞	*367*
历史学科中考命题如何指向"减负提质"	*375*
域内方外：指向历史高考的教学策略摭谈	*383*
历史课程之"中华文化"的学业质量	*397*
指向"史料实证"的教学设计	*407*

第六辑　教学批评

系列一：《秦的统一》

在情境叙事中推动历史学习的有效认知	
——人民版《走向"大一统"的秦汉政治》一课教学实录	*414*
实现知识分类，关注教材重组，推进有效学习	
——从束鹏芳执教的《走向"大一统"的秦汉政治》说起	*424*

系列二：《晚清学习西方的思潮》

历史潮流里的教学之声	
——《听潮：思想在中西之间·晚清》教学节录	*432*

诗人情怀　师者风范

　　——束鹏芳教学风格印象　　　　　　　　　　　　　　*441*

系列三：《"一国两制"和祖国统一大业》

在知识之间"裁弯取直"地教历史

　　——《"一国两制"和祖国的统一大业》教学实录　　*444*

在叙事之上"脱脂还原"地教历史

　　——《"一国两制"的伟大构想及其实践》教学实录　*451*

认知分类的理性向着叙事分析的知性延展

　　——两场与专家同行的对话　　　　　　　　　　　*461*

教师胜任力重在发展教育智慧

　　——由束鹏芳的历史教学延展开来　　　　　　　　*469*

束鹏芳历史教学的流变与形塑　　　　　　　　　　　　*477*

系列四：《浪漫主义文艺》

审美的历史　知性的教学

　　——《工业革命时代的浪漫情怀》教学实例　　　　*482*

浪漫主义下的深邃

　　——体会束鹏芳老师的授课艺术　　　　　　　　　*497*

系列五：《文艺复兴和宗教改革》

"我"的步伐　"我"的发现

　　——人民版《神权下的自我》的教学设计　　　　　*504*

以学习的步伐编织课堂图景

　　——《神权下的自我》一课的叙事性解构　　　　　*519*

V

系列六：初中课堂

观于象　言于志　思无邪

　　——"五四杯"初中历史学科课堂教学点评　　　　　　　　**528**

在见证历史中感受并感动

　　——第六届"五四杯"初中历史学科教学点评　　　　　　**531**

第七辑　教师模样

像水一样

　　——历史的倒影　　　　　　　　　　　　　　　　　　　**536**

暗香浮动的梅

　　——我的那些课题研究　　　　　　　　　　　　　　　　**549**

师者，传道授业解惑也　　　　　　　　　　　　　　　　　　**556**

细节与视角的再现：一堂作文训练课的记录和评述　　　　　　**558**

追求并快乐着

　　——记丹徒县大港中学历史教师束鹏芳　　　　　　　　　**569**

士的潜伏

　　——束鹏芳老师印象　　　　　　　　　　　　　　　　　**574**

他在哪里

　　——忆念陈伟国先生　　　　　　　　　　　　　　　　　**580**

第八辑　业界风景

十方谛听塔铃声

　　——"全国历史教师学科素养与高考教学胜任力研讨会"影像　　584

锦江两岸一束火

　　——记忆"学科素养与历史教学"全国学术研讨会　　596

高峡平湖唱三叠

　　——"探索新时代历史教育：核心素养与教学改革"全国学术研讨会之声　　609

姑苏城南说不惑

　　——《中学历史教学参考》创刊40年纪念暨历史教育全国学术研讨会的镜与灯　　623

宝塔山下山丹丹

　　——记"明理·增信·崇德·力行"历史教育全国学术研讨会　　640

情境与对话、多样与开放

　　——新课程历史课堂的新特征　　655

我们怎样面对公开课　　659

余力学文（代后记）　　661

第 一 辑

教育经纬

两宋迄清朝:"苏派教育"行走的历史启迪

一、古代江苏学校教育的模样

江苏的官学兴盛于北宋庆历年间,并在文治政策的影响下持续发展,不过其教学内容基本随科举考试的变化而变化。明朝以文教控制和八股取士构建了政府主导的教育体制。教育目标和内容整齐划一,应试教育炙热和思想专制,成为明朝官学教育的显著特征。各类学校都按朝廷要求,设置统一科目,施用统编教科书,执行明太祖制定的《学官考课法》。在各级官学中,生员要接受严格的考试,成绩分等且与科考资格挂钩,与教师的进退挂钩,罚训导、罚俸钱直至黜退。清朝前期,官学系统完备,官学教育与科举制度完全结合到一起,官学实际上已成为科举的附庸,而且教育内容的专制性也显而易见。生员学习科目众多,据《清稗类钞·著述类》辑录,清代"钦定"士子习读书目包括经、史、子、集四部共约 150 种,还有时文和"圣谕"。生员的主要任务是考课,有月课、季考、岁试、科试,生员根据学业优劣按"六等黜陟法"升降。为了应试,官学教育很注重方法和技巧训练,苏州府学"科举制度之才能,其技术性在全国为最高",它的科考功名又在江苏冠绝一时。江苏各地学官所立卧碑文的规定,足可道破官学教育为朝廷"养士"的本真:朝廷建立学校,选取生员,免其丁粮,厚以廪粮……主要养成贤才,以供朝廷之用。

江苏的书院主要兴办于南宋,发展历程较为曲折,且徘徊于科举考试与学术研习之间，呈现"官""民"杂糅的驳杂色彩。书院教育兴起之时，以讲授理学为主，对四书五经的阐释与宣讲所导致的高深，以及官学发展所带来的"入官学，应科举，求仕禄"的利诱，直接削弱了书院的社会基础，宋元之际及元代，书院呈现阶段性衰退。直至明朝成化初年，沉寂了100多年的书院才逐渐兴复，并在嘉靖时期走向兴盛。但嘉靖至天启年间，又出现过4次禁毁书院的浩劫。清朝到康熙年间才对书院解禁，书院在乾嘉年间才重新发展起来。

书院有相当一部分近似于官学。统治者通过赐田来掌握书院经济，通过赐书来掌握书院的教育内容，通过选派山长（书院主持者）、教师来掌握书院的领导权，甚至对书院采取直接支持并过问的态度。除注重学术义理的讲会式书院，多数书院是直接面对科举考试的考课式书院，与州县学校的旨趣无异。宋代，讲授理学的书院尚是兼顾"举业"，明朝后期，诸多讲会式书院也不再以讲学为主，竞相与州县学校合作组织学生学习举业，书院几乎名存实亡。

然而，书院终究不同于官学，特别是讲会式书院。作为讲会式书院之突出代表的东林书院，由北宋理学家杨时始创。明朝万历年间，顾宪成等人重建后，"远近明贤"，同声相应；天下学者，"咸以东林为归"。因抱道忤时而隐居林野的士大夫"闻风向附"，东林书院"学舍至不能容"。据《东林会约》，书院承接程朱理学，密切关注社会政治，把讲学活动与救治时弊结合起来。东林书院发展成为江南教育、学术和议政中心，成为深度卷入社会政治的"清议"之地。清代乾嘉年间，江宁钟山书院、惜阴书院，苏州紫阳书院，扬州梅花书院、安定书院等为数不多的讲会式书院，是江苏书院的精品。它们以"博习经史词章"的学术研究为主，不以制义（八股文）为重。它们由一批经学大师主持，大张汉学旗帜，既与专习帖括时文的书院有别，也与高谈宋明理学的书院异趣。《钟山书院规约》可证：先励志，务立品，勤学业，穷经学，通史学，论古文源流，论诗赋派别，论制义得失。这些书院如柳诒徵在《江苏书院志初稿》中所说"多名师，其所造就者尤有可称"。

无论是官学，还是书院，学校教育基本是"养士教育"，士子们向内

"修己以安仁"，向外"修己以安百姓"，也即"内圣外王"。在这精英教育的模式里，教师也堪称精英——"宿学有道"，且"严条约，以身先之"。北宋范仲淹延聘"学校明师"的条件是"不惟讲论经旨，著撰词业；而常教以孝弟，习以礼法"①，学业与道德并重。他自己在应天府书院掌教时，"夜课诸生，读书寝食，皆立时刻。往往潜至斋舍伺（侦听）之，见有先寝者诘之"②。元朝在苏州和江宁府学做学官的张达善"得朱熹三传之学……自六经、《语》、《孟》传注，以及周、程、张氏之微言，朱子所尝论定者，靡不潜心玩索，究极根柢，用功既专，久而不懈，所学益宏密"③。明太祖在《学官考课法》中规定，学官要"博学通经，体先贤之道，竭忠教训，以导愚蒙，勤考其课，抚善惩恶"。

概要而言，官学呈现不断增长的趋势，也呈现教育目标与内容日益从属专制王朝的历史走势。学校教育的主要形式是讲授、讨论与考试，也兼及自主修习，频繁的考试训练占有相当比重。学校管理制度严密，对教师的频繁考核与分等处置，直接推动了教师的自我约束和自我提高。教师堪称精英，他们学业与道德兼修。在社学、义学、私塾等众多私学中，具有学校教育意义的书院，极易"官学化"。只有少数讲会式书院呈现学术性与议政性及其相应的教育形式的切磋性与自主性，在学校教育系统中也是沧海一粟，是士的象牙塔。

二、古代江苏学校教育模样中的教育思想

学校教育的实践中包含着思想的基础。从"养士"的精英教育来看宋代以来江苏学校教育的发展，可见教育家的知行，可窥学术思潮的涌动，因而能一探教育模样背后的思想。

---

① 范国强主编：《范仲淹研究文集（1900—1999）（一）》，人民出版社2003年版，第71页。
② 范国强主编：《范仲淹研究文集（1900—1999）（四）》，人民出版社2003年版，第247页。
③ 《元史·张颜传》。

古代江苏的学校教育在"内圣外王"的理想中,一是追求品德涵养,二是寻求功名,促进社会进步,"明体达用"的基本教育思想逐渐凸显。

范仲淹一生汲汲于"以教育为意",强调"读天下书,穷天下事,以为天下之用"。"以经注经,特为精确"的胡瑗,提出了"明体达用"实学教育观。他在学校中设经义、治事两斋。经义斋学习研究经学,是"明体"之学;治事斋则以学习农田、水利、军事、历算等实学知识为主,是"达用"之学。治民、治兵等实用学科正式纳入官学体系之中,取得了与儒家经学同等的地位。这一"分斋教学法"其实就是分科教学和学科课程中的主修(必修)与辅修(选修),它在世界教育史上都是最早的。范仲淹在"庆历新政"的兴学措施中,也取胡瑗的这一做法"著书令于太学"。开一代学风的顾炎武,致力于教育的"明道救世"。所谓"君子之为学也,以明道也,以救世也"[1]。为此,他在强调以经学和史学教育来"明道"的同时,还提倡以天文、地理、兵农、水土及典章制度等时务教育来"救世"。秉持以经史之学为基的实学教育观的还有阮元。他认为教育不仅要"留心经世之务",还要"博学有文,行己有耻",从而培养"通天地人之道"的通儒。由此,他提倡自然科学的教学,开始了与西学的对话。他主张"以天文算学别为一科""圣贤之教,无非实践,学者亦实事求是""浩博尔后精核"[2],达用性显著。

明代中叶以后,人人皆可成圣人,"百姓日用即是道"的儒学新观念,推动了"明体达用"向普通百姓的推演,开启了庶民教育。泰州学派开创人王艮面向"农夫盐丁",践行并发展了有教无类的平民化和实用性的教育思想。他认为,教育是"位天地,育万物"的"尧舜事业",主张"以身为本"的道德教育,要在尊身、爱身、安身的基础上修道,在生命圆融中感受学习的身心快乐。他试图以"快乐学习"来推动"明体"的理学教化。[3]东林书院的兴复者顾宪成则以"家事国事天下事事事关心"为旨意,将书院讲会扩展到对百姓说教。清初理学教育的代表人物陆世仪根据儿童的心智发展水平提

---

[1] 顾炎武:《亭林文集·与人书三》,中华书局1959年版,第91页。
[2] 陈乃林、周新国:《江苏教育史》,江苏人民出版社2007年版,第282页。
[3] 徐春林:《生命的圆融——泰州学派生命哲学研究》,光明日报出版社2010年版,第223—224页。

出了学习的阶段性问题，注重诵读、仿书、闲习礼乐的综合学习。由此，他主张将各科知识分类编辑，学生分类读书，教师分科教学。这是在"明体达用"的框架内，寻求更有效的上至养士，下至百姓教化的教育策略。

"明体达用"的教育思想，与宋代经济重心南移后江苏亦儒亦商的士商互动和崇文尚教有关，也与一种基于教育的学术文化的激荡相关。

宋代是一个学术激辩的时期，汉唐之学与荆公王学的争论，荆公王学与理学的争辩，程朱理学与陆九渊心学的辩论此起彼伏。明朝嘉靖年间的王艮既师承王守仁，又与乃师有颇多思想申辩，他居家讲学或前往镇江、南京等地讲学后，逐渐形成泰州学派。基于平民安身立命之思的泰州学派刺激了明末清初朴学（与汉学互为表里）思潮的兴起。朴学先导顾炎武基于客观实际研究事务条理，关注民生，注重实证性的综合研究，从而开创了研究经史之学的新学风和新研究法。乾嘉时期朴学鼎盛，江苏成为朴学中心。先是以惠栋为代表的吴派，后是以戴震为首的根植于高邮和金坛的皖派，再以后就是扬州学派和常州学派。在中国传统教育中，经史之学其实是修身之学，治经史之学讲究一个"实"字，它影响着学校教育的内容和教师的"道业"，加强了学术与教育的内在关联。这样的学术文化史聚焦为"体"与"用"的探讨，推及教育则萃取为"明体"之下的经世致用。经世致用滥觞于孔子的"学以致用"，宋代将其发展为经世济民、开物成务的致用观。[①] 在此基础上，胡瑗提出了"明体达用"的教育实学论，它在明清之际得以大张。这时的课程设置，既追求明体，又注重达用。如"文事课"，包含礼、乐、书、数、天文、地理等科；"武备课"包含攻守、营阵、射御、技击等科；"经史课"则包含十三经、历代史、章奏、诗文等科；"艺能课"又内分水学、火学、工学、象数等科。这些科目有必修，有选修。分科教学、"明道救世"以及教育如何使庶民百姓得到教化，成为明清之际及清朝时的一种教育思潮，成为教育近代化的先声。[②]

显然，"明体达用"抑或"明道救世"抑或"经世致用"，既形塑了古代

[①] 刘蔚华等：《中国儒家教育思想》，青岛出版社 2000 年版，第 37 页。
[②] 李弘祺：《中国教育思想的近代转折》，《北京大学教育评论》2015 年第 4 期。

江苏学校教育的"体""用"目标,又延展了古代江苏学校教育的"经""致"路径。修身养性"致良知"的"明体"或"明道",是学校教育的最高目标,由此,教育内容既有性命义理之学,又有"切世之用"的实学(包括与时俱进的自然科学和西学知识),相应的达标路径则有分科、分类教学,有根据儿童心智发展的阶段特征而实施分层教育,更有"以身先之"和"验之于行事"的知行结合。这些是江苏大地持续激荡的务实、济世之风滋润于教育的果实——教育与学术互动,彼此促进,相互发展。

三、古代江苏教育的模样、思想和当下之间的内在关联

学校教育史也是思想史,一是学校教育模样里凝聚着教育思想,二是学校教育模样及其教育思想,孕育着与当下的"对话",生成着新的教育想法——这是内在的关联。

回眸古代江苏的学校教育,历史深处的当下映照表现为绵延不绝。教育尤其是政府办的学校教育,服务于时代,从属于时代,应声于时代,历来如此。整齐划一的教育目标与内容,严密细致的教育管理制度,以及以讲授为主兼及启发与对话的教育形式,都具有某种历史的恒久绵延性,其注重品德教育,关注功名立志,同样代代传承。但往昔不再,显然也是历史来到当下面临的断崖。那种以学术性、议政性和"养正心"为特色的学校教育,在当下基础教育阶段的体制教育中,整本复制的社会条件已不存在;东林书院里的那种"士气",儒学传统里"为天地立心,为生民立命"的那种道统使命感,在当下似难以为继;"宿学"且"有道","条约"并"身先"的教师难免罕见。苏派教育是否需要对此检视和捡拾?

捡拾古代江苏教育家的知行,如何为师的精神财富颇为丰盈:一是为人。成为明道之君子,身体力行。二是为学。积淀深厚学养,对经典能大嚼大咽,出口成章。三是懂行。不仅学问做得好,科考也不逊色。明清时期的江苏特别是江南,进士冠绝海内,主因是学校教师,尤其是学校教育的主持者,多是

博学贯通的大师，又多是科举的行家里手。教师担负着学问启蒙与应试通达的双重使命。四是爱生。基于儿童特性，行宽严之道，尽有教无类、因材施教之责，成"明道救世"的可用之才，可谓"明体达用"。五是转识成智。依靠如何"经"、如何"致"的策略，将"明体达用"的识见转化为切实的教育结果。诚如《礼记·中庸》所言，"博学之，审问之，慎思之，明辨之，笃行之"，并且"弗得"就"弗措"。这一经典表述能否成为当下苏派教育勉励自己的座右铭？

基于学术的"明体达用"思潮，对苏派教育的形塑力量柔韧而坚劲。一是教育要造就有用之才，明事理、经世务是教育的基本诉求，恰如吃饭是人的第一需要。二是教育要怀揣"家国一天下"理想，这是安身立命的心窝，是经世致用的明镜。三是教育行为犹如做学问，要葆有求实、务实的风格，道不虚谈，实干、实在，才不至于理想沙化。四是达用要以明体为先决条件，没有"体"的规约，"用"或将失去正义伦理。可以说，"明体达用"是讲求功利的入世精神与"以天下为己任"的出世情怀的综合。这样的情怀，存留和绵延于苏派教育体内，能否发扬光大？

如何光大"致用"的教育思想？孔子主张"学以致用"，他对弟子的教育，无论是"学"还是"用"，都偏重于道德、文章与社会人事，对农工商等真正实用的技艺大体是不屑一顾。这一始于孔子、绵延不断的传统教育思想，既成就了古代中国辉煌的人文篇章，也限制了古代中国的科学探索、技术释放和"灵明"思辨。[①] 两宋迄清朝的实学教育或经世致用，逐渐超越和扩展传统儒家的"致用"范畴，科学与技术占据的份额日渐增大。但近代以来，尤其是20世纪晚期，教育致用的"用"日渐远离孔子的人文之用而走向工具之途，形成另一个极端。宋代以来发展起来的"明体""明道"而后致用的前提，也遭遇记忆的黑洞，"用"失去了"体"的支架与温度。当下的苏派教育应该在"明体达用"的合理诠释中前行。"明体（明道）"是教育的信条和源流，"达用"是教育的实务和操作，它们彼此参照，相互依存。这里的

[①] 毛礼锐等：《中国古代教育史》，人民教育出版社1997年版，第155页。

"体"或"道"可以是社会主义核心价值观，这里的"用"则是古老的道德文章之用和现代的器物理性之用的结合。"达用"的策略，既可借鉴古代江苏教育家的"经""致"路径，也可借鉴清代河北教育家颜元的做法：以实学代虚学，以动学代静学，以活学代死学。

江苏教育的发展，既见其学术根柢及其衍生的蔚然且影从、传承的教育思潮，更见怀抱家国情愫、兴亡忧思的教育家的践行。它沉积了当下苏派教育无法摆脱的存留和绵延，尘封着苏派教育期待的品格和品质，照耀着苏派教育前行的路线：在看见自己模样的历史基因中开出历史的二重世界，而不是眼下时髦的自立名号，啸聚山林。

当教育延颈西方啜饮直至豪饮外来经文时，"复兴"这个当下中国的期许，"苏派"这个江苏教育的愿景，[①] 能否延展为事实的历史？这是教育史面对思想与事实之间复杂的依违关系不得不探问的深层问题。

（本文原刊于《中小学管理》2016年第5期）

---

① 尤瓦尔·赫拉利的《人类简史》说：人类的进步在于人类能够创造并相信某些"虚构的故事"。这里的"相信"化用他的说法，指有一定事实依据却又充满构想并引领前行的蓝图，与文中的"期许"相当。

近代江苏教育对"苏派教育"的照映和馈赠

一、考察近代江苏教育的学理说明

自魏源与林则徐在镇江会面,述及世界诸国大事,提出"师夷长技"以后,江苏"睁眼看世界"的近代化大幕就徐徐拉开了。随着教会学校在上海的创办,随着传统书院在经史之外加入光学、化学等近代自然科学内容,江苏教育也就迈上近代化之路了。梳理近代江苏教育的发展脉络,寻求当前"苏派教育"的历史根柢,期待"苏派教育"的历史馈赠,就成了历史照映现实和现实返观历史的必然需求。

考察近代江苏教育,应当遵循先史后论的归纳思路,力戒先论后史的演绎方式,以免出现可能的先入为主的臆断,从而使历史的认识或结论建立在史实梳理的自然而然之上。尽管任何历史都是有选择的历史,都是有偏见的历史,但先有经验性的历史判断,再收罗史实予以佐证的方式,可能会在"拉郎配"中,使历史更显偏见。考察近代江苏教育,需要基于近代化史观的视角整理史实,也就是说,民主的、科学的、人性化的和契合近代社会进程的教育史实,才是有价值的历史整理。尽管它会使部分历史隐匿起来,但历史向来就是在披沙沥金中展开的有意义的进程。从这个意义上讲,最先迈入近代化门槛的苏南及长江岸线上的南通、扬州一带,当是考察近代江苏教育的主要视域。长期归属江苏省的上海的学校教育应当纳入考察视野。直到民国十六年(1927)上海成为特别市后,松江、宝山、嘉定、青浦、南汇等 10

县仍在江苏省松江专区，直至 1958 年才全部划归上海市，例如上海中学、上海实验小学，中华人民共和国成立后还被称为"江苏省上海中学""江苏省上海实验小学"。上海作为近代教育的重要发源地、西学的最早传播窗口、江苏教育近代化的主要推手，在江苏教育近代化中发挥了举足轻重的作用。考察近代江苏教育史，还意味着对教育事实和教育思想的梳理，观念的事实和实践的事实，必须有清晰的分野，不能将主张视同为可以提炼和总结的行为实践。

本文将在近代化史观的观照下，运用先史后论的归纳思路，采集包括上海在内的苏南地域以及南通和扬州的教育史实，基于江苏教育近代化的发展历程和江苏教育家的思想与实践，寻求历史的结论，期待历史给予"苏派教育"的照耀和馈赠。

二、江苏教育近代化的背景与历程

两次鸦片战争以后，中国的主权独立和领土完整遭到破坏，半殖民地化程度加深；上海开埠，南京、镇江等沿江城市相继开放，中国卷入西方市场，东南沿海的自然经济日趋解体，"松太布市，削减大半""洋布、洋纱入中国，而女红失业"[①]。知识分子"天朝上国"的迷梦，也被西方的坚船利炮所震醒，魏源在扬州完成《海国图志》一书，提出"师夷长技以制夷"，标志着知识界迈出了近代中国学习西方的第一步。在此背景下，常州今文学派致力于为现实服务的"经世致用"思潮急速涌动，江苏出现了一大批既习经史又旁及实用之学的新式书院。当洋务运动兴起之时，长期在苏州、江宁等地书院执教的冯桂芬提出"以中国伦常名教为原本，辅以诸国富强之术"的变革思想，提出改革科举、设立学堂等教育主张。随着江苏巡抚李鸿章设立上海广方言馆，以洋务学堂为主的江苏新式教育次第开办，南洋公学、金陵同文电学馆、

---

① 郑观应：《盛世危言》卷七。

江南水师学堂和爱国女校等一批新式学堂成立。尽管这一时期江苏境内的新式学堂寥寥可数,与当时的社学、义学、书院、官学等传统教育体系无法相提并论,但它为江苏教育的变迁与演进确立了近代化的指向——中西结合、经世致用。这一时期的教会学校,诸如徐家汇公学、南京汇文书院、镇江女塾等都采用了近代西方完整的学校制度,影响或推动着江苏教育的中西结合之路。江苏教育向近代化转型。

19世纪末20世纪初,先是甲午战败,继而辛丑签约。中国完全沦为半殖民地社会,中华民族面临严重的生存危机;苏州开埠,南通、无锡等地出现一批近代民族工业,江苏的资本主义工商业发展起来;留日学生大量增加,出现了胡适所说的"晚近思想革命、政治革命,其主动力,多出于东洋留学生"的局面[①];归国留学生及新式学堂培养出的知识分子进一步传播西学,特别是进化论和法国启蒙思想进入中国,在士绅层面掀起了思想解放,社会鼎革的思潮广泛传播。先是保国保种、君主立宪的戊戌维新运动,然后是驱除鞑虏、民主共和的辛亥革命,中国社会发生急剧转型,清朝被迫实施"新政"。在清末的这场近代化转型过程中,教育被赋予救世艰、兴人才的重任,教育的内容越来越多地注重西政、西艺等西学知识。清王朝颁行癸卯学制、废除科举及改革私塾,又自上而下地推动了参用西法的新学堂的广泛创办。凭借江苏实业界为新式学堂提供较充足的经费,也依凭江苏地方自治的兴起,至1909年,江苏的初等小学堂和中学堂已有190余所,师范和实业学堂近20所,[②]形成了以初等小学堂为基础,中等、实业和专门学堂三足鼎立的格局,法政学堂迅速发展,女学得以兴办,师范教育也因新式学堂的增加和日本教育模式的影响而得到优先发展。仿效日本教育,力图学习明治维新的教育政策和经验,是江苏兴办新学的突出特点。清末,江苏留日学生最多时可达千人,超过全国留日学生总数的1/10,[③]从1904年到1911年辛亥革命前,应聘到江苏任学堂教习和顾问的达183人,当然也有仪型欧美、聘请西

---

① 罗志田:《学无常师》,《读书》2010年第7期。
② 陈乃林、周新国主编:《江苏教育史》,江苏人民出版社2007年版,第332页。
③ 转引自陈乃林、周新国主编:《江苏教育史》,江苏人民出版社2007年版,第300页。

洋教习的新学堂。至此，江苏教育从体制改革、学校形式到课程内容、价值取向，都迅速表现出离异传统教育的趋向，近代化格局初步形成。

　　1912年，帝制被推翻，中华民国成立，短暂的帝制复辟活动并没有改变民主宪政相对活跃的政治局面。民主共和观念广泛流布，尤其是新文化运动的开展，既促进了维新变法以来的新一轮的思想启蒙和思想解放，又带动了以欧美留学生为主体的新知识分子群体的崛起。民国初期，民族资本主义的发展出现了一个黄金时期，沪宁一线的工商业发展尤快。以"剪辫易服"为标志，社会生活的近代化特征也日趋明朗。一个不同于晚清的全新的社会格局出现，教育事业也处在迅速由清末的"破"转向了"立"的过程。出任民国教育总长的蔡元培融合孙中山的教育思想，详尽而系统地开始了教育改革，一方面明确教育宗旨——"注重道德教育，以实利教育、军国民教育辅之，更以美感教育完成其道德"[①]；另一方面，确立壬子癸丑学制，学堂改为学校，堂长统称为校长，发布《普通教育暂行课程标准》，要求合乎共和民国宗旨，废止读经科目，开设修身、职业类实用课程。1922年，北洋政府公布实行壬戌学制，强调了"适应社会进化之需要、发挥平民教育精神、谋个性发展、注意国民经济力和生活教育"等指导原则。在这样的大背景下，江苏教育出现了诸多变革。伴随中、小、幼及实业教育、大学教育在数量上的明显增长，江苏的教育结构呈现出与经济社会生活相适应的偏重中、高等教育和职业教育的特征。据1923年的学生数统计，江苏小学生占学生总数的比例低于全国平均数近2个百分点；中学生占学生总数的比例则高于全国平均数近2个百分点；高等教育正好是全国高等教育学生平均数的1倍。[②] 1917年，黄炎培等在上海创办中华职业教育社。1919年，江苏全省的职业教育已经位居全国第一。职业教育的学科门类涉及社会生活的方方面面，甚至上海青楼进化团都租屋聘师，开办了学校，上海许多妓女争相到该校学习文化和礼仪，以求以艺谋生。这一时期，江苏教育的一大亮点是教育改革和实验蔚

[①] 朱有瓛：《中国近代学制史料》第3辑，华东师范大学出版社1990年版，第90—91页。
[②] 据陶行知《中国之教育统计》的相关数据整理，详见陶行知：《陶行知全集》第1卷，湖南教育出版社1983年版，第312—328页。

然成风。各类学校相继撤销读经课,淘汰文言文教材,采用国语和白话文进行教学。1920年,南京高师首开女禁,特别是壬戌学制实行以后,男女享有平等的教育权,一些中学纷纷开始男女同校、同班。随着蔡元培、晏阳初、陶行知、陈鹤琴、黄炎培等深谙欧美教育的知识分子的"教育救国"行动,随着他们发起和组织一系列教育学术团体(例如江苏平民教育促进会、中华职业教育社等),江苏的教育实验盛行一时。除了众所周知的平民教育、乡村教育等实验外,东南大学附中和南京高师附小的"道尔顿制"实验,江苏一师附小的儿童自治和设计教学法,扬州中学设立工、农、商及师范班的学科建置实验,都是吸收外国教育理论(主要是杜威的理论)的中国式探索,表现出江苏教育变革的敏感性和教育理论的创生性特征。20世纪20年代前后,许多活跃于江苏学界的留美学生,把输入各种教育思潮的热情推向了高潮,马克思主义和杜威的实用主义都影响了相当的社会层面。日本教习在中国教育界的既存影响急剧衰减,学习和实验以美国杜威实用主义理论为中心的热潮表现得广泛而持久,江苏由此而成为20世纪20年代全国引进和学习西方教育理论的先导阵地。至此,江苏教育近代化的模式逐渐形成,这就是教育变革与时俱进、不断创新,以理论和制度的输入为基础,以中、高等教育发展为重心的教育模式。

民国十六年(1927),南京国民政府成立,国民党推行一党专政,实行独裁统治,"围剿"共产党和进步势力,实行文化专制,江苏地方政治势力也被削弱。江苏的教育被强行纳入到全国一体化的轨道:突出政治,推行党化教育和三民主义教育,偏重对教育的整顿和控制。各级以党义、公民、社会、国语等公共必修课,向学生灌输三民主义,强调三民主义的统率地位。虽然在教育体制上,把义务教育("强迫教育")作为重点,但工农及其子弟的教育却被搁置一边:"顾目前之学校教育显为少数有财者之专利,一般贫寒子弟不仅无受中等教育之望,即欲受小学教育亦不可能。"[1]尤其当江苏成为日占的沦陷区时,当抗战胜利后内战接踵而至时,教育水平直线衰退,1945年以后的恢复性教育只是勉强维持上课而已。由于民族救亡、维持生存、反对独

---

[1] 周予同主编:《教育杂志》第22卷,第4号,转引自陈乃林、周新国主编:《江苏教育史》,江苏人民出版社2007年版,第417页。

裁等现实的社会因素，教育界反侵略、求民主的运动时有发生。中间阶级继续试行的乡农教育和平民教育，以及陶行知在提倡乡村教育的实践中形成的生活教育论，不仅成效甚微，而且大有泛化为社会改造运动的意味。在这样的教育事实中，政治大于教育的"教育"贫乏状态、江苏教育独特性的黯然失色，显然是不容置疑的，江苏教育已然鲜有精神和意义化的教育本义。教育近代化的新探索近于停滞。

三、江苏教育近代化历程中的教育思想

清末状元、实业家张謇无疑是江苏教育近代化历程中最早的教育家。他的教育思想主要在于重视教育和倾心于师范教育及实业教育。他认为立国救亡基于教育，振兴实业系于教育，开启民智必由教育，他以实业辅助教育，复以教育振兴实业，使教育和实业相迭为用。在这一教育思想支配下，从1902至1920年，他亲手创办与筹办的各类学校和教育机构近320所，在南通地区形成了以师范为主，包括中小学、高校、专门技艺学校、职工学校、幼稚园、教育馆、图书馆等在内的学校教育体系——这是一座教育丰碑。[1]他在推动近代教育数字化增长的同时，推动着教育从传统的"学而优则仕"的藩篱中解放出来，示范了近代实业和职业技术教育。然而，他毕竟是颇具"董事长"色彩的办教育的教育家，对雅斯贝尔斯所追问的，也是我们今天所追问的那种教育的探索，贡献有限。

辛亥革命后出任江苏教育司司长的黄炎培，几度访美和出访南洋，在教育救国的实践中，他首倡职业教育，致力于职业教育的研究和实践，提出职业道德教育的"敬业乐群""劳工神圣"的原则。他认为，"四十年新教育，最大吃亏，就是和社会生活脱离"，所以"职业教育须为大多数平民谋幸福，

---

[1] 陈乃林、周新国主编：《江苏教育史》，江苏人民出版社2007年版，第489页。

须努力与民众合作，要手脑并用，学做合一"①。他以中华职业教育社为组织，划区进行农村教育改革实验，例如昆山徐公桥、镇江黄墟、吴县善桥，都有他设立的乡村改进试验区，他希望以改进乡村教育为中心来促进农村经济的发展，改善农民的生活与地位。教育联系社会生活（包括学生做人的"日常应用"）、教育关注民众谋生，显然是黄炎培教育思想的核心，尽管他也探讨过家庭教育中的教学方法，小学的实用主义教学法以及工读相长的学习一贯互进法，但他毕竟是作为政治活动家的民主主义教育家，基于教育内在的精神文化气质，他的教育思想的贡献同样有限。

留美归来、积极从事平民教育工作的陶行知，在20世纪20年代末力倡乡村教育，并提出了"生活教育论"，创办晓庄师范，进行生活即教育、社会即学校，教学做合一的实验。生活教育是站在大众立场上的面对社会实践的教育，其爱国性和人民性是最本质的特点，它克服了传统教育脱离民众、脱离社会生活的弊端。作为生活教育论的教学理论，"教学做合一"克服了传统的注入式教授法弊端，强调了"行是知之始"的"做"这一中心，在"做"中获得启发，其最本质的教学思想是"教的法子必须根据于学的法子"。强调教育活动中的学生主体，关注教育与社会生活的联系，是其教育理论的核心，将教育理论付诸自己的办学实践——"带着一颗心来，不带半根草去"的圣徒式的教育实践，是其卓越的精神品质。受制于杜威实用主义教育思想以及中国社会的贫弱落后与乱世政治，他的生活教育论存在着无课程规定的活动随缘的特性，存在着夸大社会与生活在教育内容上的分量、模糊教育的智识培养等特征，具有轻智甚至反智倾向。② 在20世纪30年代前期，他的晓庄实验和山海工学团实验先后失败。30年代末，他在重庆创办育才学校，开始注重课程设置和课堂教学，主张"让他（学生）健全而有效地向前发展"，生活教育论扩开了教育的"有目的"、"有世界"和"有历史联系"的视野。但是，作为党外布尔什维克的人民教育家，在特定的追求民主和自由的政治时局里，积极投身于民主运动和民主教育运动的陶行知，终究留下了太多的理论难与事实弥合的教育遗憾。

---

① 中华职业教育社编：《黄炎培教育文选》，上海教育出版社1985年版，第181页。
② 束鹏芳：《生活教育论：一个值得反思的话题》，《江苏教育研究》1998年第3期。

留美归来的陈鹤琴于20世纪20年代前期在南京创办了鼓楼幼稚园，兼任陶行知创办的晓庄师范第二院（幼稚师范院）院长，还与陶行知合力创办樱花村幼稚园，开辟乡村幼稚教育基地。陶行知走在前面，他跟在后边。他将陶行知批判旧教育的一句名言"教死书，死教书，教书死，读死书，死读书，读书死"，改写成"教活书，活教书，教书活，读活书，活读书，读书活"；提出了"活教育"的口号，请陶行知作了中华儿童教育社社歌。这个社歌体现了他在儿童教育上的一贯主张："发现小孩""了解小孩""解放小孩""信仰小孩""变成小孩"，才能教育小孩。这是有序列的基于儿童（学生）的教育原则。

四、近代江苏教育的历史归纳

晚清时期，江苏教育在全国率先走上近代化道路。先是西方教会学校在开埠城市纷纷创建，继而是洋务学堂陆续开办，接着是从维新变法一路走来的清末"新政"中的教育变革，从高等教育到初等教育的江苏新式学堂初成系统。在"经世致用"和"中体西用"的教育宗旨下，教育内容呈现出经史与技术并驾的取向，教育形式呈现出书院、私塾和新式学堂共存的格局。北洋军阀统治时期，江苏教育变革剧烈，近代化模式日益显露。在学堂转为学校以后，生源、课程、授课方式及指导思想等方面，尽管以启蒙发微为主，却是前所未有的大胆尝试。五四前后，教育思潮浪花翻卷，教育运动风起云涌，教育名家层出不穷，教育注重生活、实践及个性发展，更积极地追赶世界教育的最新潮流，成为这一时期江苏教育的显著特点，构筑了与五四新文化运动互为表里、相得益彰的历史层级。南京国民政府统治时期，江苏教育受制于"国家统一"的党化教育和三民主义教育，教育的民主化和个性化运动受挫，普及性和整齐性有所加强。民国初期已露新芽的平民教育、自由主义教育、活教育、生活教育、民主教育等教育实验，在一定的区域范围内虽有发展，但总体上是艰难实施或根本搁置，只能留作后人借鉴。在20世纪30年代中期以后，江苏的教育在物质层面是贫穷相，在教育本意的精神层面也是潦倒状。

近代江苏教育除了上述历时性特点，在共时性的框架内呈现下述特点。第一，在救亡图存、追求民主化和工业化的近代趋势里，江苏教育呈现新旧决裂、中西汇合的多元新异的教育生态。蔡元培批判旧教育，力倡新教育；陶行知痛陈旧教育的四大弊端，力倡生活教育，都是在表达与传统教育的决裂。中体西用、转手日本的教育改革、取法美国的教育实验，都表征了西学东渐下的中西汇合。国民教育、实利教育、乡民教育、平民教育，多元共生。"自主的而非奴隶的，进步的而非保守的，进取的而非退隐的，世界的而非锁国的，实利的而非虚文的，科学的而非想象的"①，既是中国启蒙思想者对青年的期待，也是进步教育家在西学视野里诉求于教育目标的文化根柢。第二，在教育理想与教育实际的反差中，呈现创新与杂沓的理论浮华。推动江苏教育近代化的主要力量来自士绅群体，这个群体以理论的传播和研究见长，富有理想，积极吸纳先进教育理论，注重主题创新。一些士绅划定区域和范围（尤其是江南一带），各自为政，以专家自任，教育口号竞相迭出，教育改革的理想主义色彩过于浓厚。②上文所列教育史实足以说明，"苏常通沪之教育状况，则研究教育之人较多，学校亦较发达……其甚焉者，置身学界，自命为通知教育之人太多，故校自为风，人自为学，意见龃龉，任事者时多棘手"③。多元教育生态的背后是主题杂沓，甚至是一味骛新。第三，教育进程和教育规则深受政治变迁的影响，并无教育自身的规则演进和积淀。不同的政治主体办教育，不同知识背景下的士绅办教育，使江苏教育与全国教育一样，呈现的不是单线的教育内在规则的演进，而是多线条的急速变动和冲撞。第四，初等教育的欠缺以及职业教育、实业教育的发达，客观上制约了对普通教育的宗旨、课程设置和教学技艺的探索。1923年，山西的儿童入学率已达83%，而直到1930年，江苏的儿童入学率只是13.55%，到1935年，江苏学龄儿童的失学率还在82.4%④；南京国民政府在20世纪30年代还

---

① 陈独秀：《敬告青年》，《青年杂志》创刊号。
② 刘正伟：《督抚与士绅：江苏教育近代化研究》，河北教育出版社2001年版，第387页。
③ 侯鸿鉴：《对于江苏教育现状之感论》，《教育杂志》，第8卷第2期。
④ 参阅《第一次中国教育年鉴·丙编》和《三年来江苏省政述要（1936年）》。

花大力气整肃私塾。这些无论如何都会影响对教育的微观规律的研究和实践。

总之，近代江苏教育一方面领全国风气之先，教育的内涵和品质都在反省旧教育以及中西教育的近代对话中走在了最前列；另一方面"城头变幻大王旗"（无论是政治主体还是教育主题），缺少稳定和延续是不争的事实。

近代江苏教育的优秀传统表现为：积极吸纳西方先进的教育主张，并且躬行实践；追求教育主题的创新和教育实验，始终走在全国教育改革的前列；提倡义务教育的同时，力求契合特定地域的社会经济发展的需要；注重教育提高民众素质的同时，担负其教育的政治职责，爱国主义和民主主义是其鲜明标杆；教育的文化底蕴相对深厚，兼有中西学养的知识分子在教育救国的使命下，以教育为信仰，自觉和自发地投身教育事业，涌现了一批杰出的教育家。然而，江苏教育显然也有其历史局限：相对发达的教育主要集中于苏南和苏中的南通地区，且实业和职业教育的水平远远高于普通教育；除了学制变革外鲜有强力的行政推动，既使教育发展呈现区域的不平衡性，又使教育的内在品质缺少大范围的持续的推进和提升；作为江苏教育内在品质显现的教育理念及实验，颇有那个时代的新文化的漂浮和慌乱感："士大夫惶恐奔走，欲副朝廷需才孔亟之意。莫不曰新学新学。虽然，甲以问诸乙，乙以问诸丙，丙还问诸甲，相顾错愕，皆不知新学之实意云何，于是联袂城市，徜徉以求其苟合，见夫大书特书曰'时务新书'者，即麇集蚁聚，争购如恐不及。而多财善贾之流，翻刻旧籍以立新名，编纂陈简以树诡号。学人昧然，得鱼目以为骊珠也，朝披夕哦，手指口述，喜相告语：新学在是矣。"[①]

五、近代江苏教育之于"苏派教育"的历史照映

2010年，以《江苏教育》为主阵地，以现代中国特别是改革开放新时期

---

① 冯自由：《政治学·序言》，转引自金忠明等：《市民社会与近代"海派教育"》，《华东师范大学学报（教育科学版）》2003年第2期。

成长起来的江苏名师为产品,江苏的教育学人树起了"苏派教育"的品牌大旗,概述了清简而丰富、灵动而扎实、活实和谐、祛魅归真等苏派教学特征,相信"苏派"拥有书院文化与地域教育的历史根柢。[1]这是教育史的欣喜,是谱写未来江苏教育史的欣喜,它期待近代江苏教育对"苏派"的历史照映和历史的法理依据。

　　近代江苏的新式教育无论是官学还是私学,都是在救亡图存的政治背景和西方教育思想涌入的文化背景下展开的,都是以新型知识阶层为主力的。这些知识阶层的身上,多少都并存着"中国的我"和"西洋二十世纪的我"这一内在的文化冲突。由此,"近代教育家们在融汇中西,转化传统的过程中,面对剧烈的社会变动以及由此而来的功利主义目的,在短短几十年中把西方300多年间出现的各种新的教育理论搬取过来,作为自己批判和改造旧教育的思想武器,一方面,仓促上阵难免慌不择路,另一方面,对传统教育思想的批判多少有些矫枉过正,甚至使传统出现断裂。他们身上的中学与西学、唯心与唯物、民主与反民主、贵族化与平民化相互混杂,变动不定,难以静心定神地形成系统的教育思想"[2]。不得不批判中国本土又必须归属中国本土的新型知识分子,"未能全盘地考察当时的社会环境,其比较缺乏国情性的教育思想及与之有关的教育运动,在当时基本是昙花一现"[3]。近代江苏教育除了20世纪20年代前后铺展出诸多具有近代化意义的教育观念和教育事实以外,此后不再有大的递进和上升,它们的延续性难以获得事实的支撑,其教育思想和教育实践的学理性与细腻性,也颇值得怀疑,更重要的是那时期的教育观念与事实往往处于分离状态,主张多而实践的总结性成果很少,"同声相应,同气相求"的团队史迹,就笔者的学力而言,钩沉艰难。至于苏派风格,限于史料,无法断定它在近代江苏教育史迹里是否存在,但就上文梳理的历史环境及其教育思潮和实践结果来推断,这些风格特征要在历史里找到事实支撑,起

---

[1] 成尚荣等:《"苏派"教学初探》,《江苏教育·教育管理》2010年第5期。
[2] 孙孔懿:《试析中国历史上教育家涌现的三个高峰期》,《华东师范大学学报(教育科学版)》2007年第5期。
[3] 冯开文:《中国全史·中国民国教育史》,人民出版社1994年版,第233页。

码是困难的。因此，所谓教育流派在近代的江苏教育史里至多是端倪和抱憾。

客观地进行历史考察，在近代中国，救亡图存、自强独立的重要性远远超过教育，况且教育的救国和改造社会的政治重任也远远超过文化关怀和教育本真，所谓"欲雪其耻而不讲求学问则无资，欲求学问而不求普及国民之教育则无与""求活之法，唯有实业教育"。显然，客观地而不是臆断地考察历史时，我们能够获取的主要是一种教育架构——与近代社会变迁相适应的奠基性成就，诸如基于学堂与学校形式的教育结构、学制规程、教育思潮以及中西结合和经世致用的近代化特征，我们能够获取的更是一份教育家的精神和教育理想，诸如社会责任感和民族使命感、重视躬行和实践的实干精神、与民众打成一片的平民性，以及自身的文化底蕴和取他山之石的海纳百川的心智空间等。[1]因此，当前的"苏派教育"之于江苏近代教育，不可能是事实意义上的延续，不可能是近代历史发展的必然结果，而只能是在藕断丝连甚至是断裂之中开始捡拾和借鉴。那些具有当代意义和提取价值的教育史实——包括学校—行政式、学校—社会改造式的教育行为和基于学养及理想的教育思想，留给我们的更多是历史启示，是借鉴。借鉴江苏教育史里的国民宗旨、平民意识和创新做派，借鉴江苏教育对实业需求与民众需求的支持，借鉴江苏教育家的国际视野、文化立场、儿童视线以及淡泊名利、忧国忧民的人格魅力，还有他们的民主精神和生活情怀……

往者已逝。国难日重、国势日危的筚路蓝缕时代的教育史，彰显了政治稳定与经济发展之于教育本身的弥足珍贵，西学东渐与整理国故难两全的奠基时代的教育史，又彰显了教育主张的学理性、适切性和细腻性之于思想延续、教育传"流"的特别期待，这是历史的态度和历史对当前的照耀。

（本文原刊于《江苏教育研究》2011年第1期）

---

[1] 孙孔懿：《试析中国历史上教育家涌现的三个高峰期》，《华东师范大学学报（教育科学版）》2007年第5期。

生活教育论：一个值得反思的话题

20世纪初，中国教育界出了个陶行知，陶先生提出了生活教育论并付诸教育实践。在20世纪行将结束之际，重新回顾这一教育理论与实践时，我们能够发现其批判价值——轻智色彩，又能读出其现实意义——素质指向。本文将侧重讨论生活教育论的轻智色彩。

一、生活教育论的背景追溯

中国文化属于实用主义发达的文化类型，传统文化缺少对理念与体系的兴趣与探索，这使中国文化中弥漫一种经验的、直感的实用主义色彩。[①] 这种经验的、直感的实用性，正是中国传统文化中轻智的缺陷所在。余英时认为，中国政治传统中向来弥漫一层反智倾向，而这种政治传统又主宰着中国文化的发展走向。[②] 陶行知是留学美国却又典型中国化的文化人。他的同伴称他是留美归国学生中最彻底的中国人。他无法也不会摆脱这种轻智的文化背景。读陶行知文集，仿佛在读语录体的《论语》，明显地打上了"不求思辨，直谈体认"的传统文化的特征。[③] 他作的诗歌就是蒙学读本，是朗朗上

---

① 张岱年：《中国传统文化的分析》，《理论月刊》1986年第6期。
② 余英时：《士与中国文化》，上海人民出版社1991年版，第111页。
③ 汤一介：《儒学的现代化问题》，《天津社会科学》1991年第2期。

口的打油诗。他是这样认识教育的,"工具能到达什么地方即精神能到达什么地方,教育便是教人发明制造运用工具"①,工具成了他的教育理念。工具怎么样呢? 发明又会如何发生? 陶行知并没有做本源性探究。在晓庄师范,他一度认为,作为文字形态呈现的教育是吃了不长体力的,虽然不无道理,但其轻智色彩、实用倾向却是十分明显的。

  陶行知深受杜威的影响。杜威用发生学的观点证明"经验即生活,生活便是应付环境"。他认为,思想不过是应付环境的工具,真理只在于成为功效才构成真理。② 这正与中国传统文化中深厚的实用主义相呼应。陶行知认为,"过什么生活,用什么书,做什么事,用什么书。书是一种生活的工具,一种'做'的工具"。对于一本书,首先的问题是,其有什么用。这里清楚地表明了陶行知和杜威那种崇经验、崇实用之间的师承性。杜威把实用主义同教育结合起来,猛烈抨击教育脱离生活,主张"教育即生活,学校即社会"。陶行知归国后,翻了半个筋斗,提出了"生活即教育,社会即学校"的主张。依托这一主张,他在1927年创设的晓庄师范就成了乡村管理、防止盗匪、研究农业、经济建设、开荒种田、文化更新等等的中心,构成了一个试图解决各种社会问题的试验范式。他在1932年开列了一份一年教育计划,在27条计划中,有会认、会写、会用1000个字,种树16棵,共同种豆轮流磨豆浆,自己洗自己的衣服,喝豆浆730.5碗,等等。③ 教育内容琐碎而宽广,几乎等同于生活。应该说,陶行知的各种学校教育观模糊了学校教育和社会生活在智识培养上的界限,削弱了教育的特殊职能,有远离智识的清晰特征。

  以上可见,中国传统文化及他与杜威的师承关系,构成了陶行知生活教育论轻智色彩的思想背景。

  陶行知生活教育论形成于20世纪20年代中期至30年代中期。这一时期,中国社会政治动荡,战乱频仍,民族危机日益加深。从近代开始,在知识界演奏的启蒙与救亡的双重变奏,在这个时期再度偏向救亡一侧。这一时

---

① 本文所引陶行知的语言,均出自《陶行知文集》,江苏教育出版社1987年版,引文不一一注解。
② 刘延勃等主编:《哲学辞典》,吉林人民出版社1987年版,第238页。
③ 高奇主编:《中国现代教育史》,北京师范大学出版社1985年版,第251页。

期，生存和保持生存的简单再生产仍是中国经济尤其是农村经济的基本态势。农业文明占据主导地位，经济凋敝的农业生产正好与绝圣弃智的农耕文明相关联。在经济与文化教育都十分贫瘠的乡村，实践生活教育，也只能是扫盲开蒙，不得不打上轻智的烙印。正如陶行知所言，"中国是个穷国，必得用穷的办法去普及穷人所需的粗茶淡饭的教育"。他构建的学校是"青天为顶，大地为底，二十八宿为围墙"，颇有"究天人之际"的气概。但其学校教育的智识意义却在"粗茶淡饭"式、"青天大地"里被忽略了。

20世纪初期，中国的政治经济状况，构成了陶行知生活教育论轻智色彩的社会背景。

二、生活教育论的内容分析

生活教育论由生活即教育、社会即学校、教学做合一构成，是教育改革与社会改革合一的教育观，贯穿了陶行知教育活动的始终。

生活即教育的意思是，"过什么生活，便是受什么教育""是生活所原有、生活所自营、生活所必需的教育"。他把生活教育的内容概括为康健、劳动、科学、艺术、社会改造5大类。拿最富智识内涵的科学生活来说，它又细分为用水、用电、用风、用煤、用太阳光、用望远镜、用显微镜等。我们固然能从中推导出为了使用而格物致知的教育方向，但在陶行知那里却主要是如何使用，一种技术性、操作性的实用，所谓"生活的内容就是教育的内容"，"生活与生活一摩擦立刻起教育作用"。它强调的科学生活实际上是一种劳动技术，客观地说，这与作为学校教育的智育培养的目标是有距离的。

在社会即学校的主张里，他认为，教育的范围要扩大，像把小鸟放出鸟笼任其飞翔。所以凡是生活的场所都是教育的场所。自有人类以来，社会即学校。直至1946年，他都主张社会甚至大自然的全部都是一所大学校。他把工厂、农村、店铺、戏台、菜馆、家庭、军营、监牢都视为学校，甚至连坟墓都成了课堂。[①] 如此，按他的理想，就要把学校与社会甚至人类的一切生活环境等同，把学校教育与社会实践教育等同。这种泛化，实际上否定了传统的学校教育，使学校教育偏离了智识和人类文明的专业引导。晓庄师范学校以万物为导师，以宇宙为教室，以生活为课程，附设了医院、联村救火会、中心菜园、木匠店、武术会等，这是生活教育论指导下的教育实践，其教育的轻智结果应该不难推断。

教学做合一，是其方法论，它从教学合一发展而来。他认为，"教学做是一件事，不是三件事，而做是一切教育活动的中心，做是学的中心也是教的中心"。这一观点在晓庄师范办学时得以充分发挥。如前所引，晓庄师范似乎成了欧文式的社会改造的工厂，教学都围绕做来展开。晓庄师范入学考试的内容之一是，一天的垦荒劳动。他还认为，人的头脑主要是命令双手去做，拿起锄头、锯子、玻璃管、电动机去生产建设，去试验与创造。这些固然有可取之处，但过分强调做的意义与它在教学中的地位，片面强调从直接经验中获得知识，从而导致对理性的反动。把"做"的过程等同于教学过程，又削弱了教学过程应有的系统传授知识与开发智力这一主题设计。

我们认为，陶行知的生活教育论泛化从而夸大了生活与社会在教育内容中的比例，"做"主宰了学校教育，片面强调"从生活的斗争里钻出真理来"，这就必然使学校教育的功能在失去"围墙"后被社会剥蚀，教育的效果与生活相沉浮，以致教育可能会沦为社会的附庸。生活教育论的轻智色彩十分明显。

三、素质教育观的当代话语

学校教育在保存、传递与丰富人类智慧与文明过程中具有社会教育不可替代的作用。教育首要的、直接的目的在于提升、提高成长者内部应有的力

[①] 高奇主编：《中国现代教育史》，北京师范大学出版社1985年版，第252页。

量。马里坦认为,关于当代世界的社会变动,教师既不要使学校成为既成秩序的堡垒,又不要使它完全成为改变社会的武器。教育的职能可以联系智力来决定。[1]我们认为这是对陶行知生活教育论的批判与当代阐释。

批判的意义在于张扬。在20世纪末,教育界面对一个较为平庸的商业社会,会发财、会算计、会操作、会使用并享有各种物质文明生活的生活型人才已不鲜见,智识意义上的英才并不多见,况且所见较多的也是技术性英才。因此,回顾20世纪初的生活教育论,批判它的轻智倾向,从而张扬学校教育智识培养的功能,仍是当代素质教育的重要目标。然而,在20世纪末,受"科技是第一生产力"的驱动,受面向世界的诱惑,教育界自身却在高举智慧与科学的大旗时,追求着知识的工具理性和技术手段,丢失了人文精神,迷失了个性教育。回顾20世纪初的生活教育论,我们发现,它在呼喊学校教育要勇于为建立良好的社会秩序而担责,它在关注包括健康、社会和艺术等在内的人的生活,它注重以学生为中心(包括学生的才能与兴趣)的师生合作。这样,生活教育论汇入了现代教育的人文个性、主体价值寻找的河流。

20世纪,对教育而言,是主体的发现、认同与阐释的世纪。当代教育界谈论的素质教育在本质上就是人的主体性这一教育价值观。"素质"是一个重视个体的由生理—心理—社会三维联结起来的整体结构。细看20世纪初的生活教育论,它树立着某些教人认知、做事、生活、做人等教育目标,它拥有某些人文、社会、个性、合作等教育内涵。据此,我们可以认为,生活教育论在尝试建构人的主体性,它触及人的素质话题,提出了现代素质教育的基本概念。汤因比在与池田大作关于21世纪的对话中谈到当代教育,认为教育的本质不应以谋实利为动机,而是要寻找存在于宇宙背后的"精神存在"之间的心灵交流,开启人的心灵与富有的大脑。[2]斯普朗格也认为,教育应该是文化传递,是助成一个人的精神存在。[3]无疑,素质教育的出发点也是

---

[1] 崔录、李玢编著:《现代教育思想精粹》,光明日报出版社1987年版,第236页。
[2] 李公明:《地平线上的希望》,《读书》1991年第7期。
[3] 崔录、李玢编著:《现代教育思想精粹》,光明日报出版社1987年版,第171—172页。

归宿点，应是人的教育，是人的智力及相关主体特质的培养与开掘，从而使人趋于完善。这既是对生活教育论的一个反动，也是对生活教育论的某种继承与光大，历史的财富就是这样一种辩证的对立统一体。

（本文原刊于《江苏教育研究》1998年第3期）

刘百川的乡教溪流

在中国教育史上,刘百川的大港乡村教育实验值得再现和再认。

——题记

一

20世纪初期,许多知识分子把救中国的希望寄托在农村的复兴上,诚如梁漱溟所说,"要农村兴盛,全社会才能兴盛……没有农村的新生命,中国也就不能有新生命"。一批爱国的教育精英推动了乡村教育运动。受此影响,1933年,江苏省教育厅在镇江大港设立乡村教育实验区,为全省的乡村教育探索可行的思想与方法。但创办实验区以来,两任负责人业绩平平,民众和政府也都不太满意。1935年,省教育厅委派在小学教育方面有丰富经验的刘百川接任实验区主任。

此时,刘百川在江苏教育界已颇有声望。23岁时,他从省立第八师范毕业,任教于省立第三女子师范附小。当年,上海商务印书馆出版了他的《小学教学法通论》。27岁时,他应扬州中学实小校长谢鸣九之聘,出任学校教导主任,兼在扬州中学师范班讲授教育理论课程,寻求理论与实践的双向融通,重视从点滴的教育实践中总结经验。30岁时,开华书局出版了他的成名作《一个小学校长的日记》。后来,他在大港实验区的工作也以日记体形式,写成了《乡村教育实施记》(1—3集)。让我们翻开1936—1937年由上海黎明书局和中国教育研究社分别出版的《乡村教育实施记》，关注刘百川先生在大港的乡教溪流。

二

1935年7月，32岁的刘百川离开省教育厅第三科，来到大港，他的工作便由轻而重，生活也由城而乡，薪金则由高而低（从180元降到140元），但他毅然兴奋前往，并剃了光头，显示从头做起的决心。

大约20平方公里的大港实验区，共有20多所学校，凡有一定规模的村庄都建有1所学校。按照当时的乡村教育思想，乡村学校不仅要负责校内的儿童教育，还要负责校外教育；学校不仅要成为传授知识、训练技能的机构，更要指导社会生活、改善风俗习惯，成为社会文化的中心；学校还要负责倡导、指导各种社会事业，成为社会的领导者。刘百川也坚持这一教育理想，认为"学校要和社会打成一片"，"一个乡村学校是这个乡村的文化中心和乡村社会改进中心，乡村学校的教师既是儿童的老师，失学成人的老师，也是乡村群众在政治、经济、社会、生活等方面的导师，乡村学校应该发挥它推动社会前进的核心作用"。

然而实现这一教育理想殊非易事。来到大港，乡村教育的困难扑面而来。"农村经济破产，农民有离村的趋势，农村极为空虚，施教也成困难。""乡村里交通不便，与外界少沟通，因之风气闭塞，新思想、新知识的灌输，民众往往不能接受。""乡村里无论从哪一方面看，都觉得相当空虚，非常危险。""这衰落乡村里的种种，绝不是在城市里的人所能想象得到的，有许多问题，一定要实地到乡村里来工作，才会发现。"

面对乡村教育的艰难，他抱持乐观态度。"我个人对家庭，对朋友，对事业，常常存着'向好处做'的念头。有时候遇到气愤、疑难、苦痛，想起这4个字来，便无形消失了许多。我们对事业要往好处做，自然会特别努力，对朋友往好处做，自然会没有互相猜忌，闹意见的事。推而至于其他一切的事情,都是这样。'一切往好处做',希望大家都能实行起来。"面对乡村教育的艰难,他也秉持实事求是的精神。"在乡村里工作,最不容易看出成绩来,因此我们不希望在形式上有什么成绩表现出来。""我们去实地参加工作,一切的计划和办法,都可以实地去体验一下,能否行得通才能知晓,如果行不通,马上便可以修正了。"

到任伊始,他便与同人"约法三章":(一)遇苦不说苦,而说"还好,可以锻炼锻炼";遇难不说难,而说"再想法子,研究研究"。(二)对内每人每天:要有一个新希望,出一个新主意(记在工作预定表上),做一件比较重要的事,写一点心得。(三)对外实行"三不主义":不贴一张标语,不照一张照片,不发一篇新闻稿子。他在大港的身影是:与乡民和儿童交往,给他们讲故事,同他们玩游戏,与他们书信交往,一起挖渠,一起栽树,一起改厕,一起防盗,一起禁赌。此外,作为教育人,他在大港乡组建了教育研究团体,办起了教育刊物,与同人们共同探讨,共同实践。

刘百川在大港铺开了"乡村学校社会化"的一幅幅教育画卷。(一)教师乡村化、民众化。常与民众联络,走出学校,走进乡村,劝导不识字的民众入学,指导已识字的民众进修或参加各种研究会,指导举办各种事业,并设法向乡村民众报告重要法令和新闻。(二)开放学校里的一切设备。学校里的一切设施都适合乡村社会的需要,使儿童和民众学到的东西能够马上得到应用;学校里的各项设备不仅供师生员工使用,还按时开放,供民众阅览或活动。他给每一所学校配备了一台直流四灯收音机,目的是用以收听时事新闻,能够使乡村的儿童和青年关心国家时事,并把他们培养成合格的公民,也使得闭塞的乡村,有了些活泼的生气,各种信息传播得更快捷一些。(三)学校参与解决社会事务。教师协助乡村民众解决困难,调解纠纷,"使每一个民众,对于乡村学校都有坚强的信仰"。他"利用原有经济、人力、时间,尽量做有利于乡村民众的事业,使乡村民众与学校发生很密切的关系,再利用乡村民众力量,谋求学校事业进展"。如此,刘百川以学校工作促进民众事业,又发动民众力量推动学校事业,形成了学校与社会"没有围墙"的良性互动局面。他颇感欣慰,"困难是伴着工作而来的,工作发生了困难,便是对于工作有了进一步的了解,困难解决了,便是工作有了进步了","有许多事情,一定要到乡村里来工作,才感觉有兴趣,才看到乡村的希望"。

刘百川在大港展映了"乡村学校社会化"的一个个教学镜像。(一)根据地方生活情形及职业需要,酌情设立特殊科目,加入特殊教材,使学生能在乡村社会应用。(二)运用在"做上学"的方法组织教学。他制订了具体的标准,"语文教学,应注重应用文及说话练习,计算教学,应注重珠算及记账练习,社会科应尽量使学生明了本地的状况,自然科应尽量使学生研究本地的物产,劳作科应尽量做本地有关系的工作"。(三)组织各种学生自治团体,开展社会实践训练(如调查、宣传、维持公共秩序等),让学生也参与社会改造,注重训练过程中刻苦耐劳习惯的养成,"使他们离开学校以后,还有愿种田做工,而学校里一切的事,如洗衣、扫地、做饭等,最好都指导学生自己去做"。(四)学校行政吸纳民众意见,使其参与决策。"教育行政机关,对于学校人员的考成,不仅注意在学校内的一切,还注意到学校以外的种种,看校长教师,对于乡村社会里的各种事业有无推动的能力。"基于实践的教学,基于更好地回归社会生活的教学,这是刘百川"乡村学校社会化"的教学旨归。

刘百川在大港的乡教实践,还留下了一帧帧研究的剪影。(一)他创建了教师教育研究团体,提倡教师以日记形式进行教学反思。(二)1937年1月,他出版了《乡村教育的经验》(商务印书馆);6月,他出版了《乡村教育论集》(新亚书局)。(三)他与同人组织了"中国教育研究社",编发了一套"小学教师丛书",亲自主编了"实际的小学教育丛书"。(四)他主编《中央日报》教育副刊,编辑《乡村教育》在实验区内发行,记载和评述省立大港乡村教育实验区的小学问题、民教设施问题、私塾改良问题等。他主张,"事情怎样做,文章便怎样写,文章怎样写,事情便怎样改进,无论如何不离开事实做文章,更不因了做文章而耽误了本身的职务,至于见解是否特殊,那与各人的眼光有关,我们也无庸惭愧了"。

三

在大港实验区两年半的乡教工作，他确实无庸惭愧。他思考了乡村学校何以要社会化的必要性，实践了乡村学校社会化的诸多途径——师资建设、行政组织、科目设置、教材编制、教学内容、生活训练、后勤服务等领域的社会化，形成了较完整的"乡村学校社会化"理论。

《丹徒文史资料》第三辑《大港乡村教育实验区概况》记述：区内儿童普遍入学，成人分批脱盲，有的能看书、写信。在破除迷信、防疫治疟、戒烟（区内有五六十个烟民）、禁赌、植树造林（170多片）、兴修水利等方面都取得了良好的效果。实验农场推广良种稻、麦，繁殖良种鸡和猪，他还指导农民利用江滩、小丘，组织养鱼、养鸡、种水菜、采石料、烧石灰、栽果树、垦荒滩等生产合作社（在当时是创举），发展生产，增加收入。凡此种种实绩，至今为广大群众所怀念。

朱智贤、谢鸣九曾致函刘百川，希望不局限于琐碎、技术问题，为解决中国乡村教育作出理论贡献。他在实践中给出的回答是："要目标与技术并重，理想和事实兼顾。不要离开目标和理想偏重枝节的或零碎的技术问题，也不要离开事实及技术而空谈目标及理想。""我们应当发起联络各地乡村教育实验机关，共同致力于乡村教育理论的建立。"他兼顾理想和事实，提出了"乡村教育社会化"的理论，并强调"国民教育不是'人上人'的教育，也不是'人下人'的教育，希望受过国民教育的人，在全体国民当中，能做一个健全的国民"。

他的健全国民的教育之梦，终因日寇的铁蹄而中断。1937年12月，大港沦陷，乡村教育实验被迫中止，他带领实验区的部分教职员，扛起"江苏大港实验区战时教育工作团"的旗帜，经徐州前往西安……

四

朱智贤的《一个小学校长的日记·序》中提道：百川具毅力，富才干，每有众人不决之事，百川能一言决之……而其戮力事业之精神，尤为常人所不及。百川居常无忧色，无怒容，不消沉，不欺罔。其对事也，无论其如何不肖，均存责己恕人之胸怀。百川健谈能文，所至之处则谈笑风生，座中为之乐而忘倦。以此作为百川先生的教育家肖像，精神肖像。

刘百川的《乡村教育的根本认识》中提道：政治及经济的组织……以及抵抗帝国主义政治经济的侵略等根本问题不解决，我们办乡村教育或是乡村改进工作，便觉得非常困难。为此，陈乃林、周新国主编的《江苏教育史》说：他们的善良愿望和认真实践的精神，是值得赞扬和钦佩的。张惠芬、金忠明编著的《中国教育简史》说：这是知识分子自觉接近劳苦大众的过程。以此作为他那一代教育家的"疾风知劲草"的群雕。

不是海归、不是教授的刘百川已故，那个内忧外患的时代已去，那样的平民意识、那样的以教育救乡村、救中国的仁者情怀，是否已经川流而去？学校走出自我封闭的象牙塔、成为社会文化中心的教育之梦，是否还会随流漂来？以此作为当今教育人的品质拷问，也以此作为当今教育媒体的视点考量。

在那个时代，基于泛教育的"乡村学校社会化"理想，百川先生漫溢大港两年半的乡教溪流，是教育与社会彼此缠绕、泾渭难分的活水、浑水，是否需要沉淀并分明？借鉴马里坦关于学校与社会关系的论断，能否给我们一个澄明的答复？以此作为我们回望和认识历史的价值尺度，也以此作为"历史的财富是对立统一体"的参数验证。

（本文中的直接引语主要来自刘百川所著《乡村教育的经验》《乡村教育实施记》《初等教育研究集》《乡村教育论集》《乡村教育》等。本文原刊于《江苏教育》2011年第8期）

主体性教育：演绎与实证

一、人的主体性及其历史发展

主体是有意识、有意义并在社会实践中认识客观世界的人，因此，人即主体，主体即人。人能全面利用客体世界，又能全面超越客体世界进行自我创造。因此，人的主体性是主客体的统一，是通过不断地"对象化"来彰显的。在这个不断"对象化"的过程中，人的主体性既在建构客观世界、影响社会发展，又在建构主观世界，锤炼并壮大人的主体性品质。

人的主体性经历了一个历史的发展过程，伴随这一过程的是人类社会的历史进展，理由很明确，社会是由人构成的，人的本质属性在于主体性，主体性是一个双重建构。

早在古希腊，普罗泰格拉就宣称，人是万物的尺度，是存在者存在的尺度，也是不存在者存在的尺度。柏拉图和亚里士多德都在不同程度上强调了人的能动性与自主性。人的主体性，在一个相对民主的希腊社会得到了较充分的张扬，并由此创造了希腊文明。当人成为神的奴仆、人的主体性虚幻成上帝意志时，欧洲进入了通常所称的"蒙昧"的中世纪时代。文艺复兴运动以后，人又重新成为万物之灵长，人文主义思潮终结了上帝在人间的统治，人的主体地位得以恢复，人的主体性得到弘扬，西方世界向着开放的、充满活力的工业社会迈进。然而这一进程同时又是人对客观世界无穷占有的过程。"一个以人为中心的社会与一个以物为中心的社会之间的区别，倒与生存和占有这两种方式之间的区别相差无几了。占有取向是西方工业社会的人的特征。"[1] 人的主体性在"对象化"的建构过程中，表现成占有性。生命的活动为着物欲及其占有性的满足而存在。于是人的价值核心丧失了，空虚感、孤独感与焦虑感成为现代人主要的心理问题。[2] 并且当人们陶醉于对自然界的胜利时，自然界也就报复了我们。

在孔子周游列国，启发众多弟子张扬其主体精神的时代，历史铸就了先秦文明的昌盛。但当中国进入漫长的专制时代，当中国人生活在围绕土地而生存的农业文明中时，人对自然的依附和人与人之间的依附关系，就束缚了人的主体性。个人成为统治者的奴仆，成为集体的附属物，缺乏自主与创意，中国持续滞留在农业社会中。20世纪50年代后期起，人对主观能动性的过于自信与彰显，又酿造了灾难。如今，许多国人的生活中心就是对金钱、权力与名誉的追求。

追溯人的主体性的历史发展，我们认识到，社会的进步与发展必须以尊重并发挥人的主体性为条件，然而，人在建构客观世界的过程中，所建构起来的人的主体性又表现出诸多局限性。

正在到来的新世纪是一个信息化的社会，它要求人们能对急剧膨胀的海量信息予以独立的判断，进行有效的筛选与整合。21世纪的社会还是一个日益科技化与国际化的社会，它呼唤人们关注人类生存与发展的价值意义，呼唤人们以开放的姿态融入国际社会，理解国际社会。21世纪的中国社会还将迈入"成熟化"社会，它要求在日益增加的闲暇时间里获得精神生活的新天地。概而言之，在全球化的信息社会，人的主体性构建及其正确发挥，已经是现代社会发展趋势的迫切要求。

鉴于人的主体性的历史发展及其对21世纪社会的展望，我们认为，现代人的主体性必须建立在以下3个层面的价值基础上。（一）就人与自然的关系而言，我们要把自然生存条件置于自己的控制之下，在改造自然的过程中，力戒自然界对我们的报复，也就是善意地对待自然，合理地改造自然。"我们连

---

[1] ［美］埃里希·弗罗姆：《占有还是生存》，关山译，生活·读书·新知三联书店1989年版，第24页。
[2] ［美］罗洛·梅：《人寻找自己》，冯川等译，贵州人民出版社1991年版，第30页。

同我们的肉、血和头脑都是属于自然界和存在于自然之中的；我们对自然界的全部统治力量，就在于我们比其他一切生物强，能够认识和正确运用自然规律。"[1]（二）就人与社会的关系而言，我们将人看成是社会性的实践的主体，是人与人之间对话关系上的交往的主体，理解与关心是社会与人的关系中的关键。人要为构造一个保证人全面而完善地发展的社会而奋斗。"他能够而且必须在社会生活中发挥民主作用……能够把社会变得更好些。"[2]（三）就人与个体自身的关系而言，我们要勇于解剖自我、设计自我，"使自己的行动有意义和方向"[3]，而不成为生产的奴隶与工具，现代人的主体性可以在以上价值基础上建立起它应有的主体品质——自主性、合作性、自律性与创造性。换言之，只有契合3个层面的价值目标，人的主体性品质才具有积极的意义。

二、主体性教育及其目的与要求

人的主体性的历史发展以及现代社会深刻迅速的变迁，使我们认识到，必须唤醒并正确弘扬人的主体性。教育作为一种通过主体、为了主体和在主体间进行交流与对话的精神活动，必须面对尊重并有效发挥人的主体性这一课题。主体性教育正是基于这一呼唤而兴起的。主体性教育就是把教育看作以主体性方式来建构人的主体性品质并促进人的主体性发展的实践活动，其宗旨在于确认受教育者的主体地位并建构现代社会所需要的主体性品质。

为改变我国一段时间以来的传统教育的"目中无人"的格局，为改变这一传统教育培养出的人缺乏自主性与创造性的境况，也为克服应试教育的功利性价值，主体性教育的基本目的是"把一个人在体力、智力、情绪、伦理各方面的因素综合起来，使他成为一个完善的人"，使儿童进入一个道德、

---

[1]《马克思恩格斯选集》第4卷，人民出版社1995年版，第384页。
[2] 联合国教科文组织编著：《学会生存——教育世界的今天和明天》，教育科学出版社1996年版，第94页。
[3]［美］约翰·杜威：《民主主义教育》，王承编译，人民教育出版社1990年版，第92页。

智慧和感情融洽一致的世界。[1] 主体性教育的最高目标就是一种完人教育，一种马克思在19世纪就期盼的人的完善性的教育。

培养完人这一主体性教育的目的要通过以下建构活动来实现。首先，在理念上，要使受教育者意识到自己的本质属性在于主体性的彰显，焕发创造精神，获得公共意志里的个性化，并能在教育活动中主动追求、扩展并增殖人的价值。其次，在认知领域建构受教者的认知主体，既了解世界是什么的知识，又掌握"怎么办"的知识与技能，让科学知识服务于人的生存及价值的双重需要，走向科学的人道主义，并且将"一切知识都只是重新探索的出发点"内化为主体的共识。再次，在伦理审美等领域建构人的主体性的价值结构，使教育"有助于唤醒公民精神和对社会的责任感，有利于关心别人并帮助别人摆脱孤立状态（无论这种孤立状态是自己选择的还是别人强加的）"[2]。把儿童教育成为有仁义之心和关心他人的人，具有运用他们的技能为更大的社会的最高目标服务的价值观念。[3] 此外，强化人的生命意识，确立"未完成的人"这一概念，将"人的生存是一个无止境的完善与学习过程"内化为主体需要，自强不息。[4] 最后，建构人的主体性的实践结构。人是在实践活动中确证自我，实现自我，外化为人的主体性的。主体性寓于受动性之中。教育要在学会做人、学会认知、学会做事、学会交往的创造性实践活动中发展人的主体性。

我们可以发现，建构人的主体性的完整结构虽然是从四方面整合的，但其统一的内核是：唤醒并尊重人的主体性，使主体性有机统一在科学与人文、学习与生活、知识与品性交互共生的"完人"目标上。"在理性的发展中，在社会负责精神中，在创造活动中，在寻求个人的智力、德行、情感、体格各个组成部分的平衡状态中，我们都看到这一教育目的。"[5]

---

[1] 联合国教科文组织编著：《学会生存——教育世界的今天和明天》，教育科学出版社1996年版，第195页。
[2] 联合国教科文组织编著：《学会生存——教育世界的今天和明天》，教育科学出版社1996年版，第189页。
[3] 《美国卡内基教育与经济论坛1986年报告》，《比较教育研究》1997年第5期。
[4] 联合国教科文组织编著：《学会生存——教育世界的今天和明天》，教育科学出版社1996年版，第196页。
[5] 联合国教科文组织编著：《学会生存——教育世界的今天和明天》，教育科学出版社1996年版，第197页。

三、主体性教育的实证框架

明确了现代人的主体性及主体性教育的基本含义,实证研究就获得了必要的支撑。

(一)建构教师的主体精神。主体性教育认为,师生是教育活动中的双主体。师生关系的实质是两个主体在认知、伦理、审美、实践等方面相互联系、相互作用的整体关系,是两个主体间的精神交流与对话。所以,教育行政部门要制订措施,使教师在受动之中提高包括科学与人文、情感与道德、知识与技能在内的精神品质。教师自身也要自我激化,追求自主、能动与创造等主体性品质的拓展。只有这样,才能真正以主体性方式建构学生的主体活动,否则,所谓主体性教育将失去攀缘的支架。

(二)设计以"主体性"为目标的教学内容。主体性教育致力于建构学生的主体性,教学的关键在于教学内容的设计。因此,要设计出对学生主体精神具有馈赠、磨砺、提升功效的教学内容,使其不至于成为强加的片段知识与理智工具的总和。中学各科教学虽然在建构人的主体性上各有侧重,但在思维训练、非智力因素培养、创新精神的养育、自主与合作学习(进而孕育自主与合作精神)等方面却是共有的,而这些恰恰是人的主体性的"精神存在"。因此,学校应以主体性教育目标来辐射各个学科,让教师从教学内容中提炼出主体性的精神品质。

(三)改革课程设计,整合学生的主体性。主体性教育认为,仅仅依靠学科课程是无法培养"完人"的,"课程计划中存在着缺陷和不平衡状态,乃是教育计划中毛病最严重的病症,……把教育中智力的、体力的、美感的、道德的和社会的组成部分加以分隔"[①]。我国中学课程计划不仅如此,还多以升学为目标,以学科中心为主流,理论知识(且是灌注传统知识)多于技能,这些缺陷既脱离改革开放的社会实践,落后于国际教改潮流,又不利于建构

---

① 联合国教科文组织编著:《学会生存——教育世界的今天和明天》,教育科学出版社1996年版,第98页。

人的完整的主体性。因此，主体性教育的课程设计将考虑以下方面：首先，优化学科课程，开发设计综合课程。它强调两门或数门相邻学科知识的融合、交互、渗透和重组。例如，将政史与人文地理组合成社会课，将自然地理与生物合并为自然课，将体育、舞蹈合成运动课，等等。综合课程具有学科课程的传统优势，并强调科目间的融合，注重了学生的综合理解能力与实际运用能力。其次，开发环境课程，重视选修课程的设置。例如，以校园文化建设为切口，通过环境及其校园文化活动来培养学生的主体性品质；开设心理健康教育、人类文化学教育、知识与经济教育等选修课。在以上课程设计框架里，坚持整体原则并摒弃主科、副科等"应试教育"模式里的陈腐观念。最后，强化活动课程。传统的以45分钟为时限的列入课表的文体活动、班团队活动，只是活动课程一个极小的组成部分，要贯注围绕"主体性品质"设计的原则来开展活动。真正的活动课程应是，教师创设问题情境，学生寻找解决问题的途径，陈述其解决问题的方案。通过师生双方共同探讨，完成教育内容。这可以称为问题中心式的活动课程。它能充分落实学生的主体地位，促成主体实行课内与课外、学校与社会、认知与实践的组合，从而推动学生主体在学会认知、学会做事、学会生存、学会做人等方面得到"一般发展"，整合其主体性。这种问题中心式的课程，显然是典型的以主体性方式建构学生的主体性的活动课程。

（四）提供一个师生双主体所需的自由时空。人的主体性是"本然的""自在的"，因此，尊重人的"天赋"的主体性，使其利于展示、实现而不被限制甚至扼杀，才能激活主体性并向着自我创造、自我完善转化。这是主体性教育的出发点，也是它的归宿点。这种时空可以表述为"保持一个人的首创精神和创造力量而不放弃把它放在真实生活中的需要；鼓励、发挥他的天才、能力和个人的表达方式，而不助长他的个人主义；密切注意每一个人的独特性，而不忽视创造也是一种集体活动"[1]。提供这种心理时空，既是教育行政部门的义务，又是教师面对学生的义务。只有在这样的时空里，双

---

[1] 联合国教科文组织编著：《学会生存——教育世界的今天和明天》，教育科学出版社1996年版，第188页。

主体的主体性发展才获得良好条件。

（五）确认并倡导师生互相负责和交换意见为标志的教学形式。由于网络化社会的降临和现代文化传播技术的发展，教育资源十分广泛，教师已失去教育资源的垄断地位；由于终身教育社会的逼近，更由于主体意识的觉醒，教师也不可能成为学生的权威。因此，"教师的职责现在已越来越少地传递知识，而越来越多地激励思考；他将越来越成为顾问，一位交换意见的参加者，一位帮助发现矛盾论点而不是拿出现成真理的人，他须集中精力从事那些有创造性的活动，相互影响，讨论、激励"[1]。无论是以课堂教学为组织形式的学科教育，还是以问题中心为逻辑动力的活动课程的教育，都应确立这种对话性的师生关系，只有以这种民主教育的形式，借助于 Internet，才能有效地实现主体性教育的目的。

（六）实证研究除获得研究内容与步骤的支撑，还须找出检测主体性教育成果的表达形式。一方面，主体性是一个不断发展的"对象化"过程，不能指望中学某阶段或中学阶段就取得终结性成果；另一方面，它毕竟可以从行为观察、思想认识的调查、认知水准的检测等方面加以考察。

总之，主体性是人"本然"的属性，但主体性的内容与特质却是不可遗传的，这就有赖于主体性教育。我国的主体性教育应在唤醒主体意识，尊重师生两个主体，以主体性方式构建人的完善的主体性结构等方面着力。中学教育的实践者最需要理论指导下的实证研究，创设自由时空条件，构建教师的主体精神，并通过课程改革与教学内容的主体性设计，以民主对话的教育方式，实现主体性教育的目的。

（本文原刊于《江苏教育研究》1999 年第 3 期）

---

[1] 联合国教科文组织编著：《学会生存——教育世界的今天和明天》，教育科学出版社 1996 年版，第 108 页。

论心理健康教育的课程化

一

在素质教育的理念指导下，在"减负"的东风吹拂下，开展心理健康教育已经成为各校教育改革的重要话题。但就目前笔者所见，心理健康教育还存在以下一些问题需要认真思考。

其一，以心理咨询的局部行为来充当心理健康教育。心理咨询的对象只能是少数感觉心理状况不佳的学生，其效果也主要是当前状况下的局部问题的解决。由于大多数学生的心理状况是健康的，心理健康教育的目标主要是优化和发展学生的心理品质，因此通过咨询来矫治偏差只是局部的和表面化的，系统地开设心理健康教育课就很有必要。况且有些学校的咨询室往往和医务室合并在一起，或者放在教师办公楼，这种空间安排的不合理性是显而易见的，因为它不符合心理咨询的基本规则，心理咨询的科学性和效率性都将因此而大打折扣。其二，以传授心理知识为主要目标，以学科化的教学方式来开设心理健康教育课。认知色彩浓厚，就摆脱不了灌输式的教条与僵化，其后果将反而加重学生的心理负担和课业负担。这种知识介绍性的课堂教学不但过程单一，缺乏课堂教学应有的双边活动，而且与心理教育的体验、感悟、唤醒的教学性质背道而驰。因此有必要从优化课堂教学结构、体现心理教育性质的高度来认识和设计心理健康教育课，从而构建有效的心理健康教育模式。其三，有些学校宣称心理健康教育的多学科渗透能有效地进行心理健康教育。传统的学科课程，虽然也包含有某些心理教育因素，但既不系统又是经验式的，缺乏科学性，而且完全依靠文化课程的老师来挖掘心理教育的因素，要么是"望天收"，要么是付出许多精力去讨论和整理却收效甚微，甚至得不偿失，不仅不能满足学生心理发展的需要，而且在一定程度上可能还会削弱、阻碍学生心理的健康发展。

基于以上分析，为了优化学生的心理素质，促进学生人格的健全发展，有必要做到以下三点。（一）开设专门的心理健康教育课程，并努力摆脱学科课程的束缚。（二）以心理咨询作为辅助途径，通过个别化的辅导来矫正少数学生的不良心态，并为班级授课性的课程教育提供部分生动的案例。（三）结合课程教育和咨询情况，组织一些心理行为的训练活动，通过创设问题情境，将学生置于训练活动中，从而起到强化良好心理品质、惩罚或摆脱不良心理品质的作用。显然，咨询或训练活动都可以与系统的课程教育发生密切联系，起到良好的辅助作用。

本文将探讨和总结高中生心理教育课程化的有关问题。

二

心理健康教育课程是一种以培养学生心理素质为目的的专门性课程，它应该将认知教学、学生的主体活动和心理体验结合起来。

首先是教学目标。我们需要依据如下原则来选择教学目标。一是社会适应性原则。着眼于教育为社会培养人才，为未来培养人才，我们以为心理健康教育的目标必须面向社会、面向未来。未来社会对人的心理承受力、自主独立性、竞争性、创造性等心理品质都有很高要求。因此，来自社会的这些要求就必须成为心理健康教育的教学目标。二是发展性原则。社会是发展的，学生的心理水平也是发展的，因此，教学目标必须依据学生心理发展的规律来编制。在高中阶段，学生的理性思维、自律意识、情感内化程度都达到了一定的水平，同时认知的注意力与活动能力也都有所加强，因此，心理健康教育的目标必须从高中生心理特点及其所关注的领域出发来确定教学内容，诸如认知心理、社会交往技能以及情感体验、抗挫能力等领域的心理素质。这些在一般的学科渗透中是无法做到的。三是可操作性原则。心理健康教育的目标要明确、具体，并可以观察，可以训练，使心理教育行为化。中学心理健康教育与大学心理学教学的很大区别就在于非学理化。因此每一个教育目标都应力求将心理学的一些理念要求化为行为特征，并适当细化。着眼于发展性原则，我们可以将整体目标分解在高中3个年级中进行。

本着以上原则，结合国内外心理学家的研究，我们将目标分成6个层面：认识自我、体验情感、珍惜友谊、抵抗挫折、学会学习、选择职业。再在每个层面分解出4—6个不同子目，将社会的、个人的因素整合起来（参考后文举例），如此就基本可以构筑心理健康教育的目标体系了，它既能突出教育的发展性功能，又可以起到矫正和预防心理问题及人格偏差的作用。

其次是教学方法。心理健康教育不是一个简单的认知教学，更不能采用教师为中心的灌输方式。许多研究表明，有不少领域的学生的心理问题恰恰是以老师为中心，以认知为核心的教学模式所带来的。因此，建立在正确认知基础上的师生共同活动，尤其是学生的体验和领悟，是心理教育课程化教学的基本方式。认知是心理健康教育的基本任务，是着眼于学生自我矫治和教育的普遍发展功能所必备的基础。因此，我们首先要完成认知教学。认知除必要的概念外，要尽量减少心理学概念的使用，有些原理既要有科学性，又要力求通俗浅显。在认知教学领域，教师扮演的角色，一是讲述者，二是活动组织者，应该将认知与活动结合起来。教师可以从故事中引出认知，再让学生在自我佐证和相互讨论中习得有关知识，此后通过设置情境、加以分析来巩固所学知识。

心理课是直接关涉人的生命意识、直接介入人的心灵世界的课程。因此，为达到心理健康教育的目标，开辟多种活动方式是十分必要的。在活动领域，教师扮演的角色，一是活动组织者，二是帮助者和引导者。具体的活动方式可以有：（一）游戏，寓教于乐；（二）测验，自我反省、自我发展；（三）讲演与辩论，使自我宣泄和自我认知合二为一；（四）集体讨论（分组或大或小），既集思广益又相互沟通，促成认知的内化与问题的解决；（五）角色扮演，增进认识，减轻或消除心理问题，发展心理素质；（六）行为训练，以正强化或负强化为手段，达成建立良好行为、消除不良行为的教育目标。只有通过多种活动方式的运用，才能使心理健康教育课程摆脱一般学科知识传授的旧有模式，起到有效的教育作用。活动与认知又是密不可分的，往往认知中包含活动，活动中强化认知。另外，引入生活中的事例设置情境，使学生运用所学进行分析，既是一项活动，又能更好地反馈与强化所学知识。

总之，引导有生命力的个体参与教育过程，让教育目标与人的心灵发生撞击，让认知与活动密切结合，让心理常识与生命体验密切结合，必须作为心理课的特色彰显出来。

再次是课程的组织实施。课程的组织包括课前准备和课堂组织两个方面。课前准备也就是我们通常所说的备课，包括这样几个过程：一是充分了解学生的背景情况，例如智能状况、人格特点、家庭状况、在校表现与老师评语等。二是先行接触，安排课程设计的相关内容与学生进行一些个别的面对面的接触，掌握一些事实材料，并尝试建立初步的良好关系。三是写好教案，并在学生中找到助手，组建核心队伍，以帮助主持教师来活跃团体，协助开展活动。

就课堂组织来说，在上课伊始，教师可先用听音乐、唱歌、跳舞等游戏活动来调动学生参与活动的积极性，然后教师要对本课程的教学目标和教学活动作大致安排，解除学生的困惑，增强目的性。如果是选修课程，学生可能来自不同的班级，因此正式组织教学活动前还应灵活地采取一些自我介绍的办法，以形成坦诚的气氛和组织活动的条件。在课程进行过程中，必然涉及师生对话中的"你是说……""你觉得……""你相信……"等引导语，一些鼓励性的话是必不可少的；必要的幽默也是心理健康教育的美味作料。在某一课程结束时，不忘了回顾所学，不忘了展望新议题，也不忘了布置的预习任务，最后采取一些富有人情味的祝福、道别方式，诸如，赠言、寄语、卡片祝福、小礼物道别等，目的在于体现心理健康教育的特色——沟通心灵。

综上所述，心理健康教育课程的教学结构可以设计如下：故事导入—师生分析，进入认知—针对有关认知，学生讨论并自我佐证—组织心理测验、角色扮演、心理行为训练等活动—总结活动体会、展开情境分析—沟通心灵的祝福、道别等活动。由于教育目标不是一课时完成的，因此，教师在教学时往往要注意适当的灵活性。

三

值得提出的是，在教学过程中一定要"目中有人"，以尊重、同情的态度对待每一个学生，接纳每一个学生，既要对学生适当指导，又不要指导太多。为使心理健康教育课程的实施产生效应，除布置必要的行为训练或情境分析性作业外，还要注重适当的过程性评价，例如课堂气氛记录、学生满意度调查等。（附后）

总之，心理健康教育课程，要有明确、具体的目标，并在目标导引下，以学生为主体，将认知与活动结合起来，有效地组织教学，并形成一个基本模式。同时要根据有关评价，作适时的调整。在当代教育改革浪潮中，课程改革与心理健康教育已成为教改发展的趋势，将心理健康教育课程纳入校本课程改革的视野中是完全可以的，也是很有必要的。

附录一：心理健康教育教学目标举例

主题：珍惜友谊，学会交往

子目：社会与人际关系／个性修养与和睦相处／寻求沟通／合作与竞争／青春节奏、异性之间／在老师和家长中间

附录二：课堂气氛记录

年　月　日　班级

1. 教学主题：
2. 学生间的相互反应：抗拒状况／协助状况／情绪化或动作化的表现
3. 偶发事件及处理：
4. 效果评价：

附录三：学生满意度调查

1. 我能在这个课程中向别人表达我的看法（是，不是）

2. 我对自己越来越了解了（是，不是）

3. 我喜欢老师的态度和方式（是，不是）

4. 我上这门课获得了经验（是，不是）

5. 我认为要改进的地方是：

（本文原刊于《江苏教育研究》2000年第8期）

开设价值观课程：人文社会学科教改新探索

———◎———

基础教育领域的价值观目标在所谓的学科渗透的教学实践中，常常遭遇屏蔽或贴标签的命运。改变这一命运的途径也许很多，但创建一门基于学科课程的价值观课程——微型课程，使价值观教育获得显性课程的张力，则不失为一种有效方式。在这门课程的实施中，要能够"探讨一个为广大学生喜闻乐见又学有收获的授课方式，探讨能够于细微处见精神的价值观教育模式"①。本文且以中学文史学科为例，阐述我们的课程实践。

一、确立价值观课程的课程目标

在新课程标准中，价值观目标是作为三维目标提出来的，是与情感态度连接在一起的。严格说来，情感态度和价值观既有联系，也有区别，它们是手段和目的的关系，情感态度为价值观教育奠定个体的心理基础，是价值观发生的驱动器和营养液，类似于捕鱼的筌和游动的鱼。我们可以将价值观目标这条鱼单独审视。

价值观作为人们关于事物是否具有价值、具有什么价值的根本看法，不是空洞的，总是与事物本身密切联系的，因而是在对事物的认知和分析过程

---

① 胥丹丹：《情感态度与价值观：该怎样教》，《光明日报》2007年1月24日。

中形成的。^①具体到学科教学，价值观是依赖学科知识的意义理解和提升而被发现的，是依赖知识而存在的，是借助一定的思维过程和文本理解而呈现出来的，是知识延伸的结果。也就是说，价值观是认知发展的形而上的终极结果。因此，价值观目标应该是以认知发展为理性基础、以情感态度为心理辅助的相对独立又相对终极的教学目标，教师可以不追求或搁置价值观目标，但是不可以无视它独立的存在和存在的独立性，这在中学文史课程里尤其如此。

在文以载道、史以明志的价值观教育任务里，相关学科课程标准已经作出了一般意义上的价值观归纳。语文学科价值观目标的总体表述是：培养爱国主义感情、社会主义道德品质和积极的人生态度，在解读科学、自然和文化现象中培养科学精神、懂得人与自然的和谐关系，养育高尚的文化品位和审美情趣。^②在这些价值观目标中，"高尚的文化品位"颇为耐人寻味，其内蕴非常丰富，诸如多元文化、传统架构、现代意识、生活品质、生命关爱等皆可入味。历史学科的价值观目标的表述是：形成对祖国历史与文化的认同感，初步树立对国家、民族的历史责任感和历史使命感，培养爱国主义情感，逐步确立为祖国的社会主义建设、人类和平与进步事业做贡献的人生理想。确立积极进取的人生态度、坚强的意志和团结合作的精神。确立求真求实和创新的科学态度。强化民主与法制意识，逐步形成面向世界、面向未来的国际意识。^③可以看出，文史学科对价值观目标的表述既涉及社会价值观，也包括生命伦理价值观。从一定意义上讲，凡历史学科提及的价值观目标，在语文学科里一定能够找到相应的文本支撑，理由很简单：语文课本的文本内容异常丰富，所涉及的领域异常广泛，而语文文本又总是蕴含某种价值观的。

基于两者的"共相"，我们可以基于文史学科一般意义上概要表述的价值观目标，进行交集式的归纳和演绎，再从基础教育应然的育人目标出发，尝试建构文史学科皆能兼容的价值观序列。

---

① 袁贵仁：《价值学引论》，北京师范大学出版社1991年版，第381页。
② 中华人民共和国教育部：《义务教育语文课程标准（2011年版）》。
③ 中华人民共和国教育部：《义务教育历史课程标准（2011年版）》。

表 1-1 价值观的结构

维度	终极性价值	工具性价值	关键词
生命的修炼	生命体认	敬畏生命存在的神圣性	颂扬、敬畏、坚韧
		注重生命质量的精彩性	热爱、多彩、个性
		认同生命价值的创造性	进取、创造、有意义
	道德涵养	学会宽容与合作	尊重、理解、分享
		懂得感恩与推己及人	设身处地、仁爱宽厚
社会的期待	公民素养	崇尚自由、民主与正义	自主、参与、公正
		能够融入和尊重社会	自信、吸收、改造
	国家意识	树立"天下兴亡，匹夫有责"的信念	自强、自发、担当
		眷恋故园、崇尚历史文化	挚爱、皈依、一体化
知识的意义	文化修养	认同和发扬民族文化的优秀传统	认同、民族、扬弃
		尊重和包容多元的优秀外来文化	赞美、接纳、多样
	科学精神	体认科学的实证和理性	求真求实、独立判断
		深信科学、以人为本	共享进步、服务人生
	自然法度	热爱和敬畏大自然	热爱、善待、敬畏
		承认"天人合一"、共同繁荣	合理利用、和谐相处

上述价值观结构是从生命、社会和知识 3 个维度展开的，不同维度里的终极性价值有一定的层次结构，同一终极性价值里的工具性价值又有一定的递进层次，关键词则是对工具性价值的品质所做的凝练性概括。[1] 它为我们创建价值观课程提供了基本的课程目标。

二、编写价值观课程的情境读本

依照上列课程目标的指导，我们可以在教材的文本资源里寻找相应的课

---

[1] 终极性价值和工具性价值之说，参阅了罗克奇（Milton Rokeach）的价值系统（1973）理论。具体的价值观目标是在学科知识中提炼出来的，是在跨学科的整合中形成的。

程情境的支撑，辑录那些能够承载价值观课程目标的教材内容。例如八年级语文《沙漠里的奇怪现象》的部分片段就承载了热爱科学之实证精神和理性思维。这篇文章中有这样两个片段："这一魔鬼的幻术到了19世纪初叶，才被法国数学家和水利工程师孟奇所戳穿。孟奇随拿破仑的军队到埃及去和英国争夺殖民地，当时法国士兵见到这魔鬼的海极为惊奇，就去问孟奇，孟奇深深思考之后，便指出……"这一片段显然蕴含着科学发现的不易，以及要想认识自然、探究奥秘必须具备一定的科学知识等价值观念，它能够激发学生的科学热情。同一篇课文的另一片段是："据说，每逢农历端阳节，男男女女便在鸣沙山上聚会，然后纷纷顺着山坡翻滚下来，这时候沙就会发出轰隆巨响，像打雷一样。两年前我和五六个同志曾经走到这鸣沙山顶上慢慢滚下来，果然听到隆隆之声，好像远处汽车在行走似的。据专家的意见……"这一片段蕴含了实事求是的科学品质和探究精神，也是一个由感性到理性的科学认知的过程，有助于培养学生实事求是、崇尚真知的科学态度。而且这两个片段充满情境色彩，不是单纯的说教。例如历史学科叙述生命进化论的创建时，不同版本的教科书都会提到达尔文热爱大自然，喜欢采集矿物和动植物标本，也一定会提到他登上"贝格尔号"军舰，进行历时5年的环球考察和资料积累，并且在返回后进行详尽的标本分析和地质学研究，从而回答了人从哪里来的科学问题。这样的史实叙述，显然表达了科学的实证精神和理性思维，也能够架起科学与生活的桥梁。诸如此类的蕴含我们所设定的15项价值观教育目标的课文还是容易寻觅和辑录的，而且这些课文片段往往都具有情境色彩，具有涵泳、品味和理解的教学价值。

在一定的价值观目标引领下，通过对文史教材的理解和分析，我们将那些蕴含价值观目标的课文片段辑录、裁剪下来，就构成了价值观课程所需要的教学材料（资源），它们会被整合为新的文本，这一新文本是富有情境特性的。但教材文本在支撑部分价值观目标的课程资源方面，力量不足，力度不够。我们就补充课外资源——这是新课程赋予教师的开发课程资源的权力——作为超越教材的价值观课程的情境材料来使用。例如"科学当以人为本"的价值观教育，八年级语文《奇妙的克隆》一文，叙述了克隆技术的优势以后，笔锋一转，"有关克隆人的讨论提醒人们，科技进步是一首悲喜交集的进行曲。科技越发展，对社会的渗透越广泛深入，就越有可能引起许多有关的伦理、道德和法律等问题。我想用诺贝尔奖获得者、著名分子生物学家J.D.沃森的话来结束本文：'可以期待，许多生物学家，特别是那些从事无性繁殖研究的科学家，将会严肃地考虑它的含意，并展开科学讨论，用以教育世界人民'"。虽然它已经能够承载科学以人为本的价值观，但它显然单薄，我们就可以在教材以外补充一些转基因方面的科普说明文，以加强这一价值观教育的课程容量。在历史教材里有关科学造福人类的材料是比较丰富的，但它同样可以提供超越教材的课程知识以强化价值观教育的支撑力度。诸如科技进步被用于战争而带来的灾难，爱因斯坦对建议美国研制原子弹的设想而懊悔终生并且致力于世界和平与销毁核武器运动等史料，就能从侧面进一步加强"科学当以人为本"的教育力量。这些补充材料依然是情境性的，是具有价值观解读空间的。

显然，在一定的价值观目标引领下，基于对文史教材的理解和分析，将那些蕴含价值观目标的片段辑录、整合为一份新的文本，就构成了价值观课程所需要的教学材料（资源）。在此基础上再补充同一价值观目标引领下的、教材以外的文史资源，则支撑某一价值观目标的价值观课程资源就比较丰富。基于教材和超越教材的资源再度整合，就构建了说事明理的价值观课程文本。这一新文本已全然不是常态的语文课程或历史课程，这是一份情理相融、事理相通、以理（价值观）统领的新文本。它既有现象化的史实铺陈，也有文学化的语言描述，它是富有情境特性的，它是以文史知识为载体，由多段材料组合起来供师生进行价值观解析的文本。它为教师的基于价值观教育的教学行为提供文本基础。我们将这一新文本称为"价值观课程的情境读本"。

辑录材料、创建文本时需要注意3点：一是适切的价值观目标；二是具有语段性而不是片言只语；三是富含情境性。诸如图文并茂、夹叙夹议（或史论结合）、描述（或融情）等特性，就是情境性所在。这一"价值观课程的情境读本"，是以价值观目标为主题的，不同年级段的代表性课文片段都在某一主题下汇聚，因而它还具有跨年级段的特点。

历史教育：主体在"知""识"之间叙事

参照价值观课程目标，我们创建了 7 个单元 15 节课的课程文本。以下呈现 1 个样式。

第七单元　自然法度·第 14 课　热爱和敬畏大自然

【价值观目标】自然哺育了人类，它为人类提供生活空间和生活资源，热爱自然、审美自然是人类的天性。人是自然的一部分，自然与人是相互依存的生命共同体，敬畏大自然也曾是人类的天性，而当工业化和现代化高歌猛进时，人类正在丢失对自然的敬畏之心……

（一）基于教材的课程情境

1. 郦道元和他的《水经注》

北魏的郦道元是我国古代杰出的地理学家，他写的《水经注》，是一部综合性的地理学专著，《水经注》记述了许多前人没有记载过的河流，全书以注录水道系统为纲，详细介绍了江河流经地区的山川城镇、地形物产、风土人情、历史古迹。

郦道元少年时代就热爱大自然，后来游历了许多名胜古迹，留心河道的分布及其阻塞、疏通情况。他的足迹遍及黄淮流域，也到过长江中下游地区，这为他完成《水经注》提供了丰富的材料。这部书文字优美，对景物的描写如诗如画。

2. 唐诗和李白

唐朝是我国诗歌创作的黄金时代，才华横溢的诗人层出不穷。成就最高、影响最大的诗人是李白、杜甫和白居易。李白性格豪放，热爱祖国山河，游踪遍及南北各地，写出大量赞美名山大川的壮丽诗篇。像《早发白帝城》《蜀道难》等，都是无与伦比的绝唱。

李白，字太白，从小刻苦学习，立志做一番事业。青年时，他离家漫游，接触到各种人物，遍览各地名山大川，他用富有感染力的艺术手法，描绘了三峡猿啼、蜀道险峻、庐山瀑布、黄河咆哮等壮美的景物。

——选自人教版《中国历史》七年级上

3. 妩媚傣寨水

傣族人对水天生就有一种崇敬感，村寨一般都建在水边，傣族人最隆重的节日是泼水节，他们在村里的饮水井上修建起一座神塔，在装饰得五颜六色的塔身上，镶嵌着许多小镜子，以求得到神灵的保护。塔身将水井盖住，避免灰尘、杂物落入井里。傣家人就连小孩子们都自幼受到大人的影响，从不到井边玩耍，傣家人对关系他们生存的水的爱护可见一斑。

村边的小河边成了傣家人的乐园，孩子们整日里泡在河里玩耍，连村中寺庙里的小和尚也不例外，人们在河边涮洗着新摘下来的青菜和衣服。每当傍晚时分，酷爱清洁的女人们就会来到河里洗澡，平日里穿的五颜六色的筒裙，这时变成了一个个色彩斑斓的"浴罩"浮在水面上，她们有时还在水中嬉戏，在夕阳的映衬下，更显出几分妩媚。

——选自苏教版八年级语文《美丽的西双版纳》

4. 热爱大自然为达尔文奠基

达尔文的母亲喜欢栽培花卉和果树，她常常教给孩子们识别花草果树的知识。这使年幼的达尔文从小就和草木花卉结下了不解之缘。达尔文在8岁时进入了镇上的小学。他在课外活动中，常常去野外捕捉昆虫、寻找矿石、采集动植物的标本。但他的课外活动却被老师和父亲认为是"不务正业"。而达尔文却矢志不渝，并没有因为受到责备而放松对自然科学知识的学习和对大自然的热爱。

达尔文16岁时，和哥哥一起被父亲送到爱丁堡去学医。但达尔文已经离不开他所热爱的大自然了。每当课余和假日，他就奔向海滨、田野和山林。他和同学们一道同渔民出海，撒网捕鱼，制作标本，带回来分析研究。在17岁那年的暑假里，他和两个同学一起，作了一次长途徒步旅行，捕获和采制了许多不常见的鸟类和植物标本。

——选自人教版高中语文读本《达尔文（节选）》

（二）超越教材的课程情境

1. 真正的荷兰

这是真正的荷兰：碧绿色的低地镶嵌在一条条运河之间，成群的骏马，剽悍强壮，腿粗如圆柱，鬃毛随风飞扬。除了深深的野草遮掩着的运河，没有什么能够阻挡它们飞驰到乌德勒支或兹伏勒，辽阔无垠的原野似乎归它们所有，它们是这个自由王国的主人和公爵。

低地上还有白色的绵羊，它们在天堂般的绿色草原上，悠然自得。黑色的猪群，不停地呼噜着，像是对什么表示赞许。还有成千上万的小鸡，长毛山羊，但没有一个人影。这就是真正的荷兰。

只有到了傍晚，才看见有人驾着小船过来，坐上小板凳，给严肃沉默的奶牛挤奶。金色的晚霞铺在西天，远处偶尔传来汽笛声，接着又是一片寂静。在这里，谁都不叫喊吆喝，牛的脖子上的铃铛也没有响声，挤奶的人更是默默无言。

运河之中，装满奶桶的船只舒缓平稳地行驶，汽车火车，都装载着一罐一罐的牛奶运往城市。车过之后，一切又归于平静，狗不叫，圈里的牛不发出哞哞声，马蹄也不踢马房的挡板，真是万籁俱寂。沉睡的牲畜，无声的低地，漆黑的夜晚，只有远处的几座灯塔在闪烁着微弱的光芒。

这就是那真正的荷兰。

——摘自 [捷] 卡尔·恰彼克的散文《田园诗情》

【课程资源的实施建议】

本节的几则学习材料，集中反映了人类对大自然的热爱和感恩之心，可以在 1—1.5 课时之内完成教学任务。以八年级学生为授课对象。教学时材料选用的多少，可以自主，但是来自历史和语文学科的材料要兼顾统筹，基于教材的和超越教材的材料也要兼顾统筹。在运用价值观课程的材料进行教学时，要最大限度地彰显自然之美以及人类受惠于自然之处，也要引导学生揭示：自然之美、自然之伟大源于人的发现，人对自然品质的发现源于人类心灵深处对自然的热爱与呵护。

三、运用情境读本以实施价值观课程

在学科教学占主流地位的当下,如上所述的"价值观课程的情境读本",需要获得课堂教学的空间。首先,它是以文史学科内容来支撑的一门独立课程——跨学科主题课程,利于变换视角复习和强化文史学科知识,利于涂抹学校的课程风景线,更可以衍生为一门分支性的边缘学科,提升学生的综合素养,何乐不为?其次,目前的综合实践活动课程普遍缺少教材,其课时在事实上常常被主要的考试学科占据,而价值观教育所具有的思想教育的实践性天然地决定了它的践行特征。因此,可以将其纳入学校的综合实践活动课程,从而获得课时保障。再次,具体的教学实施也有良好的基础,一则其课程资源主要来自文史学科,二则它实际上是学科教学的二度开发和整合,有学科教学的策略基础。更主要的是,本课程主要凸显基于情感态度的价值观目标,相对于文史学科教学而言,其教学目标更为纯粹。另外,彰显某一价值观目标的素材又很丰富,在目标的纯粹和素材的丰富之间,教学拥有很大的空间与张力。从次,该课程的资源聚集了不同年级段的有关内容,将这门课程放在高年级实施,每周一课时,学校的课程安排和学生的课程学习都不成问题。由于它的兼容性和学科课程内容的回顾性,学校和学生都不至于反对。最后,文史本来是相通的,其精神训育与价值观课程的精神训育是一致的,文史学科追求的语言的理解、思维的训练、情感的体验,过程与方法的嵌入等教学目标,也是价值观课程的教学目标,而且也只有以这样的目标为基础,价值观目标才能有效地被揭示和被接受。有一定文史素养的教师,处理这样的读本是略加实践就可驾轻就熟的。也就是说,师资当不成问题。

运用"价值观课程的情境读本"需要有自己的教学路径。首先,它源出于文史学科,当有一定的语文味和历史性,它是人文的、思维的。在课堂教学中,注重语言的理解、思维的训练、情感的体验,过程与方法的嵌入,借此途径,使价值观目标被揭示、被吟咏、被复调式地揉搓和聚合,最终积储、熏陶和滋润于学习者。其次,它又不能完全用语文或历史的教学思路来实施或评价。一则该课程的教学目标侧重并集中于价值观教育,二则同一价值观主题下聚焦了文史兼容的较多的教学内容，三则这些教学内容整合和包含不同年级段的相关课程资源。这是一门课程，跨学科的价值观教育课程，而不是语文或历史的学科课程，因此，它要有价值观教育的意味，即说事明理，感情悟理，通过阅读、感受、理解与阐释这些材料，由渗透而启发，由启发而自主建构，由自主建构而引领完善，使价值观层层剥笋地明朗起来、聚沙成塔，而后再创设践行式的问题情境以推动个体的内化。在此，价值澄清、两难故事等模式颇具借鉴意义。基于文史素材的一个目标多维辐射的"复调"，当是教学路径的关键所在。

在这条教学路径上，教师对"价值观课程的情境读本"的运用，是有自主使用材料的课程权力与自由度的，要契合相应的价值观目标，同时要防止泛德育、贴标签、蜻蜓点水和本本主义等倾向。如果我们抓住文史特性，考虑精神训育，这种倾向当可避免。

概要而言，该课程的结构图谱是：课程——基于文史学科的价值观课程；课程目标——以认知为基础、以语言的思维训练为核心、以情感体验为依托、侧重揭示和深化价值观目标；课程内容——跨学科的材料组合式的情境读本；课型——基于文史学科复习的主题拓展课；课时——综合实践活动（或校本课程）的课时；教学对象——八年级以上学生；教学原则——理解、对话、共生、境界超越、兼顾实践；[①] 教学策略——依托丰富的有品读和讨论空间的材料，基于获取信息、吟咏品味、阐释表达，进行一咏三叹式的重锤深化（选择部分读本片段去深化，再基于学生现实生活而设置情境去深化）；评价原则——主体性、真诚性，基于学生自己的价值观表达而展开，始终要有"我们在干什么？"的身边意识，就材料而材料是不够的；价值观不是单纯的告诉。

总之，它是基于文史学科又不依附具体学科的综合拓展课程，一门特立独行的人文课程——阅读理解、情感体验、文本解释、有学生的写作和表达、兼顾生活意义的价值观课程。它不被文史学科视野里的年级段和学科性

[①] 刘济良等：《价值观教育》，教育科学出版社2007年版，第231、240页。

质问题困扰，教师的课程开发，学生的精神训育将从这里出发；价值观教育将获得显性课程的支撑，不至于似有实无地在学校漂浮……

（本文为江苏省教育科学"十五"规划重点课题成果之一，批准号：[滚]B/2003/02/08。本文原刊于《上海教育科研》2010年第5期）

调查报告：七、八年级的学生拥有怎样的价值观念
——小样本分析和价值观教育的目标构想

———◎———

一、关于问卷以及问卷调查的行为说明

我们以为，学生接触的世界或者说他们要进行价值判断的领域，大体包括社会、人生和知识3个向度。学生在社会价值观方面，必须具有爱国主义、集体主义和公民意识等基本素养；在人生观领域，必须具有积极进取、诚信合作、宽容尊重等生命信仰；在知识学习领域，必须拥有善待自然、热爱科学、理解多元文化等价值追求。为此，我们围绕3个向度、9项观念设计了38个判断句，以调查学生在多大程度上具有或认可应然的价值观。所设计的判断句遵循情境化、间隔性的设置原则，努力避免过多的简单的请君入瓮式的诱导，避免某些领域和主题对受调查者的明确暗示。被调查者只要用填涂A或B的方式来表示自己对某一价值判断的赞成或反对态度即可。此外为了便于统计和分析，我们还对38个判断句所蕴含的价值观进行了必要的分类解释。

调查对象是镇江市丹徒区辛丰中学和支显宗中学（都在农村集镇上）的七年级和八年级的初中生。我们从这两所初中随机抽取了102名学生。时间是2007年12月。调查结束后，对学生的填涂卡进行了机读统计。在统计过程中，没有年级段的区分。

以下我们从学生的社会价值观、人生观及知识学习的价值取向3个价值

观领域对统计结果作简要的分析和说明，以便我们宏观上把握初中学生业已认可的价值观，并以此为参照，提出我们的价值观教育目标。

二、关于价值观调查的状况分析

（一）就社会价值观层面而言，我们沿着爱国主义、集体主义和公民意识3个方向设计了17个价值判断。从调查结果来看，学生普遍认可国家利益高于一切，但是普遍缺乏国家利益和个人利益紧密相连的认识，而是对国家利益和个人利益进行明确的区分，似乎爱国就是爱国，个人利益就是个人利益，彼此关联不大。只有31%的被调查学生认为"国家富强与个人有关，是个人的荣耀"，而69%的学生不同意这一价值判断。"尊重为国家和民族利益而抗争牺牲的人"的判断是得到普遍认可的，即使造成生产力的破坏和物质损失，也同样尊敬这些抗争和牺牲的民族英雄。对爱国主义的经典名言"天下兴亡，匹夫有责"有着普遍的认同，而且认同"'天下兴亡，匹夫有责'在任何时候、任何岗位都是可以体现的"这一说法。

被调查学生普遍重视集体的力量和集体利益。认同"个人服从集体"观点的比例是73%，而认同"集体利益要与个人利益相融合"的比例高达93%。这说明学生还是看重个人利益的。不过认同个人利己主义价值观的所占比重极少。此外，能够看到他人与自我互利互惠关系的比例也只有44%。初中学生似乎没有能够厘清个人利益和他人利益的关系，这类似于不能厘清国家利益和个人利益的关系。可以肯定的是，在集体主义和自我与他人的利益关系上，学生的认同不像在爱国主义领域那样一致，显得相对复杂一些，如个人的利益考虑比较多些，这可以视为一种观念的进步。

现代公民需要有参政议政意识，需要确立平等观念和勇于担当的责任意识。从调查结果来看，一方面，平等观念以及言论自由的观念得到了普遍的认可，得到近90%被调查者的肯定。不过，贵贱之分仍然在部分学生中存在，敢作敢当的责任观念同样是学生普遍承认的。另一方面，参政议政意识尚不明显，网络议事和向领导提建议的认知和行为都不到50%，而对学习任务的关注则被置于优先地位。这与他们的年龄及生活阅历有关，也应该与学校教育的内容有关。

（二）就个体的道德素养来说，我们围绕宽容、合作、诚信、尊重等方面设计了9个价值判断的句子。从调查来看，学生普遍地接受了宽容观念，有53%的学生不同意没有原则的宽容，认为该责备还得责备，是比较理性的宽容。尽管我们可能会在实际生活中发现学生缺少合作精神，但从观念层面看，95%以上的学生是认可合作的必要和合作的作用的。我们推测在不损害其个人利益的前提下，学生还是普遍认同合作行为的。另外，98%的学生认同尊重的理念，尤其是对生命权利的尊重，有77%的学生认为即使别人不尊重自己，自己也会尊重别人，这是比较大度的君子之风。我们将"己所不欲，勿施于人"这一箴言理解为将心比心的尊重，它只获得了76%的认可度，相对于完全的大度的尊重而言，似乎比较欠缺，也可能与学生是否理解这句话有关。至于诚信，学生在理智上的认同率只有81%，而完全的诚信，即"无论对方是否诚信我都讲诚信"，就只有60%的认可度了。相对于尊重、宽容和合作而言，诚信这一价值观念的认可度显然偏低。

就对生命价值的认识而言，总体上是具有自强不息的进取心的，但是敬佩自强不息者只占74%，否认自强不息是与个人的进步和发展相关的也占了33%。这似乎透露了以下信息：不思进取（哪怕只是观念上的）的学生，有一定数量的存在；学生似乎觉得"为个人的发展和进步而奋斗"是羞耻的，因而予以否定的占到了67%。这应该和学校教育中将奋斗与"崇高理想"捆绑在一起有关。与此相应的是，只有14%的学生认为幸福就是工作好，物质生活富足，却有71%的学生认为生命碌碌无为是不羞耻的。这说明学生既不认可物质富足即幸福，又在如何使生命更有意义的层面上缺乏进一步的追问和思考。

（三）就知识学习里的价值观而言，它蕴含于自然认知与人文素养中。从这两个方面的调查情况来看，学生普遍地拥有热爱自然，保护和善待自然的观念，87%的学生不愿意为物质享受而肆意破坏自然，93%的学生喜欢人与自然的和谐相处而不愿意打扰自然的纯粹。但是学生的科学精神似乎有些欠缺。48%的学生认为科学能够带来一切，能够战胜一切；19%的学生认为科学才讲证据，其他就不要讲证据，这说明迷信科学和片面地理解求真求实的价值观在学生中还是较多地存在的。实际上，科学的局限性是客观存在的，而且在科学以外，证据意识同样重要。这说明我们对科学精神的教育重视程度还不够，科学课程的教学主要还是认知与解题。就多元文化观而言，一方面，有80%的学生认为学习语言可以深入理解东西方文化，另一方面，也有25%的学生更喜欢西方的节日，说明学生初步具有了东西方文化的文化类型之分，而且对民族文化的认同还是主要的。不过，他们的文化视野比较狭窄，除了知道一些文化标签（如节日）外，对西方文化的丰富内涵知之甚少。当然问卷本身尚不能说明学生是否具有兼容东西方文化的多元文化观。

三、整体的判断和价值观教育的目标所在

基于七、八年级农村学生价值观状况的分析，我们可以对学生已然拥有的价值观作出整体判断，并对应然的价值观教育目标作出推断。

在中国传统文化的语境和新中国成立以来的主流文化里，有关爱国主义、民族精神和集体主义的观念，是受调查的学生普遍认可的，尤其是学生价值观念中的爱国主义精神和民族精神几乎是无可置疑的。因而，我们在教育中需要的不是宣讲，而是基于历史和现实的生动事例加以具体化阐释与"肥沃化"培植。此外，在当今的市场经济条件下，集体主义观念已经受到很大冲击，已经不是传统的习惯认知。无论是这次问卷调查，还是平时的观察都显示，学生更多地考虑自己的个人利益。因此，在教育过程中，需要我们在个人本位和集体本位、个人主义和集体主义的内涵和关系问题上作出深入细致的分析，与时俱进地确立恰当的教育目标和要求，而不能停留于习惯的口号式的教导——这将是与时代和学生认知现状都不符的空洞说教。尤其需要注意的是，调查显示，不到一半的学生能够认识到他人与自我之间存

在互利互惠的关系，这表明"我为人人和人人为我"的观念值得在初中生中予以倡导。

在社会的现代化进程中，民主主义教育正成为一种迫切的需要。从本次调查来看，学生普遍认可民主、平等和自由的价值观念，但是又存在贵贱分等的意识，且对参政议政一词颇感陌生。从学校教育的实际来看，一方面，社会以及一些教育行政部门人为地炒作和过度包装优质学校，制造校际差异；另一方面，学校内部人为地以"因材施教"为借口，偏爱一部分班级和学生，冷落、忽视另一部分班级和学生，人为地制造和扩大学生之间的不平等。这些现象显然有悖于民主主义精神，也实际影响着学生的价值认知。教育要让民主主义真正扎根于社会成员心中，就应当努力做到教育的资源均衡、机会平等和"成果"平等（即不同的学生能在共同关注里皆有不同的发展）。一方面学生有某些公民观念；另一方面学校教育的现实又明显"缺席"，这是价值观教育必须正视的。

学生在理智上是赞同宽容、合作、诚信和尊重（特别是对别人生命的尊重）等个体化的道德价值观的。但是从日常的学校生活观察来看，其行为未必接受了这一价值观指导，因而，我们就要在学校教育中强化这些价值观念，并借助课程教学与实践活动推动其践行，推动其在知行合一的道路上渐进。值得重视的现象是，诚信意识的相对欠缺客观存在；生命意义教育（也可说是理想教育）在学校面临边缘化危机，出现了生命碌碌无为并不羞惭的认知。因此，我们要帮助学生再树"志存高远"的价值观坐标，强调自强不息能推动个人发展，进而就能推动社会发展，使学生将理想、个人利益、社会利益连接为一个整体。

就科学和自然课程里的精神目标而言，学生普遍具有环境意识、热爱自然、保护和善待自然的情感和观念。学校教育需要的是强化观念，并推动学生将观念落实在行动中，转化为细节的生活态度。不仅在文本上让学生感受大自然的可爱和对大自然的尊崇，而且要以野外课程或户外教学的方式强化其正确的自然价值观。热爱科学对于学生来说，也是毫无疑问的，但学生不同程度地存在迷信科学的问题，很多学生只是抽象地接受了"科学就是生产力""科学家是伟大的"之类教育流行语，而不是真正地懂科学和爱科学。因此，在学校教育中，无论是科学课程，还是综合实践活动课程，教师都要真正深入科学精神本身，要有一个明确的科学教育的价值观坐标，这才是科学教学应该关注的，对学生具有终身价值的目标。

在社会日益开放、全球化进程日益加快的当下，以贴近学生生活实际的西方节日为标签的外来文化，正逐渐为学生所了解和接受——学生普遍表现出对外来文化的兴趣和加深理解的愿望。至于民族文化这一标签，学生普遍的认同程度远远超过外来文化。但是，这并不表明学生拥有多元文化价值观。多元文化是由文化的中外性、传统与现代性、主流与非主流性、精英与大众性等文化差异和碰撞所构成的一个系统。多元文化的价值观表现为异质文化共同地、平等地存在和被确认，进而能够形成互动，尤其是对弱势民族（种族）文化的尊重和平等相待，而不仅仅是对强势的西方文化的认同。从调查来看，学生对西方以外的外来文化所知甚少，对少数民族的文化也所知甚少，更勿论所谓的尊重态度了。在学校的价值观教育中，确立多元文化的价值观坐标，是必要的，也是可能的。当时代赋予学校教育一种使命，而且当学生表现出对多元文化的关注时，学校教育就应该在这方面作出探索。在这样的视野下，学校高调开设国学课程甚至加深国学课程，我们认为是片面的，是非基础的。与其这样，不如敞开视野，尊重学生需求，在多样发展的世界文化方面有所作为，多布点，少挖井。

总之，问卷调查呈现的和我们获得的启迪是：一些主流的传统的价值观，因为社会文化因子的持续浸淫，已被根植于学生心中，我们要做的是固本强化、目标细化；而一些新兴的也是学校教育"应然"的价值观，例如生命意义、民主意识、平等观念、科学精神、多元文化等领域的价值观，则被有意忽略，学生在这些方面已经表现出的某些萌芽和欲求也得不到学校教育的重视。加强这些方面的价值观教育是社会现代化进程的必然要求。也只有适应和满足了这样的需求，价值观教育才不同于传统的德育。

附录一：学生价值观调查问卷

年级　　　　　　性别　　　　　　（无记名）

亲爱的同学，以下有38项观念陈述，请认真阅读和准确理解，需要结合自己的实际，真实地反映自己的认识。作答要求是：对下列价值观念作出自己的判断，肯定则填涂A，否定则填涂B，不可同时填涂A、B两项。例如，集体的力量大于个人的力量（你赞同，就填A；你不同意就填B。总之是你内心的真实判断，请你不要急躁和匆忙）。

1. 国家利益高于一切，但并不意味着以国家的名义就可以损害个人的利益。

2. 民族振兴和国家富强与个人有关，是个人的荣耀。

3. 人与人之间应该互相宽容。

4. 生命诚可贵，需要尊重包括他人在内的生命权利。

5. 为"安得广厦千万间，大庇天下寒士俱欢颜"而尽责尽力。

6. 人与人之间应该互相团结、合作。

7. 在尊崇清明节、端午节和情人节、圣诞节的习俗方面，更愿意选择后者甚至只喜欢后者。

8. 学习成绩有好差之别以及工作有蓝领白领之分，都不表明它们有贵贱之分。

9. 己所不欲，勿施于人。

10. 集体的力量大于个人的力量，因此个人要服从集体。

11. 自强不息的人是值得敬佩的人。

12. 凡为国家和民族的利益而抗争和牺牲的人都值得尊敬。

13. 虽为国家和民族的利益而抗争和牺牲了，但在抗争过程中破坏了物质文明，不值一提。

14. 个人利益重于集体利益，先利己，后利人。

15. 网络议事和向领导提建议是社会进步，不会因为学习任务的考虑而不参加这些活动。

16. "天下兴亡，匹夫有责"是在兴亡的关键时刻才值得提倡。

17. 集体利益重于个人利益，但集体利益要尽量与个人利益相融合。

18. 在个人利益问题上，我为人人，人人为我。

19. 别人不尊重自己，自己也不会尊重别人。

20. "天下兴亡，匹夫有责"在任何时刻，任何岗位都是可以体现的。

21. 同学与同学之间应该相互信任，诚实相待。

22. 我虽然不同意某人的讲话，但是我尊重和捍卫他说话的权利。

23. 一个篱笆三个桩，一个好汉三个帮。

24. 班委和"三好生"都应该在有人提议之后进行选举。

25. 人生幸福的人一定是考上好学校，找到好工作，物质生活很富足的人。

26. 科学能够战胜一切，因此也能带来一切进步。

27. 学好外语和古汉语可以深入理解西方文化和我们的民族传统。

28. 人生所以要奋斗不息是因为自己有发展和进步的需要。

29. 说话或者判断时，只要凭感觉就可以了，科学才讲证据。

30. 对那些无论是否讲诚信的人都讲诚信。

31. 可以不纠缠于日本的侵华史，也可以不声讨自己和别人的行为过失，因为要讲宽容。

32. 在有了一套房子以后，最好在劈山填河中建立起来的别墅群中再弄一套住住。

33. 如果对社会发展和民生幸福都是有利的，那么人言不足畏，眼前得失不足虑，敢作敢当。

34. 生命不应该因为碌碌无为而羞耻，也不应该因为虚度年华而悔恨。

35. 喜欢"野旷天低树，江清月近人"，能不打扰这样的自然境界就绝不打扰。

36. 不知道有所谓印第安文明、津巴布韦文化。

37. 对于某些学校和老师对部分同学或班级（例如差生、普通班）的轻蔑，自己有愤愤不平感。

38.《格萨尔》讲述的特洛伊木马的故事，是勇敢的和智慧的。

谢谢你参与这项调查并且如实地全部填涂了！

附录二：学生价值观调查问卷项目解释

领域	题号	解释（以填 A 项为解释的起点，填 B 项则反之）
爱国主义价值观	1、2	表明其爱国主义情感，同时把握了恰当的国家与个人关系。
	12、13	把国家和民族利益摆在生命和物质生产之上。第 13 题表明被调查者可能是对物的关注度高于对道义上的精神的关注度。
	16、20	表明爱国主义落实在岗位行动之上。第 16 题可能意味着被调查者对这一爱国主义口号的理解偏差和日常关注度的欠缺
集体主义价值观	10、17	都看重集体的力量，但第 10 题表明过分看重集体的力量，第 17 题则表明在看重集体力量的同时，没有丧失主体性，比较理智。
	14、18	都将个人利益摆在第一位，第 14 题显示绝对的个人主义，第 18 题则表明在利益问题上能够看到人与我的互赢互利。
个体的道德修养	3、31	都表明宽容意识，第 3 题表明普遍的宽容价值观，第 31 题则表明对宽容只是泛泛而谈的认知而不是深思过的观念。
	6、23	都表明合作意识，第 6 题是一种认可，第 23 题是一种理由。
	4、9、19	都表明尊重意识，第 4 题是最简单最重要的尊重，第 9 题是将心比心的尊重，第 19 题是等价观念里缺少大爱和大度的尊重。
	21、30	都反映诚信观，第 21 题反映的是"应然"是浅层次的，第 30 题则是深度的认可，具有君子风度。
生命价值观	11、28	都表明进取意识，第 11 题是大众性的口号式的认可，第 28 题表明目标驱动下的进取，这种进取观念更容易落实。
	25、34	幸福观，生命的进取心与"志存高远"相联系，第 25 题体现被调查者侧重物质享受，第 34 题反映其对生命意义的认识缺失。
公民社会的价值观	15、24	表明其议政的社会公民意识的觉醒，第 24 题是观念认可，第 15 题在必须选择的情况下考察其行为上是否能真有民主意识。
	8、22、37	都表明平等意识，第 8 题调查其平等观念，第 22 题还包含思想和言论自由的观念，第 37 题侧重考查教育者的不平等意识对学生的影响，以折射学生的平等诉求。
	5、33	都反映基于正义感的担当意识，第 5 题考察其公平正义情怀和担当意识，第 33 题是超越个人得失的担当意识。

续表

领域	题号	解释（以填 A 项为解释的起点，填 B 项则反之）
知识学习中的价值观	32、35	热爱自然，第 32 题从反向考察，体现其善待和保护自然方面的欠缺，第 35 题从正面考察其保护自然的和谐自然观。
	26、29	反映科学意识，第 26 题从反向考察，表明其过分迷信科学，第 29 题从反向考察，反映其对科学精神的理解不足，即缺乏求真求实的精神。
	7、27、36、38	标签层面上的多元文化观，第 27 题表明对语言价值的深层理解和多元文化意识，第 7 题是在必须选择的情况下考察其对东西方文化的认可度，反映其兼容意识的单薄，第 36 题和第 38 题考查其多元文化的视野，第 36 题指向弱势文明，第 38 题指向少数民族文化。

（本文原刊于《江苏教育研究》2009 年第 9 期）

自主学习：回归学习常理的教学优化

一、自主学习：应时而变

　　终身教育是世界教育发展的大趋势，具备自主学习能力则是终身学习的基本要求。早在20世纪70年代，联合国教科文组织即在《学会生存——教育世界的今天和明天》一书中提出终身教育的理念，强调了学生的自我学习。21世纪初的《基础教育课程改革纲要（试行）》明确提出，义务教育应"着眼于培养学生终身学习的愿望与能力"，应让学生"学会学习，学会生存，学会做人"。自主学习作为新课改倡导的学习方式，致力于改变教学中的教师中心观，确立学生的主体地位，体现学生在教学活动中的主动性。因此，培养学生自主学习能力是教育改革发展的需要，是时代趋势。

　　当前，有效教学的期待和实践探索风靡大江南北。然而，部分农村中小学生受社会大环境、家庭小环境等诸多不利因素影响，学习资源欠缺，思维不够活跃，缺乏竞争参与意识和自信心，学习目的与方法不明，学习效率不高，学习中主动发现问题、分析问题和解决问题的能力也随之欠缺。这与农村中小学生自主学习的意识、习惯和能力的缺失有密切关系。研究证明：学生在学习中的自主性的强弱，直接关系着学习的效果。因此，在区域层面上推进学生自主学习能力的培养，也是有效教学背景下的现实呼唤，是提高农村教育质量的抓手。

　　教学就是教学生学，学习的主体是学生，教学的效果最终落实在学生的学习能力上。"教是为了达到不教"，以及人们常说的"活到老，学到老"，都体现了对自主学习能力的重视。课堂教学是面向学生的活动，而课堂教学的时间是有限的，师生活动的比例和份额是此消彼长、相互依存的，学生学习份额减少，则自主学习的能力也会慢慢退化；教师习惯于讲解，学生只能习惯于听讲，说的能力就会日益退化；教师习惯于提问，学生只能习惯于回答，问的意识就会渐渐丧失，所谓"鸳鸯绣了从教看，莫把金针度与人"，就是批评对学生自主学习的忽略。事实上，新课改以来，学生主体和自主学习，也已得到全国教育界的肯定和初步的印证。从这一意义上讲，培养学生自主学习能力，也是对教学本义的回归。

基于以上认知，我们将自主学习作为"学"的优化的出发点和归宿点。

通过相关研究，我们认为，完整意义上的自主学习具有以下两项基本特征：（一）自主的而非强加的。学生既要有明确的目标意识，主动规划和安排自己的学习，又要有在大量信息面前捕捉信息、敏锐地感受和理解信息的能力，并能根据自己的需要进行分类，整理。（二）引导的而非放任的。学生在教师的引导下积极、主动地参与到整个学习活动中，从问题情境出发，动眼观察，动手操作，动脑思考，猜想，收集材料，讨论交流，让每个学生主动参与，经历丰富生动的思维过程，感悟知识的生成、发展与变化。在此，目标、过程与方法是一个相互依赖的整体推进。促进学生自主学习还必须立足4个基本点：建立在学习动机基础上的"想学"；建立在认知逻辑基础上的"能学"；建立在学习策略基础上的"会学"；建立在意志努力基础上的"坚持学"。抓住4个基本点，就抓住了培养学生自主学习能力的牛鼻子。教学内容的选择、教学组织形式的变化以及教学模式的创建都要服从这4个基本点。

二、自主学习：公共策略

在策略探讨的实践活动中，我们通过观念渗透和经验总结的路径，借助多学科、多学段的课例分析，提升自主学习的公共策略，张扬学校的个性化探索。以下对自主学习的公共策略予以说明。

（一）营造和谐轻松的学习氛围，唤醒自主学习意识

学生的学习心理是在外界环境影响下建立起来的，"没有欢欣鼓舞的心情，学习就会成为学生沉重的负担"（苏霍姆林斯基）。因此，自主学习的基本前提是教师抛弃权威意识，在课堂上建立民主、平等的师生关系，重视师生之间的情感交流，营造和谐轻松的学习氛围。教师的语言、动作和神态要让学生感到可亲、可信，要能不断激发学生的求知欲，能激励学生不断克服学习中的困难，让学生产生兴奋和愉悦感，从而使学生敢说敢做，大胆尝试。教师还注重对学生的学习鼓励：不简单地否定或肯定，鼓励学生多问几个"为什么"；激励学生说说"从何想起""如何想的"；鼓励学生不懂就问，促进同伴互助。鼓励的目的是多让学生感受成功的喜悦，体会到"学以致用，学有所得"的乐趣。总之，建立和谐的师生关系，尊重赏识学生，唤醒自主学习意识，建立师生之间的"学习共同体"，是自主学习必要的氛围之一。

（二）提供材料，加强指导，创设自主学习平台

课堂教学中，精心设计一个恰到好处的教学活动，要出现这样的理想状态，能让每一个学生在主动参与中获取自己的体验，在合作交流中优化自己的结论。为此，特定的情境和充分的材料，都是不可少的。"学习的最好刺激，就是对学习材料的兴趣。"（布鲁纳）

我们根据学生的年龄认知特点，提供必要的且能引发兴趣和成就感的学习材料，设计有价值、有梯度的问题，让学生主动参与，尝试实践，既提供学生参与读、想、议、练的时间，又提供有独立发表意见和质疑求异的机会。教师不代替学生思考，不简单地以成人眼光对学生的解答作判断，而是努力让学生在观察、实验、猜测、归纳、分析和整理的过程中，理解知识的含义、概念的内涵和结论的产生，提供学生主动参与、表达自己想法的机会。因为"人的内心有一种根深蒂固的需要——总希望自己是一个发现者、研究者、探索者，在儿童的精神世界中，这种需要特别强烈"（苏霍姆林斯基）。提供材料，创设学生活动的机会，就是满足儿童这种强烈需要的基础平台，也是自主学习应有的出发点。在这一平台上，教师把"想"的时间还给学生，把

"问"的权利放给学生,把"讲"的机会让给学生,把"练"的舞台亮给学生。

(三)精心设计学习过程,注重学法指导,养育自主学习能力

学生自主学习的能力,是在学习过程中不断地培养出来的。因此,精心设计学习过程尤为重要。教师要从"学什么、为什么要学、怎样学"的角度来选择学习内容并且设计学习过程,做到该扶则扶,该放当放,这是体现自主学习最重要的一个领域。为此,导学和精讲就成为一个必要环节:导课前预习,培养自学能力;找新知的"最近发展区",点拨讲解。在旧知与新知间架起一座能让学生自己通过的桥梁。这样的新授课就不是老师在"教"了,而真的是在"导",学生的自主性能够得到充分的发挥。

我们特别注意引导学生"会听"、"会问"和"会思",学法寓于其中。"会听":听思路、听关键语,边听边思边记,把握教师分析问题、解决问题的思路。"会问":为什么是这样、还能怎样。"会思":启发学生多角度、多方面、多层次思维。学生掌握了学习方法,实际上也就拥有了自主学习的能力。针对多数农村学生在集体中常因害羞而不善表达的特点,我们特别强调语言表达的训练,热心鼓励,给全体学生说话的机会,也强调学生之间的彼此倾听和提出不同意见,逐步使学生从敢说到善说到能言善辩。我们还强调带着问题参与教学实践活动,通过主动的尝试和探索实现问题的解决,最终提高学生的自主学习能力。总之,在课堂教学的流程中,设计学生动脑思考、动手操作、动笔尝试、动口表达的时间与空间,使内在的智力活动获得外部的活动时空的形式支撑,使学生由"要我学"到"我要学",最后过渡到"我会学",在学法积淀中渐次地养育自主学习的能力。

(四)合理运用现代信息技术,给学生自主学习插上翅膀

现代信息技术具有情境性、动态性、交互性等多方面的特点和优势,它能够提供多样的交互性的呈现方式。一方面,合理运用现代信息技术的超文本、超媒体的强大功能,构建自主学习的平台,能够给学生一个全方位的立体学习空间,为其自主操练和不受时空限制的师生互动提供方便;另一方面,

利用多媒体生动具体地呈现自学信息，能为学生提供丰富的感性体验，提升自主学习的动力。网络环境下的自主学习，还能够做到真正意义上的师生平等和交互协作，并且因为形式的多样化、材料的丰富性而进一步激发学生的自主学习欲望，从而使他们养成自主学习的习惯。为此，我区的许多学校都在财力较紧张的情况下，为每个教室配备了多媒体设备和电子白板，提供动态的网络上的优质资源，推动在线互动，发挥网上家长学校的平台优势和QQ空间，加强家校联系，建立教师、家长、学生互动的新型合作关系。如此，既激发了学生的学习兴趣，增进了他们的学习动力，也给他们的自主学习插上了翅膀，保障了课堂教学的互动效果。

（五）关注合作，在交往和帮助中，提高自主学习能力

合作学习是以小组活动为主体进行的一种教学活动，也是相互帮助的自主学习的主要方式之一。合作学习要通过分组、改变座次形式来进行。我们借鉴了相对成功的合作形式进行了一定的尝试。如下表。

表1-2 合作学习的3种方式

分配式团队自主	竞赛式团队自主	交错搭配式团队自主
1. 教师呈现学习材料。 2. 团队完成材料上的问题。 3. 教师对所分配的问题进行测验。 4. 教师根据测验，判断团队均分和个人进步分。	1. 教师呈现学习材料。 2. 团队完成材料上的问题。 3. 不同团队间竞赛。 4. 师生对各团队进行打分，评出最佳团队和最佳个人。	1. 学生阅读材料内容，独立承担问题。 2. 不同团队内承担相同任务的同学形成"专业组"，专业相会（交错搭配）。 3. 不同专业组的同学交互评判正答率。 4. 返回原来的团队，评判个体同学在专业组中的贡献，从而计算不同团队的贡献。

上述合作学习的3种方式虽然在形式上有差异，但也有两个共同点：流程上的教师精讲、团队成员自主合作、形成性测验和团队的优胜奖励；目标层面的自主和分享。这是基于学生游戏精神的活动性学习，它将团队合作学

习与班集体教学相结合，将团队合作学习与个别化教学相结合，以求取长补短、在分享中扩大学习成果。此外，它还实现了以下结合：教师的讲解与学生读书相结合，教师的指导与学生的自学相结合，教师的提问与学生的质疑问难相结合，传授知识与教给方法相结合。如此的以自主学习为核心的交往性合作，"层累代进"（顾颉刚）地提振了自主学习能力。

（六）优化作业，强化自主学习的习惯

作业是教学过程中不可或缺的，是自主学习习惯养成的主要途径。首先是精选作业内容，强化作业的典型性、启发性和系统性。学校要求各学科备课组以年级为单位，根据教学过程的具体情况和学生实际，提前二至三课时集体商讨作业的范围、要求和题量，继而落实具体实施人员。学校行政人员既是督查者更是参与者，保证作业的优化在一开始就不流于形式。其次是从顶层设计的角度规范作业的价值指向：1.培养学生课前预习的自主能力；2.引导学生进行自主质疑；3.鼓励学生独立发表自己的见解；4.提供学生担任小老师互帮互学的舞台；5.作业质量具有举一反三，事半功倍的特征。为此，我们有了一个基本的作业设计框架：自主梳理和检测；自主质疑问题串；尝试自行解决，留出待解空白；期待同学帮助（可以指名道姓）；收获与小结。最后是强化作业的过程监管，将作业与课堂教学结合起来，将先学后教的思想落实在作业运用上。教务处的作业管理和课堂检查都建立相应的台账。

（七）构建自主学习的课堂教学模式

培养学生自主学习能力，克服老师无视学生的境况，还必须建构能够推动学生自主学习的课堂教学模式，将其稳定性和结构张力发挥出来。相关学校各具特色地尝试了以培养学生自主学习为主题的教学模式，其教学流程大体分为3类。1.文科课程：激趣、起疑，明确自主学习要求——阅读、感悟，引发思考与表达——相互检核，知道结论和方法——迁移性的再读、再说，形成学习技能。2.理科课程：情境铺垫、形成认知冲突——尝试自主解决和师生帮助——佐证结论，感受方法——运用方法、巩固和拓展。

3.学校自主地顶层设计、各学科均参照实施：查（对导学提纲的自查）——学（群体自学的"兵教兵"）——展（互动的自学成果的表达和展示）——练（达标检测、当堂训练）——联（归纳总结、三维目标的整体架构）。在这些教学模式中，有两个基本立场是被遵循的：学习能力不是听出来的；不是随便什么问题都能有效导学的。

各校的教学模式虽然有不同程度的差别，但是追求自主学习能力的培养，重视学法指导，提升教学质量，则是共同的宗旨，它们力图将强制性的"教我学"转向"建基于学生认知智慧的限度之内"（布卢姆）的"我能学"。

三、自主学习：蓦然回首

学生是教学之本，自主学习是教学的常理。营造氛围，唤醒自主学习的意识；运用技术，激发自主学习的动力；提供材料，创设自主学习的平台；设计过程，架构自主学习的路径；优化作业，培养自主学习的习惯等一系列策略的运用，为我们的自主学习能力的培养积累了一定的经验，产生了良好的实践成果。这是简单的真理，但是深入进去，每一个策略都有校本的、班本的变式，有很多的教学技艺，它又是复杂的。

踏踏实实地培养学生的自主意识、自主习惯、自我监控和自主解决问题的能力，这是一个简单却又复杂的优化教学的胜景。我们需要持续不懈地实践。

（本文原刊于《江苏教育研究》2014年第9期）

在本土知识的视野里探讨农村的学习型学校建设

学校的生命是由教师和学生两个主体共同创造的,其主要的存在形式是知识学习和文化建设。在农村学校,师生的知识学习既面对人类文化共有的许多科学和工业时代的普遍性知识,也包含业已存在的和将要改变或消失的本土知识。因此农村的学习型学校建设,要面向两种形态的知识来构建师生互动的学习共同体。[1]

一、本土知识的学习

真正的知识学习是要活出生命的意义,生命的意义源自对生活世界的把握。生活世界是一个不言自明的现实世界,是一个奠基性的世界,是一个日常的伸手可及的世界。[2] 农村学校的生活世界首先是一个被本土知识支撑和包裹着的世界,如此一个现实的奠基性的日常世界,一个与农村本土人民的生存和发展环境及其历史密不可分的精神世界,是学校的知识学习不容回避的现实背景,因而也是学习型学校建设在选择学习内容时的逻辑和事实起点。

---

[1] 本文讨论的知识,不仅是人类认识的结果,也是人类认识的过程,不仅是相对稳定的客观反映,而且是开放的现实解释,在其陈述性的、逻辑性的事实背后,还构成性地包含着价值选择和伦理负荷。
[2] 倪梁康:《现象学及其效应——胡塞尔与当代德国哲学》,生活·读书·新知三联书店1994年版,第131页。

目前，农村学校的知识学习与城市并无二致，远离农村生活世界的普遍性知识一统天下，似乎它才是合法的真正的知识。学校师生面对的普遍性知识，是一种与工业文明的社会形态及自然科学的思维方式相匹配的知识理念，它以学科为存在形态，以书本为物质载体，以整齐划一的教材征订为渠道，以课堂学习为获得路径。师生一起围绕这样的课程知识转圈子，极易走向以升学为价值取向的应试教育。他们知道元素周期表，却不知道正确施肥的方法；他们学过"电"的知识，却对各种家用电器的养护和维修知之甚少；他们上过不少的思想品德课，却未必能够建立良好的人际关系。普遍性知识的学习是必需的，但它近乎垄断的地位以及对其他类型的知识的排斥却成了农村学校知识学习的一大缺陷，使得农村学校的知识学习不能切合农村的生活世界和农村青少年的需要，从而降低了基础教育对农村社会的进步、对农村青少年的生活幸福和身心发展所起的促进作用。更重要的是本土学校对普遍性知识的独尊，导致了学校教育面对本土社会的异化，孕生了师生对本土知识乃至对整个本土社会的自卑意识，使本土社会的重建永不可能。

农村学校的知识学习，必须向农村的生活世界开放，也就必须在乡村社会的现实与历史中寻求知识学习的元素。事实上，乡村社会中蕴藏着丰富的学习资源，"乡村地域文化中长期积淀而形成的地域、民俗文化传统，以及乡村生活现实中原本就存在的许多合理的文化因素，有着对于乡村生活以及乡村生活秩序建构弥足珍贵的价值成分。换言之，乡村地域文化中原本就潜藏着丰富的教育资源"[1]。在乡村学习资源中，最有价值的是生存在乡村里的本土知识。"本土知识"是与普遍性知识相对的，是指"由本土人民在自己长期的生活和发展过程中所自主生产、享用和传递的知识体系，与本土人民的生存和发展环境（既包括自然环境也包括社会和人文环境）及其历史密不可分，是本土人民的共同精神财富"[2]。本土知识的获得与增长能够切实帮助本地学生更好地认识自己面临的问题，更好地解决这些问题。也就是说，本土知识

---

[1] 刘铁芳:《乡村教育的问题与出路》,《读书》2001年第12期。
[2] 石中英:《知识转型与教育改革》,教育科学出版社2001年版,第327页。

对于解决本土问题来说，是一种真正有效的知识。再者，挖掘、整理和吸收这些学习资源，一方面承担了农村学校传承本土知识的薪火相传的教化使命，能够推动乡村（乡镇）社会的文化建设和学校的特色文化建设，另一方面又促使了学校师生在本土知识的学习资源里，感受到存在的价值和生于斯长于斯的生命意义。

二、普遍性知识的重组

农村学校的生活世界并不仅仅是面对乡村社会里的本土知识，本土知识也不是农村学校组织学习的唯一内容，我们不能不面对普遍性知识。

然而当前的普遍性知识往往以学科的形式分门别类地呈现着，特别强调自身的系统性，把自身视为独立于，甚至高于鲜活的社会现实的另一种客观实在。这不仅割裂了认识对象、认识活动及认识结果的整体性，而且疏远了与学习者实际生活的距离，尤其疏远了它所面对的当地的文化背景和实际需求，导致学习的意义和动力的部分缺失。事实上，一些普遍性知识还成了难以应用的摆设与装饰。当学生们升学无望而返乡后，他们或者重新熟悉本土知识或者去城市"打工"，原先所学的普遍性知识也就在考试结束后灰飞烟灭了。因此，我们应当重组普遍性知识。第一，在编排普遍性知识的内容时，一方面凸显其产生的历史背景和文化境域，以消解它们那种"绝对的""中立的""普世价值的"霸权地位，使师生从思想上摆脱对它们的盲目崇拜；另一方面引进、补充必需的新的普遍性知识，那些与我国工业化和城市化发展进程有关联的科学和人文知识，特别是人文社会知识，应该纳入组织学习的视野。第二，在普遍性知识的呈现方式上，一方面以理性问题的主题探究来引领知识的呈现，另一方面则以朝着生活实际问题的开放，来引领普遍性知识的呈现，我们可以称之为专题探究性或综合生活化的知识呈现方式。它有利于普遍性知识与学习者的日常生活相连接。第三，实现普遍性知识与本土知识（身边的知识）的链接，这也是普遍性知识向生活开放的应有之义。早在

20世纪初期，陶行知就主张学校要和本土社会合作，打破传统的学科界限，实行教学做合一，以培植和提高本土人民的"生活力"。因此，我们更有必要重新检视普遍性知识，以寻求两类知识的通融与整合。譬如，同一个主题或类似问题下既有普遍性知识的思考和回答，也有本土知识的思考和回答，就可以给学习者一个比较宽广的视野和鉴别机会。

普遍性知识是人类文化的共同财富，是无法回避的"公共知识"，然而它不能漠视本土社会的存在，不能脱离本土知识而独步天下，否则农村学校的"现代教育就是要使他和他的生活环境格格不入，就是要使他不断地疏远故乡的这种环境"①。在西方/城市话语打着现代化旗幡制造自己的霸权时代，有组织的学习更应该有选择地改造普遍性知识的内容和呈现形式，通过本土化的重组以使普遍性知识能够扎根本土，并在改造乡土社会里发挥作用。

三、知识学习的行为本质

所有各种人类知识，无论是本土性的知识类型还是普遍性的知识形态，都是处于一定的社会建构过程中的信念，都是处于一定的社会情境中的人们进行协商的结果，学习者的知识获得也都是在人与人的共同交往与共享中完成的。②显然，学习不是单一的文本传承，它更是置于一定的社会文化关系中的实践行为。此外，知识也有显性和默会之分，许多知识尤其是本土知识常常以默会的形式存在于一定的社会情境或文化传统之中，因此知识的学习需要寓居于一定的实践之中。这样，知识的学习具有了社会的、实践的、分享的和默会的本质。

所谓的知识学习，在学校这个学习场所，从来就是教师和学生在一定的社会语境中展开的分享着的实践行为。学生的知识学习离不开教师的组织和

---

① 石中英：《知识转型与教育改革》，教育科学出版社2001年版，第353页。
② 郑太年：《论学习的社会性》，《全球教育展望》2003年第8期。

参与，它具有师生互动的实践特征；同时，教师的知识学习和文化建设，也不能忽略学生的参与，因为学校里的教师是不可能离开学生而获得角色认同的，教学艺术是由师生共同创造、共同完成的。由此看来学校的知识学习是一种师生共同体里的双主体的对话和实践行为，基于这样的学习共同体的对话和实践，教师的知识学习更是一个文化觉醒的过程。这是教学特性的内在规定，也是知识学习的行为本质。

学习型学校的建设既是一种学习行为，又是一种团队管理行为，团队管理同样决定了知识学习的团体共享和实践的行为本质。在建设学习型学校的理论框架内，师生合作参与的知识学习共同体是在愿景引领下进行有关联的学习，所有成员在一个共同的关注点里，共同致力于解决问题，共同投入热情，从而通过持续不断的相互作用来获取知识、生产知识。① 这就构成了一个实践共同体，它不仅重视核心成员的贡献与价值，也看重那些非核心成员的边缘参与和智慧。可见，团队的共同体学习也充满了平等、共享和实践的社会特征。

总之，农村学习型学校的知识学习，首先是一个师生双主体互动下的实践共同体的学习，其次是实践共同体基于本土知识和普遍性知识相互链接和融通的对话性学习，最后，在实践共同体这个组织里，师生的知识学习应该是基于问题的团体学习，是具有社会性、实践性、分享性甚至默会性等特点的团体学习。其问题是蕴含丰富的、真实的实践（包括外显的实践和内隐的实践）网络的，是能够让学习者浸润其中的。

四、学习本土知识的事件追溯

我们将本土知识的搜寻和理解作为团体学习的问题起点，构建了一个师生共同学习的组织，以搜集—整理—演绎的活动程序，尝试了农村学校学习型组织的建设过程。

---

① ［美］彼得·圣吉等著：《学习型学校》，杨振富译，天下远见出版社2003年版，第209页。

2004年3月下旬，风和日丽，笔者来到离市区49公里的丹徒荣炳中心校，参与商讨本校语文教师的知识结构中应该补充的本土知识。经过本土知识的概念界说与讨论后，老师们开始了自由议论。徐老师认为乡村生活包括我们所能看到、所能感受到的自然环境、村社活动、乡土风情。施老师强调本土知识与当地的民众生活密切联系，是水底的冰山，隐藏着，具有缄默和心领神会的特点。孙老师提出，本土知识的学习无论是教师还是学生，都应该依托实践活动，在向乡村生活延伸的过程中，有必要形成有活力的文本。随后老师们从课程资源、校本建设、教师专业成长、基于传统再超越传统等方面肯定了学习本土知识的必要性。

"本土知识的学习其实是我们这个学习共同体组织学习的抓手，是对生活根基的关注，也是在工业化和城市化进程中对本土历史的尊重和保存。我们能否召集学生座谈，列出一份本土知识的搜集清单，然后再思考如何与普遍性知识相融通，使教材上显性的文本知识与乡村生活的隐性知识共同成为我们的学习内容，使我们获得生命的亲近感。"笔者是这样建议的。

2004年9月下旬，我们再次"集会"，看到了本土知识的清单——乡情、乡民、乡景、乡俗四大板块。就乡景而言，包括"麦苗之春""稻穗之秋""河塘之夏""霜迹冬浓"，很能反映农村特色。景观知识对于长期生活在农村的语文教师来说具有特别重要的意义，它不仅仅是一种终日相随的生活背景，而且是一种恬淡、畅亮、朴实的文化名片和生命原色。就乡俗而言，包括"节庆之日""民间传说""乡村俚语""农业谚语"等栏目，其人文文化的地域色彩非常浓厚，也是传承本土知识、重建乡村社会的重要载体。

语文组的老师在谈到让学生自主搜集本土知识时，显得十分激动。

"学生特别喜欢乡村的家禽与昆虫，给它们赋予了生命的律动。"

"他们对家里的传统习俗很感兴趣。例如春节来客，如何排定宾客在八仙桌上的座次，再如清明时节上坟和踏青的仪式，他们在课堂上交流起来兴味盎然，我也获益不小。"

"还有学生搜集了本地的历史传闻和新四军进行抗日斗争的人物事迹，并且形成文字，读来也饶有兴趣，使我们外乡人也了解到乡土的历史。"

"这既推动了小学生的研究性学习,让他们感同身受地触摸了身边的知识,又使学校得以借助学生资源,让蕴藏在乡村里的本土知识清晰起来,这也就为我们老师的学习提供了相关知识。"

"其实这些知识本身,有着对于乡村生活以及乡村生活秩序建构弥足珍贵的价值成分,就是说,它是合理的教育资源,是现代化进程里,仍有保留价值的本土文化。"

"我们正准备结合教材的有关话题穿插一些类似的本土知识,例如课本写彭德怀等人物,我们就补充学生写的本地英雄凌荣炳……"

这里的对话,折射了本校师生共同学习和汲取本土知识的历程,也在事实上成了构建教师生命意义的介质。

2005年1月中旬的一个下午,冬日的阳光跌落在阶梯教室的讲台上,年轻的徐老师和六年级学生一起演绎了"乡村·我与昆虫"的童年趣事。蚂蚁、蜻蜓、螳螂、知了、马蜂是他们讲得最多的昆虫,他们编织童话故事,也夹杂科普常识,而蝈蝈与蛐蛐则让老师自己也充满了甜美的追忆。师生天人合一般的自我陶醉,也感染了听课的人。我想,这绝对是一种基于实践、对话和共享的师生共同体的学习,是一种源自乡村的、蕴含传统精神甚至古典的人文情怀的文化之旅。

会议室里,黑板上方的白色山墙上,红色横幅上的标语是繁体的行书,写在菱形的白纸上,菱形的白纸别在红绸上,还能闻到墨汁的气味,仿佛是在20世纪30年代。

有关本土知识的对话和学习,是从解读学生的作文开始的。

"我家的院落"是乡村图谱,是乡村生活世界的一部分。四年级的杨玲同学写"我"家院子里的葡萄:春天的它鲜嫩漂亮,夏天的它勤劳致富,关上院门我美美地享受它的酸甜。到了冬天,它又像母亲为儿女们操劳一样,在为来年的叶茂果甜做准备。

穿村走乡的手艺人是一堵朴实的土墙。五年级李文超同学笔下的"修拉链的老爷爷"是不可能在城市看到的:我老远听到了粗犷的声音:"修拉链补鞋子了",我就见到了一位五六十岁的老爷爷,身上"长"满了补丁,家境肯定是贫寒的。我不由得产生了同情心。……他给我的书包换了一条新的拉链。在我给他一元钱时，他发现我书包底下有两处脱线了，就说给我缝上，我忙说不用了……"没有钱不要紧，脱了线不缝上会漏东西的，重买书包则又要花几十元钱，你只要好好读书就行了。"他收起摊子，骑上自行车拐到另一巷口，远去了。后座上那重重的机器他驮得动吗？

以下是笔者和学校教师感悟学生作文过程中的部分对话：

"这一份淳朴、一份内心的恻隐和感动，是源于乡村记事的道德感悟。文本是由学生提供的，老师解读学生的作文，其实就是在学生提供的本土知识里感悟乡村的道德经文。"

"本土知识似乎更多的是一种道德规训，像我们这里的俚语'没有大粪臭，哪来五谷香；今夜露水重，明天太阳红；米饭好吃田难种，白面好吃磨难推'。这些就表达了一种付出和回报的训诫，很乡土，很朴实，教给学生和教给老师都是很有效的，未必就比'梅花香自苦寒来'差。'鸭子生大蛋，一声不响，母鸡生小蛋，呱呱直叫'表达了一种谦虚，'水是田的娘，无水苗不长'则表达了一种感恩之心。"

"本土知识似乎还包括与当地的经济和社会发展问题有关的科学知识。例如荣炳稻米的生产和加工、荣炳盐矿的采掘和用途等，这也是我们课本里的普遍知识不可能呈现的内容，对它的学习不仅仅是为三农服务，也是我们的愿景之下，寻求一种生于斯长于斯的生命意义。这样的本土知识应该是我们下次巡弋的起点。"

"现在，我们看看窗外，世界一片漆黑，以至于汽车北移的灯柱如此撩人，而此刻的城市早已在亮光工程里五彩缤纷了。喧闹的城市夜生活根本不知道：我们这里，除了会议室的灯光就是黑暗和宁静。"

"农村的贫困、生活的单调毕竟是我们无法回避的，我们老师也向往城市。阅读学生写身边生活的作文，有时会有一种自足和宁静，也有一种宽慰感。不知道这是否在聊以自慰？不过，用学习型学校的理论话语，真正的学习也许就在于涌动生命的感悟。"

……

五、分析与结论

老师发动学生搜集和记录乡村的本土知识，指导他们分门别类地整理，从语文教师的职业习惯出发，或者编成素材库，或者让他们写成作文。在聆听作文里的学生声音时，表达教师生活的生命感悟，再将这份感悟记录、汇总起来反馈给学生。这是基于本土知识的师生的共同学习，其间他们结成了共同学习的实践共同体，这样一种共同学习是探究本土问题的场域体验。我们不难发现，以乡村的本土知识为学习载体，师生能够共同生产知识，进而形成自己的知识，感受到身处乡境的生命意义，真正的校本课程和地方课程往往就此滋长了。这些恰恰是学习型学校建设的理想追求。

相对于普适性知识，农村学校在城市取向的知识学习价值观里，在西洋搬过来的知识学习套路上，有组织的知识学习就可能是身处异乡，就不会有诗意地栖居的感觉，也很难生产知识，因而也很难拥有学习的真正价值：文化建设和生命意义。

在我们看来，诗意地栖居，就是对自己所栖身的地方的怜惜之情和价值发现。农村学校的知识学习就其诗意感和生命栖居的扎根意识而言，本土知识的学习无疑是首选的学习目标。在全球化的现代背景里，在后现代知识观的视野里，这一点就显得尤其重要。

本土知识的获取和生产行为不是一种从文本到文本的转译，而是"生活即教育，教育即社会"的生活—知识—社会一体化的知识学习和生产，是师生和社区人员之间的彼此实践与人际分享。同时，本土性知识的学习总与普遍性知识有着相互融通和链接的关系，这样它才不至于沦为纯粹的土著方言。上引事件正好体现了这样一种学习行为。

我们的理性阐述和事件追溯，已经能够说明农村的学习型学校建设应该强调本土知识的价值、增添本土知识的结构和发展方向，这是使之立足农村，推动农村学校的文化建设，有效地实行本土知识和普遍知识相互衔接、彼此拓宽的必要条件，也是学校为农村人的生存和发展提供社会服务的根本途径。而这样的学习又一定是师生合作的向社区开放的学习共同体的实践交流和分享活动，只有这样的知识学习行为，而不是个体的本本主义的学习行为，才能突出地彰显学习型学校建设的要义。

需要指出的是，无论是本土知识的学习还是改造普遍性知识的学习，我们的知识学习都不是以农业文明的复兴为旨归的；同时，本土知识的追寻，既不是老师布置给学生的任务，也不是老师的"独资"经营，而应当是师生共同展开的知识寻绎和文化建设活动。

［本文为江苏省教育科学"十五"规划重大课题"学习型学校建设研究"（A/2002/01/002）的阶段成果之一。本文原刊于《江苏教育学院学报（社会科学版）》2006年第6期］

远离教育的功利与浮躁
——台湾地区中小学教育考察报告

———◎———

2006年3月，江苏省教科院组织台湾地区教育考察团，先后参访了台湾地区的秀朗小学、成渊高级中学、康桥国际学校、淡江高级中学、永春小学、大里高级中学6所学校。考察活动包括听取学校介绍、参观校园校貌、学术交流与听课等。学校的文化风景、师生的礼仪学养、校长的教育智慧、学校充溢的中华传统文化和对大陆教育同人的真诚友情，都令我们生出一份欣喜和感动。

一、校长领航学校：理性、激情与梦想

一个好的校长必然会造就一所好的学校，在中国台湾，我们所见到的几所学校的校长，既有明晰的现代教育思想与智慧，又有澎湃的教育激情与梦想，是他们在领航着学校的发展。

台北秀朗小学的叶校长带着我们参观校园，时而给我们解说，时而抚摸一下在校园里上自然课的小学生的脸。在校园一棵古老的大榕树旁，她自然地说起天人合一："所以，学校讲究敬天爱人，要老师有无限关怀的爱心，师生都应该适才适性。"做没有围墙的学校，是她的教育理想；没有一位不认真的教师，"请您好好休息""请教师好好教学"，是她对教师的姿态；校长室

不要铁窗,而后才有精致的教育,是她新的改造学校的校长行程。

秀朗小学会议室背后的墙壁上高悬着"有教无类"4个大字,左边竖着的镜框用颜体书写着国民小学教育目标,"国民小学教育,以培养活活泼泼的儿童,堂堂正正的国民为目的,应注重国民道德之培养,并增进生活必需之基本知能",右墙上挂着的巨大镜框上用欧体书写着"养成良好的习惯,才能有更美好的人生"。置身于这样的会议室,我们感受着叶校长作为学校领航人的重任和职责。当我们询问是哪一个书法家的作品时,叶校长骄傲地告诉我们,镜框里的文字不是请书法家写的,而是学校教师的书法作品。在学校的"秀朗艺廊",她也很自豪地说,这里陈列的是学校教师的书画雕塑作品,艺廊的设计和布置都是教师自主进行的。

台中市永春小学的陈校长直接操作手提电脑,用激光笔解说他的"从心出发,以爱圆梦,归零而达到无限可能"的无限方程式:新学校＋新团队＋新思维＋运用经营策略＝永续优质校园。当我们提问"什么是归零"时,陈校长果断地回答:学期结束时,每一个人的所有成绩与错误全部归零,一切从头开始。

在永春小学,我们参观具有美索不达米亚建筑风格的校园,桃红色的伊斯兰式城堡。大地震后,重新设计的校园建筑方案是由学生选定再由校方交付建设的,这是"从心出发,以爱圆梦"的以学生发展为本的价值取向的鲜明体现,满足了学生参与学校建设的热切需求,培养了学生热爱学校的情感,使学生真正成为学校的主人。陈校长充满哲理和诗意地说:建一所城堡式的童话般的学校,就给学校的师生以童话的启示,就让学生获得童话的纯真和理想,这就是城堡筑梦,筑梦踏实。

我们惊讶于五十几岁的陈校长心态如此年轻。他说:只要爱孩子,就会有想法,就不会老之将至。我们惊异于他写给每一个老师的生日贺词,他会将贺卡送到教室,当着学生的面高声朗读。他说,是老师的魔法在改变学生,而不是校长的魔法。他在校刊《爱在永春》第九期上有一段寄语:变变变!用爱心与神奇魔法,让永春的小朋友变得有学问、有气质、爱工作、爱运动,个个都成为名副其实的小王子与小公主。

我们在校园里问一个四年级的男孩子：你想成为什么样的人？男孩不假思索地回答："有气质的人。"我们笑了，又问："什么是有气质的人？"男孩回答得很快："就是有爱心的人。"我们深思，追问："什么是有爱心的人？"男孩回答仍然很快："就是小王子、小公主。"

"从心出发，以爱圆梦"的教育理念，不只停留在校长的嘴里，也落实到教师和学生身上。能够从教师和学生行为中体现出来的学校文化与学校精神，才是真正的学校文化与学校精神。从这个男孩的回答中，我们读出了陈校长的学校文化的领导力，也读出了永春小学教师建设学校文化的执行力。

康桥国际学校的张校长以其清晰的思维、理性的分析、敏锐的洞察力，给我们很深的印象。在学校会议室里接待我们时，他有条不紊地介绍了学校的独特性：康轩文教集团投资14亿新台币建立的现代化学校，使用康轩文教开发的课程和教材，在美丽的富人住宅区青山上办学，每个学生每年收费25万新台币；接着顺理成章地叙述学校的4大理念和6大目标，"实验、双语、田园、能力"和"国际化、乡土化、一贯化、精致化、科技化、人文化"，培养学生具有"带着走"的能力；最后归结到学校的愿景是"培养具有国际竞争能力的社会精英，给孩子一个美好的未来"。

张校长在与我们的交流中充分表现了他的理论功底、学术涵养和思想智慧，使我们认识到一个好校长在理论和学术方面能够达到什么样的水准和高度。他将我们提出的学校是否为"贵族学校"的疑问，转换为"精致化"和"平民情怀"来表达，将我们提出的教育公正与均衡的追问，先用"台北市长考虑台北的教育公正，我作为校长考虑学校范围的教育公正"巧妙化解，接着提出"教育的终极价值是让客观上存在的不同类别的人获得充分的发展"的观念；当我们提问"如何理解学校作为学习型组织"时，他敏锐地说出：学习型组织是学校的非正式组织，赋予正式组织的学校结构以活力，使僵化的学校机制变得富有弹性。

二、教师造就教育：职业素养、团队精神与专业发展

我们参访的几所学校，教师给我们以这样的印象：教师群体表现出较高的整体素养、鲜明的教师职业特征、很强的职业责任感和幸福感；具有较大的教育教学自主权，教育教学工作具有很强的创新性；是一个具有很强执行力、学习力、创造力的学习型团队，不断实现着教师的专业发展和成长。

教师职业的特征之一是它需要教师具有高度的自主性和创造性，而这样的自主性和创造性是需要学校制度、外部环境和服务平台来支撑的。康桥国际学校专门设立了研究部，研究部共有5位教师，分别担任部长、研究部秘书和工作人员，管理着学校的研究室，研究室有非常好的设施与条件。研究部部长具有博士学历，办公室一人一间，是学校里不上课专门做研究的人。在交流研讨时，当我们询问研究部的工作职能时，他思索片刻说，相当于校长的智囊团，首要工作是把校长所提出的学校愿景和教育理念具体化、操作化和环境化，其次是组织教师研发学校本位课程和开发社区教育资源。

在康桥国际学校研究部教师的策划和引领下，学校校园环境的设计和开发完全依据张启隆校长所提出的"国际化"和"乡土化"、"科技化"和"人文化"相一致的理念，特别注重中华民族的传统文化，将学校愿景和教育理念体现得非常充分。教学楼的走道与回廊洋溢着浓郁的文化艺术氛围，插花、根雕、织物挂件、废旧物品做成的装饰画、画作与书法条幅等等艺术品琳琅满目，全部是教师创作的作品。陪同我们的教师说，这就是课程。依据"田园化"的理念，建设建筑内的田园风光和户外田园风光，使学生能够亲近自然、亲近土地、爱护环境；为满足培养具有国际竞争力的精英需要，强化体育课程，要求所有学生学会游泳、爬山和自行车越野，从培养顽强的意志力、耐受力、拼搏精神、团队精神的高度，阐释体育课程的意义和价值，来磨炼和建构未来国际精英的素养和精神。

在台湾的其他学校我们也看到了类似于研究室、课程开发室一类的部门，看到了教师在课程与教学方面的自主经营空间和开发创造能力。秀朗小

学"课程开发委员会"提出要让学生"一人一艺，一人一技"的目标，由80位教师联手开发的"没有围墙的学校"，以台北著名图书馆、博物馆等为教学活动基地，开发出系列学校本位课程，极具专业水准，我们读后叹为观止，惊讶于教师如此之高的课程开发力和创造力。大里高级中学的一位体育老师根据自己业务进修时所接受的培训，开发和设置了"射箭""抖翁"课程，得到校长的全力支持，并形成了大里高级中学的课程特色之一。

成渊高级中学编印的《成渊学报》是教师研究论文的汇集，部分标题如下：近代西方科学哲学的递嬗；中西文化交融的视点；试寻科学的疆界；传统木作雕刻研究——以三峡祖师庙为例；阿德勒理论运用于综合活动课程设计；与博物馆做朋友——读博物馆与艺术教育；在叶落之后；高中英文话剧比赛排练日志与检讨。《成渊学报》第六期有一篇名为《教师创新行为》的论文，引用的参考文献包括中文部分50篇（部），英文部分11篇（部）。由此，我们可以窥见教师的专业素养和创造水平。

台湾的中小学非常强调团队精神。在我们所参访的几所学校，校长的介绍总是把学校的成就归因为自己有好的中层、好的主任和好的教师；而主任的介绍总是把本部门的成绩归因为有好的组长、好的教师，当然还有好的校长；而教师都说自己有一个好学校和好的团队。学校基本上是一种扁平式的组织架构和管理方式。一所学校一般只有一位校长，不设副校长，设有教务处、学务处、辅导处和总务处4个职能部门，每个部门只有一位主任，每个处室下设若干小组，每个小组只有一位组长。校长聘任主任，主任聘任组长，组长聘任教师，不同部门的主任每两年要轮岗一次。成渊高级中学的一位学务主任说：你不会给另一部门制造麻烦，因为下次你就到其岗位上去了。

与校长具有较强的领导力相对应，学校团队和教师团队具有很强的执行力。如永春小学为实现"优质教育、全人教育、追求卓越"的理念，由4个不同的职能部门分别设计了"艺文永春"、"爱在永春"、"活力永春"和"卓越永春"4个主题，再由不同的职能部门组建相应的团队加以落实；秀朗小学的学校愿景是"秀朗心、故乡情、世界观"，为实现这一愿景形成4

大主轴，即"阅读护照""一人一技""薪火相传""科学探秘"，基于4大主轴形成学校本位课程的总体框架和规划，具体规定1—6年级的课程内容设计。强调团队的执行力，实际上就是把一种理念和愿景具体化、组织化和行为化，最后落实在课程和教学里，落实在校园环境中，具体化在师生的行为中。我们在参访的几所中小学里，强烈地感受到了学校团队和教师团队强大的向心力、凝聚力和战斗力，从而转化为实现学校特定目标的整体执行力。

学校团队的执行力，来自学校团队共同的愿景和目标，也来自学校团队不断的学习和持续的专业进步。康桥国际学校每周三的下午都是停课培训，每周有一次学科教学研讨活动，教师每年必须参加70学时的培训，而教育行政部门规定每个教师最低进修时数为18小时。许多教师利用休息时间参加各类大学的培训和进修活动，低学历的教师读硕士、读博士成为风气。当然更多的是结合本校实际的校本培训，如成渊高级中学对新教师的培训，校本培训制度的规定十分明确而具体；对辅导教师（班主任）的培训采用导师制，分年级进行每周一次的导师汇报制，一学期有3次以上的集体辅导；明确要求教师通过培训和进修形成"第二专长"，而不满足于只教一门课程等。终身学习的自觉愿望和较高水平的专业发展，使教师拥有着内在的气质，充沛的智力，创造的才华，也使多数教师的脸上挂着沉静的微笑。

三、学生成就校园：敦品、励学与质优

在我们所参访的几所中小学，学生和学生的发展是学校和教师关注的中心。学生在校园生活、成长、成功，让我们深刻感受到好的校园生活对学生发展的意义和价值，深刻意识到好的学生才能成就好的校园，创造欢乐、丰富而又有好品位的校园生活。

一所学校对学生的培养目标，往往体现在该校的办学理念或校训阐述中。秀朗小学在学校愿景中提出：培养学生敬天爱人的情怀，享受成长和快乐的学

习，互相敬重、人本关怀的态度，突破创新，超越自我的能力，具有乡土情感和国际视野，能进行终身学习。

成渊高级中学的校训"诚朴勤勇"就是一种学校个性化的培养目标。诚：真心坦率，自然恳切，特意专注，内外一致；朴：言而有节，行而有礼，纯朴坚定，刻刻欢喜；勤：黾勉相勖，寸阴知惜，日月累积，至于千里；勇：能伸能缩，勇于不敢，勇于公义。在此基础上又提出了成渊学生必备的基本能力15项，包括能保持身心健康、能和谐人际关系、会写自传、会自我介绍、会写读书计划、会写小论文、参加社团活动、担任自治班干部、参加社区服务、会游泳、会操作电脑、最少会用一种乐器等。我们感受着学生在校园里的健康成长，印象尤其深刻的是"敦品"、"励学"和"质优"3个关键词。

台湾地区的中小学很注重学生文明礼仪和道德品质教育，并很好地内化在学生的行为习惯之中。在秀朗小学，每个教室前都有一纸类似于我们"小学生守则"的"生活公约"或"我们的约定"。学生很文明，也很开朗，只要你邀请，他们都愿意与你合影；下楼梯时学生习惯性地右侧行进，把左侧让给上楼梯的人；下课时，学生集体转身向听课教师鞠躬："谢谢！""再见！"在永春小学，一位带着我们参观的女学生对我们说，"下雨了，为难你们了"，并将校服脱下要为我们挡雨。无论是上课还是课间，你所进入的任何一个教室，学生都会主动向你微笑，主动向你摇手，主动向你打招呼："嗨！"

大里高级中学的黑色大理石墙壁上镌刻着许多道德语录，其中有一段学生语录叫"清晨六愿"，读后令人深受感动：我愿有一颗明察事理、体谅他人的心。我愿有悠闲时间，看看天空云彩变化，欣赏校园鸟语花香。我愿此心宽广，存好心，说好话，做好事。我愿遵守校规，和乐地与同学度过学习的每一天。我愿勤奋努力，以学习、运动与休闲来彩绘今天的生活。我愿每天都能从生活中发现一件新鲜、美好的事物。

在永春小学，陈校长送给我们每人一块学生的垫字板，垫字板上印有这样两行字：散发柔柔的爱，常保轻快的心。在校园里和公共场所，我们经常看到"心中有爱，温馨常在"的提示，义工现象的普遍存在（包括在职教师也做"义工"），更对学生的"敦品"起到了行为示范作用。在我们所参访和所路过的学校，学校大门和主要建筑物的醒目之处经常可见4个大字：礼义廉耻。在大里高级中学的图书馆，一进大门我们就见到安放在室内屏风处的孔子塑像；成渊高级中学校歌歌词这样写道：大观耸翠，孔庙遥瞻……敦品励学相亲爱，顶天立地学圣贤。

台湾学校很重视学生意志、耐力、拼搏意识和团队精神的培养，因此高度重视体育课程，学生参与体育课程的要求高、专业性强、训练强度大，成为学生健康成长的重要保障。学校的体育设施建设都很到位，如体育馆、操场、跑道、健身林或健身区，这些设施一般都全方位开放并与社区"共享"。大里高级中学还自制了学校本土化的运动设施和训练场所，根据山地优势，开展拔河、射箭专项比赛，在锻炼中培养学生别有一种风格的"山地品质"。所访学校中，印象最深的是游泳课程，如康桥国际学校的游泳为学生必修课程，室内泳池全天开放，专职教练上课，分等级训练。台湾地区的中学生尽管拥有很大的自主空间，但竞争与压力也是巨大的，因此，学校鼓励学生去经历意志磨炼的"撞墙体验"和焕发信心的"归零起点"。

学生的学习和成长需要足够的发展空间，成渊高级中学的学生在进入学校学习共同课程一年后，可依据自己的学习成就、能力、兴趣等，选择高中升学目标（一般大学院校）、高职升学目标（职业专科院校）或就业目标，学校开设相应的导向课程，学生通过选修课程，实现自己的理想，即"学程多元，选课自由，培养技能专长，弹性适性课程与时间应用，自我成长机会多，尊重个人选择，强调生涯辅导，毕业进路宽广"。多数学校开设生命教育课程、生涯规划课程，以便让学生珍惜生命，自我规划人生。大里高级中学很重视学生社团活动，以为这是形成学生个性、特长和志趣的重要课程，而学生们认为，荣誉是人的第二生命，荣誉在心，困难无惧。他们坚信，有志气就会有机会，有专长就不怕没舞台，有斗志就不怕没战场，有荣誉最美丽。近年来，大里高级中学的社团活动荣获多项佳绩，包括参加世界溜冰比赛与马术比赛。此外，大里高级中学的各种社团如吉他社、国标社、服装设计社、学生自治会等异常活跃，学生个性得到充分释放。

　　台湾地区多年来一直提倡质优教育的理念，我们在秀朗小学有幸听了一节质优班的课。给这些所谓的质优生上课，按照我们的理解应该属于"奥数班"之类的竞赛课，但我们看到的却是一节普通的科学发现课或科学探究课，名叫"会飞的硬币"，就是让学生在反复尝试吹硬币的过程中观察硬币飞起来的规律，朱老师邀请听课的我们加入学生中一起吹硬币，学生们开心极了，和我们的互动很快就融洽起来。总结阶段，学生纷纷上台介绍自己小组发现的现象和规律，有一名学生还能在讲原理的同时，用粉笔图示"硬币飞起来的步骤"和为什么会飞的原理。这就是质优教育，这就是质优生！

　　台湾地区的学校很重视学生学习进取心的培养，并形成了校本化的励学方式。淡江高级中学有独特的学校荣誉晋级制度：荣誉晋级涉及多种领域，有很多专项，如学科学习能力，科学发现才能，爱心行为，体育运动能力，等等。晋级的第一台阶是教师发奖，奖状由教师自制，奖状上有师生合影；学生又进步了，进入第二台阶，奖状由教导主任自制，奖状上有教导主任与学生的合影；学生还会进步，就进入第三台阶，由校长自制奖状，奖状上有校长与学生的合影；学生再进步，就进入最高台阶，由校长自制奖状，邀请学生家长、学生本人与校长合影。这样一种晋级制度，可以不断激励学生在某一方面形成良好的、稳定的、长久的习惯、兴趣和才能，持之以恒地追求进步。

四、学校处处有文化：一叶一花一世界

　　台湾地区的学校文化建设，给我们留下了深刻印象：学校处处有文化。
　　一是学校都有自己独特的教育哲学和教育理念。学校的教育哲学和教育理念既植根于人类普遍和永恒的价值观念，又可以满足特定社区、特定文化、特定人群对学校教育教学的需要。不同的学校有不同的理念、不同

的愿景、不同的追求，它们常常是国际性与本土性、普适性与个性化的结合与统一。

二是学校都善于精心设计，不断建构和清晰表述本校的愿景、理念和目标，并使之具体化、直观化、情境化，鲜明地体现在学校的硬件建设、环境设计、文化活动、管理和组织、教师和学生行为等方面，可视、可听、可触摸、可感知，使人感觉文化弥漫于整个校园之中，无处不在，无时不有，无边无际。

三是学校追求精致化。学校的每一个地方和角落都给人整洁、秩序、文明、美丽之感，做事讲究、精心、到位，注重细节，刻意而为。

四是学校的文化建设非常重视中国传统文化和传统礼仪，非常关注自然环境与学校环境的融洽和友好，注重对自然万物的尊敬、热爱和保护。

台湾地区的学校非常重视学生阅读。他们认为阅读对学生一生的发展有非常重要的意义。其实读书就是文化积累，读书就是文化表现，读书能够使校园充满浓郁的文化，读书本身就体现着一种高雅的文化情趣和品位。秀朗小学实施了"儿童阅读护照认证制度"，并设置了"小学士"、"小硕士"、"小博士"和"啄木鸟金质奖"4个台阶让学生攀登。永春小学要培养"有气质的小孩"，而气质与读书是分不开的，读书是人格修养的重要课程；家长会的赞助经费有1/3都用来购书。成渊高级中学的学生图书室没有高高的书架，与学生身高相匹配的半人高的书架上，很难找到习题集、例题书、复习资料、教学参考书，却陈列着布克哈特的《意大利文艺复兴时期的文化》、伯恩斯的《世界文明史》、梭罗的《瓦尔登湖》、康德的《纯粹理性批判》等。

基于生活的户外教学是关注生命成长的重要平台。人不是文本的奴隶，不是室内的泥塑。1999年的"9·21"大地震将台中的光复高中震塌了，塑胶操场像波浪一样拱起来了。台湾地区的教育部门在这里建立了地震教育园区，"剪辑"部分地震残迹，"再现"地震气势，"勾勒"台湾地震历史，电脑模拟地震的科学原理，将灾难教育、地情教育、科学原理教学汇聚一体，对学生来说是免费的。康桥国际学校设有专业的"山中的香格里拉——康桥田园教学区"，蝴蝶谷、樱花道、甲虫区、荷花淀都是他们的户外教学区。

为什么台湾地区的学校给我们特别强烈的文化感受？因为它的校园能够鲜明地体现教育的人文理想和追求，因为它的表现能够呈现学校的历史传统和特色，因为它的表现追求品位、追求精致、追求细节。

淡水真理大学专门从丹麦购置的巨大管风琴，为欢迎我们而演奏的巴赫的两首曲目，还在耳畔回荡。

台中永春小学陈聪铭校长为老师生日写好贺词，送进教室让学生唱生日歌的情景，还让我们激动。

每年9月28日台北成渊高级中学举行全校性的祭孔活动会是怎样的肃穆和庄重，还让我们悬想。

秀朗、永春、康桥、成渊等校的校徽图案，让我们为它们的文化内涵和解释空间的隽永性与无限性而思索良久。

淡江高级中学宽阔的青石路面中镶嵌的红砖连成细细的长线，从校门延伸进学校的主要干道，这是历史上学校旧建筑的红砖拆下来铺陈的，告诉我们学校曾经有过的历史和文化，告诉我们学校走在历史和文化的延续之中。

《礼记·学记十八》云，"虽有佳肴，弗食，不知其旨也；虽有至道，弗学，不知其善也。是故学然后知不足，教然后知困。知不足，然后能自反也；知困，然后能自强也"。对于我们当下的教育和学校来说，有必要思考如下问题。

除了每年争取考试成绩好一点，多送几个学生到名牌大学以外，我们是否还应该有教育理想和教育文化的追求？

当我们在众多的而且会越来越多的教育改革口号、教育思想标签中，面对选择的困难和迷惑时，我们如何学会面对、学会选择、学会坚守？

学校教育怎样才能确信并树立每个学生的尊严和生命价值，课堂教学中内在的而不是他控的真正意义的学习何时能够发生？

教育的现代性如何连接源远流长的传统？学校的创造与创新如何从历史、

传统、文化与教育教学的基本规律出发？无根的玫瑰只能自欺一时。

我们期待着教育和学校的实质性变化，我们感受着教育教学研究工作的方向感、责任感和使命感。

（本文引用了江苏省基础教育赴台考察团成员的分组考察成果，"团长"彭钢为本文作出了贡献并力荐发表，特此说明。本文原刊于《当代教育科学》2006年第16期，人大复印报刊资料《中小学教育》2006年第12期全文转载）

第 二 辑

教 学 目 标

"课程"醒来：历史课程的定义、定性与定位

———◎———

一、在新中国课改进程中烛照历史课程

（一）课改进程中的光鲜

1949年以来，我国先后进行了8次中小学课程改革，"文革"前经历了4次，改革开放初期至20世纪90年代中后期经历了3次。白月桥将它们划分为两代，第一代包括"文革"前和拨乱反正时期编订的各套教学计划、大纲和教材，它"强调学科体系，重视基础知识，突出升学要求，缺乏灵活性"；第二代包括20世纪80年代中期以后编订的课程计划、大纲和教材等，它具有一定的灵活性，内容结构发生了许多变化。20世纪90年代末启动的第八次课改是面向21世纪的素质教育课程体系的构建，是我国第三代课改。[①]虽然，课改"代际"不同，阶段特征有异，但政府主导下的统一性却是相同的。

2001年，《基础教育课程改革纲要（试行）》颁布，第八次课改正式展开。从21世纪初至2017年，为全面改革阶段，它以素质教育为旗帜，强调培养社会责任感、创新精神和实践能力，突出课程的多样化和选择性，凸显课程内容的时代性，并赋予合理的课程自主权。2018年进入全面深化阶段，它以"发展素质教育""培养德智体美劳全面发展的社会主义建设者和接班

---

① 白月桥：《我国三代课程历史演进初探》，《首都师范大学学报（社会科学版）》1998年第5期。

人"为旨意，以"核心素养"为标识，强调大概念与结构化，注重情境性、生活性及其知识的迁移和运用。①从理念到行动，课改都在砥砺再出发。

中华人民共和国成立70多年，政府主导的课改持续进行，历史课改也一直同步跟进。在第八次课改到来前，历史课程已朝着符合素质教育和时代要求的方向发展，也已设置了必修与选修课程。②第八次课改第一阶段，历史课程强化了"育人为本"的理念，并以三维目标改变过于注重知识传授的倾向，以"模块"加"专题"兼及时序会通的方式架构课程内容。③进入第二阶段，历史课程倾诉着立德树人、核心素养、学业质量标准以及大概念教学等愿景。这些见之于两版"课标解读"的课改成就与愿景表述④，与其他各学科"一体均沾"，在理念的整齐划一里，并无显著的历史"课程"意蕴。

（二）课改进程中的蒙昧

历次课改始终自上而下，并始终伴随着教材的变换，一线教师往往模糊了课程改革与教材变换的界限。历次课改都倾注力量于顶层的课程设计，并以行政力量来推行课程计划、督查课程实施，处于神经末梢的一线教师很难真正关注"课程"。

在新中国课改史上，1996年首现"课程计划"，2001年首现"课程标准"，2003年首现"课程方案"，都旨在强化教学的"课程"内涵。事实上，"中学历史教师的课程意识目前比较薄弱"，即使在历史教育研究领域，也"长期存在有独立的'教学论'而无独立的'课程论'，课程内容包含在教学论中"，"历史教育界对于课程的理解不尽如人意"。⑤课改进程中出版的几本《历史课程与教学论》，虽然都设了"中学历史课程"章节，但大体也就是纵

---

① 刘月霞:《普通高中课程改革40年（下）》，人民教育出版社2018年版，第24页。
② 朱汉国、王斯德主编:《普通高中历史课程标准（实验）解读》，江苏教育出版社2003年版，第7页。
③ 徐蓝、朱汉国主编:《普通高中历史课程标准（2017年版2020年修订）解读》，高等教育出版社2020年版，第8—9页。
④ 两版"课标解读"指江苏教育出版社2003年版《普通高中历史课程标准（实验）解读》和高等教育出版社2020年版《普通高中历史课程标准（2017年版2020年修订）解读》。
⑤ 齐健、赵亚夫等:《历史教育价值论》，高等教育出版社2003年版，第29页。

向梳理中外历史课改进程，横向分类解读课程标准。即使个别著述对"课程"概念作了说明，其高师教材的特性也注定其影响力有限。[1]能对一线教师产生影响的是"课标解读"，但两版"课标解读"，既未单独提及"课程"，也未定义"历史课程"。

新中国成立 70 多年，尤其是第八次课改 20 多年来，历史课程的目标在变脸，内容在消长，内容呈现方式在轮换，实施理念在跟风，但"历史课程"的本体在昏睡。

二、在"一般性"课程认知中定义历史课程

（一）应有的课程认知

综合中西方的"课程"语义，它包含"跑道"与"奔跑"、规程与体验的双重意义。20 世纪前期，现代课程论诞生后，出现了众多的课程定义。但定义不同，课程具有教育功能的信念相同。[2]因此，历史课程受特定规程的制约并具有"本然"的教育功能，是历史课程呼唤着并规约着历史学的教育功能，而不是"承载着历史学的教育功能"[3]这么被动和默然。

课程的基础学科是哲学、社会学与心理学。课程最重要的外显形式是知识的性质、分类以及知识指引下的世界观、价值观和人生观，它们本身就是哲学问题。课程是社会文化传承和再造的组成部分，"离开社会背景，课程的任何争论也就失去了意义"[4]。课程要施惠于学生，各种课程抉择的依据都离不开心理学，"心理的考虑不可能被排除出去，把它们从门里赶出去，它们又从窗子里爬进来"[5]。因此，历史课程是基于哲学、社会学和心理学的历史表

---

[1] 笔者所见的聂幼犁、朱煜、杜芳、陈志刚等人编著的《历史课程与教学论》中，杜芳和陈志刚分别编著的同名教材就上位概念"课程"与"教学"进行了概念辨析。
[2] 施良方：《课程理论——课程的基础、原理与问题》，教育科学出版社 1996 年版，第 1 页。
[3] 历史学有非教育的一面，课标之"历史课程承载着历史学的教育功能"轻视了课程本然的教育功能。
[4] ［美］布鲁纳：《布鲁纳教育论著选》，邵瑞珍等译，人民教育出版社 1989 年版，第 7 页。
[5] ［美］杜威：《学校与社会·明日之学校》，赵祥麟等译，人民教育出版社 1994 年版，第 130 页。

达，是以"人与社会"为本且契合教育心理的历史知识的进阶，[①]而非历史学本身。

课程的价值及主体，是课程的关键问题。立足于"什么知识最有价值"，课程所能产生的价值往往是知识选择者主观推测的价值，其价值主体是谁，也模棱两可。立足于"什么学习经验最有价值"，则隐含价值主体是学生、学生在经验建构中体认到课程价值。因此，历史课程的价值关注应是学生在历史知识的进阶中建构学习经验。

课程的价值关注影响课程的内容选择。在学科中心、知识立足的课程价值中，课程内容即教科书。20世纪三四十年代，出现了课程内容"即学习活动""即学习经验"等说法。当课程的价值关注是基于知识进阶的学习经验时，课程内容就应综合学科知识、学习活动和学习经验等多种因素，而不仅仅是承载学科知识的教科书。因此，历史课程内容应是学生在知识进阶的学习进程中所生成的包含教科书但不止于教科书的多类型材料，[②]尤其包含课程实施中生成的经验性的非文本材料。

"在课程变革中，对课程实施的复杂性再怎么强调也不过分"[③]，20世纪60年代，美国学术中心取向的"学科结构运动"课改失败，其重要原因是忽略了根植于教师身上的"课程实施"因素。广义的课程实施，是把包含一系列变革因素的新课程计划（政策、方案、标准与教科书）付诸实践的过程，[④]狭义的则要"有效地使课程内容转化为学生的认知结构、个性品质与伦理行为等方面"[⑤]。因此，历史课程的实施要体现传承式的变革和教学中的转化，

---

① 知识进阶，即在历史课程内容中选择有教育价值的某必备知识（或大概念性知识），展开从材料信息出发的知识提取、知识陈述、知识阐述和发现价值与意义的知识综述这样一个理解和运用知识的进阶。
② 这里的多类型材料，不止于多类型的历史文本材料，还有学习进程中师生即时生成的有育人意蕴和"经验"价值的非文本材料，如对话与讨论中的相互启发与即时评价等理性的与情感态度性的口语交流。
③ ［加］迈克尔·富兰：《变革的力量——透视教育改革》，加拿大多伦多国际学院译，教育科学出版社2004年版，第39页。
④ 马云鹏等：《新中国课程实施70年回顾与展望》，《课程·教材·教法》2019年第10期。
⑤ 施良方：《课程理论——课程的基础、原理与问题》，教育科学出版社1996年版，第144页。

而非喜新厌旧和本本主义。

(二) 历史课程的定义

基于"一般性"课程认知，定义历史课程，其内涵应包括知识进阶的学习过程与人类社会经验的经验建构，其外延应涉及目标、价值、主体、内容等结构性要素。例如白月桥的课程界定：课程是由一定育人目标、基本文化成果及学习方式组成的，用以指导学校育人规划和引导学生认识世界、了解并提高自己的媒体。①这一"课程是媒体"的定义就是由特定内涵与若干外延结构而成的。

据此，历史课程作为中学课程体系之学科课程的一个分支，是历史学与课程论为了共同实现学校育人目标而渗透交融的学科。定义如下：中学历史课程是历史地感知、认识和运用历史演进中的人类社会经验，以萃取并外化正确而良善的历史观、世界观、价值观与人生观的建构学习经验的交叉学科。这是一个将历史课程视为学科概念的定义。其中，"历史演进中的人类社会经验"是历史知识的本质，是课程的实质内容，体现课程之"跑道"与"规程"的本义；"历史地感知、认识和运用"是历史认知的思维进阶，标识课程之"实施"与"活动"要素；"萃取并外化正确而良善的历史观"及"三观"是历史认知的价值追求，标明课程之"价值"与"目标"因素；"建构经验"是聚焦历史学的经验性，认同和迁移"课程即获得有意义的生长的学习经验"的"一般性"课程定义，隐含课程之"价值主体"——学生，交集了教育、课程与历史学的共同特征；"交叉学科"是该定义的基本内涵。该定义综合"课程"的一般性要素，契合历史学习的特征，体现交叉属性，满足了概念定义所需的基本条件，摆脱了对历史课程的狭隘理解和史学研究化倾向。

---

① 白月桥：《历史教学问题探讨》，教育科学出版社2001年版，第16页。

三、在历史与课程层面定性历史课程

两版课标都将历史课程定性为"促进学生全面发展的一门基础课程"。但修订版课标是先叙述"历史学是什么"再对"历史课程"一言蔽之，并删除了实验版中"培养和提高学生的历史意识、文化素质和人文素养"的表述，既表征课程从属于历史学，又让学生"不在场"，宣示了历史学的"科学"强势[①]。中学是基础教育，"促进学生全面发展"是各科遵循的党的教育方针，上述定性并未传递出历史课程的特有属性。

当然，也有考虑"课程"属性的定性。如，历史课程既具历史性又具课程性，历史只是支撑，目的与过程都旨在教育。[②]但这一定性有些闪烁其词。相对而言，语文课程被定性为"学习祖国语言文字运用的综合性、实践性课程"和思想政治课程被定性为"落实立德树人根本任务的关键课程，是综合性、活动型学科课程"，就包含独特的学科课程意蕴，且指向明确。

（一）历史课程的人文性

历史课程以历史学为支撑，历史学是人文社会科学，它探讨人与人、人与社会、社会与社会之间的关系。"全部人类历史的第一个前提无疑是有生命的个人的存在。"[③] 历史是"一切属于社会而不是单纯属于自然界的领域的简单概括"[④]。历史学的本质属性应是人文社会性而非科学性。即便是"科学"的史学研究，其学术价值也是在获得了社会价值时，才能充分发挥出来，社会价值乃是检验其学术价值最重要的尺度。[⑤] 历史能在不同时代的"现实社会"立身，是它在家国兴衰、典制利弊、人物品藻中的镜鉴，是它参与那

[①] 修订版课标之学科核心素养及其水平划分，是史学元认知，在专家与教师的加码翻炒下，愈益呈现工具性、符号化与程式化的"科学"强势，人文在削弱，"中学""课程"在缩减版的历史科学中势必危如累卵。
[②] 刘军：《中学历史教学探究》，人民出版社2009年版，第3页。
[③] 《马克思恩格斯选集》第1卷，人民出版社1995年版，第67页。
[④] 《马克思恩格斯选集》第4卷，人民出版社1995年版，第726—727页。
[⑤] 瞿林东：《论史学在社会中的位置》，《史学月刊》2001年第1期。

个时代的社会价值观建设。史学因发挥其社会价值而"成为一项公益性事业"[①]。我国现当代的史学更显著地表现出资政育人和为道路自信、理论自信、制度自信、文化自信提供历史依据的价值追求。[②] 史学还提供学史之人将自身投射于过去,以发现"自己"和"他者"之间互动并融合为新的"自己"的可能性经验,[③] 从而表现出它的人文价值。年鉴学派在1941年提出"人的情感史"的命题更有力地说明了史学的人文性。总之,总结人类历史经验的人文社会性才是史学的功能与目的,其科学性只是实现人文社会性的工具。中学课程里的历史尤其如此。

近年来,中学历史课程彰显其人文社会功能已是世界性趋势。"历史课程之服务于社会现实,既可能是认同,也可能是批判;既可以成就重要的历史记忆,也需要审慎地有选择性地忘记。正因为历史课程如此现实,各国才会普遍重视历史课程。"[④] 认同或批判、记忆或"忘记",都体现这门课程的社会功能。至于其育人功能更是普遍共识。"基础教育所需要的历史课程,不是因为历史学自身的学问性、科学性有多么重要,而是因为它内在的教育性、育人性决定了它有独特的认识价值。"[⑤] 实验版与修订版课标也特别强调历史课程的社会功能与育人价值。历史课程"人与社会"的教化与实务功能,与历史学的人文社会性是高度一致的,体现了鲜明的人文性。

人文课程的一般目的是加深理解人类行为和社会情境及其引起的有价值的问题。[⑥] 历史课程正是这样的人文课程,其视"彰善瘅恶,树以风声"为第一要务的教化立场,契合人文教育的指向——唤醒人的自觉,胸怀家国天下,克服唯智教育的偏失以促进人的总体生成,并为社会发展提供人文导向;[⑦] 契合中国传统人文教育的目标追求:"仁者以天地万物为一体,莫非己

[①] 张耕华:《论历史学的用途及其滥用和误用》,《史学理论研究》2003年第3期。
[②] 张海鹏:《守正创新 资政育人——新中国70年历史学的繁荣发展》,《人民日报》2019年6月17日。
[③] 许倬云:《江河万古:历史的共相与殊相》,《北京日报》2019年7月22日。
[④] 赵亚夫:《世界基础教育改革与历史课程发展走向》,《中学历史教学参考》2018年第9期。
[⑤] 赵亚夫:《世界基础教育改革与历史课程发展走向》,《中学历史教学参考》2018年第9期。
[⑥] 施良方:《课程理论——课程的基础、原理与问题》,教育科学出版社1996年版,第182页。
[⑦] 杜时忠:《人文教育论》,江苏教育出版社1999年版,第106—109页。

也"的人格自觉,"观乎人文,以化成天下"的社会关怀。①

(二)历史课程的学习经验性

历史课程以历史学习为特定的研究对象,而历史学习的"一般性"内容指向历史演进中的人类生活经验。李大钊认为,历史是整个的人类生活和整个的社会变革的记述、概括与推论。马鲁、李德、贝克尔和柯林武德等西方史学家都认为,历史是人类生活经验的回忆,"历史是指记录下来的或未记录下来的对人类往昔经验的记忆"②,"历史是过去的经验的再现实化""历史如同过去的经验的再现"③。因此,历史课程的学习领域属意于历史演进中的人类生活经验。这种人类生活经验以具体可信的面相多角度地呈现出来,并以多类型的历史知识为媒介,经由学生的学习经验而引发和建构。

"经验"一词内涵丰富。"(经验)好像它的同类语'生活'和'历史'一样,它包括人们做些什么和遭遇些什么……也包括人们怎样活动和怎样反响,怎样操作和遭遇,怎样渴望和享受,以及他们观看、信仰和想象的方式——简言之,能经验的过程。"④这里的"经验"具有真实性、延续性、主体性、开放性、思维性等诸多特征,与历史、与学习的特征高度一致。除了杜威这一"经验"新解,常说的"经验"也有两层含义:一是感触与经历,指向过程;二是概括总结的初步认识,指向结果,二者相辅相成。再有,"经验限制到知识经验,它是以得自所与者还治所与的历程与历程底结果","知识经验底主要部分是思议的抽象,也是官觉、记忆、想象等"⑤。总之,"经验"是知识化的经验,是感觉、经历并在思维伴随下抽象为认识,是历程与历程中的结果。

"人类生活经验"是历史的常用术语,包含历史运动过程与历史认识结果的双重意蕴。"学习经验"是课程的常用术语,同样过程与结果共生。"现代

---

① 朱汉民:《文化复兴与书院中国》,《船山学刊》2019年第3期。
② 张文杰等编著:《现代西方历史哲学译文集》,上海译文出版社1984年版,第244页。
③ 田汝康、金重远选编:《现代西方史学流派文选》,上海人民出版社1982年版,第81页。
④ [美]杜威:《经验与自然》,傅统先译,江苏教育出版社2005年版,第8页。
⑤ 金岳霖:《知识论》,商务印书馆1983年版,第493—494页。

课程论之父"泰勒使用这个术语时认为,学习经验是学生与他的外部环境的相互作用,是学生在外部环境(教材、教师、同伴等)刺激之下"他自己做了些什么","教育的基本手段是提供学习经验,而不是向学生展示的各种事物"[1]。泰勒这一学生主动作为的"学习经验"论,在20世纪前期得到了显著强化。如"课程是由儿童在学校的引导下所获得的持续不断的经验改组"[2],再如"课程的学科内容无论有多么重要,无论做了多么审慎的选择,倘若不按照儿童个体自身的活动、习惯和愿望加以改造的话,就没有课程的价值"[3]。显然,"学习经验"是学生在知识进阶的学习中生成的经验,是过程与结果螺旋式递进的经验,也是持续不断地改组的经验,更是不由"他者"强加外挂的"我"的经验。

在历史的"经验"和课程的"经验"加持下,历史课程具有显著的学习经验性。

(三)历史课程的性质

综上,完全意义的"经验",是主体介入的过程和在过程中建构并改进的认识。这"经验"体现了历史课程特有的秉性与质地,契合历史学的"经验"特征,契合现代课程观中的"课程即获得有意义的生长的学习经验",也与后现代课程观不谋而合:在多主体的相互作用中形成并发展他们的课程,建构性的、丰富的和发展实践中的课程,例如历史学等人文学科,就是从多主体的各种解释之间的对话或协调中获得丰富性。[4]大量历史教学事实明摆着:课堂世界其实是师生基于知识学习的言行、情感、事态等维度建构起来的经验世界;历史教育能够顺利而良好地开展,往往是我们世代传承的经验使然。[5]

中学历史课程是学习历史演进中基本的人类社会生活经验的知识性、经验性课程。这一定性,是要明示历史课程以知识的形态外显,是要关注学生

---

[1] [英]泰勒:《课程与教学的基本原理》,施良方译,人民教育出版社1994年版,第50页。
[2] Shepherd and Ragan, *Modern Elementary Curriculum*, NewYork: Holt, Rinehart, 1985, pp.3-4.
[3] [美]杜威:《民主主义与教育》,王承绪译,人民教育出版社1990年版,第78页。
[4] [美]小威廉姆·E.多尔:《后现代课程观》,王红宇译,教育科学出版社2000年版,第230—232页。
[5] 李凯、晁福林:《当代历史教育需要中国话语权》,《历史教学》2022年第1期。

阅读、调查、观察、感触、想象、实证、推理、解释等经验历程，以及由此而获得的人类社会生活的历史经验。其经验，是主体的学习过程与结果互动再生的经验，有历史给予的历史经验，也有具身认知的学习经验。就此而言，学生学习本身就是值得教师去洞悉并灵活运用的情境化课程。①

四、在定义与性质的向度定位历史课程

有学者提出过历史课程定位的话题，认为初中以普及基础性知识为主，高中要拓展出理性认识。②这一限于课程内容编制的"基础"或"拓展"的定位，不足以彰显历史课程在基础教育课程体系中的特有名分。

《韩非子·扬权》："审名以定位，明分以辩（辨）类。"表达了要对事物进行定义和分类以确定其名位次序的思想。从定义与性质的向度"审名""辨类"，以确定历史课程的身份与地位，则当定位在人与社会的经验境域中，其本色的"名""类"，应是"人文·学习·经验"。具体而言：优先历史的人文社会属性，注重"于序事中寓论断"的"记功司过"；彰显学生"学与习"的进程，追求学习者"经与验"的生长；旨归于和善社会、熏习人道。这一定位"在史学价值上遵循孔子关于历史的意识形态定位和礼乐秩序相等物的述史精神"③；这一定位使得"制约学校课程的知识、儿童、社会三大要素密切关联"④，并真正立足于学习者内在持续的变化。这一定位，确立了历史课程自身独立的教育功能，并使史学隐含的教育价值在历史课程的呼唤与规约下，适切、正当和有效地彰显。

认同历史课程的"人文·学习·经验"，教师将会重新站位，以温情的敬意面向历史学习者，在同情地理解历史和历史学习者之际，依据学习者的

---

① 束鹏芳：《在课程的视野里组织历史教学》，《历史教学问题》2005年第5期。
② 叶小兵：《试论初高中历史课程的整体规划》，《课程·教材·教法》2014年第4期。
③ 刘成纪：《中国古典美学中的时间、历史和记忆》，《北京大学学报》2020年第4期。
④ 吕达：《课程史论》，人民教育出版社1999年版，第357页。

经验建构情况而进退、转合，彰显"学习"的中文含义，体现自己的人文关切；将会忆及历史教育史上的那则告白：历史教学可能的伦理价值在于它可以不断地扩展和深化儿童对他生活的那个世界所包含的社会关系、社会理想和社会手段的想象意识。如果把历史仅当作过去的事，儿童就没有关注它的动机，历史就将丧失其伦理价值；[①] 也将会念及历史认识史上的那句箴言：历史不过是追求着自己目的的人的活动而已。[②] 当然，这一更具课程意蕴的定位，比"基础·拓展"或"时空·实证·解释"之类的史学站位更具挑战性：课堂这一人际场域中的"为师"，如何在史学世界里眷顾多主体互动变化的经验世界？20世纪30年代，我国历史教育界讨论过"科学的历史还是教育的历史"，有过如下认识：将纯粹的历史学的史学方法与史实应用到历史教育里去，是一件危险的事。[③] 现在看来，这是一件单调的事。

"课程学习在一定程度上是对人类知识经验的学习。"[④] 历史课程的定义、定性与定位，将以"历史演进中人类社会经验的学习经验"为内核，史学的"科学性"将在课程殿堂的"朝会"上后退一步，将因人的"学习"和"经验"的复杂性而收敛其"尺度"的傲慢——这是后人文主义者和马克思主义经典作家们的认识论给予的启迪。[⑤] 中学历史课程不能无视经验世界客观存在的主观事实，核心素养不能填补定义、定性等基源性问题的缺失。

五、余论：荡向历史课程言说的话语范式

近几十年来，在中学历史课程的言说场，我们时常看到：剪辑历史学已有的材料去叙述已知的历史；袭用"他者"预设的概念去依样葫芦、随波逐

---

① ［美］杜威：《基础教育的道德规则》，转引自施良方：《课程理论——课程的基础、原理与问题》，教育科学出版社1996年版，第289页。
② 《马克思恩格斯全集》第2卷，人民出版社1958年版，第118—119页。
③ 赵亚夫：《中小学校历史教育百年简史》，人民出版社2020年版，第6页。
④ 王振存、张清宇：《未来课程变革的内涵、样态及实施路径》，《课程·教材·教法》2022年第1期。
⑤ 陈世丹：《后人文主义：反思人在世界中的地位》，《社会科学报》2021年1月7日。

流；课程实施中"朝向事情本身"的经验现象和日用教化，却难觅踪影。

这与人文社科领域持续地铺展"西方—现代"话语有关。一方面，"中国的史学家在重建他们自己过去的历史时，很大程度上一直依靠从西方借用来的词汇、概念和分析框架"[1]；另一方面，"中国的现代性是由其内部的历史演变所决定的"这一分析视角[2]又鲜有问津。包括课程论在内的专家们，热衷西方话语中的邃密体系和工具理性，漠视中国言说里的人文经验和价值理性；历史与历史研究、历史课程与中学教育之间的差别，也被专家刻意忽略。由于上述因素，不仅历史课程与历史学之间始终场域模糊，常识遮蔽，而且定义、定性与定位等问题也憋屈于"视而不见"中，教师的技艺被偷换为史学家的修炼，学生主体就只能成为永不消逝的标签。

其实，历史学的核心话题是有什么史料、有什么阐释，侧重个体思辨，历史课程的核心话题是如何学习（怎样获得）历史而非历史学，侧重多主体互动。如此，历史课程言说的问题域是：在有什么的场域里如何做？基于 what 范式的 how 范式——有侧重性、呈交叉状。

（本文原刊于《历史教学》2022 年第 7 期）

---

[1] ［美］柯文：《在中国发现历史——中国中心观在美国的兴起》，林同奇译，中华书局 2002 年版，"序言"第 1 页。
[2] ［美］孔飞力：《中国现代国家的起源》，陈兼、陈之宏译，生活·读书·新知三联书店 2013 年版，第 1—2 页。

主体性目标引领下的中学历史知识教学
——20世纪90年代的自我建构

一、教学内容结构成能力框架：知识打开

20世纪90年代初，"能力培养说"在历史教学领域异军突起，传统的知识教学开始了边缘化历程。在"能力"的风声里，知识的措置成了问题。

其实，知识、能力和思想是一个彼此照应的统一体，知识的教学可以实现能力的培养。知识是能力的载体，能力依附于知识并表现在知识的学习、掌握和运用中。能力的层级又正是知识学习由事实的表象感知到事实的意义理解的推进过程，这一知识学习的推进过程自然地包含着事实、方法和理论的运用，历史学科能力正是事实、方法和理论运用的统一体。能力水平是有层次的，水平越高，其对事实、方法和理论的依赖程度越高。

由此，我们可以建构一个能力框架，让知识的习得和掌握在这一能力框架下运行。其能力框架可以分为4个层级：史事的再现与归纳；史实的概括和比较；新材料的处理与分析；历史的阐释与评价。这一能力框架，特别是后两个层级的能力，包含了较多的思维方法与思想教育因素，其事实、方法和理论运用的水平层次也较高。如此，教学内容规定的历史知识就不再以传统的原因、内容与结果的方式呈现，而是依照4个能级层次重组，将教学目标中的基础知识、基本能力和思想教育3个要素都统整到具有结构张力的能

力框架中。①教学就是在能力框架下逐层打开相应的知识,以能力的结构性统整知识。我们称之为教学内容或知识的能力结构化。②

在思维能力的框架里,存在历史知识的理解与解释,彰显着思维品质与思想力量。这关涉人的主体性品质,是知识打开后的应然结果。

二、教学模式指向主体性整合:知识分层

在20世纪90年代中期,教师主导、学生主体说流行开来。在其主导之下,教师的控制性和学生的被动性显而易见,所谓的学生主体只是一个"地位"存在的符号。

事实上,人是主体的存在,是理性的和有自我意识的能动者。在课堂世界中,主体不仅以外显的"地位"存在,还以内隐的能动性表征。因为能动性的张扬,形式上的"地位"才获得内涵化的主体性——自主和超越等精神品格。这就表明教师和学生都是主体的存在,主体既是"认知场"中授受指令的行为工具,又是"认知场"中充满意志的、情意丰富的万物灵长。因此,完整意义上的主体性是人的外在地位和内在品质的互联互补。它在师生的言行交流过程中生发,在人与文本、人与人(师生与生生)的双重关系中进行。依凭言行交流的"过程"以及蕴含在"过程"中的"关系"的运用,主体地位得以显现,内蕴思维能力与精神品格的主体性品质得以养育。主体的地位形式和品质内涵互联互补、相得益彰,主体性方可完整凸显。这样的主体性也就足以构成课堂教学的中心或目标。③

因此,历史教学也要基于言行交流的"过程"与"关系"活动,挖掘和

---

① 《明治维新》一课的经济措施是这样打开的:[史事再现]明治政府推动近代化的主要措施;[史实概括]19世纪中后期日本资本主义工商业发展的特点;[材料处理]据1884年福泽谕吉"脱亚入欧论"的材料,概括内涵,并从经济层面说明其出笼的原因与影响;[历史阐释]日本工业化起步阶段的政府作用。在此,史事、概念和史论等知识"入赘"于能力框架,知识在能级的引领中打开,并能看到事实、方法和理论的运用。
② 束鹏芳:《试述中学历史教学内容的改革》,《中学历史教学》1996年第4期。
③ 束鹏芳:《主体性教育:演绎与实证》,《江苏教育研究》1999年第3期。

张扬历史知识内蕴的精神价值，涵养主体的外在地位与内在品质交融的主体性，并使它成为历史课堂的"中心"。具体操作概述如下。

教学内容以知识的面目分层呈现，并据此形成5个教学步骤，以推动历史认知，涵养人的主体性。一是知识结构，即知识点之间系统的内在联系，强调高概括和整体感知。对此，教师分解梳理，学生建立认知框架。二是知识条列，即史事、线索与特征等知识要素的条列化陈述，重视再认与再现。对此，教师设置一系列归纳、概括与比较性的问题，学生据此自主学习，合理而周到地整理知识，笔答与板书演示相结合，显示主体地位的同时彰显其自主与自为的主体品质。三是知识理解，即概念与结论性知识的提炼和聚合，注重推导论证和充分理解。对此，教师以概念理解和因果推演为目标，设置问题，组织适度讨论；学生口头表达，外化他们在逻辑、意义和自我体认上的能动程度；教师在倾听中启发、规范与延伸，师生主体的工具理性和人文意义初显。四是知识解释，即核心知识的拓展性阐释，展现其中的意义世界与方法世界，强调分析与阐述。对此，教师多角度地分析与讲解，配以适度的递进性提问，并作为引导学生集中注意力与思维跃进的手段；学生在前一环节的知识学习后，享受教师为其洞开的精神之旅。学生的主体性寓于受动中，在受动中因为历史的人文价值的阐发，主体性品质得以积累和延展。五是知识运用，即材料情境下的问题解决，问题呈现知识的调动、解释与生成的梯度，侧重运用和迁移。对此，学生再度自主处理问题，并讨论与知识的解释和价值追问有关的问题，表征其主体性品质的养育状态。[1]

在5个教学步骤的推进中，教学的空间组织采用半圆形围坐的晚会式。学生大体围成两至三层的圆弧形，教室前部和中间留出较大空间，形成"舞台"，讲台靠边，为师生双主体的"关系"运作营造场域。时间配置则遵循注意力的唤醒、集中、兴奋与转移的认知节律，使认知节奏呈现一种正弦

---

[1] 《新航路开辟》一课的"商业革命"是这样登场的：先在"结构"和"条列"里以整体中的一个知识点出现，再在"理解"层级以"当产自美洲的烟草、咖啡出现在欧洲时，一场商业革命来临了。找出其中的历史概念，并加以说明"为抓手，先由学生能动地讨论和表达，教师边规范、边辅以新材料佐证，后揭示"顺着一定条理去整合史实、分析概括、清晰表达"的理解概念的方法。进入"解释"层级后，教师推演和评判"哥伦布的发现"，"商业革命"再登场。至此，"商业革命"的知识已在运动中点线面地展开。

状态。学生置身圆弧围成的"舞台"理解历史时，面朝同伴，甚至可以手舞足蹈地参与教学活动；教师立足半圆形"舞台"解释历史时，可以舒展地运用身体语言。这一知识的理解与解释环节，正是认知注意力兴奋的节律峰值。这样的时空布阵，保障主体活动的"关系"与"过程"，烘托学生的主体地位，并养育或彰显学生的某些主体性品质：自主并倾听，表情并达意。

对比20世纪90年代初的"能力结构化"，作为教学内容的知识，其地位发生了翻转。思维能级融入了知识分层，用知识分层来展开思维进阶和精神开掘。相应的5个步骤，则使学生成为知识的"发现者"和理解者，使教师成为知识的阐释者。知识的五层处理，促进了主体的主体性成为课堂教学的"中心"。空间上的辐射性开放与时间节律上的渐次递进，则为形式上的主体地位的获得与内涵上的主体性品质的拓展，创造了优化的组织结构。内容、步骤与时空组织等一系列要素建构起一种教学模式，将教学目标指向主体地位与主体精神互联交融的主体性，有"在思""在动"的师生双主体的整合，也有主体的地位存在与精神能动的整合。我们称之为主体性整合的教学模式。[1]

三、教学品相走向知识与精神的共生：知识分类

20世纪90年代末，新知识观崭露头角。在主体性整合的教学模式中，分层的知识虽然已与主体"相遇"，显示知识的主观解释和知识获得的主体能动性，但历史知识尚未与主体相契，何以不止相遇还要相契的"道"尚不明晰。

首先，历史是主体跟其事实之间相互作用的过程，是无止境的问答与交谈，是主体认知"客观史事"的精神再现。认知历史能建构主体的历史思维、情感体验与价值观念，也能激发主体的生命意识与对外部世界的感受。它表明，认知历史就是建构人的主体精神，包括思维、情感、人生观与世界观。

---

[1] 束鹏芳：《高中历史课堂教学模式新探》，《江苏教育研究》1997年第1期。

历史与主体精神同构共生，关键是主体与历史在相契中彼此作用。①

其次，知识是主体通过与其环境相互作用后获得的信息及其组织，是主体主动建构的结果。知识既具先在的客观性，又具理解中的生成性。这种知识的习得，既包含知识的贮存、理解和应用的思维过程，也兼有认知策略、价值选择、情感体验的人文表达，进而出现动态与发展中的知识再生产。显然，知识不仅兼容客观性和确定性，还因它的人文性与再生性而具备了知识与主体精神的共生性，关键是主体与知识在相契中彼此建构。

既然认知历史与习得知识都具有主体精神建构的特性，那么，基于历史是什么和知识是什么的认识，历史教学就是让历史知识与认知主体相遇，并在相遇中相契，融通和成就主体精神，促成知识与精神的共生。②这样的历史知识教学，既包括主体对先在的客观史事的选择和提取，也包括主体对史事的当下体验和解释，以及史事提取与解释的方法，是学科思维与人文意识共铸主体精神。

依据新知识观以及历史知识与主体精神共生的教学观，教学状态下的历史知识可以自在地呈现为3类，并自为地与主体的知识建构活动相契。这3类历史知识是：从属于史事的陈述性知识；从属于概念与史论的阐述性知识；应用上述两类知识的情境性知识。史事、概念与史论，是历史视野里的知识属性，而陈述性知识、阐述性知识和情境性知识，则是教学视野里的知识属性。③据此，师生双主体的知识建构也就有3种范式。一是针对陈述性知识。教师先行继而学生摹效，以一定的视角将相对分散的史事编码为问题串，学生以"陈述"的方式解码，既培养归纳、概括和比较的思维品质，又奠基阐述史事的历史"语境"。陈述性知识的陈述，承袭自20世纪90年代中期"结构"与"条列"层级的一些因素，但它更重视学生摹效中的主动与知识相遇，致力于主体的逻辑思维。二是针对阐述性知识。教师为主，学生为辅，抓住核心的概念与史论，运用辩证唯物主义的理论与方法，多角度地感知和解释史事，表达认识，

---

① 束鹏芳：《略论历史教学的目标在于构建人的主体性》，《中学历史教学研究》2000年第4期。
② 束鹏芳：《历史知识与主体精神的同构——关于高中历史主体性教学的思考与实践》，《江苏教育研究》2002年第1期。
③ 如今可将当时所称的情境性知识称之为转述性知识。因为材料情境构建的是碎片化的历史知识，进入教学领域后，学生要借助问题与所学进行解析和转化，在运用所学知识的转述中"习得"知识。

感受情怀，使历史知识打上主客观并存的动态生成的主体烙印。在阐述结束之际，再揭示思维路径，并指向人类"可能的生活"。阐述性知识的阐述，蕴含20世纪90年代中期"理解"与"解释"层级的某些要素，但削弱了对知识确定性的追求，增强了主体与知识相契的境域性、动态性与再生性，致力于主体的人文精神。三是针对情境性知识。教师引导学生在新材料、新情境中自主或合作解决问题，在问题解决中转述上述两类知识，并因"转"而"生"。情境中的知识转述，承接20世纪90年代中期"运用"层级的一些特性，但它强调了材料碎片与所学知识的整体性勾连，体现了已知的内化、未知的拓展与"公共开放"，致力于主体的实践品质。3类知识的3种建构范式表明，历史知识因类施教，推动主体与知识交融，实现知识主客观兼容、知识与主体精神共生。

  在此，认知历史的出发点和归宿点都找回了它的本真——知识，教学的过程便是知识的行走。陈述性知识用陈述行为，能见的是主体加工过的逻辑化的知识，其结果也是陈述性的；阐述性知识用阐述行为，能有的是主体理解过的蕴含情怀与观念的知识，其结果也是阐述性的。于是，"陈述"与"阐述"成为教学内容、教学行为与教学结果交集共享的分类特性。综合前两类知识的情境性知识则运用阅读、默想、讨论、解释等认知行为，能证的是主体内化着的转述前两类知识并勾连旧知与新知的知识，其结果也带有境域性。教师在此验证学生的知识运用和生成，感受学生的主体精神。历史教学成为基于知识分类的主体与知识交融的知识教学，知识成为主体介入的内含史事、思维、情感与价值观念的开放系统，主体成为由知识养育的自主、能动的知情意统一体。[①]教学品相[②]走向基于知识分类和知

[①] 《法兰西第一帝国》一课的"拿破仑史迹"这样分类教学：编码"归纳拿破仑的主要军事活动"等知识序列，由学生解码，此为知识陈述。"评拿破仑的功过"，采用师生评价在前、材料证明或证伪在后的方式展开，在结论和证据的推演中，教师揭示偶然与必然、英雄与民众、"民族主义"与"帝国主义"等阐述视角，学生感受安宁与动荡、奋斗与退缩、忠诚与背叛等人文情怀。此为知识阐述。随后，出示师生共同参与教学准备而组建的情境性知识，展开辩论和写作活动。有学生如此表述：以上史实说明，拿破仑不仅是军事天才，他还重视科学并在用人上"替才能开路"。在这些包含思维方法和生命意义的知识转述和再生中，唯物史观、证据运用和价值判断涵养（即滋养）其间，历史知识与主体精神的共生性显露出来。在此，知识被归为3类，出发时外在于师生，通过陈述与阐述等行为，它已是与师生性灵相契的开放系统。

[②] "品相"取自古玩字画界，强调外形的品质，此处为借用。

识导引的主体与知识相契、知识与精神共生。与前述教学模式相似，这里的知识教学，同样追求外显主体地位与素养（此处是动词）主体性品质相统一的主体性目标。

四、评价规程表征主体性品质：知识绽放

世纪之交，素质教育思潮和新课改风声，催生了基层学校评价研究的热潮。基于知识来建构主体性品质的评价量规研究得以进行。

认知历史的深度取决于历史材料的诠释和历史问题的价值判断，诠释和判断最见学科思维与人文思想的功底。思维本身只是过程和方法，其对象是以材料包裹的历史知识（史事、史论等），其结果是人文化的思想。合乎情理的思维与思想的结合，是判定主体性品质的表现标准。

表 2-1 判定师生诠释历史材料的品质

历史材料的诠释	指标 1：阅读各种材料，并作出分辨	指标 1.1	能明确某历史材料是否为第一手史料
		指标 1.2	能准确识别不同材料中的历史叙述与历史观点
		指标 1.3	能正确校勘和分辨史料所涉知识与事实的关联
	指标 2：思考各种材料，并进行提炼和透视	指标 2.1	能对材料进行整理，最大限度地获取有效信息
		指标 2.2	能根据事实和材料客观地推断作者的意图
		指标 2.3	能在其他材料和事实参照下确认材料的可取点
	指标 3：扩展性地思考各种材料，发现它与已知史实的联系，综合运用	指标 3.1	能直接概括材料反映的主要问题，发现其与已知史实的联系，并运用已知史实作出说明
		指标 3.2	能多方位地把握材料中的内容要点，发现其与已知史实的联系，并充分利用信息进行互证
		指标 3.3	能深入地推导出材料说明的问题，联系已知，并在运用这些信息进行论证时重构历史

表 2-2　判定师生评价历史问题的品质

历史问题的评价	指标1：对客观历史本身的评价	指标1.1	能在特定的当时的时空范围内作出评价
		指标1.2	能在特定的当时及追溯以往的时空范围内评价
		指标1.3	能在当时、以往、以后的广域时空范围内评价
	指标2：对史学论述的再评价	指标2.1	能对具体历史问题的定论作出有依据的再评价
		指标2.2	能对发展变化的现象及相关论点作发展性再评价
		指标2.3	能基于现实对历史进程中的规律判断作出再评价
	指标3：在复杂的史料情境中阐述自己的观点	指标3.1	能直接从史料的解释中表达自己的历史认识
		指标3.2	能间接地从史料的鉴别与批判中表达自己的认识
		指标3.3	能基于史料情境，并依据一定的知识独立地鉴别与验证旧知，推断并论述新知（或提出建议）

上述判定主体性品质的表现标准，各有3项一级指标、9项二级指标构成。它们以"分辨""推断""评价"等思维方式为枢纽，其前端是材料包裹的历史知识，其后端是主体对历史知识展开思维所表达的思想观念（有情怀、人文化）。思维及其所表达的思想观念，是主体性品质的两个精神向度。指标序列所蕴含的思维层次与思想观念的合理性，则是衡量这一精神向度深浅的标尺。这一区分历史认知水平的指标系列，为主体性品质的度量提供了较微观状态下的可操作的评判量规。[1]

这一评判量规所引领的知识教学的实践在于：在奠基客观史事之后，就是对材料包裹的史事作出诠释和判断，让主体与知识相契，使知识学习从静态走向动态，由感知的真切走向阐述的合理（未必是实证的真理），并在诠释和判断中鉴别思维层级与思想观念。运用这一量规的实践进程正与阐述性知识的阐述与情境性知识的转述一致。此时，主体的生活性知识势必介入，

---

[1] 束鹏芳：《中学历史评价能力探微》，《中学历史教学研究》2001年第5期。表格参阅了聂幼犁的研究成果（聂幼犁：《中学历史教育论》，学林出版社1999年版，第82—96页）。

认知历史的过程就有了另一界面——包含审美生活、理性生活和道德生活的主体的课堂生活。[1]

一是历史的感知与体验：审美生活。历史教学中的审美生活是以历史的形象性和生动性为审美对象的情感体验。历史是鲜活的、过去了的人类经验的再现。历史教学再现鲜活的历史时（知识的阐述也会因思想和激情而变得鲜活），主体便能激发情感，产生审美体验。审美既有情感上的，也有理智上的。二是历史的理解与分析：理性生活。历史教学的理性生活是建立在再现史事基础上的发展历史思维、绽放思想观念的过程。主体在由史而论的认知中感受理性的力量，增强生命的理性省察。三是历史的感悟与判断：道德生活。历史教学中的道德生活，是以历史自身蕴含的道德因素为依托的意志活动。主体在历史情境里产生道德体验、感受德性熏陶，并在教学情境里拥有平等交往和交流的空间。[2]

这一课堂生活的图景，从陈述性知识的历史感知开始，以阐述性知识的历史解释为高潮，在情境性知识的转述以至再生中回绾。这一师生双主体共有的课堂生活，是主体性品质在课堂界面上的表征。

如此，主体性品质就确立了一体两面的鉴别规程：学业水平的量规和课堂生活的面相。历史知识教学也因此获得价值判断的核心标准，知识的教育价值绽放开来：在知识教学中涵养主体的主体性。

---

[1] 《新航路开辟》一课中"哥伦布的发现"的阐述进路：使用哥伦布"航海日记"和印第安文明建筑图，播放秘鲁民歌《老鹰之歌》，促进学生以合理的想象勾勒西方殖民者初到美洲大陆所能感受的印第安文明的古朴与独特之美。教师一声感叹：被发现未必幸运。出示卡萨斯《西印度毁灭述略》中殖民者劫掠和屠杀阿兹特克人的材料，呈现斯宾格勒《西方的没落》中所述："一个文化终结于暴死……在它展开至完全辉煌的时候，突然遭到谋杀，就像一朵向日葵被路人恣意地砍去了头"，引导学生既感同身受、又局外解读"被发现未必幸运"；教师再揭示道德与功利尺度在解释和评判历史中的复杂共存，反对单一的功利判读，倡导多元文化；最后，对学生的"材料诠释"和"历史评价"做水平等级的划分与说明。在此，知识展开中绽放的课堂三大生活是主体性的人文表征，水平等级的划分则是主体性的工具表征。
[2] 束鹏芳：《关注中学历史教学的课堂生活》，《历史教学问题》2001年第6期。

五、主体性凝聚教育价值：知识领衔

从教学内容结构为能力框架，到教学模式指向主体性整合，再到依据知识类型涵养主体性品质，"主体性目标引领知识教学"日渐清晰。它源自教育哲学的思考：人的主体性张扬；它缘于历史和知识的本体论认识：历史在人的"思想"中重演，知识在主体介入的主客观建构中形成。它面向基础教育的认知本意：教与学的啮合传动奠基于知识的性质及其价值指向；它朝向语言表达的符号内蕴：陈述、阐述，并进而转述，写实"能指"与写意"所指"。归根结底，"主体性目标引领知识教学"是选择知识并在动态而非静态知识的教学中，在由"知"到"识"的顺应过程中，推动主体与知识的相契，促进历史知识与主体精神的共生，张扬人的主体性。人的主体性是历史的思维、思想和情怀与主体的自主、自为和互动的交融，凝聚教育要义，体现教育的价值，远非单一的学科素养所能及。

人的主体性的养育与彰显是目标，凝聚知识的教育价值。知识分类并由表及里地绽放其价值是操作，生成知识与主体相契、知识与精神共生的教学气象。主体性品质的鉴别规程则是目标与操作相向而行的"上帝之手"。这一知识麾下的教学，以知识的面相释放知识的气度，培养人的主体精神——人在活动中自主、能动且融汇立德树人的历史素养。

推开20世纪90年代那扇历史教育之窗，询问当下的应答。那个年代的热词——主体性，依然光鲜；那个年代的"边缘客"——知识，光芒难掩；主体性目标引领的知识教学不仅修习能力或学科素养，还彰显"申以劝诫、树之风声"的垂教价值，更贯注着教学形态应有的"过程与方法、情感与态度"——中学历史教学可以不为史学安身，却要为人的主体性教育而立命。

（本文原刊于《历史教学》2017年第12期）

关注中学历史教学的课堂生活

课堂教学是学生的人生中一段重要的生命经历。课堂生活的质量直接影响着他们当前及以后的多方面的成长和发展。课堂生活既是知识的整合和获得过程，也是生命活动诸方面的协调和整体发展过程。历史作为过去生活的重建，本来就与人的生活世界、与当下的生活状态密切相关。历史教育作为教育，作为依托历史唤醒人对世界的意义和人对生存的意义的领悟性活动，理应创建一种具有生活意义和生命价值的课堂教学新生活。

学生的课堂生活涉及理性生活、审美生活和交往中的道德生活。历史教学也应当从学生生活涉及的3大领域来创建课堂生活，实现书本世界与生活世界、现实生活与可能生活的结合，从而改变只有紧张的认知关系，却遗忘学生的生活与精神世界的课堂模式，真正赋予课堂教学以生活意义和生命价值。本文侧重讨论历史教学课堂生活的内容问题。

一、中学历史课堂生活的内容：历史知识的生活化

历史知识生活化是要将历史知识赋予一定的生活意义与生命价值，让知识的获得过程与生命的提升过程相一致，使历史这一过去的生活与学生当前的生活及未来的生活连接起来。就教学内容来说，要最大限度地展示历史知识的形象性和生动性，解读历史知识中包含的思维品质、生活经验和价值观

念，使历史教学在呈现历史知识时，鲜明地指向学生的3大生活领域。

（一）历史的理解与分析：对理性生活的关注

历史教学的理性生活不是一个纯粹的知识灌输过程，而是认知活动基础上的发展历史思维能力的过程，是学生理智感的体验和满足。这样，历史理性就取得了生命的意义，成了其个人生活世界的一部分。

以高二世界史《新航路的开辟和早期殖民活动》为例，在学生课前先行自学后，我们创建了如下的课堂教学生活。

1. 教师陈述结论："15世纪中期到17世纪中期是一个发现的时代，人类历史由此开始了重大转折。"学生根据事实阐述对以上历史结论的理解。教师再要求学生作出延展性思考：在当今这个急剧变革的时代，"发现"和"转折"意味着什么？结合现实中的所见所闻，阐述你的个性化理解。

在完成这样的认知活动后，教师再引导学生一起揭示上述论证和阐述过程中包含的认知策略与历史思维方法，从而推动学生在关注结果的同时，也关注思维过程。

2. 教师提供以下材料，引导学生解读"世界被发现"的主客观原因。

材料1：1498年，当达·伽马抵达印度时，一位当地人问葡萄牙人到底想得到什么时，他答道，"基督徒和香料"。赫尔南多·科尔特斯在准备征服墨西哥时宣称："我为黄金而来，而不是来当农民种地的。"

材料2：教材彩图《欧洲中世纪市民生活》及其说明。

材料3：14—15世纪，欧洲的城市和城镇已经日益增多，商品经济迅速发展起来，出现了资本主义萌芽。火药、罗盘针和印刷术这3项伟大发明为资产阶级社会的到来创造了必要的前提条件。

在学生完成原因分析后，教师将他们能够陈述的所有原因列出来，判断它们的正误，遴选可取之处，再引导学生探讨分析历史原因的基本方法。

3. 要求学生结合迪亚士"给处于黑暗中的人们带去光明，并向所有的人那样去发财致富"的一句话，辩证地、多层面地阐述新航路开辟的影响。其间，教师提醒学生关注周围当下的物质世界，不要在纯粹的历史世界里虚拟阐述。

以上教学活动，排除了单纯的知识习得方式，也排除了照本宣科使用教材的程式，在从事历史的理性分析时，没有忘却历史的形象性，它将问题情境的构建、历史结论的推导和历史分析的方法结合起来，将历史与现实结合起来，将学生生活中触摸不到的世界与个人的经验世界结合起来，是课堂内的研究性学习，是理智感的实现，这样的教学活动体现了历史课堂对学生理性生活的关注。

（二）历史的感悟与体验：对审美和道德生活的关注

历史教学中的审美生活是以历史的形象性和生动性为审美对象的情感体验。历史是鲜活的，是过去了的人类生活的再现。历史教学活动呈现鲜活的生动的历史时——历史认识的阐述也会因为语言和激情而变得鲜活生动，学生便能激发情感，产生审美体验。

以高二世界史《文艺复兴》为例。学生课前先行预习后，我们围绕课堂的审美生活的目标创建了如下活动。

1. 教师简要描述《神曲》的部分片段，让学生感受主人公那份追求理想与至善的人格美，再提供以下两段材料，由学生畅谈自己的情感体验。

材料1：走你的路，让别人去说吧。

材料2：人是一件多么了不起的杰作！多么高贵的理性！多么伟大的力量！多么优美的仪表！多么文雅的举动！宇宙的精华！万物的灵长！

2. 观赏《最后的晚餐》和《西斯廷圣母》，感受典雅的宁静的人性之美，再引导学生体验历史演进过程中反封建主义的神圣感与崇高感。接着以"是我在看蒙娜丽莎，还是蒙娜丽莎在看我"为题，让学生自主感悟，进行审美活动，以获取愉悦的心理体验。

3. 宕开一层，这一时期的文艺家和科学家的鲜活生活以及东西方拉开差距的历史沧桑，同样为我们创建课堂教学的审美生活提供了良好的素材，可以视情况适当展开。

历史教学中的审美生活，既来自历史知识蕴含的内在美的要素，也来自课堂生活的形式美。求美在实质上是激发学生的情感体验，因此历史课堂教学，无论是生动形象的再现，还是观念理性的感悟，只要能够激发学生领悟社会演进的意义和人本身存在的意义，就是一种心理体验，就是审美生活。从这个意义上讲，理性生活和道德生活中的思想感受和满足，也是课堂教学中的审美生活。

历史教学中的道德生活，是以历史自身蕴含的丰富的思想道德因素为依托的意志活动。它不是牵强附会的道德灌输，而是创设道德情境，体验道德生活，形成道德判断。

在《新航路的开辟和早期殖民活动》一课的教学中，我们围绕道德生活这一目标，创建了如下活动内容。

1. 教师提出这样的问题：新航路的开辟和殖民掠夺的历史，反映了生活在这个世界上的人类有哪些品性？请作出你真实的价值选择。接着由学生各抒己见。这个历史问题实际上要求学生结合自己的生活世界，在现实生活和可能生活之间，作出道德判断。

2. 要求学生阅读以下材料回答问题。

材料1：（1519年西班牙殖民者向阿兹特克人的都城进军时所见到的情形）这些分布在水上的石砌的巨大宝塔、神庙和房屋，简直像施过魔法的东西。我们看到的是见所未见、闻所未闻，连做梦也没有梦过的东西。

材料2：（1519年11月8日西班牙殖民者在阿兹特克人最盛大的宗教节日，进行了大规模屠杀）他们闯进村庄，见到孕妇和产妇便挑破她们的肚皮，然后剁成碎块，犹如宰割羔羊。歹徒们还打赌，看谁能够一刀把人从中间劈开，谁能提起孩子往石头上摔。暴徒们还以上帝的名义把印第安人活活烧死。

材料3：印第安人的文化本能够给人类留下一份丰富的文化遗产，如今却不得不依靠它留给我们的一些农作物如番茄、玉米、甘薯及一些遗迹来加以回忆，这是欧洲人对印第安文明进行的破坏。这巨祸的发生，是唯一的一个文化终结于暴死的例子。这文化不是死于饥馑、镇压或阻窒，而是在它展开至完全辉煌的时候，突然遭到谋杀。它的被摧毁，就好像一朵向日葵，被路人恣意地砍去了头。

问题讨论：你如何理解欧洲人对美洲的征服？你的这一理解运用了什么历史尺度？材料的描述给了你怎样的生命体验？

这一教学活动将学生置于历史进步与道德选择的价值冲突中，在建构道德意识的同时，也在建构学生的辩证思维，推动学生的情感体验。

二、中学历史课堂生活的形式：生活状态的历史化

历史教学要在课堂生活中赋予生活意义和生命价值，还要关注学生基本的课堂生活形式和生活空间。由于人的生活，尤其是学生生活是以精神的鲜活和丰富程度来衡量的，又由于历史本身就是一种生活，就是一定思想状态下的生活重构，因此学生的课堂生活形式和空间就要使学生的生活状态历史化，使他们的生活世界在建构历史的过程中存在下去。

无论是历史课上的理性生活，还是审美与道德生活，都是对客观历史的主观建构，都涉及认知基础上对历史的理解、阐述与体验。在上述课堂生活的例子中，已经蕴含了一些基本的课堂生活形式：（一）对历史材料或历史结论的理解与阐述，这是一种口头表达，也是一种思想的相互交流与启发；（二）再现历史材料或历史情境的生动与鲜活，用自己的经验与生命感受，体验和感悟历史的借鉴意义；（三）师生在获得基本的历史认识后，提炼从中生成的历史思维规则和人类生活法则，从而促进师生依据历史来唤醒自己对世界和人生意义的关注。

人总是生活在一定的物理空间和精神空间的。关注课堂生活也必须关注空间组织形式及环境布置，师生关系以及生生关系的构建和运用则是学生生活空间的基本支柱。因此我们的历史教学，将马蹄形作为主要的空间组织形式，间或也采用半圆形或T形的排列方式，在灵动的变化中营造一种探究的、合作的教学氛围。马蹄形的学习小组由6人组成，三面围坐，围坐时可以自由组合，也可以在讨论交流时选择新的学习伙伴。教室的讲台放置一边，摆放教学用具，教师活动在学生之中，穿梭、巡视和对话都显得比较灵活自在，还能营造一个宽松自由的心理环境。这样的空间组织是适应课堂生活的内容，特别是社会交往、道德判断的生活内容的需要而设置的，绝不仅仅是形式

问题。

　　另外，在专用历史教室，尤其是开设选修课程的教室，可以用历史图片（包括历史地图）布置场景，让墙壁也叙述历史；通过一段音乐、一幅历史图片或一则历史故事引导学生走向历史课堂，也是生活状态历史化的重要方式。教学手段上的幻灯投影与影视资料的运用，还可使学生拥有体验与想象的"往日的生活背景"。

　　历史教学必须关注学生的课堂生活，而不仅仅是关注历史知识及其量化的教学效率，这是学生生命个体全面发展的内在需要。况且，历史教育的目标还在于对学生精神生活的关注。只有着眼学生课堂生活的理性生活、审美生活和道德生活3大领域，创建历史知识生活化的教学内容、设计生活状态历史化的活动形式，才能使课堂充满生命活力，才能真正做到以人为本，推动当代学生在历史沉浮、社会伦理、情感体验等领域拓展自己的精神世界，使个体从狭隘的知识领域走向宽阔的生活领域，带来视界的敞亮。

　　（本文原刊于《历史教学问题》2001年第6期，并被国家哲学社会科学学术期刊数据库全文收录。郑金洲主编《基于新课程的课堂教学改革》第31—32页，以案例形式摘引）

探寻中学历史教育的精神根柢

——从中国传统哲学的园地开始

------- ◎ -------

　　学科教学的精神根柢，起码包含至高的价值目标和思维方式。当下，中学历史教学讨论的价值目标仅止于历史学科的三维目标，其实在三维目标之上还应该有更上位的"道"，笔者以为这个更上位的"道"应当是"和"的精神。中学历史教学讨论的思维又常常止于历史思维，而鲜有历史教学的教学思维，笔者以为，这一教学思维当是"和"的内在机理——和谐思维。当历史教学能够在类似于"道"或"太极"的上位价值和区别于学科思维的教学思维的眷顾下展开时，历史教学才具有教育意蕴。

　　"和"是国学的核心价值，历史学是国学的重要组成，中学历史教育是传递历史精神的重要阵地，它应当、也可以在国学的框架里，承接"和"的价值取向，接引"和"所彰显的思考和解决问题的视角，使"和"成为中学历史教学的精神根柢，使中学历史教学拥有哲学的基础和依傍。本文试图在"和"的解构中探询它与中学历史教学之间存在的互通性，使历史教学从历史出发走向独立的教学高地——建基于价值意义和教学思维上的教育领地。

一、"和"的历史发展

　　"和谐"在古代是以"和"的范畴出现的，是在儒、道、释诸家对"和"

的向往与理解之中逐渐明晰起来的。

"和"奠基于巫术礼仪及礼乐文化之上。殷商甲骨卜辞中屡见"和（禾）"的记载，其后"和"逐步分化出"礼"与"乐"。周公"制礼作乐"，以维护政治安定，以保证社会和谐。"礼"是处理人际关系的规范，强调"礼之用，和为贵"。"乐"辅从于"礼"，"以和神人"，使人神相通，强调整个宇宙的和谐。"乐者，天地之和也；礼者，天地之序也。和，故百物皆化；序，故群物皆别。""大乐与天地同和，大礼与天地同节。"（《乐记·乐论》）有了"乐"与"礼"，天地之间便有了和谐与秩序，就能和顺安宁。殷周时代主持礼仪的"儒"（巫、史、祝、卜一类的人），在春秋时期成了以相礼为业的文化人，熟谙西周礼乐文化的孔子开创了儒家学派。儒家将"礼"与"乐"延入人与人相互交往的社会关系之中，主张在道德自觉的基础上建立一个礼乐文明的社会，"和"具有了生活哲学的意味。作为理想人格的标准，孟子强调"天时不如地利，地利不如人和"（《孟子·公孙丑下》）。以孔孟为代表的儒家提出了一系列旨在实现人际与社会和谐的道德原则以及建设大同社会的愿景理想。儒家以个群关系、人我关系为基点，追求人与人之间的和谐。

"和"延展于道家思想及其天人合一之中。老子综合上古三代的对立而和谐的阴阳观念，集其大成，凝其精髓，用以解释天地万物的性质与发展规律，明确提出"万物负阴而抱阳，冲气以为和"，"和生万物"；"阴阳五行"说强调了"和实生物"；庄子进一步提出："与人和者，谓之人乐；与天和者，谓之天乐。"追求人与自然和谐相处，以达到"天地与我并生，而万物与我为一"（《庄子·齐物论》）的境界。可见，道家崇尚自然，主张"齐物"，追求天地万物为一，体现了"道"的重要特征即是"和"。《易经》还通过卦名的不同含义和64卦的不同排列顺序，来表达阴阳对立以及作为其基础与底蕴的协调、统一、和谐的思想，所谓"乾道变化，各正性命，保合太和，乃利贞。首出庶物。万国咸宁"（《周易·乾卦·彖传》），就是说，只有保合太和，万物才能生长，万国才能安宁。"和"就像西方斯多亚学派所讲的逻各斯一样，似乎成了自然神。随着汲取了阴阳家和道家思想的汉代新儒学的光大，"神人以和"逐步让位于人与自然、人与社会和谐统一的"天人合一"。正所谓

"和者,天地之所生成也";"天地之美,莫大于和"(《春秋繁露》)。道家在人与自然的关系层面上探讨了"和"的思想参义,它以主客关系、物我关系为基点,追求人与自然的和谐。

"和"完善和发展于禅思与理学之间。六朝隋唐以降,在剥落神学气息的过程中,禅在一花一叶和一个微笑之间诞生了。禅宗揭示人明心见性、回归本心时的禅悟体验与精神境界。一方面,"人人皆可成佛"和"人人心中都有佛"的观念将佛教世俗化和大众化,使身心之和这一"和"的文化理念植入了草根群体;另一方面,内外无著、任运自在、返观心源、自性解脱的哲学理论,突出了人的内在世界的和谐与平衡,使"和"与个体的"心"结合起来了。[①] 可以说,禅宗是以个体的理欲关系、身心关系为基点,追求人自身的内部和谐。至宋明理学时期,理学家以自我和谐为基础,以人我和谐为手段,以物我和谐为目标,强调自足的"孔颜之乐"。孔颜所乐,不仅乐在物我一体,而且乐在人我一体,是个人与宇宙万物、与人类社会的交融合一、协调发展。[②] 糅合了儒、释、道三家的宋明理学"维系着人与自然、社会、群己、心灵的关系网络,以及在此关系网络中人的价值观和意义的定位"[③],基本完成了对传统中国的"和"的思想的综合。至此,中国的"和"就在"天—人""人—人""物—我"3层关系中漫卷、延展开来了。

中国传统哲学中的"和"遂成为国学的核心价值,进而承载起中国人的精神世界和看待世界的思维方式——和谐思维。国人日常生活中的诸多汉语词语也佐证了这一价值观及其判断与行事的思维方式。例如,天人关系中的风光和霁,人际关系中的和而不同、家庭和美,国际关系中的和平协调,人性评判中的一团和气、品性中和,文化娱乐中的和弦、和棋、和答,等等。可以说,"和"在社会文化心理结构中无处不在。

---

① 方立天:《禅宗思想渊源·序》,中华书局2001年版。
② 管向群:《中国传统和谐思想探源》,《光明日报》2005年12月27日。
③ 张立文:《朱熹"心统性情"论的现代价值》,《中国文化研究》2001年夏之卷。

二、"和"的精神特质

沿着"和"的历史叙述，中国传统哲学中的"和"已经是一种民族的精神血脉。公正合理、个体与他者之间的融通，无疑是其精神特质最鲜明的地方。

传统中国是用"礼"来涵括公正合理的。《礼记·乐记》云："中正无邪，礼之质也。"就是说，中正（即公正）是礼的一个本质特征。又说："礼也者，理之不可易者也。"这是说，在礼中蕴含着一种无可辩驳的公理。《礼记·仲尼燕居》曰，"礼乎礼！夫礼所以制中也"，也就是说，要用具有公正特质的"礼"的调节，来促使事物趋向和谐（"中庸之道"）。在传统中国，"礼"与"和"之间还存在一种体用关系，"礼之用，和为贵，先王之道，斯为美，小大由之"（《论语·学而》）。可见，"正""礼""和"的互动构成了和谐，如此，才有"天地同和"与"万国咸宁"。至于个体与他者（包括自然、他人、社会等身外之物）的融通，在上述"和"的历史追溯中已有简要阐述，此处不再展开。

"和"不仅是传统哲学中的核心精神，还衍射出处理、认识和判断事物信息的思考方式。这一思考方式便是和谐思维。

和谐思维讲究整体的综合思考、系统思考。"和"本来就贯穿在自然与人、人与人（人与社会）以及人与自我世界的3个维度之上，天人合一是"和"，天下大同的礼乐社会是"和"，"发明本心"以达"宇宙便是吾心""天地万物皆备于心"也是一个"和"。所谓万物各有其理，万物之理终归于一（"太极"），从思维方式来看，正是讲的整体性和综合性。《老子》中的和合万物的"道"无象无形，至大无外，至高无上，充分体现了中国文化的整体观，英国科技史学家李约瑟断言：儒家思想没有把个人与社会人分开，也没有把社会人与整个自然界分开。国人崇尚的龙和凤就是充分运用综合思维，整合象征美好幸福的物象而创造出来的。可以说，"和"所表达的整体观、一体感的思维方式在中国的哲学语境中体现得十分充分。

和谐思维注重务实的和对立统一的思考。孔子所言"多闻阙疑，慎言其余"知之为知之，不知为不知"和老子所言"合抱之木，生于毫末，九层之台，起于累土"，都体现了一种从实际出发的实事求是的思想方式。中国的"和"是以对立的多元统一为基调的，"有"和"无"、"祸"与"福"都是彼此依存、相互转化的。在中国的哲学语境里，尽管所有不同的事物是相对、相反的，但相反才能相成，才能生成万物，"生生之谓易"，易就是天地万物的变化。如前所言，无论是儒家的"仁礼"说、"和同"论，还是道家的相对主义观，都是建基于多元、多样之上的和谐。"道生一，一生二，二生三，三生万物。万物负阴而抱阳，冲气以为和"（《道德经》）。在这里，"三"是多样的，"万物"是阴阳冲气而成的，这样的"冲气"又归于一个"和"，这是典型的对立又统一的辩证思维。

和谐思维讲究个体的内外通达性与不同个体之间的对话与宽容。这是"仁"者的情怀、智者的融通，是一种价值取向，也是一种思维方式。建立在"己所不欲，勿施于人"基础上的"己欲立而立人，己欲达而达人"，是利他主义的仁者，是不同个体之间形成和谐关系的终极关怀。《论语》在表达"仁"与"和"的思想时，始终都是以询问和对话的方式来展开的。当个体遭遇理想和现实的冲突、利益与牺牲的冲撞时，中国哲学又是用儒、释、道杂糅出的"孔颜之乐"加以化解的。在"居庙堂之高则忧其君，处江湖之远则忧其民……先天下之忧而忧，后天下之乐而乐"的律令下，智者寻求化万物于无形，取主体精神之满足，从而得以内外融通，身心通脱。这无疑是一种智慧，在这一智慧里包含着独有的思维方式：对话与融通——与他人、与自然和与自身心灵的对话与融通。因为对话和融通，人便从困境中得以超越。"和"的着眼点在于人的心灵的存在及其价值和意义问题——包括心灵的自我实现以及超越之类的问题。[①]现代化进程中人的心灵困境和幸福指数下降，在某种程度上其实是个体认知方式上身心通脱的融通感在流逝，是传统思维方式遭遮蔽。

中国人从"和"而来，"和"的价值追求及蕴含其中的思考和解决问题的

---

① 蒙培元：《心灵超越与境界》，人民出版社1998年版，第51页。

方式或路径——和谐思维，是中国精神发育史的事实存在而非主观演绎，其中包含的合乎理性的公正、人的身心和谐发展的德性价值以及综合与整体、辩证与对话的思维方式，当是历史教学在教学意义上探寻精神根柢的主要资源。

三、中学历史教学的精神根柢

"和"如何成为中学历史教学的精神根柢，进而推动学科教学成为一种教育？我们以为可以在至高的价值目标与学科教学的思维方式（而非单纯的历史思维）两个层面加以探讨。

传统哲学的"和"是基于人本主义的身心和谐、人际和谐与天人和谐，是一种理性的滋养。尽管"和"的人本思想主要体现在先秦时期，但其精神在君主专制时代还是以"潜流"的形式续存下来了。[①]"夫人者天地之心，天地万物本吾一体者也"（《王文成公全书·答聂文蔚》），历史教学为了学生的发展，其实就是为了学生的身心发展，为人生服务，它是源自"和"的至高价值。为此，一方面，历史学科的人文性和思想性的内在特质要得以张扬，基于历史事实，基于新材料、新情境，创设符合感性到知性的学习逻辑的教学情境，推动学生对历史的描述、解读与分析，促进他们的思考，提升其认识水平，以求修身养性；另一方面，要在教学行为中秉持"有教无类"和"泛爱众，而亲仁"的职业伦理，善待每个学生，为了每个学生的发展去教学。如果能够这样发展学生，则教师自己的身心发展就一定成了"自然法"——发展学生的人生也就是教师的自我实现和教师自我的身心发展。这是一种历史教学"各美其美，美人之美，美美与共，天下大同"的"和"——大美境界。这正是教育的价值立意。

和谐思维是整体性思维，它建构了人与自然、人与社会以及人与自我世

[①] 王心竹：《中国人从"和"而来——访张国立教授》，《光明日报》2006 年 2 月 21 日。

界3个层面的宏观架构，充满一体感。历史课程的主体内容侧重人与人（人与社会），但是要兼及人与自然、人与自我世界的相关内容，从这个意义上讲，历史课程资源的开发就有了新的视野和领域。例如人与自然整体发展的环境史，历史人物影响历史进程的心理分析史，人在历史进程中彰显和寻找自我、关注小人物的草根社会史等，它们使历史课程内容不再局限于宏大叙事和人被隐匿的"非人"的制度、器物史。历史教学还要将新课程的三维目标作为一个整体来设计，教学过程中的史实与史论、宏观架构与知识要素也要彼此关联，形成一个相辅相成的整体，以逐渐培养学生系统思考的习惯。在历史的教学过程中师生都可以强化"自我"的"在场"感，以"我注六经"的气度解构历史，使历史不至于成为"自我"的遥远静观的对象，使历史不再成为编撰者的强制迫加。总之，整体思维要求历史教学的一体感，包括课程内容、教学目标、"教""学"者与历史互动契合等诸多方面的系统性和整体性。

和谐的思维是对立统一的思维方式，强调对立统一中的联系与发展。和谐思维不仅是历史本身的思维方式，更是历史教学要遵循的思维路径，它意味着"因材施教"，要解决好"同"和"异"的问题。一方面，要使所有学生达到课程标准设定的学习目标，无论是事实性的历史知识的了解和识记，还是认识性的历史知识的理解和运用，无论是发达的东部沿海地区，还是相对滞后的中西部地区，都要有一个课标基准上的"同"；另一方面，对不同的学校、不同的学生个体又需要关注区域和校际差异，关注学生特别的兴趣与爱好，满足其扩大历史视野、探究历史问题的愿望，要有一个超越课标要求的"异"。它还意味着教学过程中对历史的解释，要提倡联系的发展的思维方法，倡导多元思考和不同见解。

和谐思维是生命对话的思维，是人性修炼的内省。中国哲学注重生命的内在价值，讲究悟道，体悟事物生成变化的机理，由此发挥心性的觉悟作用。[①] 历史教学要关注师生对"历史是什么"和"历史怎么样"的参与，而

---

① 高清海：《中国传统哲学：属于全人类的精神财富》，《吉林大学社会科学学报》2002年第5期。

不是被动接受他人喂养的历史饵料,也即以师生主体性的"在场"来参与历史的解读。在这一过程中,"对话式"就成为历史教学的基本方式,这一方式正是教学的思维路径。参与历史解读中的对话,既包括师生与历史文本之间的对话,又包括师生之间、生生之间的对话。对话也不单纯是一个彼此的外显的讲,还有体悟,向着"历史谓何物"的真情实感去"省察"。如果彼此的讲和省察成为由教向学进行转化的教学思维,它就是生命的习性和潜在的意识,而习性和意识是与生命、与行为同在的。

教育之"德莫大于和","和者,天地之正道也"。当历史教师深入地体悟到中国传统哲学中"和"的价值取向,服务于人生的发展,并且运用和谐思维的诸多思维路径去开掘和解读课程内容、善待教学对象并注重教学转化时,中学历史教学才拥有一种精神特质,才划开它和历史本体之间的边际。历史教学才成为一个"为天地立心,为生民立命,为往圣继绝学"的教育行当,成为非史学研究的教育本体。历史教学的教育哲学在此,我们就有根柢,历史教育就能超越单一的学科思维和行为技术,教历史的人就能成为超越历史叙述的历史教师。

(本文原刊于《中学历史教学参考》2013年第2期)

略论历史教学的目标在于构建人的主体性

注重素质教育是社会发展的要求，也是教育改革与发展进程中的重要话题。虽然教育界"仁者见仁，智者见智"，但是着眼于每个学生个体的全面发展却是人们的共识。人作为一个认识客观世界并努力超越客观世界的主体，其本质属性在于人的主体性。因此，每个学生作为个体的发展，实质上就是其主体性的发展。素质教育着眼于学生个体，旨在促进社会的全面发展，所以素质教育的本质在于促进人的主体性的充分发展，"使受教者进入一个道德、智慧和感情融洽一致的世界，这个世界由整套的价值观对世界的解释和对未来的希望所组成"[1]。显然，人的主体性是一个由认知、价值、情感等系统组建起来的整体的精神世界。历史教育在促进人的主体性发展，提高受教者的素质方面具有独特的地位，并能发挥应有的作用。为此，历史教学的目标应致力于建构人的主体性。

一、建构人的主体性是历史学科的优势

历史是作为主体的人类活动的轨迹，浓缩着人类生命的精华。就人的主体性品质而言，它是一座富矿。

---

[1] 联合国教科文组织编著：《学会生存——教育世界的今天和明天》，教育科学出版社1996年版，第195页。

首先，历史的发展是人们不断地认识客观世界，改造客观世界并进而改造人的主观世界的过程。在这过程中，人们创造着丰富的物质财富和精神财富。这是人的主体性品质在自主性与创造性方面的体现。

其次，历史是人类的社会意识与思想品德的沉积过程。无论是爱国、持节、取义、乐群等传统的道德品质，还是艰苦创业、献身真理的革命精神；无论是改革进取的时代意识，还是世界一体化的开放观念；无论是社会发展史的悲壮意味，还是文艺史的美学意蕴……这些蕴藏在历史里的精神财富，都能极大地推动现代人在伦理、情感、态度与价值领域，充实自己的主体性品质。

最后，历史是人类认知领域的重要组成部分。"一切社会科学都需要历史的依据，作为启发自己研究的模式和反模式，历史学研究的方法蕴含着变革、转化和相互影响的因素。"[1] 历史在自然科学的发展史上，它同样是一个依据，爱因斯坦就是在修正与发展牛顿力学基础上提出相对论的。所以"有国者不可以不知《春秋》"[2]，历史知识是人的文化素质中的基础，而历史知识积累成的历史意识又可以将过去、现在和将来的企望结合成心灵的碰撞，作出创造性的贡献。历史是一门严谨的科学，包蕴人类主体性品质所需的思维能力。形象思维是它的面容，而逻辑思维则是它强健的躯体，归纳基础上的演绎无疑是历史学科的优势所在。

可以说明，历史学科可以在意向领域（意识到人是自主的创造性的主体）、认知领域、情感领域等方面构建人的主体性，历史教学在全面弘扬和增进人的主体性品质方面就具有丰富的资源。换言之，历史教学提倡以文化方式构建学生的主体性，是由素质教育的本质和历史馈赠的财富两重因素决定的。

---

[1] ［英］E.霍布斯鲍恩：《历史对社会科学的贡献》，《国外社会科学》1982年第8期。
[2] 司马迁：《史记·太史公自序》。

二、历史教学可以构建人的主体性

历史教学倡导以建构学生主体性品质为目标，就是要充分发挥历史学科的优势，把一个人的智力、伦理、情感以及实践活动诸因素综合起来，使其向着"完人"目标前进。在智力上强化受教者的历史意识，培育其优异的历史思维水平，促进其在联想、分析、阐述乃至推测等诸多思维形式上得到"一般发展"。在价值观领域，促进其经济意识、政治观念、伦理道德等方面既契合人本身的"天性"，又契合社会发展的需要，不断追求真善美。同时历史教学还应从活动角度来培养受教者的主动性。历史教学的目标构想不外乎是让受教者会认知、会做事、会做人、会交往，使其成为主体，并拥有最大程度的主体性。

历史教学要深入钻研教材并跳出教材，补充材料来设计"主体性"为目标的教学内容。在深入领悟教学大纲的要求与挖掘教材资源的基础上，从人的"主体性"构成去优化教学内容。同时，注重整体的单元备课。我们以高一《世界近代现代史》上册第一章"资本主义在欧洲的兴起"为例。通过对基本史实的学习，使学生形成"16世纪前后人类历史发生了重大转折"这一历史意识；并运用辩证唯物主义与历史唯物主义理论归纳资本主义在欧洲兴起的原因与表现；分析并阐述"人"与"世界"两大发现的历史现象；运用"资产阶级最初的解放斗争具有宗教色彩"这一结论来培养迁移、联想及论证能力。这些将构成本章在认知领域的史实与思维层面上的内容设计。本章包含资本运作的历史经验、新航路开辟的拓荒精神、反对天主教会的革新意识与献身精神、科学的人道主义、尼德兰革命的民族独立意识等价值观念，可将它纳入教学内容中整合现代市场经济形势下作为主体的人的价值基础；以人的存在价值为核心，自信自主、开拓创新、面向世界，等等。本章还包含东西方拉开差距的沧桑体验，殖民灾祸与宗教迫害下的悲悯情怀、仁义之心，文艺复兴时期人性的美丽与温情，"海上乞丐"的民族傲气，等等，这是主体性教学内容设计中的情感目标。

"问渠那得清如许，为有源头活水来"，只要教师发挥人的主体精神，深入挖掘教材蕴含的"主体性"内容，就一定能在伦理、情感、智力诸领域全面增进学生的主体性品质。

然而设计出的主体性教学内容并不能简单地灌输、直接地宣示，而应全面构建学生的主体活动，将主体性内化成学生自己的东西。我们知道，主体性寓于受动之中，人的主体性是在活动中确证自己并实现自己的。因此，教师设计出具有馈赠、磨砺功能的内容后，要在课堂中积极开展双边活动，从而使学生的主体性表现出来，并将主体性品质建构出来。

就认知领域的主体性教学内容而言，教学活动分两个方面。一方面，在基本史实上，构建学生带着问题自主阅读、理解并表达的教学活动，侧重于再认与再现；另一方面，在历史思维能力上，在教师条分缕析过程中，启发和引导学生参与思考、讨论相结合的课堂教学活动，侧重于学法与思维规则的示范与运用。

就价值观领域的主体性教学内容而言，学生的主体活动除借鉴上述活动形式外，还可采用小组教学形式，辅之以课后写历史评论等活动方式，它侧重于价值观意义上的阐述、激发学生各种水平的发散性理解，丰富学生这个主体的思想宝库。

就情感领域的主体性教学内容而言，要借助丰富而多类型的史料（包括文字、声像、图片、实物、遗址等），通过运用电教手段、有感染力的语言表达来熏陶学生，引导他们"感同身受"着历史的律动。在此需要强调的是，那些史料固然可以由教师提供给学生，但基于主体性目标，发动学生参与搜寻和提供史料更有必要，也应该更有达成目标的效果。

组织角色扮演或读书报告会是有效的活动形式，针对价值观与情感态度领域的主体性教学目标，借鉴活动课程的思路，可以排列出晚会式、火车车厢式的学生座次，设计开放性的学习化教室，让学生带着史料或思考的结论或解决问题的方案，走向学习化的教室，而不是单纯的教师的教室（或许可以称为学习室），这也是有效实现"主体性"目标的学生主体活动。上述教学活动的构建既能落实学生的主体地位，又能在促进学生学会认知、学会做事、学会交往等方面取得进展，从而有效地增进学生的主体性品质。

落实主体性教学内容有赖于建构主体性教学活动，而这一教学活动的进行又有赖于民主意识与沟通师生情感的保障机制。由于高中学生的思维已发展到抽象阶段，进一步发展了思维的深刻性与批判性，还由于高中学生的情感与个性已发展到后习俗水平，民主性、灵活性在进一步发展。[①] 所以在高中历史教学中，专制性权威已不符合学生的认知、情感心理规律，重要的是主体性教学要尊重学生的主体性，要弘扬学生的主体性品质，这就要求教学活动中必须排除居高临下的权威架势。所以，构建全面的学生主体活动就要树立民主意识，在民主、平等的氛围里，使学生生动活泼地充分发展，培养主体的个性特征。现代教学论认为师生关系实际上是两个主体在认知、情感诸领域相互影响的整体关系。情感状态对学生的智力发展能产生一定的影响（尽管 EQ 情商说有夸大之嫌），重要的是，学生情感发展本身就是整合学生主体性品质的主要成分。因此，构建全面的学生主体活动还要重视情感交流，这既有助于落实"主体性"教学目标，又能充分体现和谐的师生关系。

　　综上所述，历史学科加强素质教育的出发点，也是它的归宿点，在于尊重学生的主体性，弘扬并增进学生的主体性品质。这是历史的馈赠，历史教育有条件也有义务开发它们并转赠给学生。因此历史教学应致力于建构人的主体性。其建构包括两个方向：一是以主体性品质为理念设计教学内容，二是在教学过程中全面建构学生的主体活动。为此，教学中的民主意识与情感交流就必不可少。

（本文原刊于苏州大学主办《中学历史教学研究》2000 年第 4 期）

---

① 崔录、李玢编著：《现代教育思想精粹》，光明日报出版社 1987 年版，第 265 页。

简述初中历史价值观目标的有效达成

价值观是新课程历史教学的目标之一，但在教学实践中，往往找不到一个合理的切入点，因而就难以对蕴含在历史知识中丰富的价值观加以挖掘和提炼，加之对分数的过分在意，从而导致教学目标被简化为知识和能力。在这种情况下，个体的知识学习和精神构建发生了质的断裂，价值观教育也就被搁置或者沦落为标签了。

一、基于教学内容的分析，挖掘和提炼有价值观意义的课程文本

历史课程的教学内容是历史教育工作者有意识地选择和加工而成的，它表达了人们对历史的认识，在相当程度上反映了教育者以至于国家的意志。这样的认识和社会意识、国家意志，往往就是价值观目标所在。这些价值观因素从其表现形式来看，有显性和隐性两大类。对教学内容的价值观因素进行分类提炼，将有助于历史教师从价值观维度上对教学内容进行加工、组织和开发，从而获得价值观教育的资源。

（一）关注显性价值观文本

初中历史学科的价值观目标一般包括爱国主义和民族精神、公民意识和人文素养、科学精神与多元文化（国际视野）等。当教学内容以语言文

字或直观的形象材料,直接反映人类实践活动中的意志、效果及其价值评判时,教学内容所蕴含的价值观因素就会以显性的形式表现出来。例如:初中历史教材对"新文化运动"的一段表述,非常明显地表达了对封建专制思想的批判和对国民的民主自由精神的倡导,其价值观是外化的:中华民国建立后,从西方传入的民主、自由、平等、博爱等思想观念,受到知识阶层,尤其是青年学生的欢迎,然而袁世凯一方面在政治上在民国的名义下实行独裁,另一方面规定"国民教育,以孔子之道为修身大本",违背了近代民主政治的潮流,从1915年起,陈独秀、李大钊、胡适、鲁迅等,认定要建立名副其实的共和国,必须高举民主科学的大旗,从根本上改造国民性,他们向尊孔复古的逆流展开猛烈进攻,从而在社会上掀起一股生气勃勃的思想解放潮流,这就是新文化运动。它启发人们探求民主和科学,探索救国救民的真理。[①]

其他如甲午中日战争中邓世昌下令"致远号"撞向敌舰"吉野号"的英雄壮举,文艺复兴运动所体现的以讴歌人性、热爱生命为中心的人文精神,都是显性的价值观目标。像这些显性的价值观因素,历史教师不能仅仅是作为史论一带而过,需要发挥"我欲仁则仁至矣"的主观能动性,意识到价值观教育的契机。

(二)开发隐性价值观文本

历史学科的价值观因素总是渗透于史实的陈述之中,虽不洋溢于纸面,却也隐含于文本之中。教师需要有机揭示并且拓展史料,创建基于教材又超越教材的课程情境,以有效支撑教材情境业已内蕴的价值观,使若隐若显的价值观"显著"起来。如初中历史课程对罪恶的"三角贸易"的表述,就隐形地内含了尊重人权、尊重人的生命权利的价值观念。对此,我们可以适当增加如下的补充材料:"英国人安东尼·培根是一名奴隶贩子,从1768年开始就从事黑奴贸易。他把英国的小刀、玻璃球和酒等商品运到非洲。他经常

[①] 李伟科、姬秉新主编:《中国历史(八年级·上册)》,人民教育出版社2006年版,第40页。

挑动非洲部落间的战争，然后用他带来的东西从战胜者手中换取俘虏；有时候，他也亲自抓捕黑人。然后把这些黑人运往美洲出售。尽管很多黑人死于途中，或被抛入大海，但是每趟获利仍高达百分之几百。这样在 8 年中，他竟赚了 76000 英镑。"[①]

这一感性的故事叙述和数据呈现，和教材提供的文本相互印证，渲染了奴隶贸易的罪恶性。教师从"人的尊严和生命的神圣性"这一认识视角来解析历史时，就能够推动学生在掌握史实的同时，走向价值观认识的层面。

再如，达尔文创立进化论和居里夫人发现"镭"的科学史里就内存科学精神，两次国共合作的史实里就内蕴着诚信、宽容等价值观，虽然潜伏在史实的深处，但是通过补充和拓展史料，通过教师价值观视角下的有意识引导，就可以达成价值观教育的目标。因此教师要关注史料拓展和开发隐性的价值观教育的课程文本。

无论是价值观外显的教材，还是价值观内隐的教材，都需要教师有价值观的目标意识，将承载价值观目标的教材加以辑录并适当拓展和补充相应材料，使其构成具有阅读、理解和阐释空间的历史文本。

二、在感悟体验和对话的教学过程中实施价值观教育

（一）让学生在创生的教学情境中去体验和感悟

历史文本里的价值观是史实的蕴含，是今人的解读，历史学科的价值观教育不是告诉，而是熏陶、感染、震撼和提升，这一原则在课程标准里有明确的说明。在教学中，通过创设情境，包括教师的生动描述以及实物展示、播放音像资料等多种手段，使过往的记忆里的历史变成鲜活的承载理解意义的历史，在"亲历"中获得观念上的感悟和思想的提升。

[①]《普通高中课程标准实验教科书 历史 2 必修》，人民教育出版社 2007 年版，第 29 页。

学习玄奘西游的历史时,先以叙事的形式交代玄奘在天竺的佛学交流以及《大唐西域记》的影响,再向学生提问:佛教原来是外来文化,传入中国以后,在人们的文化生活中产生了哪些影响?能否举例说明?在引导学生认识到只有吸纳外来文化才能增强民族文化的张力以后,及时将课文后面的云冈石窟与敦煌莫高窟的佛教艺术成就提前纳入教学内容,再剪辑部分影视资料,图文和声音交融,在生动的、令学生兴味盎然的情境体验里,组织学生围绕"辉煌背后的文化因素"尝试自主表达,从而以主题聚焦的方式,强化民族文化的吸纳和创新的价值观念,推动学生初步确立文化多元的价值观。

在此,创设情境特别是多段材料的组合性情境,推出问题,成了运用那些具有价值观意义的历史课程文本的重要策略。让学生穿越时空隧道"神入"历史,置身于历史氛围中。用情境中的情节推出问题,能增强学生的兴趣,活跃学生的思维,情感体验和历史认识由此得以生成,价值观也由此得以揭示。

(二)让学生在互动中产生思想的交融与共鸣

当一定的历史情境和历史问题中蕴含着价值观教育的话题时,教师可以设计一定的话题来激活学生思想,在互动中交融,在交融中产生共鸣,生成一定的价值观。

禁烟运动和鸦片战争蕴含着民族精神和爱国主义的价值观,当学生沉浸在虎门销烟的痛快中时,教师话锋一转,引入外相巴麦尊在英国议会大厦里的一段鼓噪:"先生们,在遥远的东方……只允许一个小小的港口——广州一地跟我们通商,这使得我们的商品不能够从中赚钱。这早已为我们所不能忍受!现在竟然又野蛮地销毁了能给我们大英帝国带来无限利益的大批的商品!这是我大英帝国的奇耻大辱!"由此引发了学生对巴麦尊的讨伐。在学生们七嘴八舌地痛斥时,一学生却说:"巴麦尊讲的固然是谬论,但并非没有一点道理,我认为中国也有失误。当时的中国如果早一点实行对外开放的话,偷运鸦片以至于鸦片战争可能就不会发生。"一石激起千层浪,当即有部分学生以为这是在赞美外国列强的仁慈甚至以为是"汉奸言论",教师随即提供了英国政治制度和工业革命成就方面的史料,引导他们参照当时中国的政治制度与社会经济状况,评论前几位同学的看法。通过不同见解的交锋,于多元走向一元,基本达成共识:夜郎自大、故步自封不是真正的爱国主义,顺应近代化的世界潮流使自身强大起来才能免遭侵略;爱国主义需要宽阔的、开放的国际视野,也需要求真求实。

价值观教育需要引领,真正有效的能够内化的价值观是在敞开见解、互动式对话的过程中,于愤悱状态中激荡心灵、交流思想,从而获得习染和熏陶。

(三)让学生在选择性活动中进行价值判断

国外的"价值澄清"模式,对于历史学科的价值观教育颇有启发作用。教师可以选择有争议的历史或现实社会事件导入,引导学生进行价值分析、价值辩论,以发展学生的价值判断与价值选择能力。许多历史人物、历史事件的评判本身就具有争议性,如秦始皇修长城利弊得失、隋炀帝的功过是非、经济全球化的得与失等,只要教师设计好学生乐于参与的活动,学生就能在辨析、讨论和反思中逐步形成正确的价值取向。

"昭君出塞"的价值判断貌似没有争议,但在教学中设计了两组活动后就形成了价值澄清的思路。男生组谈历史作用(即社会价值),他们认为王昭君此举意义重大,对国家而言作出了很大的贡献,使得"边城晏闭,牛马布野,三世亡(无)犬吠之警。黎庶无干戈之役"。女生组将自己置换为王昭君,从不同的文化习俗、地理生态环境方面谈个人的命运与人生价值。她们说到了一去千里、梦中故园的悲凉,谈到了文化的隔膜和大漠的萧瑟,从而推动了全班学生认识到和亲的无奈以及必须为国家承担责任。在教师的引导下围绕国家命运与个人命运展开简要的讨论,这无疑地有利于提升学生的责任意识和人格意志。

苏霍姆林斯基反复强调:没有自我教育就没有真正的教育。历史学科的价值观教育必须是"真正的教育"。教学中可以采用说体会、谈看法、两难选择求交集等方式，使学生联系自身的价值观念，在历史中借鉴、汲取、提升价值观，在历史的价值观启迪中修正自我，完善自我。

我们认为初中历史课程中价值观目标的达成，有赖于两方面的努力：一是在价值观目标引领下创建课程文本；二是运用这些文本时，关注情境感悟、历史解读和对学生主体性的解构。其中，解读课程文本、对话中的自我教育则是关键。

〔本文系江苏省"十五"重点课题《基于文科新课程的学生认知发展与价值观养成的整合研究》（JSB 2003/02/08）的成果之一。支显宗学校的李文化老师也对本文有所贡献。本文原刊于《中学历史教学参考》2010年第1期〕

试论中国文化史的教学走向

文化是一个民族为了生存和发展，积年累代，在物质生活和精神生活领域所取得的总体成就，它集中体现了一个民族的精神状态。一个民族区别于其他民族的重要标志是文化，这个民族健壮发展的动力也依赖文化。但是，文化的发展又相当程度地建立在文化的沉积层上，因此，文化史的教学在民族文化建设中就占有重要地位。

文化史是探讨和评论文化成就的一门学科。它包括科学技术、典章制度、宗教哲学、文学艺术、风俗习惯等方面，具有很强的综合性。因此，讲授文化史既能连接多门学科，使知识左右逢源构成网络，服务于新时代的民族文化建设，又能增强民族自豪感和对社会主义事业的自信心。所以探讨文化史的教学问题显得十分必要。本文要探讨的是中国古代文化史在中学阶段的教学走向。这种走向应与中国古代文化精神及教材的文化史编写有着一致的内在理路。

一、中国古代文化史的精神走向

如果我们确认中国文化有它内在的精神结构，如果我们对文化作出板块性的主体分解，那么我们认为，中国文化的精神是现实的、道德的，它指向"社会的人"这一范畴。

首先，中国文化在天人合一的观念里，以"天道远，人道迩"为理由，强调敬诚人道以契合天道，把天道纳入"利用、厚生"的实用主义范畴，所谓"大天而思之，孰与物畜而制之；从天而颂之，孰与制天命而用之"①。"物"与"天"只有在有利于人的生产生活时，才被大量地研究，从而产生许多技术成就。而在文学艺术中，自然则大量被用来寄情或抒怀，所谓"天在人之中"。可见中国文化在自然观上就表现出明显功利的实用主义。

其次，中国传统文化还将道德作为中介把人与社会连接起来。孔子说，"君子无终食之间违仁，造次必于是，颠沛必于是"。即使求学也得"孝悌谨信"，"行有余力则以学文"②。董仲舒明确提出"正其义而不谋其利，明其道而不计其功"③。这样一种"正心诚意修身"的道德主义几乎是一种中国文化的宗教式教义，它框定了古代中国人的生存角色与人格追求。这一点在中国人的日常生活中随处可见，这是不证自明的。至于文学艺术，它"重视的是社会性伦理性的心理感受和满足"，承担着载道的重任。④就连外来的佛教、基督教要在中国生存和发展也必须披上道德外衣。可见中国文化的精神走向显著地表现在它的伦理道德化倾向上。

最后，中国的道德关怀着人与社会，有着强烈的实践性，当道德框定人时，人必"善其身"以达到"内圣"境界，而当人用道德框定社会时，人必"济天下"以求"外王"状态。春秋战国时期，以孔子为代表的中国文化人带着自己的理想与道德走向庙堂，在批评与阐释中，希望统治者实现自己的理想。这是一种文化实践也是一种文化批评的活动，他们基本奠定了中国文化创作者们的行为方式。此后，无论是《史记》评点君臣，《三吏》指陈朱门，还是王阳明"知行合一"，顾亭林"学以致用"，都体现着文化的实践性与批评性。可以说，中国文化基本是入世的，有着相当的批判精神和道德实践性。这显然是中国文化精神的又一走向。

由以上分析，我们可以知道，中国传统文化的精神方向是要在日常生活

---

① 《荀子·天论》。
② 《论语·里仁·学而》。
③ 《汉书·董仲舒传》。
④ 冯友兰：《中国哲学与未来世界哲学》，《哲学研究》1987年第6期。

之内实现人生的最高价值——"内圣外王",它具有明显的现实性与道德性,是一种在群体的人中体认和把握一切的文化倾向。[①] 概括而言,中国文化的精神方向是以人为主的,代表一种涵养性极强的东方人文主义。

人文主义是来自西方的文化概念:它提倡独立的个体的人格。但从文化的精神性质看,中国文化在天人合一的整体观念里,强调人的整体的社会人格。同时基本排斥了神学宗教体系,致力于人的价值目标。因而这是一种中国文化的人文主义。

二、新教材文化史的编写走向

中国传统文化的历史面貌为编写文化史提供了既定的精神文本,编写文化史也只能遵循中国文化的精神走向,这是无须证明的规则。九年义务教育三年制初中教科书《中国历史》[②](以下简称新教材)的古代文化史占有了全部课时的 1/3,68 幅彩图中,文化史部分就占了全部古代史彩图的 66.2%,这个统计比例还不包括同属精神文化范畴的典章制度,另外新教材还叙述了社会生活史。它是深层的文化观念体系和精神心理结构在日常生活中的外化,它更普遍地体现了中国文化的精神走向,因此我们有必要认真探讨新教材文化史的编写是否也具有人文主义精神的内在理路。

首先,从中国传统文化的现实的甚至实用主义的精神走向看,新教材叙述了 55 项主要科技成就,而与社会实用性相关的技术类成就达 50 项。属于抽象思维领域的科学理论成就不到 10%。中国文化中的史学,作为一门经世致用的学科,其成就介绍远远多于哲学思想,而思想史介绍中也将伦理色彩、政治色彩较浓厚的思想成就予以重点介绍。新教材叙述的中国人的节日充满了世俗性和娱乐性。这些都不难说明新教材完全展现了中国文化实用主义精

---

① 庞朴:《中国文化精神论纲》,《光明日报》1986 年 1 月 6 日。
② 依据 1992 年《九年义务教育全日制初级中学历史教学大纲(试用)》编写的人教版教科书。

神的一面。

其次，从中国传统文化的伦理道德倾向看，新教材提供了大量思想品德教育的史料。大到屈原爱国爱民、范缜唾弃名利，小到老子对孔子说，人要朴实善良；从宗教领域的鉴真矢志于传教事业到科学领域的李时珍献身于医学事业；从住宅装饰的礼教性介绍到服饰的阶层性说明，新教材无不再现着中国文化精神的伦理色彩。

最后，从中国传统文化的批判精神与实践性看，王充、范缜从事哲学的批判，李贽、黄宗羲尖锐地批判君主制，吴敬梓、曹雪芹拿起小说作为抨击的武器，徐霞客、李时珍踏遍山泽纠勘科学的错误。这些史实都纳入了新教材的编写内容之中，暗含着中国文化的基本精神。

可以说明，新教材遵循了传统文化既定的精神文本，简略而又全面反映了独特的区别于西方的中国人文主义的精神走向。

三、中国古代文化史的教学走向

如上所论，中国传统文化和新教材编写的文化史都体现了人文主义的精神走向，而文化史的编写本身同样贯彻了人文主义的基调。文化史的教学当然应与它们的内在理路相一致。教育又是一个传播和发展文化的过程，教育的对象既是在传统文化环境里成长的人，又是一个个活生生的社会的人，它与传统文化的指向范畴——"社会的人"是一致的。

基于以上凿然成立的理由，我们认为文化史教学的走向应是人文主义的，而且是中西人文精神相结合的人文主义。这就要求我们把"人"置于中心位置，强调社会的群体人格与独立的个体人格的统一，从而使"人"成为丰富而又全面发展的人。冯友兰先生在《三松堂自序》里说他讲课是照着讲，再接着讲。也就是说，首先是讲客观真实的历史，再依据史实用现代意识诠释古代历史的精神内涵，张扬出新的历史意义。我们认为冯先生的做法正是文化史人文主义教学走向的基本模式。略述如下。

一是充分运用新教材的文化史素材进行"人"的思想品德教育，使传统的思想道德参与到现代学生的精神生活中，培养其自觉的道德意识，为造就一代具有和谐上进与社会责任心等素养的新人而作贡献。联系现实社会，倡导良好的伦理观念，天人合一的生态意识以及生生不息的创造精神。我们可以概括为道德性。

二是充分运用新教材的有关内容，基于科学的历史观和现代精神进行必要的文化批判，在批判中弥补传统文化的不足，吸附和融汇新的文化成就，从而推陈出新。在批判中培养学生的思维品质，激发他们追求理论体系的热情与理想。在批判中弘扬"人"的张力，使学生懂得要在人自身所寄存的社会环境里证明自身的存在，而不要漠视人的个性。我们可以概括为批判性。

三是充分利用新教材的相关内容，使文化史教学与审美教育、实践活动结合起来，全面提高学生的"人"的品位。博物馆、江山胜迹、绘画作品、音乐素材都可以与教学结合起来，特别要使学生的课外阅读、课内讲述与课后写作结合起来，使品德规范与身体力行结合起来，如此才能真正指导精神文本（文化史）与"人"结合起来，使精神教育，"人"的塑造功效充满欣欣活动力。我们将之称为实践的审美性。

我们认为文化史教学的人文主义走向在以上3个维度展开，是完全契合文化史与新教材本身的，也是教育实际所允许的，它的关键点在于借助已有的东西，在照着讲的基础上再接着讲，在"客观"的文化史中彰显文化解释的"主观性"，于新的阐释中建立起来融汇东西方人文主义精华的新型人格框架。

当然，以上3个维度涉及学生认知心理、教师素养以及课内外操作等问题，但它已不在本文的讨论范围。

四、教学实践与基本结论

本文讲述的人文主义教学走向已尝试运用在初中阶段。事实上学生不但愉快学习而且思维活跃。在学期检测中，文化史部分的得分率最高。拿着这一教材，运用这一教学走向在高一开设中国文化史选修课时，听讲学生的人数不断增多，1994年度加入这一选修班的学生由最初的43名增加到76名，教室变得拥挤之后，门旁窗外都有听讲的学生。将它运用于高三文科班教学时，这种走向已非常接近学生的思维水平与认知追求，因而产生了"文化史是活的流动体"这一来自学生的回应。

我们在确认了中国文化的人文主义精神，考察了新教材文化史的编写走向，尝试了文化史教学走向的成果后，有理由相信：中国古代文化史在中学阶段的教学走向应是人文主义的。这是继承和发展传统文化的本质趋向，是中国现实的呼声，也是现代教育以人为中心的教育思潮的呼唤。

（本文原刊于《江苏教育学院学报》1996年第6期）

第 三 辑

教学内容

试述中学历史教学内容的改革

为提高教学质量,根据既定的教学目的,在新的教学观念指导下,对教学内容、教学方法以及教学手段、教学制度进行必要的扬弃、修正和更新,这就是我们所理解的教学改革。教学改革是一个系统工程,要使教改取得显著成效,就不能孤立地只进行某一方面或某一环节的改革。尽管这些年来中学历史教改取得了很大的成绩,但主要是围绕着教学方法进行,而对教学内容以及教学评价方面的改革却多有忽略。这必然导致历史教改成效不大,以至于高考历史成绩普遍很低。因此,教学改革首先是教学内容的改革,只有教学内容发生变化才能引起教学方式、方法的根本性变革,从而在一个整体中获得最大效度的张力。

考试是教学评价最基本、最重要的手段之一,高考作为考试测量的一个部分,实际上对中学历史教学产生着深刻的影响。考什么以及如何去考反映了把教学引向何处的问题,因而高考具有明显的导向性。高考命题改革的重点是考试内容的改革。在能力考查的思想指导下,它一方面注重摆脱和纠正"左"的思潮对历史教学的影响,还历史以本来面目,引导科学客观地认识历史;另一方面,它注重对历史事实的分析,对历史概念的理解和对历史现象之间内在联系及其发展规律的认识。总之,它考查的是"历史学",是对历史教学内容的深刻理解。即使能力考查本身,它也是源于对历史教学内容的理解以及由此而来的对历史道理的领悟。可见高考改革的重点在于考试内容的调整。考试内容的这种变革,作为一种导向,必然促使中学历史教改首先强调教学内容的变革。近年来，中学历史教学界对知识更新、理论提高的重视，正昭示着改革教学内容的必要性。

教学内容是学科知识、学科能力和思想教育因素三者的统一，其中学科能力是教学内容的核心。它们都源于教材又高于教材。教材（主要是教科书）主要是展示了学科的知识体系及其具体内容，它与教学大纲有一些距离和偏差，与学科发展水平也存在一定的滞后性，而且能力与思想教育只隐含于教材所展示的知识体系之中。因此教学内容的改革，实际上就是在具体的教学活动中，借助于教材使能力培养和思想教育伴随着知识体系的理解和掌握而物化成可操作的行为目标。这一教学活动是优化教学内容的过程，是重新处理教材的过程，这一过程的实质即改革教学内容。对此，本文从3个方面略作展开。

一、学科知识

由于现行教材的某些不足，特别是滞后性，教师必须不断吸收历史研究的最新成果，更新知识，对教材进行必要的知识和观点的补充与修正。例如讲英国工业革命，必须补充圈地运动的过程与影响这一知识，补充工业革命推动英国民主政治和资本主义发展史是近代史主流这样的观点。讲美国内战，必须指出，林肯在内战初期害怕分裂坚持统一立场是正确的，如果较早地颁布《解放黑奴宣言》会导致没有参加叛乱的一些蓄奴州倒向南方。补充这一点，既可修正现行教材的滞后性，也可突破教材单向度的思维模式。另外，知识的补充，还包括相关学科知识的引入和渗透。自古就有文史哲不分家以及左图右史的说法，这表明语文、政治、地理这些相关学科知识的引入是历史教学的有机组成。地域性是历史的一大特征，而且它包含历史的必然性。例如，英日在国际关系史上的行为与影响，就离不开海上岛国这一地理因素。至于语文学科的阅读与议论文写作常识，政治学科的概念与原理，将它们引入历史学科是不言而喻的，它们对理解和把握历史的关键有着重要意义。如上所述，对学科知识的修正和补充，不仅是知识的拓宽，而且是思维的开拓和理解的深入，它是教学内容改革的重要方面。但如此看来，教学内容中的知识愈益增多了，无论从中学教育是基础教育来看，还是从高考减轻记忆负担的导向来看，都无必要再认、再现过多的知识。那么，这些已有的和补充的知识如何处理？

我们固然可以有选择地删减一些次要的知识，诸如时间、人物、数据、地点等等，但知识仍然很多而且散乱。我们知道，历史是一个有发展规律的运动过程，历史教学就可以用辩证唯物主义和历史唯物主义的理论将有规律地运行中的历史知识贯穿起来，从而使它具有一定的知识系统性。20世纪50年代兴起的认知派认为，每门学科都有一个认知结构，学习就是内部认知结构的形成，而认知结构源自对知识的组织和重新组织，因此布鲁纳说，"务必教诸学生以基本结构"。基于以上认识，我们有必要也有可能将教学内容中的历史知识结构化，将知识组织和整理，根据种种历史现象的内在联系和相互关系，构筑一个基本的历史知识体系，使它既能涵容某个时期各方面的历史知识，又能体现历史发展的特点和规律。例如，世界近代史就是资本主义的确立与发展，民族解放运动和国际共产主义运动的兴起与发展这3股潮流形成一个基本框架。在蒸汽时代，资产阶级力图按自己的意愿改造世界，将世界在资本主义纽带下连成一体，从而基本确立了资本主义体系：工人运动作为它的辅助力量反抗自己敌人的敌人；民族解放运动也有相当一部分是资产阶级属性的，另一部分则是中世纪的旧式民族运动，但它又与资本主义的征服密切相关。这就揭示了世界近代史上判断种种历史现象的内在联系和相互关系。然后，将相应的3条线上的知识在理解的基础上串联起来，这便是我们所称的知识体系。可以想见，这一体系不仅能最大限度地解决知识多而杂的问题，而且使知识获得框架的稳定性，并使知识拥有较大的联想面与广泛的连接点。历史知识的掌握与活力正在于体系之中。因此，教学内容的改革首先在于对教材知识进行系统的增减并加工成基本知识体系。它可以由若干的体系及其所属小体系构成。然而，即便如此，它仍然是知识，只是教学内容改革的文本，只是一个基础性的胚胎，还有一个极重要的问题，即知识体系蕴含的学科能力，况且它还是教学内容的核心部分。

二、学科能力

目前关于学科能力的说法是五花八门，各说一套，有人归纳为7种不同类型的表述。中学历史教师基本是认同1995年教育部颁布的《考试说明》中的4个方面、9个条目。关于能力的培养，也是各自为阵，竞相开放，但也多在教学方法的层面上展开。我们知道，历史学科的能力是人们所能达到的对历史认识的某种水准。这种认识水准显然包含着知识（历史认识的对象）、方法和理论3个方面的内容。学科能力有各种因素构成，其中核心因素是历史思维，历史思维实际上就是对历史认识的哲学思考，因而可以认为历史思维的知识是辩证思维，明确了这一点，就可以明确能力培养。能力培养就是要训练人们在认识历史知识、分析解决历史问题时，运用辩证思维从事哲学的思考，从而把握到历史的理性。显然，它同样涉及知识、方法与理论3个方面，作为一种方法论与认识论的能力培养，是建立在历史知识之上的。可见，能力依附于知识并表现在知识的学习、掌握和运用的活动之中，知识是它的载体和基础。所以，培养能力首要之处在于理解历史知识，并多角度深层次地分析历史知识。对历史知识的把握程度愈深，其能力水平的层次就愈高。例如，法国二月革命这一知识，它处于工业革命的扩展和法国大革命确立的资本主义立国原则受到限制这一地域的、物质的、精神的三维时空框架中，位于资本主义制度的确立这一知识体系中。因此，法国二月革命的根本原因在于金融贵族的统治阻碍了工业资本主义的发展，七月王朝不符合法国资产阶级对共和制与政治平等的向往；它的结果是建立了共和国，其实质是改变旧的上层建筑以适应工业革命造成的变化了的经济基础，它是19世纪中期资产阶级政治运动的组成部分，而工人在二月革命中的投入则表明：从资产阶级运动中派生出来的工人运动仍属资产阶级民主主义革命的范畴。这些是二月革命的时代性分析。二月革命的意义在于，它使法国走上资产阶级革命应有的较为成熟的基点，朝着工业资本主义的发展方向运行，从而有力地推动着资本主义体系在世界范围内的确立。尔后的六月起义开始表明：工业资产阶级与无产阶级的尖锐对立。这些是二月革命在历史上的纵向（或连续性）分析。由上可见，对二月革命这一知识的理解与深化，既是知识体系的构筑，又是从特定历史条件出发进行多维分析。这一分析包含了知识、方法、理论3个层次，这就使学生对历史的认识达到一定水准，能力由此得以体现。如此看来，能力培养的基础在于对历史知识的理解与深化。但是它似乎仍然是就知识而知识分析，它缺乏知识体系那样的结构，那么我们能否建筑一个能力的结构以使知识的掌握与分析都容纳进去呢？应该是可以的。

关于能力结构这一点，我们可以依4个梯级层次来组建，它遵循教学认知过程的一般规律：由具象到抽象，由记忆到思想。这4个层次是：史实的再现、史实的归纳概括和比较、历史材料的阅读与分析、历史事实的分析与阐述，这4个层次恰恰也涵盖了能力的3个表现方面：知识的、方法的和理论的。例如日本明治维新（具体见本文附录）。依照这样的模式来进行教学，就是把教学内容中的知识和能力较完善地结合起来了，这样一种结合既是教师对教学信息的编码变换，又是教师对"教诸结构"的教学论的响应。从能力测量和接受能力测量的角度讲，这样的结构是对系统知识含量、理论与方法等思维素质的最大挖掘，它能有效地克服学生在课堂学习时经常出现的5种思维缺陷（即依赖性、单一性、无序性、浅露性和缓慢性），从而提高教学效益。

我们认为，教学内容改革的最高奋斗目标是知识体系化和能力结构化，而这"两化"中又都必然地包含着德育因素。

三、思想教育因素

其实历史学科的德育不同于政治，它依附于历史事实，德育功能一如能力培养，蕴含在对历史知识的理解与认识评价上。尽管德育的内容表现得林林总总，但其实就是一种思想认识和觉悟，这种认识和觉悟绝对是在对历史知识的分析和对历史认识的阐述中渗透出来的。例如，对日本明治维新和中国戊戌变法成败原因的分析，就渗透着国情的认识和爱国主义的感悟；对1848年欧洲革命后，无产阶级能否很快迎来它自己的革命高潮的阐述，就渗透着历史唯物主义的教育。再如，通过对英国统治印度的历史分析就能认识到资本主义的血腥性与强权政治，结合印度反抗英国殖民统治的历史分析，不但可以认识到民族独立的必要性、长期性与艰苦性，而且可以上升到资产阶级民族主义的认识高度。因此，我们认为教学内容中的德育因素的渗透，关键在于跟政治学科的思想教育相区别，而注重史论结合，论从史出。能力结构中的分析与阐述建立在史实基础上，正好又为德育教学提供了很好的表现形式（或依托）。

综上所述，教学内容的改革是依托于教材（主要指教科书），对知识、能力与思想3个因素的统一体进行改革。一是延伸，补充或修正教材的历史知识，并通过对知识的归纳、概括、比较和深入的理解构成知识体系；二是借知识体系对教学信息（知识、能力、思想）进行编码变换，建立起能力结构。指导这一结构组建的指导思想是：占有历史知识，依托科学的历史思维这一命脉，从概括性思维到辩证逻辑思维直到目的性、生产性思维逐层推进。当然这两个过程的完成必然涉及一个关键问题，即教学方法问题。

方法取决于内容。由于内容的变革以及变革了的内容中已包含方法问题，所以教学方法也就是围绕内容所涉及的教学目标，完成一个教师编码、师生共同译码的过程，在这过程中，讲、练、思融为一体，使教师真正成为一个"导师"，学生真正成为一个"学者"，在导和学中完成教学内容的三位一体化。与此相应地，则是幻灯投影仪与透明胶片在教学手段上占有了重要地位。历史教学改革需要借助电教手段，增大教学容量和学生阅读材料的空间。

必须指出，上述教学内容改革的论述，并不是一个假说，而是一种实践的总结。笔者的这种改革起始于1992年的高三历史教学，效果是比较显著的（笔者发表在1992年第6期《史志文萃》期刊上的《帝国主义凡尔赛—华盛顿体系的教学》可以说明），事实上全国已有不少教师在进行这种努力。当然，它需要用不断的实践来验证，它需要用反复的研究来修正和提高，这已非个人所能胜任。

附录：日本明治维新的教学内容

一、基本知识体系概要

明治维新促使日本社会性质和国家的国际地位发生了重大变化，是日本近代化的开始，是面对西方挑战的有力回应。同时，它是19世纪资产阶级民族民主性质的革命或改革浪潮的重要组成，是19世纪亚洲民族解放运动的组成。它由背景、内容与评价三块构成。

二、能力结构概要

（一）史实再现（以下4题由4位学生同时板演）

1.列举维新前日本资本主义关系进一步发展的三方面表现和日本社会阶级、阶层的构成。2.概述明治政府消除国内割据势力的过程。3.列举明治政府扶植私人企业的几种方式。4.选择与填空（略）。

（二）概括、归纳与比较

1.概述日本明治维新的原因（根本原因，阶级的与社会关系的原因、外因）。2.比较明治维新与沙俄1861年改革相似处。3.比较说明中国洋务运动失败和日本明治维新成功的原因。

（三）材料处理

材料1：《日美友好通商航海条约》第六条：侵犯日本人之美国人，当由美国领事法庭判之。如属犯罪，当按美国法律处罚之。《日美神奈川条约》第九条：日本政府若将此次对于美国未曾准许事予其他外国，当亦对美国予以相同之准许。

材料2：吉田松阴提出：其间（日本）培养国力，迫使容易攻取的朝鲜、满洲（中国东北）、支那（中国）服从我国，即由朝鲜、满洲夺取土地来补偿从欧美所受到的贸易损失。明治维新刚刚开始，他就提出"征韩"，要"逼以军舰之兵威"。——[日]井上清著，吕明译《日本现代史》，此处转引自马克垚主编《世界文明史》。

材料3:《日韩江华条约》第十款:日本国人民在朝鲜指定之各口岸侨属犯罪,而与朝鲜国人民有关时,应归日本官员审判。

回答:

1. 用术语、概念表达材料1与材料3所列条款的内容。

2. 概括指出吉田松阴的谬论及其对日本对外政策走向的影响。

3. 据材料2指出日本侵略朝鲜的政治原因。

4. 分别指出材料1与维新的关系和材料2、3与维新的关系,并据此谈你的认识。

(四)历史事实的分析与阐述

1.19世纪日本商品经济的分析:A.商品经济发展的条件;B.商品经济这一阶段的历史实质;C.商品经济发展对日本社会关系的变化所产生的影响;D.商品经济发展与维新的关系;E.哲学启示录。

2. 阐述维新前夕日本门户开放的影响。

(本文原刊于《中学历史教学》1996年第4期,人大复印报刊资料《中学历史教学》1996年第6期全文转载)

重组历史教材　引导学生有效学习历史
——有关历史学习的本体论思考

一、讨论的缘由

历史教科书有一系列的历史叙述，它简略地有选择地呈现了历史事实，依历史本身的因果逻辑加以表述。教科书在线性叙述历史事实中，纳入了一整套的历史概念、历史结论，反映了历史研究的理性成果，蕴含了历史研究与叙述的历史方法。既有理论含量，又有一定的思维层次，历史事实和历史研究的理性成果构成了教科书的主体，形成了一个史料与理论的结合体。但教科书对历史以及历史研究的呈现，毕竟只是提供了一个历史学习的文本。它不完全是依据学习认知规律来编排的，因而如何有效地认知历史，培养历史思维能力，还须从人的认知与思维规律来整理教科书这一历史学习的文本。

二、理论的依据

在现代认知心理学中，知识被分为两大类：第一类是陈述性知识，回答"是什么""有什么"等问题，它们构成认知结构；第二类是程序性知识，回答"怎么样""怎么办"等问题，它们构成做事的步骤或规则，是调节和控制个人认知的策略，是认识客观世界的规则。[①] 完整的学习过程是：习得并巩固陈述性知识，再以此为依托，通过概念与规则的分析与展开，向程序性知识转化，然后经过运用与练习，逐步获得智慧和技能。这一学习过程就是信息编码与加工的过程，体现出科学的认知规律。

就历史认知的思维规律来说，首先，我们面对的是基本史实，思维的目标基本属于陈述性知识，学习者要尽可能连贯、细致而准确地将历史事实梳理清楚，抓住历史事实的主要特征和主要关系。其次，我们面对历史概念、历史结论和历史评价等理性的认知对象，思维的目标基本上属于程序性知识。学习者要以历史事实的辨认为基础，展开多角度、深层次且又忠于历史的分析和比较、从而建立起历史的因果本质关系，形成历史的理性思维，这一程序性知识从历史学科的特征来看，是在历史阐述中表现出来的，因而可以认为是一种阐述性知识。由于前两个方面主要还是面对教材，是教材内部的思维关系，是史料与理论的关系，就历史认知而言，这两个方面主要还是两类知识的习得和转化，学习者还需要将两类知识加以提取并在新情境下运用。因此我们的学习还有第三个目标：将教材上的两类知识内化成自己的历史思维。它需要通过历史思维的测量来实现。这一测量包括历史事实的辨认程度，历史概念、历史结论的理解评价程度，历史材料的处理水平以及认识历史现象的理性深度与广度。这一测量其实就是一种知识迁移，包括解释性的知识迁移。通过知识迁移逐步获得历史智慧和历史思维能力。

显然，历史学科的认知思维规律与现代认知心理学的学习过程论（信息加工过程论）是完全一致的。

本着以上认识，我们认为最有效的历史学习应在遵循人的认知规律与历史思维规律的基础上，对教科书所涉及的两方面内容、两大类知识进行结构性重组，使学习者根据认知结构的重组线索来提取知识；根据历史阐述的文本来获得并丰富历史认识；再根据新情境中的练习来感悟和掌握历史。

在此，需特别说明阐述与历史认识的关系。

[①] 皮连生：《智育心理学》，人民教育出版社1996年版，第243页。

历史学习的主要任务在于通过对历史现象和历史过程的理解，揭示寓于其中的历史规律，形成历史认识。

历史认识的形成过程是依着以下 3 个层次进行考察和判断的过程。由于在我们的历史学习中，首先接触到的是史料和史实，因此我们首先要对史料、史实进行考辨，搜集并有选择地组合，这是形成历史认识的基础。其次，史料和史实是通过互相联系织成历史之网的，因此对史料和史实的含义及相互关系进行科学的解释和分析，是形成历史认识的关键步骤，历史认识也因此有了整体性。最后，历史与我们的现实社会和现实生活有密切的联系，因此分析和解释历史除需要科学的历史观外，还离不开对现实社会的关注，也离不开当代社会借鉴历史的需求。只有在分析和解释历史中贯注当代人的观念，才能形成有价值的历史认识，并进而产生创新性。历史认识就是在以上 3 个层次的推移中完成的。这样一种有层次的分析和解释恰恰是历史阐述的基本功能。

人要想取得历史认识必具备历史认识的能力。历史认识能力首先有赖于感知和思维能力，其次是知识、理论和方法等因素。这是我们对历史进行科学的解释和分析的精神工具。因此，阐述是形成历史认识的核心，是历史认识得以形成的载体。

历史认识的形成主要通过阐述来完成，它以史实为依据，以马克思主义为指导，因此它是科学的。显然我们的阐述是陈述性知识和程序性知识的结合，是理性与认知的结合，是文本和规则的结合，也是知识、理论和方法的综合体。

三、重组的操作

历史教材是对历史事实以及历史研究成果有选择的叙述，它符合历史发展的规律。我们重组教材是向学生提供有效的历史学习文本，它既要符合历史规律，又要遵循认知规律。依据我们对历史学习的本体性思考，教材重组后的历史学习文本可以由3大模块构成。

一是知识陈述。它将教科书中的基本史实整理成有意义的学习材料。它由知识体系概述和知识序列两部分构成。前者重在整体把握，勾勒本节教材的主要知识，并注重前后联系，使其成为一个有内在联系的框架。学习者可以借此感知学习目标，并激活原有知识，后者重在条块梳理，通过编码和编码后的信息提取，概括历史事实。它对于学习者整合相对分散的历史知识、周到而合理地概括历史知识、体会这种学习方法都有启发意义。

二是知识阐述。它将教科书中的历史概念、历史结论和历史评价（包括小字部分的重要内容）提取出来，进行多角度、深层次的分析，帮助学习者既理解理性的历史，又构建有联系的知识整体。此外，它还将尽可能地把教科书中的思考题纳入阐述的视野。它是包括知识、理论和方法在内的一个整体，通过对历史现象的探询，揭示历史发展的特征和规律。它在充分考虑学习者的实际需要与可接受性的同时注意到了适当地拓宽与加深。

知识阐述表达着历史认识，蕴含着历史运动的规则，反映着某种认知加工的方法。因此，它实际上是程序性知识的两个亚类——智慧和认知策略。知识阐述同时还是集中解决历史教材重点和难点的作战阵地。所以"知识阐述"是重组教材的中心环节，是历史学习文本的中心板块。它对于学习者深入领会历史事实、培育历史思维能力将起到一定的作用，即启发的作用和策略性的作用。

三是知识迁移。它重在创设情境，测量学习者对两类知识的提取与运用能力。它既注重所学基本知识，又包含较深层次的理性知识。从测量的题型来看，可以由选择、材料处理和问答构成。教材的史料要尽可能纳入其中，并援引教材以外的一些史料来进行组合，问答则要考虑到是否能够培养学生的创造力。这一部分的历史学习文本，将反映学习者的认知与思维结果。陈述性知识通过变式来巩固，阐述性知识通过史料的考察和判断、通过问题的阐释来理解，并进一步向着智慧转化，从而更深入地把握历史知识、理论和方法。

下面以高中《世界近代史》第二课"新航路的开辟和早期殖民活动"为例，说明重组的具体做法。

（一）知识陈述（相对分散的历史知识因为编码而获得了整体提取时的系统性支持）

先是进行知识体系的概述：商品经济的发展和资本主义的萌芽推动了新航路的开辟。15—16世纪新航路的开辟以及伴随而来的西、葡的早期殖民侵略加速了封建制的衰落和资本主义的发展，并推动世界各民族的历史逐渐融合为统一的人类历史。

接着设计知识序列：1.15世纪欧洲社会生活的基本状况；2.新航路开辟的过程（两个国家、三条航路）；3.西、葡首先开始海上探险的主要原因和殖民扩张的主要特点；4.西、葡殖民掠夺的主要内容及影响。

（二）知识阐述（核心知识的历史解释，是知识、理论、方法的综合）

知识阐述将历史思维能力纳入知识的视野，更将人生体验和分析社会的策略纳入知识范畴。历史的丰富性与历史认识的多重性为创新精神和创新能力的培养提供了良好的文本依据。学生在理解知识的同时，理解了历史学习的方法和策略。

1. 新航路开辟的原因与影响

原因的阐述思路：商品经济的发展和资本主义的萌芽，对货币与市场的需求——经济根源；欧洲人对黄金的渴求——社会根源；土耳其人的劫掠和重税造成的商业危机——直接原因。

影响的阐述思路：（1）引起商业革命，表现在：①欧洲与亚非之间贸易扩大，开始同美洲联系，欧洲市场出现各地的商品；②商路和贸易中心变化；③西欧诸国商业地位变动。（2）引起价格革命，表现在：①大量贵金属流入欧洲，金银价值下降，货币贬值，收取定额货币地租的封建主的实际收入大减，封建主衰落；②货币贬值造成商品增值与物价猛涨的格局，拥有丰富商品的工商业资产阶级获取暴利；③随着物价猛涨，劳动人民日益贫困化。"价格革命"实际上反映了从自然经济向商品经济过渡的价格体系的变动，它有力地加速了西欧封建制衰落与资本主义发展。（3）世界的发展和交往的扩大，使工场手工业和整个生产有了巨大的发展，也为世界市场的形成创造了条件。

(4)新航路开辟为殖民者掠夺开辟了道路,推动了欧洲资本原始积累,造成了亚非拉的贫穷。(5)它是世界的发现,是世界整体联系的开始,它证明了地圆学说。(有关原因和影响,学生还可以依据新材料进行延展性分析)

明示历史进程与历史学习的两套规则:(1)商品经济是改革世界面貌,改变人类命运的无形之手。(2)以基本史实为出发点,多角度地阐述对历史现象的理解,是一种发散思维,它可以从多样的历史里获得客观史实后,作出合理的多维度的解释,从而使历史的认识趋向于完满和确定。例如,对影响的阐述。

2. 新航路与哥伦布

新航路的含义:区别于从巴尔干到小亚细亚的东西方商道,15—16世纪远洋航行开辟了从欧洲绕过非洲或绕过美洲到达东方的商路叫作新航路,远洋航行、东西方交通,是两个基本要素。由于哥伦布发现美洲新大陆,因此新航路还包括欧洲通往美洲的航路。哥伦布发现美洲,无论是在地理意义上还是在社会经济意义上都作出了重大贡献,但哥伦布的个人动机并非如此,因此哥伦布发现美洲具有建立在非正义行为基础上的客观进步性,但哥伦布发现美洲的劫掠动机直接导致了印第安文明的"暴死"。

明示历史进程与历史学习的两套规则:(1)一个人的偶然发现蕴含历史发展的必然趋势,在历史张扬他的创造性业绩时,他其实已经成了历史的工具。(2)主观动机与客观效果也是分析历史现象的一个切入点,我们的评价重在客观效果,但也不忽略主观动机的善恶,经济和道德的统一性应该视为评判历史的尺度,例如对哥伦布的评价。

(三)知识迁移(借助选择、材料解析等题型,创设一种知识运用和迁移的历史情境)

1. 单项选择(略)

2. 材料解析

(1)阅读以下材料,回答问题。

资本积累以剩余价值为前提,剩余价值以资本主义生产为前提,而资本主义又以商品生产者握有较大量的资本和劳动力为前提。因此，这整个运动好像是在一个恶性循环中兜圈子，要脱出这个循环，就只有假定在资本主义积累之前有一种"原始"积累，这种积累不是资本主义生产方式的结果，而是它的起点。——马克思《资本论》

回答：①用自己的话简述资本积累的过程。②说出资本积累和资本原始积累的区别与联系。③如何理解"资本的原始积累不是资本主义生产方式的结果，而是它的起点"？

（2）阅读以下材料，回答问题。

材料1：葡萄牙人在非洲海岸、印度和整个远东寻找的是黄金；"黄金"一词是驱使西班牙人横渡大西洋到美洲去的咒语；黄金是白人刚踏上一个新发现的海岸时所要的第一件东西。——恩格斯《论封建制度的瓦解和民族国家的产生》

材料2：美洲和东印度航路的发现扩大了交往，从而使工场手工业和整个生产的发展有了巨大的高涨。从那里输入的新产品，特别是投入流通的大量金银（它们根本改变了阶级之间的相互关系，沉重地打击了封建土地所有制和劳动者），冒险的远征，殖民地的开拓，首先是当时市场已经可能扩大为而且规模愈来愈大地扩大为世界市场，——所有这一切产生了历史发展的一个新阶段。——马克思、恩格斯《费尔巴哈》

回答：结合材料和所学知识评述新航路开辟与黄金掠夺的关系。

3. 问答

在谈到新航路开辟时，有史书认为"西班牙人领有如此丰富的向外流出贵金属的土地，而他们自己拥有的却比其他民族少"，这里说出了一种什么现象？造成这一现象的因素是什么？

四、小结

当我们将教材重组后的历史学习文本提供给学生时，当我们在教学中转变观念，置学生于中心地位时，主体性教育就得到了全面体现：学生拥有主体地位，并借助历史文本拓展主体的主体性精神品质。

这是一种境界，我们追求这一境界。

依靠它，我们能找到培养历史认识能力的途径，依靠它，我们将获得历史学习的真谛。

我们可以说，素质教育的本质——使学习者的主体精神形成并张扬，创新教育的本质——培养学习主体的创造性人格和创新思维，都可以借助以历史阐述为中心的学习文本来宣示。

这是一个凭借历史学习的本体意识来重组教材后所获得的教学境界。

（本文原刊于《中小学教材教学》2001年第11期）

释统编普通高中历史教材的"统"

────── ◎ ──────

统编教材是统一编写与统一使用的有机结合，统一认识与要求是"统编"的题中之义。① 由于地区、学校和学习主体的多方面差异，教材在使用过程中出现方式的不统一，也是应有之义。② "统"与"不统"的辩证关系，是教材编写与使用的完整链条上的"统编"之意。本文就"何谓教材"来解释统编普高历史教材的"统"，以便使用中的"不统"有一个"统"的基本遵循，减少一线教师"三尺讲台我做主"的"王顾左右而言他"。

一、历史教材的统编是教材史的主流

1897 年，上海南洋公学效法西洋，编了国文、算术、历史、格致等课本，是为编写教材的开始。清末颁布癸卯学制，规定"用官设编译局编撰，经学务大臣奏定之本；若自编教科书，须呈学务大臣审定始准通用"③。是为教材"国定制"与"审定制"双规并进的开始。

1909 年，清朝学部把编译局所编的初小国文、修身（历史是修身课程的核心）、算术、手工等教科书招商承印，这可以视为最早的部编教材。由

---

① 本文所说"教材"，严格意义上讲应该称为"教科书"，为通俗和方便起见，暂用"教材"一说。
② 成尚荣：《用好统编教材，实现学科育人价值》，《课程·教材·教法》2018 年第 8 期。
③ 舒新城：《中国近代教育史资料（中册）》，人民教育出版社 1961 年版，第 515 页。

于清朝很快退出了历史舞台,该套部编教材未能大规模使用。1915年,北洋政府的教育部设立教科书编纂处,编订国定教材,因袁世凯复辟帝制一事而搁浅。1933年,南京国民政府的教育部再次组建教科书编委会,编写国定教材。由于各大出版机构都在发行自己编写的课本,而没有建立自己的发行体系,所以实际使用并不理想。20世纪40年代初,在民族危机的大背景下,国民政府推行"四科教材统一"政策,再次统编,规定,"中小学及师范学校所用之公民、国文、历史、地理教科书应由国家编辑,颁发应用","以后凡中小学教科书应一律限期由部自编,并禁止各书局自由编订"[①]。在此政策影响下,国统区强制推行和使用"四科教材"。由于众所周知的战乱因素,国定教材的使用范围很有限。

新中国成立后,教材的编写、审定、出版与发行权全部收归中央。到20世纪末,全国中小学教材基本是"一纲一本",由人教社编辑出版。1988年国家教委颁发《九年制义务教育教材编写与规划方案》,开启"一纲多本"的教材多样化阶段。1993年,《中国教育改革和发展纲要》提出"中小学教材要在统一基本要求的前提下实行多样化",2001年《基础教育课程改革纲要(试行)》提出"实行国家基本要求指导下的教材多样化政策",由此出现了多纲多本的教科书编写与使用的局面。历史教材也在2001年以后进入一纲多本的使用时期。随着时代变迁,"教材建设是国家事权"重被提及。2017年秋季学期,国家统编义务教育历史教材在全国投入使用;2019年秋季学期,国家统编普高历史教材开始在全国逐步推广。

纵观我国新式教育以来的教材编写史,历史教材的统编是历代政府的意愿与行动,是教育作为国家公器的重要体现。在100多年的时间轴上,统编是主流。

当前,世界多元文化相互激荡,国家仍是基本的利益共同体。按照国家建构的理论,国家塑造民族,而不是民族塑造国家。本尼迪克特·安德森在

---

① 中国第二历史档案馆:《中华民国档案资料汇编:第五辑第二编》,江苏古籍出版社1997年版,第28、458页。

讨论民族主义起源的《想象的共同体》一书中提出，人有了共同的价值观、共同的利益，才可能形成共同体。在经济全球化时代，一个人的身份认同容易模糊甚至撕裂，中国要培养认同自己的国家和文化的可靠接班人，历史教育是重要途径。因此，历史教材实行国家统编，是以国家的力量来塑造人的共同体，并给学生打上中国和中华民族的底色。历史教材的"统"是长时段的国家战略，具有独特的政治意义。

二、统编教材是对国定知识谱系做教育性解释的话语平台

理解统编教材，首先要明确"何谓教材"，学界有四种不同的认识。

"知识系统说"立足于成人认为必须掌握的内容，强调学科的知识结构与特征。《百科全书·教育卷》和《教育大辞典》的"教材"条目，都将教材视为一定范围和深度的学科知识与技能体系。"教科书是根据教学大纲（或课程标准）编写的系统反映学科内容的教学用书。"[1]这一代表性定义，基于传统的知识观，追求确定性的知识体系。在20世纪后半期，历史教师普遍笃信这一教材观。

"文本材料说"是基于后现代主义知识观与解释学的教材观，它视教材为一个有待于继续开发、解读和丰富的教学文本，是有待突破的范例性资源。所谓"关注教材的动态功能性"，"创造性使用教材"，将"教材"转化为生成中的"学材"[2]。在21世纪初的多版本教材中，历史教学界普遍流行这一教材观，并日益"使自己成长为教材的生产者和主人"。

"生活经验说"是将向社会生活开放的一切事实与观念都视为教材，是基于"教育即生活、学校即社会"的"大教材"观。"所谓教材，就是在一个有目的的情境的发展过程中所观察的、回忆的、阅读的和谈论的种种事实以及

---

[1] 曾天山：《教材论》，江西教育出版社1997年版，第14页。
[2] 钟启泉："优化教材——教师专业成长的标尺"，《上海教育科研》2008年第1期。

所提出的种种观念"①。这一定义强调教材应该使社会生活的内容得到更为明确的表述。

"社会控制说"是基于"教科书承载着再造新社会、建构社会平衡态的艰巨使命"的"法定教材"观。"社会学之眼中，'法定知识'统治之下，哪些内容能够进入教科书或不能够进入教科书体现其社会控制的具体取向。"②它强调教材的法定知识与统治阶级的统治意图。

后两种教材观，在历史教学实践中偶尔作为一种拓展性的教学设计，有所体现。

以上诸说，虽不无道理，却都是基于某一特定视角的学理化研究，并非置于编写与运用"场"里的事实性陈述。客观而辩证地看，一方面，教材是以权威而较系统的知识符号为载体、以统治阶级意识形态的熏陶为内核的教育文本；另一方面，教材是编写者与使用者（教师与学生）等多个主体，连接各自的社会生活情境，对本学科知识进行裁剪、加工和组合而不断建构的文本。简言之，它是受特定意识形态影响，具有适度开放性的知识化文本，或可称之为"多权力主体于其中进行知识活动，以实现教育性教学达成的话语空间"③。

循此思路，历史教材是这样的文本：使用学界公认的历史知识符号，有很强的意识形态特征，为主体的知识理解与解释（并指向教育性教学）提供有阈值限度的空间。新的统编普高历史教材该如何认识？

（一）统编历史教材是优选的知识谱系

历史事实及事实中包含的足以启迪后人的经验与教训，是人类和民族的集体记忆，这一记忆是被证实的、被相信的和被解释的，具有知识的确定性与模糊性的双重特性。历史教材以特定的知识谱系来确保人类和民族的记忆延续与代谢。

统编历史教材，采用时序与专题兼顾的体例来编组知识图谱。必修课程

---

① ［美］约翰·杜威：《民主主义与教育》，王承绪译，人民教育出版社2001年版，第197页。
② 贺绍栋：《教科书"空无课程"现象的社会学分析》，《教育学术月刊》2012年第2期。
③ 叶波：《教科书本质：历史谱系与重新思考》，《课程·教材·教法》2018年第9期。

是大时序、小专题的编排,"通过中外历史上重要的事件、人物和现象的叙述,展现人类发展进程中丰富的历史文化遗产,以及人类社会从古至今、从分散到整体、社会形态从低级到高级的发展历程""旨在让学生掌握中外历史发展的大势"[①],突出历史发展的时空观念和历史发展的规律。如"晚清时期的内忧外患与救亡图存",它包括晚清时期的列强侵华、中国人民反抗侵略的斗争、晚清时期的社会危局,各阶级为挽救危局所作的努力及其局限性。教材依上列小专题,按时序先后,简明扼要地呈现了晚清史的史事和线索。选择性必修课程采用大专题、小时序的方式组合了19个学习专题,"各专题的具体内容依照时序的发展进行表述,呈现中外历史上多方面的重要内容,引领学生从政治、经济与社会生活、文化传播等不同视角深入认识历史"[②]。如"医疗与公共卫生"专题,优选了"中外古代史上疫病的流行与影响""中医中药的主要成就和西医在中国的传播、发展过程""现代医疗卫生体系的建立、发展及其对社会生活的影响"。选修课程则是建基于前两类课程的史学理论,它以专题形式概述历史如何书写的元知识。如"历史的解释与评判""史料及搜集、运用史料的原则与方法"等,旨在明了历史知识如何被证实、被解释,从而增强学生深入学习历史的能力与素养。

在上述编写体例框定下,教材从学科结构、知识类型、价值观序列3个维度来优选和排列具体的学科知识内容。学科结构包括:唯物史观、时空定位、因果逻辑、主题经验等。知识类型包括:史事、概念、史法与史论等。价值观序列包括:国家认同、民族精神、国际理解、科学意识、人格健全等。如必修课程中的《中华文明的起源与早期国家》一课,从距今200万年的重庆巫山人讲到公元前8世纪的西周灭亡,从人类"物"的生活铺展到社会制度与精神生活,依据考古所得的文化遗存和早期文献资料,在时空转换中移步换景,依凭遗存和资料的历史解读,逐一展示了中华文明多元一体、源远流长的特征,说明了从氏族公社到部落再到国家的形成与发展的历程,勾勒

---

① 教育部:《普通高中历史课程标准(2017年版)》,人民教育出版社2018年版,第9、12页。
② 教育部:《普通高中历史课程标准(2017年版)》,人民教育出版社2018年版,第9、12页。

了生产工具、耕织技术、生产方式的经济走势，呈现并阐释了彩陶、玉器、青铜器、甲骨文、铭文的面相及其蕴含的礼制与文化，揭示了中国历史从原始社会向奴隶社会的演进历程。在这样的知识图谱中，我们不难看出基于唯物史观的时空架构、因果推演以及建基于因果推演的主题——从文明起源到早期国家的建构。此处内含着学科结构。我们也不难看出，课文中包含了大量确证的、解释的史迹、史事，如北京人遗址、良渚文化遗迹、二里头遗址、夏启继位、周武王伐商、犬戎破镐京等，也涉及了氏族社会、宗法制、分封制等历史概念，更包含了诸多史事推演的方法性知识以及与方法相应的待求证的历史之谜，如"考古学证明""铭文记载""《史记》《尚书》的说法"以及"大约""很有可能"的推断。此处展现了不同的知识类型。本课还通过历史叙述，表达了"中华文明起源与早期国家形成有独特的中国特点与风格"的历史认识，在浓厚的家国情怀里，以历史事实烛照着民族自豪感与国家认同感。此处蕴含历史价值观的建构。

上述3个维度的知识序列是以正文、辅栏、图表与地图等不同的表达形式来多样化呈现的，不同的表达形式又暗含不同的认知要求。在《中华文明的起源与早期国家》一课中，除了正文之外，文化遗存分布图、考古遗址与文物图，用来强化中华文明起源与早期国家形成的诸多史实，其认知方式指向观察与描述；辅栏"史料阅读"与"历史纵横"，用来说明新石器时代文化遗址的特征与早期国家形成中的相关制度，其认知方式指向叙述与解释；辅栏"学思之窗"与"思考点"，通过材料与设问相结合来推论王权国家更替的因果关系，其认知方式指向问题解决和综合分析；课文尾部的"探究与拓展"，更以大段材料为基础、以问题为抓手，聚焦中华文明起源的多源性与统一性的关系，聚焦西周敬天保民的思想观念，其认知方式指向适度开放的探究与阐释。因此，教材知识内容的呈现还有第四个维度，即"教育学编撰"维度——学科知识内容在教育学立场上的编排，其显性表现就是正文与辅文系统的设置，正确的价值判断以及内隐的阅读、观察、描述、阐释、探究等认知方式。

显然，统编历史教材在4个维度里进行知识的优选与编排，在看似碎片化的课文叙述与引用中,建构着在"教—学活动"中相辅相成的知识谱系。它既依靠"学科之眼"[1]来优化知识序列,又依托认知方式来编排知识内容。前者体现教材知识"公共产品"的特性——权威与创新,后者体现教材知识"教学文本"的特性——组序与运用。

(二)统编历史教材是社会主流价值的建设者

自古以来,史学就参与社会价值观建设,在推动价值认同方面发挥了重要作用。它致力于总结经验以服务于当世,确立规范以用心于来者。《汉书·艺文志》将"史官"记述的功能定位于"慎言行,昭法式"。《史通·直书》将史学目标指向推动社会价值的认同:"史之为务,申以劝诫,树之风声。"随着近代新式学校的创办,以"疏通知远,足以垂教"见长的历史教材建设日益受到政府重视。历史"照亮现实也照亮未来",是"一个民族安身立命的基础",[2]它以统编教材的形式用心于教育,体现了参与价值观建设的服务功能。

教材具有教诲性特征,它用意识形态的限定来使主流价值合理化、合法化。[3]历史教材是讲述意识形态的主流教材,"主流教材要体现国家的意志,体现并传播社会主义意识形态和与之相适应的价值观,坚持并引导社会发展主流和前进方向"[4]。历史教材书写人类活动并由人来解释,关注包括人格健全在内的人的发展方向。通过历史叙述,引出善并使人善良,从而走向常识所说的"教育"[5]。历史教材由此成为社会与人的发展的主流价值的建设者。

统编历史教材以唯物史观为指导,分析历史现象,体现和弘扬中华民族的优秀传统文化,注重国防教育、国家主权意识和法治教育,重视革命传统教育,表述人类生活与生态文明的关系,彰显世界视野,含蕴人文情怀。教

---

[1] 吴康宁在2006年发表的《社会学视野中的教育》一文中提出了"学科之眼"说,认为它是一门学科自足的、不依附其他学科的立足点,由此而产生学科视野。历史的学科之眼当是"时间的进程"。
[2] 中央文献研究室:《十八大以来重要文献选编(上)》,中央文献出版社2014年版,第694页。
[3] 石鸥、石玉:《论教科书的基本特征》,《教育研究》2012年第4期。
[4] 刘捷:《主流教材的内涵与特征》,《教育科学研究》2010年第10期。
[5] 现代教育学以古拉丁文 Educare 为词根建构现代"教育"一词,意为"引出",引申为使人向善,即先秦所谓"教也者,长善而救失",20世纪中叶英国人彼得斯所谓"教育传递的必须是使人善良而完善的事物"。

材用具体的历史事实说明"没有共产党就没有新中国"这个道理,也用翔实的新中国现代化奋进史来说明中国共产党领导中国人民从站起来走向富起来和强起来的成功历程,从而于史事熏陶中培养学生爱党、爱国和爱人民的情怀。例如,教材共涉及历史文化名人100余位,思想、科技、文学、法律等著作80余部,天文历法、医学、数学、农学等重大发明创造50余项,书画、音乐舞蹈、雕塑等艺术作品40余件;教材讲述了新疆、西藏、台湾及其附属岛屿、钓鱼岛、南海诸岛等作为我国领土不可分割的一部分的历史渊源;介绍了毛泽东、周恩来、邓小平等19位老一辈革命家,突出了党的十八大以来中国历史发展的特点,使学生体会习近平新时代中国特色社会主义的优越性。教材还适时渗透人格教育,特别是涉及历史人物的内容时。如,配合殷商史正文叙述的"思考点"栏目,有如下材料:祖甲以后的商王多腐朽,他们"生则逸,不知稼穑之艰难,不闻小人之劳,惟耽乐之从"。这就可以透过商亡原因来感悟"敬业、廉洁与勤俭"的做人道理。

可见,统编历史教材"审视在某一特定的历史时期、特定的制度下、特定的社会集团或阶级把什么视为合法知识"[①]。它在立德树人的时代需求中,依据事实性素材涵育社会主义核心价值观,培养健全的人格。它遵循"古人未尝离事而言理"的史学传统,事实与价值融合度高,价值载荷力强,是社会主流价值的宣传者和建设者。

(三)统编历史教材是发展学生关键能力的孵化器

统编历史教材,不是单纯用来讲历史的,它呈现知识谱系,承载价值观念,并为培养以时空观念、史料实证与历史解释为显著指标的关键能力搭建平台。

教材的正文表述,知识密布,事理相融。它兼顾初中统编教材的叙事性和基础性,侧重分析性与拓展性,虽有重要知识不可避免也不能回避的重复性,但它聚焦学科的思想方法,展现同一知识点的广度与深度,以促进学生关键能力的生成,加深其历史认识。教材的各式辅栏,重在基于史料和问题

[①] [美]迈克尔·W.阿普尔:《意识形态与课程》,黄忠敬译,华东师范大学出版社2001年版,第215页。

相结合的分析与思辨，扩充师生与历史对话的空间和视野，是培养关键能力的重要抓手。

以夏朝史为例。初中统编教材写道：禹建立中国历史上第一个王朝夏，标志着中国早期国家的产生；禹的儿子启在禹死后凭借强大的势力继承了他的位置，从此世袭制代替了禅让制。普高统编教材写道：大约在五帝后期，中国大地上邦国林立，禹建立了我国最早的奴隶制国家夏朝，禹死后，其子启继位，世袭制代替了禅让制。这里，初高中知识有重复之处，有关国家形态的产生（邦国林立）、奴隶制国家和启的继位，却有抽象、加深与拓展的意味。高中的表述不仅"留白"了启如何继位的史事探究和"早期国家"的概念扩展，还蕴含了在夹叙夹议的表述中区分哪些是事实、哪些是解释的史法运用。在夏朝建立前的正文部分，高中教材还引入了"良渚文化已迈入文明社会与早期国家的门槛"和"尧舜已经处于'万邦'时代"的史学研究新成果。如此，正文叙述本身就能连接顾颉刚等学者探讨的"夏文化与中国早期国家的关系"，成为培养关键能力的法器。相关辅栏更具培育关键能力的张力。"学习聚焦"写道：古代文献中关于夏朝的记载主要集中在《尚书》《诗经》和《史记·夏本纪》中，但至今尚未发现像商周那样用甲骨文、金文来记录当时史实的材料。"学思之窗"说，《史记·夏本纪》载：益（禹晚年培养的接班人）让帝禹之子启。《战国策·燕策一》载：启与支党攻益，而夺之天下，是禹名传天下于益，其实令启自取之。关于启的继位，为什么会出现上述不同说法？"史料阅读"则节选了《韩非子·五蠹》的一段资料："上古之世……有圣人作，构木为巢以避（禽兽）群害，而民悦之，使王天下……有圣人作，钻燧取火以化腥臊，而民说之，使王天下……中古之世，天下大水，而鲧、禹决渎。"这3个栏目都涉及夏王朝的历史，分别指向材料互证的必要性、历史解释的差异性和价值判断的立场性。这些看似碎片化的知识呈现，一旦与"夏朝建立"的正文所述建构起论证与探讨之链，则关键能力得以发展。

可见，统编历史教材在4个维度里呈现的知识谱系，可以通过教育学立场的疏通与运用来发展学生的关键能力，使其成为发展学生关键能力的孵化器。

三、统编历史教材的教育性教学

尽管统编历史教材已对历史话语进行了合乎教育目的的"教育学编撰",但依然是静态的文本,其中的知识谱系、价值诉求与关键能力的培育,都有赖于使用中的教化性落实,以体现统编历史教材是一个教育性教学的话语空间。

何以要谈教育性教学?教育属于价值观念,是衡量教学活动的价值标准,而教学是一个中性概念,教学活动可能有教育价值,也可能不具有教育价值,甚至还可能成为教唆活动,因此有必要以教育为价值标准,对教学活动加以检验。[1] 历史教材固然遵循历史的学科逻辑,但"教科书是教育的文本"却是其根本原则。[2] 对比之下,21 世纪初以来的高中历史教学,自恋于历史文本的材料铺展——尤其是教材以外的新材料,迷失了教材拥有的"教育学编撰"立场,淡化了"教—学活动"及其技艺,也混同了"教学"与"教育"。统编历史教材的基本诉求是历史文本如何回应社会主义核心价值观教育,只有以教育为教学活动的价值标准,才能更好地体现其基本诉求,并矫正一段时间以来历史教学的上述偏颇倾向。

统编历史教材的教育性教学,当遵循以下基本原则。一是基于学科核心素养的目标,特别是家国情怀的目标,防止将核心素养窄化为关键能力。二是准确把握课文内容的主旨,实行大概念教学,避免面面俱到地处理一个个具体的知识点。三是厘清单元—课—子目的框架脉络,力戒不见大势的琐碎和枝节上的"深度教学"。四是设计叙事分析以树"知人识世"风向标的教学过程,在材料情境的叙事分析中,引入社会进步与人格健全两个良善维度,阻止单一的知识教学和忽视教材意图的教学行为。五是在"场"的师生主体尊重并借助隐性在"场"的编写者话语,将教材视为学习者的认知结构、核心素养与人格德性形成的必要链环,整合教材用不同表达形式提供的知识谱

---

[1] 陈桂生:《略论教育学"西学中化"问题的症结》,《教育学报》2019 年第 3 期。
[2] 石玉:《如何评价教科书文本内容的真假与去留》,《教育科学研究》2019 年第 7 期。

系，展开切实的文本阅读与对话，在学习情境里获致"教育"的价值追求。六是充分连接生活情境，包括社会现实生活与学生自身的生活，通过"以其所知，喻其未知，同化新知"，实现文本逻辑与生活逻辑的统整，让静默在教材里的知识意义发声并转化为学生的思想观念、情感态度与关键能力。唯此，统编历史教材的"统编"意图方能实现。

以教育性教学唱和"历史统编教材是教育性教学的话语空间"，是一个值得专门探讨的重要议题。它可以使历史教材成为在学习情境而非材料情境中伸展的有学习化、心理化特征的教材，成为用多种学习行为演绎知识谱系、融知识以及思想与智慧为一体的教材。当统编历史教材在课堂里成为这样的教材时，也就开启了"学科之眼"，回答着"为谁培养人，培养什么人，怎样培养人"的问题。

统编普高历史教材是"国定"教科书，它以国家的意志和力量为高中生优选和排列知识谱系，传递主流价值，提供发展关键能力的抓手，铺就社会主义教育的路径。因此，它是对国定知识谱系做教育性解释的话语平台。基于这一统编教材的编写之意，其使用理当使该平台动态地伸展为多个主体进行知识活动的教育性教学的空间。这一统编教材的使用之义，同样是"统一"的应有之义，使用者不可没有这一统一认识。这并非说它是"圣经"，"用教材教"这一21世纪初流行的观念仍值得践行，只是践行中的自主应有上述"统"的基本遵循。

（本文原刊于《江苏教育研究》2020年第4期）

叙事的喜悦是新教科书的生命

——华东师范大学版《中国历史（七年级·上）》的叙述

根据新课程标准编写的历史实验教材，自 2001 年秋开始在全国 38 个区（县、市）的课改实验区试用了一个学期，其中包括华东师范大学、北京师范大学和人教社分别编写的实验教材。本文将对华东师大版《中国历史（七年级·上）》（以下简称实验教材）的历史叙述作一分析。

一、叙述的简约和精练

全书以课为基本单位，每一课突出反映一个重大的历史事件或历史现象，若干课组成一个学习主题（即一个单元）。它在"中华文明的起源""国家的产生和社会变革""统一国家的建立""政权的分立和民族融合""古代科技与文化"这 5 个单元里，用 15 节横向专题课、6 节纵向专题课和 3 节探究活动课，建构了脉络清晰、主题鲜明、重点突出的知识构架。它以大一统国家的发展历程为主线，既相对突出经济文化史和社会生活史，又和政治史相辅相成，绵延相融，改变了传统的历史教科书往往是大学教材压缩版、偏重政治史又力求面面俱到的状况。

实验教材的每个单元都以那个时代独有的文物图片作背景，用简约的标题和导言概述这一学习主题的精髓。例如第四单元，它以略有破损的丹阳境内南朝石刻"辟邪"为背景，写了如下一段导言：三国两晋南北朝时期，是我国由大一统走向分裂，又由分裂重新走向大一统的重要时期。民族大融合以及经济的恢复发展，特别是南方经济地位的上升，为中国历史注入了新鲜血液，促使隋唐社会气象焕然一新。它沿着本书的主线，画龙点睛地重新诠释了这一变乱时期的历史进步。与第一单元中华文明多元来源说遥相呼应，内在地融入了史学界近20年来的"综多为一""多元一体"的新史识。简约的表述充满了内在的张力。

叙述的简约和精练，不仅表现在整体的构架上，还表现在具体内容的取舍上。它以课程标准为依据，对传统的历史教科书中存在的"繁、难、多、旧"的历史知识作了大胆删减，然后从历史长河中，撷取能够反映历史发展线索和对历史发展产生关键性影响的重大事件、人物和现象来整合教材。整本教材约6.5万字，列入考查范围的正文（宋体字排印，大字）仅为3.1万字，辅文（楷体字排印，小字）就有3.4万字左右，充满讲故事的色彩。每课约为1000字，正文一般在200字左右。《青铜铸鼎》一课的辅文多达870字。东汉至隋的370年里众多民族政权更迭的复杂政局，就只用悦目的圆形勾画了一下"政权分合示意图"，很契合七年级学生的认知需求。

因为每课只有寥寥几段大字介绍，又多是主干知识，抛却了"大而全"的追求，所以教材的整体构架显得简约精练，并为历史叙事提供了宏大的叙述框架。又因为每课有许多图片和小字，寓教于史，寓教于乐，师生创造性地运用教科书，完成教与学的互动，也就获得了广阔的延展与想象的空间。

二、叙述的感性与生动

历史是由时、地、人3要素构成的人生戏剧，感性和生动是历史的魅力所在，"太史公曰"式的演绎是感受历史智慧的经典叙述。华东师大版实验教材在组织历史学习的文本时，力图使历史叙述成为一种再现，让历史变得可以体验和回味。

（一）黑白图片的韵律。实验教材共精选照片、图像以及示意图 204 幅，地图 13 幅，各类表格 10 幅，增加了历史的直观性和历史审美情趣。照片、图像和地图都力求原汁原味，多数选自古典名作或精美的实物摄影。更重要的是有些图片附以必要的文字说明，以帮助学生理解内容，明确图片的证据来历，让文字与图像共同参与历史的叙述，使历史教学能获得"身临其境"的体验感。例如"古代烽火台遗址"的照片与周幽王宠爱褒姒的描述、"背水一战的古战场遗址"与韩信指挥汉军背水列阵的故事、"洛阳白马寺外景图"与白马驮经的解说，都在设法让人回到当时的历史情境中，去感受历史气氛。特别是那种要从纸张中满溢而出的文物照片，更让人获得了强烈的视觉冲击。像偃师出土的墓室壁画《君车出行图》，甘肃出土的居延汉简，敦煌 259、289 窟的彩塑佛像都非常大气，让人在体味历史的同时，获得了古典的历史美感。由图片来叙述历史、描绘历史场景，既使全书具有了艺术欣赏价值和反复体味思考的情趣，又为当代人重构过去提供了路径。

（二）文史不分的意境。实验教材力图找回《史记》传统，既求以事说史，以史说理，又求"无韵之离骚"。它没有那么多的概念与结论，宋体字部分只是悠缓地叙述历史的起伏，在关键之处稍作结论性的提示，接近于朴实的白描；楷体字部分则努力裁剪一则则历史故事，凝固一段段历史画面，传达历史上的人与社会的活动状态与生活方式，在白描之外又多了几笔厚重的油彩。例如第十课《汉初的休养生息与文景之治》，在四段宋体字陈述中，要言不烦地讲了楚汉相争的事件、布衣将相的局面和帝王"思安百姓"的措施。楷体字则生动地描述了鸿门宴、四面楚歌、刘邦敬儒、文帝罢修露台的故事。图片"汉墓出土的陶制牛车"、"汉纺车图"和"风筝图以及韩信发明风筝的传说"更是剪辑了汉初社会生活史的情景，汉初的历史就这样饶有兴趣地立体地呈现出来了，传统史书的散文风格隐约可见。

可以说，华东师大版的实验教材凭借其卓越的叙述方式，基本达到了图说历史、淡墨浓彩描绘历史的程度。教材实际上成了叙事的文本，它在书场

"说史",一如北宋东京的"瓦肆",它是可以再现的,是可以体验的,是能够让人回味的,是新课程理念的生动诠释。

三、叙述的智慧与放飞

教材的基本特性是为教与学编制必要的活动程序。实验教材在呈现历史叙事的文本时,创设了学生自主学习的路径,编制了学生叙事的程序,从而引导学生去探究历史、感悟历史、放飞历史。

它一改传统的历史教科书叙述历史+课后习题的面孔,排除了诸如选择、填空、问答之类的命令式的陈述方式,这类学习命令缺乏知识的生成价值。实验教材将历史的叙述和学生叙述历史的活动穿插起来,形成学生参与历史叙述的格局,并使学生的学习活动具有了鲜明的叙事性和开放性。例如第十课《汉初的休养生息与文景之治》。它在叙述"楚汉战争"后,插入了思考题:项羽乌江自刎前,悲叹道:此乃天亡我也,非战之罪也!你认为项羽说得对吗?请说出你的理由。这样的教材编写,融历史自身的叙述和学习者的历史言说于一体,提供了学生重构历史的有效空间,放飞了学生的历史思维,从而在培养学生的历史想象和探究能力的同时,养育了学习者的历史智慧和叙事水平。

经初步统计,实验教材陈述了17种学习活动方式,其实就是旨趣不一、方式各异的叙事行为。我们把它分为3类。

(一)叙述历史:以实践能力为宗旨。实验教材设计了制作图表、参观、访谈、演讲等多种实践活动方式,极大地拓展、延伸了学生实践活动的空间。例如:《夏商周时代的社会》一课,在提供了"家庭亲属世系示意图"后,要求学生仿制一份"亲属世系表",其意图在于促使学生从事调查访谈活动,在加深理解西周宗法制的同时,感受中国家族传统的民俗特点,从而叙述一种绵延不绝的历史沧桑。实验教材还单独设立了探究活动课,《我看"商鞅变法"》是以学术活动的方式,引领发散思维与探究争鸣;《我走"丝绸之路"》

是以专题图片展的方式,引领学生的社会实践活动和重构再现历史的能力;《我说"民族交往"》则以故事演讲赛的形式,培养学生收集整理资料的能力和团队合作精神。

(二)再现历史:以感受体验为目标。实验教材编制了欣赏与想象、朗读与理解、调查身边的历史、上网感受历史等学习活动,旨在使感性的历史走近生活,走近学生的主体感受。例如,依据汉画像砖想象汉人的日常生活;参观你家乡附近的佛寺,调查僧人为什么重视扫地等,就明显地指向了历史的生活性。"你看青铜器上的饕餮纹,它可能代表哪一种动物?产生何种联想和感觉?"就特别注重学生的主体感受。进入相关网页感受秦俑的磅礴气势就让历史"复活"了,至于诵读并理解孟子"富贵不能淫……"等名句、叩问当今社会如何提倡这种浩然之气,则直指个体感悟的同时,指向了当下的历史叙述。历史其实就在身边,历史是可以体验和再现的。正如实验教材叙述了许多"身边的历史"一样。

(三)放飞历史:以生存智慧为意趣。实验教材编制了以情境为依托的思考、讨论、评价等活动方式,将理性的思考置于一定的历史情境之中,并将生存智慧作为理性思考的核心部分来处理。学生的理性叙述就能在饶有情趣的氛围中进行,也能由此获得一份来自历史的智慧,这是历史的运用功能之所在。冠以思考名称的:曹操年轻时,名士桥玄称他是"安天下之奇才",而另一名士许劭却称他是"清平之奸贼,乱世之英雄"。曹操听了居然十分高兴。他为什么高兴?冠以讨论名称的:大禹治水为什么改用"疏"的方法?用现实生活中的一两个具体事例,说明"堵"和"疏"的不同功能。冠以理解名称的:从"塞翁失马"的成语故事中,你能理解老子"祸福相倚"这句话的含义吗?能否结合现实生活再举例说明呢?——很显然,教材编制这样的叙事程序,是让学生在情境叙述中抽取生存的历史智慧。生存的智慧本质上是一种价值观的运用。实验教材在设计学生叙述历史的路径时,努力引领一种来自历史的生命价值观。例如:"司马迁有句名言:'人固有一死,死有重于泰山,或轻于鸿毛,用之所趋异也!'对照他和屈原的经历与成就,可以领略到哪些人生道理?"这类立足运用、注重立意、追求思考过程、放飞学生思维的方式，是在引领全新的学习方式，是在诠释新的课程理念。

不管教材为学生活动设计了哪一种方式，也不管材料是用哪一种旨趣引领学生的历史叙事，贴近现实、感受生活、引领探究和放飞是其共同的目标追求，充满其间的是"你会如何"的探询语气，主体性教育昭然若揭，创新精神和实践能力的培养获得了来自教科书的路径支持。

不难看出，实验教材的叙述具有简约性与延展性辩证统一、感性体验与理性智慧同构共生的特点，它为初中历史教学的历史叙事，为展开教学活动的当下叙事，提供了文本和路径。

历史教学是一种叙事活动。叙事的喜悦是生命的黄金，在一个数字技术、条例式表白不断切割着生活和生命的宏大叙事欲求的背景下，叙事的喜悦弥足珍贵。实验教材的特性呼唤素质教育的叙事理想，昭示了新人文主义的世纪诉求。

（本文原刊于《历史教学问题》2002年第4期，并被国家哲学社会科学学术期刊数据库全文收录）

《中外历史人物评述》的独特价值与实施建议[①]

新的高中历史课程设计了包括《中外历史人物评述》（以下简称《人物评述》）在内的6门选修课程。赵亚夫先生对《人物评述》有这样的认识，"现在已选的人物在必修模块里都涉及得较深"，"对这些人物的评价，无论从历史研究和教学的经验来看，还是从学生们已有的经验来看，其对学生思维的挑战性、对学科的专业性要求都不是很高"[②]。本文无意探讨其设计的优劣，只是试图提出实施建议，说明这门选修课程的独特价值。

一、厘清《人物评述》与必修课程的关系

《人物评述》着重介绍了中外历史发展进程中具有时代象征意义的重要历史人物及其主要活动。他们基本上可以归入政治家、军事家、思想家和科学家的行列，因而主要与必修课程的政治史、文化史相关。其关联性大体分为两种。其一，必修模块的课程标准和不同版本的教科书都涉及的人物。例如秦始皇、孔子、孙中山、毛泽东、邓小平、马克思、恩格斯、列宁、牛顿和爱因斯坦等政治家、思想家和科学家，必修课程侧重于介绍他们对人类政治和文化发展进程所产生的引领和促进作用。其二，必修模块的课程标准没有涉及，但个别版本的教科书在围绕"内容标准"概述政治事件、政治制度

[①] 本文在课程意义上使用"评述"，强调评论和叙述，在教学意义上使用"评说"，关注品评论说。
[②] 赵亚夫:《高中历史课程设计有待改进》，《历史教学》2006年第5期。

或文化现象时，往往有所提及。例如亚里士多德或柏拉图之于"西方人文精神"、康熙帝之于"军机处的设置"、华盛顿之于"1787年宪法"、李四光之于"新中国的科技成就"等。他们是因为"拔出萝卜带出泥"而在必修模块的历史天地里晃动了一下。

还有些历史人物是必修课程基本没有涉及的，如克伦威尔、拿破仑、唐太宗等，他们至多在必修课程里看到他们活动的历史背景，而甘地、凯末尔、詹天佑等人却是连背景性框架都找不到的，是孤悬于必修课程之外的独立的课程内容。

总体说来，《人物评述》所介绍的人物主要与必修一和必修三即与政治史和文化史存在一定的关联性，其内容上的关联性是比较浅的。他们甚至只是必修模块叙述历史时的"楔子"，起一个"引带"的作用，只在政治史、文化史上一闪而过，我们看不到他们的生平事迹介绍，觉察不到他们能够"杰出"的时代机遇，体会不到他们成长过程中透露出的人生智慧和精神气质，也鲜有对其历史贡献的具体分析。严格说来，这些与必修关联的人物只是"知识点"而不是"人物"。另外，出现在必修模块里的这些人物，也与"评说"无关，不能构成一种课程资源。因此，有必要在选修模块里获得必要的"人"的铺展，体现明显的人物活动的叙事性和人物评述的分析性，凸显人物的厚度。选修模块中的一些历史人物则在必修模块里获得他们从事历史创造的活动舞台，显示他们在政治和文化演进史中发挥的作用。如果说必修课程提及的人物是相对抽象的"节点"，那么选修课程撷取的人物则是比较多维的"体面"，它们是彼此映带、相互关联、各有侧重的整体，从而实现高中历史新课程设置选修课的总体目标："进一步"和"个性化"。

教学中实施《人物评述》，要厘清它与必修课程的关系，作出必要的勾连与整合。

二、确立属于《人物评述》的课程目标

《普通高中历史课程标准（实验）》提出的三维目标，是一个力图涵盖高中历

史9个模块的通识性课程目标,其与《人物评述》不存在具体性和针对性。"内容标准"中的学习要点则主要是一个知识与能力的目标,而且也比较宽泛(例如"评述康熙帝在巩固统一多民族国家中的作用"),在教学实践中往往不易把握,导致"课标"所设目标的悬置。事实上,《人物评述》所选的历史人物,都用自己鲜明的个性和富有创造力的行动,有力地影响着历史的发展进程。在我们所承袭的这个世界里,凝结着他们的心血和汗水,映现着他们的不懈追求和探索。实施《人物评述》就要走近他们,感受他们,并且"数风流人物,还看今朝"。其课程目标绝非一个工具世界里的单纯的历史思维能力就能应对。因此,实施《人物评述》首先要有该模块的课程目标和基于具体历史人物的课程目标。

在知识与能力目标上,了解代表着一个时代、一个民族、一个国家或一个领域的重要历史人物及其主要活动;知道他们的奋斗事迹和成长历程,概述他们的历史贡献与地位;探究他们与所处时代的相互关系,将历史人物置于特定历史条件下进行具体分析和科学评价。在过程与方法目标上,基于对历史人物生命成长的了解,在人物活动环境与人物成长相契的视野里,提高讲述历史人物的兴趣,逐渐加深对历史人物及其历史贡献的理解;主动参与资料搜集、评说人物的学习活动;用辩证唯物主义和历史唯物主义的基本观点和方法评述历史人物;独立地表达自己对历史人物的看法;探究同类或不同类型的人物的共性与个性。在情感态度与价值观目标上,用心体会这些历史人物的心路历程和独特个性;确立求真求实、积极进取、勤于探索、勇于创新的人生态度;正确认识个人与社会、个人与历史之间的关系;从杰出人物的嘉言懿行中汲取历史智慧和人生经验,进而确立历史使命感和社会责任感。[①]这些是《人物评述》的总体的课程目标。

至于《课程标准·内容标准》里列出的这些历史人物的学习要点,我们也要作具体的分解,以确立属于具体历史人物的课程目标。例如:

(一)列举"贞观之治"在用人、纳谏、轻徭薄赋和处理民族关系诸方面的主要表现;探讨唐太宗在推动中国封建社会发展中的历史作用;认识纳谏与用贤对治国安邦的重要意义;体会克制个人私欲、自我反思与自我批判的

[①] 朱汉国、王斯德主编:《普通高中历史课程标准(实验)解读》,江苏教育出版社2003年版,第320页。

修身养性之道。

（二）了解李时珍、詹天佑、李四光等科学家进行科学探索的主要事迹；知道李时珍编著《本草纲目》、詹天佑修筑京张铁路和李四光创建地质力学的主要科学成就；认识他们对社会发展所作的贡献，特别是李四光的理论对新中国的社会发展所作的贡献；认同科学发展过程中进行科学总结和自主创新的重要性；例证性地感受实地考察、假设推断等科学探究中的过程与方法；体会优秀科学家所具备的求真探索的科学精神、为国为民的使命担当。

列举的具体目标是对"内容标准"里的学习要点的分解，有重要活动和主要贡献的知识分解，有一定视角的人物评述的界定，也提炼了人物活动过程中蕴藏的情感态度与价值观因素，与人物模块总体的课程目标是一致的。作为三维并举的目标，它体现了以学生为主体的学习行为与结果的简练明了，奠定了教师面对较宽泛的内容标准和不同版本的教科书而组织有效教学的基本框架。

总之，实施《人物评述》要整体把握属于"人物"的课程目标，并定位到具体人物。

三、建构《人物评述》的单元教学结构

新课程的每一个模块都是由若干学习专题组成的，每个学习专题在目标上都有近似的教育价值，在内容上具有内在的逻辑联系。例如，古代中国的政治家，选取的是代表古代历史3个重要时期的帝王，他们都以自己的才能、智谋和决断有力地促进了中国历史发展的进程。因此，每个专题都是一个相对独立的单元结构，每一个单元结构又可以作为一个教学单元来建构教学活动，实施单元教学。一方面，合理重组单元内的课时与教学内容；另一方面，建构单元内的课程目标与教学活动之间的对应关系。

华盛顿、拿破仑、孙中山、列宁、毛泽东和邓小平等人物，人民版教材都分别写了两课时，而中外5位科学家仅仅归并为两课。人教版教材则写了5课。这起码表明，实施《人物评述》在同一单元内可以不拘泥于教科书

的课时安排，况且，新课程强调的是用教材教而不是教教材，教科书又是按人物类型来建构内容的单元结构的。因此，基于《人物评述》的课程价值与历史学习的认知进程，同一单元的课程内容，可以沿着"感受和了解人物历史——理解和评说历史人物——感悟和体验人生经验——归纳和比较同类人物的特征"的学习思路来重组教学内容。如此重组教学内容，对于学科专业和教学理解来说，值得深入探究，本文暂不列举展开。

重要的是，单元内的课程目标要有教学活动的支持。我们可以先分解单元内容标准，使其延展成具体的课程目标，再设计相应的教学活动，以保证课程目标落实到位。在设计时，要注意单元内的人物的类型特征与这个具体人物的个性特征。我们可以采用左右栏的形式，简明呈现，使新课程的专题教学落到实处，且以"东方先哲·孔子"为例。

表 3-1 "评述孔子"的教学活动安排

内容标准	课程目标	教学活动
了解孔子的生平、基本思想观点和政治主张，探讨孔子在中国以及世界思想史上的地位和影响。	1. 了解孔子的生平：在鲁从政、周游列国、晚年从事文化教育事业。 2. 了解孔子的基本思想观点和政治主张：礼和仁。 3. 探讨孔子在中国以及世界思想史上的地位和影响。 4. 体验和感受孔子"文质彬彬、谦谦君子"的师表风范。	1. 师生共同查阅或运用《史记》《论语》等文献资料，在了解孔子重大活动的基础上，指导学生制作一张孔子年表并描述他的部分事迹。 2. 联系必修Ⅲ中"百家争鸣和儒家的形成"，结合时代背景和孔子言论，重点分析其"礼"和"仁"等儒家学说的核心内容，引导学生联系现实和个人生活谈谈自己的认识。 3. 指导学生阅读古今中外评论孔子的相关材料，就"孔子的地位和影响"组织探讨活动，力求让学生"少一点后设的结论，多一点自己的理解"。 4. 与语文学科配合，根据孔子周游列国的故事，尝试编写反映孔子人生态度的情景剧，感受孔子的人格魅力。 5. 帮助学生找到孔子与柏拉图、亚里士多德的共同之处。 6. 布置课外进行的社会调查活动：影响当代生活的孔子言论有哪些？

四、注重《人物评述》教学的即时评价

新课教学也要注重即时评价，注重学习成效的评价跟进。即时评价需要关注层次性，可以设计5个层次的评价目标。第一层次，知道并能清楚说出；第二层次，形成认识、作出评说；第三层次，客观公正地评判历史人物；第四层次，面对新的情境材料，作出基于材料解释的人物评价，进而表现出勇于探讨的精神和问题意识等良好的学习品质；第五层次，用心灵去感受和体验人物的命运与成就，获取人生的智慧和向上向善之心。这5个层次有一定的递进关系，是针对历史人物评述而设计的。这5个层次一般可以通过两三个检测项目加以表现。试举一例。

阅读下列材料，回答问题：

人类的公正不是建立在暴力的基础上的，真正的公正是建立在自我牺牲、道义和无私奉献的基础上。我对此忠贞不渝，我将一如既往地坚持这一信念。我的朋友在相信暴力的同时，也相信非暴力是弱者的一种武器，而我却相信非暴力这种武器属于最强者……

当政府保护你们自尊心的时候，合作才是你们唯一的职责。同样，当政府不但不保护你们，反而剥夺你们的尊严时，不合作就是人的天职。这就是不合作之真谛。

——甘地《论不合作》

回答：

（一）甘地是在什么背景下提出"非暴力不合作"主张的？

（二）这一主张的核心是什么？这一主张在印度民族运动的进程中处于怎样的地位？

（三）你认为甘地的思想在今天的现实生活中最具价值的是什么？

（四）编制一份能够体现这一思想的甘地事迹表。

（五）反省自己，你是否认同甘地的主张？你如何看待甘地的生活方式？

这一在课堂上就能够进行的检测项目，大体包含知道、认识、解释、评说、体验 5 个教学评价层次，由史而论、由历史而现实、由他人而自己、由客观而开放。其本身就是一个由知识学习到人文化成的教育嬗变过程。需要强调的是，即时评价的跟进，要彰显《人物评述》中的"人"的教育意义，并且是在"人物"的史事与认识中逐渐推演出来的。

五、彰显《人物评述》的教学特征

没有叙事的历史是空泛的，没有分析的历史是盲目的。《人物评述》充分体现了叙事与分析的结合。教学中的叙事，可以是学生对人物事迹的自主阅读和生动描述，也可以是教师绘声绘色的人物叙事，甚至可以是历史再现性的角色访谈。教学中的分析主要是对历史人物的评说，是引导学生在特定的"当时"、"以往"和"以后"的广域时空范围内对历史人物进行评说，[①]是师生对历史人物作出的良好的价值判断——社会意义和生命意义的价值判断。使人物的评说既具有思维价值、"意义"含量，又具有自我思考和自主理解的乐趣。以"爱因斯坦的成长、成就以及他在社会发展中的作用"这一学习要点为例。

（了解成就） 教师用如下一段话激发学生的学习兴趣和好奇心：100 年前，一个看似简单的公式却揭示了深深隐藏在宇宙细节中的共性，彻底改变了几千年来人类对世界的看法。它的发现者竟是年仅 26 岁的专利局小职员，他是谁？这个公式为什么有如此巨大的力量？

当学生说出了人物和公式后，就由物理学得比较好的同学谈谈相对论和光子论的含义，引导学生简要说明这一理论发现的价值。然后，教学的重点就转向对"爱因斯坦为什么能够提出如此伟大的理论"这一问题的探讨。

（认识人物） 爱因斯坦创立科学理论的原因探讨，必然会涉及时代背景与

[①] 聂幼犁：《中学历史教育论》，学林出版社 1999 年版，第 92—93 页。

学术背景、个人的天赋与生活经历、刻苦学习与勤奋实验等诸多因素，这里的每一个因素都可以引出一则或几则故事，从而使理性概括与史实叙述相互映衬。这里的每一个因素，其实也包含情感态度与价值观教育的动态生成空间，教师可以抓住学生表述的机遇，进行有机渗透。基于原因探讨中的史实铺陈和因素概括，教师再从"人物"的视角，归纳塑造一个伟大的科学家的形象，在这一"塑造"形象的过程中适当出示有关爱因斯坦的图片。

（评价与发现）一是引导学生结合历史背景和当前社会现实，从科学创造、社会活动等方面评价爱因斯坦；二是运用爱因斯坦的一些信件或讲演的材料，评述爱因斯坦科学与人文融通的精神品质。

（人物拼贴）首先，同学间彼此传递一下自己知道的爱因斯坦的趣闻逸事，既丰富爱因斯坦其人的形象，又达到学习上的资源共享与合作。其次，着意爱因斯坦和牛顿晚年生活图景的对比与拼贴，既使学生看到科学发展道路上两座遥相呼应的里程碑，又激发学生对生命的思索：人应该怎样生活？

这一教学内容蕴含了与爱因斯坦相关的具体的课程目标，显示了教学内容重组的思路，彰显了充分叙事、强调评说、感悟生命的《人物评述》的教学特征。其中，评价视角、思维能力占到了较大比重，爱因斯坦由此而被"讲透"。

《人物评述》作为一门"以人为本"的独立的选修课程，既有学科思维价值，又有人文教育价值：基于历史人物评述促进学生的精神、道德以及社会文化观念的发展，涵养人文情怀。无论是课程目标、教学资源，还是教学的整体思路与具体环节，都不同于大纲教材里零散出现的人物评价。因此，它不能用旧有的习惯来教学，其客观知识的识记价值已经逊位，它还具有引领教师探究新的教学策略的课程价值，更重要的是，它不单纯是借历史人物而言说历史的面相，更是由历史人物而彰显人物的"树人"教育。

（本文原刊于《历史教学》2006年第12期）

科技史里的价值观目标和价值观目标下的科技史

——以近代以来世界科技史的叙写为例

―――――◎―――――

一、科技史要有属于科技的价值观

高中历史新课程必修三中的科技史包括古代中国、现代中国和近现代世界科技三大组成部分,其课程内容基本上由科学理论(科技成就)、历史意义两层要素结构而成。习惯上,课堂教学中会按照不同的历史时段展开成就梳理、影响分析,价值观教育的目标能进行概括性说明就不错了,大概也就是如下3点:(一)科学技术推动了社会发展特别是推动了近代化、现代化历程,看重其实用的物化的价值;(二)爱国主义和民族振兴的意愿,是实用价值延伸出来的教育话题;(三)科学家或科技工作者的勇于探索、追求真理、勤奋敬业的精神,这是从科技成就取得的原因里延伸出来的。但是,基于科技史的价值观教育目标应当在爱科学、懂科学和用科学3个层面展开,要通过科技史进行科学精神的教育,张扬科学的理性意义。为此,本文设想建构一个有层次的科技史的价值观教育目标。

一方面,科技史反映了科学技术本身的发展和进步,是时间之流上的纵向交代,它用概括性的语言陈述不同时期、不同领域的科学技术成就;另一方面,科技史呈现了科技进步所带来的影响,这是截面式的横向分析,是以历史的名义进行逻辑的社会的价值分析。在历史的纵向交代和社会的横向分析之间横亘着的是科学本身。在中学教材中,科学技术是什么,似乎就是物理学中的牛顿三定律、生物学中的进化论、化学中的元素周期表、技术领域里的蒸汽机等概念叙述。科学本身是什么，又是如何被发现的，科学的精神内核或者说科学的本质特征是什么，都没有在科技演进的历史进程中加以凸显，特别没有在科技史教学的过程中揭示出来。但是科技史的教学要进行科学精神的教育，懂科学首先是理解科学精神，这就不能回避科学本身是什么的话题。如果把科学是什么交给以抽象见长的哲学课程去概括，则科学是什么的精神价值容易显得空泛，如果交给以解题为主的科学课程去理解，则科学是什么的精神价值缺乏必要的凝练甚至被解题所忽略和湮没。

科学是理性的花朵，是人类精神驰骋的原野。科技史以其历史演进的事实呈现见长，叙事和基于叙事的分析就为切实地感受科学精神、凝练科学精神提供了两方面的支撑，一是由史而论，二是由感知到理解，在一项项科学发现的历史叙事和分析中，将科学精神呈现出来，累积起来，具体而不乏抽象，归纳而不乏演绎，这是中学里的哲学课程或科学课程都没有的优势。因此，作为人文学科的历史是可以借科技史来适度地彰显科学精神的。科技史不是仅仅罗列某某时期有了什么成就，又在什么时候有了什么成就，也不是侧重强调某某成就在社会发展中的影响，从而得出一个普遍的绝对真理"科学技术是生产力，要科教兴国"云云。它们能够解决的只是激发学生爱科学、用科学的情感态度和价值观，而且还有些"虚"，似乎是门外转悠着喊些领导式讲话。科技史还应该交代某个理论创见和某项科技成就的基本原理及其被发现、被发明的思维路径，深入科技大厦的内部，从而阐发出科学精神，这是懂科学。当然这里的登堂入室并不是细微到将物理课程或生物课程搬过来的地步，只是以科普的识见叙述科学理论和科技成就，更重要的是紧跟而来的应该是科学思维（科学方法）以及科学思维所蕴含的科学精神。这是科技史教育的真正意义——让科学和理性精神成为一个人的文化血脉、生命因子。实际上，很多学生即使是学理科的学生，还是缺少必要的科学思维和科学精神的。

二、建构科技史里的价值观目标

本着爱科学、懂科学和用科学的推演层次，本文尝试基于科技史的事实基础，展开科技史里的价值观目标的建构，表述如下。

（一）历史追忆：科学技术的进步和发展 —— 爱科学

【连贯的探索】科学的辉煌进步，解开了客观世界的许多奥妙，使包括人体在内的自然界的无穷奥秘展现出来，成为推动社会经济发展和提高人类生存质量的重要力量。在这一科学进步的历程中，我们既看到了科学进步的规则，又看到了科学进步背后的人类精神。

科学的进步是在原有基础上的演化，是连贯的进步。达尔文的进化论并没有推翻博物学、地质学的一切成果，而是保留了其中绝大部分数据和理论，做了重新解释。爱因斯坦相对论并没有推翻牛顿力学，而是它的扩展、深化。持续、连贯的进步，是科学的特征，也是科学工作者的自豪与慰藉。科学进步的背后深深地印刻着人类的精神：坚忍不拔的探索精神、创新品质和追求真理的勇气。科学工作者善于吸收前人的经验，凭借知识的积累和灵活的思维在前人的基础上努力探索，这样的探索有赖坚忍的意志、宁静的心态、创造的欲求。

（二）科学静观：科学技术的原理和精神 —— 懂科学

【实证和理性】科学成就对人类的影响体现了它的社会价值，剖开科学的内核，认识的逻辑一致性和实践的可检验性揭示了科学的本质特征，构成了全部科学精神的基础。科学是实验—观察和分析—论证的理性认识，它需要获得经验和证据，是讲究实证的，它需要严格精确的分析和逻辑上的自洽通融（自圆其说），是讲究理性的。因为实证，所以科学不迷信权威、不承认终极真理，唯求真求实；因为理性，所以科学格物致知，穷究事理，思维缜密。理性与实证是相互依赖、密不可分的。

无论科学精神有多少维度，与其他学科鲜有交叉重叠的科学独特性，无非是充分的理性和实证,逻辑自洽和经验证据。如果说科学的进步及其对人类的影响让我们爱科学,则科学的实证和理性就让我们懂科学了。

(三)社会分析:科学技术的意义和影响 —— 用科学

【以人为本】科学源于人类与生俱来的对未知事物的好奇心,源于对阻碍人类社会进步的问题探索,更源于改善人类社会的美好愿望。科学以人为中介和以人类福祉为核心的价值趋向是十分明显的,表现了科学的伦理精神。任何科学的进步总表现在人与自然和人与社会之关系的调节之中。科学通过求真,可以达到求美、求善,科学把追求真善美的统一作为自己的最高价值准则,这是科学精神的最高层次。

当我们看到战争的杀戮和生存的环境恶化等问题时,我们会想到科学的"双刃剑",其实这不是科学的错误,而是人类自身运用科学时的价值观念的错误,是对科学的伦理价值的"遗忘"。秉持善的意愿,秉持人类的伦理底线去运用科学,科学就是真善美的统一。这一善的意愿和伦理底线就是:增进人类的福祉!科学是对神性的贬斥,是对物本的拒绝,是对人本的皈依。我们可以尝试建构科技史里的价值观梯度。

表 3-2 科技史里的价值观梯度

维度	终极价值	工具价值	价值观关键词
知识精神之崇尚科学	科学的连贯探索和进步	了解历史上科学进步的主要表现	成就、进步、充实
		理解科学进步过程中的连贯性	连贯、深化、承接
		感受科学进步过程中的探索精神	探索、创新、坚毅
	科学的实证和理性精神	例证科学成就里的实验和观察	求证、求真、诚实
		理解科学成就阐述的思维过程	严谨、融通、探究
		认同求真求实、不迷信权威	实事求是、理性
	科学以人为本的效用	认识科学促进思想解放和经济建设	解放、自由、变化
		理解科学对人类社会生活的影响	财富、享受、灾难
		理解科学以人为本的宗旨	创造、节制、共享

上述价值观目标是基于科技史提炼出来的。例如，牛顿力学是在伽利略的自由落体定律和笛卡尔的物体碰撞运动研究的基础上形成的，爱因斯坦相对论是对牛顿力学的扩展、深化。这就体现了科学进步的连贯性和科学探索过程的连贯性。在这一进步现象的背后蕴含了持续的探究精神。再例如，达尔文的进化论并没有推翻博物学、地质学的一切成果，而是保留了其中绝大部分数据和理论，做了重新解释。在这一连贯的探索和发现里，达尔文进行环球考察、实行古生物和现存物种的比较、获取地质学研究成果对物种研究的启示，都是一种科学发现应有的观察、实验和求证的品质。在实证的基础上，他展开了理性的逻辑的结论阐述："像这样一些事实，显然只能用这样的假说来说明：物种逐渐起了变化。"至于赫胥黎和威尔伯福斯的大辩论更是科学的逻辑自洽和经验证据密切结合的典范，这一典范正是科学的内在特征——逻辑的理性和事实的验证。1863年，赫胥黎发表《人类在自然界的位置》，通过比较解剖学的研究，论证了"人的构造和其他动物一样，尤其和猿更接近"，使人猿同祖论进一步得到确立，促进了进化论的传播。这一历史表述里的关键词是比较解剖学的实证、逻辑上的论证、文章发表、科学成就被确认。这些关键词表达的价值观是：科学进步是连贯的探索，科学就是实证和理性的论述，就是对事和理的探究，是说服。同样是这一科学往事，它蕴含了科学对神性的贬斥和对人的解放。我们的科技史教学往往会忽视科学价值观教育，特别是科学精神的揭示，似乎我们只要陈述科学结果，让科学归科学管，让事实归历史管，须知，科学精神本身就是科学事实，没有这一精神价值就没有科学成就（结果）。只不过，科学精神是在科学发现的事实里凝练出来而已，本质上它是科学发展进程里客观存在的。在科技史的教学过程中，要适时关注价值观教育目标是否实现，而且，这些价值观目标也不应当只是在相关教学内容结束以后画龙点睛一番，应当是在史实的呈现过程中通过对话、交流和静思之后被发现的。

　　科技史的教学，不在于知道更多的科技成就，而在于借由科技史激发学生热爱科学，理解科学精神和科学思维，树立"科技以人为本"的指导思想。

三、价值观目标下的科技史叙写

我们可以在价值观目标引领下重新叙写科技史，使科技史的课程内容呈现另一番景象。

传统的课程内容是在时段背景里按照科技类别加以呈现，形成了如下叙述模式：时段—类别—内容（成就）—作用（影响、意义），例如近代—物理学—牛顿经典力学—经典力学的历史地位。这其实是历史著述或历史读本，本质上不是教学文本，它要变成教学文本是需要教师重新组合的。本文提出的设想是，有梯度地建立起科技史教育的价值观目标（如上文所列梯度表），使科技史的课程内容能够在这一价值观目标里按照新的结构加以组建，形成新的叙述模式：分层次的价值观目标—选择与该层次的价值观目标有关联的科技史—按时序来叙述科技的进步过程—设计问题以帮助揭示科技史里蕴含的价值观。这就形成了价值观引领下的科技史，价值观目标是容器和框架，有关的科技史的内容是服务于价值观教育需要的充填材料，是论证价值观的事理。科技史的历史时序性和类别性服从于价值观教育的主题需要。如此，科技史里的价值观目标就凸显出来了，科技史依然是科技史，时序犹在，科技领域类别可鉴，但是科学的精神却借科技史被支撑起来了。

通常，科技史的价值观目标表现在两个层面：连贯的探索和进步、科学的实证和理性（古代的科技是直观的感受和哲学的思辨与猜测）。同样的科技史可以有不同的价值观解读，例如，伽利略和牛顿的经典力学、普朗克的量子力学和爱因斯坦的相对论，既是物理学领域的连贯演进，又是实证和理性的充分彰显。从科技史里提取的价值观目标在不同领域的科技史里都有体现，不同领域的科技史会呈现相同的价值观目标，这就出现了叙写科技史时交叉重叠的可能性。可能是单一价值观目标下某几个领域（物理、生物等）的科技史的集合，例如科技进步的连贯探索：物理学—从伽利略到牛顿的力学发展—普朗克的量子力学和爱因斯坦的相对论；生物学—细胞学说—早期进化论—达尔文的生物进化论。其局限是某一领域的科技史将被重新分割和组合，该领域的科技史会在另一价值观目标里重复呈现，也可能是价值观目标集合后的单一领域的科技史，例如科学的连贯探索及其他的实证和理性——物理学的重大进展——从伽利略到牛顿的力学发展——普朗克的量子力学和爱因斯坦的相对论。其局限是某一价值观会在其他领域的科技史里再次呈现。采取怎样的叙写思路比较恰当？由于价值观目标是主题，是"神"，科技史是事理，是"形"。因此，可以用主题统领事理。这是以价值观目标为纲，以科技领域为目的编写框架。例如，科学的连贯探索和实证理性：（一）生物学，（二）物理学，（三）……这样，教材容量可以控制，并与人们学习科技史的习惯相吻合。

纲目之后，就是具体的文本结构。传统的教科书总是正文和辅文犬牙交错，诸如资料回放、学思之窗、知识链接、学习思考、历史纵横等名目众多的辅文，会影响阅读的思维连贯性，影响知识传切和教学衔接的流畅性。辅文不外乎是对正文知识的补充解释和知识价值的学习探究，它在正文部分的犬牙状态，就像球场上传切过程中突然响起了哨声，事实上老师在教学过程中常常不理睬辅文，或偶尔使用一两则。因此，辅文不妨整体单列，犹如正文附录的格式，只要有利于引导学习和思考，只要能对正文的重要知识作出必要的补充说明。由教师在教学时选用。如此，价值观目标里的科技史叙写格式是：课文正文部分连贯呈现，以历史的叙述为主，包括史实和史论。辅文另列，以学习的引导和历史知识的拓展为主，包括问题的设置和材料的补充阅读。

四、基于价值观目标的科技史样张——科学的连贯探索与实证理性（之一）：生命的进化

（一）哈维和林耐的生物观察和实验

地球上的各种生物是从哪里来的？人又是从哪里来的？这是一直困扰着人们的生命起源之谜。欧洲的基督教会宣扬上帝造人说，教会不但定神创说于一尊，而且还指责那些敢于挑战神学说教的思想为异端，致使对生命起源

的生物学研究进展缓慢。

随着文艺复兴和近代科学的兴起，上帝创造万物的神学说教越来越受到怀疑和反对。资产阶级革命和工业革命的相继发生又拓展了人们的视野，使思想不断开放。17—18世纪，人类对生物的观察和实验研究加强了。

哈维运用解剖和实验的方法，建立了血液循环理论，沿着哈维的道路，细胞学说得以建立。胡克用自制显微镜观察软木片，发现许多被分割开来的小室，他称之为细胞。施莱登总结了细胞研究的成果，提出，细胞是一切植物结构的基本单位。随后施旺把这一学说扩展到动物界，提出生命的共性是细胞。至19世纪50年代，细胞学说和胚胎学结合起来，发现细胞分裂的过程就是胚胎发育的过程，生命的起源获得了坚实的科学基础。

林耐运用观察和分类的方法，对动植物进行了分类整理，推动人们真正地按照物种的亲缘关系，对动植物材料重新整理，为进化论的产生打下了基础。

（二）从拉马克到达尔文的生物进化论

19世纪初，法国生物学家拉马克通过对自然现象的观察，提出了生物从低级向高级发展进化的观点。他肯定了环境对物种变化的影响，提出两个著名的原则——"用进废退"和"获得性遗传"，即经常使用的器官就会发达，不用就会退化；后天获得的新特性可能会遗传下去。早期的生物进化思想开始形成。

拉马克曾经以长颈鹿作为例子来说明他的生物进化理论。长颈鹿原来生长在非洲平原地区。那里逐渐干旱，青草越来越少，长颈鹿只好吃树叶，低树的叶子吃光了，又吃高树的叶子，这就不得不用力伸长脖子，而这样伸长的脖子又传给了后代，形成了今天的长颈鹿。这就是"获得性遗传"。

图3-1　长颈鹿与拉马克的生物进化理论

出生于医学世家的达尔文经常参加一些活动，讨论拉马克的进化思想。1831年，他作为博物学家参加了为期5年的"贝尔格"号军舰的环球考察。在考察过程中，他把化石中发现的古生物和现存的物种进行比较，认为，像这样一些事实，显然只能用这样的假说来说明：物种逐渐起了变化。他在远航中进行的考察，在一定程度上是沿着林耐研究生物群体的方向前进的，但是得出了与林耐不同的结论。回国后，他进行的地质学研究，更坚定了他关于物种进化的看法。

1859年，达尔文的巨著《物种起源》出版，他用大量事实论证了自然界中生物的物种是不断进化的，是不断从低级向高级发展的。他详细地阐述了以自然选择为基础的生物进化学说。后人将这一学说的原理归纳为"物竞天择，适者生存，自然选择"。

图 3-2 达尔文（1809—1882）

图 3-3 达尔文观察到的雀类

达尔文在加拉帕戈斯岛上观察到的4种雀类，它们的喙适合不同的觅食技术。它们的这一差异性使达尔文相信同一物种是会逐渐变异的。

（三）赫胥黎对进化论的支持

达尔文在论述生物进化的过程中，提出了人类起源于古猿的观点。基督教会和保守势力认为这是对神和宗教的极大亵渎。

1860年，牛津大主教威尔伯福斯猛烈攻击达尔文的进化论，与生物学家赫胥黎展开了一场大辩论。这场辩论的最后场景是：

威尔伯福斯主教文雅地转向赫胥黎："请问这位自称是猴子后裔的先生，你的猴子血统是从祖父还是从祖母传下来的呢？"听众一片笑声。

赫胥黎沉着地走上讲台，简明扼要地介绍了进化论以后说："我宁愿要一个可怜的猴子做祖先，也不要一个愚昧无知、在庄严的科学会议上只会嘲讽挖苦的人做祖先。"听众报以热烈的掌声。主教悄然退场。

1863年，赫胥黎发表《人类在自然界的位置》，通过比较解剖学研究，论证了"人的构造和其他动物一样，尤其和猿更接近"。人猿同祖论进一步得到了确立，促进了进化论的传播。

（四）生物进化论提出的意义

生物进化论从根本上改变了当时绝大多数人对生物界和人类在生物界中地位的看法，有力挑战了封建神学创世说。在教会和保守势力看来，这不仅是对神和宗教的极大亵渎，更是对人类尊严的莫大伤害。支持达尔文的人称他是"生物学领域的牛顿"。

马克思说，我读了各种各样的书，其中有达尔文的《自然选择》一书……它为我们的观点提供了自然史的基础。

列宁说，达尔文推翻了那种把动植物物种看作彼此毫无联系的、偶然的、"神造的"、不变的东西的观点，探明了物种的变异性和承续性，第一次把生物学放在完全科学的基础之上。

（五）学习路径指引

1. 纲要导学

（1）17世纪至19世纪，科学界对生命起源的生物学研究经历了怎样的连贯探索？可以用语言进行描述和阐释，也可以用表解的形式加以说明。

（2）达尔文进化论的主要观点是什么，进化论的提出有怎样的历史意义？

2. 思维拓展

（1）近代以来的科学以自然现象为研究对象，以科学的观察和实验来概括和检验科学理论。仔细阅读课文，摘引有关史实加以说明和论证。

（2）达尔文能够提出生物进化论的历史背景和科学要素有哪些？

3. 材料阅读

材料1：在南美洲，达尔文发现了古犰狳的化石。它们与现代生活的犰狳十分相似，但又有不同。这是否说明现代的动物是由古代的动物发展而来的呢？在加拉帕戈斯群岛上，达尔文发现，这里不同岛上的地雀各有其特点。这种现象使达尔文想到物种可能在不断地变化着。

各地的所见所闻，都说明随着时间的推移，生物是在逐渐进化的。但是，当时达尔文还不能说明引起生物进化的原因。考察归来，达尔文就开始研究这个问题。

达尔文耐心地收集资料和证据。他访问过农夫、种子供应店店主和家畜、家禽饲养人。他还亲自饲养鸽子，观察家鸽在人工饲养下所产生的变异。

经过大量的观察和研究，达尔文终于成功地用自然选择学说解释了生物进化的原因，并于1859年出版了《物种起源》这部巨著，引起极大的反响。达尔文的进化论被恩格斯赞誉为19世纪自然科学的三大发现之一。

材料2：1859年11月24日清晨，雾霭中，伦敦几家书店的门口人声鼎沸，人们争先恐后地排队购买刚出版的新书——《物种起源》。初版1250本书在发行的当天就被销售一空……书中的观点震撼了世界，动摇了禁锢人们思想许多个世纪的神创论。在达尔文的自传中，他这样总结自己的一生，"最重要的是，爱好科学——不厌深思——勤勉观察和收集资料——相当的发明能力和常识"。

本样张沿着追寻生命起源的科技发展史的探索历程，用叙事的方式，概要地客观叙述破解生命起源之谜的探究过程，包含了不同阶段的科学探索成就和探索过程中所体现的科学方法与科学精神等内容，从而形成了以价值观为经，以时间及成果为纬的科技史文本，再通过"纲要导学""思维拓展""材料阅读"，引导学生将科技史文本视为对话和解读的学习文本，实现从读本向"学本"的转化，建构了中学课程里的价值观目标下的生命科学史。不难发现，通过这样一份学本的教学，学生不但能清楚地了解这一领域的有关成就，而且能知道历史故事里的科学方法——实验和观察、假说和求证、质疑和论证，也能理解科学进步的精神支柱——实事求是、理性和创新。在这科学精神的背后还包括了一种对人的生命的敬畏与思想解放的社会价值——这同样是科学奉献给学生的精神财富。它们（即科学成就、科学方法、科学精神）共同构成了科技史三位一体的课程目标、教材旨意，它们能够在物理学的进展、技术发明的进步等领域继续咏唱，就像交响乐里的主部主题一样，在不同的乐章和不同的旋律里反复出现。接下来，科技史的叙写就可以是：科学的连贯探索与实证理性（之二）——物质的运动（从伽利略到爱因斯坦，叙述物理学的进展）；科技的连续进步与以人为本（之一）——文明的引擎（从蒸汽机到互联网，叙述3次科技革命的成就与贡献）……这些有待在价值观目标指引下继续叙写。

五、基本结论

由生命科学、物理学及技术发明3方面构成的近代以来的世界科技发展史，反复咏唱和呈现科技史里的价值观目标，即科学是什么，科学有何用，科学怎么用一定会得到强化，科技史的育人功能一定会得以实现，而这些才是我们设置科技史课程的根本取向。

变换一个视角，同样的历史事实，教育的效果是不同的，这是结构变革的力量。当然，变换视角意味着，作为事实存在的历史材料的选择就肯定有差异。也许，这是一种大家不习惯的历史，但是它确实是具有教育意义的教学文本。

（本文原刊于《中学历史教学参考》2008年第12期）

历史课程之"中华文化"的"内容要求"

2014年,教育部颁发《完善中华优秀传统文化教育指导纲要》,推动了一股传统文化进入国民教育系列的文化复兴浪潮。2013年启动修订的高中历史新课标,从初稿到2017年11月的送审稿,中华优秀传统文化(以下简称"中华文化")都只在必修课程的通史部分阶段性地呈现。2018年初,课标正式出版后,选择性必修课程模块3《文化交流与传播》中新增了"源远流长的中华文化"专题。中华文化在两类课程里呈现,越发显示其在国民教育系列中的重要性。但通史部分是文化成就的概览,教师相对熟稔,专题部分则是文化精神的提炼,教师就比较陌生了。在新编历史教科书出炉前,一线教师能否以研读课标的"内容要求"的方式来先行把握,以砺精神、以备教学?本文试图对该专题的"内容要求"进行历史阐释,从而向同行示意备课之起始路径——先行解读课标再看教材。

该专题的"内容要求"是:了解中华优秀传统文化的内涵;从人类文明发展和世界文化交流的角度,认识中华优秀传统文化的特点和价值,认识中华文化的世界意义。它没有显示某一具体的历史坐标,难以抓住某一文化现象、人物或著述等标识来铺叙历史。它指向内涵、特点和价值、世界意义等学理维度,具有见仁见智的宏大空间。但它又只是高中历史的一个专题,有着基础性、必备性与纲要性的阈值限定。因此,对它的历史阐释当在这一阈值限定中,基于历史故事,感悟其精神内涵,理性地说明其内在特质。

一、中华优秀传统文化的内涵

"文化"一词在中国出现很早。《周易·贲卦》中有"观乎天文,以察时变;观乎人文,以化成天下"。这里的"人文化成",按《周易正义》的解释,指的是典籍与礼仪风俗。古代的"文化"就是文治教化、礼乐典章,这种理解一直保持到近代。随着泰勒的"文化"定义的移译,现代所说的"文化"概念包含了3方面内容:精神意识、生活方式与内涵精神的物化产品(如卓越的工艺品中蕴含某种思维方式、价值取向与审美情趣)。"传统"可以有两层理解。一是历时性的,是过往的积累,广义的传统文化也就是一个国家或一个民族文化发展的历史积淀与延续。二是本体性的,是基于政统传承而言的道统传承,狭义的传统文化也就是一个国家或一个民族的文化中那些载道性的精神要义或核心价值的一脉相承。从理路上讲,中华传统文化应该是那些传自先秦时代而体现人类文明方向的"载道"的文化,不管它如何一路融汇与扩展,其中必有始终传承的核心,即"道"[①]。

"中华"演化自中原与华夏之名,渐成一个国家、民族与文化相复合的历史概念。一方面,"中华"是一个有天下主义意识的国家;另一方面,"中华"又是一个多民族的文明统一体。顾炎武说,"易姓改号,谓之亡国""仁义充塞而至于率兽食人,人将相食,谓之亡天下"。他在区分"国"与"天下"的过程中,认为"天下"是承载文化价值的地域,是文化与地域的综合体,正与"中华"在内涵上重叠。从"中华"是国家概念与文明类型相融的理解出发,"中华传统文化"就是中华文明史上华夏子民(以汉族为主体的中华民族以及海外华人这类文化传人)创造和传承的思想观念、生活习俗与赋予了精神意义的物化产品,就是对集上古文化之大成的孔子思想及其他诸子思想的那一"道统"所作的持续阐释与积淀。中学历史课程里的"中华传统文化",首先是传自先秦时代且历经华夏子民阐释、积淀、传承的"载道"思想,其次是能与"载道"相契的不断传承光大的其他精神产品。

[①] 方铭:《如何认识中国传统文化》,《光明日报》2017年9月27日。

中华传统文化乃祖辈留下的东西，丢弃一部分与现代文明相悖的旧东西，在"古为今用、推陈出新"的原则下传承优秀的东西，是自然不过的。优秀的标准是影响世界历史进程并在价值观念上契合社会主义核心价值观。先秦诸子思想开创了世界文明史的轴心时代，但"民主、自由、平等、法治"等现代价值原则，是不可能有的，至少是没有被自觉的。1912年，进士与翰林院编修出身的教育总长蔡元培宣布废止读经，原因就在于某些内容与现代价值也即人类普遍性原则相悖。儒家思想中的"三纲"在董仲舒、朱熹等人的阐释下，充满尊卑等级的人身依附关系，维护的是封建宗法制与专制统治，显然与"优秀"无缘。"孝"在汉代以后也于"敬""养"之外注入了"顺"，强化了迁就和服从，与"自由、平等"相悖。传统的"孝"是精华与糟粕并存。即使是"五常"中的德性要求与规则意识，也要作出现代性转换与阐释才成为精华。与"道"关系密切的古典文艺以其独特的性灵书写彰显了人类的普遍价值，丰富了世界文化的多样性，但所载之"道"仍需一个现代性的明辨与扬弃。

概要而言，从中华、优秀与传统3个维度来判读，能成为中华优秀传统文化的内在因素有4条：萌生于中华大地；被华夏子民坚守和传承；符合现代价值体系且能推动社会进步；具有未来方向性并利于建构人类命运共同体。它是中国的，也是世界的，是传统的，也是未来的，是兼容中国特色与人类文明共同体的，这才可称其为中华优秀传统文化。要避免泛化为"中国文化""中国过去的文化"，等等。总之，中华优秀传统文化是人本的、尚德的、家国一体的且不断传承着的华夏文化。

二、中华优秀传统文化的特点

这里的特点基于两个视角的交融，一是文明发展和文化交流，二是有正面引领作用。据此，中华文化的特点可以在世界文化视野与中华文化内部两个层面进行概括。

（一）源远流长的绵延性。在悠久的岁月里，不同地域、不同样貌的文化形态更替往复，在公元前20世纪以前出现过的诸多文明中，只有中华文明历数千年而未曾中断。公元前2000年代，中国进入青铜时代，虽有商革夏命和周革殷命的王朝变更，但三代相传的"天命"是同一的，共主的地位与相关礼制在三代间也是依次相承的，所谓"殷因于夏礼，其损益可知也；周因于殷礼，其损益可知也"。就在这一时期，印度河流域的哈拉帕文明和爱琴海的克里特文明先后灭亡，直至20世纪初的考古发现，其历史存在才被人们重新知晓。公元前1000年代，周朝奠基了中国文化传统，各种先秦子书、儒家经典产生或编定于这一时期，更有通史体例的《史记》来彰显中华文明发展的连续性。同一时期，希腊落入马其顿控制之下，埃及、两河流域及西亚其他古文明地区又落入托勒密王国、塞琉古王国的统治之下。印度的孔雀帝国昙花一现，随后分裂。随着罗马的征服，古代埃及、西亚文明的传统基本中断。当罗马帝国兴盛不再、日耳曼人在西罗马废墟上建立自己的国家时，西方的古代文明也实际中断。黑格尔认为：假如我们从上述各国的国运来比较它们，那么，只有黄河、长江流过的那个中华帝国是世界上唯一持久的国家。征服无从影响这样一个帝国。[①]

（二）兼收并蓄的包容性。中国思想家多持"君子和而不同""天下一致而百虑，同归而殊途"的包容姿态。儒家初创之时，孔子作为鲁文化的代表，与齐文化的代表晏婴有矛盾，在齐鲁"夹谷之会"还发生过公开争执，但孔子正视文化差别，提倡君子坦荡荡，胸怀要宽广。孟子继承了孔子这种胸怀，感慨"观于海者难为水"，认为海洋的胸怀是人类应该效法的。荀子在齐国主持稷下学宫，招揽列国名流，汇集百家学说，兼容并包，来去自由，推动了不同学说、不同观点的破土而出。儒学的发展历程就是兼采众家、会通异质的并蓄过程，"儒教发生在统一的、多民族的大国。它具有高度的包容性"[②]。中华文化的包容性不仅体现在本土不同思想流派之间的相互尊重和吸纳上，还体现为对域外异质文化的取鉴和吸纳。汉魏以降，佛教、伊斯兰教、

[①]［德］黑格尔：《历史哲学》，王造时译，上海书店出版社2001年版，第117页。
[②] 任继愈：《中国宗教与传统文化》，《中国文化报》1995年11月19日。

基督教文化和近代西方文化在中国渐次传播并被吸纳，彰显了中华文化的博大胸怀与包容品质。成书于汉末的《理惑论》是现存中国人所撰最早的佛学著作。作者牟子原是儒生，后来也披览了不少道教典籍。他在用问答的形式讲述佛教教义时，引证《老子》之书，也援用儒家学说，初显儒、道、佛相融的倾向。产生于印度的佛教传入中国后，中华哲学、文艺、语言与生活习俗等都吸收了佛教文化因素，并在与中国文化的交融中发展出中国化的佛教——禅宗。中华文化大量吸收外来文化，但又不失本色，足以说明其兼收并蓄的特征。这种兼收并蓄是中华文化持久生命力所在，也是有效的教化所在。[1]

（三）多元一体的凝聚性。费孝通提出的"中华民族多元一体"的社会学概念，也适宜于对中华传统文化的概括。这里的"多元"是指各民族的文化各具特点，"一体"是指以汉族为中华民族主体的各民族的文化相互依存、彼此交融为中华文化。一方面，汉族也是长时期内由许多民族混血而成，其对中华文化的贡献是主要的；另一方面，各少数民族也对丰富中华文化作出了贡献。《敕勒歌》由鲜卑语译成汉语而成经典传唱，唐朝时"胡音胡骑与胡妆，五十年来竞纷泊"，元朝的《蒙古秘史》以汉字注蒙古音及意译的形式存留为一部掷地有声的奇书，藏族的《格萨尔》和蒙古族的《江格尔》成为中华文化中的英雄史诗，满族的乾隆帝写下4万多首诗、曹雪芹撰著《红楼梦》，等等，都反映了少数民族对中华文化的贡献。故宫的典藏堪称中华多民族文化融合的标本。[2]生息于中华大地的众多民族，创造了多元一体的中华文化。

（四）儒学道统的传承性。孔子创立儒学之后，孟子和荀子予以传承和阐释，奠基了儒家的思想道统。汉代董仲舒将道家哲学、阴阳五行思想融入儒学，发展出汉代儒学。在唐朝儒、释、道并立的时代，韩愈等人发起儒学复兴运动，至宋代开创出以儒、道、佛三教合一为特征的新儒学，蔚然而成宋明理学，儒学思想的传承与发展进入新阶段。明末清初，儒学思想排除了一些僵化、教条与帝王色彩，在回归先秦的民本与致用思想的基础上，以

---

[1] 张岂之：《传统文化独特的自我创新之路》，《光明日报》2014年12月22日。
[2] 杜羽：《阎崇年谈故宫：中华文明的历史见证》，《光明日报》2015年10月10日。

其实证意识、唯物主义与批判精神，与时俱进地发出了近代进步思想的先声，形成了"自然主义形态之新儒学"。辛亥革命后，短暂的帝王儒学在逆势而动中失败，西学浪潮滚滚而来。反思传统文化的批儒运动激起强力反弹，酿成现代新儒学运动对儒学的复兴与转向，"平民儒学"（不再依赖于社会政治制度而存在的学院化的学术儒学和民间的日用儒学）兴起。随后，现代新儒家以梁漱溟、冯友兰、牟宗三、余英时等为代表的"三代四群"的架构日渐清晰。[①] 20 世纪 80 年代中国出现传统文化热，全球化浪潮逼近，现代新儒学转入当代新儒学的发展。当代新儒学重回经典，返本开新，迎接与世界各种文明的对话，谋求与其他传统精神的会通，为良善的人类命运共同体的构建贡献着属于儒家的一份智慧。历经两千余年的儒学在"和而不同""应物而变""日日新"的走势中，持续地传承和发展，在世界学术流派史上是少有的，是"传统"一词的恰当阐释，也是中华文化绵延的佐证。

三、中华优秀传统文化的世界意义

学界认为，从长时段的历史来看，有四大文化传统规定了世界历史的基轴，塑造了世界文化的基本格局，这就是古希腊文化、希伯来文化、印度文化和中华文化。它们在创造其民族化的相对性之外，还发现了人类自觉的"绝对性"与普遍性原则，并加以坚守和承担。

（一）就民族化的相对性价值来说，中华文化显现出世界文化园地里的中华风度。方块汉字及其意蕴是典型的中国文化。[②] 全世界除了极少数，如云南东巴文字，所有的以象形为基础的文字基本都消失了，只有汉字仍然与它最初的象形性、原初性，保持着直接的联系。汉字的象形、会意、形声等造字方法，带来了"意象思维"、书法艺术、声律诗歌等独特的中国文化形态。"中国的文字

---

① 王兴国：《当代新儒学的新近发展及其面相》，《中国人民大学学报》2015 年第 5 期。
② 葛兆光：《什么才是典型的中国文化》，《解放日报》2015 年 9 月 13 日。

也比西方的拉丁文和希腊文有着更大的文化上的连续性,'夷狄'民族如果想读写就必须学汉语,因为汉字不易于写错他们的语言,即使中国人说互不相通的'方言',也有着共同的书面语言。"① 汉字的相对固定,有利于中华文化的长久延续,而罗马的拉丁文是一种拼音文字,以其拼写各民族方言,产生了各种民族文字,成为欧洲一批分裂的民族国家产生的语言基础。以象形为基础的汉字,不仅在中华大地上延续,还影响着周边国家,形成了"汉字文化圈"。中华的精神风度更在世界上独树一帜。"富贵不能淫,贫贱不能移,威武不能屈"的大丈夫气概,"己所不欲,勿施于人"的相处之道,"为天地立心,为生民立命,为往圣继绝学,为万世开太平"的使命担当,高瞻远瞩,凛然大义,塑造了一代代中华民族脊梁。中华精英还练就了自己独特的生活方式,"穷则独善其身,达则兼济天下""邦有道则知,邦无道则愚",动静咸宜,刚柔相济,儒道互补,乐山乐水,阴阳五行,琴棋书画,诗书礼乐,入山出山,方圆内外,大智大勇,素心内敛,进退有道,道通为一。中华的诗词与书画、戏曲与功夫、园林与工艺等,都带有并延续着中华独有的价值观念与审美智慧。② 它们是中华文化与世界对话的特有媒介,为世界文化的丰富与多样贡献了重要款式。

(二)就人类的绝对性与普遍性价值而言,中华文化储存了全球治理思想库的中国智慧。历代先贤提出了"民惟邦本""政得其民""礼法合治、德主刑辅""为政以德""正己修身"等政治主张,贡献了诸多制度文化,成为治国理政的宝贵财富。中华民族推崇的"协和万邦""亲仁善邻""四海之内皆兄弟""亲望亲好,邻望邻好""和而不同"等和平思想,成为处理国际关系的基本理念。③ 中国先哲提出的有关尊重生命和保护环境的主张,"以奇迹般深刻的直觉思维",构成了人类生态文明智慧的一部分。道家"道法自然"的生态智慧,提出"天"与"人"合而为一,肯定人是自然界的一部分。儒家"天人和谐"的生态文明意识,强调"仁者以天地万物为一体",主张取用有节,物尽其用。在万物平等的生命意识里,禅学充盈着"尊重

---

① [美]费正清、赖肖尔:《中国:传统与变革》,陈仲丹等译,江苏人民出版社2012年版,第84—85页。
② 王蒙:《旧邦维新的文化自信》,《人民日报》2017年8月15日。
③ 彭龙:《推动以儒学为核心的中华优秀传统文化国际传播》,《对外传播》2016年第2期。

生命"的博爱观念，主张关爱众生，养育慈悲情怀。这些思想尽管带有某种朴素的直观或顿悟性质，但对工业化进程中的社会治理却有良好的借鉴价值。汤因比认为，东亚有很多历史遗产可以成为全世界统一的地球和文化上的主轴，其中之一就是中国文化中"人的目的不是轻妄地支配自己以外的自然，而是有一种和自然保持协调的生存的信念"[①]。至于中华文化中蕴含的求善进取精神，如"积善之家必有余庆""大学之道，在明明德，在亲民，在止于至善""人无信不立""己所不欲，勿施于人""天行健，君子以自强不息""苟日新，日日新，又日新"等价值观念，与人类的普遍价值相一致，对于改善人性、提升人的道德品格和推动全球社会进步，都有积极的借鉴价值。

2017年版高中历史课标的这一专题设置，不同于2003年版必修3的中国文化史专题设置，不是中国古代文化成就的分类概述，而是从"人类文明发展和世界文化交流"的视角来彰显中华文化的价值，提升中华文化的自信心，并走向"各美其美、美美与共"，推动人类未来朝着更美好的方向演进。对该专题展开历史梳理与阐释的锁钥，是文以化人的品格教化功能和政治思想价值，而不是一般的史观、时空、史料、思维云云。

进而言之，教师备课当在翻阅教科书之前，先理解和阐释课标的内容要求与认知层次，并尝试用文字加以表达，然后再对照教科书作出必要的取舍。这是提高教师专业素养的重要入口，也是教师分享课程权力，推动课程共生的坦途。

（本文原刊于《中学历史教学参考》2018年第6期，人大复印报刊资料《中学历史、地理教与学》2018年第10期全文转载）

附注：2020年第一版新教材面世后，发现教材对中华文化的内涵、特点与意义的表述与本文的论述，既有相同，也多有不同。这既说明中华文化的博大精深，又说明备课先备课标的必要性。

---

① 陈斐：《中国传统文化中的生态文明思想》，《南都学刊》2014年第2期。

给学生有温度的、多面相的教学材料

——在江苏省扬州中学举办的名师工作室论坛上的讲演

历史教育当然要有教材作依据，无论是站在教育的言说与对话立场，还是站在历史的据材料来说话的基点，没有教材依托的历史教育都将是不可想象的"放肆"。所以我们不得不讨论"教材"这一常识。今天在这里讨论"教材"，首先面对的是我们日常所见的"本本"，无论是初中还是高中，无论是北京出版的，还是地方出版的，那"本本"的封面上赫然写着的都是"课程标准实验教科书"而非"教材"。今天在这里讨论"教材"，其次面对的还有当下的语境和事实：中国式的基础教育；教材使用受课时限制，也受班额、学生认知水平的限制；课堂里，师生与生生之间都处于面对面的状态；历史要养育人的善心。正是在这样的生存场域中，我们来讨论教材。

以下关于教材的一切观点都在这一场域生存的条件下立足，否决这样的生存场域，观点也许就自然瓦解。这是必需的学理说明。

一、文本的历史教材是什么

广义的教材是指教学的材料，是包括"实验教科书"在内的适宜于学生学习的各类教学资源。它有3层含义：基于课程标准的专家编撰的教科书，它是教材的主体；教师基于课标和教科书理解而确定的或增或减的教学内容，它是教材的有机辅助；适宜于学生的学习——适宜于学生的学习需要与学习可能。如今是一个互联网时代，每一个在互联中的人，都是消费者和生产者兼而有之的，因此教材还有学生这一供应链，尤其在一个热爱历史的国家，更有这种可能和空间。至此，我们可以说，历史教材的供应商包括：编撰教科书的专家、在课堂一线的教师、在消费中生产的学生——尽管学生还只是零售摊贩。如此，历史教材就是宜于学生的以教科书为主体的可以调控的历史资源。

然而，在一个互联网技术无孔不入的现代信息社会，在一个历史资源十分丰厚、国人又喜欢历史的国度，教学资源成为适宜的教材，就有一个"适宜"的话题摆在我们面前。何谓适宜？一是适宜于基础教育。历史教材要体现中学历史课程的基础性，它不是大学的高堂讲章，不是孩子的摇篮故事，应知应会的主干的历史事件、历史人物、历史发展线索等基础知识要予以凸显。二是适宜于社会期待和国家意志。课程标准就是这一教育意志的表现，是对培养什么样的人的教育目标的课程落实。历史教材要落实立德树人的根本任务，展现人类优秀文明成果和历史发展大势，养育历史学科的核心素养，一线教师的教材呈现要力戒随意解构历史。三是适宜于学生的认知心理。契合学生的认知逻辑，其教材应该是避免繁难偏旧，基于基础知识的多视角、多层次的有序递进；关注"类"的意义的核心素养的教材，应该是渗透时空观念、实证意识、历史理解以及与正确理解密切相关的历史价值观。适宜性下的历史教材显然不是单纯的历史兜售，不是浩瀚历史的肆意飞扬。

如此，教师面对着教材的另一个问题，即选择——基于3个适宜的对各类教学资源的采撷（采撷的背后有历史视野与历史价值观念）。但至此，采撷而成的教材还只是文本化的教材，这一文本化的教材属于历史。它还要转身，转过身子，面对教学。

二、教学展开中的历史教材是什么

文本化的教材还只是基于3个适宜的标准所作的教学资源的整合，是读本，类似于文学剧本。在学生如何学的展开程序中，这一文本还要处理成导演的分镜头剧本。因此教材又会呈现另外的样态——叙事包裹下的历史知识，脱脂还原中的历史知识。

我们知道，事实上的历史是以叙事的方式上演的。人们在掌握了大量叙事进程中的历史现象后，依照一定的历史观念和分析逻辑加以剪辑和呈现，形成了用知识来架构的历史。我们也知道，学习是需要在顺应的基础上同化和建构的，最合理的历史学习的顺应显然是基于感受和经验的顺应。我们更清楚，面对用知识架构而成的历史，普遍认可的历史教学进程是：在历史现象的叙述中，经由感知，通过梳理和分析，整理史事、整合概念、形成认识。也就是说，历史教材的基本样态是叙事的感知材料，将史事、概念和基本的历史价值观念纳入叙事包裹之中，这一包裹是有温度的和多个历史面相的。但至此，叙事包裹后的教材，还属于历史原身——有质感的写实画派式的历史原身，只不过，它已经转身，初步融入了教学的躯体——它不再是生硬的学者式的历史。

上述叙事包裹下的历史教材（有温度的和多个历史面相的），要在教学进程中逐一打开和剥落——像掰开花苞、剥落莲蓬，要在感受脂肪包裹的感性中，还原历史的"知"和历史的"识"，显露"知"与"识"的本相。也就是将包裹了糖衣脂肪的教学材料，分别置于不同知识形态的"房间"里——陈述的知之"房"、基于知的阐述的识之"间"，然后，在课堂面对面的教学进程中，对陈述的与阐述的历史，逐一探问和还原——脱去包裹和脂肪，还原知与识的经络与骨骼。这样的教材是对历史原身的拆解和重组，它已经完全转身、交融，成为以历史作元件的教学之身。这教学之身是基于学生立场、学习视角的，是真切的温度和面相所在。

故此，呈现给学生的历史教材有两大板块：叙事的糖衣脂肪包裹下的历史原身，其意象近似于审美写实的《蒙娜丽莎》；以知识的形态对历史原身重组、分析的教学之身，其意象近似于立体于平面上的《亚威农少女》。

历史原身是基于"3个适宜"的选择而形塑，教学之身是基于顺应、同化之理和知识分类对话之道而形塑。只有当教材是以历史作元件的教学之身的样态呈现时，我们才真正有了历史教材——叙事包裹下的脱脂还原的知识教材。这一知识教材的展开，就将是知识课堂的打开。展开和打开，都从知识出发，展开和打开，是一个教与学的五彩世界，是一个基于历史视野与历史价值观念的五彩的教学世界。至此，关于历史教材，我们不再津津于或沉迷于浩瀚的历史——这是我们区别于前车行迹的车辙，当是一种新的教材观。

三、前车之鉴在哪里

我们是教历史的，但是教历史的往往也不理会前车之鉴，只是自顾自地前行，是正确地前行，还是错误地前行，或者是拉磨式地转圈，都不太理会。不理会常规的出发点，不理会前人做了什么该做的，做了什么不该做的，似乎那只是前人，不是我。于是，我也成为后人的前人，后人复为后人的前人，岂不可哀？！这里的前车之鉴，不仅针对历史——那由研读历史的史学工作者去烛照，而且更针对历史教学——这得由我们一线教师自己来洞悉。

譬如基础教育，譬如教材，譬如知识，譬如"善心"与"实在"之于人的成长所处的位置，等等，它们的内涵、外延及其对历史教学的制约如何，都得由我们一线教师自主洞悉。

借用白寿彝先生的一段话来拓展今晚的教材话题：要指导学生把教科书读熟。尽管我们的教科书水平不能一下子提得很高，但它记载了基本的历史事实、历史人物、历史上的各种制度，同时也基本上反映了现阶段史学发展的一般水平。这符合学生的接受水平，也有利于他们的循序渐进。这是前辈的告诫，在教学与测评的行路中，我们的眼前闪过这一车辙吗？

（本文原刊于《中学历史教学参考》2015年第9期）

时空隧道里的风景区

——来到历史教学内容面前

———◎———

高中历史教科书的时序排列模式由来已久。从先秦时代的政治、经济与文化到明清时期的政治、经济与文化，从鸦片战争后的政治、经济与思想到中共十一届三中全会后的政治、经济与思想，从1500年以后的世界联系到20世纪90年代以来的全球化浪潮。漫漫历史，一路走来，我们的教科书就努力浓缩其行程，我们的历史教师就凭借教科书的"路线"，带着同学沿着一条时光隧道游历历史。无论是启发式教学还是结构化教学，无论是直观教学还是网络教学，无论是当初的名词解释还是如今的材料解析，烂熟于胸的是历史发展的时序走向，熟稔于手的是历史横切面的纵向连接，我们的脑子里有一根红线，我们牵着这根红线舞动历史的撰述。这根红线当然就是不可逆的时间之流。

在没有接触历史新课程之前，我们想过高中教学之初，就抽刀断水、庖丁解牛，将历史大卸25块而横陈案前、把玩于手吗？那是3个模块、25个专题的内容设置。在没有阅读新课程的内容标准和3本高中必修教科书之前，我们想过高一伊始是先秦的杨柳依依，高二伊始还有先秦的雨雪霏霏吗？我们想过高一年级段感受古希腊的宜人海风，高二年级段还要聆听古希腊的智者之音吗？那是专题化的纵向展开与深度剖析。严谨的大学教育也许真的没有教会我们这样想象高中历史教学内容的撰述，起码大多数中学老师没有这样异想天开。

然而，石崩天惊、异想天开了，中学历史的表述扯开了单一的时间之维，专题设计的历史教科书新鲜出炉了，专题教学的任务摆在了面前，来到了起始阶段。昔我往矣，今又来哉，那个时候，那个地方，我们又回来了，我们看到了历史的另一种风景。我们每回来一次，我们就看到一番历史新景象，这不是历史新变化，这是横看成岭侧成峰的左顾右盼。当时，历史教科书的撰述者说，你们只能看到这一面；后来，历史教科书的撰述者说，你们可以看到另一面，欢迎下次再来；再后来，历史教科书的撰述者说，我把历史的多棱镜给你……

为什么不可以这样呢？苏格拉底说，未经省察的生活是不值得过的。我们可以这次考察这一面，下次考察那一面，几番驰骋，不同风景，不亦乐乎！《论语》中说，"吾日三省吾身"。那么，我们就对那个时候，那个地方，从不同的视角省察吧。

然而，历史撰述者又对我们说，这次，你在横看成岭后沿着这个方向朝前看；下次，你在侧看成峰后沿着那个方向朝前看；再下次，你在"胜日寻芳泗水滨"之后，再"傍花随柳过前川"，你又看到什么了，你又看到了历史的时间之维，时光隧道不只是一条，你从一个特定的视角、一条特定的时光隧道，看到了某类历史的变迁，看到了这类历史的发展大势，人类的政治文明如何攀缘，人类的经济生活如何猛进，人类的精神成长如何高歌……

你"借问酒家"，他"牧童遥指"，你再"草色遥看"，他就说，你看到"黄河之水天上来，奔流到海不复回"的历史精神了吗？你照样可以"究天人之际，通古今之变，成一家之言"吗？

你，明智的学史者，会心了；他，历史教科书的撰述者，专题教学的设计者，颔首了。你和他，可以走到一起来了，可以在时光隧道的景区里携手交谈，流连顾盼，商讨如何引领学生感受历史景区的风云变幻、考察历史山川的表象与本质，在某一座山峰，在某一条河边，饱览—探寻—回望—前瞻，感受"春秋获麟"的《颂》《雅》之心，再换到另一座山峰，另一条河边，继续饱览—探寻—回望—前瞻，吟唱"逝者如水"抑或"溯游从之"……

噫！此为专题设计的历史教科书所指向的专题教学的新生活乎？

微斯，吾谁与归！

（本文原载于教育部 2007 年秋季高中历史新课程远程研修发布的《全国历史课程研修简报》第 3 期，后刊发于《中学历史教学参考》2007 年第 9 期）

试述文艺史的教学图式

―――――◎―――――

一、文艺史教学的三重属性

文学艺术是社会意识形态的组成部分，是人类精神生活的组成部分，它用形象来反映现实，但又比现实更具典型性、超越性，它的基本特征是形象、情感、审美和思想这4大因素的统一。文艺通常被分为4大类，即造型（书法、绘画等）、表演（音乐、舞蹈等）、综合（戏剧、影视等）和语言（文学），虽然不同门类的文艺作品的使用工具不同（例如文字、音符、色彩、线条等），但是表现内心情感、再现一定时期和一定地域的人的社会生活，却是相通的。由此，美感、心灵和社会生活就成了优秀文艺作品得以鼎立的基本要件。据此，我们可以得出3个基本结论：（一）文艺史是人类文明史的有机组成，既是人的精神成长的支撑，又是人的精神成长的美好向往，是历史学科不可或缺的领域；（二）文艺史的学习是基于形象感知、情感体验的审美（思想之美、形式之美）活动，是看见美、看见心灵、看见社会生活（"实在"）的历史认识过程；（三）上述两点规范了高中历史文艺史教学的目标和内容范式：建基于人的精神成长的"审美"演进，这一演进既是不同文艺类别的形象审美，又是心灵世界和"实在"世界的理性审美。高中历史必修模块设置了7个学习要点，分属中外文化史，细究起来，新文化运动、"双百"方针和文艺复兴也包含文艺史的学习要点。任何一个有关文艺史的学习要点的教学，如果能够将结论（三）作为座右铭，则文艺史教学就拥有了独特的文艺属性。

作为书写和认识的文艺史，以史家遴选出来的作家和作品这一过去实际存在的"现实生活"为中介，通过点—线—面的形式加以呈现。"点"是具体的文艺史事，"线"是某类文艺作品或某种风格的文艺作品的发展历程，"面"则是在较宽广的视野里运用史观、史法，阐释和分析文艺史事的历史认识。这里既有史事要素，又有史论要素，如果文艺史的教学涵盖如此的"点""线""面"，那它就包含了历史的基本要素。作家和作品是文艺史教学的基本材料，一如历史凭材料说话，文艺史是以作家和作品来说话。如此，鉴赏或解读就是文艺史教学的出发点，也是彰显以点连线，点明线实，点线组块这一历史属性的中心环节。如果文艺史教学能够从鉴赏和解读作品出发，延展出文艺作品的风格特色、探讨其成因与影响，就更是毫无疑问地具有了历史属性。所以，有人批评文艺史教学中解读或鉴赏文艺作品是越位（抢了语文课或艺术课的饭碗）或者是没有历史味，就是一种偏见。只要关注文艺领域中的"点""线""面"以及作家和作品的鉴赏或解读，文艺史教学就有了历史味，只是这些历史要素如何在教学过程中合理配比和平衡而已。

由于文艺史的美学色彩、性情禀赋，由于文艺史在历史长河中的小众地位，也由于高考命题中文艺史或有或无的稀缺状态，文艺史教学的研究和思考性实践基本处于沉寂状态。习见的文艺史教学或者是静态的知识填空式梳理，或者是扫描式的作品欣赏，或者也有给乌龟穿上马甲的穿越式创意。填空式梳理委实寡淡空洞，扫描式欣赏又容易陷入"非历史"的陷阱，至于穿越式，例如作为一名游客，来到某图书馆阅览文学名著，来到某音乐大厅聆听音乐名曲等等，在本质上依然是走马观花的填空。概而言之，文艺史的教学未能在内容范畴上实现历史与文艺双重属性的交集，在教学行为上未能彰显认知教学的特质。生发于教室中的教学的历史，不是绵延在讲堂里的史学的历史，它是师生双主体感受—发现—陈述—阐释的互动行为，是由感而发、由史而论、由知而识的递进历程，恰如文艺的发生——"情动于中而形于言，言之不足故嗟叹之，嗟叹不足故咏歌之，咏歌之不足，不知手之舞之足之蹈之也"[①]。手舞足蹈之不足，还可以挪用、模仿身外世界的一切。文艺史教学的教学特质正是这样一种从感知出发、托物起兴、调动多种行为元素的"春来发几枝"。

如此，文艺史教学应当有文艺属性、历史属性和教学属性等三重属性的交集。

二、文艺史教学的链式目标

教学目标是教学工作的起始，无论是内容选择还是过程设计、抑或效果评估，教学目标的考量都是天道。

文艺史教学目标的考量要从课标的内容规定出发，顾及文艺史教学的三重属性，让教学工作展开之初就目标清晰、路径明朗。我们不妨罗列2003年版实验课标关于文艺史的学习要点[②]：（一）概述汉字、绘画起源、演变的过程，了解中国书画的基本特征和发展脉络；（二）知道诗经、楚辞、汉赋、唐诗、宋词、元曲、明清小说等文学成就，了解中国古代不同时期的文学特色；（三）了解京剧等剧种产生和发展的历程，说明其艺术成就；（四）了解19世纪以来文学的主要成就，认识其产生的时代背景及影响；（五）欣赏19世纪以来有代表性的美术作品，了解这些美术作品产生的时代背景及其艺术价值；（六）列举19世纪以来有代表性的音乐作品，理解这些音乐作品的时代性、多样性和民族性；（七）了解影视艺术产生与发展的历程，认识其对社会生活的影响。

参照上述要点，可以发现，不同时期、不同国家和民族的文艺史，其实都是由"点—线—面"构筑起来的，它们大体包含代表性成就、发展线索、风格或特色、产生背景及其他对人类社会生活所产生的影响等历史要素。从

---

① 《毛诗大序》。
② 中华人民共和国教育部：《普通高中历史课程标准（实验）》，人民教育出版社2003年版，第14—16页。

内容要点的字面来看，文艺史的教学目标已经指向了梳理成就、整理线索、鉴赏（解读、批评）作品、分析特色（风格）、透视因果等规定动作，这些规定动作有常规的历史要件，如成就与历程、背景与影响；也有文艺史的独特要件，如作品特色；当然也内含教学要件，如引导欣赏、促进理解等。就高中必修教学而言，上述内容要点的历史属性基本具备，教学属性差略有型，而艺术属性就差强人意了。因此，文艺史的教学目标还需要突显文艺史的个性，即发现"美"，感悟"人"，界定"这一个"（流派或风格），使文艺史所蕴含的"审美的""人文的"健康价值观得以彰显；文艺史的教学目标还需要在行为设定上更文艺一点，即目标达成伴随着细腻、温润而默化的行为步骤，使文艺史的内容获得门当户对的形式支撑。由于新课程的三维目标，在操作中并非分层切割的平行关系，而是基于知识及知识的意义追寻的交集式递进，类似于结绳行为，是一根从某一具体史事的感知走向史事的解释与衍化的链条，正如中国画的水墨洇染。所以文艺史教学目标的呈现是链式的，并且是温柔的链。

"19世纪上半期欧洲的浪漫主义文艺"的教学目标是：（一）通过感受和阅读19世纪上半期相关文艺史的图文、声像等史事信息，渐次地知道浪漫主义思潮中的文艺家及其代表作，并能在新情境下再现、运用和条理清晰地陈述出来。（二）在获取和解读文艺史相关信息的基础上，体悟文艺作品的视听之美、灵性之美，进而走向对"浪漫主义"概念的理解，阐释其中蕴含的人文情怀，并能自主地有层次地加以说明。（三）在复调式地审视文艺作品之美的过程中，在获取广阔的社会视域的历史信息中，概括和分析浪漫主义文艺的时代性；一方面能从政治、经济和思想方面有层次地分析出它的历史时代性，另一方面能适度地感受它对当下时代的照耀性。（四）基于浪漫主义之后的现实主义与现代主义文艺作品的感受性比较，再次感知和理解浪漫主义特性，从而在人的精神修养层面得以开掘和滋润。（五）回缙本课文艺史学习的内容与方法，如发髻上的金钗。上述目标的历史属性是：作家和作品的数星星——历史的"点"与"线"；"浪漫主义"风格及其因果分析——历史的"块"。其文艺属性是：审美文艺作品，感受人文情怀，看见人和社会生活的

223

关系。其教学属性是：不断回望作品（例证各异），从作品的释读出发，感知形象、感受情怀、认识时代；多种行为方式和多个学习步骤都辐辏于"浪漫"之上。上述目标兼顾三重属性，看重教学路径的清晰与温润，将教学视为基于学习内容、推进学习行为、登临并确证目标达成的链式递进。内容、行为和结果整体推进，史事、概念和史识在内容、行为和结果的整体推进中，分类显露，所谓的三维目标在复调式的推进中渐次实现。

显然文艺史的教学目标是三维目标结绳为彼此依托、相互作用，且内涵三重属性的叙事分析之链。

三、文艺史教学的峰值内容

文艺作品是一粒沙里见世界，它是形象的历史，是生动的人生，是思想的穿透，也是表情达意的利器。文艺史教学内容的选择要在课标规定的物理尺度中，推出涌浪般的人文意象，即由文艺家及其作品的面相起浪，逐渐向蕴含其中的思想感情、历史镜像攀升，其浪峰的峰值涨停于"追求美善的人生"，这一定格，源于历史教育的价值追求，缘于文艺作品的教育功能。

以下是笔者2013年"19世纪欧洲浪漫主义文艺"的教学片段。[①]（一）呈现拜伦的诗作《雅典的少女》，邀请一位男生声情并茂地朗诵，并"煽动"他：就像你对女孩写情诗、表衷情那样真挚。诗朗诵后，教师引用一段文学评论：《悲惨世界》是一场惊心动魄的灵魂之战，是一段完整的心灵朝圣历程，它给现代人的精神生活以诸多有益的启发。引导学生说出"精神生活的诸多有益启发"。（二）解读浪漫主义文艺思潮（特点）后，教师对着一位男生询问：你浪漫吗？（男生点头并笑。）再对着一位女生微笑：你想浪漫吗？（女生矜持状。）我认为，同学们该有浪漫的品质，我们这个时代太需要浪漫品性了。不过，好的浪漫是文艺史上的浪漫主义的浪漫，充满激情、理想和

---

① 束鹏芳：《审美的历史　知性的教学》，《历史教学》2014年第9期。

自由飞翔的想象。这是文艺史赐予我，赐予你的精神品质。文艺作品里有人性、有人的精神。（三）检测浪漫主义概念的教学效果时，呈现史蒂文森《彩色欧洲史》的一段评述，然后设问并导引出"同学们真应该憧憬彩色而响亮的生活，起码周末总得点赞一下"。（四）分析浪漫主义的时代性时，出现3个并列的问题推进，"自由的旗帜虽已破旧，但仍在天空招展着"，体现了拜伦式英雄怎样的内心世界？贝多芬的音乐作品有一种强烈的渴望情绪，他为什么如此强烈地渴望着？雨果小说中的"悲惨世界"，表明了他的失望和失望后的憧憬。他为什么失望而又憧憬？他的小说为什么不以漆黑的沮丧来收尾？（五）当教学进入回缩小结时，教师和同学集体朗诵普希金的《假如生活欺骗了你》，在朗诵的余音里，教师概述：这是什么情绪？失望着却又希望着。这是浪漫主义特性，这是那个时代的精神，又何尝不应该是你们、我们今天的面对和今天的精神？！假如生活欺骗了你，不要忧郁。（六）本课的最后一幕：贝多芬第六交响曲第五乐章温暖悠扬的牧歌声响起，在这背景音乐里，教师行吟：工业革命时代的浪漫情怀也罢，工业飙进时期的现代主义也罢，文艺史承载着人类共同的语言，它表达灵性、传递爱、传递情、传递责任、传递文明……（行吟的语句渐次呈现在一轮朝阳映照湖面的橘红色的PPT模板上）。

上述片段先后出现在【第一乐章，铺展和陈述】作品与作家，【第二乐章，闪回和理解】作品的人性与风格，【第三乐章，重奏和阐述】作品的时代镜像，【第四乐章，回旋和升华】文艺史的多个面相。在史事、概念和史识的内容推进中，都有机渗透"追求美善人生"的价值；都通过精选内容（多数是人民版教材自身携带）、有意设问，来导向这一价值诉求。

以下是笔者2012年"文化中国之书画"的教学片段。（一）呈现草书、楷书和行书3大书体名家作品后，懂点书法的学生说出"书法讲气势、重感情、求境界"的特点后，延宕出"书法人生"的话题，通过王羲之的人生、"方正显仁体"和"方正静蕾体"的容貌等材料，导向汉字背景下中国人的仁爱、超拔和从容、清冽的生活姿态。（二）呈现宋代风俗画和清代文人画的名家作品后，设计了"艺术人生"的访谈式教学环节，引导学生感悟人的世俗性与独立性。（三）在最后环节，重现前面教学环节中播放过的中国书画作品，配以《高山流水》的古筝，然后出现一个大大的 𦍩，以教师拥有的资料，灌注式地阐释"美"的含义：它的原初之义是戴着羊头装饰的大人，与中国远古社会的"巫师"密切相关，既是羊人的形象之美，又是仪式的整体之美，还是天人互通的宇宙之美；在由羌到姜再到华夏族的族群形成过程中，中国人的"美"的观念逐渐定型；它是一个声色味整合的体系，是以大大的人为核心的整合性之美，是与善同义的"甘也"之美。[①] 中国的美有两个角度，一是美自身，二是美与善的关系，美只有在"善"时，才有正当性，才是值得追慕的正面之美。随即宕出一问：老师对"美"的字义和文化特征的说明，想告诉你们什么呢？

上述教学片段呈现的内容，是课标规定的延展，是书画史内在价值的发现，指向"艺术之于美善的人生"。它起浪于书画相貌，攀升于书画审美，登顶于人生"心景"。

文艺史要赋予教育价值，就必须挖掘源自课标内容的育人内涵，整合教材内外的资源，并将育人的资源演绎于内容的峰值之上，绽放于知识的意义追寻这一目标节点。如此做，只是为了"人性需要文艺滋润，文艺能够温补人性"。

四、文艺史教学的螺旋进阶

文艺史的教学通常有必修和选修两个阶段，前者是所有普高学生的基础学业，被称为水平教学阶段，后者是文科考生的提升学业，被称为选拔教学阶段。基础性的水平教学和提升性的选拔教学当有前后相接，且螺旋上升的关系。如果我们的水平教学就考虑文艺史教学的三重属性、链式目标和育人峰值，选拔教学就获得了坚实的提升基础，也就可以顺畅跨上以主题重组、

[①] 张法：《"美"在中国文化中的起源、演进、定型及特点》，《中国人民大学学报》2014年第1期。

运用迁移为特征的新台阶。

主题重组是指对教学内容的主题式整合，换一个视角重温和夯实水平教学的阶段目标。例如反映社会生活的文艺、再造社会生活的文艺、民族的和本土的文艺、个性的和多元的文艺等主题，在这样的主题里，遵循时序和空间规则，整合相关文艺史。迁移运用是指创设新的材料情境，明辨知识要素，并框定能力指向，在问题解决中，实战性地重温和夯实水平教学的目标设定。例如，"它站起来反对18世纪的古典主义、启蒙思想、理性思想以及这些领域内的秩序"，强调"对自然之爱、上帝精神存在和感情力量之间的联系"。这段材料指向浪漫主义文艺创作倾向及其相关的文艺作品，可以考查史事解释、概念理解、材料信息整合的思维能力，设计下列问题：（一）材料中的"这些领域内的秩序"是指什么？（二）第二句材料引文中与文艺品质相关联的词有哪些？（三）材料引文，集中表达了怎样的文艺创作倾向？最符合这一创作倾向的作品有哪些？（四）你怎样评价该材料中的"反对"和"强调"？在这一例证中，它对水平教学的重温和提升是：假定学生已知某些史事与概念，以新情境下的问题解决来激发和验证"已知"；问题设计的背后有完整而清晰的史事、概念、价值判断以及信息解读能力等选拔性目标。在这一例证中，假定已知，问题中的目标链，都直接依赖水平教学所奠定的基础，而材料感知、设问的温润与问题的梯度等内容处理方式，又与水平教学阶段一脉相承。重温和提升，依赖和承接，显著地表明了两个阶段螺旋递进的关系。

在内容上，主题重组、迁移运用的选拔教学，会对链式目标引导下的具体而微的水平教学有所承接，但内容相对宏观、简约，"温故"在其中；也正因其宏观和简约，内容的概括性理解得到了提升，"知新"在其中。在形式上，选拔教学不再是新知的剖析和解释，而是旧知的引发、勾连和运用，水平教学阶段从容温婉的人文性有所削弱，选拔目标下快捷强劲的工具性有所增强，巩固、强化、灵活运用的认知成效得以提高。内容理解的宏观概括和认知成效的提振，使得水平教学获得螺旋上升的空间。

显然，文艺史教学的阶段发展是承接和提升的螺旋进阶。

五、文艺史的教学图式

文艺史是解读遴选过的经典，解读其中的人性基因、思想力量、表达技艺，直至其中的历史风云、社会变故，借此烛照人类精神、洞悉美的历程、探明历史细节，佐证时代变化。当它作为课堂教学的作品端出来时，应当以知识陈述和知识阐述两种型号入人法眼，尽管这些不同性质的知识背后都蕴含生动的形象、丰富的情感和纷纭的心智。因此，文艺史的教学是具象的，具象之上又有抽象的规则，其规则有四：遵守三重属性；追求峰值的涌现；建立基于托物起兴的叙事分析之链；注重从水平考到选拔考的螺旋式进阶。基于具象的四个规则圈层的兼顾，构成了文艺史的教学图式——运用基于具象的四个规则圈层来对文艺史作出教学反应。①

进而言之，大凡文化史教学，要在文化中看见政治、经济等社会风云，更要看见文化性。成就、特色、影响（尤其是继承与发展链条上的影响）等文化史的外在结构，固然是文化性；而彰显文艺的审美、思想的思辨、科技的实证等自有的内在品质，也是文化性，某些自有品质，不作社会镜像的意淫（例如，有些作品就是天上的云、远处的山、屋角的虫鸣、田畴的奔马，就是风景与心景，非关国计民生，无须作所谓的政治、经济的强制阐释），同样是文化性；至于教学技艺上的优雅、温婉，以"顺应"来"同化"学生的认知，更是文化性……

（本文原刊于《中学历史教学参考》2015年第2期）

---

① 图式，认知发展理论的核心概念。这里主要从认知的活动框架或组织结构来运用这一概念。

第四辑

教学策略

高中历史课堂教学模式新探

一、问题的提出

现今历史教学模式大体是：众多学生面对教师，教师依次完成对历史的原因、过程与结果的分析讲解。其间添加些许师生的谈话与一问一答，再以不同的形式对历史因果发展来个小结。但是，就教学内容来说，因果的发展性是历史知识的结构特征，不是认知过程的特征，因而不能构成符合学生认知规律的教学过程。

就教学方法来说，尽管有讲述法、谈话法以至冠以启发式美名，但是教师在本质上处于君临一切的状态，受内容的因果发展这一线性思维约束，学生只是被领着在因果道路上游历一番，充当了教师的配角，总体上依旧是守旧的填鸭式。就教学组织形式来说，受内容、方法的约束，师生空间位置呈较强的单向封闭状态。学生一律处在教师审视之下，在充当配角的同时把后脑勺及背影留给了其他同学，提问次数再多也改变不了单向度的性质。

于是教学过程完成了，无论是认知的构成还是能力的结构都是模糊一片，无论是情感的培养还是个性的表现都依稀难辨。所谓的"主体"，便没有了"体"，只有了"用"。因此，我们有必要重新探讨和实践一种历史教学的新模式。

二、研究和确立新教学模式的基本条件

（一）理论条件

教学的永恒主题在于提高教学过程的效果，以促进学生在掌握知识技能方面达到高质量的同时，又"在一般发展上取得重大进步"。学生的智力、情感、意志、品质、性格等精神领域的"一般发展"，是教学的出发点又是教学的归宿处。

教学是一个认知过程，它要求依照认知结构的特点，通过学生的参与和发现来表现教学的主题。教学还是一个情感体验与个性表现的过程，这就要求在学生身上唤起其个人的人格特征，努力创造满足学生人格动机的条件。只有这样，才能较为全面顺利地完成教学过程，从而挖掘出学生精神世界的潜能，找到"一般发展"这个教学的出发点与归宿点。

要想在教学过程中促进学生的"一般发展"，必须以学生为主体。教学以学生为主体，意味着教学不仅要以学生为活动中心，要提供一个利于展示实现其主体性的时空条件——"所指性"，而且要致力于学生主体性品质的开掘，要充填拓展其主体性的精神内涵——"能指性"。通过教师这个"客体"的作用力，使学生这个"主体"的所指与能指达到高度的统一。

（二）学生条件

事实上，高中学生的逻辑思维水平、学习的自觉性、选择性以及与教师的配合程度已大大提高，他们能在相当程度上接受教师这个客体的馈赠、限制和磨砺。

在当今时代，学生还表现出较强的社交、尊重以及自我实现的人格动机。他们能在课堂上表现出应有的独立性与能动性，并有趋向创造性的内在动力。所有这些在重点高中表现尤为明显。所有这些都表明，他们的主体状态及主体品质已达到一定水平。因此，我们的教学就要设法使学生的主体状态得以展示，并磨砺和发展他们的主体性品质。本文所述的主体性教学由此获得了现实依据，新教学模式也由此拥有了"物质"基础。

（三）教材条件

主体性教学的另一个"物质"基础在于教材。新编高中历史教材在知识的整体性与理论性上都有了较强突破，能力的要求也明显内化在教材的知识与理论之中。这就为学生主体性品质的开掘提供了很好的蓝本，也为教学过程中设置认知与能力目标，从而推进学生"一般发展"提供了较好的文本。新教学模式要在理论与现实的结合点上，以教材条件作为教学内容模式研究的起点，从而形成相应的教学方法与教学组织形式的模式研究，后两种模式研究建立在学生条件的基点上。这一课堂教学新模式的本质在于高中学生的主体性精神品质的获得、充实和发展，由此推动"一般发展"的重大进展。学生主体状态的获得不过是外在表象，当然，它是主体性品质获得的充分必要的外部条件。

三、高中历史课堂教学基本模式的研究与操作

（一）教学新模式的理论模型

教学模式是在一定的教学理论指导下，通过教学实践概括而成的、教学活动相对稳定的基本结构或规则系统。作为理论与实践的结晶，我们探讨的教学新模式有4个结构要素：1.主题。把主体性教学落实在课堂上。2.目标。凸现学生的主体状态，推动学生主体性精神品质的发展。3.策略。为达到上述目标，必须全面设计教学过程，依据问题的性质，设计教学内容，创设教学情景，于反馈互动中完成教学过程。显然它包括教学内容、方法、组织形式3个方面的设计。4.程序。创设特定的教学组织形式，而后依如下次序进行：总体概括—设置障碍—记忆、理解与表达以清除障碍—深广分析—运用迁移。

基于以上认识，高中历史课堂教学新模式的理论模型如图所示。

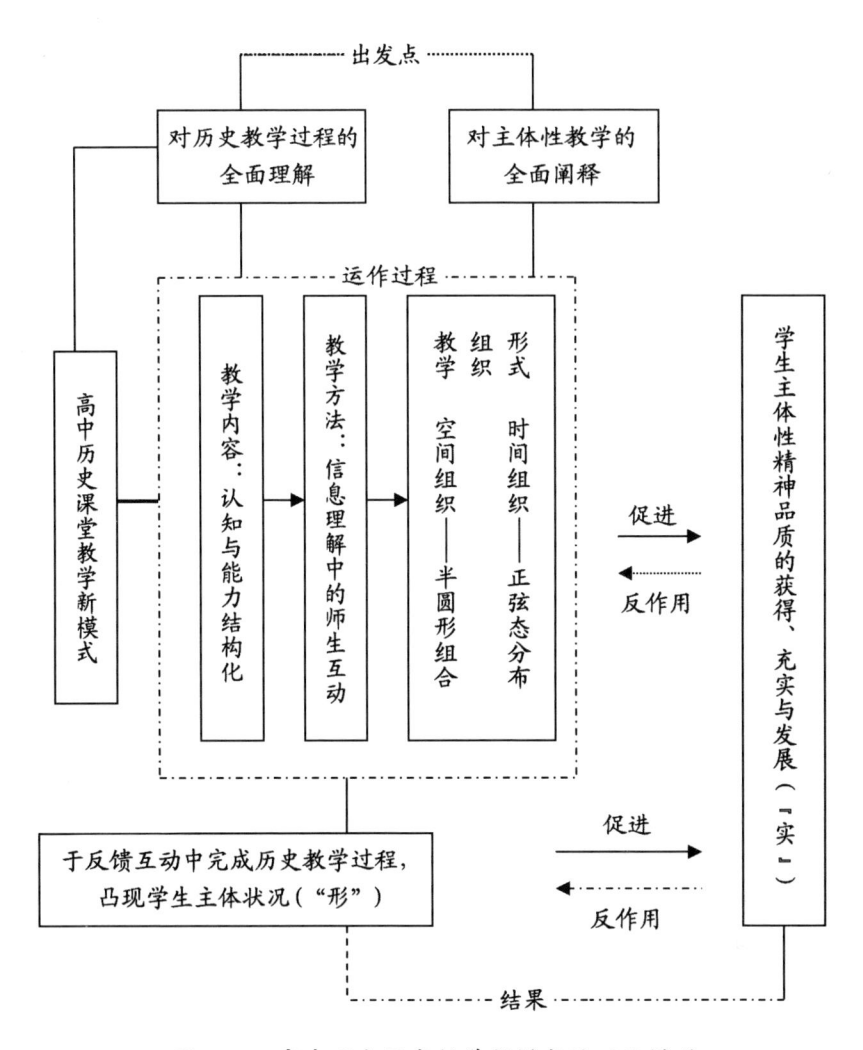

图 4-1　高中历史课堂教学新模式的理论模型

它以教学内容为主要载体,以相应的教学方法与教学组织形式为推动力,在"所指"的意义上使学生拥有主体地位,更在"能指"的意义上使学生获得并发展主体性品质,从而于历史教学的认知、能力形成、情感与个性表现4个过程的有机整合中完成学生的主体性整合(即主体地位与主体性品质的有机融合)。

(二)教学内容模式

教学内容的确定必须以教学过程中的认知发展规律为依据,教材处理要服务于认知发展规律。历史教学的认知发展过程历经3个阶段：从历史表象的感知与理解到科学完整的历史概念的形成，进而上升到历史结论、历史规律的理性认识。伴随这一认知过程的完成，学科能力的形成与迁移也由此而实现，理由在于能力依附于知识的理解与把握。这样，教学内容就有了认知与能力两个互为依赖的系列。

事实表明，如果教学内容低于学生的接受水平，学生的精神力量派不上用场，那么他们的发展将进行得缓慢无力。因此教学内容中的两个系列都必须提供可接受前提下的最大限度的难度。这个难度要依认知规律和思维能力的逻辑递进为转移。

据此，教学内容两个系列的规律构成如下所示（两个系列之间用"——"联结，以形成对应关系）。1. 知识体系。知识体系作为历史唯物主义原理指导下的知识点之间系统的内在联系，包括微观与宏观两个层面上的历史知识特征——强调高概括。2. 基础知识。基础知识作为历史知识的具体内容，包括历史事实、基本线索与阶段特征——重视再认与再现。3. 概念与结论。这是对具体历史知识的抽象与概括，主要表现为对教材内容的提炼和本质确认——注重推导论证，以求充分理解。4. 知识、理论与方法。这是以教材中某些重点或难点的知识为切口，进行多角度的深入分析，因而理论与方法的含量大大高于前3个认知目标——强调分析与阐述，是历史学科最高的能力目标。5. 材料与设问。这是穷尽教材的基本内容后提供新情境与新问题，可以是已知材料（教材）里的新视角，也可以是新材料里的新视角——它侧重于运用和迁移。在上述教学内容模式里，知识的整体性与理论性，能力的形成与迁移都能得到充分体现，它还为"主体性"教学的诠释提供了丰富的"能指"。

（三）教学方法模式

教学内容作为上课方案的主体设计，还必须运用恰当的方法予以操作。教学方法与手段取决于教学内容的需要。

事实表明，教学方法如果不能引导和推动学生的思维以较快的速度不断向前运动，那么他们思维的单一性、浅显性与依赖性就不可克服。因此，较高难度的教学内容必须通过障碍的设置与快速清除来完成。它表明，教师应以学生的受动特性为基础，通过设计、指挥和磨砺，使他们的主体性得以充分发展；学生则应认同相关设计并表现出自主、能动、理性以至创造等主体性品质，这实际上就是信息理论中的编码、译码与反馈互动。由于教学过程实际上还是一对师生矛盾的运动过程，因而又有一个张弛过程。

据此，与内容模式相适应，方法模式构成如下（内容与方法之间用"——"联结，以形成对应关系）：1. 知识体系——教师从纵横两个方位分解梳理，使学生拥有框架认识。2. 基础知识——以合理而周到地整理知识为目标设置障碍，学生阅读教材回答问题，集体笔答与个别板演同步结合，教师于评讲中规范他们的表述。3. 概念与结论——以推导论证为设置障碍的目标，组织适度的讨论和集思广益后，学生自主地运用口语进行推导分析与论证，从而表现自己在逻辑意义上的能动程度。教师应注意启发与规范化，并支持或倡导学生的新结论。4. 知识理论与方法——以教师讲解为主，以适度的提问作为层层递进的方式，并作为引导学生集中注意力与思维跃进的手段。学生则在紧张有序地完成知识概念和结论的把握后，享受教师为其调开的精神之旅。在这里，主体性明显寓于受动性之中，在受动中主体性得以积累和扩展。5. 材料与设问——作为检测性总结，由学生独立完成，学生将再度进入快速处理障碍的状态，完成已知与未知的连接，对有深度的提问可适度组织讨论。在此，学生的主体性品质再度显示，并带有螺旋式递进的特征。

（四）教学组织模式

教学组织模式涉及空间与时间两个并列层面。空间采用组建半圆形围坐状态的晚会式。学生大体组建成两至三层的圆弧形，教室前面和中间留出较大空间，并撤走讲台，创造心理活动场所。时间上依照学习心理发展过程来组织教学，即依照注意力的唤醒、集中、兴奋与转移的心理发展过程来组织教学，使其呈现铺垫递进中的正弦状态。

大体说来，组织模式构成如下（内容与组织形式用"——"联结，以形成对应关系）：1. 知识体系——教师在黑板旁，唤醒学生。2. 基础知识——学生在黑板、座位、半圆形凸出的空当3个方位活动，注意力逐渐集中。

3. 概念与结论——学生在扇形面上自由讨论，口述者离席面对全班同学，教师退居弧线上与学生构成同等的倾听者角色。注意力进一步集中。4. 知识、理论与方法——教师重又成为课堂教学焦点，但活动空间较大，能较为舒展地运用身体语言。学生注意力能达到兴奋状态，尔后可能转移。5. 材料与设问——学生在圆弧上或独立思考或自由讨论，教师关怀学生能有辐射性空间。注意力的转移会带来新的集中。

上述组织模式充分运用和发挥了心理活动与心理发展历程的规律，运用了人格动机理论。其特征在于造成一种交流座谈氛围，创设一种平等环境。其长处在于帮助历史教学的认知与能力形成两个过程顺利进行，同时推动历史教学的情感与个性表现过程的进行，从一个侧面烘托学生的主体地位，并挖掘学生某些主体性品质。

四、实例（高中《世界近代现代史》第三章第五节"日本明治维新"）

（一）知识体系：概括（以教师讲解为主）

（微观）本国资本主义关系的发展和西方资本主义的侵入，引起日本封建社会的解体和民族危机的降临。在人民拥护下倒幕派推翻幕府统治建立明治新政府。随后进行的改革，使日本走上了发展资本主义的道路，但政治上的封建色彩十分浓厚。

（宏观）明治维新是世界资产阶级革命或改革浪潮的重要组成部分，也是19世纪中期亚洲民族解放运动的重要组成部分。

（二）基础知识：再认与再现（以学生笔答为主）

1. 概述19世纪中期日本的经济状况。
2. 简述幕府统治危机的表现与最后结局。
3. 概要列举改革后日本形成的新兴政治经济关系。
4. 选择与填空：

（1）关于明治维新军事改革的表述，正确的是：A. 军事改革有防止和抵御外国入侵的目的；B. 军事改革是为了对内镇压和对外扩张；C. 实行征兵制实际上废除了武士对军事的垄断，建立了资产阶级常备军；D. 实行征兵制是模仿西方，而"皇帝"之称又充满日本特色。

（2）维新前夕，外国工业品涌入日本的主要通道是：A. 东京；B. 京都；C. 横滨；D. 神户。

（3）日本历史上的明治元勋有：A. 吉田松阴；B. 木户孝允；C. 大久保利通；D. 伊藤博文。

（4）日本德川幕府对外奉行＿＿＿＿＿＿政策造成日本落后挨打局面，明治政府提出了"＿＿＿＿＿＿"向西方学习，在文化方面推行"＿＿＿＿＿＿"政策。

（三）概念或结论：推导与论证（以学生口述为主）

1. 结合史实说明你对新兴地主的理解。
2. 论证日本明治维新的资本主义色彩。

（四）知识理论与方法：分析与阐述（以教师讲解为主）

内容：19世纪中晚期的武士与日本。
1. 武士经济状况与政治地位的演化。
2. 武士在日本社会变革中的作用。
3. 武士反对幕府并在事实上成为资本主义政策代言人的原因。
4. 结论。

以上分析实际包含辩证唯物论与阶级分析法，这是学习和认识历史的重要途径。

（五）材料与设问：运用迁移（以学生笔答为主）

1. 对比分析日本明治维新和中国戊戌变法成败的原因（有材料）。
2. 以下材料均来自日本文献《世事见闻录》。

材料1：各地农村里，称作上田的肥沃土地，都在富人手上；留在穷人手里的，只有收成不好的下田……至于连下田都已丧失的人家，只能去做佃户。

材料2：这些商人日日夜夜赚钱获利，聚集着财富……商人家里陈设的华丽以及生活的奢侈,罄笔难尽……商人本在社会最下层,可是到了如今,商人已不把农民放在眼中,甚至于商人中有了超凌武士身价的大豪杰了。

材料3:武士中不论大小,一般都是贫困。武士们衣饰讲究,酒食丰厚,居住华丽之后,手中的财产就愈来愈少。尤其是身心因而衰弱,忠诚也日益减退……有些武士染上了商人习气,不知仁义廉耻为何物。

根据上述材料,请回答:
(1)材料反映的日本社会经济的新变化是什么?
(2)材料2、材料3反映了日本社会阶级关系发生了什么变化?其根本原因何在?
(3)就上述两问的回答谈谈你的感想。
(4)结合材料说明作者的立场。

五、小结

由上例可知,内容模式体现了认知与能力结构化特征,也蕴含了开掘学生主体性品质的丰富"能指"。故而,方法模式理应使学生成为学习的发现者和探索者,让"教"成为"学"的必要过渡与连接,使"学"在"教"的引导下高速动作,充分凸现主体状态。这就明显体现了信息传输过程中反馈互动的模式特征。与此相关,空间上的多维度开放与时间上的逐渐铺垫与递进,就成了组织模式的两根轴,它为学生主体状态的获得与主体性品质的拓展创造最优化条件。而组织模式本身也是主体性品质的积累与扩展,诸如情感、意志、个性等领域的品质。

总之,这3个子模式体现了一个总体特征:以设计为途径来发挥和拓展学生的主体状态和主体性品质。因此,我们可以把这种课堂教学模式概括为主体性整合的教学模式。

(本文原刊于《江苏教育研究》1997年第1期)

在课程权力的表达中组织历史教学

一、课程视野里的权力

课程不仅是预置的教学文本,还是鲜活的教学生成中的行为、感受与思想。以这样的课程视野来看待教学,则教学不仅是主体对文本的解读,而且是现实的、正在进行中的课程,是具体的情境化的课程。教学行为的展开就是文本与主体[①]、主体与主体之间的沟通与理解,以及基于沟通与理解之上的行为、感受与思想的生成,这样一种进行中的生成,正是基于预置文本的课程再构。由此,师生主体行为的张扬和主体精神的彰显就是课程视野里历史教学最核心的问题。

如何保证主体行为的实现,这是教育工作者苦苦求索的问题。正在大力推进的新课程已经挣脱了对主体的控制欲望,逐步指向了主体的解放,其显著标志就是对主体的"权力赋予"。给予权力,给予灵活运用课程资源直至开发、创造课程资源的权力空间,成了实现主体行为的前提条件,也成了以课程的视野来组织历史教学的一个重要保障。

历史是过去与现实之间永无止境的问答与交流,是今人对前人的理解与解释,也是今人对后人的经验与希望。这就为具体的情境化的课程内容的生

---

① 课堂教学中的主体,不应当指向"事物的主要部分",而应当是指有认识和实践能力的人。因此,学生和教师都是主体。

成，为课程主体行使课程权力提供了学科本体论上的支撑。根据新课程标准编制的历史教材，具有高度的简约性，知识的容量不大，却有宽广的延展空间，具有高度的建构价值。这又为教师主体施展课程权力提供了运作空间，为学生主体摆脱灌输性的目标抑制，提供了个性化的抚摩历史的权力。这样，主体与文本、主体与主体之间的沟通就有了"解放"与"再生"的可能，在历史的多维对话里，主体的多元智力的释放就会形成"非文本"课程（行为的、情感的、思想的课程）。这种教学本身就是课程的境界，这种境界又应该是从课程权力的获得和表达开始的。

二、表达课程权力的教学案例

我们且对两节农村中学的历史课作一概要的叙述与分析，以此理解课程权力的表达。

人教版历史教材八年级下册第三课是"土地改革"，其文本性的课程内容是紧紧围绕原因、措施和意义来展开的，叙事性不够，又远离学生的生活经验，在"知识中心"的教学框架里，在教师缺乏课程权力和课程意识的背景下，本课的教学常常变成抽象的教材游历。但下列教学却没有游历静态的教科书中的文本知识。

【教学情境与简要分析】（之一）

教师用电影《暴风骤雨》中的一个故事片段导入"土地改革"的话题，随后请学生借画说史。学生将教材上的4幅照片看成连环画，用讲故事的形式，再现土地改革的过程。甲同学以旁白的形式说画，部分同学表演出"画"中的情境：村干部宣读《土地改革法》，村民振臂欢呼，农民拔除地主立的界碑，农民兴奋而又谨严地丈量土地，农民分到若干数量的土地，村干部登记造册，农民在田头立上自己的所有权标识。

画说历史结束，教师对学生语言表达的流畅程度和行为表演的情感体验作了简要的评点，而不是进行历史知识本身的概要评述。这是非常重要的课程行为。历史教学作为情境化的课程，对学生的影响不仅仅是历史本身的影响，而且是一种人文化成。教师的主体精神正在于看到了这一点，做了一件似乎与"历史"无关的事。

接着，乙同学提出如下问题：农民拥有自己的耕牛和土地后，生产与生活会发生什么变化？要求同学相互讨论发表看法。老师即时插话：三亩地一头牛，骑上牛背吹笛子；捧起一把土，跪在田埂上，抬头望天空，喜泪纵横流。这是怎样的心情？他还会怎样地使劲翻地？有些学生立刻应和起来，学生的兴趣被调动起来。问题并不是文本内容的既有规定，也未必能在教材上找到明确而具体的答案。教师插科打诨的"打油诗"，不仅再现了历史喜剧的气氛，也推动了学生的历史想象，有助于学生生成新的课程内容。原本是"正剧"式的历史知识学习，向着生活史开放了，向着基于历史的心理想象推进了。

学生很快展开了讨论与推想，表达他们的经验性理解。教师也在学生自由陈述的间隙，穿插了自己的理解，并转引了其父讲述的家史。在学生讲得差不多的适当时机，老师提出了问题：地主的生产与生活会发生什么变化？你能设想地主们的感受或心情吗？这样的问题同样不是教材的内容规定，却又是有价值的历史的真实问题。这样的教学设计是投石激水，有助于学生萌发求真意识、多元理解和生命体验。教师的历史理解和提问实际上是在教学的过程中建设和创生新的课程，而且教师的行为不是总结式的摆架势，而是融在学生的一片雀跃之中的。

接着，学生继续活动：找一找课文中的数字，作一个简单的统计，讲一讲自己看来的或听来的故事，以证明土地改革的必要性及意义。这一活动让学生运用数据材料来说意义，扩开了纯文字性的历史学习视野，它旨在求是，也旨在养育言之有据的证据意识。

然后，教师请学生代表诵读秦牧散文《土地》的片段，再以"土地/江山/财富"为话题，由小组派代表畅谈他们对土地意义的多元理解。这实际上是对课程内容作出的创造性再开发，它借"土改"的历史情境，再次建构着学生的心理文化意义。

最后，教师布置课外探究题结束本课的教学：1950年开始的新解放区土改，使农民拥有了自己的私有土地。几年后，农民分到的土地与耕牛又入了农业合作社，变成集体的了，几十年后，农民又分田到户，家庭承包了，农民是否又成为私田的主人了？他们会不会还像20世纪50年代初期一样欢欣鼓舞？这样的结束，不仅体现了历史与现实的关联性，而且体现了课程教学视野里探究的开放性和活动的叙事性。

总之，这一课的教学环节非常简洁：借画说史—尝试体验—统计论证—超越当下。教学作为正在进行中的课程，历史的文字材料和图片情境、学生的行为表现和主体"进入"历史的想象与体验，有机糅合，交相辉映，从而在文本与主体、主体与主体之间的对话和诠释中，在主体的行为表现里，创生了新的鲜活的课程资源。如果要分析这堂课的教学效果的话，它追求的显然不仅仅是历史知识本身的掌握，更重要的是基于历史的综合性的人文熏陶；也不仅仅是教材的文本运用，更是"进入"历史的情境感受。这是"解放"，这是主体行使课程权力的产物。

【教学情境与简要分析】（之二）

下午第三节课，老师带着学生去了田头。在庄稼地里，师生运用教材提供的4幅照片，模拟"土改"的过程，"神入"获得土地的喜悦。而后，学生或坐或立在田埂上，自由陈述分田的感受，陈述对土改政策及土改意义的理解。老师将他们的理解简要归纳起来，也作为教学文本，交全班同学评议。师生在课前调查的基础上，纷纷陈述各自家族的土改历史……在这样一种开放的情境下，历史课程的体验性和行为文本的建构性得到了充分体现。重要的是，学生可以讨论自己"即席创作"的历史。而学生基于调查的"自己家族史"陈述，已然在建构全新的学习内容，进行课程的再开发，让每一位个体都在身边的历史、集体的记忆中感受并体验20世纪50年代初期的农村风情。老师参与了历史事件的叙述，体现了引领作用，充分展示了老师灵活地运用教材、开发课程的权力。

接着老师在这些"自己的历史"情境里抽象出课程标准提及的历史知识：

为什么分地的知识、怎样分地的知识和有什么影响的知识。为突出重点与难点，教师组织了一个角色扮演活动。基本情节如下：村干部找到一位私塾先生，笔录《土地改革法》，张榜公布（贴在预置的小黑板上，小黑板靠在凳子上），村民围观、议论，私塾先生讲读、解说。这样的教学活动不但再现了历史的叙事性，也演绎了课程教学的叙事性，创建了行为课程。教师在学生感受了相当的历史事实后，才抽象理性的历史知识，表达了其灵活运用课程标准来创编自己的教学内容的课程权力。

最后，教师出示思考题：围观人群中有一位地主，也有一位富农。你能认定地主与富农的大致区分吗？你能说出富农在土改中会遭遇什么吗？如今的农村，还有土改时期的不同成分的农民吗？这样的探究作业是从角色扮演的情境中自然延伸出来的，同时又与文本课程提供的背景知识密切相关，能够在历史与现实的变化中，创建口述性的课程内容，体现了课程权力支持下的再生性：教学是正在进行中的课程。

总之，从课程资源的多元呈现到课程空间的对外开放，从学生的自由演绎到教师的有效提炼，无不体现了教师在组织历史教学时的权力表达，也体现了学生主体摆脱灌输、触摸历史的学习自由。本课例的教学几乎达到了得鱼忘筌的地步，而这种只是神似教材的教学境界，完全是"权力赋予"才促成了主体的课程行为。

三、表达课程权力的教学价值

建基于课程教学之上的历史教学，因为"权力赋予"下的课程权力的表达，那种叙事性不够又远离学生生活经验的教学内容，灵动地走向了情境叙事、人本对话和课程资源的二次生成，以至在课程管理层面上，走出了学校。由于课程权力的表达，教师的主体地位得到了真正的落实，学生的主体精神获得了翱翔的空间，教学过程成了课程双主体在课程资源的诠释和运用中展开的一系列教学事件。此外，教学管理上的变革与解放，教师和学生都成为课程资源的开发者和供给者的角色变化，教学内容与教材文本之间形成一种形散神不散的态势，都是新课程的主体意识和权力意识在课程行为上的体现。

实际上，也有另一种课堂教学情境，教师放弃了自己的权力，在置学生于主体地位，使其进入活动场景时，教师彻底边缘化了。以下教学情境正在大行其道：在学生主持下，不同的学习小组遵循教材的目录和段落，扮演或者陈述教材内容，众多学生在座位上"看节目"，老师则热切地关注着"演员"的表现，期待着预期进程的步步为营和课时任务的最终完成，然后作一个课堂小结。这样的课堂，其实就是由教师的一言堂变为若干学生代表的"过家家"，没有特定情境中的对话与争论，没有超越文本的历史理解与解释，没有视野的扩展，当然也就没有包括行为情境在内的立体的建构与创生，所能拥有的只是教材内容的平面游历，只是表面的部分学生个体的主体地位的落实。由于学生学习科目众多，更由于学生的历史视野、生活经验和历史理解都是有限的，所以，教师只是开头、结尾，只是开机、关机，只是充当过程的倾听者，放弃教师的课程权力，放弃人文学科的建构文化——心理意义的教育权力，其结果只能是：学生的主体性沦为绣花枕头，教师自身的课程资源荡然无存。

只有课程主体（包括学生）获得课程权力，并将权力意识付诸行为，只有教师拥有理解和解释历史的优先权，师生对课程内容的主体性处理和运用，才有它的合法性，师生在教与学的过程中，对课程内容的理解与体验才有建构个体生命意义的价值，并且拥有崭新的课程价值。如此，历史教学才会从统一性、确定性与精确性走向多样性、情境化与生成性。从这个意义上讲，在课程目标的引导下，在课程权力的支持下，师生双方和有关的课程内容，构成了历史教学中的三驾马车。历史教学也就是依托或凭借历史事件、由三驾马车互动而创造出来的正在进行中的一系列课程事件，其影响和效果也就不再是一般意义上的学科认知与学科思维。历史事件、历史的理解和解释、正在进行中的课程事件，是基于课程教学视野的历史教学的 3 个关键词。

当然，课程权力的表达仍然有它的规约性——历史的科学性和创新课程（包括"非文本课程"）中的历史的真实性，一如历史题材的艺术创新。本文所引案例就没有放弃 20 世纪 50 年代土地改革的特定背景、历史意义和政策规定。

　　始于新课程的"权力赋予",起于师生双主体的权力表达,历史教学将会展开"历史和现实、预置和生成、规范与解放、共性与个性"的事件特征。这些特征正是历史发展的特征,是人文精神的建构框架,也是基于"课程教学"视野的历史教育的境界追求。

　　我们呼唤历史教师牢固地树立课程意识,表达自己的课程权力,并努力转化为课程行为,追求教学本身的叙事色彩,关注正在进行中的情境化课程,我们也呼吁教学管理者能够向教师传送应有的课程权力。

（本文原刊于《历史教学问题》2005 年第 5 期）

探问历史教学中历史阐释的基点

——从"史观"的文献梳理出发

———◎———

"史观"作为一个约定俗成的概念，追问历史发展的动力与趋势等根本性问题，是历史阐释的基点。

在当前的中学历史教育中，时常有老师炫耀多元史观。前几年，高考试题中援引社会生活史的材料，就有老师径直命名为社会生活史观或社会史观。业内某期刊在2013年第1期发表了一篇驾驭多元史观阐释"近现代中国社会生活变迁"的文章，提及社会史观、现代化史观、全球史观、文明史观等，唯独不提历史唯物主义。难道历史唯物主义都不能阐释社会生活这一很"唯物"的历史表象？2013年四川文综卷历史部分第14题，引用大纲教材和课标教材对工业革命影响的表述，宣称"前者是阶级斗争史观，后者是文明史观、整体史观、现代化史观（任答其一即可）"（新课标高考卷面世以来的首例）。两种教材都从物质生产改变社会关系的唯物史观出发，何以就有史观的差异？大纲教材用"两大对立阶级"，课标教材用"两大阶级"，前者就是阶级斗争史观了？况且，阶级的对立，也有符合当时历史事实的地方。"任答其一即可"还意味着这些"史观"是并行的。史观是什么？史观真的多元吗？史观已经多到可以随意命名的地步了？上引文章写道："从全球史观角度看，中国近代社会生活变迁是以西方先进的文明为代表的世界潮流向中国文明进行挑战和中国社会应对的结果。"这一并未摆脱欧洲中心论嫌疑的"挑战—回应"模式，就是全球史观？

本文试图以所谓的"全球史观"为例，从文献梳理和语词原典的理解出发，维护"史观"的本真，找回理论的自信，缓解浮躁的创新冲动。一孔之见，求教方家。

一、全球史能否成为全球史观

谈全球史不能不从斯宾格勒和汤因比说起。他们的著述指出了欧洲／西方文明不曾，也不会定格于文明的顶峰，间接地体现出反对欧洲中心论的思想。巴勒克拉夫明确主张"去欧洲中心"，斯塔夫里阿诺斯以《全球通史》来践行"去欧洲中心论"。他在"序言"中说：研究历史的全球性方法并不是一种新方法，局限于民族国家历史的历史编纂，在很大程度上一直盛行到二战前。此后，对"世界历史"的兴趣又开始恢复。人们普遍承认"一个世界"的事实。表明这一新的历史编纂趋向的是韦尔斯的《世界史纲》、麦克尼尔的《西方的兴起：人类共同体史》等。世界历史课要从全球的而不是从地区或民族的角度讲述历史。《全球通史》中译本"后记"写道：作者在本书中将整个世界看作一个不可分割的统一体，从全球的角度而不是从某一国家或某一地区的角度来考察世界各地区人类文明的产生和发展。

"经济全球化浪潮以及西方人类学家平等对待异质文化的主张，促成了全球史（也称新世界史）的产生。起初它只是历史教育改革中出现的从新角度讲述世界史的课程，以后逐渐演变为一种编纂世界通史的方法论，近年来更发展成为一个新的史学流派。"（刘新成，2006）[①]"全球史更像一门历史编纂学的历史分支学科，或者是历史撰述的研究。""全球史学家正是以其方法而不是史实，区别于那些研究地区史或国别史的学者。"全球史具有跨学科特性，"许多全球史作者不是历史学家，而是经济学家、社会学家、政治科学家和科学家，甚至像韦尔斯那样是小说家"（Crossley，2009）。"在人类学家、

[①] 刘新成：《值得关注的全球史》，《光明日报》2006年6月26日。

社会学家、哲学家、政治科学家、生物学家等的影响下，出现了我们现在称为'世界史'或'全球史'的大规模历史解释。"（Crossley，2009）[①] "广义的全球史更接近于一种方法，一种具有整体性观念的世界史研究新方法，或许这就是人们所说的'全球史观'。它将各个地区、民族、国家的历史以及不同的历史事件、历史人物置于世界历史的大视野下来考察。"（董正华，2011）[②]

因此，全球史表明了一种去欧洲中心论的全球视野，表达了编纂和讲授历史的"世界"旨趣。全球史是全球视野的新的历史编纂学，是借助边缘学来创新研究思路的方法论，是一个新的历史分支学科。

这样的分支学科及其方法论，是否就是所谓的"全球史观"？"'全球史观'是西方的舶来品。麦克尼尔和本特利强调，各个文明都是多种文明成分的混合物，是彼此处于不断交流与融合的过程当中的。巴勒克拉夫的思想是，'公平对待各种文明、承认各自历史贡献'。斯塔夫里阿诺斯提出了'月球立场'和'非国家叙述单位'，充分展示了努力克服欧洲中心论的决心。怀特探讨了'大世界'与'小地方'之间的关联，开创了一种新方法，即拓宽视野，把某一地方历史放在更广阔的空间背景下考察。怀特主张平等对待各种文化，不要对弱势国家的历史妄加批评。"（刘新成，2011）[③] "全球史致力于打破'西方中心论'，以平等、客观的原则研究世界历史中的各个地区、国家和民族，尝试调换中心、边缘的视角，重新思考世界历史，特别是重新思考中国历史。"（刘新成，2012）[④] "全球史观的贡献是：从学理上破除'欧洲中心论'；否决以'国家'作为审视和分析历史的基本单元，而代之以'社会空间'（可能是一个局部地区，也可能是覆盖整块大陆、整个大洋、半球乃至全球）；关注大范围、长时段的整体运动。"（刘新成，2006）[⑤] "全球史的核心理念是互动，全球史研究就是大范围的互动研究。"

[①] ［美］柯娇燕（Crossley）：《什么是全球史》，刘文明译，北京大学出版社2009年版，第8、97页。
[②] 董正华：《论全球史的多层级结构》，《贵州社会科学》2011年第11期。
[③] 刘新成：《全球史观在中国》，《历史研究》2011年第6期。
[④] 刘新成、邹兆辰：《全球史：世界历史教学与研究的新理念》，《历史教学问题》2012年第1期。
[⑤] 刘新成：《值得关注的全球史》，《光明日报》2006年6月26日。

（刘新成，2009）[1]"全球史有两方面的含义：一是在互动中生成和发展的历史进程；一是新的学科分支。它以互动来解释历史的发展与变化。"（夏继果，2010）[2] 2000 年出版的"反映全球史观新理解的《新全球史：文明的传承与交流》一书就是要力图说明不同文明之间的互动以及互动过程中各个文明的变型"[3]（郑林，2013）。

上引文献表明，所谓"全球史观"有 3 个关键点："超越民族与地区"的全球视角，平等对待各种文明的公正态度，"互动"推动历史发展的动因解释。前两点，关涉价值标准的统一和立场的客观，但其困局显而易见。"连巴勒克拉夫都说：那些力求立场客观的人，终于不能突破西方中心的牢笼。""我在 2004 年赴美访学时，曾听到多名美国史学家说，《全球通史》并未跳出以欧洲为中心的'挑战—应战'模式。而中国学者同样尖锐地指出：斯塔夫里阿诺斯自己的结构就是一个欧洲中心主义的结构，他事实上仍把现代化看作一种单向的欧化或西化的过程。"（刘新成，2011）[4]"有些人曲解了一些西方史学家的观点，提出要站在月球上看全球的历史。西方史学家并没有认为，站在月球上我们几十亿人用一双眼睛、一个头脑、一种历史观、一种价值判断标准来看全球的历史。这实际上是不可能做到的。现在我们讲全球史，它只能是一种民族记忆的全球史。阿克顿、克拉克的世界历史是西方英语国家心目中的世界史，法国人有他自己的世界史，德国人也有德国人的世界史。全球史属于每一个民族自身的认识过程。我们研究的全球史又应该有我们自己的历史观、价值观，有中华民族的情感和文化认同。"[5]（于沛，2010）以至于西方学者也面对"谁来制定世界公民标准""谁来勾画人类故事"的难题，发出了"世界史是可能的吗？"的质疑。显然，"超越"和"平等、公正"这一超然的价值立场，实际上难以做到，并且它更是一种研究历史的方法和愿望。"以互动来解释历史进程"，倒是体现了历史的运动，但是

---

[1] 刘新成：《在互动中建构世界历史》，《光明日报》2009 年 2 月 17 日。
[2] 夏继果：《理解全球史》，《史学理论研究》2010 年第 1 期。
[3] 郑林：《全球史观与历史知识的建构》，《中学历史教学参考》2013 年第 7 期。
[4] 刘新成：《全球史观在中国》，《历史研究》2011 年第 6 期。
[5] 于沛：《全球化意识形态和全球史》，《历史教学问题》2010 年第 2 期。

"互动"的动力和根源又是什么？"互动"和"非国家立场"能否成为"人类社会的本质和发展进程的根本见解"？也即它是否具有"史观"的本真内涵？

对"全球史观"的质疑还可以列举如下。2000年第十九届国际历史学科大会后，钱乘旦说："全球史"本身是一个客观存在，我们期待它在将来形成气候；"全球史"的方法有值得借鉴的地方，确实有开拓意义；"全球史"的含义并不明确，概念太不严格，名称也唬人，让人望而生畏。（钱乘旦，2001）[1]这篇文章，通篇没有出现一个"全球史观"的名称。《学术研究》2005年第1期编发了一组笔谈文章。郭小凌的《从全球史观及其影响所想到的》认为，"全球史观"是一种借用历史哲学和历史学已有成果的新提法，而不是解释历史的新方法，更不是博大周密的理论体系。林中泽在《历史中心与历史联系——对全球史观的冷思考》中提出，"全球史观"重视的是历史的联系，但要反对人为地制造、夸大或破坏历史联系的做法，事实上这种做法已经出现。吴晓群的《我们真的需要"全球史观"吗？》明确表示，现时所谓的"全球史观"是西方话语中的一个命题，带有很大的片面性。于沛在《全球史观和中国史学断想》中说，必须坚持以唯物史观为理论指导，并进一步肃清各种形式的"欧洲中心论"的影响，以真正汲取全球史的有益内容。曾任国际历史学会主席的史学家于尔根·科卡也只是把全球史看作世界史新的研究方法和新潮流，认为这样跨民族、跨文化的研究尝试值得重视，同时他也提出，"毋庸讳言，这一新型的世界史还包含着许多问题。……'global history'很容易做得肤浅。如果不能充分占有语言和地区差异很大的不同地区的一手资料，而是众口一词地'从月球上观察地球'，则很容易蜕变为某种千篇一律的新的'一般的历史哲学'"。杜克大学教授德里克说："那些把全球化纳入历史研究范式的努力仍然微不足道，……世界历史不仅是一门学科，而且是一种方法，一种可以被描述为'世界—历史的'方法。"[2]

笔者对夏继果的《理解全球史》、刘文明的《全球史的研究范式、趋势

---

[1] 钱乘旦：《探寻"全球史"理念》，《史学月刊》2001年第2期。
[2] 董正华：《论全球史的多层级结构》，《贵州社会科学》2011年第11期。

与学科性质》等文章，进行全文查找关键词，均没有查到一个"全球史观"的词。2012年底，笔者在国家图书馆翻阅了《全球史读本》（北京大学出版社2010年版），它是由夏继果和本特利主编的由英文翻译而来的17篇论文辑录而成的文集，它们由"全球史的概念""全球史的分期""全球史的主题""全球史上的中国"4部分组成，也没有显性地表达和阐述全球史观是什么。

如此说来，更多的学者不认同"全球史观"，而倾向于使用全球史的表述，即便有学者使用全球史观，也只在其新的方法，也只是"全球史观目前还不能说完全成熟，还存在明显的理论缺陷"（刘新成，2006）[1]。

实际上，希罗多德的《历史》就力图把视野放大到欧洲以外的其他地区，伏尔泰的《风俗论》就又一次表达了"世界"兴趣。早在1934年，苏联科学院历史所就着手编写两卷本的《殖民地保护国新历史》，体现出对西欧中心论的挑战。1942年，周谷城在复旦教授世界史时，就挑战欧洲中心论，其1949年出版的《世界通史》强调"世界通史并非国别史之总和，而是一个有机的统一体"。吴于廑在20世纪80年代提出了编写"从分散走向整体的真正的世界史"的主张，认为务必把世界作为一个整体来看待，重视世界各地联系逐渐加强的"横向"发展倾向。所谓"全球史观"中的"超越民族与国家"的"互动"发展，在唯物史观代表作《德意志意识形态》中，也有类似表述："各个相互影响的活动范围在这个发展进程中越是扩大，各民族的原始封闭状态由于日益完善的生产方式、交往以及因交往而自然形成的不同民族之间的分工消灭得越是彻底，历史也就越是成为世界历史。"[2] 在此，唯物史观里的"超越"与"互动"，还含有生产力与生产方式的推原性思考。

至此，我们的基本结论是：全球史提供了一种新的认识和建构历史的视角，是解释和编纂历史的"世界的"方法与视野，有着史学史的悠久渊源。作为"史观"，它是有"本质"缺陷的，起码是处于争论状态的。如果将全球史定论为"全球史观"，我们就必须修改甚至颠覆"史观"的汉语表达。

---

[1] 刘新成：《值得关注的全球史》，《光明日报》2006年6月26日。
[2] 《马克思恩格斯选集》第1卷，人民出版社1995年版，第88页。

二、发展中的唯物史观是经典史观

段玉裁《说文解字注》：观，谛视也，在细察中彰显本寂之理（真理或观念）。沈约《到著作省谢表》："珥笔史观，记言文府。"曾巩《贺塞周辅授馆职》："窃审奉被诏函，进登史观。""史观"同"史馆"。西学东渐以来，史观成为一个历史哲学概念。在马克思主义历史哲学看来，历史观的基本问题是社会存在与社会意识的关系问题，也是"社会"和"人"这两个核心要素的关系问题，这是哲学基本问题在社会历史领域的延伸。

据《辞海》（2009版）：历史观，亦称社会历史观，是关于人类社会的起源、本质和发展规律等基本问题的根本见解，与"自然观"既相区别又相联系，为世界观的两个组成部分。社会存在和社会意识的关系是历史观的根本问题，有两种根本对立的历史观。历史唯物主义是唯一科学的历史观，《德意志意识形态》是它形成的主要标志。据夏东元、王斯德、王家范主持编写的《中学百科全书·历史卷》：历史观也称社会历史观，是人们对于社会历史及其发展规律的根本看法，是世界观的重要组成部分。主要回答的是关于人类历史起源和发展的动力、人类历史运动及其特点等问题，其中心是社会存在与社会意识的关系问题，根据对这一问题的不同回答，而形成唯心主义和唯物主义两大对立的历史观。马克思的历史唯物主义肯定社会存在决定社会意识，生产力和生产关系、经济基础和上层建筑的矛盾是社会发展的基本矛盾，也是社会历史运动的基本动力。

就语词理解来看，"历史观"应该涵盖如下因素：人类社会史，根本见解（根本看法），历史发展的基本动力与规律，社会存在和社会意识的关系。它具有宏大叙事的哲学深度。所以，任何一种能够称为"史观"的，起码应该具备上述"史观"定义中的若干语词要件。虽然言不达意难以避免，但是追求言能及意，讲究概念"制造"的学理规范，却又是语言学的基本要求。仔细比照，所谓的"全球史观"达至"史观"层面，尚任重道远。

我们"熟知"（其实未必）的唯物史观，到目前为止，还是"唯一科学的历史观"，也是我国中学历史课程标准唯一明确要求的具有指导意义的历史观。曾有关心中学历史教育的学人撰文讨论唯物史观，但意犹未尽，且认可诸多史观。笔者试图随机地援引若干历史唯物主义研究的当下文献，以说明其"史观"层面的经典性与科学性。

"唯物史观包含3个维度。（一）结构维度：一系列概念术语及其关系（生产力与生产关系、社会存在与社会意识等）；（二）方法维度：对物的关系以及人的社会关系的辩证批判；（三）人学的维度：对人是历史的起点也是目的的论述。这3个维度是有机统一的整体。"（邹诗鹏，2011）[①]"历史唯物主义强调从实践过程中的主客体的相互作用中理解历史，按照历史本身的尺度来认识历史，立足现实基础来把握历史。它把人的实践活动和生产方式理解为社会历史的基础。人在整个实践活动中形成的人与自然的关系，以及现实的生活生产和从中形成的生产力与生产关系，则是历史运动的内在尺度和现实基础。马克思反对把社会历史的分析变成一种纯粹的思辨，他说，在思辨终止的地方，在现实生活面前，正是描述人们实践活动和实际发展过程的真正的实证科学开始的地方。"（郝立新，2012）[②] 显然，现实的人及其生存于其中的现实生活世界，它们之间的相互作用（主体与客体、个体与群体的辩证统一），由此而来的生产力和生产关系、经济基础和上层建筑的矛盾运动，实证科学的分析方法，这些构成了历史唯物主义话语体系中的核心元素，它解决了历史发展的动力与趋势问题，它用3个维度、诸多核心元素构筑了一个完整的理论体系。历史唯物主义"是历史的本体论、认识论、价值论和辩证法的有机统一"（郝立新，2012）[③]。

既然唯物史观涵盖了"史观"的语词要件，具有经典的成熟的"史观"形态，其基本的史观表达有哪些？

依据《德意志意识形态》、《〈政治经济学批判〉导言》、《共产党宣言》、《1857—1858年经济学手稿》及《在马克思墓前的讲话》等文献，经典的概括性表述是："每一历史时代主要的经济生产方式和交换方式以及必然由此产

[①] 邹诗鹏：《唯物史观的三个维度》，《天津社会科学》2011年第5期。
[②] 郝立新：《历史唯物主义的理论本质和发展形态》，《中国社会科学》2012年第3期。
[③] 郝立新：《历史唯物主义的理论本质和发展形态》，《中国社会科学》2012年第3期。

生的社会结构,是该时代政治的和精神的历史所赖以确立的基础,并且只有从这一基础出发,这一历史才能得到说明……"①值得重视的是:"第一,讲历史要讲人的活动与人民大众的状态。含有人的生产力和人的交往活动是历史发展的基本动力。第二,是交往活动的开拓性促成了'世界史'的形成。如果说,世界历史有横向与纵向两种发展趋势,马克思主义更重视横向发展趋势。第三,人的生产能力只是在狭窄的范围内和孤立的地点上发展着的前资本主义社会、'以物的依赖为基础'的人的独立发展的资本主义社会、人的全面发展与个性自由的共产主义社会,是人类社会历史的3种社会形态,人类社会由分散到整体的发展进程贯穿在3种社会形态之中,它们之间有交错的衔接关系。在此,人的发展与社会的发展是统一的。"(张象,2013)②需要关注的新发展是:"秉持其'现实基础',关注时代和现实的重点发生转移,如中国特色的社会主义,全球化进程等;秉持其'实践论',历史判断的实践标准得到进一步发展,并作为历史唯物主义最基本的观点和方法论;秉持其'实证'与'描述',历史唯物主义逐渐自觉地把宏观叙事与微观分析结合起来,更加重视日常生活;秉持其社会发展规律的'价值尺度',在关注历史发展的客观规律同时,日益关注正义、平等、自由等价值理念;秉持人的发展与社会形态发展相结合的学说,进一步阐释人在历史发展进程中的作用以及人的自由而全面的发展,并探讨现代化进程与具体的社会发展模式。"(郝立新,2012)③"即便是面对现代化与全球化进程中的文化资本、消费主义、虚拟世界、个体的自我关注等当代场景,仍然可以适用如下基本原理:生产方式是推动历史的主要基础,生产方式的内在矛盾运动是推动历史的根本动力。"(任平,2012)④

重读历史唯物主义经典著作,披览当代研究成果,当前的唯物史观并非苏联版的那套简单公式。它既有"现实性"、"实践性"、"实证性"和人的

---

① 《马克思恩格斯选集》第1卷,人民出版社1995年版,第257页。
② 张象:《迎接世界现代史学科新的春天——论中国崛起后新形势下的学科职能与体系更新问题》,《安徽史学》2013年第1期。
③ 郝立新:《历史唯物主义的理论本质和发展形态》,《中国社会科学》2012年第3期。
④ 任平:《论历史唯物主义的当代形态》,《学术月刊》2012年第11期。

"主体性"，也有历史发展的动力、价值与趋势（规律）的追问，更没有回避历史的横向性、交互性（互动性——人与人、人与群体、人与自然的互动）。综合相关研究成果，唯物史观无疑是一个具有多层次、多维度的理论整体，其在认识论、价值论与方法论上的新发展，推动了历史唯物主义在"史观"意义上的经典性。它不仅"是史学研究的理论根据和基本方法，是指导高中历史新课程教学的基本史观和根本理论"[1]，更应当是中学历史教育"史观"运用上的"唯一科学的历史观"。

三、一个史观，多重分析框架（"一元多层"阐释）

反观所谓的"全球史观"，对照唯物史观。"互动"的理念，"关注人类共同命运"的价值，"全球的—世界的"立场，这些也是唯物史观所作的类似表达。"西方的全球史注重不同地区的人类文明的传统和交流是可取的，但它不重视对人类社会发展动力的探索和对人民群众历史作用的表述，不展示社会发展的规律和'终极目标'，这些都与马克思主义史观有着原则的区别。"（张象，2013）[2] "在全球史的顶层会有唯物史观和唯心史观的分野，在具体地叙述整体的世界史时，不同的人还会有不同的观念。所谓'全球史观'，跟唯物史观或唯心史观不是一个层级的概念。"（董正华，2011）[3] 再说，史观应该是一个本体论、认识论、价值论和方法论的体系，是对人类社会历史发展规律的根本看法，要回答历史发展的动力等基本问题。目前的所谓"全球史观"尚未进展到这一程度，而创立一个半世纪以来的、历经阐释与发展的历史唯物主义史观却具有"史观"的全部要义和因素。

再说所谓的"现代化史观"，它主要是价值论层面的表达，而且罗荣渠

---

[1] 陈辉：《重新认识唯物史观指导下的高中历史教学》，《历史教学》2012年第19期。
[2] 张象：《迎接世界现代史学科新的春天——论中国崛起后新形势下的学科职能与体系更新问题》，《安徽史学》2013年第1期。
[3] 董正华：《论全球史的多层级结构》，《贵州社会科学》2011年第11期。

并没有"创造"这个概念。"广义而言,现代化作为一个世界性的历史过程,是指人类社会从工业革命以来所经历的一场急剧变革,这一变革以工业化为推动力,导致传统的农业社会向现代工业社会的全球性的大转变过程,它使工业主义渗透到经济、政治、文化、思想各个领域,引起深刻的相应变化。""现代化应该成为研究中国近代史的新范式。必须重新建立一个包括革命在内而不是排斥革命的新的综合分析框架,必须以现代生产力、经济发展、政治民主、社会进步、国际整合等综合标志对近一个半世纪的中国大变革给予新的客观历史定位。跳出革命范式,在现代化的视角下研究中国近代社会政治制度的更替、经济结构的转型、意识形态的更新等,都可以获得新的解释和价值意义。"(罗荣渠,2004)[1] 罗先生强调的显然是"范式"、"分析框架"和"视角"。罗荣渠的《新论》用历史唯物主义阐释现代化概念,他提出的一元多线历史发展观是对马克思主义唯物史观的坚持与发展","《新论》十分重视革命在近代中国社会变革中的历史地位,反对把革命化和现代化看作两种截然对立的观点,以及那些以现代化否定革命化或以革命化排斥现代化的认识"。(林被甸,2007)[2]

至于所谓的"文明史观",也难自圆其说。只要回顾恩格斯的《家庭、私有制和国家起源》、摩尔根的《古代社会》,"历史的文明进程"一说,就不陌生;只要认真阅读马克垚《世界文明史·导言》,"文明史只是重构历史的一种方式,是以文明为研究单位的世界通史",也就非常清晰;只要关注《历史教学问题》2013年第1期的"文明史编撰专论",就可发现,文明史常常和全球史、现代化进程史交错驳杂;只要反刍全球史的著作,"文明"的分析与立场也非常显眼;只要分析杨宁一先生所谈的文明史观,就可看出,所谓"文明史观"的现实性、生产力、整体性与长时段等表述,[3] 并没有特立独行于唯物史观之外。笔者看来,它是基于人类学的新的历史研究单位,也未能达至完整意义的真正的"史观"。

---

[1] 罗荣渠:《现代化新论——世界与中国的现代化进程》,商务印书馆2004年版,第17、448页。
[2] 林被甸:《现代化研究的开拓之作·二十世纪中国史学名著提要》,北京师范大学出版社2007年版,第361—362页。
[3] 杨宁一、程昱:《文明史观与中学历史教育》,《中学历史教学参考》2006年第11期。

因此，真正意义上的史观只能是目前"唯一科学的历史观"——历史唯物主义。本文坚定地确认唯物史观符合"史观"要义，也未必出于什么"意识形态警觉"，而是出于对"史观"原典的理解，是在文献梳理、辨析和解读过程中得出的结论，当然也有一点维护中学历史教育乃国家主流意识载体的意愿。毕竟历史观影响着对历史教育内容的知识选择，影响着历史教育过程中对知识的解读和分析，从而决定着其价值判断的方向，[①] 反映着中学历史教育的价值取向，决定着我们要培养什么人的问题。[②]

侧重方法论的全球史、侧重价值论的现代化史和侧重研究单位的"人类"文明史，对于历史的阐释作出了各自的思维创新的贡献，但尚不具备"史观"要义。

对历史内容的科学、正确和主流阐释，是实现课程目标的基本保障。历史教育中的阐释需要史观，需要建基于唯物史观，并使用"全球视野""文明维度""现代意识"等多种分析方法或评价视角。概括而言，中学历史教育中历史阐释的基点是：一个史观，多重分析框架，或者称为"基于唯物史观的多层审视"，暂且命名为"一元多层"阐释。

四、多元史观的证伪与学理期待

本文开头提及的"多元史观"，也有非理性之处。学界或语词领域，有"多元论"和"多元文化"之说。作为哲学学说，"多元论"认为事物的产生、发展是由多种本原因素构成和决定的，在历史观上，认为诸多社会维度对社会发展具有同等的意义。我们能够读出其中的"同等"、各"元"等量齐观的含义。作为人类文化学学说，"多元文化"意味着多个不同文化类型具有同等的平等地位，它表达了对不同文化或文明类型的尊重。我们也能看出其

---

① 张振海：《历史课程的哲学理论基础散论》，《历史教学问题》2010 年第 3 期。
② 许斌：《中学历史教科书的历史观问题浅议》，《历史教学》2012 年第 19 期。

中的"多个""同等"。由此推论，中学历史教育界"创建"的"多元史观"，也就意味着多个不同史观处于平等的等量齐观的地位，意味着多种本原因素的决定。从"历史观"的语词辨析和唯物史观的梳理来看，这一"创新"，既不是历史进程的事实逻辑，也不合思辨的形式逻辑。阐释某一史事时，方法或分析维度可以多元，但当从价值论、价值判断的层面去阐释（尤其是解释历史动力等根本性问题）时，就可能发生价值冲突甚至出现价值判断的二律背反，除非你是不讲自我主体的全能上帝。然而，这又是不可能的。

倡导多种视角并不等于多元史观。如果一种视角、一种方法、一项价值标准、一个研究领域就构成所谓的"史观"，史观将如过江鲫鱼，浩荡而恣肆。康德的"批判哲学"告诫我们：理论的运用有它的边际疆域，思想的自由越界，需要面对并解决越界的矛盾，否则就会面临二律背反，难免"自己所加之于自己的不成熟状态"。挂羊头卖狗肉的"语言腐败"也就难免。当某某史观，尚未确证、尚未铺展到"史观"的高度和宽度时，就先交给史学家们去争论，我们就老老实实地使用"某视野""某范式"之类的说法，否则中学历史教育可能面对没有基点、没有支点、没有原点的历史阐释，再多的"开放"，也只是浮云的多变游荡。

笔者在想：多元史观诸说，是创新冲动、科研职称体制压迫所致，还是学理淡忘、中国式的浮躁的拿来主义所致？中学历史教育应然地包含科学的历史观和严谨的科学精神与学理素养的教育目标。历史教育应该有自己的理论自信，视唯物史观为"过时、陈旧、教条"，恰恰是"视者"自己陈旧、教条了。历史教育也应该有审慎和本真的学理素养，采取合乎理性规则的开放与拿来的态度，无论是史事、史论还是史观。

（本文原刊于《历史教学》2013年第9期，人大复印报刊资料《中学历史、地理教与学》2014年第1期全文转载）

价值判断：历史教育何以可能

一、从价值观到价值判断：一组必要的概念

新课程实施以来，价值观教育虽然引起了历史教育工作者的关注，但并未受到应有的重视，价值观目标或被悬置，或流于贴标签，处于灰姑娘般的生存状态。核心素养之风吹来时，甚至连价值观的标识都退隐了。虽有唯物史观和家国情怀，但它终究不等于价值观目标，况且在素养旗号下，学理性的思维之说近于洪水淹没龙王庙。实际上，历史教育最重要的功能还是基于价值观教育的品格涵养。

价值观是个体看待客观事物及评价自己的重要性或社会意义所依据的观念系统，它支配着每个人的行为目标或倾向。它对个体的影响力是不容置疑的。[1] 历史价值观是对历史的事实判断与价值判断的辩证统一，是从人文研究的真、善、美追求中凝练出来的价值取向，是学生必备品格的核心体现。人们习惯上将价值观和价值观念混合使用，其实，它们是有区别的。价值观是较稳定的抽象的理性认识，具有概括性与稳定性，而价值观念则是对具体事实之意义的理解与解释，是价值观在有关问题上的体现，具有具体性与流变性。[2] 我们在历史教育过程中，往往会针对具体的课程内容来理解和解释

---

[1] 辛志勇等:《论心理学视野中的价值观教育》，《教育理论与实践》2002年第4期。
[2] 袁贵仁:《价值学引论》，北京师范大学出版社1991年版，第380页。

其意义，这些理解与解释的意义恰恰就是具体的价值观念，在这些价值观念的背后，蕴含的是相对稳定的价值观。价值观和具体的价值观念又是借助价值判断的行为来外显的。那么价值判断又是什么呢？所谓价值判断是对事物进行意义判断的思维形式，它以事实判断为前提条件，以意义评判为终极结果。[①] 简言之，价值判断是基于事实判断而展开理解与解释，并在理解与解释的结论中显现价值观念。历史的价值判断恰恰就是这样的思维形式：判定史事，在一定的价值观念的支配下，通过史事的理解与解释，表达历史认识，形成历史结论。

可以这样认为，历史价值观蕴含在具体的历史价值观念中，历史价值观念又是依据价值判断的思维形式来外化的。在历史教育过程中，正是一次次的价值判断，才有一项项的意义建构，正是一项项的意义建构，才彰显建构者的价值观念，正是一个个价值观念，才积累抽象出相关领域的价值观。观察课堂教学的事实也可发现，师生是在对历史教学内容的意义理解与解释中建构价值观念的。这一理解与解释中建构价值观念的教学行为，恰恰就是在运作价值判断。因此，历史教育中的价值观教育要以对史事的价值判断为抓手，寻求有效的操作策略。

二、观念元素与思维能力：两大向导系统

既然价值判断是对事物进行意义判断的思维形式，那么，思维与意义就是价值判断的两个核心因素。因此，历史价值观教育要想通过价值判断来实施，就必须获得以下两大向导系统的支持。

一是明确和认同核心的价值观念。历史教学中进行价值判断的观念元素很多，只有确立核心的价值观念，积累价值判断的"武器"，才能对史事作出正确的评价，也才能在评价过程中，建构并确立良好的价值观和卓越的价

[①] 顾明远等:《教育大辞典》，上海教育出版社1998年版，第674页。

值判断力。高中新课改之初，历史学科的价值观框架是：在唯物史观的指导下，通过历史学习，激发对祖国历史与文化的认同感，逐步形成对国家、民族的历史责任感和历史使命感，培养爱国主义情感，逐步确立为祖国的社会主义建设、人类和平与进步事业做贡献的人生理想；形成健全的人格和健康的审美情趣，确立积极进取的人生态度、坚强的意志和团结合作的精神；坚定求真求实和创新的科学态度；强化民主与法治意识，逐步形成面向世界、面向未来的国际意识。[1]10余年之后，国家在新的高中历史课程标准中进一步强化了必须认同的价值观念：要以唯物史观为指导思想，通过历史学习，欣赏和感悟中国与世界各国优秀历史文化，增强对家乡、民族、祖国的认同感，以及对社会主义核心价值观和中华优秀传统文化的认同，理解和尊重世界各国优秀文化传统；把握中华民族多元一体的发展趋势，以及世界历史从低级到高级、从分散到整体的进步历程，形成积极进取的人生态度和健全的人格。[2]概括而言，对史事作出价值判断的具有核心地位的观念元素是：民主与科学、公正与发展、家国情怀与国际意识等社会价值观，这是基于责任感与使命感的社会公德；尊重与包容、进取与创造、坚强意志与生命关爱等人文的伦理价值观，这是基于健全人格的公民私德。如果历史教育工作者确立并运用利于社会发展的理性价值观以及利于人类与社会和谐发展的人文价值观，那么，历史教育中的价值判断将建立在合理而良善（即真与善——美包含在善中）的价值观之上，将为史事理解与解释提供奠基学生品格素养的教育框架。

  二是明晰价值判断的思维品质与基本路径。价值判断是对事物进行意义判断的思维形式，价值判断力的高低优劣，从某种意义上讲，取决于思维水平的高低优劣。学生对史事中的意义有怎样的发现，能够作出怎样的价值判断，固然取决于史事本身内部蕴含的精神价值，但基于价值观念支持的对史事的价值判断，却有赖于时空意识里的历史解释。也就是说，要在不同的时

---

[1]　中华人民共和国教育部：《普通高中历史课程标准（实验稿）》，人民教育出版社2003年版。
[2]　中华人民共和国教育部：《普通高中历史课程标准（2016年征求意见稿）》。

空框架下理解历史，并基于变化与延续、统一与多样、局部与整体等视角，辩证地对史事作出历史与现实、社会与人生的多层面的意义解释。显然，在这一价值判断的思维路径上，存在3类思维方式：历史思维——特定的历史条件、基于客观的主观建构、理据充分的史论结合；逻辑思维——分析与综合、推理与阐释、比较与批判等；直觉思维——体验、想象、感悟等。这3类思维方式，构成了价值判断应有的思维品质。如果历史教育工作者明了价值判断在历史解释中展开，从而彰显历史解释所需要的思维品质，那么历史教育中的价值判断就将获得科学且优异的工具与通道，为史事的理解与解释提供关键的思维能力。

核心的价值观念为价值判断提供"批判"的武器，历史的理解与解释则为价值判断铺设"批判"的道路。由于历史的价值判断有赖于事实、观念与思维，而事实是价值判断的对象，所以观念元素和思维品质就成了价值判断如何展开的两个向导系统。历史教育在组织学生对历史事件、历史人物或历史现象进行价值判断时，需要核心的价值观念的引导，需要优异的思维品质的支撑，更需要观念提炼和思维训练的教学实践意识。

三、教学实践中的问题、故事与践行：实施策略的3个关键词

价值判断是由事实（知识）、观念和思维3个元素合成的，课程内容中的有关知识（事实）是长度，理解和解释有关知识（事实）的思维是宽度，而借助思维赋予有关知识（事实）以意义则是高度。三维一体，使价值判断成为一个数理几何式的稳定架构。组织学生进行历史的价值判断，既包括事实性知识（实证性史料）的遴选与重构，[①] 也包括思维品质的训练、价值探询和价值决断的观念建构，更趋于社会生活的践行。如此，问题解决、故事运

---

① 历史知识的遴选与重构是组织价值判断的前提，也是策略之一，本文主要讨论课堂教学实践的策略，故不赘言。

用和价值践行是值得尝试的3种基本策略。

问题解决是培养学生进行价值判断的基础篇。它着眼于价值判断的思维训练，情境问题的创设是主要抓手，范例与仿效是基本结构。通过范例教学促使学生掌握一些判断和分析的方法与技巧，再设置较复杂的问题情境，引导学生独立自主地对某种现象作出自己的价值判断，回望问题解决中蕴含的价值观念，感悟价值判断过程中的思维方式。

维新变法思想的作用，是一个包含诸多价值判断的教育话题。首先是教师的先行分析。呈现梁启超所述：百日维新期间，"人人封章，得直达于上。举国鼓舞欢蹈，争求上书，民间疾苦，悉达天听。每日每署封章皆数十，上鸡鸣而起，日晡乃罢"。请学生想象和描述这一场景，然后引导解决如下问题：据材料能得出哪些结论？置于历史境况，比较可靠的结论是什么？不能成立的结论是什么？从材料推出的结论和据常理所推断的结论之间出现了差异，其原因何在？该环节致力于解读材料、尝试推论、寻求实证的思维训练。

其次是学生的摹效分析。教师提供材料：梁启超认为，康有为的著作是"思想界之一大飓风"，犹如"火山之大喷火"，随着维新思想的传播，"民智开而士气昌，人人皆能言政治之公理，以爱国相砥砺，以救亡为己任，其英俊沉毅之才，遍地皆是"。但美国学者马士认为，真正接受康有为《孔子改制考》等宣传维新思想著作的人甚少，不少维新派人物也难接受，弟子梁启超也流露疑虑，他的书所引起的今古文经学派论争几乎淹没了维新变法的主题。[①]变法失败二十多年后，梁启超承认，吾二十年前所著《戊戌政变记》，谓所记悉为信史，吾已不敢自承。针对材料，设置问题：梁启超和马士对维新思想影响的价值判断有什么差异？评述他们的观点，并据此说明历史的价值判断要依据怎样的价值标准与思维品质？学生以自主、合作的方式解读材料，尝试价值判断。该环节强化了民权启蒙、思想解放、民族救亡等价值观念，致力于推动学生运用3类思维方式来进行价值判断。当问题解决后，在教师引导下，反思问题解决过程（即价值判断过程）中后台运行的那些观念与思维。

---

① 史料来源：梁启超《戊戌政变记》和马士《中华帝国对外关系史》。

故事运用是价值判断的渲染篇，它着眼于价值判断中观念品质的构建。故事可以发展学生的想象力，对个体精神的健康发展也有重要的促进作用。我国的教育传统一向认为，故事与榜样具有潜移默化的渲染效果。历史课程的知识内容是以叙事为基本构架确立起来的。因此，故事运用是推动历史价值判断的重要策略之一。在此，讲述与体验是基本结构，概括与延展是必要的升华，故事之后，再讲述"我的故事"或设想类似情境下"我的故事"，则是"故事运用"的"运用"所在。

"红军长征"内蕴丰富的价值观教育素材。首先是讲授和解读历史故事。教师依据历史地图，讲述红军长征的艰难历程，同步展现相关视频资料，促使学生以设身处地的方式理解历史，"进入"那个时代、那座雪山、那种险境，体验和表达红军长征所彰显的革命精神与生命意义。然后讲述课本没有涉及的长征故事：部队到了山顶，看着晶莹的白雪，肖劲光提议吃"冰琪林"，得到大家的响应。陈赓、宋任穷等纷纷拿出自己的漱口杯向雪堆下面挖。有人拿出糖精，就有了特别的冰雪拌糖精的美味。周士第和陈赓边吃边逗："我这杯冰琪林，比南京路冠生园的还美！""我的更美，是安乐园的呢！"红军一占遵义，官兵与"红军之友社"的女学生一同起舞。再占遵义，战士们打趣：进城要穿漂亮一点！遵义有格多女学生，女学生不爱打赤脚的。[①]学生据此感受和说明红军将士满溢的乐观豁达与青春朝气。该环节以两则故事的听讲与概括，提取历史本身含有的革命传统与人格修炼的品格教育的养分。其次是补充与运用故事。教师呈现纪念红军长征胜利80周年的"重走长征路"的当下叙事，再让学生说说学校生活领域"青春突围"的故事，合成一个故事运用的活动场景。然后，围绕"使命、成就与幸福"展开学生个体的故事讲述，事理相融，在观念的冲突与建构中，内化和积淀积极的正确的价值观念。该环节将历史与现实、他者与自我、主流与多元结合起来，是基于历史故事的故事运用，是前一环节所表达的价值观念在学生个体身上的内心重构，遵循了熏陶、唤醒与认同的价值观教育原则。

---

① 于化民:《长征早期叙事的鲜活画面与生命张力》,《军事历史研究》2016年第3期。

价值澄清是西方价值观教育中普遍采用的一种策略，它着眼于价值观的选择、确认及实践。不妨称历史教育中的实施为价值践行，以与西方的概念略加区分。这是推动学生确认并尝试运用某些价值观念进行价值判断的实践篇。价值判断不是简单的思维活动，它是为价值践行提供正确的坐标。历史教育要为个体价值观的选择和确认提供一种情境和机会，使他们在交往和实践活动中表明自己的价值判断，赋予自己以生活的体验和意义。因此，价值践行是历史教育中组织价值判断更为重要的一项策略。主题选择、多重价值判断的陈列、主体的选择和践行是价值践行策略的基本结构，平等而安全的心理气氛是基本条件。

　　"中国现代化进程"是历史教育与现实生活无法回避，且承载重大价值判断的话题。首先，教师让学生作必要的资料搜集和论证准备，然后，以洋务运动的影响作为思考和讨论的起点。当学生援引教材，得出"现代化"视角下的某些积极的价值判断后，教师随即提供现代化进程中某些带有负面色彩的史料，以推动多重价值判断的出现。接着，学生讨论、自主选择和论证，这是一个持续时间较长、没有权威压力的自由判断环节。伴随着掠夺者的罪行、反抗者的苦难、探索者的追求、田园牧歌的消逝及东西方经济发展的巨大反差等材料的呈现，经过材料分析、历史体验、情感震撼和师生、生生之间的对话交流，"我的现代化"呈现出诸多的价值判断。一方面是民主与法治、家国情怀与国际视野、机器生产与社会进步等现代化赞歌；另一方面是市场经济中的殖民扩张、功利至上、生态破坏、弱者流离等现代化悲歌。基于人性与人格视角，当一种经济的功利价值观引导历史意义的解释时，现代人的"德性"被遮蔽，同情、感恩和敬畏淡出现代人的价值视野，公正与平等、尊严与博爱沦为 GDP 的阶下囚。教师将这些判断逐一写下，然后作概括性陈述：历史的价值判断忽略历史事实的其他方面，采用单一的现代化经济理念来进行意义判断，用一种范式来代替另一种范式，面对媒体和政治支撑的"市场经济与现代化"强势，必然失去冷静的具体的批判立场，必然消解反抗侵略、支持革命、寻求多元平等的合理性，从而最终扼杀历史的复杂性和多样性。最后，教师布置任务：选读沈艾娣《梦醒子：一位华北乡居者的人生》和费振钟《失踪的乡间手艺人》的部分文字,并就现代化进程中的乡村与弱势群体作一次社会调查,表达自己的主观见解和行动计划。这里的价值判断基于人文关怀的价值标准,并体现一种批判性思维。教师布置阅读与实践的学习任务,则是期待学生履行某种价值观念。

这一专题式教学告诉我们,非此即彼的二元思维、盲从潮流的从众心理、忽视某些方面的事实,都是历史教育中的价值判断的大敌。社会进步与人文关怀的价值观需要合理地统一,历史教育中的价值判断需要生活化——面对社会生活作出自己正确的价值判断。我们怎样思考、认同和践行,是组织价值践行活动的要旨所在。

运用上述操作策略,组织历史的价值判断,还要重视教育过程中技术细节的运用。在问题解决策略中,问题要从情境叙事切入,问题本身带有人文性,带有价值探询的可能性;问题解决的过程是一种事实、思维与意义理解相结合的推进过程,也是教师揭示隐秘的思维轨迹、注意范例的模仿与举一反三的训练过程。在故事运用策略中,故事是承载一定价值观的事件,事件以人的活动为中心,只有凸显人的生命活动,才有助于学生对故事中的"人"的意义发现;事件的展开要注重渲染和体验,渲染是故事的特征,是价值观念赖以寄存的血肉之躯,体验则是价值判断内化的必由之路;故事的运用要延伸出"自己的故事",使价值观念的建构成为个体的顺应与认同。在价值践行策略中,历史教育的内容是以某一价值观念为主题的专题集结,学生要能在平等而安全的心理气氛下理解、思考、讨论和行动;其操作步骤遵循材料解释—观念陈列—自由选择—辨识与确认—社会实践与生活实践。

无论是问题解决、故事运用还是价值践行,基于课标规定的价值观目标,挖掘和提升历史课程的精神资源都是十分必要的。在学生对史事和现实作价值判断时,教师都要倡导学生提出问题,勇敢地张扬自己的个性化表述,发展以批判意识为核心的思维能力,并注意其心理体验、内心选择和外人无法观察与干预的特殊性。在追求价值判断的发散性时,要注意整合,追寻一种框架性的集体意识,既避免强制又避免放任,更重要的是关注价值判断的践行,强调知行合一。

四、守望价值判断：一项确定无疑的结论

中国传统史学向来具有服务于社会并建构和推动社会价值认同的功能，历史教育的首要任务也是"取其疏通知远，足以垂教"，借以培养学生的必备品格，所谓"史之为务，申以劝诫，树之风声"[①]。历史教育中的价值观教育正是"铁肩担道义"的守望者。但价值观教育不是抽象的口号，它落实在对具体史事的历史解释中，落实在对具体问题意义的理解上，而对历史的解释或意义的理解则有赖于价值判断。价值判断建立在正确的价值观念与优异的思维品质之上，也寄存于可操作的教学策略与路径之中。历史教育重视基于价值判断的价值观教育是必要的，也是可能的。

历史学和历史教育应当关注核心素养中的品格涵养，关注价值判断，其存在价值远远大于当下中学历史教学界念兹在兹的实证与思维云云。实证也罢，解释也罢，基础教育中其他学科的功能与推动力，在这些方面毫不逊色于历史学科，甚至超过历史学科。

正确而良善的价值观作为客观存在，是社会发展与人们生活的守望者。但它们部分处于退隐状态，部分则以教条的形式存在着，价值判断也正被人们遗忘着。然而我们的内心律令必须感应那位守望者，锤炼自己的价值判断能力，用正确的良好的价值观，创造美好生活。也许，教育的终极价值在于它对人类美好生活的关注，历史教育的终极价值在于它对社会公德与个体私德的照耀。

（本文原刊于《中学历史教学研究》第2辑，华中师范大学出版社2017年版）

---

① 许兆昌：《传统史学与价值认同》，《史学集刊》2013年第6期。

历史知识与主体精神的同构

——关于高中历史主体性教学的思考与实践

———— ◎ ————

一、历史知识与主体精神具有同构性

"历史是什么？它是历史学家跟他的事实之间相互作用的连续不断的过程，是现在跟过去之间的永无止境的问答交谈"[1]，"一切历史都是历史学家在自己的心灵中重演过去的思想史"[2]。历史的精神性显而易见，历史与历史认识者之间也显然存在着精神同构性。

知识是个体通过与其环境相互作用后获得的信息及其组织，是个体在与环境的相互作用中主动建构的结果。它具有多元性和理解中的动态生成性等特点。[3] 这种知识的习得与掌握既包含知识的贮存、提取、理解、应用及解决问题的思维过程，也兼有认知策略、价值选择、体验、想象等人文因素。[4] 显然，新知识观排除了知识的纯客观性和确定性，确立了知识与认知主体之间的精神同构性。

既然"历史"与"知识"都是由主体与客观世界之间的相互作用而不断建构的结果，是主体与客体之间的沟通和对话，那么历史知识也就是主体对

---

[1] ［英］爱德华·卡尔：《历史是什么？》，吴柱存译，商务印书馆1981年版，第28页。
[2] ［英］柯林武德：《历史的观念》，转引自［英］爱德华·卡尔：《历史是什么？》，吴柱存译，商务印书馆1981年版，第19页。
[3] 王攀峰、张天宝：《知识观的转型与课堂教学改革》，《教育科学》2001年第3期。
[4] 彭钢：《我们需要什么样的知识观》，《江苏教育研究》2000年第4期。

过去了的客观世界与人类生活的重构。这样的历史知识，既包括主体的人选择和提取的相对稳定的客观史实，也包括主体的人对史实所做的动态开放的体验、理解和解释，以及理解与解释史实的方法。从这个意义上讲，历史知识在本质上是建立在事实性认识基础上的价值性判断。事实性认识涉及的是"实然"，而价值性判断涉及的是"应然"[1]，它能指向人类的"可能生活"。很明显，"历史知识"与人的主体精神具有同构共生的特点，作为教学内容呈现的历史知识，能够成为发展和增进每个学习者的思考力的精神读本。[2]

从直接经验看，历史是人类认知领域的组成部分，因而历史学习能建构主体的思维方式；历史是人类社会意识与思想品德的沉积过程，因而历史学习能构建主体的价值观念与美感体验；历史是人们不断地认识和改造客观世界并进而改造主观世界的轨迹，浓缩人类生命的精华，因而历史学习能有效地激发主体的生命意识……所有这一切都表明，历史是建构主体精神的富矿，是思想联想的载体。

显然，促成历史知识与主体精神的同构共生，进而促进学生主体性的发展，应该是历史学科主体性教学的目标。

二、创建历史知识与主体精神同构的教学文本

依据我们对历史知识的理解及历史教学目标的确定，重组历史教材、创建每一课时的教学文本是建构主体精神的基本依据。

首先，整体概述本课的知识体系，告知目标；然后将相对客观的基本史实作为陈述性知识来处理，而将包含思维品质、历史经验、价值观念等因素的历史概念、历史结论和历史评论等认知性知识作为程序性知识来处理；再选用与所学有一定对应关系的历史材料建构成新的情景性知识，推动陈述性

---

[1] 参考第 11 届全国史学理论研讨会综述。
[2] 叶小兵：《论中学历史知识的性质及地位》，《中学历史教学参考》1997 年第 8 期。

知识和程序性知识的迁移和运用。陈述性知识经过有组织的编码将相对分散的史实串联成线，通过学生的提取建构其概括归纳的思维品质和历史"语境"；程序性知识以分层的多角度阐述的方式建构成块，在阐述中传达理性认识和人文关怀，揭示思维路径和人生感悟，以此构建学生分析评价的思维品质与人文精神，我们称这类知识为历史的阐述性知识。情景性知识是为师生、生生之间对历史知识的理解与对话提供更大的"公共空间"，为历史知识与主体精神的建构走向新的动态与开放提供一条能够铺展的线索。它由历史材料构成，并尽可能地与现实问题相结合，尽可能地通过教师和学生的共同参与来完成材料的组合。

从知识体系概述到陈述性知识、阐述性知识，再到情景性知识，就基本创建了历史知识与主体精神同构的教学文本。阐述性知识与情景性知识是结构教学内容的两个侧重点，它们以知识的面貌出现，以对话和开放的结构呈现，以思维、道德、生命感悟等精神领域为指向。

以"拿破仑的对外战争及其帝国兴衰"这一历史知识为例。拿破仑的身世、政治军事活动和创新的制度，既是客观史实，又是对拿破仑战争、第一帝国等历史知识进行阐述的背景性知识。在师生共同将它们组建成陈述性知识后，拿破仑是政治家，是改变了欧洲历史的英雄，是嗜血的暴君，悲凉和忏悔是拿破仑命运的必然归宿等话题（包括学生自己提出的话题），就成了建构阐述性知识的基本框架。在不同个体、不同视角的阐述中，它要涉及偶然与必然、动机与效果、英雄与民众、战争与和平、正义与善恶、"民族主义"与"帝国主义"等一系列的历史理论与伦理，其思维色彩是很浓的。对它的阐述还构成性地包含动荡与安宁、奋斗与退缩、忠诚与背叛等沧海桑田般的生命体验与社会分析。阐述的过程既是师生对19世纪初期的法国史的重构和对英雄生活的体验，又是当下"跟过去之间的永无止境的问答交谈"，知识阐述的过程实际上成了主体与主体之间借助历史建构精神世界的过程。其生动的人文性与对历史的领悟，不是"效率"名目下的技术解剖所能达到的。一旦完成对话，再来反思适才的阐述行为，探询其中包含的思维规则和生命意义，历史知识与主体精神的同构性就会清晰地露出水面，课堂教学的生命力也就在此焕发。[①]

　　用新材料组建情景性知识时，师生共同参与教学准备，留一方"空白"给学生，出现了拿破仑主持法典修订、百日王朝、滑铁卢战役等方面的教材以外的史料。兹引用一则拿破仑用人的史料：与拿破仑同时代的歌德议论道，只有本人具有伟大才能的君主，才能识别和重视他的属民中具有伟大才能的人。"替才能开路"是拿破仑的名言。他所选用的人都用得其才。他请法国的学者为政府官员授课，并作为一名普通的学习者到场听课，意大利物理学家伏打发明电池后，他将伏打请到法国科学院演示。1814年反法同盟兵临巴黎城下，理工学校的学生要求参战时，他犹豫片刻后说道，我不愿意为取金鸡蛋而杀掉我的老母鸡。当课堂上展开情景性知识的理解与解释时，只要教师作为"平等中的首席"做好促进者和引导者，向学生提供一定的"问题自由"和"解释自由"，新的历史知识就会生产出来，历史知识与主体精神的同构共生就能体现出来，知识的动态生成和思维的开放也会不言而喻。

　　上例说明，阐述性知识和情景性知识的结构在教学中具有动态性和开放性的特点，在展开过程中具有理解与解释的多元性特征，因此教学文本呈现在课堂上的不是固定不变的读本，而上课结束后整理合成的范例性读本，还能给学生留下一定的参与建设空间，反映了师生解读教材和史料的心路历程。

三、历史知识与主体精神同构的教学行为

　　促进知识与精神同构共生的机制是教学行为，教学文本的构建为教学行为的展开提供了施工蓝图。不同类型的历史知识及建构主体精神的不同目标，决定了教学行为的差异。

　　面对陈述性知识，教师指导学生组织编码并使其得到训练，学生在线索提示下提取知识，提取的表达形式主要是"陈述"，"陈述"的目标是建构主

[①] 叶澜：《让课堂焕发出生命活力》，《教育研究》1997年第9期。

体的再认再现和概括归纳的思维能力。

　　面对阐述性知识，教师引导并促使学生进行多角度、深层次的分析、体验和反思。它以陈述性知识为背景，运用科学的理论与方法解释历史现象，表达历史认识，生成广义的知识。这里既有教师精彩的分析与讲述，也有学生自由的发挥与辩论，"阐述"是主要的表达形式，体验和反思是必要的领悟生命和世界意义的建构方式。"阐述"的目标除了指向主体的思维品质，也指向当下和未来的"可能生活"，因而是引领和提升主体的精神生活世界的重要教学行为。例如，《清朝晚期文化》一课[①]，聚焦于"西学东渐"这一知识的师生阐释，随着结课之际的到来，学生表达了一系列认识：（一）西方文化是依凭炮舰与工业化的力量大量涌入的，显示了工业的优势；（二）如果不想灭亡你就必须学习，必须改变自己；（三）近代中国的历史其实就是中国人不断面对西方挑战而作出回应的历史；（四）先进中国人不断向西方寻求救国救民的真理；（五）近代中国的政治、经济、科技、文化、教育诸多变革与西学东渐的影响是密不可分的，当今仍存在西学东渐的趋势；（六）我们可以例证并阐述自己对当今中国土地上的西学东渐潮的认识；（七）近代以来的留学生在西学东渐中起到了联通中西、复兴祖国的作用；（八）我国古代曾有东学西渐的辉煌，我们能够期待将来的东学西渐潮。在阐释过程中，我们打开思维闸门，又提出了如下问题：改革开放后，留学生还有多少"脑袋"在中国？你一旦出洋留学又会在东西文化交流中起什么作用？这些认识或问题，像水面的波纹一样，层层扩展，既涉及历史思维、思想意识、理性美感、生命体验等诸多精神领域，又反映了主体感受和理解历史时的自主性与超越性。"阐述"的过程还是提供反馈与纠正的过程，知识的动态生成和教师的"平等中的首席"角色也充分体现在这一过程中。

　　"知识的价值在于作为思考的焦点，激发各种水平的理解，而不是作为固定的信息让人们接受。"[②] 由师生共同参与组建的情景性知识，是促进历史知

---

① 《全日制普通高级中学历史教科书（必修）：中国近代现代史（下册）》，人民教育出版社2000年版，第72—80页。
② 施良方：《课程理论——课程的基础、原理与问题》，教育科学出版社1996年版，第177页。

识与主体精神同构的又一介质。我们没有把它等同于传统的习题训练，而是引导学生自主阅读、体验和解释，以"激发学生各种水平的理解"。它也尽可能以阐述的表达形式予以展开和讨论。但它与阐述性知识的教学行为有所不同：前者可以延伸到课外，后者完成于课堂上；前者是开辟新的思考资源，实现所学理论与方法的迁移，后者主要是借助教材用教材，"照着讲再接着讲"；前者可以作为研究性学习的一部分，有较大的弹性，后者在完成阐述后要总结、合成，形成范例文本，提炼思维规则和生命意义。例如"唐朝科举制"的历史教学，我们要求学生查找唐诗中有关科举考试的结果与影响史料，粘贴到老师援引的有关材料中。在课堂上形成各种水平的理解后，再让学生在课外写成随笔短论。兹引用一段学生的历史短评——《科举——应试教育的始作俑者》（1997届高二3班张小军）："科举在客观上拓宽了社会的文明层面，打破了豪门世族对政治权力的垄断，使国家机构的组成向着较大的社会面开放，所谓'天下英雄尽入吾彀中矣'，这就在稳定封建王朝统治基础的同时，推动了教育事业的发展，营造了接受竞争和挑战的奋发向上的社会氛围……但在官本位的社会背景下，科举制又会使读书人产生焦灼、惊恐和忙乱的心理，带来一代又一代文人人格的片面塑造，科举使得教育越来越奔着考试、奔着仕途和僵化而去，出现了'八股之害等于焚书，而败坏人才，有甚于咸阳之郊所坑者但四百六十余人'的结果，应试教育的弊端就不可遏止。"

不难看出，以程序性知识的阐述与运用为载体，进行基于历史的跨领域的多角度的分析、挖掘与提升，是实现历史知识与主体精神同构的主要方式；学生撰写历史随笔或小论文，教师批阅并写出评语，是丰富学生的精神世界、馈赠和磨砺学生主体精神的又一方式。略引用一段学生的历史随笔——《路后与武则天的悲剧》（1997届高二3班杨阳）："在轻视妇女的传统文化氛围中，她们敢于向世俗观念宣战，掌国柄，君临天下，这种胆略与气魄是令人敬佩的，对她们的评价不在于牝鸡司晨，而在于她们是否能够维持社会稳定、经济发展……在封建政治的牢笼中，她们的人性遭到了压抑和摧残。一旦她们在政治舞台上舒展自己，就注定是悲剧性的下场。她们的悲剧是男权社会的悲剧，是皇权专制的悲剧，也是她们个人欲念面对宫廷争斗的悲哀。"显然，在他们的历史随笔中，我们不但能发现学生对课外读物的涉猎情况，建构新旧知识的联系、运用历史思维阐述历史知识的能力，还昭示了他们对历史的体悟和对教材观念的超越，因而让我们触摸了学生的精神世界。

我们也不难看出："陈述"与"阐述"既指向了历史知识的分类，成了历史知识与主体精神同构的文本框架，又明指了师生对待不同类型的历史知识的课堂行为，成了建构主体精神的实践路径：再认再现的陈述，解释评价性阐述。这样，它们就具有了建模的意义。

历史知识与主体精神的同构，既是历史知识的本质属性，也是新知识观的教学要求。我们的应答是：教师构建模式、创设教学情景，并与情景共存；学生在这一模式和情景里，体现主体地位的同时，又有效地感受并理解历史及其精神价值。通过这样的实践，我们就能在一定程度和范围内，建构基于历史的由认知、价值、情感等系统组织起来的精神世界。当然，这样的目标与实践，对于学校的教学环境和教师的自身素养有较高的要求，笔者的实践也是在重点中学选修历史的班级展开的。

（本文原刊于《江苏教育研究》2002年第1期）

看见知识：例题教学中的去蔽与敞开

———— ◎ ————

教师的课堂教学一旦完成，并记述为文本时，它就凝固为"前世"的教学作品，"现世"的批评能够为"来世"的教学创作，提供续貂式的传承与变革的方向。

一、教学作品导读

2014年4月28日，笔者借江苏省大港中学高三8班（史政强化班）上了一节试题讲评课。课前向学生发放的学习材料，是分类拆解后的江苏卷"改革回眸"真题，它们被拆解为3层水平：史事回忆、材料提取和材料阐释。每层水平都由"历史之问"和"学习之问"构成，形成练习和反思相辅相成的对应关系。当3层水平的练习与反思结束后，再将拆分了的某一道真题完整地拼接起来，整体感受这道真题所包含的3层知识水平，认识后台所蕴含的普适性的知识基础，既从局部走向整体，也从具体走向"类"的抽象，探求例题讲评的"根"：历史学习，究竟需要什么知识？笔者称之为"归宗之问"。

由此，本课教学就有了两个阶段——局部与整体，3类问题——历史之问、学习之问和归宗之问。"历史之问"指向历史是什么，目标是"知其然"，知道试题的正确答案；"学习之问"指向学习是什么，目标是"知其所以然"，理解试题背后的学科素养，初步去蔽；"归宗之问"指向知识是什么,目标是"推原'所以然'的本真面貌",从整体的视域了解历史知识的"根",进一步去蔽。

教学中,教师使用幻灯片呈现,学生还使用与幻灯片同步的文本材料。14张青花瓷模板的幻灯片,被设计为3种版式,"历史之问"纳入版面壹,"学习之问"纳入版面贰,"归宗之问"纳入版面叁。本课的教学结构列表如下,以便阅读实录、求证去蔽。

表4-1 本课教学结构

流程	幻灯片版式	学习平台	学习行为
步骤1	版面壹-1	历史之问:面对史事记忆的一组设问	动手练习
步骤2	版面贰-1	学习之问:史事支撑的需要与需要程度	反思表达
步骤3	版面壹-2	历史之问:面对材料提取与概括的一组设问	自主答题
步骤4	版面贰-2	学习之问:材料信息的提取与提取的表现形式	检视表述
……	……	……	……
步骤7	版面壹-4(整体)	历史之问:包含史事记忆、材料提取、历史阐释等水平层次、并有"帽子"的一道完整试题	串联局部后感知整体,握住题面闪现的水平结构
	版面贰-4	学习之问:一道典型材料题的命题戏法	
步骤8	版面叁-1 版面叁-2	归宗之问:版面壹、贰划分的依据;支撑版面壹和贰的后台知识——求根	整合学习进程,开门并且看门里

二、教学作品摘录

以一段励志视频导入,明确本课宗旨:改革史——因时而变,因变而进;变是一种精神,这个世界永远在变。高考史——必要的史事记忆,基本的学科素养,阅读、解析和表达既为了高考,更为了我们在这个世界的生活。

步骤1:动手答题(指向史事的记忆)

班级的4个自然小组分别笔答幻灯片呈现的版面壹-1(历史之问)的4

组问题。

【A组】材料：(陆)睿（原姓步六孤）始十余岁，袭爵抚军大将军、平原王。……娶东徐州刺史博陵崔鉴女，鉴谓所亲云："平原王才度不恶，但恨其姓名殊为重复。"时高祖（即孝文帝）未改其姓。问题：崔鉴对陆睿的不满反映出当时民族关系存在什么问题？为此，孝文帝采取了哪些改革措施？

水平目标类似的B组、C组、D组题，略。

学生分组做，教师巡查并适当指导巡查到的同学；3分钟后，每组选定一个学生回答，该学生其实是老师巡查时看准的对象。学生作答，教师反馈，然后呈现参考答案。

步骤2：答题情况的反思与表达

师：（学习之问）以上4组同学演练的试题，目标要求是否基本一致？为什么？

生1：基本一致，因为都要依靠史事记忆来回答。

生2：材料就像导火线，是回答问题，引发记忆的导火线。

师：很好，这是你们的发现。如此，应考是否需要记忆？多大程度上依赖记忆？

生1：从刚才的真题练习来看，需要，部分需要。

师：现在我发现了，我们需要调动和运用所学知识。（板书：记忆和运用史事）

幻灯片呈现版面贰-1：适度地依赖教材所学的改革背景、措施（起码是名称、条目）与影响是必需的。在应试中，多大程度依靠所学，往往取决于命题者的立意和占有材料的情况，有一定的随意性。但历史学习需要运用记忆，记忆教材提供的基本史事。

步骤3：自主答题（指向材料的提取与概括）

班级的4个自然小组分别笔答幻灯片呈现的版面壹-2（历史之问）的4组问题。

【A组】材料：魏初风俗至陋，……迁都之后，于革易旧俗，亦可谓雷厉风行。……孝文以仰慕中原文化之故，至欲自举其语言而消灭之，其改革之心，可谓勇矣。其于制度，亦多所厘定。问题：从材料看，孝文帝"改革之心"坚定的原因是什么？

水平目标类似的 B 组、C 组、D 组题，略。

安静 4 分钟后，教师根据巡查中发现的苗子，每组选定一个学生口头反馈，教师作出纠偏或补充，呈现参考答案，然后要求学生使用红笔标注自己的错漏，以便自我对照。

步骤 4：基于感觉的检视与表述

师：（学习之问）刚才演练的系列 4 问，和前一系列的 4 小问相比，对教材所学知识的依赖程度如何？

生 1：对所学知识的记忆要求很低。（师：相比前一组）

师：那你们依靠什么去解决"版面壹-2"的历史之问？

生 2：依赖史事记忆基本不管用了，关键在于材料信息的提取。

师：仅仅提取就够了吗？还要干什么？

生 2：提取以后还要概括说明。

师：怎样就是"说明"了呢？"说明"就是用自己的历史语言明明白白地说清楚，而要说清楚，是否就要对材料原句作出概括和解释？（生点头称是，师追问：你举例。）

生 2：我做的"日本殖产兴业方式"题中，提取"创办官立事业"和"政府制造妨碍民间产业"的信息，然后转换成官营和民营的历史语言，再按照设问要求说出日本殖产兴业的方式"由官营变为民营，变为保护私人资本主义"。

师：你已领悟，思维也严密。提取—转换—概括，这是思维线路。你发现没有？这里的转换、概括还必须使用所学的基本概念，例如官营、私人资本主义等。（转向另一学生）A 组做"孝文帝改革原因"题的同学能举例说明这一思维线路吗？

生 3：提取"风俗至陋""革易旧俗""仰慕中原文化"等信息，与教材所学内容联系，转换为北魏落后于中原地区，孝文帝自身汉化程度深并且仰慕汉族文化等。

师：两位同学的不同例证让我们体悟了一点方法性知识，实际上他们已在运用这一方法性知识。（板书：最大限度提取信息并转换为所学的历史语言）

幻灯片呈现版面贰-2：历史学习是依据材料，最大限度地提取材料中的关键信息，然后进行转换、概括，转换、概括又必须运用规范的历史语言，因此，它是知识运用的变式。要耐心地阅读、有效地提炼、清晰地使用历史语言加以转换和概括。

教师请学生集体朗读这一规则性断语。

步骤5：独立做题（指向材料的理解与阐释）

幻灯片呈现版面壹-3（历史之问）：水平目标类似的四组问题

【A组】材料：（迁都洛阳后）高祖曰："今恂（即太子）欲违父背尊，跨据恒朔（今山西大同，内蒙古河套一带）。……此小儿今日不灭，乃是国家之大祸……"乃废为庶人。问题：材料中孝文帝对太子恂的处理说明了什么？

【D组】材料：东方文化较高诸邦……以受古代文化之积染既深，种种因袭牵制，改革非易……秦人在文化上之历史，较之东方诸国，亦远为落后，故转得为种种之创新……问题：据材料，指出商鞅变法的有利条件。

水平目标类似的B组、C组题，略。

学生按照组别任务，安静地独立做题，再口语表达，教师反馈并提示红笔补写错漏，以便"标准"摹写。

步骤6：自证与反思

幻灯片呈现学习之问：与前两个系列的解题条件相比，本系列问题的作答最需要具备哪些条件？（学生相互讨论2分钟后）

生1：提取信息，联系所学，概括说明。

师：对于材料解析或历史学习来说，这些是必需的，前两个系列的问题解答也要如此，你是回顾小结，很好。本系列最需要什么？回到试题，孝文帝处理太子恂的信息有哪些？

生1（取用手头的文本材料）：太子逃离洛阳，孝文帝认为他是国家大祸，废他为庶人。

师：显然，你是对材料信息进行概括和转换，这些信息能说明什么？看真题提供的答案。

生1：改革有阻力；孝文帝推进改革的坚强决心。

师：这两点"说明"是如何冒出来的？换句话说，怎样才能将信息表象转化为答案？

生1：透过现象看本质。

师：有道理，哲学学得不错，但不能说大话，具体运用一下。

生1：太子党跨据恒朔，跑回老家，反映了他们与改革的孝文帝相对抗。

师：你在运用"孝文帝改革"这个历史概念，改革和反对改革就是你说的本质。我们运用大的历史概念，基于当时的历史进行解释，延伸性的解释，这是解读和说明。（板书：对表面信息的解释和推断：事实—概念—阐释）大家在纸上画出自己作答的思维线路，是不是这样展开的？

生1坐下，教师又喊他站起来，问：如果我不追问，你回答这道题时，只能停留在什么水平上？生1是"欲辨已忘言"的状态，其他学生说，是提取信息和转换的水平。师再问：本系列问题的解答最需要什么？生1明白了"需要对材料进行历史解释"。

教师督促学生将各自所做的本系列的具体题目代入"信息事实—概念运用—解释和推断"的公式中，继续反刍。

师：请D组同学做代数，将"商鞅变法的有利条件"一问代入公式中。

生2（表述很慢）：东方文化高和秦人文化落后是信息事实，东方受积染很深的文化牵制，改革不易，是又一信息事实，运用商鞅变法这个概念，秦人转得种种创新，也就是商鞅变法，商鞅出台许多措施。这样一来，有利条件就应该是，商鞅所在的秦国，没有东方各国那样的传统束缚或牵制，改革阻力少。

师：很好，像做数学题那样条理严谨。（该生呈紧张抑或兴奋状）当然做历史题未必非要这样，高考状态下也难以这样，但需要渐渐积累、强化这样的思维线路，积累成"下意识"就好了。

幻灯片呈现版面贰-3：最大化地提取信息后，除了转换为所学的概念性知识或现象性史事，还有一个理解和解释的方向。转换与概括只是复述，理解和解释才可能是阐释，才是考量自己的历史认识。对材料信息的解释要力透纸背、由此及彼。运用事实与概念，在特定的历史境况（情境）下解释材料，得出历史结论。

教师又指点已有的板书：事实—概念—阐释。

步骤7：3层水平的整体感知，归纳运用

师：我们分别练习了3层水平的题目，即史实记忆、材料提取和材料阐释3个层次的目标设问。让我们将C组做的3层水平的题目串联起来，在整体中理解局部，判断其层次的递进性。

幻灯片完整呈现C组同学曾经做过但未合成的试题。

版面壹-4：梭伦"采取曾是最优良的立法，拯救国家"，对后世影响深远。

材料："因为雅典宪法完全是寡头政治的，……所以在群众眼中，宪法上最残酷和苛虐的部分就是他们的奴隶地位；当然，他们对于每一件别的事也一样感到不满，因为他们觉得自己实际上什么事都没有参与。"在这样的背景下，梭伦进行改革，他说："我制定的法律，无贵无贱，一视同仁。……双方（指贵族和平民）都要适可而止，以公正为本。"然而，在阶级社会中，根本利益的冲突是无法避免的。梭伦受到了来自两方的攻击，只身逃出希腊。问题：（1）据材料，概括雅典国家形成初期寡头政治的弊端，指出这些弊端导致的后果。（2）列举梭伦采取的保护平民有限政治权益的措施。（3）据材料，指出梭伦无法达到改革目标的根本原因，以及对后世民主政治产生积极影响的梭伦的观念。

学生整体审读试题的3小问，C组同学设法说明3小问的水平层次，课堂上没有接触过该题的另外3组同学，想想做题思路，允许讨论和分享。然后出现下列师生对话。

师：C组以外的同学，你们觉得哪个问题相对好做？为什么？

生1：第（2）问，它的目标只是列举梭伦改革的政治措施。

师：依靠史事的记忆和运用，对吧？（生1点头并坐下）其次好做的又是哪个问题？

生2：最后一问。我可以在材料信息中找到。阶级社会中根本利益的冲突，制定法律、以公正为本，都已经蕴含着答案了。

师：这最后一问在哪一水平上？（生2迟疑，教师指点板书）想想前面的反思结论。

生2：想起来了，提取材料信息，进行概括和转换。

师：好的，你知道了水平层次划分。最难的是第（1）问了，C组哪位同学说明一下该问题所属的水平层次？

生3：应该是材料的理解、阐释。我做这一问时，不知道怎样表达。

师：还能回忆当初我怎样评点你们试做时的话语吗？说出大意即可。

生3："他们的奴隶地位，他们什么事都没有参与"是材料的关键信息，是历史现象，要将材料中的"他们"与书上的"平民与贵族"概念联系起来，然后在梭伦改革的背景下解释、说明。

师：找回了思维路线，非常好！事实、概念、放在特定的历史框架下，构成历史阐释方法的三要素。不过，要扣住政治范畴来解释，否则阐释可能会偏离方向。那么"后果"一问的水平目标是什么？（生3坐下不答了）

生4：也属于历史阐释。（师：能任意发散阐释吗？）不能，只能从政治弊端出发。

师：从参考答案倒推，我们可以拆穿本题"后果"的戏法：历史阐释采用了阶级分析、政治与经济彼此关联的整体分析这两种视角。大家还想拆解江苏考题的帽子戏法吗？

学生表露出奇异的眼神。

师：且看2012年题的题头：梭伦采取曾是最优良的立法，拯救国家，对后世影响深远。最后问了"对后世民主政治产生积极影响的梭伦的观念"。2011年题的题头：19世纪中后期，日本政府大力推行殖产兴业政策，迅速走上资本主义发展道路。最后问及"政府在经济发展中的作用"。这些是命题中的"帽子"戏法，你们发现了什么？

生1：题头的信息和结尾的问题相呼应。

生2：它蕴含作答的信息。（师：是什么层次的水平要求？）最大限度地提取信息并转换、概括。（师：仅此一项价值吗？）

生3：帽子里还有史论性表述。

师：从历史分析的逻辑来看，是史论，从知识学习的逻辑来看，是价值性知识。这是下一步学习的内容。现在，我们能否据此归纳一下帽子戏法里的密码？（学生思考，没有让他们尝试表述，继续）"帽子"是材料信息的组成，是立意和价值观表达，是题眼，因而具有答案提示的功能。接下来继续归纳：一道典型的江苏卷材料题会玩哪4种戏法？

学生说出3层水平和帽子。

幻灯片呈现版面贰-4：一道好的材料解析题包括3层水平的整体推进，也会有价值观念的水平要求。一道好的材料解析题还是帽子、材料和问题相互照应的整体，是利于解题的整体。有两层整体观，我们才可拆穿试题的戏法。更重要的是解题结束后要反思。

板书：将局部纳入整体，在整体中串联局部；将解题与解题后的反思视为学习整体。

步骤8：结构整体，揭晓试题后台的知识维度

师：历史学习或历史解题存在3个水平层次，其中第三层次需要以史事的记忆和运用、材料信息的提取与概括为基础，然后我们才运用事实与概念，在特定的历史境况（情境）下解释材料，得出历史结论。大家回味一番。（少顷）我们如何就能码出3层水平的"楼房"？

学生答出多看书、多做题、抓实基础知识、提高学科能力等。

师：这么多办法里，有没有最基本的一点，就像数学中的求根？请大家先回答如下"学习之问"：本课幻灯片中的"版面壹"和"版面贰"是依据什么标准划分的？是幻灯片页数吗？是考题排序吗？（学生均摇头否认）那是什么？（教师回放幻灯片）

学生蓦然回首，发现答案就在眼前：版面壹是历史之问，版面贰是学习之问。

师:"版面壹"和"版面贰"有没有表里之别、前台后台之分？

生1：试题和解题的历史之问站在前台，是表面；需要什么能力来解题（教师插话：包括史事储备），对，包括知识储备的学习之问，是后台的支撑。

师：我们来整体回顾解题需要什么样的后台知识。孝文帝迁都、用汉语等是不是事实性知识？迁都、用汉语等事实性知识是不是从属于汉化政策、民族交融的概念性知识？我们运用事实和概念，并置于特定的历史语境下解释迁都、用汉语的因果问题，是不是方法性知识？运用这一方法来阐释结果或影响，是否形成"巩固北魏统治、推动黄河流域的民族交融"的价值判断？这一价值判断可不可以说是价值性知识？（教师又重复了一遍该推论过程，学生表现出一听就懂的状态。）请看幻灯片，并作笔记。

幻灯片呈现版面叁-1：一道好的高考题包含着史事记忆、材料提取（往往要求概括说明）和材料阐释（往往要在特定史事的历史语境下，由表及里、由此及彼地推论）3个水平层次。解题就需要事实性知识、概念性知识和方法性知识的运用，一旦要求阐释历史、表达观点，则又需要正确的价值性知识，于是某一历史知识就由这4个层面或维度构成了。完整的历史知识的学习是该知识的4个维度的学习，某知识的4个维度的学习就是3层水平的根。

师：这张幻灯片试图揭开考题的面纱，它是支撑我们解题的后台知识。能明白吗？（见学生流露新异神色）一时不能明白，起码可以回味，是否确实在学这4个维度的知识。（让历史科代表站起来）幻灯片上的版面叁是我们从学习过程中推导出的结论吗？（该生点头后）我们的历史学习本身或解题本身是不是课堂学习的事实？（该生说是的）我们辛辛苦苦地学习历史、解答试题，难道不是我们的学习事实吗？有课堂学习的事实不应该有来自学习事实的结论吗？（该生欣然点头）所以请你带领大家明了和运用类似于史论结合的学习论：历史学习有3个相互关联和递进的水平层次，要掌握和运用事实性知识、概念性知识、方法性知识和价值性知识4个维度。（回放标注版面贰和叁的幻灯片，用红笔圈画板书）

师：本节课，我们依据版面壹提供的材料，展开学习过程。学习过程完成后，我们进行反思，得出如何学习历史的结论，这是版面贰。再对版面壹与版面贰进行透视和整合，我们看到了躲在后面的版面叁——我们面对的历史知识是由4个维度结构起来的整体，它们是历史教材和历史试题编写的原初知识。

板书：完整的历史知识的学习，当学习4个维度的知识。

呈现幻灯片版面叁-2：

历史的分析逻辑：改革的原因或条件、措施或内容、结果与影响；改革的现象或史事，改革的手段或策略，改革的认识或史论等。

考试的水平逻辑：对史事的记忆与运用；对材料信息的提取、转换与概括；对材料信息的理解与阐释。历史的分析逻辑寓于其中。

知识的学习逻辑：一个具体的史事作为知识点，是由事实性、概念性、方法性和价值性4个知识维度构成的整体，它们没有水平高低之分，却是学习的"根"，考试水平寄寓其中。

叁2 学习效果的支撑点；4个维度的完整的知识学习；3层水平的思维训练；史事、史论的历史分析。因材料而生知识。

图4-2　幻灯片版面叁-2

师：本课备课12小时，课后希望大家写几句听课感。下晚自习前，我来收。

三、教学作品批评

同事1：高三一轮复习后，讲评练习成了教学的主体。本课拆分高考真题的做法，我们从来没有想过、做过。一会儿是这个小问，一会儿是那个小问，是否破坏了整体性？是否还给学生带来凌乱感？

同事2：你先验地认定了某道完整试题，才有这一错觉，学生未必有。

若干能力要求一致的小问,类似于专题模块的聚焦,其实是一个新的整体。本课也是选题、做题、讲题,像其他复习课那样,也点明解题思路。但仔细明辨,却有深意,一下子还把握不住。

授课者:这里的选题是改造而非照搬,是依照水平目标的层次性,进行拆分、重组、聚焦,是在系统中解构,再在系统中结构。这里的讲题是分类形态下的聚集式"轰炸",是在强化和反复中坐实某一目标,是推动"顺应和同化"。这里的点明思路,是让学生看见思维过程:基于练习后的感觉,借助设问与答案对照,反思其中的水平要求和该水平的思维线路,归纳和揭晓蕴含其中的思维规则。它追求设问到答案、答案范例到内蕴思路,思路感悟到规则抽象(动词意义的抽象)的思维过程,遵循的是由教学事实而解构结论的教学逻辑,可谓教学行为的论从事出,它会带来削平坎坷、平地行走的流畅感,学生会积极地学习。看见思维过程,讲究捂盖子和揭盖子,讲究不愤不启、不悱不发的"诱导"。这里的点明还在于,教师自己明白、自己讲得清,然后再清清爽爽地传达给学生,固化(板书)给学生看——不从嘴边溜走。这是教学中对通透境界的追求。

同事3:也就是你提倡的历史教学是去蔽、敞开的技艺?我们洞彻不到这样的教学理念,就像看不到自己教学行为的后台。历史教学似乎很简单:提供学习材料,师生在问与答中解析材料,最后知道历史如何如何。老师往往是变着法子解读历史,讲出历史的奇与新,似乎就是本事。

授课者:变着法子出历史之新,固然可以,但历史教学的侧重点落实在如何教学。教学是什么,譬如喂孩子吃烧饼,让他看一看,闻一闻,摸一摸,正面、反面都把玩,说这是烧饼;然后掰一小块让他尝一尝,感觉是甜味还是咸味;多种要素合成之后,让他确认这是烧饼。而后让他自己掰着吃,你还得逗他:好吃吗?为什么好吃?还想吃吗?凭什么还给你吃?教学就是合理地掰、合理地逗,由外而内、由一到多,以呵护之心,渐次铺展,既不要嚼烂,也不至于噎着。不是给他的烧饼越多越好,而是洞悉一块烧饼,然后触类旁通。教学的复杂在于技艺上如何去蔽,如何精细地开启。所去之蔽首要的不是史学研究式的去历史之蔽,而是课标规定的历史知识的学习之蔽。

如何能让学生受众顺畅地接受并内化教师输出的信息，从而获取基于课标的历史的知性与洞彻，这是教学的复杂性，探究它的复杂性真的比探究历史的复杂性还要难。

同事4：通过祛除如何解题的遮蔽，敞开试题后台的学法，敞开试题得以结构起来的3层思维水平、4个知识维度，似乎可以超越例题讲评课，而触及新授课。我有一种触类旁通但又通不起来的感觉，就像上数学课，一听就懂，一做就错，不知道学生接受没有。

授课者：如果说历史本身有一个探幽去蔽、由史而论的过程，那么组织学生的历史学习，也有一个探幽去蔽、渐次地揭示思维规则、知识基础的由事而论的过程。历史要回到事实本身，历史教学也当回到教学事实本身，探究历史是什么的同时，探索学习是什么。从理论上讲，任何一个史事知识都包含事实、概念、方法和价值，这是完整的知识理解。无论从哪个具体的例题或知识点入手，都可以触及完整性，这就是触类。触类了，然后才能旁通，基于4个维度的知识来构建完整的某知识点，学生才会充分理解该知识点，才会由点及面，打通3层思维水平。教学可以不讲究知识点或试题的量，但要讲究由点及面的启示意义，讲究质感，好好地带领学生打开一扇知识之门，让他看到门里面的东西。这就是基于触类后的旁通。

同事5：如此说来，本课去3层蔽，开3重门，答案、答案得以形成的思维线路或能力水平、思维或能力得以形成的知识基础。这就是你讲的窥探后台？后台的学生能否看见？

学生：课上得很特别，有层次感。明确了提问背后的水平要求和自主复习的目标。有些地方听得爽，有启发意义。比如试题中的"帽子"，我从不细看，经你这么一讲，觉得挺重要，比如隐藏于原材料（特别是文言文）的表面信息中的历史含义，你把它揭示出来，说明揭示或解释的办法，就很受益，这堂课，方法总结得到位，对得起12小时的备课。思维能力有3个递进层次，知识有4个维度，而不是老师唠叨的基础知识与能力，很有意思，但我觉得要多次重复才行，也需要更多的例证性重复，我才可以学得更透明，也许对我来说迟了。不过，你不断追问我们，追问得比我们的老师细致到位，还是给我透明感的。这节课将整题拆开，没有那种做题不得喘息的痉挛感。只用14张幻灯片，让我有时间逗留于阅读和思考，加上还有与幻灯片基本一致的讲义，滞涨感少了。最后一张归总性的幻灯片还帮我看到了3层逻辑（深水区）。历史课应该中外纵横，很有趣，死气沉沉做题目有些枯燥，高三都这个时候了，就没有办法了。这堂做题课还有一定趣味和意义，但是分组做题后立即讲评，除了自己做过的题外，其他组的做题材料还没有来得及看，听起来就云里雾里了。

授课者：在教学事实里看到教师的阵地、学生的营盘，能够获取前行的方向。我的阵地里有什么？在学习材料上，"拆解以求洞彻，分析中看见整体"。拆解、重组，让主题一致的多个学习内容复合聚集，这将改变学习结果的寡淡与离散感，推动能量聚焦的洞彻性。在学习过程中，"学做合一，问思交通"。分类教学，分层揭示思维路径，然后将局部串联到整体上，每一步骤都在练习中体悟、在体悟中表达、在表达中明了，这将使学习成为"有意义"的平实顺畅且步步为营的流程。在目标达成上，"去蔽以求敞开，求根而得通透"。明辨历史分析的逻辑、应试水平的逻辑和知识学习的逻辑，由外而内，洞穿历史学习的后台，在敞开中看见知识的4个维度，看见运用知识的3层水平。高中三年的学习接近尾声时，他们可以凭借知识的4个维度、3层水平的层累代进，走向触及其一即可类推迁移的学习胜境。

同事4：如果我们把这样的阵地和营盘也敞开，这是否打开4重门了？这是一个细致的大课题。近来，你时常提及"教学事实""作品批评""知识基础"，可以连缀起来概括吗？

授课者：历史教学其实是力求去蔽与敞开的知识教学，是为教学认知与教学批评提供一份份现象学与知识论的证词。

（本文原刊于《中学历史教学参考》2014年第10期，人大复印报刊资料《中学历史、地理教与学》2015年第2期全文转载）

历史教学中"叙事分析的知性"

一、叙事和叙事在先

事实上的历史是以叙事的方式上演的,而不是以知识的方式结构的。人们在掌握了大量叙事进程中的历史现象后,依照一定的观念和分析逻辑加以剪辑和呈现,形成了用知识架构的文本历史。因此,用文本方式确定下来的历史知识,是在历史的叙事里被发现和被概括的。从认知学习的逻辑来看,最妥帖的认知路径是,先对历史现象进行叙述,再进行梳理和分析,从而发现史实、整合概念、形成认识。优先呈现历史材料,在材料解读时,文本历史中客观的静态的史事要素(时间、地点、人物、事件名称等)逐渐显露和标注,文本历史中动态的主观的史论要素(概念表达、价值判断、历史观念等)渐次打开和揭晓,这才是合乎历史自身、合乎学习常理的顺应和同化。所以历史的叙事是必要的,而且应当叙事在先,知识在后。

然而,日常的中学历史教学常常依照文本历史(教科书)进行游历,固定为原因、内容、影响等格式,成为提炼段落大意的历史教学。虽然也运用材料加以佐证,有时还图文并茂、声像齐飞,但整体来看,材料只是辅助和注解文本知识的后来者。试想,当学生已从教科书中知道原因和影响有几点时,再去补充材料做粉饰性的佐证,意义还大吗?知道底牌的游戏既没有了过程,又失去了兴味,这样的教学其实是在搬运历史之屋,而不是建造教学之房。

撰述的文本所包含的历史知识，一旦进入教学环境，就得入乡随俗，就得按照历史认知的路径来拆解和运用，既要历史叙事，又要在叙事中发现知识，并且是先知后识。中学阶段每一课的知与识都是有限的，而且是主干的和精选的。对有限的主干知识的学习，采取发现式学习，或者通过"经"与"验"来获取历史知识，是可以的，也是应该的。对于历史来说，这是还原历史的叙事本色，对于教学来说，这是再现教学行为的叙事性质。历史教学其实是将历史放在特定的教学时空和人群中进行认知的行为过程，它本身就是"众里寻他""蓦然回首"的事件，叙事的历史在教学的叙事进程中展开和收缩。

如此，中学历史教学应该是一幕二元叙事（在教学的叙事场景中进行历史叙事）的场景短剧。在短剧的上演中，完成有限的主干知识的学习，知道历史，认识历史，即"知"历史之知，"识"历史之识。

二、叙事材料的组织

既然历史叙事在先，则叙事材料就必不可少。历史材料汗牛充栋，如何组织材料？

首先是依据课程标准来组织材料。分解"内容标准"，领会其中的知与识，围绕分解后的知识细目，展开叙事材料的组织，使它们成为教学材料。这意味着，使用教科书和超越教科书来寻找材料，是在分解内容标准、确定知识细目以后，方才登台亮相。

例如，"简述'一国两制'的理论和实践，认识实现祖国完全统一对中华民族复兴的重大历史意义"，其中的"知"是"一国两制"的政策要点及其实施情况，"识"是祖国完全统一与民族复兴，它们都从属于国家统一的历史主题。分解内容标准以后，具体的要点包括：（一）叙述"一国两制"的提出；（二）叙述"一国两制"的实践，并认识这些实践活动的影响；（三）理解"一国两制"的理论含义及其价值；（四）理解中华民族的复兴；（五）认识实现祖国完全统一对中华民族复兴的重大意义；（六）中华民族复兴诉诸国民的期待。随后再围绕这6个要点组织教学材料，基于教科书（含教科书的辅助系统）提供的材料，再超越教科书，挖掘课程资源，对6个"知"与"识"的要点赋予感性的叙事材料。前3个要点基本是客体的存在，搜集和选择叙事材料的"标的"比较明显，且教科书提供了较多材料。后3个要点基本是评判客体的主体意识，搜集和选择叙事材料的"标的"比较隐蔽，目前几大版本的高中教科书也没有显著地表达"实现祖国完全统一对中华民族复兴的重大历史意义"，这样，教师就需要撰述自己的历史认识，然后按图索骥地组织历史材料，以执行课标的意志。

笔者在本课教学时，[①]采用"纪事本末"的材料叙述方式，编选了"台海两岸关系大事记（上·1949至1979）""以邓小平为代表的中共高层对台政策语录""中英香港问题的交涉""港澳回归：1997至2009""台海两岸关系大事记（下·1987至2011）""辛亥革命周年纪"6则文字性的叙事材料，也编选了4幅图片、1段港澳回归时刻的视频材料，口述了汪辜"92会谈"的细节趣事。将这些材料包裹到相对冷峻的知识之上，在"历史一路走来"的故事叙述中，渐次地抽出内蕴其中的历史知识，完成课标设定的教学要点，在"糖衣炮弹"的诱导下，促使学生展开寻寻觅觅的学习过程，展现"一国两制"的学习事件。较大的材料容量只是"脂肪"包裹，只是历史的情境，是感受与思维的载体，"脱脂"后的容量就剩那么一点主干知识。加以多数是大事记，没有过多的抽象的文本理解，学生实施读、听、看、想、圈画和表达等学习行为，并无大碍。兹列举一则。

纪事本末·中英香港问题的交涉

1982年9月，邓小平会见访华的英国首相撒切尔夫人，双方讨论了香港前途。

（英国先想以主权换治权，后来又只想交还部分香港地区……）

[①] 本文所举课例详见《束鹏芳教学"一国两制"》，《江苏教育研究》2012年第21期。

1983年7月至12月，中英政府代表团在北京举行了7轮会谈。

1984年1月至7月，在北京举行了第8—19轮会谈。

1984年7月27日，英国外交大臣再次抵京，认为"一国两制"的政策振奋人心。

1984年8月至9月，在北京举行了第20—22轮有益的和建设性的会谈。

1984年9月18日，两国政府代表团就香港问题全部达成协议。

1984年12月19日，中英《联合声明》的签字仪式在北京人民大会堂隆重举行。

1990年，《中华人民共和国香港特别行政区基本法》通过。

1992年，上任的港督彭定康，违反《中华人民共和国香港特别行政区基本法》，制造事端，力图为英国在"九七"后能继续操控香港创造条件，中国政府在明里暗里一再声明和规劝无效之后，与他针锋相对……

1997年7月1日，香港跨入"一国两制""港人治港"的新纪元，董建华出任特首。

这段围绕课标所涉知识组织的叙事材料，突显的核心知识就是一点：在"一国两制"的框架下，通过和平谈判的方式，实现了香港回归。通过"中国收回香港主权的总体方案及其实施方式是什么"的问题，就能显露这一核心知识，但只是静态的客观知识的陈述。通过"老师为什么要回顾中英交涉的历程"这一问题，能够引导学生认识到"谈判是一个艰难而复杂的利益平衡历程，是政治智慧的较量，是国家实力和主权意识的表达"。它指向动态的主观体味和阐述，还蕴含一种历史思维：历史是叙事的细节，事情的发展进程并非本文概括的那么简单，一国两制提出了，香港澳门就回归了。组织这段叙事材料，显然是延展性地理解课标的内容规定——"一国两制"在香港问题上的实践是流淌着过程的实践。

其次是依据历史事物或现象的周全诉求，来多角度地组织材料。"识"的学习要点（课标中表述为认识、理解、探究等）尤其如此。依据片面的或单一的材料来叙事分析是危险的，组织多则材料，构成叙事单元，历史之

"识",才相对完整和真实。

在"一国两制"的教学事实中,对1979年之前的台海关系及台湾国民党政权的中国意识,师生所知甚少,甚至没有打探的欲望;有些课堂上,教师一厢情愿地认定"九二共识"的文本性;有些课堂粗放式地陈述:在一国两制的方针指引下,港澳回归了。事实并不是只有一面,也不是简约的教材所写的那么简单。笔者在本课教学中,围绕"祖国完全统一对中华民族复兴的意义",组织了两个叙事单元。港澳回归和海峡两岸关系的发展为一个叙事单元,历史的A面,历史之喜,指向"祖国的统一大业推动民族的复兴"。台湾地区蒋氏政权的中国意识和"辛亥革命周年纪":海峡两岸的态度,为又一个叙事单元,通过展开和分析,促成一个连贯的语境感受和心理冲突:蒋氏政权就奉行一个中国→如今两岸关系在发展,尤其是经贸关系大发展→但政治对话困难重重("台独"倾向、"一中各表")→政治现实似乎没有比历史更进步→令人"纠结"的比照。这是历史的B面,历史之忧,指向"祖国的完全统一是中华民族复兴的应有之义"。两个叙事单元的材料,都围绕课标中的"认识"层面,既避免单一材料可能带来的认识偏差,也强化和坐实课标内容的学习要点。

当然,叙事材料的单元组块不单是力求历史的全信息(也不可能),还指向一种学习思维:面对新材料,面对与已有经验相冲突的未知事实,我们抱持什么态度和怎样的解读方式。组织单元叙事的基本规则是:同一史事的多个侧面和多侧面的分析与整合,前者指向事实性知识,后者指向方法性知识,如此才有结论性知识的生成,才能层累地积淀历史意识。

总之,叙事材料的组织,要围绕课标要求和历史本真来进行,也要围绕"知"与"识"来进行,"识"往往要有多组材料(单元化)或者是多个"知"来彰显其全面性与深度性。

三、叙事材料的运用

组织叙事材料仅仅是包裹有限的主干知识，显然是一种浪费。叙事是讲故事，是以"儿童立场"诱发学生的能动性，使其在运用叙事材料中发现新知，形成认识，洞见思维，而不是告诉知识或告诉后予以佐证，这便是叙事材料的知性运用。知性，一是有知识形态的，二是优雅和智慧的，三是链接感性和理性的——人在从感性认识到理性认识的飞跃过程中，客观上存在一个知性阶段。由此，叙事材料的知性运用也就表现在3个方面。

其一，将材料分置于陈述、阐述等不同形态的知识学习中。从知识学习的角度看，历史知识可以分为陈述性知识和阐述性知识两类。陈述性的客观知识采用陈述行为，阐述性的主观建构的知识采用阐述（阐释）行为。陈述和阐述既是历史知识的性质，又是知识学习的行为方式。例如"一国两制"的提出和实践，它呈现的是史事的来龙去脉，是史事归纳，是知道和再现，属于陈述性的知识，学习这一知识就是如何简要而周全地陈述包裹在一堆材料中的点和线。"一国两制"的理论，侧重历史的理解和认识，是由史而论的分析、推演和评述，带有主观建构的色彩，属于阐述性知识，学习这一知识就是运用历史思维阐释材料中包含和延展出的历史认识，形成知识的块面结构。另外，知识如果不在学生的运用中显灵，它就只是信息，因此知识的学习过程还包括"应用"——基于问题解决的知识整合和迁移。如此，我们的叙事材料也就不是依照教材的顺序去做知识的注释，而是相应地归类到不同的学习领域，是源于"学习该怎样"的分"房"安置。也即叙事材料安置于陈述、阐述和应用这3个"房间"[①]。

在笔者"一国两制"的教学中，"中共高层对台政策语录"、"中英香港问题的交涉"和"港澳回归：1997至2009"3则材料，用来陈述"一国两制的提出和实践"；"台海两岸关系大事记"的材料，用于陈述"海峡两岸关系

[①] 历史知识的陈述和阐述，是由知识的性质决定的知识处理方式。参见束鹏芳：《重组历史教材，引导学生有效学习历史》，《中小学教材教学》2001年第11期。

的阻隔和进展"。在"理解（评述）一国两制"的概念阐述阶段，我们再辑录上述材料的片段，让学生从一国两制的理论内涵、实践领域、实践意义等方面入手，截获材料信息、对信息进行解读，然后尝试表达概念。在"认识祖国完全统一对中华民族复兴的意义"的史论阐释阶段，"港澳回归"和"台海两岸关系大事记"第三次呈现（有剪辑地呈现），并增添"辛亥革命周年纪"的叙事材料，为教学过程中历史认识的形成提供支撑。在运用知识以判断学生是否基本掌握的环节，"以邓小平为代表的中共高层对台政策语录"和"港澳回归"等材料又一次出现，只是材料的容量大大缩减，功能也指向了材料情境下的巩固和运用。

同样的材料，"陈述房间"是从中找寻史事，周全地说明史事要点，明朗地展现历史线索，客观、静态是学习的立足点；"阐述房间"则是运用材料概念化地整合和表达史事，是在历史的长河里瞻前顾后地、层次递进地解释史事的意义，由史而论地表达自己的历史认识，主体性和动态化是学习的立足点；"运用房间"里的材料是试题化的，用来评价陈述性知识和阐述性知识的学习效果。历史撰述（教科书）中的原因、过程与影响，被知识的属性差异和认知目标差异重组、分装，譬如"原因"，往往就安置于"阐述"阶段。

显然，叙事材料在先，而叙事材料又按照知识分类学习的口令进行"换防"，历史教学就呈现了从属知识形态的叙事分析的知性。

其二，分析叙事材料的那些问题力求梯度抬升，讲究温度和打开。学习的知识是被叙事材料包裹着呈现的，它需要逐层解围，还原主干知识，这就需要有问题做抓手。问题的顺应性决定着同化的成效，所以问题要遵循学习的认知逻辑渐次推进，让分析的进程浸没在细密的温润中，让解读的思路向着四面八方打开。

在"一国两制"的教学中，借用传统史书的纪事本末一说，摆出讲历史故事的姿态，这是器皿的温润；"纪事本末"下的问题，由小到大，思维由浅入深，让学习者温暖入毂，这是食材的温润；与问题相应，分析的目标，也从感性渐次走向理性，努力使学习者拾级登顶，这是菜品的温润。且看视频材料"中英香港政权交接仪式"的运用步骤：（一）板书问题：据视频，最能说明"结束外国占领历史"的信息是什么？由此，香港问题实质上是什么问题？提醒学生把问题写一遍；（二）播放和观看；（三）观看结束后，教师用语言回放和再现视频：最后一个镜头是……倒数第二个镜头是……倒数第三个镜头是……（四）回到问题上：能够答问的信息是哪一个镜头？（五）宕开一层：记住"结束外国占领历史"的镜头，意味如何？视频的历史价值如何？这里，问题的渐进化、答问的呵护性、思维的打开度，都是不言而喻的。再如"香港区旗"的图片释读：（一）逐一释图：紫荆花、花瓣里的红星、区旗的底色各代表什么，整个图形合起来表达的寓意是什么；（二）整合抽象：它确证了香港是中华人民共和国的一个部分；（三）回文式设问：区旗作为证据，能够证明什么？（四）自我感悟：使用"证据"和"证明"的思维启迪是什么？这两则叙事材料的知性运用表现为：史事→概念→意蕴→方法的连贯的节节推进，细腻的由分到合的观察与思考，从感性渐次走向理性（结论是理性所在、方法也是理性所在）；教师既相信学生有思考力，又尽心呵护和牵引，这是有温度的。

当叙事材料的分析以"脱脂还原"的方式，呈现、剖开，遵循感知→概括→推论→佐证的线路，剥落铅华，显露知识本相时，历史教学就有了从感性出发、经停知性、渡向理性的细密和温润。

其三，叙事材料的分析结果指向思想和思想背后的思维方法，指向认识论上的理性。历史的理性包括"怎样读"的思维方法和"读出什么"的思维成果（表现为思想，外化为史识、史论等历史认识），运用思维方法却没有思想出现，没有结论产生，那是空洞的没有支撑力的方法，"授人以鱼不如授人以渔"是极而言之的残缺命题。同理，只有思想而不揭晓思想得以涌现的思维方法，也是断臂式武断。在教学实际中，学生表达后台的思维方法，常常处于幽闭状态——"知其然而不知其所以然"。所以叙事材料的运用要在知识阐述阶段，追求思维过程的展开和思维结果的语言表达，即追求初步的理性。为此，教师要给予"阐述"以思路的铺垫和唤醒，要揭晓和明示史识、史论背后的思维方法。

例如，依据"台海两岸关系大事记（上）"，归纳出由武力统一到和平统一这一对台政策变化的原因后,教师引出了"知识的前后联系"和"视野的开阔性"这一思维品质。在分析"台海两岸关系大事记(下)"时,思维绽放出"知晓历史的A面和B面,我们才能更准确地解读历史"。在学生援引课本"读"出港澳回归的历史意义时,教师引导学生透视(剖析)意义构建的3个视角:国内、国际两个层面;国内层面的香港、大陆和台湾3个观察点;时序之链上的当时(基点)、过往(回溯)、此后(展望)3个时间节点。在总结本课内容时,既呈现史事和史论的知识结构,又揭示"我们用'整体里的局部、纵向里的推测'这一历史思维来学习本课内容"。在这些手工工匠般的教学线路上,有思想之花,也有思维方法,是"鱼"而后"渔",是思想和思维的一体绽放,并且伴随着情感态度。这样的分析结果,采用"脱脂还原"的方式,在耐性的师生对话(包括等待)中逐渐生成。

对叙事材料的分析经由细密、温润的历程抵达思想和思维的揭晓,从而渡向理性,这正是知性的内在要求。"渡向"既是知性的特征,也是知性的目标。知性是从感性走向理性的不可或缺的中转站,而知性得以挥发的程序保障则是"阐述"这一渡向理性的学习行为。

叙事材料在不同的知识形态中运用,在运用中注重温润的递进和打开,在递进和打开中彰显历史的理性,从而表露出基于文化根柢的成熟淡定,这是一种知性。无论是哲学视野里的知性说,还是女性气质观里的知性说,叙事分析下的历史教学,都向往着知性的模样。

四、叙事分析的教学观念

精选的叙事材料在先,对有限的主干知识包裹上叙事的脂肪,彰显的是历史的叙事本性。

将包裹脂肪的材料,分别置于知识学习的陈述、阐述和运用的"房间"里,以"脱脂还原"的方式,细致、温润而有序地推动学生的知识建构、概念阐释和结论推演,重视思维和思想,追求思想的打开和思维轨迹的"裸露",显现的是历史教育叙事分析的本相。这是一种建基于叙事分析的,有着知识形态、温润姿态和认识状态的知性教学,是走向教育的教学。

这一叙事分析的知性教学,将史事、概念和结论编织到历史情境里,以感知—发现(启迪)为心理特征、以获取和陈述—提取和阐释—整理和推论为逻辑特征,是故事与思考同在的教学,是思维与思想共生的建构,是情感与理性交融的学习。它源自教学语境而非撰述语境的"知"与"识"的完整理解,①源自历史教育葆有的人文情怀,这是知性教学的理据所在。那尊历史的叙事性与教育的叙事性彼此相依的二元叙事的知性形象就站了起来。

(本文原刊于《中小学教材教学》2015年第5期,人大复印报刊资料《中学历史、地理教与学》2015年第11期全文转载)

---

① 束鹏芳:《看见知识:例题教学中的去蔽与敞开》,《中学历史教学参考》2014年第10期。

历史教育：叙事之上的知识展开

一、叙事是历史书写的基本出发点

事实上的历史是在事件中展开的。在一定的时空范围内，事件的行为主体因为某些主客观因素而进行了一系列活动，并因此而对后续的历史进程产生了影响。人间的悲欢离合、社会的兴衰进退，皆因事而起、因事而伏。事件的叙述构成了文本历史得以展开的枢纽。文本历史的叙述，既是生动的细节叙事与逼真的场景再现，也是概要的宏大叙事与脉理透析，但它终究不是原生态的事实，而是按照一定的规则重构的，是基于感性的理性架构。人们在掌握了大量叙事进程中的历史现象后，依照一定的历史观念和分析逻辑加以剪辑和呈现，书写了一部部历史。但无论怎样重构，叙事都是历史书写的基本出发点。

二、历史教学的内容是不同类型的知识

叙事的历史进入中学教育的阈值后，其书写、架构的样态就是"知识"。作为"知识"的事物，它有3个明显特征，即被证实的、真的、被相信的。[1]

---

[1] 折延东等：《论教材的本质及其重建》，《课程·教材·教法》2016年第6期。

为了传递、彰显这3个特征,中学历史的书写往往概要地叙述史事,呈现可证的史料,凝练概念与术语,基于概念和术语的运用,对史事和史料进行历史解释,形成价值判断,构成有限度的历史结论。于是书写的、用来学习的历史就通过事实性知识、概念性知识与结论性知识,构建起了历史课程。在这些事实、概念与结论等具体知识的背后,蕴含着"如何书写历史""书写怎样的历史"的思维方式、逻辑规则、价值观念与家国情怀,这一后台支持,构成了历史课程的方法性知识与观念性知识等思想知识。因此,书写的、用来教学的历史课程,是由显在的具体知识与隐现的思想知识这两个层次构成的,这两个层次的知识落实到课程中,就表现为事实、概念、结论、方法(思维与逻辑)与精神(观念与情怀)5个类型的知识。① 撤除这些知识类型,我们的学习或认识对象就只有两种状态:姿态万千的人类生活的粗糙原貌,汗牛充栋的历史资料的断章残简。显然,再大的脑容量也无法全部吸纳,甚至会在"自然主义"的横流中失却历史的社会"资治"与人生修习的功能,它就没有了存在的价值。正是以上5种类型的知识表达,将历史的万千气象、浩瀚史料聚合成有价值的、可教可学的历史课程。撤除这些知识类型,代之以其他架构元素,例如思维能力、核心素养等,学习或认识的对象将是先验的主题先行下的史事聚集,或者呈现为伦理平台上的御用杂烩,或者表现为能力框架下的算计工具。那样的话,历史课程既有逻辑上本末倒置的嫌疑,也有失历史学科叙事分析的基本特质。迄今为止,还没有见到一本用能力或品格来架构历史的著述。因此,书写的、用来教学的历史一定是,目前也只会是历史的知与识架构而成的,必备品格和关键能力只能借助历史知识的学习进程来萃取和涵养。

因此,历史教学的对象或内容是知识,是在知识学习的进程中实现品格涵养和思维淬炼的目标。目标在前方,眼下的起点是知识,所以要在目标的引领下,展开知识的学习,在知识学习的展开进程中渐次实现目标。② 历史

---

① 季苹在《教什么知识——对教学的知识论基础的认识》(教育科学出版社2009年版)中将知识分为4个维度:事实、概念、方法与价值。从历史学科特点出发,价值性知识又可以细分为结论与精神(具有主体的个人知识的特征)两类。
② 王策三:《"三维目标"的教学论探索》,《教育研究与实验》2015年第1期。

知识的展开及如何展开，才是历史教学的本质问题。它是教学的身与形，品格或思维大约也只是教学的身与形如何跃动的灵与魂。所以，务实的有教育意义的历史教学，是素养目标引领下的知识的展开，是有身体可以附丽的魂与形相契相合的舞动。

三、历史知识在叙事包裹下分类展开

教学受制于学习。作为认知科学的学习论，其独特的问题域是研究学习活动发生的机制与条件，关注"学的课程"的形成。学习的历程，是知识在学习者的认知过程中发生的经验改造与再生，是知识符号的意义关联与创生，是在顺应的基础上展开的同化和建构。[①]这就意味着，教学要提供适切于学生学习的历史知识，能够实现基于感受和经验的顺应。由此，历史知识的叙事性不可或缺。这也意味着，学习的知识要具有认知建构的价值，要能实现知识的意义解读与品格修习。由此，历史知识的多重性（多类型）也不能缺席。所以，基于学习论的历史知识是以叙事样态和多重属性呈现的。面对用这样的知识架构而成的历史课程，合理的教学进程是：在场景式的史事叙述中，经由感知，通过梳理、分析与解释等行动，整理史事、整合概念、建构认识。也就是说，将史事、概念、史论和精神等纳入叙事包裹之中，包裹在有温度的多个历史面相的叙事模式中。[②]

在叙事包裹下的历史知识进入教学流程以后，教师带领学生逐一打开和剥落，引发关系理解和智能活动，由知而识，展现历史知识展开的教学场景。在这样的教学场景里，学习者在获得知识的多重属性时，内化和积淀核心素养。以下结合高三"20世纪80年代中国农村改革"（以下简称"农改"）的教学予以说明。[③]

---

① 陈理宣：《知识的结构形式与教育改革策略研究》，《课程·教材·教法》2016年第4期。
② 束鹏芳：《给学生有温度的多面相的教学材料》，《中学历史教学参考》2015年第9期。
③ 详见陈仲丹主编：《著名特级教师教学思想录（历史卷）》，江苏教育出版社2012年版，第43—45页。

（一）事实与概念性知识：知识展开的基础

文本的历史起于对史事的探问，学习又起于对事实的感知，所以具有历史叙事特性的事实性知识，就成了知识展开的基点。新课教学伊始，呈现生动的事实、生活的场景：安徽小岗村农民因积贫而分田包干；中央发布一系列关于农村改革的一号文件；小岗村农民的生活变化。学生据此感知一个事实性知识：20世纪70年代末到80年代初，从农民自发到中央推动的承包式农村改革。借助图片、文件、口述（回忆录）等多种史料的互证，学生得以坐实这一事实性知识，最后加以陈述，完成知识展开的第一个环节：陈述客观的事实性知识。接着让学生面对事实材料，根据时空、内容、特点与性质等历史要素，概括客观史事，尝试概念表达。在学生表达的基础上，教师做规范表述，事实性知识由此而汇聚到"家庭联产承包责任制"的概念性知识上。这是知识展开的第二个环节：将事实凝练为概念陈述。这两个环节主要指向客观的"知"，区别在于是事实的选择、罗列还是所选事实的归纳与概括。

（二）结论与精神性知识：知识展开的主体

文本的历史是"对事实的理解与解释"，知识的学习是"知识的意义关联与发现"。"对事实的理解与解释"既是历史的因果推断，也是"知识的意义关联与意义发现"，这一推断和发现就是史论性知识的生成，它是知识展开的中心。面对已经呈现的承包式农村改革的事实叙事，需要探问因果。尽管因果推断已经介入了人的主观性，其推断性的历史表述具有再生与流动的建构性，但它绝不是抽象的演绎，而是具象的基于事实的分析和证明。由于这一事实已经汇聚为概念，所以接下来的因果推断就基于"家庭联产承包责任制"的概念来展开。

教师出示安徽小岗、四川广汉等地的粮食产量变化、农民收入与农村面貌变迁、中共中央和邓小平的肯定等学习材料，学生再次面对事实性知识（已有所扩展），以因果推断为抓手，对学习材料作出特定时空背景下的历史解释，逐渐生成史论性知识：农民生产积极性的压抑与张扬、农民生活水平的徘徊与提高、农业发展的迟滞与突破、农业与工业化的互动等。这一对史事的因果分析，是事实性知识的意义发现和价值判断，是对知识所作的关联性教学，是对知识所作的意义理解性教学。知识的教学就由表面的事实性知识的认知，走向了深层的结论性知识的发掘，由静态的客观知识的了解走向了动态的主观知识的建构。

教科书与教学的历史解释，通常都停留于世界观层面的社会分析。但历史学习的价值和知识学习的动力却相契于学生的生命体悟。在"农改"教学中，完成社会学层面的知识解释后，呈现了如下的问题情境：联产承包之前，青黄不接、春寒料峭之际，你饥肠辘辘、浑身哆嗦。此时，生产队长吹响哨子，你得下地干活，在无法预期收获的心境中干活儿。想象一下，要不要改变现状？以什么方式改变？如此，对事实性知识的历史解释，植入了个体的生活情境与人生体验，既强化了对农村改革的因果认知，也推动了事实性知识的解释走向生命情怀的唤醒。这一知识的价值生成，释放了知识解释所具有的社会价值与人生价值的双重属性。至此，完成了知识展开的核心环节：介入主体精神的知识阐释。这一环节指向主观的"识"，指向知识的"被相信"特征，指向知识学习的机体化，其结果是形成结论，表达怀想。"人"的素养蕴含在知识的展开中，蕴含在知识的价值属性的释放中。

（三）方法与原理性知识：知识展开的回绾

概念如何形成、认识如何产生，这一知其所以然的方法性知识，是知识阐释（历史解释）的内在逻辑，是知识展开的组成部分。鉴于方法性知识蕴含在知识阐释的过程中，所以揭示方法性知识可以用两个步骤来实现。

一是回溯性感悟，将完整的概念表述与结论表达陈列阵前，端详这些知识的面貌，想一想：凭什么，它们是这个模样？我们刚才是如何逐渐明晰它们的？照此思路，可以发现，家庭联产承包责任制的含义概括与因果揭示，是借助材料碎片与教材所述的彼此勾连与整合而获得的，是选择、组织和运用不同角度的史实材料，以个别与整体、主观与客观、动机与效果、时序与地域等分析要素为抓手作出的羼杂了情感、态度与价值观的历史解释。

二是延展性运用，沿着勾连与整合、选材与拓展的思维路径，作话题的现实延伸，从而在"新知识"（对学生而言）的生产或者新解释的生成过程中，明白其中的原理。在"农改"教学中，把家庭联产承包责任制置于改革之前的社会状况与改革之后的社会变化这一纵向的历史流变中考察，置于农村改革推动城市改革的横向关联中考察，就有了新的知识话题——改革与社会发展的关系。

通过添加新的情境叙事的材料解读，逐一生成新的结论性知识：改革是大势所趋，是事关党和国家存亡、社会进步或停滞的必由之路；但是，改革过程中也难免产生与主观意愿相左的负面结果，就像现代化、全球化也不是全部利好；单一的线性递进的改革进步论是需要审视的；改革需要改革的，守护应该守护的，这是历史的辩证法。这样的历史认识，显然不是教科书给予的，也不是教师告诉的，而是运用了如下方法性知识获取的：知识的主题整合，横向与纵向、个别与整体的"关系"辨析，在辨析中独立思考、发散延展。这是知识展开的"收官"环节：基于回溯与延展的知识形塑。这一环节可以视为能力训练与精神涵养的运用，但更是"历史原来如此表达"的造型认同。

四、知识展开的基本结论

以"农改"教学为例的知识展开说明了3个基本结论。一是历史知识的教学对象是5种类型的知识。二是历史知识的教学任务包括知识的丰富性、深刻性与整体性。三是以5种类型的知识为教学内容，在实现知识的3层教学任务中，历史知识的教学过程就是知识由此及彼、由表及里、由点到面的知识展开。无论历史教学摇动什么旗号，展现历史知识的类型，让某个核心历史知识在连续的多面相的递进展开中，表现其教育价值，都是不变的基本原理。

在知识叙事模式下，师生以主体的姿态行进在知识展开的征程中，感悟的是历史知识的多角度、多侧面和多层次的丰富性，发现的是历史知识的现象表层与意义深度的呼应性，把握的是此一史事（史料）与彼一史事（史料）链式交集的关系性。与这一历史知识的展开征程相应的是知识的教育形态：序列化与机体化。序列化表现为知识呈现的情境性（即叙事与生动）、逻辑性（即同化、顺应与平衡的认知结构）和精神性（即引发生命感慨、激起家国情怀）。[1]机体化表现为知识学习的大脑认知（以某种思维方式与价值观念来引领知识场域的理解）、心理感知（以某种情绪感受与认知图式来显现课堂场景的体悟）与身体行为（以口语、手写、制作或身体演示为表达形式的陈述、论述或阐述）。它是历史知识进入身体场之中所形成的某种联结，是大脑、心理与肢体的协调，因为这样的协调，历史知识得以内化——知识的内化其实就是知识的机体化。这里的序列化，是历史学意义上的知识教育形态，可以姓历史；这里的机体化，是课堂教学意义上的知识教育形态，一定姓教育。

当下的历史学科核心素养其实只是目标层面的史学精神，是抽象的学理表达，它若要内化为学生的素养，还需要过程层面的教育精神介入后，进行漫长的转化，而这一转化终究需要知识的教育形态化——将历史知识重组和整合为富有教育意义且能帮助学生以理解的方式来学习的知识——这或许是历史叙事之上的知识展开的真意。

因为知识的类型与教育形态，叙事姿态下的"知识展开"当是历史教学的定海神针。

（本文原刊于《江苏教育》2017年第1期）

---

[1] 韦正航：《论知识的教育形态》，《教育学术月刊》2008年第1期。

历史课程之"中华文化"的教学格调

一、"中华文化"的人文精神

中华优秀传统文化（以下简称"中华文化"）最主要和最鲜明的特征是人文精神，它聚焦于"人"在天地万物中的主动地位及由此而来的礼乐教化。[①] 中华文化强调"人"在天地万物中的能动性，所谓"惟天地，万物之母；惟人，万物之灵""唯人独能偶天地"。从人的这一地位出发，不"役于神"，不"役于物"，人事急于神事，民意重于神意，并进而强调人格的确立与提升，重视伦理道德的规范与养成，高扬明道正谊、节制物欲和人格自我完善，成为中华人文精神的显著特征。

中华文化在天人合一的观念里，以"天道远，人道迩"为理由，强调敬诚人道以契合天道，把天道纳入"利用、厚生"的实用范畴，如荀子所言："大天而思之，孰与物畜而制之？从天而颂之，孰与制天命而用之？""物"与"天"在有利于人的生产生活时，成为人的研究与利用的对象。在文学艺术中，自然被用来寄情或抒怀，所谓"天在人之中"。中华文化在"社会的人"里，演绎出宗教般的"正心诚意修身"的道德主义。孔子说："君子无终食之间违仁，造次必于是，颠沛必于是。"即使求学也得孝悌谨信，"行有余力，则以学文"。董仲舒提出，"正其义而不谋其利，明其道而不计其功。"

[①] 楼宇烈：《中国传统文化的人文精神》，https://www.neac.gov.cn/seac/c103391/202306/1165479.shtml。

对道义和德性的强调，框定了古代中国人的生存角色、人格追求与日常生活。文学艺术承担载道的重任，重视社会性与伦理性的心理感受和满足。即便外来的佛教、基督教也以援儒家道德要义来寻求生存和发展之道。当道德框定人时，人必"善其身"以达到"内圣"境界，而当人用道德框定社会时，人必"济天下"以求"外王"状态。为了这样的道德实践，中华文化强调人的评判与自省行为。以孔子为代表的士人带着自己的理想与道德走向庙堂，在批评与阐释中，希望统治者实现自己的理想。这是一种文化实践，也是一种文化批评活动。《史记》评点君臣，《三吏》指陈朱门，王阳明知行合一，顾亭林学以致用，都体现着文化的实践性与批评性。总之，中华文化的精神方向是要在日常生活之内实现人生的最高价值——"内圣外王"，具有明显的现实性与道德性，是一种在群体的人中体认和把握一切的文化倾向。[1]这种倾向是入世的，是以整体的社会的人为本的，致力于人的价值目标的实现。

这一中国特色的人文精神，也体现在现行教科书中华文化的叙写中。以实用见长的医学、农学、地理学、历法及四大发明等科技发明得到优先介绍，而数学、物理学等抽象思维领域的科学发现则着墨不多。具有伦理教化色彩和政治借鉴意义的思想主张，具有经世致用的借鉴价值的史学成果，都得到了重点介绍，而那些思辨色彩较浓的哲学理论则介绍不多。古典文艺介绍得最多的是那些具有现实主义精神、反映家国情怀和人生伦理的成就。从早期儒家思想的"仁"和"礼"的概述，到明清时期李贽、黄宗羲尖锐批判君主制的说明，从《诗经》表现对社会不公的忧虑，到吴敬梓、曹雪芹拿起小说作为抨击的武器，从司马迁、贾思勰深入民间、广泛访谈，到徐霞客、李时珍踏遍山泽、纠勘错误，这些纳入教科书的史事概要地体现了中国文化的人文主义精神。诚如人民版高中教科书必修三所载：儒家思想把注意力倾注于人类社会生活，而无视非人类的现象，只研究事，而不研究物；儒家固然没有把个人与社会人分开，也没有把社会人与整个自然界分开，可是他们向来主张，研究人类的唯一适当对象就是人本身。

---

[1] 庞朴：《中国文化精神论纲》，《光明日报》1986年1月6日。

现行教科书关于中华文化的内容书写，是社会的、伦理的、致用的和人情化的，体现了中国式的人文精神。"儒学中的命题都离不开人生问题。从孟荀讨论的性善恶问题、告子与孟子讨论的仁义之内外问题、宋儒讨论的理欲问题、明儒讨论的知行问题，都离不开做人的问题。修齐治平，都是道德修养的结果，都是内圣外王的表现。"①

二、"中华文化"的教学风度

中华文化的教学当然应与中华文化及其教科书叙写的内在理路一致。教学的对象是不可能摆脱中华文化熏陶的"社会的人"——与中华文化的指向范畴相符。教学的目标是立德树人——与中华文化的教化目标相应。据此，中华文化的教学风度应该是兼容中西人文精神的人文主义。②在教学中，要把"人"置于中心位置，在当下的价值理性中，强调社会的群体人格与独立的个体人格的统一。

一是挖掘中华文化史中的道德意蕴，指向有德行的人。立德是中华文化教学的基本任务，"天下之本在国，国之本在家，家之本在身"。在"不学礼，无以立"的优先性中，通过设置"孔子的成人""朱熹的全人""墨家的兼士"之类小专题，彰显中华文化中的道德人格教育的优秀成分，使传统的思想道德参与现代学生的精神生活，"修身"于亲仁积善的伦理观念、天人合一的生态意识、生生不息的创造精神与匹夫有责的社会担当，使必备人格根植于传统文化的土壤中。是为人文风度的道德性。

二是运用辩证唯物主义和现代精神进行文化的批判，指向有理性的人。中华文化本身就是在批判中传承和发展的。教学中要秉持批判思维，弥补传统文化的不足，吸附和融汇现代元素，推陈出新。"事师如父"的师生伦理，在传统社会已显夸张，当下更应在独立人格的标杆下，推演出宽容相待、平

---

① 陈先达：《马克思主义和中国传统文化》，《光明日报》2015年7月3日。
② 束鹏芳：《试论中国文化史的教学走向》，《江苏教育学院学报》1996年第6期。

等对话。在教学中,也要热衷问题的思考以及对理性人的追求,使学生懂得人要在自身寄存的社会里证明个体的存在,而不是漠视人的个性。是为人文风度的批判性。

三是彰显中华文化的文化知性,让中华文化教学与审美教育结合起来,指向有品位的人。中华文化的形象性、直觉性,以及由此而来的精神愉悦感,是其他领域的历史难以望其项背的。《诗经》的风雅、《楚辞》的理想,"君子不器"的高远、"三省吾身"的自察,尽显文化的知性之美。教学中,要在内容上引领学生欣赏、品味传统文化的魅力与中华风度,在手段或形式上,借助文化遗迹诉诸情感与审美,使文化的精神教育和"人"的品位提升,充满欣欣活力。是为人文风度的审美性。

四是根植中华文化的包容精神,注重教学的开放姿态,指向有胸怀的人。古代中国的思想学说在"相反而相成"中获得长远的生命力,外来文化的进入也从未导致中国文化失去本色。"半亩方塘一鉴开,天光云影共徘徊"是中华文化包容精神的写照,也当是教学姿态的写照。在教学中,要秉持"没有拿来,人不能自成为新人"的气度,基于世界文化多样发展的视野,包容学生的文化理解与表达方式。学生生而具有"天地之性"与"气质之性",文化史教学的"大益在自能变化气质"。是为人文风度的包容性。

五是融汇中华文化的经世精神,重视教学过程中的知行合一,指向能致用的人。传统文化与传统教育都十分关注经世致用。在"知之非艰,行之惟艰"的思想指导下,传统教育十分强调"士虽有学,而行为本焉"。一个完整的学习过程是:"不闻不若闻之,闻之不若见之,见之不若知之,知之不若行之,学至于行之而止矣。行之明也,明之为圣人。"整个传统教育中,以"知行合一"为轴心的知行关系始终存在。[1] 在教学中,要重视观察、描摹与尝试,例如科技与文艺史的教学。要注重"审问"与"讲会"方式的运用,例如思想史的教学。尤要创设行为情境促进个体的自觉与践履,例如人伦德行的教学。是为人文风度的实践性。

---

[1] 杜成宪:《中华民族有哪些教育传统可以传承》,《河北师大学报(教育科学版)》2017年第4期。

"人文教育是一种置身于生活中的生命体验,是面对历史情境的自我感悟和思索"[1],人文教育意味着"对文本内涵进行体验、感悟,作出自己独特的反应,尝试理解和解释,以求真正领悟",意味着"教师要引导学生自己去判断、理解,引导学生能够从传统中找出那些对今天有启发意义的东西"[2]。因此,中华文化的教学在以上五个维度展开,不仅是中华文化自身的精神特质的展开,也是人文教育要义在操作层面的展开。当中华文化的教学呈现上述五个维度的特性时,庶几可说"郁郁乎文哉"的人文风度了。

三、"中华文化"的教学方法

中华文化的人文精神及其教学的人文风度,适宜用体认的教学方法予以支撑。

中华文化的特质具有体察性,讲究在感性体验中推原事理,走向认同。古代科技满溢生活色彩,多数都是出于日常功用的体察而发展起来的。古典文学无论是描述自然、感悟生命,还是叙写世事、体察人心,生命主体的情与思都寄寓其中,"体认"是其最大的美学意蕴。传统书画更是基于"笔锋如着盐曲蟮,诘曲纸上"的毛笔而成就的情怀世界,所谓"书必有神、气、骨、肉、血"。诸子先哲的思想,无论是指向仁与礼,还是阐述理与心,学者总以"历史故实"或"格物致知"的方式加以说明,以求受众心领神会,所谓"古人未尝离事而言理"。他们面对受众说理时,总试图激发人的内在自觉,追求"道德实践所以可能之客观依据"。外来的佛教在中国化的过程中,还有"不立文字,直指人心"的做法。传统史学也一直凭借"事有实据"来"达道义、彰法式、通古今、著功勋、表贤能",推动传统文化中的价值认同。[3]可见,体认不仅是中华文化内在的特质,也是中华文化传播与建构的

---

[1] 陈志刚:《传统文化的弘扬与历史教科书的编写》,《历史教学》2008 年第 1 期。
[2] 刘克明:《历史情感价值观中传统文化的教学蕴意》,《历史教学》2014 年第 23 期。
[3] 许兆昌:《传统史学与价值认同》,《史学集刊》2013 年第 6 期。

方式，它与传统思维的直觉思维互为表里，如明代理学家湛若水所言"随处体认天理"。中华文化这一体认特质与体认化传播，与基于认知的情感态度价值观教育的进路类同。

基于认知的情感态度价值观教育的内在过程，由情动→感受、体验→理解、价值化→人格化3个相互联系并相互过渡的过程构成，三者之间是后者包容前者的递升关系。[①]这种递升关系，也就是一种从情境知觉到理解判断的认知图式。在这样的递升关系和认知图式中，基于情境感受的、通过观察与体悟去理解和践履的体认，居于核心环节。中国的教育传统也十分重视体认。一是注重个体的自觉。所谓"自明""自求"，《易经》所说"涣其明"，《大学》所说"明明德"，《论语》所说"君子求诸己"，都在说修养为学需要个体"自觉"的体认。二是注重在体察中认知。传统的学校教育包括书院教学，大体上都遵循这样的流程：在诵读与临摹中感知，在感知后听从讲解，复在讲解中相互讨论、驳难或辨析，从而悟出自己的认识。这是一种体认的教学方法。三是注重实践与运用。"中国的义理与西方哲学不同者，在其实践的基本性格……有一段实践功夫，精神可以相通，声气可以相接，了解自可真切。"[②]在实践中获得真切的了解，正是情动—体验—人格化的"义理"习得，符合体认的认知图式。

要使中华文化由内隐而走向外显，由幽深而走向通透，需要经历一个发现、唤醒、认同和践履的过程，需要借助感知、理解与解释的思维历练，需要依凭情感与态度的介入与支撑。体认的教学方法能满足这样的需要，一是它契合中华文化的特质，二是它契合情感态度价值观教育的教育特性，三是其与中国传统教育理路一致。因此，无论是中华文化自身的生命情意特质，还是中华文化在古代中国传播与教育的"体验—印证"方式，或者是现代心理学支撑的情意教育的递升路径，都能支持体认的教学方法。

在中华文化教学中，采用体认的教学方法，意味着注重诵读与体验，意味着重视讲述与理解，也意味着关注情理相融的价值认同与践履。诵读本是

[①] 朱小蔓:《情感教育论纲》，人民出版社2008年版，第130页。
[②] 徐复观:《中国人的生命精神：徐复观自述》，华东师范大学出版社2004年版，第164页。

文科教学与生俱来的天性，无论是中华文化的文言文形式，还是文本自身的简约与蕴藉，诵读都是必要的，况且真正的诵读是掺杂了感受、意会的感官认知活动，是情绪的启动，是体验的一个出发点。体验是获得关于客体（譬如中华文化的文本内容）的感性信息的一种感知方式，它包括心理体验与实践体验两种主要方式。体验的过程包含了感觉、情绪、想象、假设、记忆等因素。使用体验学习的方式，就是调动情绪、运用感觉、想象、假设等认知因素，主动渗透和探测材料所蕴含的思想。于是，体验活动的结果就会产生一种内部的主观的东西，例如精神平衡、心气涌动、新的意识等。[①] 以维果茨基为代表的文化历史学派认为，体验既以历史文化为媒介，又以心理学工具为中介。中华文化为教育活动中的体验提供接受的、创造的、抚慰的、自豪的、期待的等多维度的介质，教育活动中的体验则为中华文化的彰显提供情感的、态度的、兴趣的、经验的、理解的等多源头的动力。体验是讲述与理解的基础与平台。讲解是以讲为抓手的解说，是对中华文化之"文以化人"的解释。它不是单纯的客观史事的照录，是"照着讲再接着讲"，在讲的过程中，表征"树以风声"的价值引领。对中华文化的讲解，无疑要以教师为主，但也需要学生的讲解参与，以便在"顺应"中进行"同化"。从体认教学的技术程序来说，讲解的目标是指向理解。理解作为一种结果，是一个人的知识和经验的表达。作为一种过程，它卷入情感、体验和愿望，对人与"象"持一种感同身受的同情之理解。理解只有在个人心境中才能出现，是体认下的理解。有效的理解与理解者自身的视野和境界有关，保留着个人体验中的内心世界的特殊性与丰富性，是感同身受下的解释。有了卷入情感、态度的理解就能指向价值认同。价值认同是基于对话式交往而形成的某一价值观念的共享。中华文化教学的终极目标是通过彰显其中的优秀因子，推动学生对某些价值的认可与共识，并指导自己的实践行为，走向知行合一。

体认的教学方法，包含诵读、体验、讲解、整理、理解（感同身受）、对话（交往）、认同（确信）和践行等一个个具体的教学方式，这些方式往

---

① ［苏联］瓦西留克：《体验心理学》，黄明译，中国人民大学出版社1989年版，第11页。

往可以前后相接,并形成一个个具体的教学环节,从而建构出较完整的中华文化的教学过程。

四、以体认方法撑起人文风度的教学格调

在中华文化人文精神的涵养下,体认的教学方法与人文的教学风度,彰显着别样的教学格调。

"宋明理学"是中华文化道统传承中的节点,是中华文化精神价值的载体。其教学过程摘录如下。(一)用"程门立雪"的故事引入新课,然后援引韩愈《原道》有关"道统"的韵文片段,让学生在诵读中发现何以"孟轲之死,不得其传"的疑惑,展开汉唐以来儒、释、道三教并进交错的概要性讲解。(二)"神入"历史,将唐朝后期的政局与北宋政权面临的边患以现象描述的方式呈现出来,让学生以充满忧患意识的北宋儒生身份进行推断:从思想意识的角度来寻求问题的根源与解决的办法,由此再次运用讲解方式,陈述北宋的儒学复兴运动。(三)呈现六十四卦太极图、《爱莲说》中的名句以及张载"为天地立心"之语录,让学生观察与吟诵,从中勾连史事,并推断老师提供这些材料的价值观用意。基于学生的先行,教师明晰周敦颐、邵雍和张载创立理学的线索。(四)选用《二程遗书》中有关天理、人伦的材料,组织学生分组研习,提炼二程的观点,诵读程颢"云淡风轻近午天"、朱熹"胜日寻芳泗水滨"的诗句。从中体会仁者探究天理,寻求精神自足的孔颜之乐。教师再举一些学习与生活中的例证,通俗地说明求"仁"与究"天理"的关系和"致知"求"仁"的心理愉悦。(五)在小结二程学说后,化繁为简地讲解朱熹的学说,并且用对比的思路,让学生明晰朱熹如何在二程的"天理"、"致知"和"仁者"上有所发展,从而既帮助学生理解朱熹之"集大成",又推动学生理解程朱理学的含义。(六)引导学生尝试表述程朱理学的概念,并在矫正中出示规范表述,促其摹效。(七)出示鹅湖会"欲令人泛观博览,而后归之约……欲先发明人之本心而后使之博览"的材料,以及

白鹿洞书院的图片，描述朱熹与陆九渊的讲学及其论辩景象，然后引导学生说出两人的相同宗旨与不同分歧。随后，研习陆九渊的言论，阐明心学的含义。（八）出示自制的"心即理"的漫画，让学生观察并闭目冥想，体会片刻，睁开眼，说一说对"心学"的理解。就学生表现出的不同意见展开小辩论。（九）学生结合名人名言与身边的社会生活，从正面叙述理学对人的修身与治国的积极影响，再举例论证戴震的"后儒以理杀人"，以示消极影响。（十）呈现程颐和朱熹对"格物致知"的解释，分组讨论这一解释，就"唐宋大儒是如何探究真理和立论的？"写一段方法启迪性的文字。（十一）集体诵读宋儒有关修身为人的语句，要求每位学生做一件帮助同伴的仁义之事。

在上述教学过程中，教师力求从感受出发，展开理解与解释，走向理性的价值判断，并创设情境，推动学生的心理体验与实践体验，寻求对中华文化的认同。诵读、体会、讲解、归纳、尝试、例证、分析、冥想、讨论、写作、辩论和践行等多种方式贯穿在教学过程中，这些方式恰当地体现了体认的过程与方法，也与理学家的如何学习与实践的修养论相契。以体认的教学方法，彰显古代学术思想的事理性、体悟性与融通性特征，也内含中华文化教学的道德性、批判性、实践性、包容性与审美性5个维度。当"大抵心与性情……此处最当体认"时，中华文化的教学就有了"过前川""余心乐"的理趣与风度了。

以体认的教学方法撑起人文的教学风度，获得一种富有知性气质的教学面相，这种教学面相犹如言志为温柔敦厚的《孔夫子颂歌》。[1] "文以载道、因文悟道"的"理"与"一咏三叹、反复体认"的"情"交融其中，使中华文化渗入学生心灵，推动传统文化的复兴而不复古，从而再生新文化、新传统。历史课程里的中华文化的教学格调便是"风""雅"——既形色生动又不失正声和端庄。

（本文原刊于《中学历史教学参考》2018年第7期）

---

[1] 美国诗人庞德将《诗经》译为《孔夫子颂歌》，而言志的《诗》在孔子那里有"其为人也温柔敦厚，《诗》教也"的价值。本文在此化用它们，喻指中华文化教学的"为人"旨趣与气象，也代指中华文化的格调。

历史教学立体化的尝试

所谓立体化教学，撇除知识的立体化理解，从教学行为来看，包含两个基本方面：场面与情感辅助的情景描述，历史与"我"在理性观照中的思考。这种立体化教学可以运用5种教学手段来推进。

一、语言描述

历史教学中的语言要防止平铺直叙，要进行富有色彩与情感的修饰。除典章制度相对困难外，一般说来，许多地方都可置景，渲染、抒怀，赋予丰富想象的展示。

历史事件本身就像画。教师讲温泉关战役时，与学生一起设想飞矢如雨、盾牌舞动、肌肉颤抖等场景。"全部战死了，战场一片死寂，灰暗的天空显得特别矮而沉，尸横遍野，撩开死的岚气，我们看到希腊人为他们竖立的墓碑：'亲爱的过客，请带信给我故乡的人民，我们在此矢忠死守，为祖国粉身碎骨！'"

讲雅典的共和政体使人想到雅典人优雅、活泼、开放的气质，笔者背诵了拜伦《雅典的少女》一诗的部分内容，给共和政体及其优越性赋予某种诗性。讲雅典经济时，笔者采用镜头推移的办法予以展示。全景：蓝天碧海，小丘，"长城"，如林的桅杆，如流的人群，色彩斑斓的衣服。特写：平展的堆货场，漆了桐油的棕色木船，镜头展开。近景：这里在装红葡萄酒，那里在卸银灰的鱼,妻子带着孩子迎接丈夫归来甜甜地笑,温柔极了,那里在送别,依依的情,镜头缓缓拉开。远景:无垠的海面上,依稀可辨船的影子(然后笔者挂上了名为《比雷埃夫斯港》的油画)。

历史人物给我们的语言描述提供了生动的造型基础。对《达·芬奇自画像》的描述是:睿智深沉而略带忧郁的眼睛,刚直坚毅的面部表情,一位深沉的艺术家的形象。他那飘荡的胡须,富有艺术的律动,细看如跃动的火苗,依稀感受那里有奔涌的血液,再看他那一绺胡须,仿佛如弯曲的铁丝,充满内在的信心与力量。

有些插图完全可编成故事,仿佛一个小品,例如"印第安人友好地接待英国殖民者"等,教师要用生动的语言来运用教材的插图,描述历史事件。

二、图片、绘画的使用

我们除利用教科书上的插图外,还可借助历史图片、绘画及对某段历史起烘托作用的画作。

公元前 5 世纪的希腊陶瓶上的绘画,构图均衡,饱满,线条简练,挥洒自如,这就是雅典陶瓶出口垄断国外市场的重要因素之一。对它的讲解,不但使学生理解了课本上关于雅典手工业与陶器出口的内容,而且平添了艺术史的一些知识。正因为伯利克里时代的繁荣,人的解放,所以才有充满自信、洋溢生命力的《掷铁饼者》(米隆),才有优雅柔和、展示青春魅力的女子雕像。这些图像充分说明伯利克里时代的繁盛,且有助于学生自觉地形成关于文艺与时代关系的唯物主义观点。还有些历史故事画,如《马拉之死》《拿破仑加冕式》《五月三日的枪杀》等,让学生看画,老师解析,并用教材的某句话作点睛之语,从而回归课本,从教材出发再返回教材。

三、音乐的渲染或实证

历史教学中使用音乐作品时，一般是先作说明，再适当使用板书，然后播放。例如，"罗马角斗士"一段，运用了雷斯庇基的《罗马的节日》第一段"竞技场"。由学生体会那喧嚣咆哮的音流中的场面，联想到紧张的人群，激烈的搏斗，奴隶主的狂笑嘶喊，最后在庄严的殉道者的圣歌里，我们充满了对奴隶的同情，我们看到了角斗后的惨景。这样，不但用音响渲染强化了那戏剧性的场面，而且学生以极大的注意力予以想象，从而掌握了历史知识，也展开了想象的翅膀。

有些直接取材于历史的音乐，如柴可夫斯基的《一八一二年序曲》描写抗击拿破仑的卫国战争，肖斯塔科维奇的《一九零五年交响曲》第二乐章"一月九日"，学生能在枪炮轰鸣、喊声震天的巨大音流里，想象出人民与宪兵搏击的场面，音乐突然趋向寂静，象征宪兵的沉闷的军鼓声出现了，学生感知到游行被镇压了，恐怖再次降临。

还有《马赛曲》《老黑奴》等歌也可在历史教学中加以使用。

四、基于历史与人生维度的思考

无论是历史教学中的语言描述，还是音乐绘画作品的衬托，都不能局限于现象的立体呈现，我们还应引导学生在历史学习的过程里受到教育，思考人生。如讲到科学共产主义时，先引导大家去琢磨和"触摸"一个思考者的脸型特征及其显现出来的性格——马克思炯炯的目光、坚毅的神态、分明的棱角，无不显示出他那无限的探索精神。

五、形象思维视角的学生表述与测试

高中学生普遍爱好文学艺术，我们可依据教材提供某些历史材料，让他们进行文学化的表述，这不但是巩固知识、培养能力的途径，更是一种测试手段。

笔者在示范后出了一道题：金字塔 // 落日残照 // 沙漠，你夹在驼峰中，请你以埃及发展史的基本内容为依据，表达你的游历感受。这里考查了他们置景构图的形象思维，也促使他们感受到一种历史的悲壮意识。尽管效果不尽理想，但这无疑能使学生饶有兴味地去思考和想象，并认识到掌握其他学科知识的重要性。这是立体化教学的重要一环。

总之，在条件允许的情况下，利用音乐、绘画乃至幻灯影视等诉之于视听觉的手段来教学，并将过去与现在、自身与历史结合起来，能使学生在历史情境里合乎认知逻辑地迈向理性思考与深度学习。这就是我们的追求，我们把这种多层次、多方面的手段相结合的教学方法称为立体化教学，而这诸多手段是离不开语言艺术的淬炼的。当然，立体化教学不仅表现为立体化地呈现历史的手段运用，还应该表现为对历史知识作立体化架构的理解与探索，这是值得期待的。

（本文原刊于苏州大学主办《中学历史》1987年第4期）

让中学历史教学鲜活起来

——兼谈主体教学的一种误区

一、工具理性的批判

近来，笔者有幸作为评委，听了10多节初中历史课。上课的人有较强的成就动机感，普遍注重课堂教学中的学生参与，这是十分可喜的现象。但是在他们的参赛课中表现了某种理科化的教学倾向，还表现出了某种尊重学生主体地位的"虚伪性"。这些都是值得深思的。

这里所谓的理科化教学倾向是指：历史课上讲得少，练得多，讲的过程也不断提问，历史被解构成知识性的骨架，例如时间、地点、人物、原因、结果等，即便是因果，也是来自教材的概括性表述。新课上完了，知识结构出现了，巩固性练习也就跟着开始，又是时间、地点、人物等问题。这种理科化倾向往往又会体现为内容讲述与训练的碎片化特征。

这里所谓的主体性教学的"虚伪性"是指：在历史课上，频繁的师问生答和阅读教材找答案贯穿教学过程，学生不断地被老师引导到他的预设问题上，结果课堂气氛是活跃了，"填鸭式"被摒弃了，但学生在教学过程中只是跑龙套，只是被老师当成知识的存储器而已，学生获得的也是僵硬的知识和教条式的结论，这难道是尊重学生主体吗？主体性是一种精神存在，是一罐情感佳酿。以确定的工具性知识的获取与掌握为目标的教学，忽视了历史的精神财富，忽视了学生与历史的情感对话，也忽视了主体把握多彩历史的心理需求。

二、批判的理性工具

　　历史教学在本质上就是要以活生生的历史事实的再现为依托，通过科学的解释和分析形成历史知识，由此拓展受教育者的精神世界，磨炼学习主体的精神品质。如果初中历史教学表现出理科化的倾向，并在知识性问题的轰炸中体现所谓主体地位，那么这种历史教学不但失去了历史的意味，偏离了历史的本位，而且失去了素质教育的本质。

　　中学生正值花季，从其思维特征看，他们的感性认识还占主导地位，他们对历史故事、历史图片表现出的兴趣要超过抽象出来的历史知识和历史认识。从学习动机来看，兴趣的牵引显然是影响他们学习走向的关键因素。从其情感特征来看，他们的情感容易外露，好胜与攀比心也毫不收敛（除非你压制他们），而且他们很容易与青年教师亲近。另外，他们正处于形成良好世界观与价值观的最佳时期，是少年向青年转化的时期。因此中学历史教学要充分依靠和利用这一资源，让历史教学浸没在人文氛围之中，抹上情感色彩，并给予他们精神上的磨砺和馈赠，以取得知识、思想、能力与情感教育合一的效果。如果是理科化倾向的历史教学，我们不能相信这是在因材（学生）施教，我们也不能认定这是尊重学生的主体地位，我们更不能认定这是在教"人类生活的行程"。

　　事实上，让人回味久远的历史课，并不在于"精讲多练"，也不在于让学生不断地回答老师提出的问题，让人印象深刻的历史课往往在于：活生生的历史在师生的语言表述中再现，"鉴往知来"的历史对话在课堂上进行，教师精彩的阐述是一种历史的沉思。在教师的鼓励与启发下，学生思维闸门下滔滔涌动的是主体理解中的历史，尽管稚嫩，尽管有误，但这种课是真正的历史课，是感性与理性的结合，是主体地位与主体精神的互为表里，这才是把握历史本位、符合中学生特点，也契合教材特征的课堂教学。

　　显然，中学历史教学应该显示历史意蕴：再现历史本身，再加工出主体化的历史。在这一理念指导下，中学历史教学应该让鲜活的历史在师生这一鲜活的群体中形象起来、感情充实起来、意义丰富起来。

三、张扬人文大旗

笔者以为，作为人文科学的历史教学要关注以下几个方面。

首先是教学内容的安排。由于历史教学还有一个加工出主体化历史的任务，因此我们要充分运用因果分析、历史评价等方式，展开与历史的对话，提炼精神财富，形成历史认识，构建历史的整体性，从而在史事认识中陶冶学生的品格与情操，启迪他们的历史智慧。

其次是教学过程的运作。我们要充分运用中学生好奇、好表现的特性，让他们置身历史环境中去想象，去设计问题，也可以让他们讲讲课外所学的一些历史知识，在史实中体会里面包含的知识信息与精神财富。分析和评价等认识层面上的历史对话，仍要以史实为附丽，并尽可能结合学生的现实生活（社会的、时代的、个人的现实）来展开。这种师生之间错落有致的讲述和探询，这种张扬学生个性，引导学生表现自我的做法，这种"一切历史都是当代史"式的"客观"阐述，既是历史教学人文特性的体现，又是有血有肉的历史记载的复位，更是主体性教学的真义所在。

最后是教学效果的检测。历史教学的效果并不仅仅体现在学生记住了多少知识点，还体现在他们是否感受到历史真实的存在，是否在历史的塑像前悟到了历史认识，获得了主体化的历史，体现在学生面对感性的历史能否体验到一种历史情怀。因此鲜活的中学历史教学的课堂训练项目应该是：重要的必备基本知识点、历史事实中包含的认识资源和置身历史环境中的历史体验和想象。缘此，历史认识层面上的主体化、个体化的说话训练就是首选的方式，体验与想象层面上的"我在历史图画中"的解说也是值得尝试的训练方式，这两种方式都要求设身处地，它们在实际上潜移默化地培养了"特定条件下阐述历史"的学科能力。相比之下，知识点层面上的选择、填空就是次要的训练方式了。

倡导人文意义上的历史教学，追求中学历史教学的鲜活状态，是历史自身的鲜活性、知识的整体旨趣、师生鲜活的生活状态所决定的。它并不否定基本知识的教学，它只是希望把基本知识的教学纳入充满生机的、意蕴丰赡的历史再现、历史阐述之中。它并不否定训练，它只是反对考试等一般的客观性训练。因此，我们既注重学生的参与，又注重教学内容上对历史自身意蕴的回归。为让历史的雄浑浩博在师生的语言交流中展开，为让历史教学在"鉴古知今"的探询中激荡思想，我们倡导讲，精彩地讲，老师讲，也激发学生去讲，将学生的讲也看成练。如此，既彰显学生的主体地位，也拓展主体的精神世界，这才是真正的尊重学生主体。

（本文原载于《江苏教育报》2000年4月25日）

张扬人文大旗

文明社会是通过人文学科来思考重大问题的，人文学科是自古以来人们所说、所想、所写及用其他方法表达的关于人类经验的最美好的东西。历史是人文学科的重要组成部分。历史使人明理，历史所表述的人类经验能够回答以下问题：我们的收获和缺陷是什么？我们应该做些什么？我们可以希望什么？所谓的明理正寓于其中。

"历史这样东西是人类生活的行程，是人类生活的连续，是人类生活的变迁，是人类生活的传演，是有生命的东西，是活的东西，是进步的东西，是发展的东西，是周流变动的东西。他不是些陈编……不是印成呆板的东西。"[1] 因此，无论是就人类生活的理来说，还是就人类生活的剧来说，历史学科都是人文学科的重要组成。学习历史就是厕身于一部部"历史剧"中，认识一个人文世界，在这样的过程中，收获历史知识，理解历史中的情和理，凭借历史的镜子，洗涤灵魂，提炼品质，激发热情。所以历史教学在本质上就是要以活生生的历史事实的再现为依托，通过科学的解释和分析，形成历史认识，由此拓展受教育者的精神世界，培养学习主体的人文精神。历史学科培养人文精神的教育目的及目标是什么呢？

历史教学培养学生的人文素质，需要坚持以人为中心的人本主义观念。表现在教学内容上应该着眼于以下方面。

---

[1] 《李大钊史学论集》，河北人民出版社1984年版，第198页。

一、以历史人物的活动及其对人类社会生活的影响为中心来再现历史过程，重视培养学生对历史人物的评价能力。历史人物教学有助于推动人认识自我、成为自我和发展自我。"有关星球的理论决不会成为星球的一部分；而关于人的理论却进入到人的意识之中，决定着他的自我理解，改变着他的实际存在。"①

二、在历史人物的教学过程中，唤醒个人的自觉意识，能够对人的发展有一份终极关怀。在历史人物的教学过程中，要强调个人的社会责任，教育学生用历史成败得失的眼光来看问题，注意社会群体的长远利益。

三、在科技与经济发展史的历史教学中，引导学生认识"科技是一把双刃剑"，正确理解物质在历史进程中的作用，抵御物质主义的影响，为社会提供人文导向，贯注保护自然、保护环境的意识，尝试让学生为经济发展进行人文设计。

四、在政治与文化史教学中，发掘民族精神。要让学生意识到，一个民族自立于世界民族之林，不仅依靠科技实力，还仰仗人文实力，而且科技发展的前提条件往往还有赖于人文环境，此外人文实力还体现了该民族的精神风貌，反映了该民族精神成熟的程度。这在现代西方国家，诸如德国、法国、美国等国无不如此。因此凝聚民族精神，提高民族素质，就是历史教学注重人文教育的目标之一。历史学科要使学生了解本民族的文化与价值观念，了解本民族的仁人志士，具备民族自豪感和使命感。

历史教学培养学生的人文素质，需要坚持以学生发展为本的教学观念。这在教学过程中要注意的是：

一、注重学生在知识与情感意志领域的平衡发展，克服唯智倾向的偏颇，促进人的全面发展、总体生成。

二、通过组织师生互动和生生互动的教学活动培养学生相互合作、同情弱者的人文精神。

三、充分运用现代多媒体教学技术和生动形象的教学语言，再现历史的

---

① ［美］A.J.赫舍尔：《人是谁》，隗仁莲译，贵州人民出版社1994年版，第8页。

生动魅力，并努力使历史与现实、历史与学生生活联系起来。淡化逻辑的技术培训性的教学操练。让历史教学浸没在人文氛围之中，抹上感性色彩，并给予学生精神上的磨砺和馈赠，以取得知识、思想、能力与情感教育合一的效果。

四、让师生对历史的阐述与对话成为课堂教学的主体部分，再现历史本身，再加工出体现人文精神的历史。这种对话是"一切历史都是当代史"式的"客观"阐述，这种对话是师生之间错落有致的讲述和探询，是张扬学生个性，引导学生表现自我的做法。这非常有利于培养学生的人文素质。

历史姓人，历史教学姓文。"人"的旗帜要高高飘扬，再现历史的生动，阐述人的历史活动及历史与现实交汇下的微言或大义，这是历史教师的天职。"作为社会动物的人的进化难道不是无可救药地落在技术进步的后面了么？"[1]

（本文原刊于《中学历史教学参考》2001年第4期）

---

[1] ［英］爱德华·卡尔：《历史是什么？》，吴柱存译，商务印书馆1981年版，第129页。

第 五 辑

学 业 评 价

中学历史评价能力探微

一、解构中学历史评价能力的必要性

20世纪80年代中期，能力问题成了包括历史在内的诸学科的热门话题。90年代初期，教育部考试中心制定的《考试说明》建立了学科能力的文本框架。90年代中期，历史学科能力要求形成了4个大类10个项目的"话语霸权"。90年代末期，综合能力培养的讨论与实践又异军突起。相比之下，历史学科能力的讨论倒有日渐式微的趋势。这是高考的威力所在。[①]

1999年之前，面向中学的一些历史教学杂志上，讨论历史能力、历史思维能力的文章比比皆是，而1990年之后就逐渐稀少了，冠以"综合"名目的文章越来越多，并占据了显要位置。这是否意味着应该用"综合能力"来涵盖历史学科能力？是否意味着综合能力与综合考试崛起后就不必检讨历史学科能力的培养问题？且不说，历史学科的思维对象、思维方式及其对人的智能结构的影响具有任何其他学科无法替代的独特性，也不说，综合能力有赖于各个学科的学科能力的整合，是改造和重组学科知识、建立新的知识结构的结果，即使历史学科能力本身，还有一些问题的解答尚未形成公共范式。例如，考试中心的能力要求还没有构建项目能力上由高到低的层次，有针对

[①] 20世纪90年代末的高考，除了讨论文综、理综，还有文理大综合，江苏2020年高考是6门学科一张卷子的大综合。

的实证探讨也明显不够。就评价能力而言，只是第7条泛泛地陈述为"将历史事件、人物、观点放在特定的历史条件下进行评价"[①]。在我们的信息范围内，"评价能力"的涉猎者甚少，即使提及，多数也是在宏观框架下一笔带过。相关陈述也只是"特定条件下"的"客观性"云云，其"所指"和"能指"都比较含糊，既缺少对评价要素的整体说明，又缺乏具体的可操作的指标层次。

我们知道，一般意义上的"评价"是针对一个人日常的思想行为与实践活动，评价能力的高低反映了其价值观念与思维水平。从一个人的综合能力来看，评价能力也是应有的组成部分。历史学科在培养评价能力上肯定具有其他学科不可替代的力量。历史评价能力既拥有记忆、理解、分析等一般性的思维能力，又拥有历史的客观性、辩证性及主体的解释性等历史的本质属性，因而历史评价能力是学科能力的基本特征，也是最能体现学科特色的一种能力。然而相关探讨所见不多。如何理解历史评价？历史评价的对象、内容、尺度、思维过程、结果的呈现方式等要素又是什么？这是培养学生评价能力的前提条件。还有，历史的评价能力能否构筑一个有层次之分的指标系统？这是展开相关教学行为的依据。事实上，这些问题在实证领域还基本处于空白状态。因此，在综合能力成为新宠之际，历史学科能力的理性探讨与实践仍有继续进行并给予强化的必要。

本文拟对历史评价能力作出具体的解构，为培养中学生的历史评价能力的实证行为提供技术上的支持，进而推动中学生的历史评价能力和综合判断力的提高。这既是历史教改自身的发展需要，也是培养学生综合能力的需要。从某种意义上讲，面对升学考试的世俗化、表面化倾向，我们的探讨也是在捍卫历史学科的独特性与不可替代性，是在探讨历史学科能力与综合能力嫁接的途径，这是具有重大意义的研究工作。

---

① 国家教委考试中心：《1998年普通高校招生全国统一考试说明（文科）》，高等教育出版社1998年版，第298页。

二、历史学科评价能力的解说

历史学科的能力具有解决历史问题的"应用"特征。由此，运用什么方式、解决怎样的历史问题及解决到什么程度、产生什么结果这 4 项"应用性"因素，就成了学科能力的应有之义，同时它还涉及史实、史法、史论 3 项历史（不是原生态的历史）的本体因素。历史评价能力同样涉及 4 项"应用性"因素和 3 项历史"本体"因素。历史评价能力就是评价主体针对不同的评价对象在不同的程度上解决既定的或开放的历史问题，最后产生以价值判断或问题解决方案为核心形式的历史认识。

历史评价的构成性因素是：（一）历史评价的主体是教师和学生；（二）历史评价的对象（评价客体）是后人表述的客观历史，后人的史学论述及用复杂的史料情景加以呈现的历史现象或历史观点；（三）历史评价的价值标准是历史唯物主义的立场、观点及现代社会意识观下的有关价值观；（四）评价的思维过程是以综合、分析、诠释等逻辑思维为主的历史思辨，史论结合是主要的表达形式；（五）评价行为的成果形式是历史见解，解决问题的方案或建议。而对历史评价对象作出相应的价值判断，则是不同成果形式共同追求的目标。[①]

三、历史评价能力分级指标的构建

依据以上认识，从具体性和可操作性出发，历史评价能力的分级指标，可以构建如下。

---

① 聂幼犁：《中学历史教育论》，学林出版社 1999 年版，第 92—93 页。

表 5-1 历史评价的思维能力指标

一级指标		二级指标	具体水平要点	备注
历史评价的思维能力	1.对客观历史本身的评价	1.1	判断其历史功过的人物评价	在当时、以往及以后这3个不同时空状态下，对特定的评价对象进行评价，是各项指标的共同守则
		1.2	阐述其历史影响的事件评价	
		1.3	说明其历史地位的制度与文化成果的评价	
	2.对史学论述的再评价	2.1	对具体历史问题的定论作出评定与说明的再评价	
		2.2	对历史现象的发展与变化状况所作判断进行评定与说明的再评价	
		2.3	对历史进程中某些规律性判断提出评定意见并说明的再评价	
	3.对复杂的史料作出自己的解读并予以阐述的隐形评价	3.1	直接地从史料的解释中表达自己的历史认识的隐性评价	
		3.2	间接地从史料的鉴别与批判中表达历史认识的隐性评价	
		3.3	对史料包含或引发的问题予以发现并作出历史推断的隐性评价	

以上3项一级指标、9项二级指标，基本是按照4项应用性因素和3项历史本体因素来表述的。例如，"阐述其历史影响的事件评价"能力，"客观事件"是对象，"在当时、以往及以后这3个不同时空状态下"进行历史阐述是评价的程度与方式，"历史影响"是评价的结果呈现。阐述历史事件的影响，自然能体现学生对史实和史论的掌握和结合程度，也能反映学生在怎样的思维广度和深度上评价历史事件，从而判定史法的掌握和运用水平。

从我们构建的评价能力的指标体系可以看出：（一）历史评价指向历史史实或历史观点两个评价客体；（二）所有的历史评价最后都将以观点形式呈现出来，或是历史见解或是历史推断；（三）所有的历史评价都需要在辩证唯物主义和历史唯物主义的价值体系中选择科学合理的标准予以说明论证；（四）评价行为的前提是学生能够运用基本的和重要的史实（包括史料）、概念、观点与方法；（五）不同的指标有明确的行为指向并且是可以理解的；（六）评价能力关注历史认识和价值判断，因而能很好地表现出以问题为中心、以人文关怀为指向的素质化倾向。

只有具备明晰的认识才能有明确的工作思路，我们的实践才有基本的依据，因而指标体系的构建为我们培养学生历史评价能力提供了较微观状态下的操作目标。

四、与考试中心有关能力表述的联系与区别

国家考试中心历史学科能力的第 7 条表述为"把历史事件、人物、观点放在特定的历史条件下进行分析和评价"，我们把评价对象（客体）由第 7 条中的 3 项（事件、人物、观点）细化为 9 项，是区别之一；不同的评价对象应有不同的思路和结果呈现的方式，我们的指标陈述尽可能显示出不同的思路与表达方式，这是区别之二；评价有它自己的思维方式，"特定的历史条件"通常的理解只是"当时"那个时段，我们将它延展成"当时、以往及以后" 3 个时段，评价的思维能力有鲜明的水平差异，这是区别之三；更重要的区别恐怕在于高考的能力要求关注能力达成的水准，为应试主义的研究造就了温床，而我们的目标体系更关注能力的形成过程，关注历史教学的过程性、辩证性、主体性和具体性，从而为素质教育提供一个有参考价值的目标指向。

国家考试中心文科综合能力的"应用层次"强调判断和价值观。[①] 它要求"对事物的现状以及流变有清楚的认识"，这其实是历史评价非常在意的"在当时、以往及以后的历史时空里进行评价"的思维能力；它要求"有足够的材料予以证明""简明扼要地表达和解说判断"，这其实是历史评价能力基本的表达形式——史论结合；它要求"有科学的观点和观念作为判断的理论支持"，这显然也是作为人文社会科学的历史及其评价能力的核心部分。重要的还在于，历史评价能力包含抽象的一般意义上的能力要求，回顾上述对

---

① 史涛：《1999 年高考历史科〈考试说明〉颁布》，《中学历史教学参考》1999 年第 2 期。

历史评价因素的分析，它具有相当的综合性，这是深刻理解历史评价能力后的一种认识。此外，历史评价能力的要求与文科综合能力评价目标的第 6 个层次及文科综合能力技术化（操作性）的第 5 条要求也是一致的。

显然，探讨并分层细化历史评价能力，无论是对于思考素质教育，还是对于高考选拔，都是有价值的。

（本文原刊于苏州大学主办《中学历史教学研究》2001 年第 5 期）

论历史学科能力的内涵与操作策略

一、学科能力说的缘起

20世纪80年代后期,中学历史教学界开始提及教学的3项任务:知识教学、智能培养和思想教育。所谓的智能包括智力与能力。不过谈得多的还是智力。历史思维能力这个概念虽然在改革开放前所翻译的苏联教学论著作中已经出现,但在中学历史教学界并不广为人知。20世纪90年代初期,随着高考历史命题的改革,历史思维能力异军突起。刘芃的《历史学科的教育与测量》、赵恒烈的《论历史思维和历史思维能力》发表之后,在中学教学界迅速掀起了培养思维能力的学习与实践热潮。随后,叶小兵连续刊文,介绍美国的历史科国家标准中对历史思维的论述,历史思维能力渐成显学,高考的指挥棒也持续推波助澜。不过,基于思维科学的学科能力研究和基于高考测量的学科能力还是有一定区别的,而且中学一线热议的能力主要是面对考试的能力,更接近于技能。在高中新课程改革全面铺开之前,中学一线关于历史学科能力的实践,基本是依据教育部考试中心对"考试能力要求"的分级说明来进行的。其考试能力要求是"再认、再现历史知识,材料处理,历史阐释,文字表达"。2007年广东、宁夏、海南和山东4省区,率先实行新课程考试,教育部考试中心的能力考核目标演化为"获取和解读信息,调动和运用知识,描述和阐释事物,论证和探讨问题"4个大项。此后,各分省区命题的"考试说明"中有关能力要求的表述都以此为本。在历史教师的教学生活中,坐而论道或课堂践行也无不据此展开。

二、学科能力说的内涵阐释

测量层面的学科能力，各有不同的含义和能级层次，其思维方式与程度也各有侧重。

（一）关于获取和解读信息。它的含义是：获取试题提供的信息，理解试题的要求和考查意图。它包含3个思维着力点：读懂试题的基本内容和作答目标；着眼于对信息的获取；关注对信息的整理和归纳。

【例1】光绪《大清会典》载："谕军机大臣行者，既述，则封寄焉。凡有旨存记者，皆书于册而藏之，届时则提奏。议大政，谳（审）大狱，得旨则与。"材料说明军机处（ ）

  A.地处内廷，专管军务　　　　B.参与政务，秉旨办事
  C.设有官衙，机构完备　　　　D.专理刑狱，职能单一

本题就是获取文献中关于军机处的若干信息，整理出关键的信息，认识到军机处实质上仅是"秉旨办事"的机构，从而建立关键信息与选项之间的对应关系。其他各选项似乎都与材料中的字面信息有联系，一旦整理和归纳，就能排除。该能级有3个层次：阅读和提取背景材料与设问中的信息，理解题意并整理信息，进行适切的解读。其中最高层次是综合地完整而准确地解读信息。

（二）关于调动和运用知识。其含义是：按照题目的要求整理和输出已有的历史知识，或者是说，依据题目在形式和内容上的要求，回忆所学知识，选择适合的知识予以再现。它涉及思维的3种行为方式：整理和辨别知识，分清是事实性知识还是解释性知识；明确事实性知识是客观史事，而解释性知识则是历史结论或观点；输出知识时，事实性知识是材料信息的转换或概括，说法不一而已，解释性知识则是从材料出发的推论（分析、说明和证明）。所以其思维外显的行为动词包括回忆、再现、转换、分析、说明等。这些动词的背后都依赖考生的知识内存。

【例2】有些学者认为，美国总统胡佛并不是自由放任政策的典型代表，他也对经济进行了有限的干预，且为后来的罗斯福新政提供了借鉴。胡佛采

取的干预措施是（　）

A. 斡旋劳资双方达成保持工资水平和不罢工的协议

B. 通过霍利－斯穆特法以提高关税和保护国内市场

C. 发起自愿减少耕地运动以维护农产品价格

D. 成立复兴金融公司向一些银行和公共工程贷款

本题要求考生回忆胡佛和罗斯福的相关经济政策，读懂试题的两个目标指向（是胡佛采取的措施，而且罗斯福也有类似措施），在整理的基础上确认成立复兴金融公司的事实，这是对事实的整理。

【例3】恩格斯称赞一位近代科学家的研究成就是"自然科学的独立宣言"，他指的应是（　）

A. 哥白尼的"日心说"否定了宗教神学崇信的"地心说"

B. 伽利略创立的实验科学推动了近代科学的发展

C. 牛顿创立经典力学完成了科学史上的划时代飞跃

D. 达尔文的生物进化论颠覆了关于人类起源的传统观念

本题的要求明显属于推论，是要运用准确、合理的事实来对"自然科学的独立宣言"进行佐证，要对哥白尼的"日心说"作出历史解释，阐明其意义所在，排除其他科学成就与"独立宣言"的相关性。这就是对事实的解释。

由这两例也可看出，该能级也有明显的层次：建立新材料与旧知识之间的联系，在材料和旧知的联系中区分并确认事实与解释、史事与史论的对应性，在对应中形成彼此结合的说明关系。其中最高层次是：史事与解释之间的双向互证——或者用史事证明、说明史事的概括或解释，或者基于史事的概括或解释来寻找具体的史事证据。

（三）关于描述和阐释事物。它的含义是：在解读信息和调动知识的基础上，根据问题指向对历史事物进行表述。由于表述的要求不一，因而就有叙述、描述和阐述的差别。如此看来，它的思维行动有3个方面：用学科术语准确表述客观史事；循历史逻辑正确分析史事的因果关系和特征；据科学史观认识史事的本质与规律。具体说来，能用历史学科术语准确地表述时间、地点和人物等史实性要素，是客观地叙述相关历史事物的检验标准；能对历史事物产生和发展的因果要素进行正确的分析和概括，是准确描述和解释历史事物特征的关键；能从历史事物的现象出发，展开联系、总结和归纳等一系列思维活动，是正确认识历史事物本质和规律的路线，而把握历史事物本质和规律的核心则是史观。叙述和描述是对历史事物所包含的历史要素的表述，阐释是对历史事物进行具有史学意义的解说。显然作为语言表达的能级，非选择题是最好的考查题型。当然选择题也能有所体现。

【例4】现代化是晚清历史发展的一个趋向，最能体现这一趋向的是：（ ）

A. 洋务运动—戊戌政变—清末新政

B. 洋务运动—戊戌变法—辛亥革命

C. 鸦片战争—中法战争—甲午战争

D. 太平天国运动—义和团运动—辛亥革命

本题以现代化视角认识晚清的历史走向，是一种简洁明了的阐释事物的考查，只是不要考生进行语言表述，而是内在阐释事物的思维运行。

【例5】阅读下列材料，回答问题：

材料1 牛顿的《原理》被公认为科学史上的最伟大的著作。在对当代和后代思想的影响上，无疑没有什么别的杰作可以同《原理》相媲美。200多年来，它一直是全部天文学和宇宙学思想的基础……无怪乎牛顿力学的非凡成功甚至给诸如心理学、经济学和社会学等各个不同领域的工作者也留下了极其深刻的印象，以致他们试图在解决各种问题时以力学或准力学为楷模。

材料2 启蒙思想家们在牛顿革命的启发、激励下进行了种种思考。伏尔泰曾写道："如果全部自然界，一切行星，都要服从永恒的规律，而有一个小动物，5尺来高，却可以不把这些定律放在眼中，完全任意地为所欲为，那就太奇怪了。"但由于牛顿学说本身的机械决定论性质，充满机械唯物论精神的启蒙思想也不可避免地带有形而上学的武断（主要是忽视了人的心灵的复杂性）。

问题：（1）牛顿说："假如我看得远些，那是因为我站在巨人们的肩上。"结合所学知识，指出牛顿生活的时代特征，并列举两位影响了牛顿的"巨人"。（2）根据上述材料并结合所学知识，指出牛顿学说对近代社会发展的主要影响。

在本题中，牛顿生活的时代特征及影响牛顿的两位"巨人"，都是基于材料信息和所学知识的运用而进行的对历史事物的客观叙述，而牛顿学说的影响则是基于全面提取材料信息的描述与解释。材料1是牛顿学说正面影响的阐释，材料2是牛顿学说负面影响的阐述。

与例5类似的是2014年全国卷第40题，该题的设问是：指出宋应星、牛顿二人科技成果的特点及它们出现的背景，同时分析指出二人科技成果命运不同的原因。很明显，该题指向客观叙述历史事物、准确阐释历史事物的特征，强调对因果关系的历史分析。由上述3例可以看出，描述与阐释事物的能级，从历史分析的学科逻辑来看，有3层递进性，即表象——特征——本质与规律，它是对某一史事由表及里的递进、深化。从思维的品质来看，该能级有着递进性与广延性相结合的扩展层次：先是表述现象与特征，然后是辩证地、历史地阐释意义，最后是推论本质与规律。其中最高层次是形成历史认识，而且是多角度的、深入到本质层面的历史认识。

（四）关于论证和探讨问题。其基本含义是：以所学知识和相关材料为基础，以史论（观点、看法）为焦点（归宿、终结），运用一系列的方式、方法展开论证和探讨活动。论证、探讨活动是抓手，论证、探讨活动的结果呈现则是史论，如何论证和探讨，涉及一系列的方式和方法的运用。因此，它是史实、史论和史法的有机结合，是4大能级目标的最高目标，是金字塔塔尖，自然地包含了前3个能级层次。论证和探讨活动的行为可以分列3个方阵：对某些问题采用判断、比较和归纳等知识整理的方法，进行分析探讨，得出结论；对所提供的历史结论，采用判断、比较和归纳等知识整理的方法加以佐证、说明；对观点或结论不确定（观点多样甚至对立）的历史问题，采用借鉴和引用的方式对其进行批判或辩护，也即评论他人的观点，并在此基础上对相关问题和观点提出自己的看法。史论作为终结点，虽然重要，但最重要的还是判断、比较、归纳、借鉴、引用等思维方式，它们彰显的是过程与方法。

【例6】历史地图包含了政治、经济、文化等多种信息。比较《东汉十四州示意图》与《唐开元十五道示意图》(略),提取两项有关汉唐间历史变迁的信息,并结合所学知识予以说明。

本题要求考生对汉唐两朝地方行政区划变迁图,采取判断、比较和归纳等知识整理的方式,综合其中包含的政治、经济和文化信息,从而得出结论,并调动和运用所学知识佐证自己的结论。比如,唐朝加强了与边疆少数民族地区的联系,增强了对地方的治理能力,加深了对山川变化的认知,南方经济在唐朝得到进一步发展等,这些史实能说明的结论是多方面的,总体结论则是历史不断进步,南方进步尤其明显。地图信息后台的史实整理是起点,历史变迁层面的认识是落脚点,重在运用判断、比较、分析与整合等方法形成开放的多元的认识。

【例7】阅读下列材料:

材料1 见下图

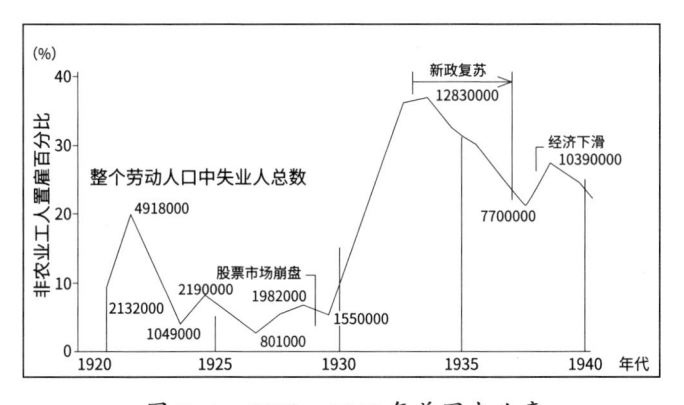

图 5-1 1920—1940 年美国失业率

材料2 也许更重要的差别是罗斯福的个人风格——他灿烂的微笑、他技艺高超的口才、他生动感人的智慧——都使他赢得了人们的广泛喜爱,而与施政计划的具体内容没有太大关系。……罗斯福成功的许多因素应归结于他的人性魅力。从就职演说开始(他告诉美国人"我们唯一应该畏惧的应该是'畏惧'本身"),他就向不断增长的绝望氛围中注入了强大的乐观情绪。他是美国第一个充分利用广播,利用"炉边谈话"的方式向人们阐释其施政方针并充分赢得民众信任的总统。

材料3 到1935年初，新政成为公众激烈抨击或热情支持的焦点，当时美国社会各派别持有多种认识。

表5-2 美国社会各派别对新政的认识

主要派别	对新政的认识
保守派与大商业领袖	对新政"大笔开支""敲诈富人计划"和"社会主义"不满，批评政府抛弃自由政策，某些批评者一提到罗斯福的名字都觉得反感。
激进的左派	社会主义政党及其他激进组织一度激烈抨击罗斯福改革不彻底，攻击财富仍然高度集中在少数人手中，他们对整个资本主义制度产生怀疑。
政治异见者	尖锐抨击"财阀""其他金融势力"，认为这些势力给国家带来贫困，而且向个体和社会实施专制。
多数民众	新政提高弱势群体地位，广大中下层民众对新政热情欢呼与讴歌，甚至把罗斯福视为"救星"。

问题：综合上述材料和所学知识，多角度论述"新政的机遇与挑战"这一主题。

本题提供了论证历史问题的部分材料和论证的主题，观点其实已经隐含在主题中，即新政或改革是机遇，也是挑战，成功与否取决于是否接受挑战并取得成就。3则材料提供了论证的多个视角：美国失业率折射的大危机与经济复苏的期待；罗斯福的个性魅力及其实施新政的机智；社会各界不同派别的支持或反对；新政的部分成效。其能级明显侧重于使用判断、借鉴、引用、归纳、综述等方式来评论历史观点，进而概括出历史认识。它建立在获取信息、运用知识、阐释历史的基础上。以此为基础，多角度地、分层次地展开史论结合的写作过程。上述2例说明，论证和探讨问题的能级侧重于3种思维路线：从史事走向结论，先史后论，形成认识；从结论回溯史事，先论后史，寻找证据；从既定的史事与结论的判别和阐释出发，自主地、多向地提出看法（包含"不同看法"）。这3种思维路线都是史学素养的核心——基于证据和价值观的探究，它们本身并无高下之分，只是探究和论述的思维路线不同而已。然而这一能级要求的思维品质是有层次的：是单纯的佐证，还是佐证并阐释，进而综合地、独创地佐证与阐释。对某一问题或观点作出综合且创新的论证与阐释，是最高的思维品质。

根据上述含义说明、行为要求和层次划分，我们将测量层面的历史学科能力综述为下表。

表 5-3 历史学科测量、考核的思维能级

能级目标	行为动词	要求层次 I	要求层次 II	要求层次 III
获取和解读信息	读懂、获取、整理和解读	获取试题提供的信息，理解试题要求以及考查意图	有效度地提炼信息，并对其进行整合和解读	组织和应用历史信息，所形成的解读综合而且合理
调动和运用知识	辨别、再现、转换和说明	将所学知识与试题的形式和内容建立正确的联系	所用历史知识、材料与史事或史论之间对应准确	运用史实、概念和原理说明历史现象与观点
描述和阐述事物	叙述、描述、联系、透视、阐释	用历史术语准确表述事物的现象，准确说明事物的特征	运用历史分析的逻辑，把握历史事物的因果趋势与本质，并阐释	历史地、辩证地考察事物，对其进行周全而且合理的推论与意义阐释
论证和探讨问题	判断、比较和归纳，批判、引用和借鉴，探究	运用判断、比较、归纳和概括的方法探讨历史，实现史论结合	使用批判、借鉴和引用材料的方式，既评且论，在阐释中实现史论结合	综合运用史料与知识，独立地阐释历史，在史论结合中体现创新

只要我们认真阅读以上分析，辨析 4 大能级目标的表格列阵，就不难发现，一线教师念兹在兹的学科能力，主要是用于选拔测量的能力，是倾向于技术路线的、限制在思维层面的学科能力，严格来讲，它不能等同于学科能力，更不等于泛泛而谈的"能力"。

根据《普通高中历史课程标准（实验）解读》，历史课程标准视野里的历史学习能力包括两方面：历史技能和历史认知能力。历史技能包括显性的操作（动手）技能，如绘制历史图表、制作历史实物模型等，也包括隐性的

心智技能，如阅读历史材料（文字与图表），提取有效信息，分清史实与史论，进而分析和概括；编制历史图表（譬如时间带、大事年表、知识结构、形象示意图等），以便进行知识的分析与归纳；表述历史（简述历史梗概、描述历史情境、论述历史认识），对历史进行历史性的撰述。而历史认知能力则包括观察力、注意力、记忆力、想象力和思维力等一般性的各学科普遍注重的认知能力，也包括历史学科特有的历史思维能力。历史思维能力具有以下具体目标：能够对各种历史材料进行整理和作出必要的合理解释；能够独立地根据史实，运用正确的思维方式对历史问题进行归纳、概括、分析、比较和评价，从而作出个性化的解释；能够运用迁移性、发散性和创造性的思维方式，掌握新知识、解决新问题；能够把重要史实纳入具有一定史学意义的记忆结构和表达方式中去，能够对现象、观点进行历史的与现实的联系与区分，把它们纳入特定历史时空中进行多角度的考察等。

参照课程标准规定的学科能力，测量层面的学科能力主要是加工材料、解决问题的思维能力，是内在的心智过程。有两点比较明显的区分：（一）课标视野下的学科能力具有更广泛的能力阈值，显性的操作技能、注意力与想象力、搜集历史材料等质性活动，都是测量意义的学科能力难以企及的。后者主要是学科能力中的心智技能，优先满足纸笔测量的量化目标。（二）课标视野下的学科能力体现的是高中生历史学习的水平要求，具有整体性、综合性与水平性等特征。而测量意义的能级追求的是高考的选拔要求，学科能力相对单一，但其思维的层次性、精深度又高于课标要求的学科思维能力。课标视野下的学科能力虽然与测量的学科思维能力有较多的交集，但它更趋于质性评价，是教学评价的标尺，而测量的能级只是学科能力中的思维能力，具有冷峻与算计色彩。可以这样认为，测量的能级目标是分等，是研究，课标的能力目标是素养，是修身。所以说，历史教学过程中，关注能力培养，不仅仅是培养冷峻、算计式的思维——它有强烈的专业理性色彩，有强烈的史学研究意味，还要注重课标倡导的高中生历史学习应有的普遍而基准的学科能力，而且只有这样，才能在较宽广的基础上理顺能力的阈值和范围，包蕴测量层面的思维能力。其实，测量意义上的能级有许多不仅仅属于历史学科，如"获取和解读信息""调动和运用知识""描述和阐释事物""论证和探讨问题",哪一门学科不是如此？只是对它们进行具体的分级解释时，才掺和了历史学科的元素。说到底，它们是认知逻辑与学科特性的结合，许多教师习以为常的"学科能力"忘却了课程标准，其实不合常理。历史教学若唯此马首是瞻，未免有些本末倒置。

如此看来，历史学科能力的培养局限于测量意义上的能级要求显然是不够的。

三、历史学科能力培养的教学操作

教学中培养学科能力，要落实到学生的学习过程中。这就需要基于认知心理学的理论视野，结合学科能力的目标要求来实施能力培养的教学操作，从而在切身的审读和体会中获得成效。下表为我们提供了一种路径。

表 5-4 源自脑科学研究成果的学习类型

项目	深度学习	浅表学习
学习经验	学习者在新旧知识、概念和经验之间建立联系	学习者没有在学习材料和他们的原有知识之间建立联系
知识结构	学习者将他们所学的知识归纳到相关的概念系统中	学习者将学习材料视为不连贯的知识碎片
知识形态	学习者不断理解与别人的对话过程，知晓对话过程就是知识产生的过程	知识是静态的，学习者认为这些知识来源于权威著作，没有怀疑的意识
知识联系	学习者寻找学习模式和基本原理，清晰知晓知识之间的因果关系	学习者记忆陈述性知识和程序性知识，却不了解为什么这么做
学习评估	学习者不断评价新的想法，并且将这些想法与学习结果相联系	学习者遇到不同于课堂讲解的问题时无法判断，不会评价自己
反思与感悟	学习者从学习过程开始即不断反思，检验自己的不足，体验自己的情感	学习者只关心自己的学习过程，感受不到或者否定自己的情感，缺少反思

显然，历史学科能力培养要从深度学习的表现中寻找入口。例如，从"知识结构"的项目表现中能找到培养概括与归纳能力的教学方案；从"知识形态"的项目表现中能找到培养阐释能力的教学设想；从"知识联系"的项目表现中可明晰培养探讨能力的教学路径。此外，现在流行一种所谓美国缅因州国家培训实验室的学习金字塔理论，这种理论认为，通过阅读只能记住不超过10%的内容，通过试听结合能记住不超过20%的内容等，尽管不可证信，甚至是"制造"出的实验数据，但它以数据实验的名义包装了一种教学经验，即单一的学习方式，效果是比较差的。我们可以相信这一教学经验，学科能力的培养也要关注学习方式的多样化。

历史学科能力培养，除了从公共教学论出发来探讨教学策略，还要从历史学科的特性出发来探寻具体的教学路径。结合目前的课堂教学经验，可以概括为以下8条。

（一）知道历史的构成要素。让学生通过多种途径感知历史，知道历史呈现方式的多样性。它包括文献材料、图片、图表、实物、遗址、遗迹、影像、口述及历史文学作品等呈现方式，要在多种方式的历史呈现中，提高学生的阅读力和观察力，形成符合当时历史条件的场景想象，然后从当时的历史条件出发去理解历史上的人和事（历史主义的方法），并经过分析、综合、概括、比较等思维过程（逻辑思维的方法），形成历史概念，进而认识历史发展的时代特征和基本趋势。由此向学生揭晓：撰述的历史是由基于材料的人物、史事、概念、价值判断、历史线索、趋势等要素构成的。

（二）了解架构历史的工具。在学习历史的过程中，帮助学生运用时序与地域、原因与结果、动机与后果、延续与变迁、联系与综合等分析性工具，对历史事实进行理解和判断，挖掘史事的联系，掌握历史发展的基本线索，认识历史事物的本质和规律。由此让学生明白，理解和解释历史其实就是在辩证唯物主义史观指导下的一系列分析性工具的运用。

（三）明确历史的两重特性。日常的历史教学要涉猎探究性教学，即在了解历史事实的基础上，发现问题、提出问题，初步理解历史问题的价值和意义，并尝试体验探究历史问题的过程，通过搜集资料、掌握证据和独立思考，对历史事物进行分析和评价，在这一过程中尝试反思历史，汲取历史的经验教训。这是相对完整而规范的历史探究，完成这一过程，就有了我们通常讲的"基于证据的学会分析和解决历史问题"及所谓的"学会表达和陈述历史"。这正是历史的两重特性：科学性——重事实证据，人文性——重阐释表达。

（四）不断练习历史学习的方法。为学生提供练习的机会，练习的形式可以是纸笔、口述、制作、调查、访谈等，但练习的指向应该聚焦历史学习方法的运用。这些基本方法包括计算历史年代、阅读教科书或其他历史读物、识别和运用历史地图与图表、查找和收集历史材料、运用材料具体分析历史问题等。在对材料信息进行运用和解读时，能够言而有据，逐层推进，推论得当；能够与教师、同学共同对历史问题进行探究与讨论，积极汲取他人的正确见解，交流学习心得和经验。所有这些方法都是在使用中才被渐次掌握的，不可能是在教师讲述中被学生掌握。关键是教师要创设方法，提供练习的机会与平台。

（五）以行为目标支撑思维的分层推进。学科能力中的思维能力是有层次的，相应的教学行为目标也各有侧重。作为识记与理解，教学要呈现纲要性的知识结构，明确核心概念的构成，关注知识的整合，揭示重点知识由表及里、由此及彼的联系和折射。作为阐释和论证，要明了关键语句或史论，明示支撑史论的事实、方法与逻辑因素，揭晓论点、论据、论证与表达之间的依存关系。作为领会和运用，要注重新材料、新情境里的信息提取与转化，实现图文之间的互换，新知与旧知之间的联系和转化。如此，才能有的放矢地分层实施。

（六）以核心素养为内核处理教学内容。历史教学内容包罗万象，是无限的，而学习时间与接受能力又是有限的。因此只有以核心素养为内核来处理教学内容，才能在"有限"中寻求张力，接近"无限"。从历史学科是事实记忆，是科学与人文兼顾的特质出发，核心素养可以包括以下4个方面。一是必备知识。必备知识包括中外史的基本线索、发展趋势与阶段特征，重要事件、现象、人物及文明成果。二是时空观念。学生要有意识地在特定时空条件下理解和解释；科学使用与时空有关的概念术语、地图、年表等阐述中国及世界历史的发展变化。三是史料实证。明确可信的史料是历史叙述的主要依据，知道史料类别与搜集整理史料的基本方法，学会运用不同类型的史料参照、互证，聚焦主题的论证。四是历史理解与解释。唯物史观是理解和解释历史的科学理论。以唯物史观为指导，以史料为依据，从不同的分析角度，例如继承与发展、联系与综合、量变与质变、必然与偶然、个案与全局等角度，加深对历史的理解。遵守言之有理、论之有据的要求，论从史出、史论结合，作出符合逻辑的历史阐述。

（七）在独立与合作学习中都关注思考的维度。独立学习和合作学习，都是学习的组织形式，在不同的组织形式下，会有或同或异的知识信息获取的通道，这些通道本身就是具体的、多样的学习方式。无论运用哪种学习方式来获取知识信息，都需要有确定的思考维度贯注其中。而运用这些思考维度整理知识或解释历史时，又涉及历史的价值判断。任何一个历史价值判断，都是史观、立场、史料和方法的综合运用，即价值判断的背后隐含着史料、史观、立场与方法等因素。在不同的学习方式中，渗透这些思考维度，宣示价值判断及其背后的作用因素，不但能强化能力培养，而且能使历史教学产生知其然且知其所以然的通透感、透明度。如下表所示。

表5-5 学习方式的经与历史思考的纬

学习的组织形式	个体的、自主的	同伴之间的、合作的	两人以上的、合作的
知识获取的通道（学习方式）	听讲、观察、体验、阅读、冥想、动手	讨论、评价、调查、讲述、手工操作	探究、讨论、角色扮演、调查、网络交流
历史思考的纬度	按照时序思考，组建知识结构，比较异同，区分事实与观点，区分事实与想象，基于史料的参照与互证，判断事实和价值取向，判断逻辑正误		

（八）拥有可信的"训练器材"。能力培养离不开训练，也就不能离开试题这一重要的训练器材。因此，要学会命题。命题是一门看似简单、实质复杂的学问。对于命题者来说，最为重要的不是选择哪些历史知识点作为测量

内容，而是从什么视角去审视和解读知识内容，以什么线索去贯穿知识，如何在知识的陈述和解释中判定学生的思维能级。测量范围中的知识体系，包括历史知识的内容体系和组织体系两个方面。时间、地点、人物、因果关联等知识内容，决定命题中考点知识的分布面貌。史学方法、证据意识、逻辑推理、价值立意和材料信息与设问之间的关联等组织机理，决定命题中考点知识的结构关联，学科能力往往寄寓在组织机理中。课堂教学中使用的或过程性测量中使用的学科能力训练，必须有这样的命题布局。

课堂教学中，我们在使用历史教科书或其他历史资源处理教学内容时，要将上述8条作为有机渗透的能力培养的操作目标。虽然不是每节课都这样，也不可能每节课都这样，但是根据教学内容的可渗透性，有机地嫁接部分目标，还是有必要的。《近代中国民族工业的兴起》一课，叙述了晚清时期中国民族工业产生与初步发展的情况。课堂教学可以采用如下纲目来展开知识学习：（一）地域、时序与大事、线索；（二）晚清时期民族工业兴起与初步发展的材料依据（或呈现方式）；（三）事实运用下的因果分析与逻辑推论；（四）"买办与官督商办"与"民族工业与新气息"的理解与证据；（五）聚焦于张謇与荣氏兄弟身上的事实与观点、个案与全局。如此，本课教学内容的纲目不再是背景、表现、意义之类的陈词滥调与僵化模式。它是基于能力目标的知识调动、理解和运用，能力不再是恍兮惚兮的号令，而是行动中的训练与养成。只有在教学途径上承载和运行具体的教学内容（特别是具体的课文内容），途径才有道路的价值，学科能力的养成才能落实，内容和途径才能成为有机的整体，形成结构性张力，学科能力培养才不至于局促或陷落在单一的考试测量的狭窄弄堂里。

四、基本结论

我们平常谈论的学科能力，主要是思维能力，是考试目标下的思维能力。况且，源自《考试说明》的思维能力，还不是历史学科独有的思维能力。它是逻辑思维能力套上历史外衣，再添加一点学科内涵的测量规则。在辩证唯物主义史观指导下，论从史出的证据搜寻与运用，纵向梳理的时序演进，横向归纳、彼此勾连的整体分析，特定时空条件的背景考察4种思维品质，恐怕才是真正的历史思维。

高中历史教学中的学科能力培养，应该以《普通高中历史课程标准（实验）解读》所作出的学科能力阐释为基础，逐渐递进到以测量为主旨的思维能力层面。课程标准视野里的能力说，是能力培养的出发点，是常态教学的定位点。我们着眼于历史学科能力培养，要将历史学科的4种思维品质贯穿于问题解决的过程中，并外显于历史语言的表达之间。即使出于复习应考的需要，这样的定位与方略，也是实用的，能够满足测量评价的需要。

在日常的高中历史教学中，还要完整地呈现历史知识。只有杜绝人为分隔知识与能力的现象，将知识从梳理与了解延展至理解与阐释，体现广义的知识观，才能实现能力培养的目标。因为基于知识延展的"顺应"，而后才有能级的"同化"。在完整呈现历史知识的过程中，要运用认知心理学的研究成果。要在提取、理解和运用中掌握知识，而不是单纯地记忆知识；要实施用手、用嘴、用脑、用眼，多感官并举的学习行为，将能力培养落实为适切的教学行为。在这些技术行为中，我们的课堂教学也要有润泽感，展现基于史事的了解、理解和阐释的思维过程，让学习者感受到学习过程应有的挑战性、自主性、成就感与安定心。如此，能力培养才能浸润性地滋养学生，落到实处。

一言蔽之，精微而深刻地理解学科能力的技术与规则，开通有层次的、多样化的学习途径，以教学之道载能力之术，渐次抵达历史学科能力，萃取核心素养。

（原刊于《中学历史教学研究》第1辑，华中师范大学出版社2016年版）

还原知识谱系：试题本相的技术识别

> 尼采的谱系学作为血统分析，不惧怕向下看，它把目光放在近处。
>
> ——福柯

一、引论

先看两道纸笔测验题的分析。

2014全国甲卷第27题：明初废丞相、设顾问性质的内阁大学士，严防权臣乱政。明中后期严嵩、张居正等内阁首辅操纵朝政，权倾一时。这表明（　　）

A. 皇权渐趋衰弱　　B. 君主集权加强

C. 内阁取代六部　　D. 首辅权力失控

【分析】本题旨在考查学生正确解读材料信息、运用所学知识解决问题的能力，考查明代皇权不断加强的内容。明代废丞相、设内阁及内阁地位的上升，内阁首辅可以操纵朝政等都是皇帝意志的反映，是皇帝权力的延伸，是君主集权加强的表现，故正确选项为B。[1]

2014江苏卷第1题：在对天、君、民关系的认识上，原始儒学以孟子

---

[1] 教育部考试中心编:《高考文科试题分析（2015年版）》，高等教育出版社2015年版，第288页。

为例，主张民贵君轻，董仲舒主张"屈民以伸君，屈君以伸天"。材料表明，董仲舒（　　）

  A.继承了原始儒学的全部宗旨　　B.背离了原始儒学的民本思想
  C.背离了原始儒学的仁爱思想　　D.摒弃了原始儒学的德治主张

【分析】本题揭示不同阶段儒学对君与民关系的不同看法，考查儒家思想的发展历程及特点，要求考生辨析不同时期儒家思想的差异。材料只与原始儒学的民本思想有关，并未涉及"仁爱思想"和"德治主张"。孟子"民贵君轻"的主张集中体现了原始儒学的民本思想，董仲舒"屈民以伸君"的主张则背离了这一思想。答案应为 B。①

上述分析是用历史学科的语言工具，对试题涉及的某一历史要素，作拓展性解释，为正确答案辩护。从官方作品到民间写手莫不采用这一分析套路。年复一年，读着历史的教导，捧着能力的标签，面对层累代进的新材料和基于新材料的历史解读，看到浩瀚的史学之海。教学能否获得渡海的救赎扁舟？测验能否看清引航的两三点星火？

二、说明

（一）测验中的历史知识。它是对具体史实和核心概念及基本原理的回忆，是对方法和过程的回忆，是对历史知识结构或框架的回忆，也是依据材料信息而对头脑中已经归档的史实、概念所作的观念建构与显示。据此，历史知识分为如下小类。

1.具体史实的知识。这类知识具体而确定，相对客观。

如：汉朝出现参议机要的"中朝"，与以丞相为首的"外朝"相对应。这句话叙述了具体的客观史实。

2.处理具体史实的方法知识。历史知识的分类和类别，排列顺序或过

---

① 江苏省教育考试院编：《2014 年高考（江苏卷）试题分析》，江苏教育出版社 2015 年版，第 233 页。

程，揭示方向、趋势或态势，处理图文材料的特定方法等，都是如何处理具体史实的方法。这类方法性知识往往隐含在处理史实的过程中，属于元认知的知识。如：秦朝设丞相，协助皇帝处理政事；汉朝出现参议机要的"中朝"，与以丞相为首的"外朝"相对应；隋唐实行三省六部制，三省的最高长官都是宰相，明朝废宰相，权分六部。这些是具体的史实知识，但如此组合，是在按朝代排序，揭示相权变迁，以发现君主专制加强的历史趋势。这就隐含了一种以时序和专题分类来处理具体史实的方法性知识。

3.抽象的历史概念和历史论断知识。历史概念与论断集合着一些具体的史实，内含了具体史实之间的相互关系及对史实的价值判断，是对一些具体史实及其关系进行抽象以后所呈现的知识，是基于客观的主观创造。

如：汉代的"中朝"，唐代的"三省"，宋代的"同平章事""参知政事"，都是帝王调整相权、强化君权的举措，当然也有提高行政效率、弥补个体宰相才干不足的考量。这是历史概念串联下的历史论断。这些概念和论断是抽象的，是对它"身后"所包含的具体史实及其相互关系的抽象，其中论断还包含对史实进行价值判断的价值观念。没有史实的支撑，概念和论断都不会存在，没有价值观念的出场，论断也不会形成。例如，"中朝"的"身后"密集着汉武帝换丞相、免丞相、处死丞相，破格选用亲信近臣参议机要等具体史实，也天然地包含了"专制君主着意改变丞相位尊权重的局面"这一价值判断，否则"中朝"就只是两个汉字了。事实上，"中朝"是一个隐含价值观念的抽象的历史概念。因此，概念和论断是一种依托某种价值观念来抽象的历史知识，是比较高级的、有着内部圈层结构的历史知识，因而是内涵和外延都比较丰富的、聚集辐辏的历史知识。

历史测验通常就是对上述3类知识的学习结果的考量与验证，而这3类知识的学习结果如何得以验证，要依赖历史理智能力的路径支持。

（二）测验中的历史理智能力。它是处理历史材料和问题的条理化的思维技巧，是如何释读和组织历史材料、调动和运用历史知识的心智过程，是知识与技巧的组合。据此，历史理智能力分为如下几种。

1.转化能力。赋予材料情境以一定的知识含义，并将之译述成另一种知识形式，以忠实和准确为译述标准。它将一种表达形式转换为另一种表达形式时，内在含义没有变化。

如："周公兼制天下，立七十一国"的材料，表述为"周公推行分封制"。这就是一种"转化式"的知识运用。

2. 解释能力。如果说转化是一种客观解译，则解释就是对材料内容进行整理并予以说明，或提出新观点。解释的背后包含某种观念判断，是将材料作观念化处理的知识生产。

如：皇帝"别黑白而定一尊""独制于天下而无所制也"，表明了皇帝的个人意志决定国家政治，没有任何力量加以制约的皇帝独裁成为中国古代君主政体的定则。这就是一种将材料作观念化处理的"解释性"的知识运用。

3. 推断能力。根据材料样本提供的事实，在转化和解释材料的基础上，超越材料本身，进一步扩展材料情境，延伸出新的趋势、条件、结果等方面的估测。当然，它和解释一样，其估测包含某种观念，并且是有客观知识的限度的，不能任意延伸。

如："诸不在六艺之科孔子之术"的"邪辟之说灭息，然后统纪可一而法度可明，民知所从矣"。它表明，儒学独尊是通过将其他诸子贬为"邪辟之说"并加以"灭息"的途径而获得的。以外力排他来独享正统，强制地结束了此前应有的思想自由发展的状态，开启了道统服务法统的专制且愚民的漫漫长夜，埋下了新文化运动"打孔家店"的正当伏笔。这便是对材料样本进行转化和解释以后，在史实限度和观念引领下的扩展和延伸，"结束了""开启了""埋下了"云云，皆是基于材料又超越材料的有限且合规的推断。这样的估测显然是聚焦材料的"推断式"的知识运用。

4. 关系分析能力。对材料中的内容要素、材料与问题及问题解决之间的各组成部分的相互关系进行分析，明确事实与结论、原因与结果之间的关系，确定假说与结论、结论与证据和证据与证据之间的关系。概要而言，拆分历史知识的构成要素、识别局部与整体、假说与证据、事实与结论及它们之间的关联，都体现了关系分析。

如：古罗马普林尼称：中国产丝，织成锦绣文绮，光辉夺目，人工巧妙达到顶点;《汉代丝绸之路》示意图;孟郊《织妇辞》:筋力日已疲,不息窗下机。如何织纨素,自著蓝缕衣。据上述3则材料,客观阐述普林尼所称的"中国……锦绣文绮,光辉夺目"的历史意蕴。

【分析材料内容】"中国……锦绣文绮"的品质光辉夺目,成因是织妇辛勤劳作,影响是远销并享誉罗马,本质体现的是阶级社会的不公。【分析材料内部的要素】"中国……锦绣文绮"因为丝绸之路而为罗马人所知,因为织妇"不息"而光辉夺目,因为织妇和丝绸之路的共同作用而深受赞誉。【分析材料、问题及问题解决之间各组成部分的关系】问题来自材料,材料隐含问题解决的视角。问题解决的思路中,既包括中国丝织品何以夺目、罗马人何以知道、丝织品夺目但织妇何以"蓝缕衣"等解释性的历史意蕴,也包括"光辉夺目"是结论还是假说、证据何在、如何再评价等论证性的历史意蕴,还包括事实与观点,观点与证据之间的关联等方法性的历史意蕴。材料与问题及其解决是契合和关联的。这些"关系"视野下的解析,体现了关系分析的张力。这是"关系式"的知识运用,它连接史实、结论与方法的知识,关联局部与整体、原因与结果、结论与证据、现象与本质、时间与空间等结构要素。

5.组织原理的分析能力。识别材料背后的作者观念、态度或倾向,确认这些材料是如何排列或加以结构的原理。分析用于测试的材料是如何组织为一个整体的,包括"外显"的组织结构和"内隐"的组织依据。分析其组织原理,有助于材料理解的全面与深刻。①

如:用来说明"中国……锦绣文绮"的3则材料是用观点、地图和歌咏为表现形式来组织的,追求的是时空、史实、史论、情感等历史要素的整体统一。3则材料组合起来的内在线索是:外国人眼光里的中国丝织品何以"光辉夺目",其观念倾向是:基于中国人视角和劳动者立场,中国丝织业在当时的世界无与伦比,这一光鲜是劳动者的贡献,并难以掩盖阶级社会的不公。表现形式、内在线索和观念倾向构成了3则材料的组织原理。这是识

---

① 命题者很少明确指出其所使用的组织原理,甚至意识不到其所使用的组织原理,应考者也很少能这样透视分析,所以问题解决和测试结果都显得"难",但"元认知"性的组织原理是极具张力的知识。

别材料编写者的观念倾向与编制思路，是"组织原理"视野下的分析。分析（透视）组合材料及作答任务之间的结构形式和立意，从而比较周全和深刻地解决问题，是"组织原理式"的知识运用。

转化、解释和推断，主要是对历史材料本身所指向的历史知识的领悟和运用，可以统称为领会层次。关系分析和组织原理的分析，都要将材料内容拆解（分解）成若干要素，并在若干要素的整体组成中，弄清关系，发现关系中内含的观念，可以统称为分析（解析）层次。历史测试的理智能力一般侧重这两大层次，"核心素养"恰恰化解其中。

认知领域的纸笔测验就是借助不同层次的历史理智能力来运用不同类型的历史知识，以表征学生的认知结果。它们是架构试题的目标形态，也是构造试题的技术纹理。

三、应用

且以 2015 江苏高考部分选择题为例，尝试进行目标形态的技术识别。[①]

《礼记》记述了贵族朝会的列位礼节：天子南向而立；三公，中阶之前；诸侯，阼阶（东台阶）之东；诸伯，西阶之西；诸子，门东……九夷，东门外；八蛮，南门外。与此相关的政治制度是（　　）

A. 分封制　　B. 三公九卿制　　C. 郡县制　　D. 郡国并行制

【目标识别】题干陈述西周贵族朝会的列位状况，涉及具体史实的知识，要求提取材料中的公、侯、伯、子等信息，转述为集合了史实知识的概念性知识——分封制。这是转化。

据秦琅琊，皇帝之土，西涉流沙，东有东海。但西汉学者编写的《淮南子》等书说颛顼帝即已"西济于流沙"，大禹"东渐于海，西被于流沙"，更

---

① 非选择题的材料量较大，且分层设问，限于文章容量，本文暂不识别，但道理相通。其实本文所选淮北农耕变化、吴江丝织业、伯恩斯照片等题，已体现"知识点之间的关联及理论抽象"的非选择题特征。

有"纣之地，左东海，右流沙"之说。上述差异最能说明（　　）

　　A.《淮南子》等书以传说贬抑秦始皇

　　B.年代久远导致历史记述莫衷一是

　　C.历史材料的运用首先要辨别真伪

　　D.石刻与文献形成证据链印证历史

【目标识别】题干罗列不同的"东到大海，西至流沙"的疆域记述，涉及史实知识和方法知识。要求发现石刻与文献材料的差异，在传说与事实的所学知识支撑下，逐一分析和推断，识别试题编制的意图在于强调史料真伪。这是证据推断、关系与组织原理的分析。

景帝时，司马相如的赋没有引起天子注意。武帝时，"相如既奏大人之颂，天子大悦，飘飘有凌云之气，似游天地之间"，"言语侍从之臣……朝夕论思，日月献纳"。成帝时，奏御者千有余篇。由此，对赋的理解不正确的是（　　）

　　A.契合时代的文化需求　　B.为统治者"润色鸿业"

　　C.宣扬道家的无为思想　　D.为阅读者"铺陈气势"

【目标识别】题干描述"汉赋"在西汉的境遇变迁，考查抽象概念的知识。它不要求直接译述"赋"的概念，而要在所描述的现象中拆分这一概念的组成要素，明确道家的"无为"与事实、与整体材料无关。这是侧重内容要素的关系分析。

唐人写淮北多有"稻垄泻泉声"之类的诗句，北宋仍有"水阔人间熟稻天"的描写。但1678年，河道总督的奏疏已是"田地皆成沙土，止产粟米"，两年后就有人感叹是"沟洫之制，水陆失宜"。淮北农耕变化表明古代农业（　　）

　　A.注重作物品种选择　　B.需要政府合理作为

　　C.重视农田生态保护　　D.全凭兴修水利工程

【目标识别】题干叙述淮北农耕生态的变化，在趋势和顺序性的知识框架下，考查抽象的论断知识。要求在"沟洫之制，水陆失宜"的信息中扩展性地思考和推论，延伸出该样本所呈现的抽象的趋势性结论。这是对信息进行综合与抽象的推断。

乾隆《吴江县志》载明末周灿诗："水乡成一市，罗绮走中原。尚利民风薄，多金商贾尊。人家勤织作，机杼彻黄昏。"诗中"人家""机杼彻黄昏"是因为（　　）

　　A. 水上集市不受时空限制　　B. 家庭纺织工勤奋"走中原"
　　C. 重农抑商政策发生变化　　D. 尊富崇利意识蔚然成风尚

【目标识别】题干描述明末吴江的丝织业、商业和社会风尚，考查由事实解释而形成的概念与论断的知识。要求分析现象描述与抽象概括之间的关系，在因果关联的推断中，明辨史与论、意识与行为的连接。这是关系分析、转化、解释与推断等多层能力的综合。

下表展示了1914—1920年我国华商火柴厂的发展情况。

表5-6　1914—1920年我国华商火柴厂的发展

年份	厂进口火柴（万罗）	新厂数	厂均资本额（万元）
1914	2383.58	10	4.92
1915	2097.34	9	3.30
1916	2062.07	4	1.42
1917	1559.43	8	5.47
1918	1334.08	3	0.66
1920	848.43	23	9.67

　　对表中数据的解读正确的是（　　）

　　A. 辛亥革命直接导致了1914—1915年工业发展
　　B. 火柴进口量的递减影响着华商投资额的递增
　　C. 火柴业发展折射出近代民族工业的某些特征
　　D. 反对"二十一条"推动了1920年的投资高潮

【目标识别】题干中的表格阐述了民国初期的华商火柴业状况，是数据化的具体事实的知识，也是分类的方法知识，考查数据解读的论断的知识。要求将数据译述为文字，从样本中延展出近代民族工业的某些特质。这是基于关系分析的领会，包括转化、解释和推断。

下图是1949年3月美国记者伯恩斯拍摄于上海的两张照片。从中可以体会到（　　）

图 5-2　妇女被搜身　　图 5-3　遛狗者和流浪儿

A. 民族工商业受到列强与官僚的双重挤压
B. 国民政府覆灭时上海陷入了混乱与动荡
C. 下层民众遭受了没有硝烟的侮辱与伤害
D. 中国社会萌生着反差强烈的富裕与贫穷

【目标识别】题干图示旧中国下层民众的生活境遇，是具有描述和体验意义的具体事实的知识。照片中蕴含着拍摄者的观念和态度，两张照片组合成一个整体的解读对象，则它们之间有某种观念性的内在联系，因此它考查论断性知识及组合与联系的方法性知识。要求将照片置于国民政府覆亡前夕的时代背景下，推断"美国记者"的观念，再赋予照片材料以特定"意义"①，作出历史允许的相似"意义"的推断——有史实限度的感受和解释。本题既有组织原理的分析和关系分析，也有事实与感受相融的观念推断。

上述例证题的目标识别中，测量的知识类型大体包括3大类。一是具体史实的知识。二是抽象的概念与论断的知识。其中论断的知识包括两个亚类：对原因、性质的判定和对意义、影响的价值判断。价值判断在历史教育中具有特别重要的地位，它可以相对独立地视为价值的知识（虽然也以论断形态呈现）。三是方法的知识。方法的知识包括3个亚类：将具体史实处理为趋势和顺序的知识，将具体史实重组为定向分析的分类与类别的知识，处理和

---

① 这里的"意义"采用的是汉语中的"含义""内容""意思"等层面的词条解释。

解读材料的史学方法。其实在历史测量或历史学习的材料处理中，方法的知识无处不在，只不过，它更接近于隐藏在幕后的如何进行组织和结构的原理性知识。它们共同构成测量目标的知识谱系。这样的知识谱系能否在测验中显现为认知结果，依赖3层能力的施展。一是领会能力，包括转化、解释和推断3级阶梯。二是分析能力，包括要素分析、关系分析和组织原理分析3级阶梯。三是简单的综合与评价能力。在中学历史纸笔测验中，综合往往只要将某些要素组合为整体来概括，接近基于分析的推断；评价也主要依赖外部准则来表述，接近基于解释的转化。因此，选择题中的综合与评价，往往还没有领会与分析的要求高。

我们再对引论部分的两道试题重新分析。

【2014全国甲卷第27题目标识别】题干呈现明朝内阁地位变化的史事，以具体的史实知识来考查概念与论断的知识，兼及趋势的知识。要求分析史实与概念及论断之间的关系，将阁臣权倾一时的现象置于皇权专制加强的趋势中加以分析。这是基于分析的知识转化。

【2014江苏卷第1题目标识别】题干呈现孟子和董仲舒对君民关系的认识，考查抽象的概念和论断的知识。要求基于"原始儒学"的立场，在分析两人观点上的差异后，作出继承还是背离的判断。这是评价外表下的基于要素分析的对所学知识的译述，即转化。

两题的原分析，都用史学话语，转述和解析试题中的历史知识，从而认定正确选项。江苏题的分析，还提升其历史价值：揭示不同阶段儒学对君民关系的不同看法，儒家思想的发展历程及其特点——这是历史的管中窥豹，难免"刻奇"（Kitsch）[①]。两题的原分析也都笼统地说明"获取和解读信息""调动和运用知识"的能力要求——这是套用所有学科的解题法则，难免添堵。"目标识别"的新分析，则应用了试题识别技术，简要说明了各自的知识类别、能力层次，说明了材料情境中的知识如何借助某种能力，转换为选项表达的知识。在此，知识类型、能力层次和思维路径这一测验的目标形态，比较清晰，具有某种工具理性的"类"的实用价值。

---

① 它是与矫情、夸张相联系的自我迎合或自媚，是实证基础不稳的主观意向。

四、正论

  中学历史试题的外显形态总是知识。无论是题干的样态（不管有无材料情境），还是问题解决的答案形态，都是不同类别的知识表达（大学考试，诸如名词解释和问答题，更是典型的历史知识表达），分数高低取决于考生在相应要求下所能表达的知识的密度、厚度与准确度。从题目到答案，就是一种知识转换为另一种知识，或产生新的知识表述，面相虽然不同，知识的本质却是不变的。所谓的能力要求（往往隐含在问题和任务中）只是实行知识转换的思维过程或路径。例如，一种史实的知识，在某种能力施展后，可能转换为概念的知识、原理（论断）的知识，甚或还是改换了脸面的史实知识（不过是作了归纳、解释或视角转换的处理和译述而已）。同理，一种抽象的概念与论断的知识，经历某种能力的腾挪后，可能置换为史实的知识或方法的知识，甚至还是概念与论断的知识（不过是作了推断、分析或综合的提升而已）。由此推展，在试题编制中，知识能够独立存在，[①]能力却要在知识的转换（进而是知识的生产）中显现，二者是相辅相成的复合关系，能力的独立存在几乎是违背常识的臆想。在历史教学或测验中，没有知识的出发点，能力如何寄存？没有知识的转换或生产，能力的价值又何在？就此而言，能力是一种知识走向另一种知识的路径，是知识得以变脸的魔术，知识立意还是能力立意的二元对立，是一个值得反思的伪命题。

  既然教学目标实现与否的测验是知识借助能力的转换或生产，能力是知识转换或生产的手段，知识的转换或生产才是目的，那么历史教学就要明白知识谱系中历史知识的不同类别，致力于从一种知识到另一种知识的转身、变脸与提升，这种转身、变脸与提升的实施，势必要借助历史证据和史学方法，展开历史的理解与解释。因为这一"借助"与"展开"，领会、分析、综合和评价等历史理智能力的纹理才得以刻画并显现。理智能力的高低会影

[①] 即使不是试题编制，历史知识就其本体论地位来说，也有其独立自主性。英国的波普尔作过充分论证。

响知识转换或生产的到位程度，但理智能力由低到高的提升，却取决于历史教学中是否抓住从一种知识到另一种知识的转换与生产这一锁钥。

通常的试题分析致力于研究式的历史解读，无论是解读试题中蕴含的史实风云，还是解读试题中包含的历史意义、现实借鉴，或是社会价值、人生启迪，都无可厚非。但这样的解读，本身就是具体的历史知识的运用，是"历史人"的解释和辨析，它惠及师生的是历史博大精深、细致入微、目不暇接，有着中学阶段的难以承受之重。通常的试题分析还会外挂几句"提取信息、运用所学、培养能力"，但这是所有学科的共识。如此，通常的试题分析就是历史的细语和能力的大话——"能力立意"就在"历史的教导"中自行消解了。试题分析应是"教学人"在目标测验的轨道上指明学习的"类"——什么类型的知识，什么层级的理智能力，能力腾挪的过程痕迹又怎样。

日常的学习和学习结果的测验，其实是这样的：消费所学的知识，再转换或生产符合某种要求的"新"知识；它是面对新材料中的知识，依托能力的腾挪或施展，转换或生产出另一种知识。实事求是地讲，作为认知类型的历史知识，在学习过程中是有边界和说得清的；而历史理智能力，在腾挪过程中却表现为层次叠加、彼此渗透、有所附丽，从学理上讲，它难以清晰而独立地存在。要而言之，课堂教学的历史认知和对认知结果的测验，都是从知识出发，并归宿于知识，只是所归宿的那个知识转换了类型、生成了新知而已，只是理智能力的施展促成了知识类型的转换或新知的生产而已。

因此，历史教学或对教学结果的测验，都不惮以"知识认知"相号令，只要知识不是单一类型的知识，只要认知是带着理智能力行走的认知。况且，一旦以知识谱系的眼光来处理知识，理智能力的腾挪就势在必行，否则就不会有知识谱系的显现，也就不会有知识类型的转换与生产。

五、回缩

学生认知历史的结果，在纸笔测验中表现为对所学（所储存）知识的提取和表达，而提取和表达是否符合要求，又取决于理智能力，简言之就是知识与能力。认知领域的知识与能力是有"类"的抽象的：认知性的历史知识有3大类型，如何认知的理智能力有3大层级。

理智能力是处理不同类型的历史知识的工具，也是检测不同类型的历史知识的认知水平的工具。领会是对不同类型知识的领会，分析是对不同类型知识的分析，综合是对不同类型知识的综合。不同类型的知识能否、是否被学生习得，需要理智能力的撬动和显影。

明晰知识谱系，明晰这一谱系在学生身上得以显影的工具，也就是看清这两三点星火，或许比知晓浩瀚的历史，更能获取有边界因而可横渡的目标张力——无论是教学目标，还是测验目标。就此而言，历史教学的"核心素养"[1]漠视现代认知心理学所指称的知识，不是在上演"皇帝的新装"，就是在表达生命中不能承受之轻的"刻奇"。

无论是教学目标的测验，还是教学目标的课堂实施，固然需要空疏迂阔的"大家"视野与风范，更需要切实细密的工匠态度与技术。如此，才有可能不因浮躁和急进而流于帽子戏法的粗鄙。

知识烙印于身体，播弄于嘴唇，却拒绝血脉认同，这是何等吊诡的谱系！——束鹏芳

[附记：本文分析历史试题的工具，化用了如下两本书的成果：布卢姆等人编写的《教育目标分类学 第一分册 认知领域》（华东师范大学1986年版）；安德森等人编写的《布卢姆教育目标分类学40年的回顾》（华东师范大学1998年版）]

（本文原刊于《中学历史教学参考》2016年第5期）

---

[1] 笔者理解的历史学科的核心素养是：基于一定时空阈值的史料证据，经由理解与解释，走向概念与论断，走向价值观念，这是史学职业工作者的工作情境、思维流程与生产路线。这也正是历史知识从一种形态走向另一种形态的转换或生产历史知识的过程，它所转换或生产的知识有诸多类型或形态，但其基本面貌显然是知识。

命题者告诉我们什么

——从 2013 年江苏历史卷说开

———— ◎ ————

全国各套高考历史卷，都会注重史学研究与学科能力，也会渗透"以史为鉴"的现实照应，体现情感、态度、价值观目标，这当然包括 2013 年江苏卷。江苏卷对基于课标的教科书的依托，对中学历史教育目标的理性定位与平稳引领，则显示了它的独特风格和人文性情。

一、在与教科书的合理依存中体现平实

学习的历史是人类的集体记忆。依据课程标准编制的教科书，表达的是国家和社会对人类集体记忆的法定要求，它是中学历史教育最重要的资源，也是学生和命题人的共同财富。依托教科书应是命题的基本原则。2013 年江苏卷与教科书之间保持了合适的依存关系。

在《2013 年江苏省普通高中学业水平测试说明》中，"一级考点"相当于教科书中的"专题"，"二级考点"相当于专题中的"课"。统计数据显示，2013 年江苏卷必修内容中，一级考点的覆盖率约为 84%。二级考点的覆盖率约为 34%，其中，政治史、经济史和文化史专题的内容分别占必考内容的 37%、36% 和 27%。就一级考点来看，政治史考查的内容覆盖到所有专题，经济史覆盖了近 86% 的专题，文化史的覆盖面也为 2/3。（参阅下表）

表 5-7 必修内容覆盖面统计

	必修一模块		必修二模块		必修三模块		合计	
	一级	二级	一级	二级	一级	二级	一级	二级
考纲考点	9	29	7	24	9	26	25	79
实际考点	9	12	6	9	6	6	21	27
覆盖率	约100%	约41%	约86%	约38%	约67%	约23%	约84%	约34%

宽广的覆盖面既保障了测量的信度与效度，又体现了命题者突出主干知识、落实基础考查、看重教科书资源的质量评价意识。

依托教科书并不等于备受诟病的"以本为本"，而是在新的材料情境下，对教科书提供的"集体记忆"，进行必要的调动和运用，旨在测量学生对"集体记忆"的掌握情况——其实就是测量课标内容的达成度。2013年江苏卷的所有试题均设置了"新材料""新情景"，近90%的选择题均有教科书所学知识作依托，非选择题中有近50%的正确作答需要依托教科书所学知识，材料情境与所学知识之间有较高的依存度。选择题中，除甲骨文相关的第2题、新文化运动相关的第7题，可以借助材料情境和选项，对教材没有明显提及的历史知识进行推断，其余正确选项均需要依靠教材提供的知识要素。由此，2013年江苏卷能级目标的考查重点，也就落实在获取和解读信息、调动和运用知识上。除选择题外，非选择题的能级目标，除罗斯福新政相关的第23题较多地关注探讨与论证，儒家伦理相关的第21题、国共合作相关的第22题，兼及归纳和概括（本质上是所学知识和材料信息的运用），其余均侧重考试说明中的前两大能级目标。

超越教科书、远非中学师生日常接触的新材料，诸如数据资料、田野史料、家训族约、学者评述，显示出命题专家的史学水准。在新材料、新情境里，寻觅其和学生所学知识之间的关联，促使学生去调动和运用，又显示出命题专家的人文关怀。

从主干知识的覆盖面、材料与所学知识之间的关联度及能级层次等测量技术来看，2013年江苏卷非常明显地体现了基础扎实的稳重态势和平实风格。命题者居高临下的君临姿态被高屋建瓴却深入浅出的平民风度所代替，以命题者为中心转向了以考生为中心。这既切合江苏高考模式，特别是高校录取模式对历史学科的要求，又能获得较高的社会认可度（未必是某些史学专家所认可）。这是2008年以来江苏历史命题的一大超越。

二、在对学科素养的适度超拔中彰显意蕴

历史的人文性和社会性，天然地决定了历史测量的服务社会、服务人生的价值要求。这一要求在2013年江苏卷中，以寓教于考的方式，张扬着学科素养的思想性与学理性。

民主、平等、公正、仁爱、合作、和谐共存等价值理念，渗透在选择题和非选择题中。选择题第3题、第9题、第13题、第15题和第16题都蕴含着这样的价值观。非选择题中，第21题认同传统文化的积极作用，第22题寄寓民族复兴与国家统一的情愫，第23题传递自信与乐观的人格诉求，以及选做题（教科书之选修内容）对"创新""平等与自由""人的精神生活"的理喻，都隐含着对现实问题的历史思考和人之为人的教育意念，充分体现了历史的思想性和修身功能。

历史的思想性当然离不开基于历史思维的学理性。2013年江苏卷考查学生辩证的批判性思维，强调从事实出发的实事求是精神。例如，第7题要让学生看到新文化运动对旧文化的传承与创新，第23题要让学生看到罗斯福新政在当时也备受争议。这是教科书以外的历史的另一面，是史学素养的学理所在。2013年江苏卷还借助材料情境的设置，通过文本与非连续性文本（数据图表）的阅读理解，考查逐层递进的由史而论的历史思维。第23题具有相当的代表性。它要从"罗斯福的乐观情绪"与"百姓心中的恐慌"的心理学研究视角，分析新政成功的因素；要运用计量史学的方法来分析美国失业率变化的原因；要寻找史证（尽管可以来自教科书）来印证不同阶层眼中的新政；至于主题式论证"罗斯福新政的机遇与挑战"，更是明确要求"多角度地研究"、"立体地认识"和"多层次地解释"。本题既是学理色彩浓郁的

史学素养的典型考查，也是压轴大题彰显选拔与区分功能的测量技术的成熟运用。

2013年江苏卷迥异于往年的地方在于，23道必修模块试题中，有8道试题使用了折线图、柱状图、饼状图、表格统计、数字陈述等形式的计量性材料，可谓"满眼风光计量史"。它不仅仅是卷面形式的"出新"话题，更是命题者用史学方法的深意来引领教学改革的心意所在，是对历史学习的学理性提示。此外，这种计量性材料的使用还考虑了难易比例的把控，从而形成整卷命题中的技术张力。相对于以往年份，命题者没有继续使用现成的图画式的历史图片，而是依据历史文献设计了空间地图、数据图表、文字画和学习框图（第18题，某美术流派特征）。在黑白两色印制的卷面上，流淌出沉稳与素雅，也内在地表征了历史是大气象而非浅浏览的学理气势。思想性、学理性和细致的测量技术的结合，方构成命题的意蕴。

三、命题者告知的不是应试

2013年江苏卷在继续往年的沉稳和典雅的追求中，凸显了今年的平易近人，祛除了某些高端霸气，但又不失专家视野。好的命题正如好的教学，是深入浅出、面向大众全体而又瞩望优异个体的；好的历史命题正如好的历史教学，是认准中学历史教育的"集体记忆／实事求是／修身养思"的法门的。没有集体记忆，历史何以存世？没有实事求是，历史如何学习？没有修身养思，历史有何价值？历史学业质量标准（主干知识、基本能力、核心素养）寄身于此，2013年江苏卷的平实与意蕴也依存于此。

凸显学科能力的高调命题，也许是史学研究者的厚意，却未必是中学师生的深情，处处需要转圜的"思维"，也未必证实命题者的能力。2013年江苏卷，在平实与意蕴中，还表达了命题者对江苏高考模式下的历史教学现状的承认和尊重，表达了命题者对学生学习历史的柔韧呵护，表达了高中历史教育理性定位的引领性期待——基于（课标制约下的）教科书却又不失学理性超拔，它的"所指"是大地的平实，它的"能指"是峰峦的意蕴。与此俱来的便是，2013年江苏卷的命题技术：借助新材料，在已知和未知中保持恰当的依存关系，在平者守成、优者脱颖的衡量中设计难度——就此而言，本卷的少量选择题几乎是没有难度的水平性测试，也就可以理解了。而本卷选项语言的工整性提炼，更值一线教师去实践。

命题者告知的是中学历史教育自身的合理规则，不是考教之间的猫捉老鼠的无定游戏，告知的是他们的人文谦和，而不是唯他们马首是瞻。

[本文是国家社科基金"十一五"规划项目"中小学生学业评价标准的研究与开发"（BAH060030）的成果之一。江苏省大港中学张白金老师对本文也有贡献。本文原刊于《中学历史教学参考》2013年第7期]

在基于材料的问答对接中避免语言的黑洞

———◎———

在历史教学与测评中,基于材料的问与答,是设问者和应答者的双双作答,是书面或口头语言的彼此对接,而在问与答的对接中难免出现语言黑洞。本文以某省的3道高考题为例,从设问者的角度讨论语言的黑洞现象。

一、设问落点的局促与含混

2016年的新文化运动题。

材料1 新文化运动的代表人物尖锐地批评了传统儒学的有关内容,但他们并未全盘否定。中国的文化、社会和历史,是一个较之传统儒家意义更广大的传统。在对待这个大传统的态度问题上,新文化运动没有"全部摒弃""彻底否定"的看法。陈独秀认为,中国文明,包括儒家学说中所包含的许多积极有益的内容,实际上与人类文化的普遍价值相联系相一致。上海某报批评北京大学设立"元曲"的课目,指元曲为"亡国之音",认为不当讲授。陈独秀反对这一看法。他还公开承认,钱玄同废除汉字的主张过于急切,是对传统语言文字用了"用石条压驼背的医法"。

材料2 新文化运动的领袖们本身都是非常激烈的。他们不承认任何传统的权威和因袭的教条,礼教、自然观、社会、国家制度,乃至汉字、中医、京剧等传统文化,都遭到无情的批判。这个勇猛的,也是简单而绝对的批判运动，极大地解放了人们的思想，虽不可避免地具有一些形式主义的偏向。

1.据材料1、2并结合所学知识，概括指出新文化运动的代表人物对传统文化的认识，分析这些认识产生的原因。2.据材料1、2并结合所学知识，评新文化运动代表人物对传统文化的认识。

本题有3个设问落点：概括认识，分析认识的成因，评价认识。本题要"据材料1、2"来回答"代表人物对传统文化的认识"，而不是应答者自己对传统文化的认识。两则材料中的"代表人物对传统文化的认识"是相悖的，故应答时无法混一，只能分立，3个关于"认识"的应答就会重复。因两则材料中的历史评判的相悖性，"评""认识"者要么对材料选边站，要么分别"评"，其应答的结果势必导致某一材料的悬置或杂沓重复。设问的局促性和含混性以及由此带来的应答的重复性，无法避免。

2016年的美苏冷战题。

材料1 （1946年）美国驻苏大使馆代办凯南向美国政府提交了8000字的"长电报"。电文中认为，克里姆林宫对世界事务的认知根源于苏联传统的不安全感。为了求得安全，他们从未考虑与对手达成妥协，而是要将对手置于死地。凯南还将苏联描绘为一个专制传统与意识形态强制相整合的国家，因而它认为外部世界是敌对的。美国必须把对付苏联放在美国对外政策的首位。

材料2 （1946年）苏联驻美大使诺维科夫写了一篇名为《战后美国的外交政策》的报告。报告认为，战后美国争霸世界的动因是垄断资本的帝国主义扩张。美国利用二战中其竞争对手被削弱的时机，其资本已渗透到世界许多国家，加强了在世界的经济地位。美国正在从国外和国内两个方向，集中反动力量对苏联进行包围。美国已成为苏联的对手。美国正运用着资本和军事这两种武器妄图达到其称霸世界的目的。

1.据材料1，概括凯南"长电报"的主要内容。结合所学知识，分析"长电报"中提到的美苏已由战时盟友变为"对手"这一变化产生的原因。

2.据材料2，概括诺维科夫报告的主要内容。

3.据上述材料，归纳凯南"长电报"和诺维科夫报告核心内容的共同之处，指出这两个报告形成各自认识的依据。

本题材料中两份"报告"的语言逻辑基本一致，即"对方是怎样的国家，在干什么，为什么会这样干，建议采取什么外交政策"。本题的设问落点是：两份报告的主要内容、核心内容的共同之处和各自认识的依据。在已经提取主要内容后，还要"归纳核心内容的共同之处"（而不是共同视角或共同方面），应答者很难弄清"主要内容"和"核心内容"的差别。"各自认识"及其"依据"，又都是报告的主要内容（命题者对"依据"的作答，正是报告的内容之一）。本题问及的美苏由盟友转为对手的原因，也可在"长电报"中找到部分答案。如此，不同设问落点都纠缠在报告的内容上，各问之间界限模糊，答案交集无法避免。最后一问的前提，即两位外交官的"各自认识"，指向也颇为含糊。它可以指向国家的特性（本质）、外交动向或各自的政策建议等方面，"认识"指向不同，依据也就会随之而变。

本题未能在分析"报告"的语言逻辑的基础上设问，问题指向的界限模糊且相互包含，"主要内容"这一起始之问已大体囊括后续各问的作答要点，尽显局促与困窘。

2016年的李时珍编撰《本草纲目》题。

材料1 作为一名医生，李时珍非常注重药物名实的考证。鉴于历代本草虽屡经修订，仍有不少错误，于是他立志重修本草，经多年寻访，三易其稿，终于完成举世闻名的《本草纲目》……生姜是味常用药，可历代药书都强调生姜不可多食、久食，但未提及生姜的害处。李时珍便天天食之，结果"眼发热"，后他在《本草纲目》中写道："食姜久，积热患目疾，珍屡试有准。"

材料2 《本草纲目》成书于1578年，但已谈到接种疫苗以防治天花及今天仍在应用的一些医药用品。欧洲学者普里高津在论及《本草纲目》等中国古代医药学著作时曾高度评价：中国传统的学术思想是着重于研究整体性和自然性，研究协调与协和。现代新科学的发展更符合中国的哲学思想。

1.据材料1，概括指出李时珍从事药物研究的特点。结合所学知识，归纳《本草纲目》的优点。

2. 据材料1、2并结合所学知识,指出以《本草纲目》为代表的中国古代科技文明的特点和地位。

本题的4个设问落点有两个"特点"、一个"优点"和一个"地位"构成。从语义来看,特点谓杰出、特出之处,优点谓优美、良好之处,地位谓所处位置,也指独特之处。在中学历史教学的话语体系中,优点、特点与地位并无截然分明的界限,历史地位更被视为优点或特点的组成部分。从设问落点的主体限定来看,李时珍的药物研究、著作以及著作所代表的古代科技文明3个主体其实是三位一体,皆聚集于《本草纲目》。李时珍以实证纠错的方式进行药物研究,并将研究成果写入《本草纲目》,则实证纠错既是研究的特点,也自然是《本草纲目》的优点。《本草纲目》代表古代科技文明,则书的优点自然是古代科技文明的特点。古代科技文明具有领先世界的"地位",代表古代科技文明的《本草纲目》理当拥有成就领先的"优点"。

当4个设问落点密集在语义本来就交叉的"特点""优点""地位"之类的"点"上时,相关主体限定又呈现三位一体的交叉互换性,"点"的界定就愈发飘忽,相应的应答就更难分界。设问的局促与相互包含,应答的界限难分与作答要点的缠绕不言自明。

二、作答要点的遁逝与畸变

理解材料的含义,辨析设问者预制的答案,我们能看到应答中的语言黑洞。

新文化运动题,两则材料的说法存在鲜明的对立。材料1的说法是:他们认为,包括儒学在内的中国传统文化包含许多积极有益的内容,与人类文化的普遍价值相一致,但传统儒学也有值得批评的部分内容,因此对传统文化不能全部否定。材料2的说法是:他们"不承认任何传统","传统文化都遭到（他们）无情的批判"，"是勇猛的，也是简单而绝对的批判"，传统文化几无可取之处。但设问者定制的应答要点是：[①]"传统文化存在积极有益的成分，不能全盘否定；传统文化存在封建落后的因素，不能全盘肯定。"对照之下，这一应答忽略了"据材料2"的设问规定，所谓"存在封建落后的因素，不能全盘肯定"，不是源自材料2自身的表述，只能来自所学知识。"有益，不能否定，落后，不能肯定"的表述还充满欧式弯道，像僵硬的英译，有悖常规的逻辑思路。新文化运动代表人物为什么要反思传统文化呢？"民国"之下的政治独裁和文化保守（尊孔复古）使得受到西方思想影响的新文化运动代表人物奋起反击，尖锐地批判其中的封建落后因素；一战爆发进一步拉近了中国和世界的距离，多种思潮相互激荡，他们意识到，只有中国文化与世界文化互动与融合，才能造就一种新文化；他们也是传统文化孕育出来的知识分子，文化自身更新的内在逻辑也需要在批判中扬弃。[②]这些因素，使他们能在批判旧文化中认识到其中"与人类文化普遍价值相联系相一致"（被设问者遗弃了的"认识"）的有益成分。设问者对"这些认识产生的原因"如此应答，"抵制尊孔复古逆流的需要；受到启蒙思想（民主思想）的影响"。该应答仅说明了尖锐批判的原因，而何以"不能否定"的原因却未加说明，设问中的"这些认识"在该应答中蜕变成了"这一认识"。

设问者将观点对立的"他者"（学界）的认识强制合并为"自己"的认识，再安在"新文化运动代表人物"头上，这是对材料的强制阐释，是语言表达中的主体偷换。在主体偷换中，"认识"的应答悬置了材料2所述的说法，"原因"的应答悬置了材料1所述的理由。材料的强制阐释与悬置，导致答与问不能对应，造成应答要点的畸变与遁逸。

据美苏冷战题的材料，美方报告：苏联是专制传统与意识形态强制整合的国家；它对外部世界有一种传统的不安全感；苏联的对外政策是不妥协地削弱对方甚至置对方于死地的敌视政策；美国必须对付苏联。苏方报告：美

[①] 本文所举试题的"参考答案"均采取要点赋分方式，要点与分值绑定，是标准定制，而非"评价标准下的参考"，应答要点即是命题者的金口玉言。在问与答之间，"绑定"是命题者面临的极大挑战。
[②] 耿云志：《心事浩茫话当年——纪念〈新青年〉与新文化运动一百周年》，《文史知识》2015年第9期。

国具有垄断资本的帝国主义扩张（本性）；战后美国的对外政策是运用资本和军事武器称霸世界；它在加紧世界范围的资本渗透（经济控制），又在全方位地对苏联进行包围；苏联必须将美国视为对手。设问者对"报告主要内容"的应答是，"苏联的外交政策根源于其文化传统；苏联外交具有不妥协的特点；苏联是美国最主要的对手"；"美国加强对世界各地的经济渗透；美国企图全方位包围苏联；美国的战略目标是称霸世界"。对比之下，设问者的应答出现了疏漏与位移。美方对苏联是专制国家的评判和苏方对美国垄断资本的帝国主义扩张的判断，都没有被纳入报告的主要内容，而是被安置到"各自认识的依据"一问中了。美方的"苏联要置美国于死地"和苏方的"美国对苏联全方位包围"所隐含的夸大性的形势误判，则被设问者视为"核心内容"的共同之处（要视对方为敌手，才更具"核心"色彩，这一"误判"只是成因）。显然，设问者将报告的主要内容作"强拆""强迁"式的安置，以解决设问所带来的彼此包含的困境，由此而导致材料信息的疏漏与位移，使定制的应答要点在遁逝与畸变中散发出强权气息。这种遁逝与畸变还表现在设问者将美方的"苏联传统的不安全感"解释为"苏联的文化传统"。实际上，材料与史事都不能为这一解释提供依据。据凯南电报原意，"苏联是深厚强大的俄罗斯民族主义潮流孕育出来的"，"苏联对武力的逻辑十分敏感"。历史地看，沙俄是有扩张传统的国家，苏联作为一个追求"世界革命"的"革命国家"的制度异质性和对抗性，是美苏趋向冲突的内在动因。[①]因此，材料中"苏联传统的不安全感"更适宜解释为"扩张传统中的不安全感"而不是"文化传统"。设问者的历史解释若非昧于历史的遮蔽，就是昧于语言表达的逼仄而采取了"大体说得过去"的表述策略，而这一语言黑洞带来了非历史的强制解释。

　　上述两题的应答要点中出现的遁逝与畸变，与设问的局促和相互包含有密切关系，其根源则是语言与逻辑问题。

　　李时珍一题的应答同样存在设问所导致的语言困境。以应答"古代科技文明的特点"为例，材料1提及李时珍天天"食姜"，材料2指明"重于研究

[①] 余伟民：《事与愿违：战后初期美苏如何从合作走向对抗》，《历史教学问题》2016年第1期。

整体性和自然性",教科书明言"中国古代科技的实用性"。如此,以《本草纲目》为代表的古代科技文明的特点当有:实用性、经验性(感受性)、整体性、自然性和世界领先性等。但设问者的应答仅是"注重解决实际问题和注重整体性"。"特点"与"地位"可以共享的"世界领先"被让渡给"地位",材料1中"名实考证"或"食姜"信息所透露的经验性,被置之度外。这里不仅有应答的疏漏和位移,还有设问的悬置。在现有的应答中,"据材料1"不见了,若是认为"注重解决实际问题"这一源自教科书的表述,是对材料1相关信息的概括,则设问中的"结合所学知识"又不见了。设问的要求没有得到满足,该有的某些"特点"在应答中以疏漏和位移的方式执意遁逝了。

三、问与答的技术"语言"

基于材料的问与答是教学与测评中最日常、最核心的专业技术。问的目标在哪里,路径是什么,答的基准在哪里,灵活的阈值是什么,答问如何一致,都是设问与应答必须考虑的。上引试题,从问与答的对接来看,设问的落点未能拉开间距,语义交集重复,导致设问的局促、逼仄与含混,加以材料阐释的强制,使得应答中出现悬置、强拆、强迁等现象,使答案的正确建立在遁逝甚至畸变的形态上,形成金口玉言式的正确。这种现象在许多日常的测评与教学中普遍存在,充满知识的权力压迫。尤其是课堂上口语化的问答对接,随意性更大,对语言表达与逻辑理性的淡漠更为明显。

以材料为媒介的问与答的对接,通常由背景知识、设问和应答构成。背景知识包括新材料与所学知识两部分,材料总力求关联着某一历史主题,并连接所学知识,以促进学生构建相对完整的历史。设问要在材料碎片与所学知识的连接、在主题勾连与历史解释中展开。应答则须呼应设问的落点与作答的规定路径(据材料或据材料并结合所学),并声明"其他符合题意也可"。为此,应答要制定较细腻的层次分明的标准和示例予以规范。所以,精制的基于材料的问与答,当有一些技术标准:(一)材料内含某个历史主题，具有典型性与碎片化特征；（二）材料碎片与较完整的历史之间有一"所学知识"的空当；（三）设问注重价值判断、关键能力与必备品格的兼顾；（四）设问力求围绕并揭示历史的主题与"全貌"[①]；（五）设问能最大限度地解析材料并与所学知识联系；（六）设问指向清晰、界限分明，不能相互包含；（七）多个问题要注重分层递进、前后勾连，为应答中勾勒历史"全貌"而奠基；（八）应答过程是材料与所学之间勾连、拼接的过程，是勾勒甚至建构历史的过程；（九）应答结果彼此之间有清晰的间距，呈现独立的不重复性；（十）评价标准兼顾基准绑定与适度灵活，并且是有水平层次划分的灵活；（十一）知识、设问与应答是互为因果的整体，再好看的设问也要后顾作答的可能空间与顺畅性。它们构成了问与答的技术语言。

在基于材料的问答对接中，避免语言的黑洞是设问者和应答者的天然追求。设问之初对材料显示的信息作周全而合理的历史解释并立字句为证，这是避免语言黑洞的先决条件，也彰显历史语言的精准性。从确定而清晰的问与答的目标出发，运用问与答的技术标准做好充分的问答对接的预设（包括应有的生成性预设），这是避免语言黑洞的形式保障，也凸显教学语言的精巧性。在历史解释与问和答的表述中，一再推敲语义与逻辑，这是避免语言黑洞的内容保障，也体现汉字语言的精致性。这三者构成了问与答的技术语言三要素。其实，历史教学或测评的根基是基于信息处理的语言表达与逻辑思辨，舍此，什么学科素养都将失落。

昧于语言的黑洞，大概与传统思维重感受性"存在"轻分析性"知识"、重"具体"的"体验"轻"定义"的"规定"有关。在现代技术理性盘踞、学科核心素养技术化的现实面前，传统思维需要反思与重构，教学中的问与答需要重视分析性的语言"知识"与"定义"。

（本文原刊于《中学历史教学》2018年第6期）

[①] 问与答的"全貌"有3层：教科书与新材料互补所勾勒的历史事实的全貌；原因、内容、结果、特征等要素组成的历史叙写的全貌；史事、概念、结论等因素组建的历史认知的全貌。

历史学科中考命题如何指向"减负提质"

———◎———

在"双减"政策强力推行、新的义务教育课程标准已经颁行的当下,既减轻学生过重的课业负担,又提高他们的学业质量,再度成为历史教学的热点问题。分析2021年江苏各设区市历史学科中考试卷,也许能为我们提供命题与教学"减负提质"一体化的求解思路。

一、试卷的结构要素

江苏历史中考有4种形式,即历史单科考试、政史合科考试、开卷笔试与闭卷笔试。试卷的主客观题比例基本在6∶4或5∶5,有3地的客观题占比超过了主观题。单选题与材料题为两大基本题型,另有"大事记思维导图"题、材料判断与分析的综合题,总体上保持连续不变的稳定状态。

难度系数的大小是区分中考与高考的一杆标尺,全省中考历史试卷实测难度系数如图5-4所示。其中,0.79和0.82的系数,表明这两地的试卷相对容易,而0.57和0.60的系数,则说明这两地的试卷达到了中等难度。全省平均难度为0.72,体现了两考合一的考试性质。图中折线的峰谷大体围绕0.70的轴线波动,这一轴线恰当地体现了常模参照考试与水平考试相融的合理难度。

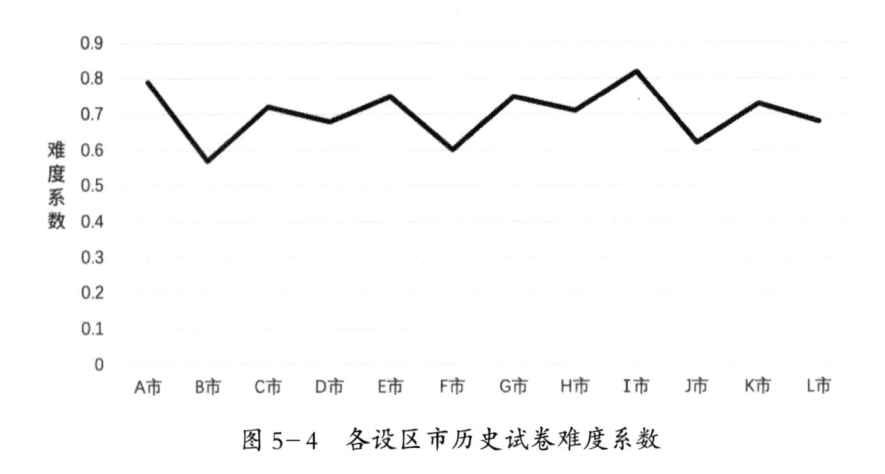

图 5-4　各设区市历史试卷难度系数

全省中考历史试卷的内容结构有两个向度。一是学段内容：中国古代史基于 20% 的有 8 个设区市，中国近现代史基于 40% 的有 6 个设区市，世界史基于 40% 的有 5 个设区市。二是模块内容：政治史基于 50% 的有 7 个设区市，经济史基于 30% 的也有 7 个设区市，文化史基于 20% 的则有 6 个设区市。图 5-5、图 5-6 所示的省均比例可以说明：居多数"席位"的那一内容比例，能折射概率上的合理性；省均值层面的内容比例能在概率上反映它的必然性；不同设区市在内容配比上出现较大差异，反映出各地中考命题的某些"主观性"。

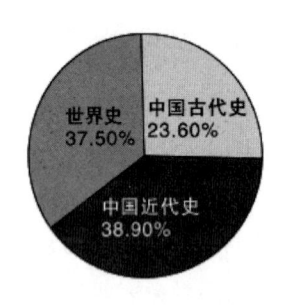

图 5-5　省均学段内容比例　　图 5-6　省均模块内容比例

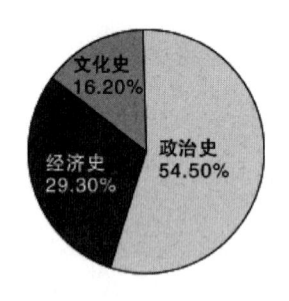

全省中考历史试卷注重版面设计。一是运用图表来创设试题情境，追求图文并茂。省均包含 9.7 幅（张）图表，部分设区市的试卷通过自制一些示意图（如时间轴、学习卡片、板书结构图等）来再现学习情境。有 8 个设区市在主观题中设置了观察、分析与感悟图表的任务要求，彰显了图表的史料功能。二是从考试形式与难度系数出发，注重阅读量的收放。如图 5-7 所示，文字阅读量的省均数为每分钟 60 字，部分设区市阅读量偏少，是因图表信息丰富而有意压缩，或因材料情境单薄所致。就文字阅读量而言，这一省均数显得偏低，难以充分考查九年级学生的阅读力。

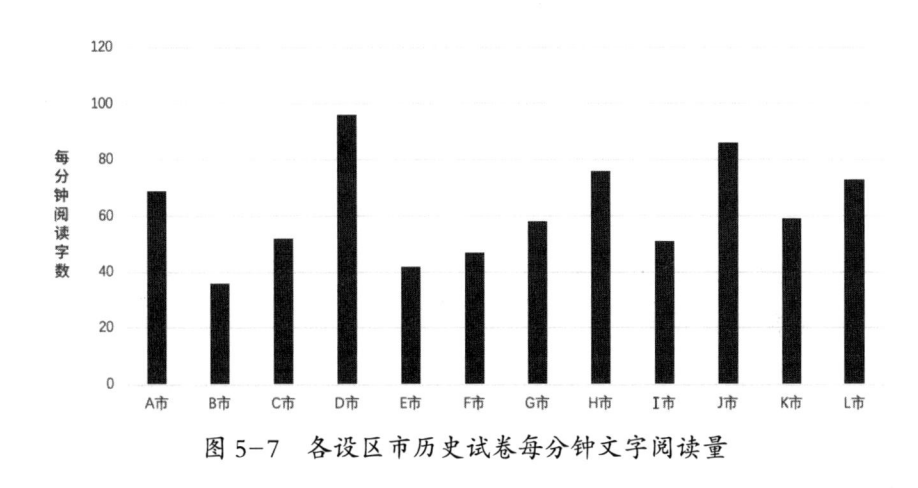

图 5-7　各设区市历史试卷每分钟文字阅读量

分析上述要素，旨在说明，中考命题要优先考虑试卷结构，要在整卷中考量内容比例的配置、图文阅读的数量、难度系数的把握（与能力层级或素养水平直接相关）、题型的适度创新（与试题呈现方式直接相关）等结构要素。其中，权衡 0.70 左右的难度系数往往是重中之重。这些结构要素常常被称为多维细目表——试题命制的规划书，它是"减负提质"的结构性变量。

二、试题的目标要求

历史学科有很强的意识形态属性，中考要落实立德树人根本任务。2021 年，江苏各设区市的中考试题都关注了中国共产党百年奋斗史。B 卷第 29 题用时间轴、统计图、照片、地图与文献 5 类材料建构了"百年党史"，考查中国共产党在中华民族伟大复兴进程中的作用。J 卷第 26 题基于纵向的史事比较，说明中国共产党诞生的历史必然性，又在第 27 题中基于单元归纳，考查新中国初期的政策与制度设计，引导学生认识到中国共产党团结带领人民走社会主义道路。各地还能以明确的价值主题来突出传统文化、红色文化和社会主义先进文化。G卷第26题的"开放交流推动人类进步"，I卷第28题的"红色精神"和F卷第37题的"劳模精神"等，都体现了价值主题的关切。中考历史试题突出彰显正确的思想导向和价值判断，将测评视为育人阵地，这一目标追求坚定不移。

历史学科由不同类型的知识建构而成，中考要考查必备知识并兼顾知识的覆盖面。对此，各设区市的试题做了3方面探索：一是考查基本史实与概念，二是聚焦历史线索与单元主题，三是引入能与初中重叠的统编高中新教材元素。以第二方面为例，部分试题以大跨度、长时段的"线性"思维扩展知识域，如C卷第9题：

人民群众是历史的创造者，历史上第一次创立人民实现自身解放的思想体系，并指引人民改造世界的革命文献是：（　）

A.《独立宣言》　　　　　　B.《人权宣言》

C.《共产党宣言》　　　　　D.《解放黑人奴隶宣言》

本题以唯物史观中的一个论点为题干，将初中世界史课程中的"宣言"类文献纳入辨识的范围，在纵向层面追求知识的覆盖面。此外，部分试题还以单元框架、横向归纳的"块面"思路，扩开考查范围，实现单元层面的背景、内容、特征和影响的结构性覆盖。必备知识以不同的方式和程度加以重组和运用，是中考命题的"压舱石"。

历史认知是基于史料信息处理的分析与解决问题的层叠化进程，这一进程在课程标准里被建构为发展关键能力的框架。这一能力框架在中考的语境里，表现为3个层叠性的历史思维能力群：能力群1是基础性的史事辨识和再现，诉诸直接辨识或基于材料情境包裹的间接辨识。能力群2是获取和理解材料信息的历史联系和叙述，诉诸获取单一材料信息的知识转换或提取多重信息的归纳和概括。能力群3是具有高阶思维特征的基于史料解释的分析和说明，诉诸复杂情境里的因果分析或特征与大势的把握。如D卷第4题：

自汉代以来周天子出游所乘马车是如《逸礼》所言"天子驾六"，还是如

《毛诗》所写"天子驾四",一直是史家争论的焦点。2002年发现的洛阳周王城天子驾六车马坑,验证了古之天子驾六的乘舆制度。这说明传统典籍( )

A. 不能反映历史的真实　　　B. 需与考古发现相印证
C. 不能成为研究的依据　　　D. 其价值源于学者考证

本题用两种不同类型的史料设计情境,要求考生将它们联系起来加以解释,既指向史料实证,又指向历史解释。

图5-8显示了江苏2021年中考试题3个能力群大体的分布态势,它能说明：基础能力占据主导地位,苏北总体高于苏南;高阶能力除苏南的D市外,地区差异并不显著;中档能力的走势起伏不大,但就中、高两层的能力之和来看,苏南还是高于苏北;就省级统计的大概率来看,3个能力群由低到高约略为5∶3∶2,是两考合一较佳的能级分布结构。

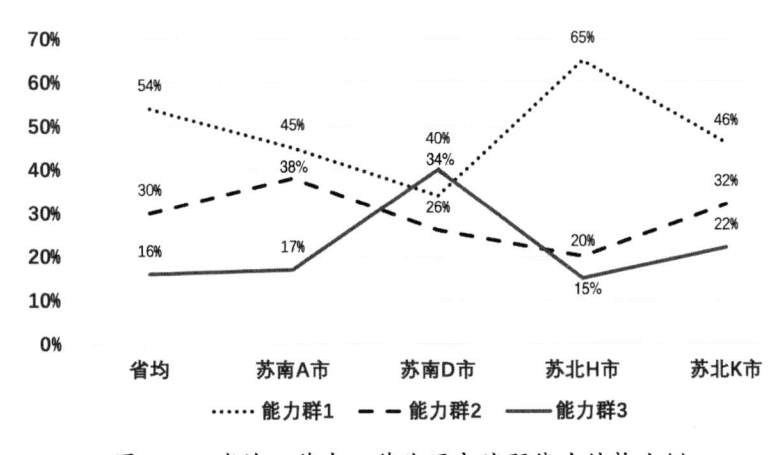

图 5-8　省均、苏南、苏北历史试题能力结构比例

上述分析旨在说明,中考历史试题要突出考查基于课标要求的必备知识,并关注知识所具有的时空背景及其意识形态功能;要注重基于材料的知识理解和运用,既彰显历史学科培养社会主义建设者和接班人的独特功能,又注重不同层次历史思维能力的合理分布。当中考命题坚持育人为本,有理有节地考查必备知识与关键能力时,历史课程核心素养的落实就有了重要途径,"减负提质"的政策设计就能走进历史教学的现实。不过,这些目标的达成有赖于运用适切的命题技术。

三、命题的技术路径

在试题命制的诸多技术中，情境设计与任务设定堪称核心技术。

2021年，江苏各设区市的试题情境主要体现为学习情境和历史情境，任务设定主要是史事追索、因果关联和史论结合。就学习情境而言，有5地的试题设计了学生绘制示意图、搜集资料之类的学习行为，设定了在学习场景中解决问题的任务。H卷第7题创设了某班同学搜集本地牺牲英烈姓名的学习场景，在判定时间概念的任务要求中渗透家国情怀。K卷第48题直接以家国情怀为主题，以中国古、近、现3个时期的人物事迹为材料，设计了"整理知识卡片""解读红色家书""倾听人物故事""致敬英雄人物"4步学习活动，建构了基于历史情境的学习情境。即便是历史情境，有3地的试题仍能以学习工具类的时间轴、态势图、思维导图来表述史事，从而贴近学生"真实"的学习生活。学生"出场"不失为创设试题情境的重要路径。

各地试题情境的主流还是单纯的历史情境。其中，除基于文献的叙事和观点外，使用数据图表来解读非连续文本也多有呈现。如A卷第19题：

右图（图略）所示现象，本质上反映了（　　）

A. 资本原始积累的野蛮　　B. 工业化进程的加快

C. 煤、铁产量的激增　　D. 环境污染的日趋严重

本题用柱状图来折射18世纪晚期至19世纪中期英国的工业化进程，要求考生观察数据图，并透过煤、铁产量的现象来解读其本质特征。

部分试题借用了高中《中外历史纲要》上的数据资料，设定了对数据作因果推断的任务要求。

情境的创新与任务的开放，也是2021年江苏中考命题的探索方向。J卷第27题围绕国际社会主义运动发展史编制了从1825年到1917年的大事年表，以共产主义者同盟纲领的出版为关键节点，展开背景与影响的梳理与阐述，创新了材料呈现的方式，注重了大事阐释。E卷第31题要求围绕"革命传统教育"品读两幅美术作品，F卷第37题要求根据《三大战役形势图》逐条归纳其中的信息并任选一条信息分析原因，都是在图文勾连的情境创新中

设置开放性任务。D卷第30题还引入了小论文，要求从百余字的材料中提炼一个观点，并结合所学进行阐释说明，要做到观点明确、史论结合、逻辑严谨、表达通畅。适量的开放与综合，回应了新课标的考试命题建议，提高了文本阅读和语言建构的能力要求。

上述样本的举证分析能够表明：中考命题需运用多类型的图文材料，设计试题的历史情境、学习情境和学术情境；任务设定要从史事认知出发，考查学生的时空观念、实证意识和契合教育精神的家国情怀，并体现适度的探究性与开放性；不同层级的关键能力要贯穿整卷，散落于各道试题中；基础能力的主导地位不可动摇，这是义务教育的阶段性与水平考试的合格性所决定的。

四、明得失而鉴方向

依据课程标准的内容要求，政治史、经济史、文化史的占比大体是60∶25∶15，中国历史、外国历史的占比大体是64∶36，中国古代史、外国古代史分别约占27%和6%。学科知识则包括史事、概念、史论与史法等类别。但个别设区市政治史占比为75%，或文化史只占5%，或中国古代史只占10%，或世界史只占32%，甚至不考世界古代史。个别设区市的试题过于注重具体的客观史事，历史知识的构成要素在试卷中过于单一，以致能级偏向于识记层面。这表明，命题要遵循课程标准，体现知识、能力与价值观的融合和运用。一要在通史框架下，综合考量不同学段、不同模块和不同类别的必备知识，二要依托必备知识来考查以基础能力为主但层级感明显的学科思维能力，形成"了解历史发展的重要史事和各种联系"，进而"说明不同历史时期的时代特征，认识历史发展的基本规律和大趋势"的学业质量架构。这可以概括为涵盖课标中的内容要求、课程目标与质量标准的素养立意。

情境是运用文字、数据、图表等形式设置的解题载体，它为呈现解题信息、设定问题任务和达成测评目标服务。因此，情境是解题的必要条件，是设问与目标互相关联的锁钥，能体现学科特点与核心素养，也能回应需要解决的历史问题与现实问题。情境的多样性、时代性和适切性表明，它不只是"一则材料而已"。但个别设区市的试题情境，或套用真题，或简单搬用教材，或为情境而情境。L卷第12题：

宝安（深圳）只有三件宝，苍蝇、蚊子、沙井蚝。十屋九空逃香港，家里只剩老和小。经过40年建设，深圳的GDP从1979年的1.79亿元增长到了2019年的2.69万亿元，增长15000多倍，创造了世界经济发展史上的奇迹，经济总量超过了香港。出现这种变化的主要原因，是深圳被划为（　　）

A. 经济特区　　B. 特别行政区　　C. 自由贸易区　　D. 自由贸易港

本题近百字的材料情境未能与设问及选项建立起必要的关联，情境成为冗赘的点缀。相比江苏往年的试题，注重学法指引、"回路"概念与认识的形成过程，已经难觅踪迹。这种疏离探究性学习的命题现象在2019年已显端倪，反映了包括"过程与方法"在内的三维目标正被"刻意覆盖"。这意味着要认真理解试题情境的含义，理解三维目标与课程核心素养的传接性，充分斟酌包括综合探究在内的情境设计的目标。

基于2021年江苏中考试卷的样态分析，中考命题要发挥学科育人功能，周全考量试卷结构，科学命制两考合一的试题，在"教—学—评"一体化的视域里，发挥中考对历史教育的指导作用。一要遵循课标和教材，并引导对课标和教材的理解；二要坚持正确的思想导向，并在关注单元主题、把握历史大势中提升历史认识；三要重视情境创设，讲好历史故事，并借情境创设来促进有效认知；四要注重设问的分层、综合与开放，有序推进概念与认识的形成，并由设问理路而昭示学科思维的进路；五要建立情境与任务之间的恰当关系，并在合理的难易结构中提高学生完成任务的获得感；六要体现初中历史学习的要旨——以知识理解为途径的基本记忆和学以成人。命题出发于此再反哺于此，成一命题与教学相互倚靠和镜鉴的大格局，命题能理解并切近教学图景，教学能明辨并演绎命题指引。如此平权互鉴，将是命题之导向与效果的和谐共生，教学之减负与提质的一体推进。

（本文原刊于《中学历史教学参考》2022年第5期，人大复印报刊资料《中学历史、地理教与学》2022年第9期全文转载）

域内方外：指向历史高考的教学策略摭谈

―――◎―――

一、历史教学策略的原理说明

国内对教学策略的定义有多种，代表性的表述大体有以下3种：（一）为达到课程目标而采取的提炼或转化课程内容的方式或方法（施良方，1996）；（二）为达成教学目标而制订有效率意义的教学方案（袁振国，1998）；（三）为完成教学任务而对教学活动进行一系列的调节和控制（和学新，2000）。综合相关观点，基于教师行为视角，构成教学策略的三要素是：课程目标（教学目标）的确定与达成；课程内容（教学内容）的提炼与转化；提炼与转化中的课堂执行力。目标及效率既是教学策略的出发点，也是它的归宿地；内容在学生的学习行为中渐次铺展，进而转化为他们自己能够接受的东西，则是教学策略的核心地带。由此，高考教学策略就应该是为高考的效率而设定教学目标，为这一有效率的目标而去提炼和转化教学内容，并且努力寻找最佳的教学内容"学生化"（内容在学生的学习行为中化为他自己的东西）的课堂执行力。

在尝试对高考教学策略进行基本定义后，我们进而讨论历史学科的高考教学策略。

首先，基于历史高考的目标来确定我们日常的教学目标。从众多命题专家、教学研究人员和一线教师对历史高考的研究、评价、匡扶和期待的成果出发，历史高考的基本目标有：具有教育意义的人文素质、在新课改的引领下彰显课改精神并表征课改成果、基于教学实际又适度超越教学实际的能力立意与素养立意、将水平成就与选拔喜悦完美结合起来的难度与区分度。在这些上位目标下还有诸多下位目标，例如，主干知识、历史思维、创新思考、情境感受、价值观念等。历史高考的目标决定了高三的课堂教学目标，那就是从新课标出发，致力于新课程精神的张扬；从校情和学情出发，分层次地落实课程目标，致力于学生在不同层次上都有所发展，从而使他们能够既最大化又分层性地站到他们应该站的位次上。

其次，要实施面向高考的教学内容的选择（或曰提炼）工程。之所以使用"工程"一词，是因为我们不是单纯地教教材，也不是单纯地铺展历史知识，而是在课标要求与高考方向上选择教学内容，哪些是需要教学的，教学的程度如何，有一个甄别、增删、丰约的选择过程。内容的确定好比施工的蓝图，犹如演出的剧本，是效率的基本依据，因而也是教学策略的核心元素，是有难度、尺度和长度的复杂工作。那种随意列出知识要素、摆放几道试题练习就去上课的教学内容的陈列，显然是低效的。在进行甄别、增删、丰约的内容选择过程中，需要将历史新课程精神悬于头顶，谨严而又富于创意地分解新课标的内容标准，于层次分明中找到内容铺展的节点；充分而又节制地阐释内容标准里的知识内涵，于"胸有成竹"的完整里撷取校情和学情能够接受的内容块面；广泛而又细致地设定能够解析内容标准和知识内涵的材料支撑，于材料解读课标精神的"顶天立地"中呈现教学内容的情境与变式。概而言之，作为历史高考教学策略元素之一的内容提炼，包括分解内容标准、阐释知识内涵、设定材料支撑等具体项目，从而使应考的教学内容表现为纲要线路、阐释块面和变式情境等多个内容维度，三维目标就寓于多个内容维度之中。

再次，教学内容要通过学生的学习行为转化为他们自己的知识与能力，沉淀为他们自己的历史素养。这依赖于教师的课堂执行力。教学内容是课堂执行力的出发点，是教学行为的依傍。它要根据不同维度的教学内容的差异性来确定如何教学生去学。对于分解内容标准形成的纲要性的知识路径，可以采用尝试回忆和自主结构（动词层面上的"结构"）的学习行为；对于知道和了解层面的知识，可以用情境叙事的包装，来促使学生去粗取精地提炼和概述，感受和陈述是主要的学习行为；对于阐述性的块面状知识（是高考教学中的主体内容），要基于合作、讨论进行多角度的分层阐释（也是学习行为的主体构成），教师的引导、铺垫和学生的语言表达、思维发散是该行为里的焦点元素，它们用来解决"理解""认识"层面的知识；对于以新材料为外在形式、以新情境下的知识运用为鹄的，支撑前几类教学内容的变式情境，则以个体的笔答和集体的互评为学习行为方式。如此，就可以建构一个以知识性质（或者说是教学内容维度的性质）为依傍的学生学习行为化的课堂流程，师生在课堂上执行这一规程，就在实行内容向行为的转换，就在实现目标向素质的转换，就是剧本转换为演出，蓝图转化为施工，其内容、行为与学习效果如下表所示。

表5-8 教学内容、学习行为与学习效果

教学内容的维度	内容维度的性质*	学习行为方式	基本的学习效果
1. 内容标准的纲要	浏览与识记	尝试回忆和自主结构	形成框架和结构图，有脉络和路线
2. 知道与了解层面的"客观"史实，纲要与散点	识记和陈述	在情境叙事的展开中获取有效信息，感受、提炼和陈述	完成对基本史实的拿捏、积淀"读""取"能力
3. 理解和认识层面的历史概念与历史结论，块面与章法	程序和阐释	以讨论和合作学习为基础，展开多维的解读与阐释，感受理解和阐释的章法	明晰概念与结论的基本内涵，养育语言表达与历史思维，积淀论证和探讨的能力，积淀思维方式
4. 支撑内容维度2和内容维度3的新材料，兼及知与识的扩展的变式情境	运用和迁移	返回对情境材料的"读"与"取"，个体笔答与同伴互评	视野拓展；知识的调动和运用，举一反三；反复再现"考评"现场与固化考试心理

*内容维度的性质判断，以知识分类学为理论依据。

内容维度及其性质决定了学习的行为方式,因而规定了教学行为,从中内生出学习效果,多层次的学习效果最终累进为应考的素养。这样,历史高考的教学策略就有了从目标到目标延展成内容再到内容转化成课堂行为,最后返回和登上目标之巅的连贯的规程。这一规程正是高考教学策略的基本要义,它不同于常见的广大高三教师随意列举几个教学行为就冠名"策略"的策略,而是从"教学策略"的元定义出发的非教学模式、非教学原则、非教学方法的教学策略。

二、历史教学策略的实证分析

(一)基于"内容标准"分解的引领与结构

历史课标,由历史课程的人文社会性、三维目标、内容标准、课程资源的拓展、多元的评价手段5个方面组成。分解内容标准时,最上位的考虑是人文气息和社会观照,这是基于师生素养所弥散开来的一种氛围和感觉,是灵魂和精气神;中层的考虑是过程与方法意识及情感态度和价值观引领。它们是高考之母,是历史教师站到讲台上时如影相随的身份背景。例如必修一的教学,从价值观照来看,从人治到法治,从臣民到公民,从专制到民主,须臾不可漠视,即便是"巴黎公社""十月革命"之类的无产阶级斗争,仍然有人民群众争取民主权利与生命尊严的政治文明的人文意识蕴含其中,而不仅仅是革命或社会形态的话题。下位的考虑才是具体的内容标准,作为课堂操作的起点,需要咬文嚼字地、认知行为分层递进地分解内容标准。

例如,【内容标准】"知道诸子百家,认识春秋战国时期百家争鸣局面形成的重要意义;了解孔子、孟子和荀子等思想家以及儒家思想的形成"。它涉及历史阶段(春秋战国)、历史人物(孔子、孟子和荀子)、历史线索(百家争鸣局面的形成和儒家思想的形成)、历史概念(诸子百家、儒家思想)和历史认识(包括外显的"百家争鸣局面形成的意义"和内隐的"这一时期儒家思想及其他学派思想在中国传统文化中的地位")。它还涉及历史的过程与方法（"形成"与"认识"之谓），牵扯到价值观（"意义"之谓）。针对这些教学内容的要素，如果借鉴聂幼犁先生的学业水平等级分类的说法，我们可以分解如下：【知道与了解】A层：春秋战国时期，儒、墨、法、道四家的代表人物与核心主张，诸子百家，百家争鸣局面的形成。B层：包含A层的全部；孔子、孟子和荀子简介。【理解与认识】A层：孔子、孟子和荀子的学说，儒家思想的形成过程，百家争鸣局面形成的重要意义。B层：包含A层的全部；儒家思想及其他学派思想在当时的地位及其在中国传统文化中的地位，儒家学说中的"和谐"思想。在此，A层是每所普高的每位考生必须掌握的内容基准，B层可以是基于校情、学情的较高层次的内容要求，它们也构成了命题者考虑区分度的一个参照。在此，【知道与了解】、【理解与认识】既构成了不同的内容维度及相应的知识性质，也内在地、天然地规定了认知的心理逻辑，从而影响着学习方式和教师课堂教学中的执行力。显然，在课标精神的引领下对内容标准进行细致的合理的层次性分解，既是新课程教学的素质化使命，也是高考教学的功利性使命。没有这一点，所谓的历史高考教学策略只能是盲人摸象或东鳞西爪。

我们把分解过的有层次的内容标准呈现给学生（最理想的是将优秀的学生视为教师同伴，共同分解），明确规定其浏览和识记的学习行为，检核其如此行为所出现的效果，致力于建立知识结构和养成相对宏观的思维目标。这样，内容、教学行为和目标在"结构"层面成为一个相互关联的整体，就形成了"结构知识—宏观引领"的教学策略。

（二）基于知识内涵文本化的阐述和探讨

分解内容标准就使历史知识呈现两大类型，一是【知道与了解】层面的时间、地点、事件、人物等散点状的客观知识，二是【理解与认识】层面的因果、意义、概念内涵等块面状的"主观建构"知识。前者是陈述性的感知、提取和罗列，后者是阐释性的理解、认识和有长度的流畅表达。前者可以创设情境，促使学生在历史情境中提取、识记，这里不举例展开。后者是思维与观念，情感与价值观的载体，是一种阐释与言说。教师需要先行作出内涵阐释，写成一个较详尽的文本，精致而深刻地把握历史知识的内涵并且使之文本化，进而抽象出阐释的思路，推断学生学习可能存在的问题，然后才能谋划课堂执行力。否则，无异于数学教师只看题不做题，历史的科学性、深刻性和思维的严整性、发散性都无从谈起。

例如，"西方人文精神的起源及发展"是多数高中教师在师范学校读书时接触甚少的知识，分解内容标准势必遭遇这一理解与认识性的历史知识，这就需要展开知识内涵文本化的教学准备。我们撰写了"西方人文精神"这一核心概念相关的解释文本。

【内容概述】

基本内涵：人文精神的核心内涵是人文主义。狭义上看，人文主义是主张一切以"人"为中心而反对以"神"为中心的一种思想与学说，它是文艺复兴时期这一特定时代的产物，是这一时期新兴资产阶级的世界观，是他们用以反封建、反教会的理论武器。而广义上的人文主义则是发端于古希腊智者运动的文化传统，这一传统到文艺复兴时期，得到了系统的阐述，其思想内核由此而被深刻地揭示出来。人文主义意味着肯定世俗人生的意义和感性生活的幸福，是对个体的存在、个人的权利、个性的自由和个体的价值等一系列全新观念的肯定：人的本质是自主生活的高贵本性和崇高尊严。

阶段特征：西方广义上的"人文主义"经历了智者运动、文艺复兴和启蒙运动3个时期。正是由于普罗塔戈拉提出"人是万物的尺度"这一惊世骇俗之言，才吸引着人们对人自身的高度关注。正是有了这种对人自身的关注，苏格拉底才会将德尔斐神庙上的铭文"认识你自己"变为自己的哲学主题，并为了维护人的尊严和荣誉，不惜将自己的生命祭奠于真理的殿堂之上。也正是有了这种对人本身的重视，才会有斯多亚派所主张的人人平等思想的问世。如此种种，都是古典时期人本思潮兴起、人文主义精神产生的具体表现。中世纪后期，人们再次高举"人文主义"的大旗，掀起文艺复兴运动，反对神权，提倡人权；反对封建等级特权，提倡自由、平等、博爱。继之，作为人文主义运动在教会内部之表现的宗教改革运动，倡导与上帝直接对话，倡导教随国定，复兴人的思想理性，导致了天主教在西方精神独裁统治的最后崩溃。而18世纪的启蒙运动则高举理性与科学的大旗，猛烈抨击宗教神学和封建专制主义，是文艺复兴开启的反封建、反教会斗争发展的新高潮和新阶段。因此，就精神实质而言，启蒙运动所表现出来的启蒙主义精神与文艺复兴时期的人文主义精神是一致的。由此可见，启蒙运动以及在其思想启蒙的推动下所爆发的欧美资产阶级革命，实质上正是在新的历史条件下对文艺复兴运动的延续，是人文主义精神的继续弘扬。上述3个时期构成了欧洲历史上的3次思想解放运动。

【深度解读】

古希腊的人文精神是西方人文精神的源流，当人成为万物的尺度时，希腊贤哲关注了人的道德之善和知识之理性。苏格拉底强调：首先要关心和改善自己的灵魂，通过认识自己以获得知识，成为有智慧和有完善道德的人。柏拉图认为：人是神的造物中最好的，智慧乃是最高的美德，教育的目的在于获得理性，使心灵的和谐达到完善的境地。亚里士多德强调：为了保卫真理，最好有不惜牺牲一切的精神，特别是我们哲学家更应如此，在真理和友谊俱为我们所亲时，为了保卫真理，我们宁可取真理，这是神圣的义务。亚里士多德还说：善就是幸福，那是灵魂的一种活动，柏拉图把灵魂分为理性的和非理性的两部分，那是对的，相应于灵魂的两个部分就有两种德行，即理智的与道德的，理智的德行得自教学，道德的德行得自习惯，我们是由于作出了正直的行为而成为正直的人。

在古希腊与罗马的人文精神中还有一项重要的内涵，就是科学与民主精神。这种精神到文艺复兴和启蒙运动时期，得以彰显并且光大。许苏民认为：由于文艺复兴和启蒙运动反对中世纪的思想禁锢而肯定每个人都有自由地、公开地运用自己的理性的权利，都有自由地怀疑、探索和思考的权利，因而就有了近代自然科学和社会科学的诞生；由于反对中世纪教会权利和王权专制，确认人生而平等，人人都必须互相承认并且尊重他人的自由权利，因而就有了民主；由于将中世纪给予了神的尊严还给了人自身，反对中世纪的禁欲主义，并转而尊重人的感性生活和追求现世幸福的愿望，于是便有了个性解放的新道德。从这一点出发，茅家琦提出了中西传统人文精神的不同点：

如果说，中国传统人文精神是重视人本仁政与道德教化，西方则是追求真理的科学精神和追求个性发展的民主精神。新文化运动提出民主和科学，是抓住了西方人文精神的核心内容的。

上述文本是教师深入理解和挖掘课标知识内涵的文本化产物，我们没有必要竹筒倒豆子般悉数倾倒给学生，也未必需要学生全部理解和认识。但是，我们需要这样做，一则它是"胸有成竹"后才能做到的合理取舍的材料；二则也是我们面对学生的理解和阐释时心中拥有的"水立方"，是引导学生理解和阐释历史的路径。教师即时评价学生理解和阐释时所表现出的知识、思维和价值判断诸方面的优劣，都要依赖这一精致而深刻的"水立方"（我们不称其为标尺，是因为它有高度、长度和宽度）。

我们在备课过程中，将"内容标准"需要理解和认识的概念与结论阐释开来，并且叙写成文本后，还可以依据校情和学情再作适当的分层。例如，A层只需学生阐释出西方人文精神3个发展阶段中的代表性人物的基本观点；B层则可以在A层的基础上阐明3个阶段的继承与发展以及人、神与物之间的关系，发现人文主义中的道德之善和知识理性；C层当在A、B两层的基础上拓展到民主与科学直至中西人文之别。确立如此清晰的文本图谱，就像数学老师亲自解题时发现几种解法一样，可以游刃有余、举重若轻，这显然是教学策略追求的效率之根基。

"主观知识"的文本阐释，构成了块面状的教学内容，它属于程序性知识，我们称之为历史学科的阐释性知识，它包括观点（价值观）、思路、方法和语言运用等诸要素，当是彰显历史教育人文社会特性的核心内容。然，如果仅仅停于此，也就只是重难点分析之类的文本，只有成为引领学生阐释的路径、师生评判和摹效的参照，它才有教学价值。进入课堂，我们组织学生进行适当的小组讨论和交流，在"你能说多少就说多少，任意说，放开来说"的教学指令下，推动学生自由阐释，再引导学生作有方向、有路径的探讨或论述，教师凭借课前写就的文本蓝图和层次要求，予以即时的引导、评点和规范，最后出示类似于下水作文的包含【内容概述】和【深度解读】的知识文本，让学生参照、摹效，从中发现差异、感悟历史理解和语言表达的章法，以取他山之石的功效。课堂上的这一连串行为，致力于如下目标的达成：理解和探讨历史，明晰概念与结论，感知历史思维，锤炼文科的语言功底，日积月累地养育一种精神品质。——这正是历史新课程的基本意义，也是新课程高考试卷反复昭示的目标追求。如此，内容、教学行为和目标在"阐述"层面融为一体，"展开知识—深广阐释"的策略由此而生。

（三）基于材料包裹的"探幽去蔽"和"脱脂还原"

无论是"内容标准"下的【知道与了解】层面的客观史实，还是【理解与认识】层面的主观历史，用解析材料的方式来铺展，都是一种彰显历史味的教学行为，而且已经成了一种教学趋势，创设材料情境的高考命题之风引导和加强了这一趋势。中学历史教师由此创造了材料情境教学或史料教学法等名称。

我们不赞成解析材料只在课堂的尾声部分用来巩固练习。解析材料只作为题型使用，既未发挥材料的教学价值，又未揭示材料的历史意蕴。历史是用材料来支撑的，材料是用来叙写和说明历史的。因此，解析材料当与教学过程相始终。这就意味着高考教学中的材料运用，无论是陈述性知识的教学还是阐释性知识的教学，无论是【知道与了解】类的历史，还是【理解与认识】类的历史，都可以制作材料包裹，再拆卸材料包裹，于材料的分崩解析中，历史被发现、被说明，哪怕是时间、地点、事件、制度名称等客观事实，也可以在解析材料的过程中被提炼出来。如此，课堂里的历史不再是"时间："背景："式的一二三四地罗列，而是一个渐次铺展的解析材料的过程，它不是一个简单的题型和解题，而是一个叙写和说明（或探讨与论证）历史的过程与方法。包括史实、概念和结论在内的历史，因真实的材料情境的"遮蔽"，而具有了幽远的学习引力，历史学习遂成为进入情境以后的"探幽去蔽"过程和"脱脂还原"过程。

将需要学习的历史，用适度的材料包裹起来，使需要陈述或阐述的历史"遮蔽"起来，使需要习得的简约的历史脂肪般地丰腴起来，它以支撑"新知"为主，用于学生的陈述和阐述等行为，且称为直面式材料情境；当教学内容中的陈述和阐述类知识被发现、被说明、被习得以后,再创设新情境、变换新视角,并且适度拓展出新的视野,它以巩固与拓展"新知"为主,用于学生的调动与运用、迁移和拓展等行为,且称为变脸式情境。这就制作了两大材料包裹,构成了高考历史教学的又一内容板块。

【教学内容之直面式材料情境】

辛亥革命以后,头脑比较清醒的人都认为,中国社会积腐太深,唯有青年是国家和民族生机所系。李大钊说,"国中分子,昏梦罔觉者去其泰半,其余丧心溃气者又泰半",只能寄望于青年。梁启超对青年学生们说,"国家之所由致此者,皆吾辈中年人之责也","吾国处飘摇欲倒之境,所恃者厥惟青年"。陈独秀认为,"予所欲涕泣陈词者,惟属望于新鲜活泼之青年,有以自觉而奋斗耳"。

作为清末著名革命党人的陈独秀并未参加同盟会,"二次革命"后,他想通过办杂志改变人们的思想观念,从而为国家和民族寻找走出愚昧、穷困、动乱并朝向长期发展的道路。1915年,《青年杂志》创刊号所登的《社告》第一条即明言:"国势凌夷,道衰学弊,后来责任,端在青年。本志之作,盖欲与青年诸君商榷将来所以修身治国之道。"创刊号上发表了陈独秀的《敬告青年》、高一涵的《共和国家与青年之自觉》等。

《敬告青年》云:青年之于社会,犹新鲜活泼细胞之在人身……谨陈六义:一、自主的而非奴隶的……自人权平等之说兴,奴隶之名,非血气所忍受。世称近世欧洲历史为"解放历史"……破坏君权,求政治之解放也……二、进步的而非保守的……三、进取的而非退隐的……四、世界的而非锁国的……五、实利的而非虚文的……六、科学的而非想象的……近代欧洲之所以优越他族者,科学之兴,其功不在人权说下,若舟车之有两轮焉……国人而欲脱蒙昧时代,羞为浅化之民也,则急起直追,当以科学与人权并重……

1916年,《新青年》2卷4号发表陈独秀的《孔子之道与现代生活》:孔子生长于封建时代,所提倡之道德,封建时代之道德也;所垂示之礼教,即生活状态,封建时代之礼教,封建时代之生活状态也;所主张之政治,封建时代之政治也。1917年，蔡元培任北大校长，延请陈独秀任北大文科学长，《新青年》编辑部迁至北京，同年8月鲁迅加盟。《新青年》2卷5号发表胡适《文学改良刍议》，提出新文学八要点：须言之有物；不模仿古人……陈独秀称赞此文为"今日中国文界之雷音"。《新青年》2卷6号发表陈独秀《文学革命论》。1918年，《新青年》4卷5号发表鲁迅白话小说《狂人日记》。1919年初，《新青年》6卷1号发表陈独秀《本志罪案之答辩书》：我们现在认定只有这两位先生（德谟克拉西和赛因斯先生），可以救治中国政治上、道德上、学术上、思想上一切的黑暗。若因为拥护这两位先生，一切政府的压迫，社会的攻击笑骂，就是断头流血，都不推辞。此时，陈独秀的"人权"口号发展成为"民主"的口号。

根据以上材料，结合所学知识，陈列"新文化运动"的知识要素；从陈独秀创办《青年杂志》（《新青年》）的动因与主张出发，说明新文化运动兴起的原因与主要内容（需要援引材料加以说明），阐述其对国民性改造的意愿。

【教学内容之变脸式材料情境】

《民报》主编、辛亥革命元老胡汉民说过如下一段话：同盟会未尝深植基础于民众，民众所接受者，仅三民主义中之狭义的民族主义耳。正惟"排满"二字之口号，极简明切要，易于普遍全国，而弱点亦在此。民众以为清室退位，即天下事大定，所谓"民国共和"则取得从来未有之名义而已。至其实质如何，都非所问。前思后想，新文化运动和辛亥革命之间有着一种相辅相成的关系，此其一。

新文化运动时期的一代启蒙主义知识分子表现出了瞩望于青年但又必须改造青年国民性的深刻意识，《新青年》的发行曾经达到过1.3万份，且读者多数是青年人，在它的影响下，青年学生也出版新式刊物，组建进步团体，推动着启蒙运动在广度和深度上的发展，此其二。

当代研究新文化运动的学术文章出现过如下标题：《新青年》与现代中国转型；现代性：《新青年》的渊薮；《新青年》与启蒙者的怀疑精神、批判意识；《新青年》和文化革新，此其三。

据上述材料，再评新文化运动的思想意义，并且说明上述材料展现的思维角度。上述材料里，你最感兴趣的关键词有哪些？据查，"现代性"一词在《新青年》杂志中只出现过一次（周作人《陀思妥耶夫斯基之小说》），能否说《新青年》映照现代性？

我们习见的材料解析是：材料拘泥于引述的规范、材料被扯成碎片；材料用来注释教材文本、服务于解题需要；材料之后的提问机械且缺少人文阐释意味，学生在老师设定的有限空间里做填空游戏，一个词或一两句话的填空游戏。这样的材料其实难有情境可言，难有人文叙事色彩，而这样的解析（设问）其实也只是老师解析、学生习题。但上述材料包裹不同：材料为教学服务、采用摘编形式、以叙事的方式展开；大段的材料阅读，扣住"内容标准"，将陈述性知识和阐述性知识用饱和脂肪包裹起来；推动学生展开流畅的历史阅读；材料中的知与识无论是量还是质，都基于教材又超越教材。解析上述材料的设问，既指向陈述，更指向阐释，学生自主解析的空间较大，具有一定的建构性和开放性；设问中的"再评"一词，尽显视野的放大和思维的拓展，学生在教师设定的较宽泛的空间里解构和结构。这些区别正是高考历史教学的高地所在，也是日常的新课程历史教学的追求。

以上两份材料包裹下的教学内容，不仅仅是佐证已经习得的固有知识，还是拓宽视野的扩展性知识，它们既有陈述和阐述的知识性质，也有运用和迁移的知识属性，让学生两度进入材料情境。就学习行为来说，若着眼于知识的巩固、调动和运用，更多的是个体的读取，若指向思维拓展和语言阐释，当以利于思想分享的集体读取为主。这样的学习行为，从成效来看，是在积淀读取能力的同时，养育理解度和表达力，培养面对新材料、新情境的练达心态：没有恐惧并任由思维流淌——它们是知识的运用、拓展及考试心理的模拟。在此，教学内容、行为方式和目标的效率指向彼此勾连、相互依傍，形成了"发现和运用知识——探幽去蔽和脱脂还原"的教学策略，或可俗称为"材料解析考点"策略。

这一策略的运用，可以说些操作细节。1.材料与知识：当所选核心材料只能针对某一考点的某一方面时，另外方面的教学要点可以用知识结构的方式呈现出来，使得学生对与考点有关的知识有一个完整的把握。或先铺垫知识再解读材料，进而指出解读材料时没能涉及的知识；或先解读材料，强化考点的某一方面的知识，再反思遗漏的知识，将解读材料时所获取的知识与反思遗漏所获取的知识整合为一个新的整体。总之，实现识记的知识和解读材料时运用的知识的完整建构。2.设计斯滕伯格所提倡的"真实性的问题"：问题的结构性比较差，没有现成的问题解决步骤（非填空式）；解决问题所需要的信息并不明朗（非单纯的引用和获取）；既没有单一的标准答案又渐次开放（非一味的言之有理的开放）。它旨在选拔高水平的学生。3.材料选用：不妨充分彰显教材中的材料（包括图片）功能，通常一堂课解读两三则材料足够，关键是解析到位和材料精练，材料须借学案之"壳"印发给学生。

（四）基于学生全体跟进的步步为营

有效教学是步步为营地逐一达成认知目标的行为，是确认当下目标达成再推向下一新目标的稳健步伐，而不是展开全部教学内容再来一个"巩固练习"的点缀。它充其量是理科教学中单一知识要点的游戏环节，不适合史实、概念和结论都星罗棋布的历史学科。否则，我们的教学一定会出现囫囵吞枣、煮夹生饭、火车头与车厢脱节等现象，最终出现差生被教师制造出来的结果。为避免这一结果的出现，上文表格所列的四个维度的教学内容，在课堂上，都该有相应的跟进检测，这是考量教师拿捏学生水平的"临床"智慧所在。

不难看出，这一"渐次达标—步步为营"的教学策略，同样遵循目标、内容与教学行为三要素相互关联的逻辑一致性。只不过前述3个策略都要使用这一策略，它是赢者通吃。

三、高考教学策略的"旨意"延展

上述基于高考的历史教学策略的论述，确证了一个原理：教学策略是基于内容、服务于目标效率的教学生去学与习的课堂行为。广大教师一切种种的教学策略话语，如果没有3要素的关联和整合，那就只是名词游戏，大可不要随意命名。上述策略是以教师的教养与学养相结合的主体性张扬为保障、以学生为主体对象、以涵养学生的历史精神为目标的教学内容"学生化"。在"学生化"的过程中，彰显新课程理念，铺展出细腻而精致的教学风格。

上述基于高考的历史教学策略，其实也是历史新课程教学策略的基本要义，人们可以说这是高考的，也许会说这是反高考的，但一定不是非新课程的，因而也就不是非高考的。高考是从新课程出发的：用新课程的眼光审视高考不应只是教学的技术行为；用教育的眼光审视高考教学，不应只是就考题论考题的孤立视域。

（本文原刊于《中学历史教学参考》2011年第12期，人大复印报刊资料《中学历史、地理教与学》2012年第4期全文转载）

历史课程之"中华文化"的学业质量

一、缘起说明

通常,课堂的质量评价运用经验性的评价表,学业质量的水平划分运用量化的测试卷,但评价表或测试卷的制作都缺少公共标准。普通高中2017年版课程标准依据历史学科5方面的核心素养,对学业质量水平进行了4个层级的划分。这样的水平划分依托课标知识,注重素养立意,涵盖价值观念、必备品格和关键能力,它被视为学业成就表现的总体刻画,带有公共标准的色彩。本文尝试运用这个公共标准设计历史课程里的"中华文化"的教学与评价设计,以探讨评价学业质量的进路。

本设计从"商路贸易活动中的文化交流史"切入,以明清时期中华文化的海外传播为主题,推动学生认识"中华文化的价值"。它采用项目化学习的方式来进行,用两课时完成。

二、学习活动过程

（一）导入：学习主题的上溯

1.学生以《唐朝对外交通路线图》(图片略)和文字材料1为基点,发散性思考,推断唐代至元朝的中国对外交通及其海外形象。

材料1：唐朝前期，阿拉伯帝国遣使来唐有36次之多，拜占庭帝国遣使来唐也有7次。元朝时，意大利人马可·波罗来华，他视中国为一个有着普遍物质繁荣的商人的天堂。元朝人列班·扫马到欧洲，法王和英王都予以接见。随后，他还觐见了教皇，并向教皇表达了忽必烈大汗对欧洲怀有的热爱之情。

据图文材料可知，唐代至元朝，中西之间来往密切。元朝时，中国在欧洲有了较高的地位。明清时期又是怎样的状况？

（二）新课学习一：叙述明清时期中华文化的海外传播

2. 以《郑和下西洋》和《新航路开辟》的路线图（图片略）为基点，考察地图所示的中国对外交往的时空变化。

读图可知，15世纪以后，世界历史进入大航海时代。郑和下西洋后，中国的海外交通路线也扩展至菲律宾和东非沿海一带，进一步拓展了中国对外交往的空间。随着新航路的开辟和全球联系的到来，更宽广的对外交往路线展现在明清王朝面前，中外交往及中华文化的海外传播获得了更大的空间范围。

3. 阅读材料，感知中外经贸所带动的中华文化影响力。

材料2：15世纪初，郑和下西洋期间，"诸蕃使臣，充斥于廷"。郑和第四次下西洋返航时，东非的麻林使臣随从来华。五下西洋时，带回了17个国家和地区的贡使，"各进方物，皆古所未闻者"[1]。

材料3：1557年，葡萄牙人在澳门建立殖民据点，各种中国产品输入欧洲。英、法、荷等国接踵而至，开展中欧贸易，由此，欧洲人对中国的认知日益加深。17世纪晚期，中国产品尤其是工艺美术品（图片，略）不断输往欧洲，开始了中国文化影响近代欧洲文明的历程，最典型的就是巴洛克风格转变为洛可可风格。赫德逊说，"洛可可风格直接得自中国"。利奇温指出，中国清脆的瓷器和各种丝绸上绚艳悦目的光泽暗示了欧洲18世纪的社会变

---

[1] 袁行霈等主编：《中华文明史》第3卷，北京大学出版社2006年版，第289页。

化,"洛可可时代的欧洲对于中国的概念不是通过文字获得的,而是通过中国瓷器的淡雅、纤细和丝绸的雾绡轻裾等视觉印象获得的"①。

据材料可知,随着交通路线的扩展和中外商贸的扩大,中华文化的影响力显著增加,而这种增加是从内含精神观念的器物开始的。唐朝以来,中国的物质文明与精神文明长期处于优势地位,中国的海外形象处于被赞赏和被崇拜的状态,中华文化也在海外深受推崇。

4.阅读文字材料,概括17—18世纪欧洲"中国风潮"的诸多表现。

材料4:从16世纪下半叶开始,欧洲陆续出现许多关于中国的著述,内容涉及中国的植物、医药、礼仪、天文、兵法、音乐等,《论语》《孟子》等儒学经典也被译为西文出版。这些著述既为欧洲"汉学"的兴起打下了基础,亦促成欧洲社会"中国热"的出现。以利玛窦为例,他1583年由海上丝绸之路进入广东。十多年后,他改换儒服、自称儒生,行秀才礼,钻研儒家经典,写了20多种中文著作。他将中国描绘为一个花园般宁静的理想的共和国,将孔子比拟为古希腊的大哲学家,认为中国人在儒家思想指导下,遵循自然理性,过着良善的道德生活。②

材料5:18世纪的欧洲被称为"中国的欧洲",欧洲的思想精英尤其是启蒙思想家通过文字认识中国文化。所谓欧洲的中国风潮,从欧洲人喝中国茶开始,到追求华瓷、仿制中国款式的丝绸、庭院建筑、室内陈设、出门坐轿的风尚(后演化为英华庭园和法式马车)。《赵氏孤儿》被译成法文后,很快就出了英译本和德译本。歌德对中国文化着了迷,其《感伤主义的胜利》渗透了中国哲学、建筑与美学情调。伏尔泰改编了《赵氏孤儿》,该剧又被译成俄文,开拓了俄国文化人对中国文化的倾心追慕。③

材料6:法国众多启蒙思想家受惠于中国文化。伏尔泰在礼拜堂里供奉孔子画像,把孔子奉为人类道德的楷模。他在《风俗论》中引用传教士的话说,"在欧洲陷入迷信腐败的时候,中国人民已经实行最有道德的纯粹宗教

---

① 袁行霈等主编:《中华文明史》第4卷,北京大学出版社2006年版,第203—228页。
② 马建春:《海上丝绸之路的历史贡献》,《社会科学战线》2016年第4期。
③ 周月亮:《中国古代文化传播史》,北京广播学院出版社2000年版,第317—318页。

了"。在他看来，中国宗教就是他所向往和倡导的人道的、理性的宗教。德国的莱布尼兹推崇中华民族为最杰出的民族，以致主张要"由中国派教士来教我们自然神学的运用与实践"。他的学生沃尔夫说，"中国人总是注意理性的完善的一面，他们是出于个人的自由意志"。[①]

材料表明：欧洲的中国风潮表现在衣食住行等日常生活中，表现在艺术审美的倾向中，也表现在大量与中国相关的"汉籍"的印刷出版中。欧洲的中国风潮突出地表现在知识精英对中华思想文化的推崇和仰慕中。置于18世纪欧洲社会背景下，他们的推崇显然是从自身需要——反教权、反特权和反专制的启蒙——出发，进行文本解读以阐发自己的思想主张。需求与想象相结合的解读，使中华文化在18世纪的欧洲获得了极高的评价。

（三）新课学习二：阐释明清时期中华文化的海外传播

5. 从真实与否的角度历史地认识欧洲的"中国风潮"。

材料中的欧洲知识精英对中华文化的评价有些言过其实。但历史的实证不仅仅是追究某一现象是真是假，还要探究这真或假的立场与意图。如果我们追究当时欧洲人对中国的理解是否准确，那么我们就只能得出一个认识，欧洲人限于客观条件对中华文化及中国形象的认知是想象性建构，不是全然的真实。如此，我们将会屏蔽掉这一包含误读成分的文化传播的意义。实际上，他们借想象中的对方形象，来发现自身文化的缺陷与需要，进而产生推进自身文明演进的新思想。这种误读正是布鲁姆在《影响的焦虑》中所说的是有意的，甚至是创造性的误读，这也是历史的真实。然而，这股"中国风潮"是否仅是夸饰性的有意误读？

6. 阅读材料，围绕"中华文化中包含跨文化的公共价值"分类提炼与合作讨论，说明中华文化形成海外影响力的文化因素。

材料7：（1）《尚书·泰誓》："惟天地，万物父母；惟人，万物之灵。"《孟子·尽心》："民为贵，社稷次之，君为轻。"（2）《诗经·卫风》："妻子

[①] 袁行霈等主编：《中华文明史》第4卷，北京大学出版社2006年版，第230—233页。

好合，如鼓瑟琴。兄弟既翕，和乐且耽。"《中庸》："致中和，天地位焉，万物育焉。"（3）《论语·雍也》："夫仁者，己欲立而立人，己欲达而达人。"《论语·卫灵公》："有一言而可以终身行之者乎？子曰：其恕乎！己所不欲，勿施于人。"（4）汉字中的"仁"，从人从二，考虑他人方为"仁者"，故孟子说，"仁者爱人"。《论语·季氏》："不患寡而患不均，不患贫而患不安。"《墨子·尚贤》，"官无常贵，民无终贱"。（5）《礼记·大同篇》："大道之行也，天下为公，选贤与能，讲信修睦……是谓大同。"

上述中华文化中的经典表述是：（1）浓厚的人本思想；（2）热切的和谐追求；（3）对人的尊重；（4）对仁爱与平等的推崇；（5）对理想社会的追求。显然，欧洲的"中国风潮"不纯然是知识精英的想象，在多样态的世界文化中，中华文化确有超越不同样态文化的公共价值，能为构建人类命运共同体所共享，其被推崇有它内在的必然性。

7. 分析数字材料，理解中华文化形成海外影响力的经济因素。

材料8：按照经济史家麦迪逊的测算，在1700—1820年，中国的GDP在世界GDP中所占的比重从23.1%提高到了32.4%，年增长率达0.85%，而整个欧洲的GDP在世界GDP中所占的比重仅从23.3%提高到了26.6%，年增长率为0.21%。另据保罗·肯尼迪《大国的兴衰》，1750年、1860年和1900年，中、美、德的制造业产量分别占世界制造业总产量的份额如图所示。

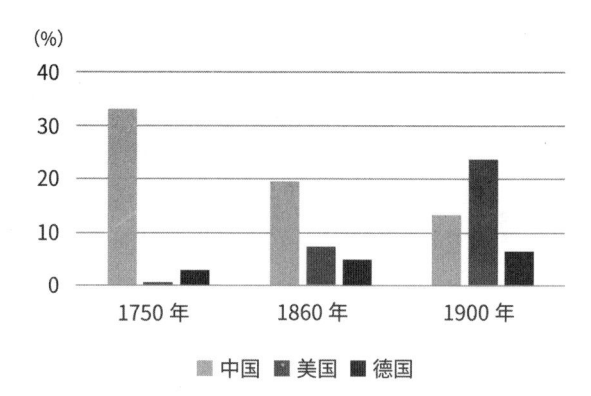

图5-9 中、美、德制造业份额

材料表明，在欧洲完成工业革命之前的农业文明的历史框架内，中国长时期保持着 GDP 领先世界的地位，GDP 年增长率是整个欧洲的 4 倍，中国的制造业产量占了世界份额的近 1/3，加上马可·波罗和利玛窦等人对中国的渲染以及 15 世纪以来欧洲人对东方财富的渴望，中华文化在欧洲取得极高评价就有了物质基础的支撑。

（四）新课学习三：发现明清时期中华文化海外印象的另一面

8.阅读材料，体验、感知与说明中国文化在欧洲影响力的下降。

材料 9：从 18 世纪末到 20 世纪初，很少有欧洲国家的思想家认为中国社会及文化有可取之处，赫尔德认为："这是一个为避免犯错误而仅有一个人在干活的群体：这里，所有问题的答案都是现成的，人们你来我去……，只是为了不破坏该国那孩子般尊严的礼俗。无论战斗精神还是思维精神都与这个终日守护着炉火睡觉，从早至晚喝着热茶的民族无缘……它对一切外来事物都采取隔绝、窥测、阻扰的态度。"19 世纪的欧洲流传一个比喻，"这个帝国是一具用丝绸包裹起来的木乃伊"。当更多的欧洲人这样看中国时，他们的军舰来叩关了。[1]

材料 10：早在明后期，上焉者只知论性谈天，下焉者，疲精死神于科举之业，不惟圣道之礼乐兵农不务，即当时之刑、名、钱、谷也愕然无识，中国嚼笔吃毫之日，即外夷厉兵秣马之日……外来传教士越来越多，他们对中国的了解也越来越多。随着工业革命的渐次完成，欧洲崛起。[2]

随着欧洲对中国的了解日渐增多与加深，中华文化的糟粕与中国社会的衰退也被欧洲人所知。与此同时，西方国家随着工商业发展与文化更新，日渐崛起并走上扩张之路，中国的形象及文化影响力也就在欧洲遭遇贬抑。[3]当然，这种贬抑也带有不符合事实的过度性。

---

[1] ［德］夏瑞春编：《德国思想家论中国》，见周月亮：《中国古代文化传播史》，北京广播学院出版社 2000 年版，第 319 页。
[2] 郭廷以：《近代中国史纲》，格致出版社、上海人民出版社 2015 年版，第 5—30 页。
[3] 张爱风：《媒介变迁与中国国家形象的嬗变》，《南京社会科学》2011 年第 11 期。

（五）小结：学习主题的下延

9.选用当下材料，体认与分享各自的历史启迪。

基于当下中国国际影响力增强和中华文化复兴的视频与文献材料，从历史走来的现实启迪有：中华文化的海外影响力与国运相随，也与其自身的价值相连，但它要靠中国人自己去挖掘和传播；伴随国力的增强，孔子学院的建立和"一带一路"倡议的实施，中华文化的海外影响力将强劲复苏。

20世纪90年代，费孝通提出：世界正进入一个全球性的战国时代，这时代在呼唤着新的孔子。我们要向世界讲清楚一个五千年文明史延绵不断的中国，要在"各美其美，美人之美，美美与共，天下大同"的意识里，讲清楚中华文化是中华民族的突出优势，是深厚的文化软实力。

三、学业质量的水平划分

"中华文化"既在历史视域里，又在精神矿脉中，用历史的眼光体认和阐释，并生成主体精神，是"中华文化"的学习任务，也是学业质量的基本标准。本设计的既定目标是：在唐朝以来的"丝绸之路"上确立基本的时空框架，感知与贸易路线相关的中华文化海外传播情况，由此展开中华文化海外传播的历史解释，进而认识中华文化的世界价值，增强复兴中华文化的责任心。本设计围绕上述目标规划了5个学习环节、9个学习步骤。在这些环节与步骤中，基于材料的历史解释（文本化设计中的解释是师生解释时的参考标准）贯穿其中。完成这一体认和解释的学习过程，学习者就在走向上述目标，并积养为学习后的有层次标准的学业质量。它可以基于5方面的核心素养来划分学业质量的4层水平。[1]

为节约文字和方便理解，以下从两个角度作出示例性说明。

---

[1] 中华人民共和国教育部：《普通高中历史课程标准（2017版）》，人民教育出版社2018年版，第41—44页。

其一，同一质量层级的 5 方面的核心素养，以合格水平为例。

（一）唯物史观的浸润。能了解明清时期中华文化的海外传播建基于"丝绸之路"、强盛的国力以及唐朝以来的历史积淀；能在前 3 个学习步骤中，依靠 3 幅贸易路线图及路线图上隐含的交往史事，再结合材料 2、材料 3，进行历史叙事；能于阅读、讲述与体认中，初步感知中华文化的海外传播及传播的物质因素。

（二）时空观念的表达。能知道明清时期中华文化海外传播的时间节点与空间范围，并在时空架构里叙述中华文化海外传播的概况；在前 3 个学习步骤中，能运用 3 幅地图和 16 世纪以来中欧贸易的史事，确立中国—东亚—西洋—欧洲的空间框架，并能将唐朝的丝绸之路与郑和下西洋、新航路开辟等进行整体联系，认识到人类活动的空间拓展与时间变迁相随；在前 4 个学习步骤中，能感知唐、元、15 世纪、16—18 世纪的时间节点，并在这 4 个时间节点上，描述中国形象与文化传播情况；还能通过第 8、第 9 个学习步骤，长时段地认识中华文化海外传播的来龙去脉，从而理解时空沿革之于文化传播的关联性。

（三）史料实证的感知。能分辨学习过程中的地图、视频、实物图片、文字材料是不同类型的史料；能提取教师讲述与后人著述中的有效信息，知道中国形象与中华文化传播可以在类型不同、价值不一的史料中共同建构，并选择、组织和运用相关材料对 18 世纪欧洲的"中国风潮"进行综合概括，本设计的九个学习步骤中都有史料在支撑，即便是教师的讲述也是依据史料的叙述；能完成前 4 个学习步骤，提取前 6 则图文材料的信息，并将它们作为证据来论证"19 世纪以前中华文化备受推崇"，从而感知史料作为证据的基础作用。

（四）历史解释的尝试。能依据地图、图片与文字材料有条理地讲述不同时期的中国形象与文化传播情况；能区别教师讲述与后人著述中的史事与结论，并能借助材料，点面结合地论述中华文化在 18 世纪的欧洲获得了极高的评价；本设计的第 3 至第 5 个学习步骤中包含了中华文化影响欧洲文明、备受推崇以及西方人对中华文化作想象性建构等结论，学生能提取分论点，并在教师的叙事与史料的叙事中，用历史术语来解释，形成总论点。能通过第9个学习步骤的展开，尝试用18世纪中华文化受推崇与国力强盛相一致的历史，来体认历史与当下的何其相似，懂得从历史的角度解释现实问题。

（五）家国情怀的体悟。能根据历史上的中国对外交通发达、中国形象被赞赏与欧洲的中国风潮，表现出对祖国的自豪感，并由此而认识中华文化对欧洲文明进步的贡献，形成赞赏中华文化的情感和态度；能在第3至第7个学习步骤中，运用大量材料说明中华的国力与文化魅力，并在阅读、体验、分享的表现方式中，多方面地表达自己的欣赏与赞美。

其二，同一核心素养的4个水平层级，以"历史解释"为例。

水平一与水平二：作为合格层级，已如上所述。

水平三：在合格层级的基础上，还能对中华文化的经典表述作出现代解释，表现出基本的文献阅读与思想阐释的水准，认识到中华文化的积极价值，并分辨出18世纪和19世纪欧洲人对中华文化价值的不同解释；能在顺利完成第6至第8个学习步骤中表现出应有的历史解释的学业质量水平；其中，材料7是大段的先秦文献，学生能在价值观层面作出解释，说明其"跨文化的公共价值"；材料9是引述他人的历史解释，学生能对比性地发现不同历史时期对中华文化的价值出现了不同的甚至是颠覆性的解释，并初步说明导致不同解释的原因。

水平四：在前3层的基础上，能对中华文化受推崇或遭贬抑作出进一步的原因分析，并整合不同的材料来说明中华文化既有精华，也有糟粕；能通过对经典思想的解释，论证欧洲出现"中国风潮"的内在必然性，进而结合所学，独立地论证中华文化的价值。能在第6至第9个学习步骤中表现出独立探究与论证的历史解释水平：在这些步骤中，学生能运用材料7论证中华文化受推崇的文化因素，能运用材料8这一非连续文本，在农业文明与工业文明的时空转换中论证中华文化受推崇的经济因素；学生还能整合材料9和10，概括19世纪的欧洲人对中华文化的贬抑性认识，客观分析其中的合理与不合理之处，并借助当下材料，独立地表达中华文化走向世界的立场与观点，尽可能地表达自己的新解释。

对照学习过程的活动设计，结合上述两个角度的学业质量水平划分的示例说明，关于"中华文化"的学业质量及其水平，我们可以得出如下结论。

5方面的学科核心素养其实会自然地积蓄于中华文化的教学内容与学习步骤中，至多是程度深浅或表征显隐而已。教与学只要援引中华文化的历史材料，学生据此作出文化的价值判断，5方面的素养就不可能缺席。因为，史料总是特定时空背景里的材料，文化史料总是需要解释的，解释就势必涉及国家主流意识所倡导的唯物史观、正确价值观与必备品格，由此而登上家国情怀的山顶。因此，基于史料的结论推演是衡量5方面素养的表征所在。

学业质量在核心素养方面的深浅，取决于两方面的课程内容：用于阅读或解释的材料，对中华文化精神内涵所作的符合当代价值理性的导引。如先秦诸子思想、理学家的原典著述、器物背后的观念、观念背后的思维，显然是较深的课程内容。

学业质量水平的显隐，则取决于教师提出的学习指令。如果指令的学习行为参照课标的核心素养水平划分来明示，则水平层级较容易显现出来，如本设计中的材料6与材料9的比较、分析，就能使学业质量走向史料实证的水平四。

在实际的教学与测评中，不可能如此机械地切割水平层次。5方面、4层次的学业质量，往往你中有我，我中有你，它只是教学的目标与路径参照，只是对学业质量作出局部衡量并进行技术析离的参考指数。"中华文化"的学业质量重在精神层面的感悟与解释，以及由此而来的知行合一着的"人文化成"——这些是技术"触手而不可及"的。过于讲究5方面、4层次，不仅迂腐，而且还将人文拱手让于目前正疯狂地攻城略地的技术理性。

学业质量水平取决于课程内容与内容如何实施的相向而行，并用"人性有多复杂教育就有多复杂"的人文气度来看待学业质量水平。重要的是，"学科核心素养"不足以等同学业质量。

（本文原刊于《中学历史教学参考》2018年第8期）

指向"史料实证"的教学设计

一

历史学业质量及其水平层级，是2017年版课程标准与以往课标在文本内容上的最大不同，是以往的教学设计未予深究的领域。所谓历史学业质量，是学生在完成历史课程学业后在认知、技能、情感等方面的成就表现，它以学科核心素养及其不同层级的表现水平为主要维度。[1] 其中，"史料实证"划分为4级水平。这似乎是一个新提法。

20世纪90年代，官方发布过两次有关历史材料处理的评价指标。90年代初期是：从历史材料中最大限度地获取有效信息，分析问题，提炼观点，或从中提取必需的有效信息以支持特定论点；运用所学知识，区分历史材料中的客观事实和主观见解，并指出其立场、时代局限或社会偏见；分析不同的历史材料，得出正确的结论。[2] 20世纪90年代中期是：阅读、理解历史材料；对材料进行去粗取精、去伪存真、由表及里、由此及彼的整理，最大限度地获取有效信息；充分利用有效信息，并结合所学知识对有关问题进行说明、论证。[3] 世纪之交，学界出现了"材料的领会诠释"[4]和分解为3项一

---

[1] 中华人民共和国教育部：《普通高中历史课程标准（2017年版）》，人民教育出版社2018年版，第41页。
[2] 国家教委考试中心：《1992年高考政治、历史科说明》，高等教育出版社1992年版，第17页。
[3] 国家教委考试中心：《1998年高考考试说明（文科）》，高等教育出版社1998年版，第298页。
[4] 聂幼犁：《中学历史教育论》，学林出版社1999年版，第82—86页。

级指标、9项二级指标的说法，提到了"阅读各种材料"、"联系已知扩展性地思考各种材料"和"在互证与重构中综合运用材料"。① 21世纪初的历史课改提出了"整理各种相应水平的历史材料；概括材料作者的基本立场、根本意图；对材料进行迁移性思考，作出符合逻辑的连续的或完整的重组；运用材料进行解释和论证或独立地以材料为依据提出自己的观点"等目标，② 相应的官方评价指标则趋于抽象的表达，如"理解图文材料，对有效信息进行完整、准确、合理的解读"等。③ 随着"史料实证"的质量指标亮相，其与前述演进中的内容指标多有叠合。兹将要点对照如下。

表 5-9 关于"材料处理"及"史料实证"的评价指标要点

程序	指标：2017年前的"材料处理"	指标：2017年版课标的"史料实证"
辨识求证	知道有各种不同的材料，指出其立场、意图、时代局限、社会偏见，确认其真实与权威。	区分史料的不同类型，认识它们所具有的不同价值，对其辨析和互证。
整理提取	区分材料中的事实与观点；联系已知，扩展迁移性地思考和整合各种材料；去粗取精、由表及里、由此及彼地充分提取有效信息。	明了史料在叙述中的基础作用，对其进行整理，从中提取有关信息。
运用解释	对有效信息进行完整、准确、合理的解读；在指明当事者的意图后诠释材料信息；通过互证、重构等方式，利用材料和已知，对相关问题进行说明、论证或提出自己的观点。	比较、分析不同的史料，在辨别史料作者意图的基础上恰当运用史料证据，论证自己的观点或对所探究的问题进行论述。

显然，"材料处理"的质量指标比学理化命名的"史料实证"更为宽广，其操作方式与路径也更为具体。如果学业质量层面的教学设计不是以等级考核为旨归，那就应该有层累代进的指标视野。换言之，可以使用"史料实证"

---

① 束鹏芳：《中学历史评价能力探微》，《中学历史教学研究》2001年第5期。
② 朱汉国、王斯德：《普通高中历史课程标准（实验）解读》，江苏教育出版社2003年版，第34—35页。
③ 江苏省教育考试院：《2009年江苏省高考说明（选修科目）》，江苏教育出版社2008年版，第1页。

的"新"概念，但指标不能拘泥于此。

教学设计是教学理论领域年轻的应用性学科，加涅《教学设计原理》的问世，标志着它的诞生。"教学设计的本质表现为一种连续的表现形态"，"是一种教学问题求解的思维方法，一种包含多种思维决策的活动过程"。[1]20世纪90年代，教学设计被引入我国，并逐渐与学科教学结合起来，以体现"设计"所带来的优势。"用什么样的途径使得一般的教师和一般的学生都能取得不一般的业绩呢？这便是教学设计的优势所在。"[2] 历史教学设计追求效果和吸引力，可以是一个单元、一节课的中观设计，也可以是一份内容素材、一则学业评价的微观设计。无论什么任务或类型，"教学设计主要是对各环节进行具体计划，创设教与学的系统'过程'或'程序'，以促进学习者学习"[3]。

概而言之，指向"史料实证"的教学设计，作为一种思维决策活动，要在求解问题、规划程序、呈现连续的表现形态和促进学习者主动学习中，达成特定的质量指标。所谓的质量指标不是"与时俱进"的话题，而是传承综合的视野，2017年前的诸多权威指标也是可以参考的。

二

依据新课标编写的新教材，呈现了多类型的历史材料，值得用足、用好。一是教材统编就意味着对教材的遵循；二是教材史料能确保其真实和典型；三是教材史料经过了立德树人的"教育学编撰"；四是如何镶嵌教材史料更显"设"与"计"。且以《中华文明的起源与早期国家》一课中的夏史为例。[4]

课文中有4则材料。（一）"学习聚焦"栏目：古代文献中关于夏朝的

---

[1] 钟志贤：《论教学设计的重构》，《电化教育研究》2007年第7期。
[2] 盛群力、李志强：《现代教学设计论》，浙江教育出版社1998年版。
[3] 何克抗：《教学系统设计》，北京师范大学出版社2002年版。
[4] 这里所引教材是《中外历史纲要（上）》2018年版本，后来的版本有些微修订、变化。

记载主要集中于《尚书》、《诗经》和《史记·夏本纪》,但至今尚未发现像商周那样用甲骨文、金文来记录当时史实的材料。(二)"学思之窗"栏目援引《史记·夏本纪》载:益(禹晚年培养的接班人)让帝禹之子启。《战国策·燕策一》载:启与支党攻益,而夺之天下,是禹名传天下于益,其实令启自取之。关于启的继位,为什么会出现上述不同说法?(三)"史料阅读"栏目:上古之世……有圣人作,构木为巢以避群害,而民悦之,使王天下……有圣人作,钻燧取火以化腥臊,而民说之,使王天下……中古之世,天下大水,而鲧、禹决渎。(四)正文概述完夏史后,有一句托底的话:考古学家在河南偃师发现的二里头遗址,很有可能是夏文化的遗存。这4则材料都是碎片化的孤立文本,怎样的思维决策活动能将之嵌入夏史的整体并提升学生"史料实证"的质量?

　　首先,求证夏史面相,侧重史料类型与证据辨识。第一环节——由考古引入夏史。教师出示二里头文化遗址平面图及其出土遗物,展示其丰富的文化遗存,然后设问:二里头的考古成果,为什么不能被直接认定为夏文化遗存?当学生思索而难解之际,简要说明:二里头遗址有4期遗存,是否都是夏文化,尚有争论;夏文化与龙山文化晚期相接,龙山文化晚期是否已进入夏朝,也在讨论;在"良渚文化已迈入文明社会与早期国家的门槛"和"尧舜已处于'万邦'时代"的史学研究新成果中,"早期国家""万邦"与二里头的渊源关系也在争议。当学生确认不能直接认定后,扣住"很有可能"4个字,进入第二环节——由考古到文献,直击夏史面相。教师讲述:二里头遗址不能直接和完全地认定为夏文化,但它很有可能是夏文化,为什么?据考古材料,人们推断了夏朝的时间界限与政治中心,发现了其中的社会阶级结构、经济发展水平及其宫殿建筑透露的礼制。它们与文献所载的夏朝传说资料能够相互印证,因此"很有可能"——这是严谨所在。接着学生阅读教材,自主讲述夏史概况,从中认识到它们来自文献与考古的两类史料证据。随即,教师追问:记载夏史的古文献有哪些?引出"学习聚焦"栏目中的文字,进一步认识两类史料及其不同的价值,并联系已知,形成史料与已知的关联:史料转述为知识,知识依托于史料。最后，就良渚、二里头和夏朝的时限推断中华文明的悠远与多元。这一教学设计，以两则（也是两类）史料为抓手，基于问题求解，通过两类史料的印证、辨识和用教材知识解读史料，勾连出夏史概貌。在认知夏史概貌的求证和辨识过程中，有考古与文献两类史料、两类史料的互证、史料的权威与真实、史料与知识之间的关联、区分史料中的事实与观点、依据不同类型史料重构历史等学业质量指标。

其次，探究夏的建立，侧重史料信息的提取与运用。第一环节——串联夏朝建立的史事脉络。教师设问：承载夏史的文献有传说色彩，夏的建立有哪些值得探究的传说？指引学生找出课文中"史料阅读"和"学思之窗"栏目。先由学生集体诵读"史料阅读"栏中的文献，再由学生个体串讲"上古之世""中古之世"如何如何，译述该文献。随后，教师引导讨论与叙述：传说有史影，试结合"学思之窗"，完整勾连禹的政绩。学生整合，说出大禹治水、建立夏朝、培养益并禅让于益，名义上传位于益实际上令启自取，世袭制取代了禅让制。顺势进入第二环节——探究王位继承之谜。教师有序设问：禹治水与建立夏朝有什么关联？你能认可"启的继位出现不同说法"吗？目前能否解决这个悬疑？这逐层推进的设问，聚焦夏的建立与王位继承制，将两则碎片材料连成禹的政绩之线，又在"线"上比较《史记》和《战国策》的说法，挖掘禹传位这个"点"。这里的禹治水和禹传位，还包含价值判断。这一教学设计，构建了夏史"点—线—面"的整体，蕴含了如下学业质量指标：知道文献史料的局限；区分文献史料中的史事与观点；联系已知，运用史料，说明自己的观点。

在上述思维决策活动中，4则貌似散落的材料，借助主题归类与问题引导，与教材正文连接，解读了夏朝概况的面、大禹政绩的线和继位制度的点，经历了辨识、整理、论证的史料处理过程，落实了包含且超越"史料实证"之说的质量指标，贯彻落实了中华文明悠远、民悦王天下和人性多面的教育旨意。至于水平层次，实有赖于教师在学生作答过程中作出经验性评判。

三

  作为思维决策活动,"史料实证"方面的学业质量设计,要全面地和经验地把握学业质量指标,用好统编教材"散养"的史料,填补必需且值得的新史料,参与编写者对历史的主观叙述,使之勾连、啮合为一个整体,表现出历史进程和学习状态的连续性。可以采用问题抛锚、活动支架的教学设计模型,在求证、提取、运用的史料处理流程和明确学习主题、创设问题情境、自主探索结论的教学设计环节中,提升蕴含教育意义的学业质量,不要急于作水平划分,以免将设计引向工具化与测试化的教学歧途。因为水平划分里的史料实证,会让课堂学习在史料学的旗号下陷入先验抽象的教条中。

  (本文原刊于《江苏教育·中学教学》2020年第8期)

第 六 辑

教学批评

系列一：《秦的统一》
【课例】

在情境叙事中推动历史学习的有效认知
——人民版《走向"大一统"的秦汉政治》一课教学实录[①]

【教学设计说明】

　　本课是高中历史新课程培训活动中实施的教学序列之一。要求学生在3个认知逻辑的层次里，依次展开历史学习的过程，而不是在教科书设定的课程内容中依次游历教材。第一层次是"在史料叙述里，知道历史事实，表达历史概念"，基于史料情境和问题创设，促使学生发现和揭示蕴含在材料中的历史事实和历史概念——主要涉及陈述性的事实性知识。第二层次是"在探得历史事实的基础上，表达其对历史的价值判断"，基于一定的问题设置和材料情境的辅助，推动学生形成多维的历史认识——主要涉及主观建构的阐释性知识。第三层次是"人文诵读、自由表达"，承接第二层次的价值观认识，向着价值观的拓展和情感态度的熏陶层面开掘——与知识关涉不大，更多地是追求课堂教学的整体节律：由知而识，由识而悟，营造心理和情绪上的感受与动心，使课堂教学在一个情感点而不是在理性的认知点上戛然而止。

[①] 本实录为2010年四川省普通高中课程改革教师远程视频培训现场课堂教学研究课。

【教学过程实录】

一、静心激趣，明确课题

师：让我们静下心来，聆听《寂静之声》的音乐，在心中期待着上课。（片刻后），请同学们睁开眼睛，你们在投影屏幕上看到了什么？

众生：一幅国画。

师：那就请观察这幅国画，推断画中的主人公以及他的历史伟业。

生："秦始皇""统一中国"。（教师非常赞赏地予以肯定）

师：他的历史伟业是否仅仅是统一中国呢？这是本堂课需要深入学习的话题。在我们具体展开这一话题之前，大家能否尝试给这幅国画题一个画名？

生：气度非凡。

师：不错，有艺术味，可不可历史一点、写实一点？

生：君临天下。

师（激动）：非常好，既有历史味又有艺术性，当然还可以更写实一些，例如千古一帝之类。下面我们就来了解这千古一帝如何君临天下。

师（展示课题）：我们改动了教材标题，将围绕秦、皇帝制度、中央集权制度3个核心内容，展开本课的历史学习。

二、水平目标Ⅰ的学习：在知识的"知道和了解"层面上

师（用讲故事的方式）：现在，我们打开秦的历史画卷。那一年，秦王17年，公元前230年，大规模的兼并东方六国的战争开始了……

出示PPT，展示秦并六国的史料和统一后的疆域图，简要地叙事，引导学生完成"学习行为1：两则材料想告诉我们哪些史实"。学生阅读材料，并结合教师的叙述，概括秦灭六国和扩展疆域的历史轮廓，为教材第一目的学

习提供铺垫。

要求学生独立完成"学习行为2：基于教材的史实叙述，概括'四海一'的简明过程与意义"。学生阅读教材，讨论。教师第一次巡回，个别指点，再对全班同学强调"概括"。

师：在两分多钟的阅读和交换意见后，我看有些同学已经一副胸有成竹的姿态了，请那位张着嘴巴亟待发言的男生回答吧。

生1：先是兼并六国，完成了传统的中原地区的统一（师插话：精准），然后蒙恬北击匈奴，又展开对岭南地区的进攻，终于平定了岭南，然后在"西南夷"开辟"五尺道"。

师：没有了？（期待地看着，当该生点头时，教师转向其他同学）还有没有补充？围绕"四海一"的"一"进行补充？

生2：在北方，收回河套；在岭南，通过军事进攻，将它归入中央管辖；在西南，也任命官吏，使这一地区进入中原版图。

师：很好，这位同学的回答，有什么优异之处？（停顿一下，见学生没有反应）那就是按照方位路线来展开"四海一"，非常清晰、到位。如果是考试，就没有一句话不是得分点。

在完成第二项学习行为后，教师强调"中华民族多元一体格局的形成"是初中所学的历史中没有呈现过的结论，希望大家在书上画一下，第二次引导学生回到课本。板书：秦统一，前221年，多元一体。

教师确认学生已经达成了"水平目标Ⅰ（1）了解秦的统一"。

师：秦的政治图景继续展开，秦王嬴政在咸阳宫举行朝议，他说："寡人以眇眇之身，兴兵诛暴乱，赖宗庙之灵，六王咸伏其辜，天下大定……"

接着让学生阅读"议帝号"的史料，展开"学习行为3：在以下君臣朝议的材料里我们能够看到秦朝怎样的政治体制"。

生1：通过君臣朝议，确立了君主专制制度。

师：没错，有水平，一下子就揭示了政体的本质。能不能先有现象后有本质？

生2：皇帝制度，秦王自称始皇帝，然后世袭下去。

师：你的反应及时而准确。确如你的回应，秦创立了皇帝制度，一种君主专制政体。话说回来，尽管始皇帝可以称寡人，不过总不能做光杆司令，就请大家参阅教材"百官公卿"一目，我们来了解"皇帝制度下的中央官制——三公九卿"。（第三次引导学生回到课本，借助PPT呈现内容，动态地引导学生逐一解说"三公"的名称与职能。随后板书：皇帝制，专制、世袭；三公九卿制，中央官制、官僚体制）

师：如此，我们已经初步达成了"水平目标Ⅰ（2）了解皇帝制度的建立与秦的中央官制"。那么我们是否真的基本达标了？现在判断一下我们已经知道的知识。

出示3条材料情境型选择题，涉及统一、始皇帝、丞相官职3个知识点，学生顺利地完成习题。

师（欣慰状）：大家确实已了解这些历史现象了，现在我们可以暂时离开学习现场返回秦的历史图景之中。秦的朝议继续进行，始皇帝提出议题之后，大臣们开始表达他们的见解。（出示PPT4，学生依据材料完成"学习行为4：在以下君臣朝议的材料中我们能看到秦朝怎样的地方行政构想"）

生：推行郡县制。（在概括"始皇帝的理由"时，因古文转译的因素，润饰了两三次，方自我满意地停下来，教师耐心地等待，并示意其他学生注意倾听）

师：如你所说，过去分封诸侯导致战乱不止，如今天下安定了，再行分封，就是重启战端。我特别想说明：表达是一个思考和语言斟酌的过程，你平静地而且有条理地、代表秦始皇从正反两面向同学们阐释了理由，这是你的人文素养。（众生会心而笑）

教师播放幻灯片，动态呈现中央管理地方的垂直系统，板书：郡县制，中央集权、官僚政治。接着出示"秦朝政府组织结构图"，一幅从皇帝到有秩、三老，从中央到乡的金字塔结构图。教师以小结的形态沿着金字塔结构，从顶端到底层，简要地、整体地回顾前面的学习行为，既说明制度架构，又点明"这是一种由分到总的学习逻辑"，同时板书：分—总的学习逻辑。

师：这样，我们又基本达成了"水平目标Ⅰ（3）观察上述金字塔结构，列举秦朝主要的政治制度的架构"。那么，我们是否真的知道了呢？请同学们将金字塔结构图印入脑海后再复述一遍，并请大家做3条材料情境型选择题，以便核查是否真的知道了。

学生默记，再练习，又由3位同学对材料型选择题进行解析和推断，为理解郡县制铺垫知识基础，几乎是无缝转入水平目标Ⅱ的学习。

三、水平目标Ⅱ的学习：在历史知识的"理解和阐释"层面上

师：在基本完成表象的历史知识学习后，我们来对某些历史知识作深入的理解和阐释。

出示表格，学生展开"学习行为5：同桌互助，自主填表，理解郡县制的要义"。教师第二次在学生中巡回，指点，也俯身与那些互助学习中的同学商讨和交换意见。

学生发言，展示所填表格的具体内容，有自告奋勇地讲的，也有教师指定的，教师指定时，使用了"刚才你们的讨论比较到位，可否向大家分享""你的眼睛骨碌碌地看着我，是期待着表达自己的认识"等诸如此类的激励性语言，暗示学生"我没有强制你回答"。

师：现在还有两栏比较难，是分封制和郡县制的地方建制的划分依据，刚才我和这位穿白色T恤的女生正好讨论过这一栏目的内容，就请你说说。

该生：分封制与宗法制是相互联系的，那就是依宗法关系来划分，宗法关系是什么呢？存在血缘和等级，不，主要是血缘……

师：你的表达，努力追求简明扼要。我注意到，你一只手捋着下颌，一只手不时地比画着，这是在帮助自己思考和整理，这是很好的人文表达方式。老师也会这样吗？

该生幽幽地一笑，坐下了，众学生也灿烂一笑。

师：同学们的分栏填表完成得很好，现在我们再走一下"分—总"的逻辑路线，尝试着完整概述郡县制的含义。

出示"水平目标Ⅱ（1）在比较的视野里理解郡县制，尝试表述含义"。由一位学生独立地沿着老师提示的"时间、内涵、特征与作用"的路径，完整地表达郡县制的内涵。板书：郡县制，实现中央集权制的地方行政制度。

师：郡县制是中央集权制形成过程中的重要环节，我们如何更好地理解中央集权制的形成与影响呢？

学生展开"学习行为6：基于材料说说古代中央集权制的形成及其影响"，在阅读材料和相互议论后，出现下列表述。

生1：打破了贵族分封制，奠定了中国两千多年封建社会政治制度的基本格局，为历代封建王朝所沿用。

师（对着众同学）：不错。他基本没有照本宣科，并转引了史学界的认识。（扭头，转向该生）你刚才很流畅地用了一句话，我想知道，你的表达抓住了哪两点，所采取的判断历史价值的视角是什么？（该生一时语塞，教师没有让他坐下，而是接着引导）你应该能够拎出两个关键语句，别紧张。

生1：一是打破贵族分封制，二是中央集权制为历代所沿用。

师：这不是很好吗？就这两点。现在，我们站在秦这一历史端点，往前看，再往后看，前是先秦的分封制被打破了，后是中央集权制成了此后两千多年的政治制度的基础，这是一种很了不起的制度创造。我在用一个什么视角？（教师用手作直线延伸的比画）

生1：纵向的思路。

师：纵向的，即在历史的时间长河里作出价值判断，往前看，再往后看。你可以用一个较规范的用词：时序的、发展的。（该生颔首坐下）

师：你们听清我俩刚才的对话没有？对中央集权制的影响，大家还有什么其他认识？掀起自己的头脑风暴！（作了一个很夸张的手势）

生2：为中国统一的多民族国家的形成和巩固奠定了基本格局。

师：这是从多民族国家的特征出发来判断，这一判断来自教材的"课前提示"——它能给我们的历史认识提供一种样例。还有其他吗？譬如材料1里有暗示吗？

生3（在教师启发下）：实行中央集权制，就"天下咸抚"，也就是利于

419

天下安定。

师：太好了，援引史料，还作出自己的解释，这就是学历史！材料1还有挖掘的价值吗？（静默片刻）材料1是谈统一度量衡、货币、文字和法律的，对不对？它们推动了中央集权的形成，刚才大家在回答第1问时已经涉及，是不是？有时，事情的解释往往是一张纸的两面，换个视角呢？

生（幡然醒悟样）：因为实行了中央集权，所以才能有效地统一货币、文字、度量衡，执行统一的法式。

师：是这样的，中央集权有利于政令统一而贯通，这就叫历史阐释。刚才我们表达了自己的见解，其实也就是获得了管理国家的某些智慧。

呈现"水平目标Ⅱ（2）理解并复述秦帝国管理国家的智慧"，引导学生将"郡县，垂直管理，中央集权，朝议，官僚体制"等关联起来，认识皇帝制度在管理国家方面的某些合理性。

师：让我们再简要又不乏深度地认识一下秦的皇帝制度。

要求学生完成"学习行为7：基于教材和下列史料阅读，认识秦朝创立的皇帝制度"。

学习材料整合了教科书下一课的"法令出一"的子目与辅助栏目的史料。学生据此认识到秦创立的皇帝制度被历代沿用，是专制独裁的体制。教师据此强调了"时间长度、本质深度、现代理念"等"历史认识的维度"，复又板书。

师：在我们基本达成了"水平目标Ⅱ（3）宏观概述并认识秦的皇帝制度"以后，大家将会在汉朝至明清的历史时段里，具体而深入地理解中国的皇帝制度。下面听几则关于帝王专制的故事，讲讲自己的听后感。

呈现3则材料，包含"天下之事无大小皆决于上""才不应务，是器不中用，不杀何施"等方面。展开"学习行为8：基于以下材料，你想不想做皇帝？为什么？"。

教师第三次巡回，或低头询问。少顷，在几番"主动些"的"吆喝"下，有男生站了起来。

生1：我想做皇帝，因为皇帝可以金口玉言，独尊天下，掌握生杀予夺的大权，而且生活绝对享乐。

师：很人性、很直率。这似乎是人的天性所在，说明人性的劣根和恶的一面自古以来没有改观，直到这位同学还是如此。

有学生笑，有学生意识到要反驳，但是教师没有给学生机会。

生1：我想做皇帝，还因为我可以实现自己的政治抱负。

师：我也同意，这同样是人性所在。有些人是有政治野心的，是有英雄血性的。然而实现政治抱负一定要寄托于皇帝制度吗？我们是否可以用现代价值观、用现代社会的理性来思考呢？

想要反驳的学生终于有机会站起来了。

生2：我们不能做皇帝，帝王专制独裁，为了权力和一己私欲，猜疑、滥杀，带给民众深重的灾难。

师：还有吗？（又一位学生站起来批判皇帝制度）很好，理智地看，皇权之下，有的是主奴关系，缺的是平等；有的是专制独裁，缺的是民主法制。皇帝梦不是民主社会的需要。两位同学表达了人性的另一面：现代公民的理性精神。（教师击节鼓掌，学生呼应）

师（引导学生回到材料）：我们看到了皇帝制度恶的一面，电视剧《康熙王朝》和《汉武大帝》里的歌词在讲述皇权故事时，出现了价值错位。

播放《康熙王朝》"我真的还想再活五百年"的歌曲和《汉武大帝》"你燃烧自己温暖大地，任自己成为灰烬"。

学生专注地倾听，并表现出思考状。

师：本课，我们究竟学了哪些历史知识？懂得了怎样的认识历史的方法？我们自己又作出了哪些历史判断？现在请同学们自我检查或相互核查一下。

呈现任务：判断我们已经知道的和需要积累的历史知识。组织两个小活动，一是对照课标的内容要求，向同伴复述自己的所知、所识；二是尝试标点秦始皇铜方升铭文（来自教材的图片），并概述它所折射的历史信息。这是第三次学习效果的即时检查。

学生展开任务学习。在尝试标点时，出现两种断句方式，就出现了不同的历史信息。

师：不同的断句和标点，也挺有意思，可以使句子出现另一种解释，历史现象似乎也就因为断句的差异而不一样了。古文断句不仅是语法、标点，还是历史的解释学，并蕴含着这种解释是否客观、科学的考证学，课后不妨感受一下。（板书：解读史料，思考自由）

四、水平目标III的学习：在历史知识的"深度拓展和人文化成"层面上

师：秦朝的历史很短，也很长，它给后人留下了许多话题空间。本课我们侧重认识它的政治制度。有两段后人讨论秦的得失的文章，值得一读，让我们来领略文章的气势，感悟其中心论点。

在老师引领下，师生共同诵读贾谊《过秦论》和柳宗元《封建论》的片段，在琅琅书声里，教师的身姿一俯一仰，学生的声音或顿或挫，气氛热烈。

师：贾谊以道德的仁义之心检视了秦的得失，柳宗元以制度的政治理性检视了秦的兴衰。道德和制度一向是影响政治文明进程的重要砝码。秦亡汉兴，却汉承秦制，如何不让人掩卷深思？

学生在老师的结束语里安静下来。在片刻的静默中，老师的声音响起：今天的课就上到这里，下课。

学生报以掌声，班长喊：起立，敬礼！学生鞠躬。教师有些意料未及，反应过来以后，随即报以90°的鞠躬。学生再次鼓掌。

【附记】

本实录为2010年四川省高中课改教师远程视频培训现场的课堂教学研究课。下午2：08上课，3：00下课，拖堂7分钟。一则，没有受制于时间控制，没有将学生回答问题视为配合老师的客串，而是耐心地等待学生讲完，并予以必要的即时评价，评价其表述的正误；二则，没有感觉到学生的某种

骚动，他们的投入使得授课者置教学时限于脑后。可以说是师生共同拖堂了。

课后，四川师范大学陈辉老师说要进行教学分析。当晚，笔者就对学生在课堂的言行表现进行了回忆、再现和简要的记录，力求还原课堂教学的现场。幻灯片上的材料——教学内容，在文本记录中就不作具体呈现，希望让版面文字承载"何谓教学"的功能。

课后，在现场的听课老师围过来，与笔者讨论新课程的三维目标用什么路径来落实，也谈及课堂教学中的情感氛围。有天府中学的老师问到了设计理念，于是就有了上课以后的"教学设计说明"——课前的备课只是盯着课标揣摩而已。

（本文原刊于《中学历史教学参考》2011年第4期。原刊附录的幻灯片与板书，略）

【评点】

实现知识分类，关注教材重组，推进有效学习
——从束鹏芳执教的《走向"大一统"的秦汉政治》说起

四川师范大学　陈辉

教学的本质是实现学生的有效学习，学生的有效学习有赖于对历史的理解，也有赖于学习过程与认知规律之间的契合程度。束鹏芳老师在四川省普通高中课程改革教师远程培训中执教的人民版《走向"大一统"的秦汉政治》一课，不仅是基于知识分类和教材重组，推进学生有效学习的示范课，也是在教学方式上颇具借鉴意义的研究课。

一、依据课标要求，实现对教材的重组

对于广大高中学生来说，秦的诸多历史事实并不陌生，秦的统一、秦始皇的功过、专制主义中央集权的建立等史实，都能略说一二。人民版普通高中历史必修1编写了《走向"大一统"的秦汉政治》一课。本课由3个子目构成："六王毕，四海一"讲秦统一的过程与影响；"海内为郡县"讲秦推行郡县制，实现中央集权；"百官公卿"讲秦皇权专制下的中央官僚机构（三公九卿）。本课另以"资料卡片"的形式，陈述秦的思想控制——焚书坑儒和颁布"挟书律"。下一课是《君主专制政体的演进与强化》，有"法令出一"

的子目,叙述秦创立的皇帝制度及其本质。束老师扣住课标要求——"知道始皇帝的来历和郡县制建立的史实,了解中国古代中央集权制度的形成及其影响"来取舍教材,对教材内容进行整合。在课堂教学中,束老师没有讲挟书律,而是将"法令出一"的内容前移,将汉朝的历史后移,重新确定课题——"秦朝:皇帝制度与中央集权制的形成"。这样既契合课标要求,又将秦的制度史作了整体归纳,形成了通史线条里的专题史。

二、依据历史学习的认知逻辑,确立学习目标

束老师为本课设定了3个教学层次。

第一层次是"在史料的叙述里知道历史事实,表达历史概念"。基于史料情境和问题创设,促使学生发现和揭示蕴含在材料中的历史事实和历史概念,它主要涉及陈述性的事实性知识,包括"了解秦统一的时间和帝国规模""了解皇帝制度的建立与秦的中央官制""知道郡县制的建立""列举秦朝主要的政治制度的架构"。这些被列为"水平目标Ⅰ·识记",掌握知识的第一层次。

第二层次是"在探得历史事实的基础上表达其对历史的价值判断"。基于一定的问题设计和材料情境,推动学生形成多维的历史认识,主要涉及阐述性的主观建构的知识,包括"在比较的视野里理解郡县制(内涵与作用)""理解并复述秦帝国的国家管理的智慧""宏观概述并认识秦的皇帝制度"。这些被列为"水平目标Ⅱ·理解",掌握知识的第二层次。

第三层次是"人文诵读,自由表达"。承接第二层次的价值观认识,向着价值观的拓展和情感态度的熏陶层面开掘。选择经典的古代政论文来提升学生的历史认识,营造课堂的情绪氛围。它与知识关涉不大,更多的是整个的课堂教学的节律所在——由知而识、由识而感,这是情绪上的感动、动心的环节。

在前两个层次的结束阶段,束老师都设计了一个重要环节,即"在材料

的解读中确证学生的认知水平到达何处"——以材料阅读和解析的方式及时地确证学生历史知识的掌握程度，考查学生对陈述性的事实性知识、阐述性的主观建构的知识的迁移和运用能力。值得一提的是，束老师在水平目标获得多数学生认同以后，也即基本判定学生已经掌握了所学的核心知识以后，才继续推进课堂教学的进程。

3个教学层次大体包括了依次递进的三维目标：知识目标包括事实与概念，尤其注重概念的认知和表述；能力目标包括比较、分析、概括和多维的历史阐述与论证。在过程与方法层面上，一是呈现历史的过程与方法——在时序的框架内展开历史叙事，用材料说话，由历史现象而本质；二是呈现学习的过程与方法——由事实而概念，再由事实和概念而历史认识，并且让历史认识的形成与情感态度的熏陶相伴相随。关于价值观目标，则是站在当时的历史阶段引导学生评判秦统一的作用及秦帝国的国家管理智慧，以增长其政治见识与智慧，进行滋润式的爱国主义教育——课堂上始终没有流露一个爱国主义的字句，但爱国主义的教育效果却沛然而客观地滋长着。束老师还站在当前的历史阶段，引导学生用民主政治的公民价值观来评判秦朝开创的皇帝制度，既让学生看到有"朝议"辅助的皇帝制度，在当时所具有的集权优点，更在教学的过程中（而不仅仅是字面的设计中）以一种激情来引导学生对皇帝专制的批判，张扬现代社会的民主、平等的公民价值观，使价值观教育兼具了历史的客观性与穿透性。如果说，束老师的"在探得历史事实的基础上表达对历史的价值判断"这一层次，是一种理性的价值观教育，那么他在"人文诵读，自由表达"这一层次上进行的教学，就是情感、态度相濡染的价值观教育，人文化成的育人功能获得了张力。3个教学层次大体遵循了课标的表述路径，也体现了历史知识分类教学的思路。

三、关注学生的学习过程，体现学生的主体地位

本课以8个认识新知的学习行为，3次检测学习效果的学习环节和两段

文章诵读，贯穿教学过程，包括推断史料中包含的历史事实、观察图片里的历史信息、填写表格、表达认识、尝试标点、相互复述与倾听、议论和诵读等众多的行为化的项目学习，促使学生自觉、主动、积极地参与学习过程，突出了学生在历史学习过程中的主体地位。学生在获取知识，形成认识的同时，也感受了穿越历史、获取教益的思路与激情，本课浸淫着研习史料、史论结合的史学方法。

彰显学生主体地位，有效地展开学习行为，还突出地表现在自主建构知识的内在品质之上。几乎所有的历史事实、历史概念和历史认识都是在一定的材料情境支撑下，通过深浅程度不同的问题引导，由学生发现和表达出来的。教师所做的只是启发、补充、纠正、提升之类的帮助和促进的事情。不用说，概念之类的表述在教师逐层提供铺垫以后，由学生尝试表达；也不用说，史论之类的表达，力图让学生多维而自由思考；即使是秦统一的时间、始皇帝的来历、建立郡县制的决定等现象性的历史事实，束老师也要求学生能够在史料的叙述中，用自己的眼光加以发现，再用自己的嘴巴说出来。这就使得历史学习不仅仅具有外在的项目动作规定，也具有了自主建构知识甚至扩展历史知识的生成性的空间舞台。例如，基于材料（记功石刻类的原始史料和后人的史学论述）议一议古代中央集权制的影响；基于史料和历史故事的解读，你想不想做皇帝？为什么？——这两个项目的学习，既有精选的材料支撑，又有明确的学习动作要求，更是一种言之有理、层次明确的解读和阐释历史的学习过程，学生对历史知识的扩展和生成是势在必然的。

四、运用材料创设情境，诠释新课程教学特征

历史新课程教学的一个基本特征是运用新材料、创设新情境，让基于材料的问题解析成为一个由史而论的历史学习过程，成为一个获取信息、由知而识的学习逻辑。新课程教学的一个基本教学理论来自建构主义学习论：学习者的知识是在一定情境下，借助于他人的帮助（如人与人之间的协作、交

流），利用必要的信息，通过意义的建构而获得的，情境是学生主动建构的起点。

在本节课中，束老师向学生提供了丰富而又简明的材料：导入新课时用了一幅国画。讲秦的统一时，从《史记·秦始皇本纪》选择了一段攻伐六国进程的史料，并用了《秦朝疆域图》，以和教科书中的"六王毕，四海一"遥相呼应。从《史记·秦始皇本纪》选择了两则有关君臣"朝议"的史料，以帮助学生建构关于始皇帝的来历、皇帝制度的创立和实行郡县制的史实。理解郡县制的要义和皇帝制度的本质时，本课提供给学生的学习材料中，有选自《史记·秦始皇本纪》《汉书·武帝本纪》等史书的，也有选自《封建论》《过秦论》《潜书》等经典政论的，还有通俗的历史故事、文物的影印拓本、当代人的论述，乃至当代影视剧——《汉武大帝》《康熙王朝》的歌词。可以说，所选材料简明扼要，材料形式又丰富多样。学生借助材料情境，沿着逐层推进的问题解析的路径，进行知识建构，从而完成了深入理解概念和多维阐述历史认识的学习任务。

历史教学中创设情境将有助于再现历史，使学生产生强烈的情感体验，从而深入历史，培养其历史思维能力，建构历史认识。束老师在本课中创设的问题情境是建立在充分运用材料的基础上的，而且采用历史叙事的方式引入与呈现材料，带有历史情境再现的故事色彩，如从君臣"朝议"的材料中能够看到秦朝怎样的政治体制，能看到秦朝怎样的地方行政构想，等等。这样的问题情境能够使问题柔性化，使问题的解决被一层糖衣包裹起来，从而诱导和激发学生从材料中获取信息，产生的思维冲动和探究意识，加深了学生对专制主义中央集权这一政治制度的理解。

本课教学中的材料运用折射了束老师对教科书的态度：立足教材，但不唯教材，将教科书视为教学的文本材料之一；尊重教材但又重组教材，教材的辅助材料和正文的顺序都在教师的意图里被重新剪辑和粘贴了。本课的材料运用还凸显了新课标倡导的培养学生提取有效信息和阐释历史信息的能力。如前所述，不仅史实和现象的提取是基于一定的材料情境而展开的脱脂还原的过程，概念和史论的表达也是基于一定的材料情境而展开的探幽去蔽、多元表达的阐释过程。这样的过程，使得材料的功能发挥出来了，也使课堂中材料教学的形式更意义化了。

五、注重过程性评价，利用反馈促进学生学习

有效的历史教学首先应该表现为所学知识的及时巩固，表现为学习任务的逐一完成，表现为达标状况的步步为营，概而言之，有效的历史教学需要分层次地落实教学目标，关注过程性的学习信息的反馈。

对学生学习的评价，传统的历史课堂是结果性评价，通常是讲完一节课后，出几道题，让学生去做，即遵循严格的五步教学法，忽略了历史教学和一些理科课程教学内容的差异。在历史课程中，一堂课的知识容量和新授的知识点多而繁杂，将所谓的学习巩固置于所有教学内容授完之后，是难以有效巩固的。新课程强调依据课标的过程性评价，强调评价的发展性功能，注重评价的即时、动态和灵活。

束老师立足过程性评价，将评价穿插于学生的学习过程之中，让学生在行动中学（在实践活动中学），也在行动中逐层巩固。本课涉及秦的统一和中央官制、秦的郡县制和中央集权制这两个层次的课标知识，束老师在每一层知识学习结束以后，都用"判断我们已经知道的知识"这个教学环节来检测学习效果——用3道材料情境测试题来考查和判断学生是否已经记住并且会运用了，然后再布置新知识的学习行动，展开下一个教学任务。例如，让学生从《秦灭六国图》中提取该图所隐含的准确的有效信息，提供一种官职的封泥，让学生推断该官职的职责是什么。3道材料情境题从不同的角度，多侧面地评判学生对郡县制的认识，引导学生懂得在不同的材料情境里运用郡县制的有关知识。在进入拓展性教学之前，束老师用"判断我们已经知道的和需要积累的历史"这个教学环节来引导学生运用知识。一方面，要求学生紧扣课标（教师至此才列出课标要求），向同伴复述自己的所学、所识；另一方面，提供秦始皇铜方升（度量的衡器）铭文，尝试让学生标点并概述

这段铭文所折射的历史信息。这种注重过程性评价、强调逐一落实教学目标的做法，特别是教师现场性地判断学生已知以后，再设立新的学习行为，再推进新知教学，正是有效教学最务实的做法。历史学习所追求的知识的迁移与灵活运用，合理的、观点鲜明的和富有说服力的历史解释，也是在这样的教学环节的推进过程中，日积月累而得以形成的。如此的环节设计，其实已经改变了传统的五步教学模式。

最后，本课在运用幻灯片来呈现教学内容、设定学生学习行为时，还使用了板书，依然有正副板书。正板书是史实、概念和结论的简约化呈现，表达能够外显的知识点与价值观；副板书是思考和分析问题的视角定格，表达应该外显的学习过程与方法。束老师在追求发挥幻灯片的优势，同时克服它的局限性，折射了束老师对教学手段的思考和对有效教学的理解，也折射了束老师意识中的三维目标是清晰的，是运行在教学过程中而不是停留于课前教案上的。

六、本课教学带给我们的几点思考

（一）教师要具有课标意识。教师要认真钻研新课标，深刻理解课标规定的课程目标，并根据内容标准将课程目标细化为课时教学目标。本课的教学内容就是课标要求的细化，从一定意义上讲，在束老师的课堂上，是看不到教科书的版本之别的。

（二）教师要具有专题意识。教师要具有强烈的专题意识，以课标为指导，从学情和教材内容出发，整合教材，对教材进行适当的取舍。束老师对本课教学内容的整合有两个显著特点，一是"一课一中心"，二是整合不同版本教科书的材料"为我所用"。

（三）教师要具有讲授意识。新课程教学并不摒弃讲授法，要求教师从学生已有的知识储备和经验出发，多角度地创设材料情境，以问题为中心，讲授新课，在讲授中着力实现师生互动。在本课教学中，束老师的课堂讲授法呈现了这一特点，而且表现出很强的叙事色彩和教师的思想引领。

（四）教师要具有学本意识。新课程教学要求教师要具有"学本意识"，既将教材视为教师教学的文本材料，也将教材看作学生学习的材料，围绕课标和课时教学目标，从学本角度对教材进行"二次开发"。束老师将教材整合剪辑为学生的8个学习行为，就是学本意识的外化。

（陈辉：四川师范大学历史文化学院教授，全国历史教学专业委员会学术委员、全国历史教师教育研究会副秘书长。本文原刊于《中学历史教学参考》2011年第4期）

系列二：《晚清学习西方的思潮》
【课例】

历史潮流里的教学之声
——《听潮：思想在中西之间·晚清》教学节录

一、梳理和陈述事实

课件上依次呈现晚清思想史上几位重要人物的头像，学生说出他们的姓名及思想主张。由此，教师揭示本课教学内容的主题：晚清有识之士学西方、求变革的思想历程。

教师讲故事1：距梁启超出生还有32年，鸦片战争炮声正隆，林则徐遣戍伊犁，途经镇江，与老友魏源相会。那是1841年7月的一个晚上……①

学生展开"学习行为1：据故事信息钩沉——基于魏源思想的背景解释其基本主张"。

学生作出正确回答后，教师讲故事2：魏源的主张和他的书只是冒了一个水泡，很快趋于冷寂。距梁启超出生还有12年，第二次鸦片战争失利、太平天国与清政府鏖战江南，冯桂芬提出了"以中国之伦常名教为原本，辅以诸国富强之术"。时值洋务运动兴起……

呈现"学习行为2：洋务派在中西之间作了怎样的取舍？从故事里提取

---
① 本课曾经在石家庄、重庆等地现场教学，所用历史材料均依据事实进行情境化概述。

信息予以说明"。

学生默读故事,结合课文作出了回答。

教师投影故事3,请杨[①]参照讲述:梁启超18岁那年赴京会试,途中看到上海机器局所译西书,眼界大开,也结识了33岁的康有为,投其门下……

师(推演):参照以上学习步骤,老师会对你们提出什么学习要求?

杨:在故事里概括维新派学西方的态度与主张。

师:有悟性。这是本课要求的第3个学习行为。(众生陈述,教师点赞)

教师演绎故事4:维新思想推动着且伴随着维新变法运动的开展。当京师嚷嚷着变法的时候,以孙中山为首的革命党人却在南方筹划着推翻清朝的斗争。随着戊戌六君子人头落地,梁启超亡命日本,变法运动昙花一现。在中西之间,中国在思想界与实践域寻求着第四次变革……

呈现"学习行为4:(动笔写)晚清最后一股'学西方、求变革'的思潮又表现在哪里"。

学生搁笔之际,教师拎来一张学生写的纸条,读"用西方的民主共和制取代清朝帝制",然后手一松,纸片飘落。"请你们也把纸条扔掉。"

有人扔,有人不扔。

师:你们扔掉的是共和还是帝制?你们保留的是学西方制度还是学西方器物?

学生有些不解,教师解释:我这一扔,是丢了张之洞的"中体",这叫革命,革清朝帝制的命!学生笑。有抓着纸条没有扔的学生说:我取西方之"体"。学生再笑。教师示意大家一起把纸条捡起来。

布置"学习行为5:以表格形式呈现晚清学西方、求变革的思想历程"。

当学生将4个时期的思想主张列表呈现后,教师指派林展示了自己的知识结构。

师(概述):在中西、体用之间,取中体还是取西体,是国情与时代的两难问题,不是简单的一取一舍;在一浪接一浪的思想推演中,它们也不是

---

① 本教学节录注重再现教学场景,而非习见的呈现历史材料;同时,将个体学生取了杨、柳、桃、李等化名。

简单的直线递进，而是浪卷千堆雪的交错纠缠。

教师讲故事 5：在梁启超呱呱坠地的 19 世纪 70 年代，既有洋务运动的指导思想"中体西用"，又有早期维新派的立宪思想；当梁启超 20 岁出头时，历史进入 90 年代，"中体西用"对阵"君主立宪"，吊诡的是，"中体西用"受到大部分官员和士大夫的赞赏，就在 1898 年变法期间，光绪帝还指示各省广泛刊发与维新主张有本质差异的"中体西用"说。但此时更激进的民主共和思潮已潜流涌动。它由潜流而站立潮头时，遭遇了流亡日本的梁启超所掀起的保皇改良潮的冲撞。辛亥武昌起义后，梁启超秘密潜回国内，意欲在北京再行立宪。

学生在层叠交错的思想史界面上思考时，教师打了一个比方：你一定见过一层鲜奶、一层面点、一层水果的生日蛋糕。请你选择 19 世纪 70 年代或 90 年代任一时段的思想史，横向截断，看那思想蛋糕的层次。

柳：我选 90 年代，维护帝制的"中体西用"和兴民权的"君主立宪"，在上层社会同时存在；在社会的中间阶层，则有革命党人在传播民主共和思想。一个时期的思想，有不同的思想主张交错并存。刚刚还是新的，进步的，很快就可能是旧的，落后的了。

师（高兴）：你有漂亮的音质、清晰的逻辑，甚至不乏深度的洞见。同学们，我为什么称赞他？他不仅佐证了一个历史认识——思想史的演进不是单线条的直线递进；他还彰显了一个新认识——新的思想会被更新的思想赶上，从而相对落伍。我为什么称赞他？（部分人抬着头、张着嘴）他即使一时语塞，还很努力地继续！（有人鼓掌）大家再细读故事 5，就在戊戌变法之际，"中体西用"比君主立宪的思想还得宠。这就是思想史的重叠和复杂。同学们不要用单一射线的思路来看历史，那种"器物—制度—观念"的演进表述，只是宏观鸟瞰而已。

教师呈现学西方、求变革的思想主张一览表。

师：至此，我们走近了"水平目标 I 了解晚清时期中国人学西方、求变革的思想历程"。这一历程包括两种事实性知识：层层推进的思想主张、不同思想主张在同一时期的交错层叠，这一景象就像排浪冲击沙滩。

二、尝试概念阐述

播放一组图片：西方机器工业与中国田园牧歌、英国议会大厦与中国紫禁城、珠江口外的中英之战与黄海上的中日之战。问：我们能不能不学西方、不求变革？

学生依据图片呈现的信息，说明学与求的必要性。然后取出讲义，研习材料。

材料 1 引自梁启超《变法通议》的陈述，包括变官制、伸民权的主张及理由。（略）

材料 2 引自李华兴《梁启超与中国近代化》的论述，涉及梁启超"感愤国势阽危而升腾起变法自强的使命感"的近代化特征。（略）

几分钟后，教师边让女生组的桃板书答案要点，边让男生组的李口述、自己在另一侧板书，并在板书过程中重新组织李的表述。

接着，教师将黑板上的所有要点圈起来：大家能否尝试连缀成文，表述"维新变法思想"的概念呢？

教师在副板书位置提示表达的角度：背景与内容、特点与意义、当时与此后。

播放萨克斯曲《回家》。杉表述，教师语速舒缓地转译、再表述，课件呈现范例。

教师用演示笔的红色激光点，在范例表述上左一圈右一圈地比画，提高嗓门：睁大你的眼睛，回忆自己刚才的尝试表述，找出差异，把你觉得需要摹效的地方写下来。

学生写，教师巡视并提醒：不准抄录，摘写你漏掉的，痛惜你的欠缺，这样写，知识才是你的。

师（片刻后）：学习历史能准确地理解和表达历史概念的内涵和外延，就抓住了知识学习的"牛鼻子"。谁站起来说说自己的差距。

杉：我在内容和特征上拖泥带水，觉得难概括。而在意义方面，更想不到这么多。

师：想不到这么多，除了史事层面的知识欠缺，还有"想"的立足点的不足，例如理论上、实践上、当时、以后这四个立足点。

杉点头，重又完整地复述概念。

此时，教师允许学生完整地抄录范例表述，强调学习要反思与摹效。

师：这时，我们已逼近"水平目标Ⅱ 理解维新变法思想"。

三、阐释与生成结论

教师呈现叙事的学习情境：高三某班同学在探究晚清思想变迁史时，阅读马士和梁启超的记述，得出了各自的探究结论，然后，班上争辩起来。他们为什么会争辩呢？

一组学生依据马士《中华帝国对外关系史》的有关叙述，得出的结论是：康有为的维新思想仅仅是传统学术发展中的浪花；其"火山大喷火"只是经学争论的大反响而已。由此，维新思想是不成熟的，变法的失败就是必然。

另一组学生依据梁启超《戊戌政变记》的叙述，得出的结论是：材料真实地反映了维新思想在开启民智方面所产生的深广的启蒙价值。

学生沉静地阅读与思考时，教师提示和铺垫：某班同学的探究是围绕维新思想的历史作用来展开的。在推断该班为何会争辩之前，我们知道的维新变法思想的作用是什么？

学生结合所学，说明维新思想的两个作用：指导变法和思想启蒙。在此基础上，转入对学习情境的因果推断。

杏说：马士小组的结论是错的，因为维新思想动员和指导了变法运动。

同伴插话：马士小组讲的是康有为的维新思想，以偏概全了。

杏看了一眼同伴：我刚才的理由不对，但马士小组的结论还是错的，因为能证明其结论的材料只是特例。

师：因为是特例或孤证，结论就不对？就这一材料来说，你自己的解释是什么？

杏：康有为以经学考证来宣传维新思想，梁启超所称的"乃思想界火山大喷火"只是引发经学考证领域的"喷火"。

师（反问）：这不意味着马士小组的结论是正确的吗？

杏一愣，低头看讲义，又抬头看课件：马士小组的观点还是错的，他们用"仅仅"和"只是"，太绝对；由"思想的不成熟"推导出"变法必然失败"，好像也有问题。

师赞赏：你在历史解释中的坚持与细致，具有探究的气质。不过，要看到康有为借助经学外衣来否定君主专制的本质，其影响应该具有"大喷火"的震撼作用。思想史确实纠结。

学生议论，静默。

师：看来，班上的争辩是因为梁启超小组以结论正确的身份在批判马士小组？

有学生点头。

师（不满）：梁启超小组的结论真没问题？马士小组就服气？

柳：梁启超小组所谓"深广的启蒙价值"太夸张了吧？

师（追问）：是梁启超的自述夸张了，还是梁启超小组的结论太夸张了？

柳（恍然大悟）：梁启超说，"人人皆能言政治之公理"，"英俊沉毅之才，遍地皆是"，不符合常理。马士著作中说，真正接受康有为思想的人很少，梁启超都不免狐疑。（师插话：引证和比较）应该是材料与结论都夸张。

师（张开双臂）："人人皆能"啊！"遍地皆是"呀！

师示意樟站起来：梁启超是当事人，如果你是当事人，会怎样自述自己的历史？

樟：难免辩解或夸张。

师提议：大家举起手来画个"？"怀疑一下！

樟主动回应：还有，材料已经夸张，结论还说"真实地反映"。

师（归纳）：维新思想有思想启蒙和催人觉醒的作用。但梁启超的自述及该小组的结论，都有夸大之嫌。看来，材料要辨析真实程度，在历史解释中，需要"细致的文本理解，而不是大约的粗犷的文本感知，否则就可能曲解或强制解释"。大家记录下来。

学生记录，教师停顿片刻。

师：现在，咱们想什么办法来消除班上的争辩？（学生端详着发呆）

师笑了一下：你们就等现成答案？两根木条一长一短，要想齐平，最简单的办法是什么？锯掉或者加长！某班争辩的主因是材料和结论之间的不匹配，办法是什么？

樟：改变结论，或者寻找新的材料，反正要对应。

师：很好，但为了结论而寻找材料是危险的。辨析学习故事，我们理解了维新思想的作用及梁启超等人倡导维新变法的爱国性，我们还了解：结论要有史料证明；孤证难让史论周全；史料本身也不妨质疑。（同时板书这一方法性知识）

教师在讲台前走了一个来回，然后用手指着前方：现在，我们已接近"水平目标Ⅲ 历史地理解维新思想的作用"，包括"作用是什么"的结论和"结论怎么来"的方法。

教师出示两道习题，验证维新思想的作用是否被掌握。

四、涵养历史情怀

教师继续讲学习故事：高三某班的历史科代表提供了一段材料，当时，老师让学生齐声诵读。现在，我们也来诵读。

戊戌变法失败两年后，亡命日本的梁启超发表了《少年中国说》……《少年中国说》发表16年后，梁启超参与鼓动的倒袁（世凯）运动结束。同年孙中山偕宋庆龄到浙江海宁。面对万马奔腾的钱塘大潮，孙中山叹为奇观：世界潮流浩浩荡荡，顺之则昌，逆之则亡。

诵读之声回响中，课件跳出两行自问自答的红色字体：这是什么潮流？民主宪政之潮，少年责任之流；这是历史潮流还是现实潮流？是历史也是现实。

海潮冲击沙滩的课件页面闪入："水平目标Ⅳ 人文阅读，情怀寄寓"。

五、铺展学习路径

师（总结）：我们讲历史故事，赏学习故事，一起倾听来自历史深处的潮流声响。梁启超出生前32年，林则徐、魏源等人开眼看世界。梁启超出生25年后，"中体西用"和"西体西用"相遇，维新志士或血溅菜市口或流亡日本。春来秋转，梁启超39岁，来自西方的民主共和，终结了中国的君主制度，清朝消失在历史的烟云中。晚清的思想界纠结于中西、体用之间，经历了学西方、求变革的历程。

回放前面出现过的3张PPT，以回应相关的史事概述。

教师走到教室后排，再走回讲台：今天何以会倾听？因为我们在学习《听潮：思想在中西之间·晚清》。[①] 在这股大潮中，我们看到了怎样的历史模样？中国人"看西方、引技术、兴民权"，听到了怎样的现实声响？爱国情怀与责任意识。今天，我们又如何倾听？在梁启超的叙事视角，辨识由远而近的声浪踪迹：驻足于近代化与中国国情，梳理线索，分析节点，抱持中国情怀。

课件同步：海潮冲击沙滩的图片背景，体现3层学习纹路（模样、声响、踪迹）的黑色字体依次呈现。

师（停在杏的一侧）：你能猜出我刚才为什么转到教室后面吗？（杏眨巴眼睛，摇头）

师：我想看看历史学习的背后路径。（众生诧异）

课件闪动：在知识由事实到结论的推演中，理线索、握节点、触精神、感知历史思维。

师（重回讲坛）：梁启超活到45岁时，政治操作一无所成，他还说：鄙人自问若在言论界补助政府、匡救政府尚有一日之长。意思是，我梁启超虽然政治操作不行，但发表见解、匡救政府还是可以的。梁启超仙逝80多年

[①] 依据"课标"要求：了解鸦片战争后中国人学习西方、寻求变革的思想历程，理解维新变法思想在近代中国社会发展进程中所起的作用，而非依据某版本教科书，故结课时出示了这一课题。本课共用12张PPT。

后，在中西之间、体用之间，以至古今之间，作为后辈的我们，如何面对？又如何看待前辈们匡救政府的姿态和见解？

（本文原刊于《江苏教育》2017 年第 1 期）

【评点】

诗人情怀　师者风范
——束鹏芳教学风格印象

首都师范大学　张汉林

◎

初识束鹏芳老师，是在风景如画的凤凰岭。时值 2007 年，教育部首次组织高中历史新课程远程培训。区区 10 来名专家面对来自全国的上千名学员，其任务之繁重可想而知。作为培训专家团队的核心成员，束老师批阅作业、解答问题、撰写寄语、编辑简报，倚马可待，章法井然，才情让人艳羡不已。闲时漫聊，更觉其人与其文一样，涓涓细流，使人如沐春风。

再识束鹏芳老师，是在《中学历史教学参考》的"走近名师"。时值 2008 年，任鹏杰主编欲"金针度人"，创办该栏目，诚邀天下历史名师袒露自己的思想历程，以飨广大读者。作为第三位入场的名师，束老师在"月涌大江流"的意象里，如行云流水一般清新自然，叙述了一位乡村中学教师的成长故事，迷倒了包括我在内的芸芸众生。

再后来，通过各种会议与期刊，我对束老师的认识逐渐丰富起来，对其人品与学养更加钦佩，对其教学风格也有了更为深切的认识。束老师的教学气象万千，本不宜以偏概全，如果非要形容不可的话，我觉得用诗人情怀和师者风范差可比拟。这在《听潮：思想在中西之间·晚清》一课中显露无遗。

"排浪"和"听潮"是极为恰当的隐喻。一般人看来，晚清思想呈现的是"器物—制度—观念"的线性进步，束老师却在历史的幽暗处发现了晚清思想的重叠与复杂。因此，他用"排浪冲击沙滩"来形容晚清时期思想主张的层出不穷，既有层层推进，也有交错层叠，如同"浪卷千堆雪的交错纠缠"。这自然不乏对历史复杂性与丰富性的洞见。既然历史的本体是排浪，后人自然不在浪潮之中，而是身居浪潮之外，远隔时空，侧耳倾听历史大潮的回响。当然，历史的排浪层层叠叠，起起伏伏，浩浩荡荡，站在不同的角度，所听之潮必有不同面貌。

束老师是一个善于听潮之人，他帮助学生精心挑选了一个绝佳的角度——梁启超的视角。梁启超不仅经历充盈，著述宏富，还"不惜以今日之我挑战昨日之我"。他的经历和著述足以将晚清思潮串联起来，他对自我的挑战差可比拟排浪的交错。作为后人，我们代入梁启超的视角，随其观看历史潮起潮落，思绪起伏。这是潮动还是心动？是心随潮动还是潮随心动？其中的意象堪可玩味。总之，束老师捕捉到"排浪"和"听潮"的绝妙隐喻，将学生带入"历史场"与"问题域"，这看似"妙手偶得之"；但是，如果缺乏一颗诗人的敏感之心，束老师能做到这一切吗？！

束老师的职业是师者。师者之所以不同于诗人，在于他对学生及学习的熟稔，在于他懂得材料的收放布局，知道学生的认知命门，明白教师的教育使命。

本课的第一部分为叙事，晚清思想史的相关事实按照时序渐次铺陈，构筑历史认识的厚实基础。紧接着，他引导学生将维新变法思想的相关要点组织起来，自主地完成对历史概念的建构；在创作与模仿的过程中，学生的认知结构不自觉地发生顺应或同化，以达到新的平衡。在历史叙事中，概念性知识娓娓习得。此后，束老师提供基于两则史料的两种观点，让学生仔细揣摩，认真辨析，进而在细微之处体会历史学科的根本方法——论从史出、史论结合，授予学生以独立思考之路径。他将这一史料的辨析与解释，进行得耐心而细致，将史论与方法的表里关系揭示出来，教学的温润和通透弥漫其中。最后，束老师与学生一起进入晚清思潮的高峰与尾声的"现场"，以现实的钱塘大潮为意象，以历史的民主潮流和少年责任为诉求，齐声诵读，寄寓深切的人文情怀，但绝不以煽情为能事。

"事实铺陈—概念建构—方法操练—情怀涵养",这个教学流程看似简易,实则遵循学生的认知逻辑,遵循学科的思维本质,在知识的多个面相中,史事、思维与意义的建构融为一体,难分彼此,尽显知识展开的教学意蕴。其中,有道,也有术;更贴切地说,术中有道,道中有术。叙事地展开多面相的知识,固然是束老师的风格;课堂结束时的画龙点睛与首尾呼应,也堪称他的文心艺胆。

还有若干细节让人忍俊不禁,除了"举起手来画个'?'"等知识的身体学习,他还偶尔运用"行为艺术"来制造冷幽默,如扔掉纸条以示对体与用的取舍,转到教室后面以窥历史学习的背后路径等。凡此种种,均是师者的看家本领,是师者不同于诗人与史家之所在。

归根到底,束鹏芳是一位师者。这位师者,充盈着诗人的情怀,诗意地栖居在历史教育的大地上。写到此处,我不禁为他的学生感到高兴,守着这样的师者,应能时刻感受幸福!

(本文原刊于《江苏教育》2017年第1期)

历史教育：主体在"知""识"之间叙事

系列三：《"一国两制"和祖国统一大业》
【课例】

在知识之间"裁弯取直"地教历史

——《"一国两制"和祖国的统一大业》教学实录[①]

一、情境导入

（挂出中华人民共和国行政区划图和香港回归的新闻图片，引入课题）

师：香港的回归得益于什么构想的成功运用？（学生说出"一国两制"）"一国两制"的构想是如何形成的呢？为此，我们来学习和梳理第八章第四节的课文内容。这一课的课题叫什么？（学生照本宣科地说出课文名称）

出示教学目标：了解"一国两制"构想的基本内容和香港、澳门回归的基本史实，认识香港、澳门回归的历史意义，坚信祖国统一大业必将实现。

二、知识陈述，由学生分组列写

师：我们班上坐了4排同学，正好是4个学习小组，请每小组领一个

[①] 本课是2002年11月在江苏省句容高中承办的镇江市高中历史教学研讨会的观摩课，使用的教科书是《全日制普通高级中学教科书（试验修订本·必修）中国近代现代史（下册）》（人民教育出版社2002年版）。

任务，完成知识梳理的学习任务，每项陈述性知识都要写出答案，写关键词亦可。

板书4项陈述性知识内容。

1. 联系近代史，说明香港问题的由来。
2. 列举香港、澳门问题解决过程中的5件大事。
3. 从20世纪70年代末到80年代中期，党和政府提出了哪些对台政策？
4. 归纳对台政策变化和中英香港问题谈判的历史背景。

教师让学生小组长举手认领，只有两个小组。余下两题教师予以分配。约莫5分钟后，开始各小组的代表发言和补充。教师在学生回答的基础上板书关键词。

师：第3小题有些难度，你们能够找到《告台湾同胞书》提出和平统一，叶剑英发表谈话、主张第三次国共合作，邓小平提出"一国两制"的构想。但不完整。还有谁来补充？

生1：六届人大会议通过了"一国两制"的构想。

师：能不能结合教材小字，补充一点具体而关键的政策？

生2：台湾可以作为特别行政区，高度自治并可保留军队，台湾现行制度不变。

师：非常好！虽然是小字，但它是党和政府对台政策的具体内容，已经隐含"一国两制"的基本意思。还有没有？

冷场1分钟后，教师问其他小组的同学有没有新发现，依然没有回应。

师：为什么我们不能到第三目中找一找呢？大家把书翻到第139页。

生3：大陆提出"三通"，80年代以后，海峡两岸民间交往的坚冰逐渐打破。但是台湾岛内分裂中国的倾向有所发展。

师：你的回答哪些符合题意，哪些不符合？

生3（顿了一下）：台湾岛内的分裂倾向不符合题意。（师追问"为什么"）题目问的是祖国的对台政策。

师：另外，台湾岛内的分裂倾向起码不是出现在80年代中期，那时台湾还是蒋氏政权，处于国民党统治时期。答非所问是你念书、照本宣科所致。

要看清题目,行不行?(生3点头)

师:第4小问的背景归纳不全面。大家看书还不够细心。(学生再仔细看书后补充)

生4:中国恢复在联合国的合法席位,中美建交并且断绝与台湾的外交关系。

师:国际环境的变化使得台湾在国际社会逐渐成为一个地区而不再是国家,这一点非常重要,它是我们宣布和平统一的重要背景。还有没有国内的因素?

学生交头接耳一阵,没有说出有效答案。教师提示:前两节教材讲的是什么内容?学生在座位上回应:社会主义现代化建设。教师顺应:沿着这一点想一想。

生5:实行改革开放,引进外资企业。

师:很好,思路打开了。改革开放和现代化建设需要和平的环境。考虑历史背景,我们一定要有比较开阔的视野,懂得知识的相互关联,学会迁移。接下来我们需要运用这些思维方法,阐述历史概念和结论。(板书:置于开阔的视野之下)

教师请学生将四个陈述性问题的答案(即客观知识)全部找一找,整理一下,3分钟之内,教师巡视,指导他们标记教科书中的相关内容或做笔记。

三、知识阐述,组织讨论式学习

教师板书两项阐述性知识内容:

1. 理解和说明"一国两制"(背景、形成、含义、实践运用);
2. 认识和表达香港、澳门回归的历史意义。

要求学生4人一组进行讨论,讨论两个问题,然后在草稿纸上写出要点。给学生5分钟时间。4分钟不到,学生的声音小下去了,多数学生正常归位就座了。

师：经过大家的热烈讨论（其实老师心里有点虚，谈不上热烈），我们来展开历史的主观演绎。先说说你理解的"一国两制"。

生6（主动站起来）："一国两制"就是在中华人民共和国内（老师插话：这一句很重要），大陆实行……它是大胆的创造性的战略决策。

师：他为什么答得这么好？（生：书上有）对！书上有，他找到了。但是形成过程，书上也有，为什么没有找到？因为它不是成段的现成表述。谁来试一试？

经过两位学生补充后，教师完整归纳这一概念。

关于香港回归的历史意义，有学生读书式地回答，教师要求放下书本，尝试用自己的话表述。该生眼睛眨巴眨巴的，比较艰难地复述了教材内容。教师用教鞭再次指点上课伊始挂出的地图和图片，运用教材小字的细节，强化香港回归的庄严场景。再把教材138页的3幅图放置在实物投影仪上，让学生说说感受。这3幅图是《香港特别行政区成立大会》《全国人民欢庆香港回归》《澳门人民欢庆回归》。学生所谈感受不外是激动、自豪、祖国强大、振兴中华之类。

师：港澳回到祖国怀抱，令人振奋，意义重大。我们刚才从什么角度来阐述意义的？

生7：从国内和国际两个方面。

师：这是空间视野。就国内而言讲了两层含义，哪两层？

生7：洗刷了百年国耻，为在台湾实施"一国两制"树立了榜样。

师：概括得非常好。这两层分别又是什么视角？（生7表示不知道）

师：这是历史的视野，站在某一点上，往前看，回溯，往后看，展望。这就是历史思维的基本规则（板书：回溯、展望的思维方式），阐述一个事件的意义往往可以这样。

师：正如刚才这位同学所说，港澳回归，为台湾和祖国大陆的统一树立了榜样。在"一国两制"的方针下，海峡两岸的关系怎样呢？

学生结合教材提供的知识简单地说出了"两岸交流频繁"等。教材实在没有多少具体事件。教师补充了蒋经国开禁等史事，又补充了陈水扁"又做又说"地推动"台独"的时政新闻,以佐证学生那一番来自教材的认知。

师:最后,我们能否把港澳台与"一国两制"装入一个整体的框架里呢?应该可以,也必须这样,但是用一个什么框架呢?(学生还有些懵懂)它远在天边近在眼前,翻书即可得。

学生纷纷猜测、翻书,终于有学生使用了课文标题"祖国的统一大业"。

师:"一国两制"的方针也好,港澳回归也罢,都是祖国统一大业的有机组成。中国在传统上就是大一统的国家,崇尚国家统一。港澳是被西方殖民列强占领的,1949年,新中国声明将在适当时机收回香港主权。至1982年,邓小平提出用"一国两制"的方案来恢复行使主权,采取外交谈判的途径。1984年,中英两国政府在北京正式签署关于香港问题的联合声明,1987年,中葡两国政府在北京签署了关于澳门问题的联合声明。它表明,中国的这一统一大业是在什么领域展开的?

生8:外交领域。

师(追问):在外交领域,反对殖民主义,这是国家的什么权利问题?

生8:国家主权。

师:所以,收回港澳是主权意义上的国家统一。1949年,国民党政权败退台湾,如此,台湾会是什么意义上的国家统一呢?(生8不知如何回答,自行落座)

师:古代史上,明朝建立后,蒙元退居蒙古地区,清朝入关后,南明小朝廷在南方苟延残喘。郑成功收复台湾后,他的后人盘踞台湾,后来康熙帝进军台湾,郑氏政权投降。这些都是中央政权之外的什么势力?

学生在座位上讲"残余势力""割据势力"。

师:无论是残余势力或割据势力,其最终结果怎样?

生:被消灭,国家统一。(也有学生说了一句"分久必合")

师:联系古代史,相比港澳,台湾会是什么意义上的国家统一呢?是不是外交层面的问题呢?其最终结果会是什么?

生9:台湾是内政问题,是中国人自己的问题,是中央政权和地方割据势力之间的问题。当然不存在外交问题,所以最终应该是大陆实现国家统一。

（听课教师发出赞叹声）

师：太好了，你领悟了老师的思路，界定得很有层次。让我们再回到古代史。分久必合，割据势力或对峙政权要么投诚要么被武力消灭。但还有一种情况，例如唐朝对吐蕃，北宋对西夏政权，采取的是什么政策？（教师期待着，众学生静默）宋朝流行的番汉分治，听说过的吧？高考题做过的吧？只要认可一个天下共主（皇帝），接受册封，承认中央政权，就可以高度自治，还可以获得诸多赏赐。用我们今天学过的知识来看，其实可以视为什么？

生9：就是"一国两制"。看来"一国两制"古已有之。

师：古代有没有这个说法？

生9：没有。有册封、分治之类。

师：古代没有"一国两制"的说法，但也有这个意思，否则就可能抹杀邓小平老人家的历史智慧了。且沿着这个思路，邓小平的"一国两制"可以怎么说？

教师作出闭目遐想的样子，学生随之也作思考状。

生9："一国两制"借鉴了古代的政治经验，即历史经验，也有现代的创新。

师：很好，要有这种语言，要有这种思维，你一定要读北大历史系去。鼓掌！（学生鼓掌，用羡慕的眼光看着她）那么，你对"一国两制"用于台湾，会作出什么推测？

生9：一定成功。

师：陈水扁公然声称"无条件、真心诚意地支持""台湾正名""国家制宪"活动，并将"拼正名"列为其未来施政重点之一；陈水扁还表示，要"走自己的（'台独'）路"，陈水扁鼓吹，海峡两岸是"一边一国""一中一台"，并表示要"认真思考公民投票"。怎么办？"一国两制"行吗？

生9：教训教训。（众生笑，教师追问："一国两制"行吗？）肯定行！

师：也就是说，祖国最终解决内政问题，实现国家的统一，是历史趋势。在国家统一大业的框架下，运用一国两制，解决了港澳问题，收回了国家主权,我们还会运用"一国两制"解决台湾问题,结束内政层面的割据对峙现象。刚才,我和两位同学的对话展现了怎样的思路?

约莫1分钟以后,教师点名3位同学,一问三不知。复追问生9,她也摇头,说了一句"凭感觉"。课后知道她父亲是教历史的,是班上一号选手。

师:将港澳台纳入祖国统一的大框架内,再细分为主权和内政两个不同的问题,用历史的经验来推断历史发展趋势。这就有了在整体中把握局部,在纵向里予以推测的思维方式。学历史有什么用?学历史会带来思想的快乐、思维的训练,喜欢历史吗?

部分学生觉得是在忽悠他们,讪笑。部分学生还是一副快乐相。教师板书:思想、思维。

四、知识运用,独立快速作答

师:不管你们喜欢不喜欢。考试还是要考的,你们学的是文科。接着大家做练习。

教师把两道死记硬背的选择题和一道情境性材料解析题,做成透明胶片,放置在实物投影仪上,不断校正投影效果。然后由学生作答,教师巡回,给部分学生以指导。又回到黑板前,补充和完善知识结构的板书(含史事、概念与史论,副板书是思维方法)。

学生代表提交做题答案,教师评点和纠错。请同学对照板书,默念。

下课铃声响起后,教师布置任务:"祖国统一大业必将实现",写出你的理由。

在叙事之上"脱脂还原"地教历史

——《"一国两制"的伟大构想及其实践》教学实录[①]

一、运用授课者自身资源,导入

65人左右的大班额学生进入宽大的阶梯教室,幻灯片上是笔者本人在"国立台湾大学"门口留影的照片和前往香港旅游的通行证。

师:(指着照片)他是谁?(生:他是你)他在哪里?(生:台湾)那张我用过的通行证又指向什么地方?(生:香港、澳门)在港澳之上,有一个更大的地理名词是什么?(生:中华人民共和国)。

学生所有的答问,都在座位上集体作答,且尾音拖得都很长,充满新奇和兴致。

师:好的,本课的学习话题将是中华人民共和国天空下的港澳台问题,会提到我去过的几个地方,历史将在这一空间里上演。

[①] 本课是2012年2月在四川省乐山一中承办的乐山市高中历史新课程培训活动中的观摩课,使用的教科书是《普通高中课程标准实验教科书·历史必修·第一册》(人民出版社2009年版)。

二、陈述已知，建构应然的知识结构

师：请大家在《回家》的音乐声中看幻灯片的演示，试着回答问题。

幻灯片动态地演示香港地域的 3 个不平等条约，跳出红色的"一个历史问题，叫什么？"。

幻灯片动态地演示 1553 年和 1887 年与澳门相关的两件大事，跳出红色的"又一个历史问题，叫什么？"。

幻灯片渐次铺展出余光中先生的诗歌《乡愁》，教师在音乐声中提示学生默念它，然后，跳出红色的"还有一个历史问题，叫什么？"。

其间的 3 分钟内，教师基本无言，唯音乐声和 3 张幻灯片前后铺展和动态演示。

师：我们出示了 3 个历史问题，它们分别是什么，都指向一个什么大的历史话题？

生 1：香港被英国割占，澳门被葡萄牙占领，台湾和大陆分离。

师：太好了，用词精准。港澳走失以及台湾分离，这 3 个问题都指向一个什么大的历史话题？（学生语塞之际，教师提示：3 张幻灯片的边缘都装饰了印章式样的"但悲不见九州同"，会是答案提示吗？）学生回过神来，齐声讲：国家的统一大业。

师：既如此，为了完成国家统一大业，采用了什么方式以解决上述历史问题？在这过程中，发生过哪些重大事件？想一想，然后，我们请一个同学讲一讲，把自己头脑里已经知道的都讲出来，再请一个同学及时地在黑板上记录下来。

约莫 2 分钟后，开始如下学习活动。（一）男生说，女生写，结果不理想。（二）教师鼓励一位自告奋勇的男生大胆地说，他叙述起台湾蒋氏政权的事，板演的学生无法下笔。教师忍了一阵，终于打断他：不好意思，你真的很棒，知道别人不知道的，也是老师接下来会讲的故事。那么如何更清晰明朗，好写、好记？（三）改为女生说，女生请自己信得过的男生写，情况有些改观，但是没有达到老师预期的效果——基本呈现核心知识。

师：看样子，大家都把学过的还给老师了，不过，经过若干人的努力，大家能在没有课本的情况下再现"一国两制""1997香港回归""1999澳门回归""海峡两岸交流"已经不错（用红粉笔将这些信息画上波浪线）。大家来看看老师提供的应该再现出来的核心知识。然后对照你们所写的，找出差距，再完整架构到脑海里。

三、情境检测，确证我们是否已知

师：检测一下，看是否真的知道并理解了。

两道选择题，以确证一个核心知识——"1997年香港回归，一国两制的构想首先在香港问题上得到成功运用"，并出现红字闪动。

第3题：提取视频信息，看香港回归的一段视频，要求回答"最能够说明'结束外国占领的历史'的信息是什么？中英之间的香港问题实质上是什么问题？"。

第4题：阐释图片，香港和澳门区旗的含义。

第5题：语言推断，如果有人问："香港问题为什么能谈成功呢？"邓小平将会说些什么，应该说些什么？

以上3道试题是为确证另一核心认知：国旗升起与解放军进驻是国家主权的象征，表明一国两制的成功运用和统一大业迈出重要一步。

第6题，图片关联与图文互现，下列"汪辜会谈"、"胡连会"、"海峡两岸祭孔"和"台商大陆投资"4幅图片，与解决什么历史问题的过程有关？从什么角度将它们分为两类？以此过渡到台湾问题。

师：刚才大家回顾、陈述，大体了解了台港澳问题解决过程中的重大事件，知道了"一国两制"的概念，拥有了本课的核心知识，现在我们可以深入一步，而且也可以听我讲故事了。请每位同学拿起手头讲义，听我讲历史的纪事本末。

教师课前以纪事本末的形式，编制了台海局势、港澳回归、辛亥革命周年纪四则事件序列，印发给了学生。为便于学生捕捉信息、回答问题，重要信息都以完整的大事记列写出来，次要的信息只列年代、不写大事名称，教师讲述时再具体说明某年代里的大事。

四、讲述历史（情境叙事），阐释概念

教师以边读边讲的方式，梳理"纪事本末·1949 至 1979 台海局势大事记"，呈现问题：（一）台湾问题的历史由来？（二）台湾问题是否有过解决的机遇？这段时间，台海两岸在国家统一问题上的态度怎样？（三）在与香港问题的比较中认识台湾问题的实质。

生 1：台湾问题是历史问题造成的。

师：什么历史问题？

生 2：国共内战。

师：由内战而造成的问题，相比英国占据香港，则台湾问题实质上是什么问题？

生 2：领土归属就是内政问题。

师：毕竟是号称对台湾问题有些研究的人，大家鼓鼓掌（座位上的学生鼓掌）。结合我刚才讲述 1949 年以来的 30 年台海局势的故事，能不能回答第二个问题？

生 2：朝鲜战争爆发之前，我们有可能通过武力实现祖国统一。朝鲜战争爆发后，美国急剧地改变了对台政策，直接导致了台湾问题的出现。

师：这次的答问简明流畅。只是你的后半句"直接导致了……"还可以表达得更明朗、更到位。想一想，再援引或借助讲义。该怎么说呢？（教师探询式地看着他）

生 2（瞄了一眼讲义）：美国阻挠了祖国统一的进程。

师：说得比我好。还有一个问题，漏掉了，还能回答吗？（生 2 有些迟疑）站着回答问题既累又有压力。好吧，请坐，让别人来答。（示意该生前面

的一个同学）

生3：台海两岸都不反对国家的统一。（师提示：援引讲义里的材料）蒋介石表示"中华民族不久终归于一统"，"大陆和台湾皆为中国领土之一部分，不容割裂"。

师：很好，历史要用材料说话。让老师尝试对台湾问题作一个概括性说明。台湾问题是国共内战的历史遗留问题，尽管由于美国的干涉和介入，祖国统一暂时还未能实现，但是台湾地区的蒋介石政权仍然坚持一个中国的立场。由于朝鲜战争及美国因素，祖国统一成为中国领导人的一个政治难题，如何解决？（环顾学生，期待学生，有学生在座位上补台：提出"一国两制"）对，中国领导人邓小平的政治智慧出来了，他提出了"一国两制"的政策主张。让我们继续纪事本末体的故事叙述。

教师让学生看着讲义，请一个学生代表朗读"1978年以来邓小平关于台湾问题的谈话录"，然后展开如下学习行为：据1978年到1984年的中共高层言论，说明"一国两制"构想的形成过程，尝试概念表述——内涵与价值。

生4："一国两制"是针对台湾问题提出来的，就是一个国家两种制度。在祖国统一的前提下，国家的主体坚持社会主义制度，台港澳保留原来的资本主义制度。（师提醒：作为历史概念，应该有它的时间意识。该生继续）它是邓小平在20世纪80年代提出来的。

师（插话）：能否根据邓小平的一系列谈话录，叙述"一国两制"的形成过程？

生4艰难地选读了几段材料，未能在时间的意义上概括形成过程。

师：你的概念阐释已经不错，包含它的内涵与意义，为什么没有时间意识呢？现在包括你在内的同学可以一起看我的概述，找一找自己想不到的地方，模仿几次，就会完整了。

师（扫视全班同学后）：20世纪70年代末，邓小平还没有明确"和平统一，一国两制"的提法，但基本思想已较清楚、较完整；80年代初，"一国两制"有了具体内容和完整表述，并成为统一大业的国策；1984年，《政府工作报告》以官方形式、法律文献的效果正式使用,"一国两制"获得了法律保证。在此,"中华人民共和国"是"一国"的唯一含义,是主权所在、核心所在,不能两种表述。它不仅产生实际效应,且是创造性智慧。现在,对照老师的表述,谁来说说自己的差距?(仍然喊生4作答)

生4:没有能够抓住几个关键点(师插话:特别是时间节点),也没有想到对"一国"作完整的深度说明,更想不到政治智慧的话语。

师:你很专心地听老师的表述了,你心里一定会感谢我:老师让我受益匪浅。(她笑,教师也笑)

五、讲述历史,阐述历史认识

师:正如刚才她讲的,"一国两制"虽然针对台湾提出,但首先成功地运用在港澳回归之中。听老师继续讲历史故事。

学生看讲义,老师梳理"纪事本末·1982至2007年港澳回归大事记",出示问题:推断老师何以要回顾中英谈判的历程?中英最终签署《联合声明》说明了什么?

学生沉默片刻,没有反应。

师(提醒):注意到我在讲"中英第7轮、第8—12轮有益的和建设性的会谈"等数字部分时都用了顿挫的重音没有?

生5(自发地):老师要讲故事。

师(笑一笑,顺应该生,再提示):故事!好故事是来来往往地曲折展开的,结合我在数字部分用重音的讲话方式,再放到谈判语境里推断一下,推断!推断!

生6:谈判是艰难的,双方有利益较量。

师(颇有满意感):你攀上能够达到的顶峰了,我相信,以后你一定会谈判。现在老师再带你们攀上新峰顶:谈判是一个艰难而复杂的利益平衡历程,是政治智慧的较量,也是国家实力和主权意识的表达。所以才会先后经历 22 轮谈判。这并不是那么简单的:"一国两制"提出了,香港澳门就回归了,没那么容易。是不是?再说,历史是由细节构成的。

学生顿悟状,底下的听课教师也一副释然相。

师:咱们已经知道,后来港澳回归了。来看一段香港回归十年后的材料,展开以下学习行为:在合作分享中说说祖国统一对于中华民族复兴的历史意义。

学生讨论,讲了一点教材上关于港澳回归的意义。

教师在幻灯片上呈现自己的认识:实现祖国完全统一,是民族复兴的重要标志,因而是中华民族复兴的重要内容和基本任务,没有国家的完全统一,就没有完全意义上的民族复兴;实现祖国完全统一也是中华民族的爱国主义传统,因为爱国主义是中华民族的精神支柱,是现代化历史进程的动力;实现祖国完全统一是为民族复兴创设一个良好的国内和平环境。

教师领读之下,学生集体朗读,彰显课标明确要求而教材没有提及的史论。课堂生成一种情绪。

师:上述历史认识是课标的要求,也不是要大家背住,而是感受说理的路线:民族复兴的本义、爱国主义的内涵、现代化进程的需要。回想一下,是不是这三层?

师:台湾问题的纠结也在这里:祖国有没有完全统一?(生:没有)没有完全统一,民族复兴的话语就无法圆满,是不是?

学生看讲义,老师讲述"纪事本末·1987 至 2012 年台海局势大事记"。然后出示问题:(一)据海峡两岸关系大事记,概括两岸关系发展的领域及其标志性事件;(二)"一国两制"是一个政治命题还是一个经贸话题?(三)有人认为:在"一个中国"的语境里,台湾远没有接近大陆的政治底线。是这样吗?(四)我们的纠结在哪里?

学生顺利地回答了第一小问,面对后面的连续性小问,他们窃窃私语一阵后,学生的回答既有"是"也有"不是"。

师(提示):大家有点莫衷一是!注意问题的核心——大陆的政治底线,也请注意问题的情境铺垫——不是经贸话题,是 20 世纪 70 年代末就提出了，如今 30 多年了，港澳问题都解决了，台湾问题怎么办？

生 7：是有点纠结。中国政府已经说，在一个中国的基础上什么都可以谈。这一个中国应该是中华人民共和国。

师（激动）：很不错！很不错！但是纠结在哪里？你们只是感到纠结——这是老师要的效果。（见学生等待状，且课时已经接近 35 分钟，便径直讲下去）我也很纠结，30 多年了，"一国两制"有港澳榜样在此，两岸的经贸与文化交流这么火，然而"台独"隐患犹在，台湾执政者的"不统、不独、不武"又让人觉得我们的力气用在棉花胎上。一个中国即"中华人民共和国"，不被台湾当局确认，有一种说法"一个中国，各自表述"，真要命，致命的纠结。这是僵局，僵局如何突破？这考量我们的政治智慧，历史问题的解决期待新的政治智慧。智慧何在？

教师的语气有些伤感，一种说不清的忧愁使得课堂里有些静默，但不沉闷。

师：我们调整一下学习情绪，围绕台海两岸关系，检测一下我们是否真的知道了。

再次检测，用不同的材料（包括视频），从不同的视角考查"一国两制"之于台湾问题上的理解。学生回答过程中，教师也有必要的应答：纠偏、指误和思维方式的引导。

六、延展性地读历史，读出历史的时代感、读出历史的喜忧情

师：本课的学习目标，我们已基本完成。最后我们再换一个视角读历史，以历史的名义读出历史的时代感，以诗歌的名义读出历史的喜与忧。

幻灯片呈现"纪事本末·领导人的辛亥革命周年纪"，展示辛亥革命 70 周年、80 周年、90 周年和 100 周年党和国家领导人的讲话要点，以显示从 1981 年到 2011 年中共高层对台政策的连贯性与发展性。

幻灯片再出示香港《明报》关于台湾国民党对辛亥百年冷淡处理的报道，

在增强纠结的"忧虑"感中，布置课外作业：以"终结两岸对立，抚平历史创伤"为题，在"国家的历史是延续的"这一思路里，写一篇自己的"辛亥革命110周年纪"的小短文。

师：如何让"一国两制"的最初构想在台湾成功运用？如何在"九二共识"的基础上进行政治意义上的推进？这是对新的政治智慧的期待。

师：我们在史料里读到了历史的A面和B面，感受和解释着历史。我们还可以在诗歌里读到历史的喜与忧。历史不仅有是非，还有喜与忧，它们是历史材料的另一页。

幻灯片呈现两首诗：余光中2008年10月9日在南京进行的一次演讲中非正式地为《乡愁》续加了一个第五段的"乡愁"；于右任作于1962年的《望大陆》。

教师引领学生集体朗诵，在抑扬顿挫中，乐观和忧伤的情绪弥漫开来，课堂进入情绪节律上的高潮阶段。

七、另类小结，去蔽，揭题

朗读结束，课堂一阵静默。萨克斯曲《回家》再次轻声回响。

师（站在第一排学生前，演讲式）：今天我们学的这段以"一国两制"为核心的国家统一大业的历史：面对历史遗留问题，党和国家领导人以务实的姿态设法解决这一问题，凸显问题解决的政治智慧（同步回放第二环节中的幻灯片"陈述已知，建构应有的知识结构"）；今天这堂课面对历史纪事，我们叙事并且再现，我们感受并且分析（同步在副板书的位置书写"过程与方法"的相关动词）；今天这堂历史课具有"爱国主义、民族复兴和国家统一"的价值张力（同步书写副板书）。这堂历史课的课题叫什么呢？1978年以来的国家统一大业——历史的A面和B面。（指着幻灯片上自己在台湾日月潭的留影）我在那头，你们在这头，其实我们的心都在一起。

师（走到学生座位中间位置）：我在台湾的那个时候，我们的心在一起吗？这个时候呢？（一阵冷幽默，前排的学生转过头来，看着教师）这个时候，在中华人民共和国的天空下，我们在一起！

（本文原刊于《江苏教育研究》2012年第7期）

认知分类的理性向着叙事分析的知性延展

——两场与专家同行的对话

———— ◎ ————

新课改实施后，高中历史教科书呈现出"一标多本"的格局，颠覆了此前"一纲一本"的局面。这就有了"课标教材"和"大纲教材"的说法，教学内容也就出现了相应的差异，甚至是较大的差异。但课标教材和大纲教材关于"一国两制"的知识叙述，却差别很小。3个子目几乎雷同，其内容要点，只在台湾问题上新增少量时政色彩的典型事件，侧重于和平交流。故此，以"一国两制"为样本，追踪自己的教学变革，寻觅历史教学的时代变化，是具有代表性和说服力的，以此彰显高中课改的变与不变，也是一种对历史的交代和负责。

2002年和2012年，我先后在江苏句容和四川乐山同上"一国两制"相关的历史课，本是一种偶然。《江苏教育研究》约我做"十年一课"，我和评课者的现场交流因此而异地组合。主客之间的"口述"因此而转变成文。反思"十年一课"背后的教学之路，就势在必然了。

一、课程内容：选择和呈现

2002年那节课的对话始于"我们的课堂教学就是平移历史之屋"。

客：我们常常是按教材子目顺序游历，固定为背景、内容、作用等格式，教学顺序（也是板书结构）就会是：

一、一国两制的构想：背景、内容、运用

二、香港澳门回归：条件（背景）、过程、意义

三、海峡两岸的交流：背景、表现、期待

这样的内容呈现其实是段落大意式的历史教学，只是将教材里的历史平移到课堂而已。但本课却是教材内容的重构："知识陈述"，完成客观史实的梳理，构建知识框架；"知识阐述"，完成客观史实的主观建构，关注概念理解和结论把握；"知识运用"，将史实、概念和结论置于材料情境下加以运用。我感觉，你似乎不在传授历史，而在往教学的房子里装历史。你不是在历史的角度复述教材——历史怎么了，而是在知识学习的角度拆解教材——历史怎样学。

主：你的比喻很形象。从教学是多边互动的流动风景来看，教学的历史是一堆如何使用的教学材料而不是高堂讲章。我依据新知识论，将历史知识分为陈述和阐述两类。陈述和阐述既是历史知识的性质，又是知识学习的行为方式，陈述性的客观知识采用陈述行为，阐述性的主观建构的知识采用阐述（阐释）行为。陈述和阐述都只是怎样读，读到什么，知识还要运用才显示知识的价值，既有历史层面的"我注六经"式的运用，还有学习（或考试）层面的整合和迁移性的运用，这就有了"知识运用"。

在一定的原因（背景、条件）下，发生什么事情了，事情发生后产生什么影响了（作用、意义等），这就是你说的"历史怎么了"。我以知识陈述（归纳、列举性思维）和知识阐释（分析、推演性思维）的思路，呈现历史，虽然也包含历史的背景、过程与影响，但它们因知识的属性差异和认知目标差异而拆解、重组了。这就是"历史怎样学"，它是一个分类、分层的教学文本。例如香港问题上的中英谈判的背景与香港回归，都只是客观事实的归纳，从认知目标来说，也就是知道或记忆，它被置于"陈述"部分。当本课陈述性的历史知识全部学完后，又出现了香港问题，此时的学习要求是阐释回归的意义，它需要分析和推演，带有主观建构的色彩，其知识属性和认知目标处于理解和认识的高度，因此它被置于"阐述"部分。我们不难发现，

历史本身的因果与表现没有搁置，基于认知目标和思维方式的差异，它们被拆解到两个学习领域了。这样的内容呈现，不是"历史怎么了"的一气呵成，而是"学习该怎样"的分房安置，从学习效果和课堂求变来看，哪种呈现方式更好呢？

2012年那节课下课后，听课老师对我说：相比之下，我们的课轻飘飘的像落叶。

客：这部分内容是政治史，时政色彩较浓。"一国两制"的理论，其实并不深奥，也难往深里讲；"一国两制"的实践知识，也就是邓小平会见撒切尔夫人，签署联合声明，回归的那一刻等，它们已经成了国人的集体记忆，没什么新玩意；而海峡两岸的"九二共识""胡连会"，同样是国人皆能言的。这部分内容的教学课成为政治说教课，或渲染港澳台面貌的图说课，就在所难免。你使用古代史书的纪事本末体方式，显现了浓厚的历史叙事色彩，呈现了大量精选的历史材料，对有限的主干知识裹上许多细节化的多个维度的历史事实，以讲故事的外壳，推动学生的知识建构、概念阐释和结论推演；用教材但没有固守，用时事但没有牵累。课程内容丰富，这是新课程的厚度。

主：这就是我2011年在武汉的全国年会上提出的叙事包裹下的"脱脂还原"。真实的历史不是文本分析后的历史而是细节化上演的叙事的历史，即便是在信息社会里，信息的不对称和信息被无意或有意遮蔽的现象也无法避免。例如，1979年之前的台海关系以及台湾国民党政权的中国意识，就处于这一信息状态；有些课堂粗放式地陈述：在"一国两制"的方针指引下，港澳回归了。历史真的这么简单吗？历史的发展是简约的教材所写的那么单一吗？所以，我就"试水"讲故事，提供教材的A面以外的B面事实，而提供B面的东西，也不尽然是为了还原历史的全信息，而是指向一种学习思维：面对新材料，面对与已有认知经验相冲突的未知事实，我们抱持什么态度和怎样的解读方式？知新固然好，有异更是佳，且能层累地积淀历史意识。

客：在"纪事本末"的帽子下，你用1949至1979年的台海纪事、港澳回归等四则纪事材料，形成了"历史一路走来""故事有始有终"的顺畅的叙述，对课标要求的"一国两制的实践"和"中华民族复兴的重大意义"作了必要的丰富和补充。诚如你使用的历史的 A 面和 B 面的说法。但是这么丰富的容量不全是要求掌握的，"脱脂"后的容量还是那么一点主干知识。那些"脂肪"只是历史的情境、学习中的感受与思维的载体。这正好符合你的思维提升和打开另一扇视窗的教学旨意。

主：面对较多的课程内容，我没有"材料1""材料2"地摆弄，给人留下上课就是在做材料解析题的印象。过去10多年来，我一直依照历史知识的陈述和阐述路径，对史实、概念和结论等课程内容分类呈现。这节课在阐述的路径上，添加了传统史书中纪事本末体的故事形式，摆脱了解题式的内容呈现路线。这样的呈现方式正好也遵循了感知→概括→推论→佐证的学理逻辑，打上了小学教学的复调式烙印。在小学的学科教学中，教师能将不多的学习内容"整"出许多花样，反复却不重复地打磨，促成孩童的有效咀嚼和多元智能的开发。

客：还真有点这么回事。你在讲历史的过程中拆解了文本的历史，例如港澳回归的过程、标志和意义本来是文本化的历史构成，你把过程与标志等现象放在陈述史实部分一带而过，而把意义的解读放到了阐述认识部分去呈现，体现了一种学习的逻辑。如此，课程内容的呈现是依据布卢姆的掌握学习理论来进行了，这实际上就将教本转化为学本了。

二、教学效果：指标与保障

2002年在句容高中，客问：你的副板书为什么不是列写次要的知识点，而是思维规则？

主：教学活动要追求成效，一堂历史课的教学效果在哪里呢？历史教学馈赠给学生的财富，不仅仅是了解和陈述客观史实，也包括怎样读历史的思维方法，更包括思维之果——某些主观认识、看法和见解。历史课对高中学生的冲击力或吸引力，是它的叙事性和思想性，后者更重要，因思想而睿智、而洞见，何乐而不为？！运用思维方法却没有思想出现，没有结论产生，那就是假方法，从这个意义上讲，"授人以鱼不如授人以渔"在历史教学中是伪命题或者是残缺的命题。本节课比较在意"怎样读历史、如何学历史"。怎样读历史，其实就是历史思维，读出怎样的历史，则是思维的产物，表现为思想，外化为史识、史论等。思维和思想起码是与史实同等重要的效果指标。

客：因此，你在教学时设置了知识阐述这一程序，将理解和说明，认识和表达两个行为动词关联起来，追求的正是思维过程的展开和思维结果的语言外化。此外，本节课有笔答、讨论、口述等诸多外显的行为方式，前后有9个学生和你单独对话，还不算集体作答。

主：仅有规定的学习行为，也只是程序保障，还要有教师的思路铺垫和唤醒。学生思考和表达背后的思维方法，是处于幽闭状态的，这就叫"知其然而不知其所以然"，就像本节课里，那位答问水平很高的学生所说的"感觉而已"。因此，教师需要揭晓和明示。在归纳由武力统一到和平统一的对台政策变化的背景后，我强调了知识的先后联系，由此生发出"视野的开阔性"这一思维规则。在学生援引课本"读"出港澳回归的历史意义时，我引导学生理性地剖析意义构建的视角，一是国内、国际两个空间视野；二是国内层面的香港、大陆和台湾3个观察点；三是历史视野，站在某一点上，往后看、回溯，往前看、展望。这种清晰的思维路径，显然就是"鱼"而后的"渔"，思想和思维是混元一体。在总结本课内容要点时，"整体里的局部、纵向里的推测"这一历史思维，也在最后被揭晓了，它是在有耐性的师生对话中逐渐生成的，是用古代史的知识诱导出来的，而不是强制宣示的。

客：我们发现，你所看重的历史思维和历史认识，经历了必要的知识铺垫和对话诱导，然后揭晓和明示，说出来还写下来。于是，板书的内容除了历史本身的知与识，还有历史思维的规则。结合我们的对话，你的认知分类既规定了内容呈现的路径，又蕴含了史实、史论、史法的效果指标，而指标的落实，既有陈述、阐述和运用的"学程"保障，又有铺垫、对话、明示的"教程"保障，就像在知与识的夹持下对河床进行裁弯取直，有着比较清晰的理性规则。这是追求效果过程中的行为保障。

2012年在乐山一中，客问：你为什么不将视频材料用于佐证新知而是用于检测？

主：历史教学的效果需要及时验证，每一堂课上，授课者都要回答3个问题："我要把学生带到哪里去？"，这是目标；"我怎样把学生带到那里去？"，这是路径；"凭什么说，我已经把学生带到那里去了？"，这是结果检测。如果你还没有确认学生已经到达某一目的地，就继续前进，则部分学生掉队了，你都不知道；如果某一教学效果的指标还没有实现，你就继续前进，则教学效果稀里糊涂，你也不知道。结果，只有部分学生跟进了，只有部分效果实现了，差生就层累代进地产生了，这是被你制造出来的。所以走一段，查一段，达标了再前进——虽然未必能够全部到齐。这是很朴素的真理。所以，本节课在知识的陈述和阐述部分都分别设置了相应的检测环节。

视频材料彰显的不仅仅是"视"，更是"材料"，要挖掘时间配置里的材料价值，要感知并在感知中解读。例如，中英香港政权交接仪式的视频，问题在前："据视频，最能说明'结束外国占领历史'的信息是什么？中英之间的香港问题实质上是什么问题？"观看在后：提醒学生细心观看。观看以后，我用语言复放视频，请学生再现：最后一个镜头是……倒数第二个镜头是……倒数第三个镜头是……最后回到问题上：能够答问的信息在哪里？这是检测，也是带着问题思考和观察的学习过程，这个过程的技术路径非常清楚。在检测的行为中，学生在视频中获取的信息正是教学过程所呈现的新知，它实现了新知教学和效果检测的合二为一。

客：异曲同工的还有作为效果检测的港澳区旗的图片释读：紫荆花代表什么、花瓣里的红星代表什么、底色代表什么，整个图形合起来表达的是什么寓意，进而再整合抽象：它确证了香港是中华人民共和国的一个部分。这不仅是新知的组成，是摆出香港回归的证据，还是培养观察能力和读图水平的教学过程。它是在检测的名义下进行的，同样合二为一。其节节推进的连贯的思维，让我的眼前映现出心电图的轨迹，思维过程是可以轨迹化地再现的。

主：我完全赞同。思维是看不见的行为，但教师要还原、揭晓和明示思维轨迹。只有教师明了某一个问题如何解决的思维轨迹，才能有效地、合理地引导学生按照这样的轨迹递进，从而顺利达到你预设的目标。例如第五环节，"感受并说出面对台海现状的政治纠结"，从思维过程来看，一般需要经历如下一个连贯的语境感受和认知冲突：蒋氏政权就奉行一个中国——现如今两岸经贸关系大发展——但政治对话困难重重——台湾当局仍然是"一中各表"，政治现实似乎没有比历史更进步——政冷经热的对比有些难过，历史和现实的对照有些迷茫。"纠结"自然生成。本节课的五个小问题，步步为营、推向终点，沿着这个思维路径，展示答问的思维过程，这是不是你讲的轨迹图？课堂提问不重铺垫、直指峰顶是不可取的。

客：考量太细致了，也许正是这样的链条咬合般的细致行为，才能实现你所说的"思维和思想"的效果指标。其实，新课程倡导的"过程与方法"也在你说的"思维和思想"的效果指标里。本课例中"不是教科书上说的那么简单""历史是由细节构成的""知晓历史的 A 面和 B 面，才能更准确地解读历史"，都具有醍醐灌顶的价值，它们是思维方法，在师生答问的过程中被唤醒了，也是思想之花，在质询的思维过程中绽放了。同样，情感态度和价值观也是一个效果指标。在"纪事本末"的历史分析中，在余光中和于右任诗歌的人文阅读里，历史的、感受着的历史的喜与忧被渲染出来了，民族复兴和国家统一的价值观被彰显出来了。即使你不在最后一张幻灯片上揭示出来，学生也能够感受和表达了。

综合看来，效果指标是多维的，效果指标的检测是分层的，问题有链，水平有层。落实效果指标除了教程与学程的保障，教师示范和学生摹效，以及叙事之上的脱脂还原的人文知性，也是重要保障，这让我想起人民版必修三教科书的一个课文标题"理性之光与浪漫之声"。

三、十年一课：静悄悄的延展

10 年前，我用只有内容要点的大纲；10 年后，我用规定了目标层次的课标。10 年前，我教教材，大字小字，疏而不漏，有限的新材料用于习题；

10年后，我基于教材、超越教材，教材和新材料彼此相依，拓展着课程内容。10年前我用粉笔、黑板和挂图；10年后，我用视频、PPT和超链接等现代信息技术。10年前，我先揭课题（课文）名称，最后宏观小结、布置作业；10年后，我最后揭题，并在下课之际"人文阅读、自由表达"。10年前，我不大顾及随堂检测；10年后，我努力踩踏"凭什么我知道学生已经到达"的事实节点……

重要的是，10年前，我依据陈述与阐述的"双知"分类，从学习的视角呈现教学内容，关注思维和思想的混元一体，注重思维路径的揭示和学生的语言表达；10年后，我坚守并延展这一思路：基于"双知"分层、包裹详尽的叙事糖衣，还原历史的叙事本性，还原历史学习的解析特征，更自觉地重视思维和思想，认定它是主体性的本质表现，并追求预设的细致，在对学生的理答中，追求思维轨迹的"裸露"。如果说，10年前的"双知"分类教学是一种直面式的理性，则10年后基于"双知"分类的叙事里的分析和叙事中的情感体验，就更有一种柔和的知性情调。这是积蓄中的变化，是涟漪般的理性向着知性的延展。

10年前后，时移世易，坚守和变化迈着静悄悄的步伐，它是个体的步伐，也是历史教学大势的步履……

（附记：包括四川师范大学陈辉、首都师范大学叶小兵在内的专家同行的评述及其和我的对话，是本反思录得以成文的重要依据，特别鸣谢。本文原刊于《江苏教育研究》2012年第7期）

教师胜任力重在发展教育智慧

——由束鹏芳的历史教学延展开来

陕西师范大学　任鹏杰

───◎───

"一国两制"这一正在现实中实践着、发展着的历史，学生或多或少地都会具备一些前认知。这是件好事，但是前认知多了，难免出错，而且容易习惯性地自以为是。如此，反而会增大教学难度，也必然会提高教学要求。这样，教学效果会遇到怎样的风险？我将猜测和疑虑集中到一个点上：究竟怎么办？

束鹏芳"一国两制"的"十年一课"，打消了我的猜测和疑虑。而且课堂上出现的远比我所猜测的还要复杂、还要多的问题，都被束老师有效化解了。很明显，10年前他对"怎么办"就有较为成熟的方案，10年后他用纯熟的教学思想和行动，把"怎么办"变成了引人入胜、发人深省的教学艺术和教育智慧。

一、扎根生活，建构知识也生成智慧

生活永远比课堂精彩，课堂知识源于生活，最终又得归于生活、服务生活。但遗憾的是，一到课堂上，知识的发源地和归宿地往往都被遗忘。这无疑是一个悲剧性缺憾，人们对此习而不察。束老师显然注意到了这一缺憾，并在教学中加以克服。

2012年执教"一国两制"时，上课伊始他就用自己往来港澳台的生活素材，轻轻一带，先走进生活，再走进课堂，吸引学生注意力，使学生生发学习兴致。这不是因为课堂，而是因为课堂有"生活"。他将教科书内容编织到故事里，还原到生活中，并将学生的课堂学习也视为生活。如此，无论知识的概念性建构，还是知识的实践性运用，都不仅有根可据，鲜活生动，而且课堂本身也有生活情趣。

举例言之。在知识阐释的教学过程中，当学习者刚有些许轻松释然感时，他忽然把问题带入生活，从生活里拣出令人"纠结"的问题来"纠缠"学生，让学生经历"痛苦"之后体验思考的快乐。这时，他不失时机地告诫学生："并不是那么简单：'一国两制'提出了，香港、澳门就回归了，没那么容易。"学生有了强烈的现实生活观照意识。另一个"悬"而未决的台湾问题（当然是更复杂的现实生活），也就不言自明、由隐变显——事情变化不会那么简单。如此的"冷不丁"，既是复杂的历史真相，也是生活的真相。在其他教学步骤中，他还辅以别种方式强化这种意识，比如用协商的口吻问学生"是不是"，比如反复提醒学生"历史是由细节构成的"。这些无非是想让学生懂得：知识的生命力在于由生活生发，同时又返回生活。在追溯台湾问题的由来时，他有如下理答：（一）很流畅，也很简明。只是某项还可以表达得更明朗、更到位。想一想，再援引或借助讲义。该怎么说呢？（教师探询式地看着学生）（二）你说得比我好，好像还有一个问题，漏掉了，还能回答吗？哦，站着回答问题既累又有压力。好吧，请坐。（三）刚才他漏掉的这一小问，谁来答？难道他的前后同学不能赞助一下吗？这无疑是想让学生享受一种课堂生活——有情趣的、有道德的学习生活。

教育本应追求智慧，但知识并不是智慧。智慧是生活的艺术，是对知识的正确理解和在生活中的恰当应用。课堂是否出智慧，就要看是否遗忘了生活。遗忘了生活的课堂知识，会变成僵死的书本教条，也会使知识本身失去意义，历史知识的教学更是如此。而一旦遗忘课堂也是一种师生的生活场所，则学习也将失去意义和知识掌握的空间力量。束老师的课努力追求智慧。他很善于在概念性知识与生活实践智慧之间制造认知冲突，把学生的注意力引向复杂、精彩的生活，以促使他们进行务实而深入的思考。他的一句"并不是那么简单"，学生就不得不把目光移向教科书之外，去探寻究竟哪里"不"简单。这时你无须提示，学生也知道答案全在生活里。

生活始终是束老师课堂潜在或显在的背景，他在2001年发表的《关注中学历史教学的课堂生活》正是这一教学背景的注脚。因此，他的课就成为将知识升华为智慧的载体和反应场，无疑可圈可点，无疑在解决前认知中更多的"怎么办"问题。

二、激活思想，思考内容也思考方法

历史的多态和变动不居超出人们的想象，教科书无法完全呈现历史的复杂性。知识不可能是"纯粹"的，正如福柯所揭示的那样，"权力和知识是一体两面"。人们总喜欢听自己愿意听的，总喜欢看自己愿意看的，那些"不被喜欢"的历史，尽管它是真的，仍有可能被遮蔽。因此，不仅历史学习内容值得思考（究竟如何），而且学习方法也值得思考（究竟怎样）。

束老师深谙此理。他用批判的眼光去审视和矫正了人们对"授人以鱼不如授人以渔"的流行看法，"鱼"（知识）与"渔"（方法）同等重要。台海两岸分离后，最初几十年各自的宣传，都视对岸"人民处在水深火热之中"。身在大陆的人，也总认为蒋介石在搞分裂活动。可是，一旦揭开被淡化或冷落了的历史，就会发现：原来蒋介石是坚决主张"一统"的，他的"中华民族不久终归于一统"，"大陆和台湾皆为中国领土之一部分，不容割裂"的观点和期待，几乎与我们现实的语境无二致。在历史教学中既看到A面，又看到B面，因内容而激活思想。或许唯其如此，束老师在课前，就精心选择相关史料，以纪事本末体的形式，编制了台海局势、港澳回归、辛亥革命周年纪四则事件序列内容，印发给了学生。结果，学生在史料里，读到了历史的更多面。内容更全了，角度更多了，视野更开了，学生对历史的感受和解释就随之更准确了。这是思考内容来激活思想，正所谓"因思想而睿智、而洞见"。

思考方法而激活思想，显然也是多数历史教师"蒙昧"而束老师"觉醒"的一条教学律令。2002 年的"一国两制"课上，他在引导学生归纳大陆提出和平统一方针的原因时，以"开阔视野、知识联系"的方法促使学生产生"现代化建设需要和平稳定的台海局势""台湾在国际主流社会已经不是一个国家"等历史认识，就是一种因思维方法而结出思想之果的例证。2012 年的课上，他更为看重和努力帮助学生去获得方法和思想的同构。例如讨论祖国完全统一与民族复兴的话题，就强调说理的三条路线，并重复这三层视角，从而能在洋洋洒洒的阐述历史中，获得思想乐趣和论证力量。在讨论"纠结"时，使用了"有人认为：在'一个中国'的语境里，台湾远没有触及大陆的政治底线。是这样吗？"，再用比较的、语言解释的方法，激活思想。每到教学互动的关键点上，他总要揪住某个细节，指点或揭晓学习历史的方法。他几次使用了"用材料说话，这就叫学历史"；他用了"不是要记住，而是感受说理的路线"；他在笔答、讨论、口述等诸多外显的互动表达中，遇障碍就搭桥铺路，遇遮蔽就揭盖子洞察，通过思维冲突来唤醒、激发学生的思考，知识与智慧在如此有张力的课堂文化里，很容易活起来。

尤要一提的是，他借用于右任的《望大陆》、余光中的《乡愁》等材料提醒学生，情感、态度、价值观也是真实的历史，我们在这些诗歌里读到了历史的喜与忧。他说："这说明了什么？历史不仅有是非，还有喜与忧。"学生多角度感受了历史的多态性、复杂性，或许会悟出一个道理：学习历史，就要学会"思考如何思考"，既要思考历史的内容，又要思考学习历史的方法，"鱼"和"渔"同在。

三、教学转化，促进理解也促成表达

"教学转化"在西方教育界极受关注，教师要将已经理解的观念加以转化以后再教给学生。换言之，要对教学行动进行推理，思考如何把教师理解的学科内容转化为学生的思想和动机，创造性地把"教"转化为"学"，类似于"三维目标"理念中的"过程与方法"。

束老师的"一国两制"课，几乎把"教学转化"渗透在了教学的各个环节。上述将历史还原于生活，教学生思考"如何思考"，就是出色的教学转化行为。他有很多教学转化的创意和策略都颇值玩味，比如用"推断"促进"理解"就是其中一大亮点。在建构和理解"一国两制"这个核心概念时，他综合采用了历史回顾、知识陈述、批判阐释、质疑推断、讲故事、举例子、讨论、检测等多种创意和策略，并借助电脑、黑板、幻灯片、视频、图片等技术手段。多样的复调式的教学进行曲，使得概念性知识被逐层逐层地打开，也使得这一概念组合并表述成文的思维路径清晰起来。但所有这些促进理解的转化策略和技术，在束老师的课上，都没有赢得"内容"那样显著的地位，它们永远是辅助性的。

束老师采用的这些转化形式，可以有效地把教师个人对历史的理解，转化为学生的理解，最终转化为学生的学习表现。他深知"茶壶里煮饺子——倒不出"，是一种缺陷，倒出来又不明白这"饺子"究竟是何物更是一种悲剧。所以他和许多有教学智慧的老师一样，都会把发动学生学习的创意和策略用到极致，考量"倒"的智慧。2002年的那一课，为帮助学生理解台湾问题的实质和"一国两制"的政治智慧，他援引王朝更替之际新旧政治势力的博弈，先行推出"残余或割据势力"的认识，再借助港澳问题的比照，推论出台湾是"内政问题"，复又借助"册封、分治"之类的古代曾有的"一国两制"，促使学生理解邓小平"一国两制"的现代创新。至此，老师没有罢休，还进而激活学生的思想动机："很好，要有这种语言，要有这种思维，你一定要读北大历史系去。鼓掌！"，再引出新话题：你对"一国两制"用于台湾，会作出什么推测？——这样的流程既水银泻地般流畅，又水泄不通般严密。2012年的这一课，在诸多话题上，也是教学的紧要处，往往在讲故事的途中戛然而止，插入悬念和冲突，把难题交给学生，请他们"推断！推断！"。学生思维活跃起来，左支右绌皆不精当，思维障碍出现了，然后教师再动起来，动起来并推动学生的表述，指正如何表述。

再多的前认知，来到理解和表达的转化面前，都仅是学习的起点。

束老师抓住了教学转化的精髓，不是偶然巧合，而是有教学法知识和信念作支撑。从各种可观察的表现看，他的课堂已经涉及教育家舒尔曼所列教学法的一些重要方面：课堂的组织和管理；清晰的解释和生动的描述；设计和检查作业；通过发问和提示、回答与反应、赞赏与批评，与学生进行有效的互动。中国教师的教学法知识很欠缺，经验多而研究少。束老师用课堂创造性地实践了他自己的教学法，它们构成一个整体，没有一项孤立存在：教学目标和期望；知识和求知方法；角色和关系；课堂话语的互动规则；所用课程资源、技术手段的安排和界限；学生的体验及其评估。有这一意识很难得，何况他行动得真不错。

四、中途检测，自我监控变成学习力

我向来反对纯"应试"的教学，任何教学只要撇开促进学习者健康成长这一"服务人生"的终极目标，就非常可悲而危险。但我又特别想对束老师的检测作出肯定性评价。

2002年的课在教学的最后阶段，以知识运用的名义进行巩固练习，难免"应试"窠臼，但已经包裹了学生自主提交答案、教师及时评点的亮色。2012年的课是在陈述和阐述两个环节的进行过程中，以步步为营的策略展开检测的，检测中映带新授内容，其主要目的显然偏重于评估学生对教学内容的"理解"——评估学生的学习表现。它有两个直接的好处：一是判断他自己教学的有效性；二是提高学生的自我监控力。例如，他在与学生协商如何突破两岸关系的"僵局"时，询问政治智慧何在，课堂里弥散出一种说不清的忧愁，有些静默。就在心理冲突之际，束老师"再次检测"，用四道选择题，从不同的视角考查学生对"一国两制"之于台湾问题的理解，立足于概念和史论的理解与运用。从教学进程中的节律来看，产生了必要的回旋、缓冲和宕开的意蕴，检测成了教学进程中的一个间歇。从评估来看，他在学生回答过程中，作了必要的回馈——纠偏、指误，特别是思维方式的引导。这既是上文所说的教学转化策略，也是基于理解和接引前一教学步骤中的政治智慧，进而走向知识升华为智慧兼及"应试"的高地。这种超越了纯粹以"应试"为目标的效果检测，无疑比"应试"教学更有助于提高应试成绩，但却不能被称为"应试"教学。道理很简单：这些检测旨在显露（而不是隐藏）学生学习表现的差异，对检测结果加以评鉴也旨在直接引起反思。用检测评鉴来促进自己反思和改进学生的学习，这已经进入元认知的学习维度了。况且他的课堂检测恰好设置在学生"正在投入学习"、最需要知道学习效果时。好就好在，此时学生愿意接受检测，迫切希望根据检测结果改进自己；好就好在，它还易于促使学生养成反思习惯，并把反思视为学习的必要条件。我们的确"应该把评估视为学习"，因为如果学生了解到什么叫"做得更好"，他们便会利用检测和评估来促进学习。本课的两度检测，都颇有"负者歌于途，行者休于树"的课时图谱上的节律韵致。

恰当的检测，旨在寻找合理的前进点，旨在发展学生的自我监控力，这是最重要的一种学习力。对此，教师的义务是用检测评估来明示他们的进步及更适切的学习方法。学生为了学得更好，就会据此自我监控，提高学习力。本于此，束老师将前认知覆上新知的"脂肪"，并将"前认知状态"放在评鉴的平台上，及时向学生提供有帮助的回馈，还将思维规则视为板书内容，这就毫不奇怪了。

这"十年一课"，是束老师一个人（而非群体横向）的同课异构，这是教师自己对自己较劲，意味着教师对个人专业发展的革命性挑战。2002年的一课，在处理"知"与"识"时，已经表现出对思想、思维和学习力的关注。2012年的一课，基于柔性的扎根生活、亲近学生，又有了创造、超越和发展，表现出教学转化的经验和智慧，让我看到了教师的胜任力：超越教学技艺的教育及教育智慧。

我始终希望教育能给孩子们留有一种对人生的期待，让他们坚信努力比能力重要！让他们在历史课上获取思想、获得智慧，享受学习。束鹏芳老师为此而作着出色的努力，但只有更多人一起努力，教育才更有希望。

（任鹏杰，陕西师范大学基础教育研究院院长，《中学历史教学参考》主编。本文原刊于《江苏教育研究》2012年第7期）

束鹏芳历史教学的流变与形塑

扬州大学　朱煜

10年之间，在公开的教研场合，束鹏芳先生两度执教"一国两制"的相同课题。从课后整理的教学实录看，他不仅相当认真地对待每次观摩课，而且伴随着新课改的推进，其教学理念与行为亦不断跟进，既有坚持与不变，更有修正与新异，在有些方面甚至发生了"颠覆性"的变化。凭借先行阅读的机会，笔者不揣谫陋，谈几点观课感。

一、从偏重知识授受到"三维目标"的完整呈现

10年前，历史教学的依据是罗列知识点的教学大纲和全国统一的教材，束鹏芳力图从学习者的角度对课本内容进行拆解和重组，尽管执教者费尽心思，但就其整个教学目标来看，依然难以摆脱知识目标的困扰。例如，教者虽然打破了传统的按照课本子目顺序进行教学的思路，不再拘泥于"一国两制的构想（背景、内容、运用）""香港澳门回归（背景、过程、意义）""海峡两岸的交流（背景、表现、期待）"的教学套路，在重构中将教学内容分为知识陈述、知识阐述和知识运用3个部分。这样的分类教学，尽管在当时颇具认知心理学的科学意味和创造精神，但总体上看来，还是没有跳出知识授受的窠臼。

10年后，在使用新课程标准的情境下，教者仍然依据知识分类学，从学习者的视角呈现和运用教学内容，却在情境叙事中推动学生的知识建构、概念阐释和结论推演，引导学生层累地积淀历史意识，更加重视历史学习的过程与思维训练，而且有机渗透着关于民族复兴、爱国主义、现代化进程等情感、态度、价值观教育的内涵，其三维一体感非常明显。三维目标的呈现也没有采用孤悬分立的方式，而是线性地连贯递进，互为犄角。例如港澳回归部分的讲述与阐述。基于"1982至2007年港澳回归大事"，先是主干知识的史实梳理，接着要求学生"推断老师何以要回顾中英谈判的历程"，它指向思维能力及其过程与方法，紧随其后的"中英最终签署《联合声明》说明了什么"则把学生带入了价值观的思索之中，获得香港回归的意义认知后，复又向着"祖国统一对于中华民族复兴的历史意义"上抬升一级，攀向价值观教育的高地。在这高地上，有史实的依托，更有说理的3层路线。显然，三维目标的落实是从知识的了解出发，沿着知识的分析和理解连续前进的。当一种价值观目标被揭示出来时，回望来路，史实是什么，史实怎样学，史实中能够理解、生发出哪些史论，尽在来路中。这已经不是口号式的普罗大众的三维目标的教学，具有他个人的思考和行为。此外，在情境检测、延伸阅读、课堂小结等环节都有三维目标整体推进的体现。三维目标嵌入在他的滚雪球式的教学进程中，而不是写在他的教案上，这是他的教学目标转化为教学行为的形塑。

二、由单一线性的教材陈述到立体的"多面历史"的揭示

10年前，束鹏芳按照知识陈述、知识阐述的步骤来进行教学。在知识陈述部分，主要围绕4项内容或问题展开：（一）联系近代史，说明香港问题的由来；（二）列举香港澳门问题解决过程中的五件大事；（三）简述从20世纪70年代末到80年代中期，党和政府提出的对台政策；（四）归纳对台政策变化和中英香港问题谈判的历史背景。在知识阐述环节，主要从两个方面

组织教学：（一）理解和说明"一国两制"（背景、形成、含义、实践运用）；（二）认识和表达香港澳门回归的历史意义。虽然，教者已经启用新课标关于教学内容的"行为动词"的规定（当时已够先进），注意到要培养学生开阔的视野，使学生懂得知识的相互关联，学会迁移；组织学生分组讨论，进行历史的主观演绎。但就整体设计而言，显然是"以本为本"的知识处理，教者的问题来源于课本，学生回答也大体是照本宣科，甚至教者的巡视也在指导学生标记教科书中的相关内容。

10年后，束鹏芳再次执教相同课题时，既不满足于复述"邓小平会见撒切尔夫人""九二共识"等高中生大都耳熟能详的知识，也避免出现政治说教的现象，避免因熟知而较多地进行解题训练的现象。他呈现大量精选的历史资料，对有限的主干知识进行多角度的叙述，使学生不仅能掌握教材的A面历史，还能获得教材背后的B面历史，加大了历史的思考价值，也使历史课变得有滋有味。它在还原历史叙事本色的同时，没有背弃中学课堂教学的独特要求（不同于百家讲坛讲历史的独特要求），脱脂还原以后，主干知识、思维规则得以水落石出。他创造性地使用传统史书体例——纪事本末体，并糅以知识分类，基本颠覆了教材叙述历史的模式，也使纪事本末在包容和承载事实性知识的同时，为历史的主观建构和分析提供富足的材料资源，为策略性知识和思维规则的教学提供了一个良好的载体。于是，这堂课有了"历史一路走来""故事有始有终"的叙事性，也有了"历史是主客之间永无止境的问答与交流"的精神意义。特别是对教材没有提及而课程标准有明确要求的内容作了必要的拓展与补充，这一点集中表现在"实现祖国完全统一对中华民族复兴的重大历史意义"的拓展性教学上。叙事色彩，精神意义，基于新课标理解的资源开发（而不是无厘头的内容拓展），就使教学的历史立体起来。

10年后的这一课，整体流程都在上演历史事件，因而也就在上演着教学事件。在情境叙事中剥离知识、析离思想、营造情绪，换言之，知识与思维、思想与情感都是在情境叙事中过滤出来的，仿佛在作着物理式的光谱分析，这与老师们通常的用故事佐证一下知识全然不同，这是他在教学内容上的形塑，也兼及教学程序上的鼎革。

三、超越凯洛夫模式的鲤鱼打挺

凯洛夫模式的五环节"工序",虽然能保证教师发挥主导作用,利于教师的系统讲授,但学生的探索性、创造性不易发挥,主要接受现成的知识成果。

10年前,束鹏芳虽然对于教学内容进行了大胆重构,以利于学生的学习,但整体上依然保留着较多的凯洛夫模式的痕迹,其教学路径基本上是沿着揭示课题、讲授新课、归纳小结、布置作业的顺序展开的。从可观察的实录来分析,教者花费了较多的时间着意阐述历史,强调历史的解释性,表达其1997年发表的《高中历史教学模式新探》和2001年发表的《历史知识与主体精神同构》的教学思想,张扬主体性。这似乎在设法摆脱和超越凯洛夫模式,但受制于教材和传统高考命题模式,尽管教者使出浑身解数,学生难免"照本宣科""答非所问",复述课文也"艰难",教学流程与凯洛夫模式并无本质区别。

10年后,在新课改的背景下,教者再上这节课时,已在很大程度上摆脱了传统教学"工序"的影响,按照感知→概括→推论→佐证→再生的学理逻辑来展开教学活动,用浓厚的故事历程来带动教学流程,而且成功地将教学过程中的某些"工序"加以整合,以促进学习效益的最大化。例如,关于课题,教者在经历了必要的知识铺垫和对话诱导之后,以悬念的反问方式,在最后加以揭晓和明示。再如教学环节中的"讲述历史,阐释概念""讲述历史,阐述认识",都更加注重培养学生思维的连贯性和思维的深度。教者还将历史课使用到的视频材料,由原来单纯用作佐证新知,转变为新知学习与效果检测的合二为一,改变原有程序的同时,提高了单位学习时间的效益。特别是中英香港政权交接仪式的视频运用,颇见教者"心机":它使得任务驱动下的解题转化为新知的学习过程,新知的学习过程又成为细心观察和问题思考的过程,过程结束了,检测的结果出来了,教学过程中的新知也呈现了。就"布置作业"而言,程序是设置在课堂40分钟的内容拓展部分,镶嵌在"读出历史的时代感和喜忧情"的历史解读环节,而不是单列孤悬在课堂气场之外，其"作业"是：在"国家的历史是延续的"这一思路里，写一篇自己的"辛亥革命110周年纪"的小短文。我们甚至可以不把它视为"布置作业"。所有这些，显然是鲤鱼打挺般的转身，教者也许从此就转过身来，面向新的"工序"了。

较之于10年前，10年后的这堂观摩课所取得的教学效果更加明显。10年前，教者换来的是学生的"读书式答题""翻书找答案"，甚至教师也"心里有点虚"；如今，教者基于教材但又超越教材，努力使教本转化为学本。学生的答问，不再拘泥于课本，而是"充满新奇和兴致"，时有"很流畅，也很简明"的状态出现，学习行为和学习效果捏合在一起，长期坚持，学生所获将是一种历史素养。这是目标、内容和"工序"发生流变的共同作用，唯此，才形塑着束鹏芳"叙事—认知"的历史教学方式。

教学的魅力在于它的永无止境，即使是新课改推行10年后的今天，即使是享誉省内外的名师，也难免会有这样或那样的可议之处。譬如2012年这节课的起始阶段，在《回家》的音乐声中动态演示着3张幻灯片，分别无声地呈现"一个历史问题，叫什么""又一个历史问题，叫什么""还有一个历史问题，叫什么"，设问似不够严密，接下来的"它们都指向一个什么大的历史话题？"难免有些漂浮，难怪"学生语塞"，在教师提示下，借助3张幻灯片边缘的"但悲不见九州同"字样，学生才回过神来。其实教者的诸多问题设计是细致的，讲究层次的，但开始部分的几问虽有层次却也不免疏阔。

束鹏芳先生的"十年一课"，映照出他的历史教学的流变，形塑着他自己的教学意念和行为。他的"教学实录"记载了相隔10年的两堂观摩课的全过程，是十年新课改的真实写照，包括笔者在内的读者诸君皆可从中见仁见智，把握历史教学的前进脚步。

（朱煜，扬州大学社会发展学院教授，博士生导师。本文原刊于《江苏教育研究》2012年第7期）

系列四：《浪漫主义文艺》

【课例】

审美的历史　知性的教学
——《工业革命时代的浪漫情怀》教学实例

2013年10月31日，笔者应邀为江苏省高中历史骨干教师培训班学员上了一堂《工业革命时代的浪漫情怀》，地点在扬州大学附属中学东校区高二文科班。授课教室比较大，但不是会议室，也不是阶梯教室，笔者可以在学生中自由行走，可以运用激光笔在学生座次中遥控幻灯片的界面，引领学生审视18世纪末到19世纪上半期的欧洲文艺史。

一、教学目标设定

人民版历史教材中《工业革命时代的浪漫情怀》叙述的是18世纪末至19世纪上半期的欧洲文艺史，它在同一时段的界面上呈现文学、音乐和绘画3个不同板块，聚焦于"浪漫情怀"的主题，使学生从不同的层面反复地感受和理解浪漫主义。

浪漫主义文艺是旧制度衰亡、资本主义上升和工业革命兴起这一时代的精神表达。其自由观念、生命意识、激情释放，是这一时代在精神上的同声相应、同气相求。它对人的理性、冷静和实用主义的反叛，既弥补了此前的古典主义文艺中的缺失，又"重现"了文艺复兴时期的人文主义，蕴含着20世纪现代主义的文化基因，更蕴含着对当下的物化社会的警示。高中历史课程的内容标准要求"了解"浪漫主义文艺的代表性成就、"认识"或"理解"其时代性。因此，教学目标中的内容规范既有那个时代的文艺史事，还有对史事的史学概括，更有史事背后的那个时代的精神，以及它对另一时代的照耀。这些教学内容要通过一系列学习行为方式来顺应和同化，并通过一定的手段来确证学习行为的结果。如此，才能实现内容规范与行为规定的交集，完成教学内容在学生身上的转化。本课的教学目标应当是学什么、如何学和是否学成的整体推演。

（一）通过阅读和感受有关文艺史的史事信息，渐次地知道浪漫主义思潮中的文艺家及其代表作，并能在新情境下再现和运用，条理清晰地陈述出来。

（二）在获取和解读文艺史相关信息的基础上，走向对"浪漫主义"概念的理解，阐释其中蕴含的人文情怀，并能自主地有层次地阐述出来。

（三）在复调式地审视文艺作品的过程中，在获取广阔的社会视域的历史信息中，概括和分析浪漫主义文艺的时代性，一方面能从政治、经济和思想方面有层次地分析出它的历史时代性，另一方面能适度地感受它对当下时代的照耀性。

（四）基于浪漫主义之后的现实主义与现代主义文艺作品的感受性比较，再次感知和理解浪漫主义特性，进而在人的修养层面得以开掘和滋润。

上述目标是基于学习内容、推进学习行为、登临并确证目标达成的线性递进过程。内容、行为和结果整体推进，史事、概念和史识在内容、行为和结果的整体推进中，分层递进，所谓的三维目标在复调式的推进中渐次实现。这样设定，目标才可被看见，设定才能褪去。

二、课堂教学实例

【序曲】

幻灯片呈现树林、小溪的田园画面，课堂上响起贝多芬《第六交响曲》第二乐章（2分钟）。学生静听，教师站在学生中间作画外音提示：阳光穿越树林，溪流淙淙，绿草茵茵，贝多芬心情欢快；鸟鸣，听，长笛和单簧管吹出的鸟鸣声在树枝上跳荡。

师：刚才聆听的是贝多芬的哪首乐曲？（学生猜测两次后，说出了《田园交响曲》）

师：我们将随着这首乐曲感受18世纪末至19世纪上半期的欧洲文艺史。

第一乐章：欣赏文艺作品，陈述文艺史知识

学习行为1：朗诵雪莱《西风颂》片段诗歌，并介绍与这首诗的内容、风格相似的同时代的其他诗人及作品。

学生推荐班上的"语文大师"站起来与教师"齐朗诵"，另一同学完成"其他诗人及其作品"介绍。

学习行为2：听老师讲故事，说明故事来源，关注作品与作家。

幻灯片出示：15世纪时的卡西莫多的故事；19世纪上半期的冉阿让的故事。

教师并没有完整地讲故事，只是凸显了巴黎圣母院故事中的三位主人公的姓名与形象特征，然后刻意描述了故事的最后场景：卡西莫多从刑场上抱回爱斯梅拉达的尸体，遁入了墓地。几年后，人们发现了他们拥抱在一起的遗骸。（教室静寂）

师：我的这个故事是谁在哪本书里讲的？

生：雨果，《巴黎圣母院》。

接着，教师讲第二个故事，凸显了冉阿让正直、善良、艰辛的生活信条，然后以近乎凄婉的声调叙述了故事的结尾场景：多少年以后，珂赛特夫妇找到仅有一盏银烛台陪伴的冉阿让，他们了解了自己的身世，但生活凄惨的老人走了，他的灵魂和芳汀、和所有在革命中死去的人相聚，庇护着一对爱人，迎向光明的明天。

师：这个故事又是谁在哪里告诉我们的？

学生高声地说：还是雨果，《悲惨世界》。

师：冉阿让生活在昨天的悲惨世界里，雨果给了一个光明的充满希望的明天。通过刚才的读、听、想，请同学们归纳19世纪上半期英法文学的主要成就。（请一位女生作了陈述）

出示名画《自由引导人民》和《梅杜萨之筏》。学生很快说出了名称。

师：既然已经有人知道名称了，那一定有人能够欣赏。

一位男生上讲台描述第一幅画，他讲了一个大概，反复讲述对自由民主的追求。

师：你是否紧盯着高举三色旗的自由女神？（有学生笑）你看画面上还有匍匐和仰望着自由女神的人，身着红白蓝三色衣服，这和女神形成了互动对应关系。你能再描述一下吗？

生：自由引导人民，人民渴望自由。

师：很好，人民进入你的叙述视野了，对画面的感觉呢？（该生摇头）

师（对该男生）：你一定非常理性，也崇尚自由，请回位。（转向全班）大家借助教材的语言，说一说。

有学生在座位上说道：自由的主题，强烈的激情，色与光的融合对比，潇洒奔放。

师：是的，我们能在画面上感受到荡气回肠的激情。这种具有极大的情感张力的气场，在《梅杜萨之筏》上同样能够感觉到。大海上漂浮着一只岌岌可危的木筏，巨浪翻腾，危难中的人一个推一个，直到最高处的人被高高举起，挥舞着红巾向远方求救，远处的浪尖上有一细微的船影，灾难前的窒息感与求生的希望对比交织。（教师突然停下来，问前排的一个女生）你能在画面上捕捉到紧张的饱满的情绪吗？（女生点点头）其他同学呢？（见其他学生也点头）富于激情的动荡在画面上颠簸。

学习行为3：欣赏画作，指出作品名称、作者及其在艺术史上的地位。

学生群体答出作品名称与作者，但关于地位的回答含糊其词。教师请中

间的男生回答，他答：籍里柯发出浪漫主义绘画的宣言，德拉克洛瓦将浪漫主义绘画推向高峰。（师点头）

幻灯片呈现贝多芬、舒伯特和舒曼的画像，播放贝多芬第九交响乐宏大的尾声《欢乐颂》和舒伯特的《梦幻曲》（皆是片段剪辑，合计 3 分钟，教室很安静）。

学习行为 4：聆听音乐，说出德奥两国的作曲家与作品。

学生迅速反应，作出了准确的集体回答。

【设计意图】选用典型且简明的材料，为学生认知提供顺藤摸瓜的路径，让客观史事类的陈述性知识也在情境包裹中被学生发现，而不是教师直接告知或简单地在书上查找。

师：如此，我们了解了作为作品与作家的历史。现在请大家陈述历史知识：18 世纪末到 19 世纪上半期欧洲的文学、音乐与绘画领域的名家名作与名的理由（历史地位）。

教师随机问一位女生：这些陈述性知识，你都知道吗？（她点头，于是就请她说给大家听。但她未能讲全。教师请同桌补充后，又喊她站起来，问她有什么收获。她较全面地复述了相关史事）教师追问：之前，我为什么要你说给大家听？（她没有马上反应过来）教师说：因为你告诉我，都知道了，所以才喊你的。（她脸红了）老师说，这（脸红）是最大的收获。

师：本课学习结果的第一个目标是：知道并陈述文艺史知识。同学们刚才已经完成了陈述性知识的整合。现在来检测一下，大家是否在欣赏过程中真的知道这些基本知识了。（出示 3 道材料情境选择题，留下一道课后完成的文艺成就填表题）

【设计意图】用《田园交响曲》第二乐章导入新课，既契合本课内容，又可奠定审美、抒情的教学基调，还利于学生安静下来。随后是基于文字、声像并用的情境叙事，促使学生从中梳理文艺史事。再推动学生由分到合，走向陈述性知识的归纳和运用，教师也借此判定第一个教学目标是否达成，为下一步的教学"输入"提供经验证据。

第二乐章：感受作品里的人性和风格

呈现拜伦的诗作《雅典的少女》（片段），教师邀请一位男生和他一起朗诵，并说：就像你对女孩写情诗、表衷情。（学生脸红着站了起来）

（诗朗诵后）教师引用一段现代文学评论：《悲惨世界》是一场惊心动魄的灵魂之战，是一段完整的心灵朝圣历程，它给现代人的精神生活以诸多有益的启发。

【设计意图】此处刻意强调了"灵魂之战"和"心灵朝圣"，是凸显本环节"人性和风格"的教学主题，也是从拜伦诗作的朗诵中自然引出的话题，还是奠基精神世界的伏笔。

幻灯片呈现："余音绕梁"——回响19世纪上半期的那些美妙乐曲；"画面犹在"——籍里柯和德拉克洛瓦画作里的自由主题、强烈激情、色与光的融合。

播放舒曼钢琴曲《蝴蝶》的片段。要求在音乐声中，凝望"画面犹在"上的文字解释，脑海再现刚才看过的两幅绘画。

学习行为5：19世纪上半期的这些文艺作品显露出什么特点？

学生稍作讨论，得出崇尚自由、抒发感情，追寻理想，期待未来等认识。

【设计意图】用回响、凝望、再现等细致的行为要求，正面直击浪漫主义文艺的基本特性，实施概念教学的第一步：分拆历史概念的基本要素，初步感知它的内涵。

师：让我们的视线移向19世纪中期以后。巴尔扎克的小说精致细腻地描绘和分析社会的各个层面，其作品堪称社会百科全书。相比之下，雨果作品是否精致细腻地描摹和分析社会现实？他使用了怎样的写作手法？举例说明其小说人物的人性脸谱。

学生答出了第一个问题，老师使用语文课上学过的写作知识提示，学生说出了想象、强烈对比、抒情等写作手法，老师再请学生结合教材回答第三个问题，学生列举出《巴黎圣母院》中3个人物的人性特点。

师：我们再来看19世纪中期出现的法国米勒的《拾穗者》（呈现该画作），画面淳朴亲切，色彩沉静，像照片般写实和真切；相比之下，德拉克洛瓦的作品是否这么朴实和冷静？（学生说：不是）他激越的情绪、未来的期待、理想的渴望是多么明显！

学习行为6：综合、对比，19世纪上半期文艺作品中的人性诉求有哪些？表达人性诉求的手法是什么？由此，我们如何称呼其创作风格？

幻灯片闪现关键词：自由美好的乌托邦想象，激情飞扬，直抒胸臆，崇尚理想；强烈的对比，想象和夸张。

学生借助关键词的提示作答，确认了浪漫主义风格。

【设计意图】选用现实主义作品，以比照的方式侧击浪漫主义文艺的基本特性，实施概念教学的第二步：强化历史概念的内涵理解。

师：其实同学们的第5个学习行为和第6个学习行为，都是指向一个相同的话题，即浪漫主义文艺的理解，它从作品的主题内容、人性诉求、表现手法等方面的特性入手来引导大家去把握。现在请大家自由地阐述对浪漫主义的理解。

学习行为7：理解和使用浪漫主义文艺这一历史概念。

生1：不满社会现实，积极追寻理想世界。

生2：因此他们就耽于一种梦幻，用美好的憧憬来侧面抨击当时的社会。

生3：强调抒发个人情感，充满人文主义精神。（教师板书3位学生讲话的关键信息）

师：很好，而且很精彩，因为你们剥开了历史概念的核心要素。但是历史概念有没有基本的时间和空间的限定？

生4：18世纪末到19世纪上半期的欧洲。

师：要不要给它一个定性说明，让历史概念有自己的边界？（学生有些怔）这里的浪漫是人的生活个性？是哲学思想？是你未来的爱情？还是别的什么？（有学生灿烂地笑）

生：是文学思潮。（师：仅仅文学？）还有音乐、绘画等领域。

师：即艺术，很好！合起来说，是什么？是一种文艺思潮。（板书这4个字）

【设计意图】在学生分点表述浪漫主义特性的基础上，就他们缺失的方面予以补充，使其圆满起来，实施概念教学的第三步：尝试历史概念的要素归纳，突出其本质属性。

师：大家一起跟着我慢慢地、完整地合成浪漫主义的历史概念。（师生同声朗读）18世纪末到19世纪上半期，流行于欧洲的一种文艺思潮。它崇尚自由、民主，以想象和夸张的手法来批判现实的黑暗，表现崇高的理想，抒发人的情感，张扬人的个性。（幻灯片同步呈现，教师又指引黑板上书写的关键词）

【设计意图】从浪漫主义文艺的内涵构成到时空界定再到本质属性，渐次地把控、拼图式地接近，尽可能将概念教学建基于学习者的认知逻辑能够允许的限度之上，实施概念教学的第四步：整合并坐实概念。

师：以上，我们学习了文艺作品里作为人性的历史和艺术思潮的历史，我们追求本课的第二个结果目标：理解并尝试历史概念的表达——浪漫主义。你浪漫吗？（对着一位男生，男生点头并笑）你想浪漫吗？（对着一位女生，女生矜持状）我觉得，同学们该有浪漫的品质，我们这个时代太需要了。不过，好的浪漫是从经典文艺作品汲取人性与精神理想的浪漫。

【设计意图】用生活中的"浪漫"一说，逗引学生，营造教学气氛的同时，让教学宕向教育。实施概念教学的第五步：历史对于生活的照映。

幻灯片呈现知识运用和检测：

（一）史蒂文森《彩色欧洲史》：18世纪后期以来，文学和其他艺术的古典表现形式逐渐让路于新的文化趋势。这个时代的作曲家们以神奇的力量表达了人类灵魂深处的渴望和情感。贝多芬或许就是这种力量的典型代表，他性情暴躁，感情丰富，易于激动，却是19世纪音乐界的天才人物。

问题：1.材料中新的文化趋势指什么？摘引其中能够佐证这个新趋势的代表性词句。2."彩色欧洲"，多么响亮！置身19世纪早期的英、法、德，你将怎样"彩色和响亮"？（第2问，学生没有反应，教师没有等待或没有期待他们作答，只说：我们真应该憧憬彩色而响亮的生活，同学们周末会去想一想吧？）

（二）具有以下3个特点的文艺作品是浪漫主义吗？真实地反映和再现现

实生活；暴露社会黑暗，批判现实罪恶；重视环境对塑造人物的决定作用。（学生作出否定性回答）

【设计意图】情境检测，判定第二个结果目标是否达成，为下一步的教学"输入"寻找依据，力图使教学建基于学习者的跟进之上，而不是教师一厢情愿的历史内容的推演。

本环节聚焦"浪漫主义"的概念理解时，采用了闪回本身史事、比较他者史事、尝试添加要素等教学方式，分解概念的若干特征，剖开—合成，工匠式地推动"浪漫主义"这一阐述性知识的概括和提炼，并嫁接贴近学生生活的元素和新情境材料，推动知识学习的顺应与同化，指向"心灵朝圣"的教育价值。

第三乐章：透视文艺史中的社会史

师：浪漫主义文艺为什么会在那个时代诞生？让我们第三次回望浪漫主义文艺。拜伦长诗《恰尔德·哈罗德游记》中的主人公被称作拜伦式英雄，渴望着，怀有激情。他游历欧洲时这样歌唱：自由啊，你的旗帜虽然已经破旧，但仍在天空飘扬着，招展着。透过"破旧"但"仍然招展"，你能解读这类英雄的内心世界吗？教材能帮你阐释。（少顷）

生：他们孤独、苦闷，又充满自由的理想。

师：拜伦式的英雄，或者说浪漫主义诗人，为什么有这样的内心世界？结合材料信息说明。

生（插话）："破旧"的现实让他们不满。

师：非常好，他们不满，是因为社会破旧，理想得不到实现。问题是，当时的社会为什么会让他们不满？

师：（没有答问；播放《命运交响曲》中的"命运来敲门"）贝多芬的《英雄》《命运交响曲》，寄寓了怎样的情感诉求？

生：期待民主自由的胜利，充满胜利后的激昂和欢乐情绪。

师：贝多芬的作品有一种强烈的渴望情绪。问题是，为什么如此强烈地渴望着？

师（还是没有答问）：我们再来回溯雨果的小说。他的作品展示了自

1793年法国大革命至1832年巴黎人民起义期间，法国社会和政治生活的大全景，革命中与革命后的法国社会的黑暗、堕落和"悲惨世界"。这其实表明了雨果的失望和失望后的憧憬。他为什么失望？他的小说又为什么不以漆黑的沮丧来收尾？（板书：何以既失望又憧憬？）

学习行为8：社会怎么会让诗人们不满的？贝多芬为什么那么强烈地渴望着？雨果的作品为何交织着对现实的失望和对未来的期待？结合教材，相互讨论，推理以上3个问题的共同答案。

【设计意图】3个问题渐次呈现时，已有部分答案隐现其中："破旧"的现实、民主自由并未真正来到、失望的后面有着超越和憧憬，但学生似懂非懂，教师又欲放故收，使学生处于欲言还止的可能状态。待3个问题连贯合成并推向"推理共同答案"后，再提供蕴含答案的材料去解析，揭开那捂住的盖子，学习过程就能呈现愤悱之后的豁然开朗的态势。

幻灯片呈现：当法国革命把这个理性的社会和这个理性的国家实现了的时候，新制度就表明，不论它较之旧制度如何合理，都绝不是绝对合乎理性的。……"同启蒙学者的华美诺言相比起来，由'理性的胜利'建立起来的社会制度和政治制度竟是一幅令人极度失望的讽刺画。"（恩格斯语）

教师要求利用教材正文，结合恩格斯的这段话加以概括。学生讨论（约3分钟）。

生1：法国革命推动社会进步的同时，也带来了剧烈的社会震荡，新制度并不理想。

师："悲惨""破旧"。

生2：启蒙思想家倡导的理性的胜利竟是令人失望的，也是令文艺家们失望的。

师：很好（激动状）。你的回答好在哪里？（该生显现愤悱状）你延续了前一位同学的思路，作了必要的延伸和概括，还将恩格斯的话与文艺家联系起来了，你启动了新的思考角度：从政治转向了思想。

师（转向其他学生）：理性主义是启蒙思想家的主张吧？启蒙思想家中有卢梭吧？有休谟吧？启蒙思想家休谟说："理性是激情的奴隶！"卢梭还强

调回归自然，倾向于听任人的内心呼唤，他在《一个孤独漫步者的遐想》中将"浪漫"作为形容词来使用。原来，浪漫主义文艺是有思想源泉的。我们学过吗？（生：学过的）在教材专题六《理性主义与浪漫之声》一课中，哪位同学能浮想联翩？

生3：启蒙运动还留下了浪漫主义思潮，凸显人的情感和个性，丰富了人文精神。

师：人不能在冷冰冰的理性原则统治下生活，人需要生命的激情，需要梦想。所以拜伦说，"把我的心，把我的心交还"。显然，启蒙运动的华美语言既给浪漫主义文艺以批判的武器，也给浪漫主义文艺以建设的资源。其实批判和梦想合二为一的空想社会主义也为浪漫主义文艺输送了血液。现在，请同学归纳一下浪漫主义文艺思潮产生的时代背景。

生4：法国革命带来的社会震荡与"理性的胜利"令人失望。

教师追问：没有别的了？

生5：（捧起教材）还有工业革命的影响。

师：好的。补充了老师还没有讲到的（经济社会状况）。恩格斯也说了"商业日益变成欺诈……金钱代替刀剑成了社会权力的第一杠杆"。（转向生3，请他复述已经说过的）

生3：人文主义精神中对人的情感和个性的重视；（教师倾斜身体，期待性地继续启发：以及圣西门、傅里叶、欧文的……）空想社会主义。

师：很好！这样浪漫主义文艺的时代背景，可以想到四个层面（幻灯片呈现）。本课学习的第三个结果目标是：分析并能认识浪漫主义文艺思潮产生的时代背景。我们已经抵达这个目标。但需要检测一下，我们是否抵达了。（呈现两道材料情境型选择题和一道课后思考题：卢梭有什么作品来证明自己是浪漫主义之父？）

【设计意图】学生讨论后的时代背景的阐释，是师生短兵相接的对话。教师在接和引的过程中，作出的是逼问、补充阐释和揭晓思维规则（概括、转向、联想等）的教学姿态，教师先照着学生讲的讲，再接着学生讲的讲，教师的生发是基于学生讲出来的那些东西而继续讲下去的。本环节在指向浪漫主义的时代性阐释时，已经是对史事的第三次回望，类似于音乐中的主题重奏，依然采用情境叙事、分层剖析和整体合成的方式。在剖析和推理的教学进程中，凸显思辨的理性的审美，形成聚集、辐辏的教学效应。

第四乐章：发现文艺史的多个面相

师：文艺作品的背后有历史，这个历史是时代和社会的倒影与折射。就是说，我们要认识文艺作品的各种面相。那么，18世纪末19世纪上半期欧洲浪漫主义文艺史的面相有哪些？

稍等片刻，让学生回想。

师：文艺史是什么？文艺史是作品的历史——作品和作家连接起文明的发展历程；是人性的历史——作品作为媒介的人性探微和感受；是社会的历史——作品作为媒介的社会历史的透视。作家的人生是历史；作品在时间长河中的地位是历史；作品里面、作品背后更有历史；作品还有作品被感受和被发现的过程史……文艺史的学习何其蕴藉丰厚！（幻灯片呈现）

【设计意图】对教学内容的总结，使用连珠炮式的排比陈述，切蛋糕一般剖析文艺史的多个面相。概要呈现本课教学内容的3个块面，又引出本课虽未涉及却大可课后拓展的文艺史的新方向（作家人生史、作品感受史等）。学生没有这样的高度，却正是小结内容时值得尝试的"引诱"。内容的小结不止于复述，不止于散点拼盘，还在于"顾后"的引领。

师：我们今天是怎样感受和发现文艺史的？情境叙事、欣赏感悟；分类认知、即时自测（板书）今天的历史学习，我们置身于什么时代？那个时代的大师给了我们怎样的情怀？

生：工业革命时代的浪漫情怀。（随着学生应答，幻灯片展示课题，出现动画效果：拜伦、雪莱、雨果、贝多芬、舒伯特、舒曼和德拉克洛瓦的画像依次出现，"砌"成大师头像墙）

【设计意图】这里的小结指向过程与方法，并点明课题。本课涉及的文艺大师的头像被堆砌到同一个界面上，又是在形式的审美上，换一个视角重现学习内容，以期学习内容与学习行为在这一步骤上的密切关联。课堂小结的领域不止于内容，还在于是如何学习历史的。

师：转身离开历史，今天，我们真真实实地置身什么时代？我们能获取什么？（教师没有寻求答案，幻灯片呈现普希金和艾略特的诗，随即请同学集体朗诵普希金的诗歌，教师加入并引导着学生的激情诵读）

假如生活欺骗了你，不要忧郁 // 也不要愤慨！// 不顺心时，暂且克制自己

相信吧！快乐之日就会到来 // 我们的心儿憧憬着未来！

现今总是令人悲哀 // 一切都是暂时的，转瞬即逝，而那逝去的，将变得多么可爱。

师：这是什么情绪？失望着却又希望着。这是浪漫主义特性，这是那个时代的精神，又何尝不应该是你们、我们今天的精神？！假如生活欺骗了你，不要忧郁。

教师沉吟片刻，静默片刻，请一个同学站起来，独立诵读以下诗句：

油和沥青 // 洋溢在河上 // 随着浪起 // 游艇漂去

红帆 // 撑得宽宽的 // 顺风而下，在桅上摇摆。

游艇擦过 // 漂浮的大木 // 流过格林威治 // 流过大岛

师：这是谁的诗？（自问自答）英国诗人艾略特。他的诗是不是充满意象和象征？他的诗宣泄激情吗？显然，他的诗区别于我们本节课学习的什么诗风？

生：浪漫主义诗风。

【设计意图】朗诵两首不同时代、不同风格的诗，不是语文课倾向，而是在感受、判别和运用中，再度强化本课的历史内容：浪漫主义文艺思潮的理解、时间之流和蕴含于历史中的人文精神——这其实也是教学目标。本课涉及的工业革命时代和"我们今天置身于什么时代"构成了既具历史意识又具现实启迪的追问，这一追问没有求答，是刻意的，而将教科书开篇提供的"假如生活欺骗了你，不要忧郁"，安排在最后呈现，也是刻意的——教育而非教学的诉求，此时更能水到渠成。

师：也区别于我们本节课涉及的什么时代？（播放贝多芬《第六交响曲》第五乐章的《牧歌》）工业革命时代的浪漫情怀也罢，工业飙进时期的现代主

义也罢，文艺史承载着人类共同的语言，它表达灵性，传递爱、传递情、传递责任、传递文明……（语句渐次呈现在一轮朝阳映照湖面的橘红色的幻灯片模板上）

【设计意图】此处类似于交响曲中的回旋，实际是课堂小结，从学习的内容与方法，再到历史诉诸教育的精神意义，情绪感受，隐含着对三维目标的小结。"砌"成文艺大师头像墙，再显浪漫主义的灵魂特性，回响田园交响曲的牧歌声，让学生捅破课题的窗纸和确认浪漫主义的主题，都隐现着散文行吟式的课堂创作倾向——用背景音乐、教师语言和幻灯片模板构建审美与知性的场景感。常规教学环节中的练习去哪儿了？它在前3个环节的步步为营的跟进检测中，它在学习行为是否真正发生的依据求证中……

三、教学总结与反思

历史教学是一种运用历史素材以师生的语言和行为两个元素来展开的作品创作。

本课从人文精神、浪漫主义的形而上出发，整合并适度开掘教科书提供的教学素材，让浪漫主义文艺作品中洋溢的自由思想、生命意识和充沛激情，借助文艺作品的感知而点化开来，使欧洲文艺史的审读具备审美的品质——文艺作品的形式之美和精神之美。

本课将认知内容区分为史事、概念和史论3大类型，每一类型相应的教学行为则是陈述、阐述和阐释。3类知识的教学都以作品的感知为出发点，只是素材和素材的解读视角不同而已。无论是对知识的陈述，还是对知识的阐述或阐释，都在情境叙事的包裹中打开知识，在具象中逐渐抽象出相关知识类型的核心要素。笔者称这样的认知历程为"分类认知"下的"探幽去蔽""脱脂还原"。每一类知识的学习，又都设立行为结果的检测站点，在这个站点回顾、确证和小憩之后，再向另一类知识，另一种学习方式推进。在从陈述到阐释的3类知识的学习与检测的推进中，都有明确的学生学习行为的指令要求，学生被置于前台，教师只是为前台的学生行为的展开提供素材和路径指示。笔者称这样的目标推进为"双主体整合"下的"步步为营""聚沙成塔"。如此，课堂教学成为一个分层递进的登山过程，教材的正文、图片、辅文，以及教师补充的材料，从属于不同的知识类型和学习方式，成为被重新营造的登山路上的景观。"历史是什么"的内容规范交集于"教学是什么"的行为要求，历史教学就不再是搬运历史之屋，而是选用历史素材来营造教学之房。此时，历史教学成为基于教学的运用素材、挥发知性的审美创作。

本课就内容规范而言，它的时代性，包括历史地位的前后相承、时代精神及其当代照耀，有些浅尝辄止；就行为任务而言，部分学习行为（如学习行为8）的处置（包括时空赋予和师生应答），还显得匆忙，且波及的学生个体也有限，与此俱来的是，目标达成的确证还停留于部分学生。这些与备课时间不充分、教材容量较大、大班额授课制等因素有关。

好在有教学实录，这是对课堂场域的教学行为进行文本化凝固，读者尽可对之展开批判与建构，推进场域里的历史教学的进步。需要说明的是，该实例文本是基于课后回忆和听课者的笔记完成的，在对现场口语作适当"雅化"时，力求维持原貌。该文本将教学的五个环节书写成音乐体，并非实时切分，只是教学过程文本化记录时的一个切割。因为它是文艺史教学，是用贝多芬的交响曲首尾呼应的，教学的推进程序也类似于交响曲的结构形式。还因为，教学实例不是蓝图性设计，而是褪去了设定的场域里的教学作品，作为阅读和流传的教学作品，穿一件与实时契合的外衣，似乎更有阅读的临场感——这也是作品创作的要素。所以本实录的环节切割，披上了乐章外衣。

（本文原刊于《历史教学（上半月刊）》2014年第5期）

【评点】

浪漫主义下的深邃
——体会束鹏芳老师的授课艺术

扬州大学　朱煜

————◎————

"浪漫主义"一词来源于中世纪欧洲人用从拉丁文演变而来的方言写成的"浪漫传奇",即当时盛行的英雄史诗、骑士传奇等。浪漫主义作为一种文艺思潮,产生于18世纪末19世纪早期欧洲资产阶级革命时代。浪漫主义文艺最突出的主张,就是将个人情感趣味以及艺术才能都无拘无束地表达出来,而不受任何形式与法规的限制。[①]但是,浪漫主义文艺有其深刻的思想内涵,反映了资产阶级上升时期对个性解放的要求,许多作品抒发了民主意识和反叛精神,饱含着深邃的思想境界。因此,《工业革命时代的浪漫情怀》一课,就知识面来说,涉及文学史、艺术史、思想史,讲好它相当不容易,是一个极具挑战性的教学课题。

2013年秋,扬州大学主办的江苏省高中历史骨干教师提高培训班上,江苏省教授级高级教师束鹏芳以该课为题,为全体学员上了一堂示范课。在聆听了束老师极富浪漫色彩又不失深刻理性的课之后,我认为这堂课至少有以下几个鲜明的亮点。

第一,引导学生欣赏作品,把握作品精神内涵。过去,人们一般认为,历

---

① 范梦:《世界美术简史》,中国青年出版社2001年版,第240页。

史课的文艺史教学与语文课、艺术课的主要区别在于，历史课讲述这些作品时，应侧重分析其产生的历史背景及社会影响等，对于作品本身只要略微交代，无须指导学生在课上仔细欣赏。但是，文艺史（尤其艺术）学习，不同于其他，作为一种认识活动，首先需要一个欣赏的过程。欣赏是文艺作品为公众所接受的一种最主要方式。欣赏既包括对作品的形式、风格、语言、技巧的认识和理解，也包含对作品中的题材意义、主题思想、人生经验、道德判断等的了解与把握，更进一步说，还能通过欣赏作品深入认识和理解现实世界。[①]

束老师在讲课之前，与培训班学员进行交流，谈了文艺史如何教学的问题。他认为文艺史教学如果没有作品的鉴赏，就如同历史研究缺乏史料支撑一样，教给学生的必然是很空洞的内容，学生无法真正体悟作品的意境。因此他设计的这节课是在贝多芬欢快的《田园交响曲》中开始的。教学的第一环节就是引领学生一起来欣赏文艺作品。例如，他让全体学生朗读英国著名浪漫主义诗人雪莱的传世名篇《西风颂》的精彩片段，体会诗里传递的乐观精神；通过讲述《巴黎圣母院》《悲惨世界》的故事，使学生感悟法国浪漫主义文学巨匠雨果的杰出成就，从爱斯梅拉达、克罗德、卡西莫多、冉阿让等人物身上体会到善与恶、美与丑的斗争及对人类美好未来的向往；让学生欣赏法国画家德拉克洛瓦的名作《自由引导人民》和籍里柯的代表作《梅杜萨之筏》，使学生认识作品所表现的渴望民主自由以及奋斗不息的意志；他播放德国音乐大师贝多芬"毕生努力的作品"[②]《第九交响曲》的尾声《欢乐颂》片段，奥地利作曲家舒伯特的《幻想曲》片段，使学生领略到《欢乐颂》所描绘的"拥抱吧，千百万人们"，那闪耀着自由平等博爱之光的"四海之内皆兄弟"的崇高境界，以及舒伯特作品的小巧形式与丰富而深沉的情感体验。[③]束老师指导学生欣赏文艺作品，用时约15分钟，占整节课的1/3，可谓用足了时间，更重要的是，他让学生透过这些作品初步感受其中蕴含的人性和创作风格。

然而，如果仅停留在浪漫主义文艺作品欣赏的话，那就变成了单纯的作

---

① 王宏建主编：《艺术概论》，文化艺术出版社2000年版，第459页。
② ［法］保罗·朗多尔米：《西方音乐史》，朱少坤等译，人民音乐出版社2002年版，第184页。
③ 于润洋主编：《西方音乐通史》，上海音乐出版社2001年版，第211、227页。

品欣赏课，这不是文艺史教学。作为文艺史教学，要体现出作品发展的历史轨迹。以这节课来说，束老师引导学生欣赏浪漫主义音乐成就时，首先从贝多芬开始，其次是舒伯特，最后是舒曼。虽然他们三人均属于19世纪早期欧洲浪漫主义时期的音乐大师，但是贝多芬年长于舒伯特，而舒曼则是在贝多芬和舒伯特的音乐熏陶中成长起来的一代人。不仅如此，贝多芬还是将古典主义音乐推向浪漫主义音乐的关键人物。换言之，他是从古典主义向浪漫主义过渡阶段的大师。与追求音乐的主调风格、形式结构优美的古典主义音乐不同，浪漫主义音乐更注重内容的重要性，强调的是表述、个性和音乐中的幻想，而不是结构的清晰。[1]贝多芬的音乐作品具有鲜明的个人主义色彩，而且特别重视音乐的象征意义和表现力量。[2]被誉为"歌曲之王"的舒伯特是早期浪漫主义潮流的代表，但他的音乐与维也纳古典传统之间仍然有着紧密联系。而舒曼则是19世纪30—50年代浪漫主义音乐全盛时期的代表。在欣赏浪漫主义文学、绘画作品时，也大体上循着时代的轨迹而依次展开。

就是说，束老师的"作品欣赏"教学环节并不是静态的，而是努力让学生认识到浪漫主义作品的动态轨迹，从而使欣赏有了历史课的味道。当然，就这一点来说，似乎也有遗憾之处，如早期浪漫主义作品与全盛时期及后期浪漫主义作品之间，欧洲不同国度的浪漫主义作家及其作品之间，在艺术风格特别是思想内涵方面存在哪些差别，教学并未触及，历史考察的纵横感多少有点不足。

第二，整合教材资源，凸显教学主线。文艺史教学乃至整个文化史教学最容易出现的一个问题，是缺乏全局观念，"只见树木不见森林"，教学内容支离破碎，教学主线无法凸显，结果学生学到的只是几个知识点，不能形成总体的认知。钱穆先生在谈到学习中国文化史时曾经说过："讨论文化要自其汇通处看，不当专自其分别处寻。"他又说："此如佛经所说盲人摸大象，有的摸到象鼻，有的摸到象脚，凡此盲者所接触到的，固然均属象之一部分，

---

[1] ［美］约翰·拜利：《音乐的历史》，黄跃华等译，希望出版社2003年版，第124页。
[2] ［德］保罗·贝克、［美］房龙：《音乐的故事》，曼叶平译，中国盲文出版社2003年版，第144页。

但部分不即是全体。一只象不能即是象鼻或象脚。凡此盲人所接触者，则并非一象。若研究文化问题，不能从其汇通处看，不能从其总体上求，则最多仍不免是一种文化之偏见。"[①] 钱穆先生虽然说的是中国文化史，但是对于西方文艺史的学习来说，道理应该是一样的。

就《工业革命时代的浪漫情怀》一课来说，笔者见到许多教师的教学设计都是按照教材子目的顺序依次展开的。例如，某老师的教学过程设计是：一、情境导入。二、新课教学。第一子目——心灵的激荡（浪漫主义文学）：（一）浪漫主义的含义；（二）出现的背景；（三）主要代表人物及其代表作。第二子目——浪漫乐章：贝多芬代表作品及特色。音乐欣赏、阅读教材、教师介绍贝多芬生平和成就。第三子目——向着自由前进：学生阅读课本，完成有关浪漫主义绘画代表人物及其作品的课堂练习；师生互动——如何理解《自由引导人民》的内涵。三、课堂小结。

尽管该教学设计穿插着情境创设、师生互动、拓展练习等教学环节，但是它对教材亦步亦趋，不敢越雷池一步。这样的教学设计只是文学、音乐、绘画等一个个孤立作品的解读，而浪漫主义文艺反映了什么问题，产生了什么影响，给我们什么启示，这些最为核心的问题却被忽略。就是说，教学设计缺少了教学主线，教学难以形成整体观念。

反观束老师这节课，授课并不拘泥于教材的呈现方式，而是对教材的资源进行重新整合，先从聆听、观赏作品，教师讲故事入手，让学生领略浪漫主义时期英法文学、法国绘画以及德、奥音乐的艺术成就，引领学生初步叩开浪漫主义文艺之门；继而揭示其蕴含的深刻内涵，包括作品的主题、人性诉求、艺术风格等；再而分析其潜藏的社会史背景。整堂课贯穿了从"作品的历史"到"人性的历史"再到"社会的历史"这样一条教学主线。新课程改革的一个重要理念，就是面对教材这个最核心的课程资源，教师需要对其进行适当的取舍、补充、整合等"二度开发"，让课堂资源更加丰富、有效，适应学生的学习需要。所谓教学设计就是对教材呈现的内容进行加工处理，

[①] 钱穆：《中国历史研究法》，生活·读书·新知三联书店 2005 年版，第 117—118 页。

形成实施课堂教学的预案。它体现了从"教教材"走向"用教材教",是教学理念的一次重要转变。①

我认为这一课的教学充分体现了对教材资源进行适当整合的新课改理念,突出了教学主线,活化了教材,使学生的思维具有创造和发挥的空间。诚如美国教育专家所说的,历史教材有时候只强调事实的部分,而没有提供和理解有关的协助。但是教学设计如果能以引导知识理解的方式来组织,将知识有意义地组织起来的话,将有助于学生对教材的把握。②此外,他的教学从欣赏作品切入,注重图像表征,从感性到理性,从具体到抽象,也符合布鲁纳对认知表征规律的研究结论。③

第三,创设以体验为主的课改新课堂。课堂是课程的载体,也可以说是课程的表现形式。新课改越深入,就必然触及变革传统课堂形态、推动课堂重构的问题。事实上,实施新课改以来,教育界已探索出以探究为主、以合作为主、以自主为主、以对话为主、以体验为主、以问题为主等各种新的课堂形态,并在实践中加以运用与发展。

束老师这节课,我以为体现了以体验为主的课改新课堂。所谓体验,从心理学上说,主要指人的一种心理活动,由感受、理解、情感、领悟等心理因素构成;从美学的角度说,指主体在具体审美活动中被具有某种独特性质的客体对象深深吸引,情不自禁地对之进行领悟、体味、咀嚼,以至于陶醉其中,心灵受到震撼的精神状态;从教育学上讲,它是在对事物的真切感受和深刻理解基础上,对事物产生情感并生成意义的活动。体验与单纯的认知不同,认知侧重对事物客观性方面的把握,而体验对于事物不单有认知把握,更重要的还有内心感受。从教学实践来看,以体验为主的新课堂主要包括激发兴趣、实践感受、体验内化、强化反馈等几个阶段。④

这节课上,在激发兴趣阶段,首先播放了约 2 分钟贝多芬创作的优美的

---

① 杨九俊、吴永军主编:《建设新课程:从理解到行动》,江苏教育出版社 2006 年版,第 180—182 页。
② [美]John D. Bransford 等编:《学习原理:心智、经验与学校》,郑谷苑等译,远流出版社 2004 年版,第 69 页。
③ 张春兴:《教育心理学——三化取向的理论与实践》,浙江教育出版社 1998 年版,第 215 页。
④ 郑金洲主编:《课改新课型》,教育科学出版社 2006 年版,第 142—143、157 页。

《田园交响曲》片段,通过幻灯片呈现的阳光、树林、小溪、鸟鸣的田园风光,引发学生体验学习的兴味,而且所提供的情境材料,围绕学习主题,贴近学生的知识与生活经验。接着,在实践感受阶段,束老师花了不少时间让学生朗诵雪莱的《西风颂》的片段,讲述雨果的《巴黎圣母院》的故事,欣赏德拉克洛瓦的《自由引导人民》的油画,呈现拜伦的诗作《雅典的少女》的片段,舒曼的钢琴曲《蝴蝶》的片段,米勒的画作《拾穗者》等杰作,从对作家的一般认知,到感受作品的特点(崇尚自由、抒发感情、追寻理想、期待未来),到认识作品的创作风格(激情飞扬、直抒胸臆,强烈的对比、想象与夸张),再到引导学生归纳完整的浪漫主义文艺这个概念。他引导学生从具体体验到抽象、概括,形成概念或观念,应该说实践感受的教学环节是相当成功的。

在体验内化阶段,他让学生体悟拜伦的长诗《恰尔德·哈罗德游记》中的主人翁形象,进而透视其内心世界(孤独、苦闷,充满自由的理想);由雨果的小说《悲惨世界》让学生思考浪漫主义文艺思潮产生的社会史背景(资产阶级革命带来的社会震荡,对现实社会制度的失望,工业革命的影响,启蒙运动对人性的重视);通过学生对作品的感知、体验,使他们真切认识到文艺作品的背后有历史,是时代和社会的折射。由此,教学超越了教材文本,使学生在解决问题时能综合运用已有的知识和经验,获得新的结果和感受,同时也促进积极情感的生成。

至于强化反馈,束老师并不完全将之置于最后环节,而是穿插在教学过程之中。例如,在实践感受阶段,在引导学生归纳浪漫主义文艺特点时,为了强化学生的理解,他将19世纪欧洲现实主义文艺的几个特征(真实反映现实生活,批判现实黑暗,重视环境对塑造人物的决定作用)用幻灯片呈现出来,问学生这些是不是浪漫主义的特征,当然,学生给予了否定性回答。著名教育心理学家奥苏伯尔认为,促进概念习得的方法,除了呈现若干正例外,还必须伴随呈现些反例,这有助于学生辨别,使概念的概括精确化。[1]束老师

---

[1] 邵瑞珍主编:《教育心理学》,上海教育出版社1997年版,第99页。

的这一设计体现了奥苏伯尔的这一经典教学理论。当然，他主要在教学的最后部分进行了体验学习的强化与反馈。例如他引导学生思考文艺史的多个面相（作品的历史、人性的历史、社会的历史），浪漫主义的启示，等等，使教学不断趋向深刻，也使学生在体验中生成积极向上的情感。

为了激活学生的情感，保证体验教学的有效性，束老师采用了多种方法来引导学生的体验。一、运用音乐引发学生体验。他用贝多芬音乐导入，播放舒曼钢琴曲《蝴蝶》片段，要求体会作品抒发的人性、思想等。借助音乐，不仅使学生获得表层的音乐史知识，而且体验其中蕴含的丰富的思想。二、运用幻灯片引发学生体验。运用幻灯片是一种直观的体验教学方法，它直接、形象、面广，可以在短时间内使学生的视觉受到冲击，激活他们头脑中已有的认识体验，提升体验的内涵。这节课自始至终运用了幻灯片，其中有雪莱、拜伦、普希金的作品片段，有德拉克洛瓦、籍里柯、米勒的画作，有浪漫主义作家的画像，有唤起学生记忆与思考的关键词等。三、运用故事引发学生体验。故事本身具有很强的情节性和寓意性，在吸引学生注意力、引发学生思考中具有不可忽视的作用。这节课他给学生讲了《巴黎圣母院》《悲惨世界》的故事，借以使学生更有兴趣地了解作品与作家。四、设计"学习行为"引发学生体验。体验的主体是学生。为了有效地引导学生的体验活动，他设计的学生学习行为要求多达 8 个，使学生在学习行为的引领下不断加深对浪漫主义文艺的理解。

这节课给了我们很多启示：历史课上讲授文艺史也可以有大量的作品欣赏活动；文艺史教学的关键在于将零散的知识串起来，整合教材资源，形成一条认知主线；要精心设计学生的学习行为，不妨以学生的体验为主实施教学活动，师生在情感互动的体验教学过程中，使学生"内化"所获取的知识，并生成更高层次的感悟与体验。

（朱煜，扬州大学社会发展学院教授、博士生导师。本文原刊于《历史教学（上半月刊）》2014 年第 5 期）

系列五：《文艺复兴和宗教改革》
【课例】

"我"的步伐　"我"的发现
——人民版《神权下的自我》的教学设计
解莉萍（江苏省大港中学）　束鹏芳（江苏省大港中学）

―――――◎―――――

一、教学预设

人民版历史教材中《神权下的自我》，以文艺复兴和宗教改革运动为载体，以薄伽丘等人的作品和马丁·路德的思想为中心，阐述了文艺复兴时期的人文主义。作为人的自我关怀，它是人的"自我"解放的伸张。这一"自我"解放的伸张，又是由意大利、德意志和英格兰的"自我"连绵而成的。遵循实验版课标在必修课程中的要求，本课教学内容的出发点和落脚点，是两场运动所彰显的以"自我"为主题的人文主义，而不是通史意义上的两场运动的貌相。

据此，本课拟定如下学习目标：

（一）能在一定的历史情境中感受人的"自我"解放的必要性。

（二）能依据多类型的材料，叙述14—17世纪人的"自我"解放的历程。

（三）能在14—17世纪人的"自我"解放历程中，对文艺复兴和宗教改革作延展性阐述。

（四）能运用地图和时间轴，在文艺复兴和宗教改革的阐述中，发现两者的内在关联。

（五）能在同属文艺复兴时期的两者的内在关联中，概述西方人文主义的基本含义。

（六）能基于西方人文主义的含义，在时空拉伸中作历史转述，涵养当下的"自我"。

上述目标以两场运动的相关史事为依托，以人的"自我"解放为主题，逐一递进，是师生之"我"在叙述、阐述和转述的学习步伐中，打开西方人文精神中的"我"，并重构当下的"我"。这些目标要借助一系列学习行为来达成。

本课初上是在外埠借班上课，时间是下午 13：10。上课之前做了 3 项预备工作：学生提前完成体现自我特征的简笔自画像；组织比赛活动的分组，并激发学生对活动的期待；发放课堂使用的学案，包括比赛规则、涂鸦板、图文史料等。

图 6-1　学生自画像

二、教学生成

【环节一】出发寻找"自我"

教师展示自画像并提问：这是谁？（学生很快反应：是老师你）再问：那你是谁呢？请大家出示简笔自画像，自主选送展示。

学生展示和猜测中，兴奋度可观，积极性得以调动。

问题1：符合自身外在特征的便一定是"我"吗？（学生思索和议论之际）"我"是谁，"我"从哪里来？且去看看历史上的"自我"是如何发现的。

展示苏格拉底塑像和达·芬奇自画像。（图略）

师：公元前5世纪，人类的自我意识从原始宗教和自然统治下觉醒，苏格拉底提出了哲学意义上的"自我"这一命题。时光流逝1700年左右，"自我"再次复苏，并持续伸张。于是，我们看到了一幅展示"自我"的自画像。他是谁？来自哪里？（少数学生说出答案）

师：那就跨越时空，来到他曾经生活的意大利佛罗伦萨，看看"自我"为什么再次复苏，又复苏为怎样的状态。

设计意图：西方人文精神属于哲学范畴，而哲学是人类自我意识的理论形态，它所思考的核心议题是人的自称——"我"。西方人文精神的核心是人类的自我关怀，表现为对自我的审视，对人的生命价值与人格意义的追求，从智者运动到启蒙运动的思想演进史，始终没有离开对"人—自我"的关注，"自我"是其精神实质。此外，教育尤其是人文教育的使命与价值也在于对"人—自我"的关切。因此，以"自我"的探寻为焦点，可以将哲学的思辨、人文精神演进史的实质和教育的本质有机结合。"自我"觉醒于古希腊时期，历经漫长的湮灭后又再度复苏，而这种复苏是从佛罗伦萨开启的。佛罗伦萨的达·芬奇致力于"人—自我"的审视，其自画像"脸上那种极为美丽的光彩，会使得每一个人感到宁静"（瓦萨里语）。运用心理学常用自画像审视自我的原理，从师生自画像导入"自我"，再从生活情境进入历史情境——达·芬奇自画像，这是遵循"自我"的教学逻辑，也是奠定学习之我与历史之"我"相互对视的基调。

【环节二】"自我"的历史叙述

学习步骤1：叙述意大利的"我"

问题2：（播放视频）14世纪末的佛罗伦萨，柯西莫·美第奇说："我很纠结！"视频里的他为什么纠结呢？

生：因为他的放贷与他的信仰产生了矛盾。

问题3：他信仰什么？

生：基督教，天主教。

问题4：他的纠结和矛盾是否当时的个案？

出示材料：在14世纪30年代，佛罗伦萨从事毛织工业的人口为3万人，相当于该城总人口的1/3。14世纪以后，佛罗伦萨涌现出巴尔迪、美第奇等金融家族。①

那个时代，人们只认识一种意识形态，即宗教和神学，人们也只有一种服饰——达尔马提卡（如图所示）。②

图6-2 达尔马提卡

问题5（在学生捕捉材料信息后）：工商业经济发展了，"我"却面对宗教和神学的禁欲主义压制，甚至人的性别差异都在中世纪统一的服饰里被模糊了，柯西莫·美第奇之类的工商业者如何不纠结！那该怎样化解纠结呢？

两个组的学生说出：放弃自己的职业；放弃自己的信仰。众人笑，有生插话：都不可能。

问题6：事实上，柯西莫·美第奇等人的纠结将如何化解？

出示材料：这些银行家、工厂主从商业、银行和工业活动中获得巨额的财富，能够组织雇用大批诗人、学者和艺术家，通过这些作为雇员和助手的知识分子和艺术家，他们得以抒发自己的价值观念，寄寓自己的性情。③

---

① 王乃耀：《文艺复兴早期的佛罗伦萨经济之考察》，《世界历史》2006年第1期。
② 郭丰秋：《性别视角下中世纪女性服饰文化探析》，《美与时代》2017年第1期。
③ ［美］布鲁克尔：《文艺复兴时期的佛罗伦萨》，朱龙华译，生活·读书·新知三联书店1985年版，第313页。

生：他们雇人代言，以图冲破禁欲主义的压制。

师：解读精准，但要按规则抢答。有哪些人为他们代言？

学生抢答，说出他们已知的人物。

设计意图：西方进入中世纪后，在为神服务的基督教文化统治下，"自我"在神权下泯灭，现世在未来里逃遁，这与中世纪的禁欲主义以及古典文化被"遗忘"有关。当佛罗伦萨的工商业急速发展、人们追求世俗人生的乐趣时，基督教文化的压抑所导致的纠结不可避免。柯西莫·美第奇是工商业者的代表，他的纠结也是那个时代的佛罗伦萨的风向标。用典型个体探视社会整体的历史思维，以纠结和纠结如何化解的情绪感受为驱动力，可以促使学生简要了解文艺复兴的时代背景，感受"自我"从神权中解放出来的必要性，涵养唯物史观；还能以柯西莫·美第奇的"我"的纠结为桥梁，连通本课教学的聚焦点——"自我"。

师：这些人如何代言？他们传达了什么观念来化解工商业者的纠结？让我们先听14世纪中期薄伽丘讲的故事，再看16世纪初达·芬奇的画。

【关键行为1】听故事、观画作，透视其中的思想倾向

师：尽管我们一直认为历史课不能上成艺术欣赏课，但文艺复兴时期的艺术品是直观了解这一时期的历史面貌的典型资源，也是人文主义思潮的载体。因此大家听了薄伽丘《十日谈》中"绿鹅"的故事，看了《蒙娜丽莎》（图下配注释：蒙娜丽莎的微笑中，含有83%的高兴、9%的厌恶、6%的恐惧、2%的愤怒）后，那时的"自我"传递了什么观念？

学生讨论后，在规定的时间抢答，出现如下答案：人的欲望不能被压制，禁欲是不对的；蒙娜丽莎迷人的微笑流露出自然的人性，她的微笑成分说明人的情感是复杂的。

师（计分后）：在宗教神学压抑人性的背景下，薄伽丘的故事和达·芬奇的画，倾诉了"我"是活生生的人，幸福不在天国而在人间。大家对画中人物的衣着打扮配个音，感受一下人性。

课件闪现（如图所示），学生配音。

图 6-3　3 幅名画中的人物

问题 7：通过作品分析和图片配音，14—16 世纪初，意大利的"我"，是怎样的"我"呢？

有 3 个小组的学生分别抢答：关注现实生活；摆脱宗教束缚、反对禁欲主义；显露人性。学生表现出很满足的样子。

师：是的，此时意大利的"我"试图让人性从神性束缚中解放出来，"我"是现世的，是自我欣赏的。这样的"我"会让柯西莫·美第奇等人化解纠结。但这样的"我"是以复兴古希腊、罗马文化的形式，以文艺的形态呈现的，所以史称（学生接应道：文艺复兴）……就在文艺复兴运动中，一些人文主义者以复古的名义重新注解《圣经》，不自觉地奏响了宗教改革的序曲，16 世纪初，德意志的"我"扑面而来。

学习步骤 2：叙述德意志的"我"

师（出示漫画）：这是天主教会画的 7 个头的人，教会攻击他是伪君子、强盗、盲信等。天主教会在丑化谁呢？为什么要这样攻击呢？

学生呈疑惑状。

图 6-4　天主教会所绘宣传画

【关键行为2】读文献，思考其中的思想主张

展示材料：

《九十五条论纲》：每一个基督教徒，只要感觉到自己真诚悔罪，就是不购买赎罪券，也同样可以得到赦罪或免罚。《基督徒的自由》：基督徒乃是全然自由的，是万物的主宰，不需要听命于任何人。《拉丁文作品第一卷序言》：我日夜思索这句话——义人靠信仰生活，我终于明白：慈悲为怀的神通过福音书让信仰使我们成为义人。

呈现抢答题：

（1）天主教会丑化和攻击的对象及其理由（物质和精神两个层面）。

（2）文献作者是如何使基督徒不听命于罗马教廷而获得自由的？

（3）概括文献作者的主要思想。

学生朗读、默读材料，再在既定的时间内抢答，形成天女散花式的群言状态。

师（计分后）：请大家跟着老师，将材料信息与你们的讲述连缀成完整的历史叙述。1517年，马丁·路德反对天主教会兜售赎罪券，提出信仰即可得救，掀起了触犯天主教会利益和威权的宗教改革运动。他感悟到"基督徒乃是全然自由的"，通过自主阅读和理解《圣经》就能"成为义人"，即"因信称义"。

群体学生附和，教师重又陈述要义，然后抽查两个学生进行复述。

师：马丁·路德声称他的思想来自《圣经》。为此，他花8个月时间将拉丁文的《圣经》译成德文，并借助中国传过去的重要发明（学生兴奋地插话"活字印刷术"）将它送到广大的基督徒手中，让他们"与上帝直接对话"，德意志的"我"广泛地扩展开来。

展示图文材料：

《16世纪欧洲宗教改革示意图》（略）

宗教改革中存在各种对福音的解释，正好是每个人内心所向往的理念……这种开放的，可以按照自己心愿与神对话的信仰方式，在德国和整个

欧洲流行开来。①

问题8：依据材料，广泛扩展的德意志的"我"，又是怎样的"我"？

学生稍作议论，即很快作答：有个人的内心向往；按照自己心愿与神对话。

师：确实如此，德意志的"我"，精神可以自主。在普遍信教的欧洲，德意志的"我"，"流行开来"。1534年，英国也加入宗教改革行列，许多天主教修道院被推翻，代之而起的是众多剧场，剧场吹着世俗的精神自由的风，形塑出英格兰的"我"。

学习步骤3：叙述英格兰的"我"

【关键行为3】关联图片与演说台词，感悟其中的人生哲理

师：请同学们把3幅图片关联起来，说说其中的史事与史论。

展示下列3幅图片：

图6-5　3幅英格兰相关图片

在教师的启发中，学生七嘴八舌地说出：宗教改革带来了精神自主，市民的精神文化更多地落脚于剧场，文艺复兴运动走向高潮；英国的莎士比亚是文艺复兴高潮时期的杰出代表；莎士比亚创作了包括《哈姆雷特》在内的众多戏剧作品。

师：大家的畅言，内含一种历史解释的路径：图文的关联与转换。（第一次板书）

师：莎士比亚的作品，语言优美、哲理深刻，刻画了复杂的人类内心世界。接下来，我们来演绎莎士比亚的台词，看谁更有味。

展示《哈姆雷特》的经典台词：

---

① 马克垚主编：《世界文明史》，北京大学出版社2004年版，第476页。

【台词1】生存还是毁灭？这是个值得考虑的问题！//默然忍受命运暴虐的毒箭？//或是挺身反抗人世无涯的苦难？//通过斗争把它们扫清，这两种行为，哪一种更高贵？

【台词2】人是一件多么了不起的杰作！//在理性上多么高贵！在才能上多么无限！//多么文雅的举动！//在行为上多么像一个天使！//在智慧上多么像一个天神！//宇宙的精华！万物的灵长！

学生自动举手，要求表演，身姿与语言共存，节奏与情感共生。掌声自发而起。

依据同伴评判，教师计分。

问题9：借由哈姆雷特的嘴，莎士比亚对人的探寻是什么呢？

学生思考、讨论、抢答，教师补白，汇聚出：人的生与死，人的智慧与行为，人的高贵与文雅，人的复杂与无限……

师：相比薄伽丘、达·芬奇和马丁·路德，莎士比亚走向了人文主义的社会道德理想，这一16世纪末17世纪初的英格兰的"我"，是蒙上理想色彩的高雅精致的"我"。

设计意图：西方人文精神的复苏与伸张，也是"自我"的复苏与伸张。它从意大利扩展至西欧诸国，从文学艺术扩展至政治思想、宗教生活和自然科学，从恢复被基督教禁欲主义所泯灭的人性扩展至人的精神自主与道德理想，人的自我意识与自我关怀日益深化。依据课标与教材的史事选择，本环节通过"听薄伽丘的故事""看达·芬奇的画""想马丁·路德之想"和"说莎士比亚之台词"等学习行为，以课堂之我探视历史之"我"，在时空转换中，连贯地叙述14到17世纪"自我"伸张的面相，并注重对学生表述的整合，以推进累积学习。本环节的学习步骤3注重图文关联，改变课堂教学中孤立地、静态地处理图片的"习性"，追求目标分类学所提及的"要素、关系、综合"的理智能力与文本转化能力的培养。

【环节三】"自我"的历史阐述

学习步骤4：阐述文艺复兴和宗教改革的影响，认识它们对"我"的形塑

【关键行为4】解析视频，发现"课中课"的秘方，并以摹效方式解读文献

问题10：文艺复兴时期的"我"逐渐出落成形。其中，文艺复兴运动对"我"的形塑起了哪些作用？

为帮助学生作答，教师搜索并播放"中职历史"的一段课程，出示任务。

1、2组：视频中的老师表达了哪些观点？

3、4组：他为自己的观点提供了哪些依据？

5、6组：在他的讲课里，使用了哪些阐述观点的方法？

学生观看、讨论，解析出视频中的观点：文艺复兴张扬人性，但也带来了个人的私欲膨胀；文艺复兴解放了人，并由肯定人发展到追求"个人的完美化"，对"完美"的追求又促成了思辨与行动并重，理论与实践结合，从而带动了近代科学革命，推动了新航路开辟。

问题11：慕课视频中这位老师的观点依据了哪些类型的材料？

生1：图片；当时的人创作的诗歌；后来的人或史学家的观点。

生2：他用了正反对比的方法。（教师提醒"用术语"）

生2：辩证的、一分为二的方法。还用材料证明自己的观点。（教师提醒"用术语"）

生3：这叫论从史出，史论结合。

问题12：还有其他方法吗？（学生沉默之际）讲课者还提到了新航路开辟。

生4（迫不及待）：扩大视野，普遍联系。

师（确认组别、计分）：历史是相互联系的。评价史事时，要注意区分史实与解释；要运用材料和术语；要有正确的价值判断；要注重特定时空里的联系性与辩证性。这些是历史解释所关注的基本方法。（第二次板书，写下这些语句中的关键词）

师：请摹效慕课中内蕴的方法，研读学案提供的材料，归纳宗教改革的影响。

材料：

宗教改革从更广泛的社会层面和更内在的心灵角度，传播和发展了文艺复兴以来复苏了的人文主义，有助于人的思想解放，为启蒙运动的到来作了思想上的准备。①

宗教改革的直接遗产是，把中世纪统一的教会拆散成大量的地方性教会……所有这些地方教会都由世俗统治者控制……都是由世俗当局控制着神职人员的任命和教会的财务。从这个意义上来说，宗教改革推动了欧洲各国向现代民族国家演进。②

宗教改革实际上进行着三重精神上的冲突。王侯们要夺取精神权威和财富。平民面对新得到的圣经，要求一个非常正义的教会，他们依靠自己的心灵来批评和选择，难免呈现精神上的动乱。教会内部的改革者则力求恢复教会的善性。③

各组讨论后，要求学生概括观点。学生提炼观点之后，教师确认组别，计分。

问题13：你们的结论有什么依据？

学生寻找教科书和材料提供的依据。

问题14：阐述宗教改革的影响，给你的方法启迪有哪些？

学生模仿着说出了前面提及的几个要点。

师：有没有新的启迪？

生1：任何事件的影响既是多方面的，又有侧重点。

师：非常好！（学生自发鼓掌，教师第三次板书，并圈画三次板书的文字，标注"历史解释"）如果我们侧重于人的自我解放，那么，宗教改革运动的影响是什么呢？

生2：更广泛、更内在的解放。

师：这种"内在的解放"便是人对精神自主的关切。文艺复兴和宗教改

---

① 朱汉国主编：《普通高中课程标准实验教科书·历史必修·第三册》，人民出版社2009年版。
② [美] 斯塔夫里阿诺斯：《全球通史》，吴象婴等译，北京大学出版社2005年版，第385页。
③ [英] 威尔斯：《世界史纲——生物和人类的简明史》，吴文藻等译，广西师范大学出版社2001年版，第811—812页。

革两场运动在产生多方面影响的过程中,形塑了解放着的"自我",推动着"我"或者"人"的不断成长。

设计意图:"自我"的复苏与伸张是在两场运动中不断彰显的,但这两场运动的影响,不限于哲学层面的"自我"伸张。因此,对其影响的分析注意了点面结合。本步骤通过解析数字资源与文献材料,在历史解释的方法运用中,促进学生理解文艺复兴和宗教改革的多方面影响,并在兼顾面上的影响分析时,回归本课聚焦点——人的自我解放,初显人文主义的基本含义:人的自我关怀,建构"自我"与人文主义交集的认知效应。

学习步骤5:阐述文艺复兴时期的"我"

【关键行为5】综述"我"的含义,理解人文主义的概念

问题15:意大利的"我"从天国来到现世,充满了自然的人性;德意志的"我"将思想清风从精英阶层吹向普罗大众,体现了对精神自主的追求;英格兰的"我"用舞台上的悲欢离合彰显人性的高雅与复杂。"我"的不断演进所蕴含的思想倾向是什么呢?

生(群体应和):肯定人和人性的人文主义。

师:这一时期的人文主义随着空间的扩展和时间的延续,内涵日趋丰富。

展示文艺复兴扩展进程的空间图(略)[①]和西方人文精神演进的时间轴(如图所示):

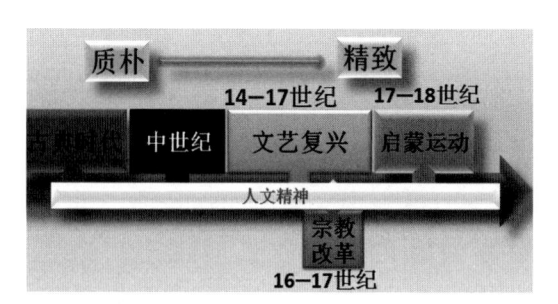

图6-6 西方人文精神演进的时间轴

[①] 该图来源于人民出版社与星球出版社合编的教科书配套地图册,展示文艺复兴在欧洲范围内的不同时段的扩展进程。

师：我们来解读这一时空图。14到17世纪是西方的文艺复兴时期。14世纪，"我"在意大利拉开文艺复兴的序幕；16世纪，"我"在德意志掀起宗教改革的浪潮；17世纪，"我"又在英格兰推出文艺复兴的高潮。此后，"我"还将接受启蒙运动的洗礼。在长达几百年的文艺复兴时期，"我"的基本诉求有哪些？

学生讨论和交流，教师指导他们回归教材。

课件展示，学生诵读："我"反对禁欲主义，鼓吹人性解放；"我"批判神权统治，倡导思想独立；"我"在宗教生活和世俗生活的融合中，拥有人性的高贵和精神的自主。

韵文式的集体诵读声在教室回荡。

问题16：在这里，"我"的诉求可以转化为什么历史概念？（生回应：人文主义）何谓文艺复兴时期的人文主义？再请大家相互复述、彼此查验。

学生自主复述和彼此纠正，教室一片琅琅声。

师：西方古典的"自我"，在14至17世纪，伸张为人文主义思潮，人文主义思潮再重构西方的"自我"，丰富了"人"的精神之美！美第奇们不再纠结！

设计意图：文艺复兴进程中爆发的宗教改革，是人文主义在"复古"与"人文"两个层面的延续，是文艺复兴在教会内部的发展。两者在运动进程中互为因果，在人文精神上交相辉映，共同谱写着文艺复兴时期（14至17世纪）人的自我意识与自我关怀的华章。本步骤将同一时期的两场运动关联起来，通过历史之"我"的拟人化综述，用比兴手法将"我"——"人的自我关怀"——"人文主义"关联起来，帮助学生掌握概念。作为阶段性的认知小结，它融入了某种激昂的情绪感受，以推动情感与价值判断的相得益彰。

【环节四】"自我"的历史转述

学习步骤6：转述西方的"我"，再重构当下的我

师（展示微信开机图中的地球界面转动起来）：西方的"我"有没有转向东方？文艺复兴兴起之时，有一位名叫倪瓒的中国画家，他作画"且写胸中逸气"；文艺复兴高潮之时，有一位名叫汤显祖的中国戏剧家，他写剧"心

灵飞动尚真色"。但这种中国式的人文气息，没有张扬出西方式的"自我"。几百年后的19世纪末，康有为将文艺复兴引介到中国，"复兴"盖过了"自我"。九一八事变后，有一份杂志宣称"本杂志愿代表民族复生之精神，因定名为《再生》，循文艺复兴所带来的社会变革之途，而求中华民族之复兴"。它还使用了 National Renaissance 作为英文刊名。[①] 如此看来，文艺复兴的价值被赋予了什么新内涵？

生齐答：民族复兴、社会变革。

问题17：西方的"我"来到近代中国，被赋予了"民族""社会"的面相。为什么会出现这样的中国化倾向？（片刻，学生无反应）中国的传统文化、近代中国的历史背景，影响了西方的"我"在那个时代的转述，影响着历史解释。解释受制于特定语境（第四次板书）。遵循这一逻辑，当下的、东方的、在座的我，应该是怎样的"自我"？

学生注视着教师，思考状。

问题18：外貌吗？（摸自己的脸）端详你们的自画像，此时的我要添加哪些元素？

学生（七嘴八舌）：自由、个性、民族，但是怎么画呢？

师：历史的"我"转身告诉老师（做转身讲悄悄话的姿态），解老师的自画像应该是这样……（展示新的自画像"萌娃"，很得意地）现在的"我"怎么样？

图6-7 自画像

---

① 俞祖华：《欧洲文艺复兴的引介与近代中国民族复兴思想》，《天津社会科学》2015年第6期。

学生交流，抢答。出现如下答案：不仅萌，还有多种表情包；内心复杂；有个性，但背景是中国，是现代化。

师（急切地）：对啦，这是个性的我，也是民族和国家天穹照耀下的我。历史转述给大家的"我"究竟有哪些面相？请本组的同学彼此转述。

学生两人或两人以上地说着"我"的面相，抖搂着自画像。

师（放慢语速）：斗转星移、时空转换，我们从历史叙述到历史阐述再到历史转述，从西方神权下的"自我"转向东方皇权下的"自我"，再立足当下，进行历史解释，确认现代中国里的"自我"。在我们的学习步伐中询问"我是谁"，发现人性解放的"我"、精神自主的"我"、充满人文理想的"我"、肩负民族解放与民族复兴使命的"我"。作为人的自我关怀，"我"是多面的，是精彩的。历史因"我"而多面、而精彩！

教师高高举起并向得分最高的小组颁发比赛大奖——用PS板手工制作的"萌娃"。

《威尼斯船歌》响起，电子课件上，一袭拉斐尔的猩红色披风亮出，四幅配了标题、分上下两层排列的图片徐徐升起。上：看达·芬奇自画像、看解老师"萌娃"像；下：看蒙娜丽莎的"看"、看同学们自己的"看"。

设计意图：东西方的人文精神，是人类共享的财富，是学以成人的教育资源。受制于各自的传统文化及其社会历史背景的差异，东西方人文主义各有特色。西方人文主义的中国化，既是一种历史进程，也是一种教育取向。本步骤以时序推进的叙事方式，打开西方之"自我"融入东方之"自我"的新界面，展示本课的教育价值，兼有教学内容的适度拓展和东西方之"自我"在勾连中闭合的双重功能。以学习行为的视角来看，本步骤通过西方的"自我"被东方转述和东西方历史里的"自我"被学习者转述，在中外关联和重回自画像中，增进"人文主义"之于学习者而言的意义理解与情怀感受；在审美的眼光里，播撒学习的精神——我和"我"、看和被看、学和被学的双向建构。

（本文原刊于《历史教学（上半月刊）》2019年第6期）

【评点】

以学习的步伐编织课堂图景
——《神权下的自我》一课的叙事性解构

◎

一、两份期刊中的教学样态：能见历史断章

2008年以来的10余年间，《历史教学（上半月刊）》（以下简称《历史教学》）与《中学历史教学参考》（以下简称《中史参》）发表了累计17篇文艺复兴和宗教改革方面的文章。其中有9篇讨论课程内容的理解，带有史学研究的色彩。如《历史教学》2014年第10期集中刊发了3篇文章，聚焦于文艺复兴与基督教神学的关系，以及文艺复兴运动的赞助者，不见课堂模样。其余6篇讨论教学立意或教学策略。如《中史参》2011年第8期所刊文章，讨论"围绕重难点优化教学过程"，截取文艺复兴和宗教改革的教学片段，例证性地说明图片启发、现实关照之类的教学策略。该刊2015年和2017年发表的两篇文章指向历史素养的培育，在历史素养的分项论述中，剪辑文艺复兴和宗教改革的教学片段，这是教学立意层面的举例说明。《历史教学》2011年第1期所刊文章，是高校教师参与设计的教学片段，基于川教版初中教材"文艺复兴"，讨论学术观点与中学教学的结合。《中史参》2015年第4期所刊文章，是较完整的教学设计，但只针对高中教材的"文艺复兴"。在"追寻复兴之源""探寻人文之旅"和"畅言人文之美"的帽子下，陈述的是文艺复兴的背景、内容和影响，满眼是教师的历史呈现。总之，10余年来的10多篇文章中，未展现完整、顺畅的文艺复兴和宗教改革贯通的教学进程，也鲜有真正的"学习论"层面的词汇出现。在文章的立意关切与结构需要里，

课堂场景成为文章主题的碎片，教学行为沦为文章架构的附庸。

笔者拨开文章说理的架构，钩沉架构之下的教学示例，再参照个别的教学设计，以辨认、叠加与课堂想象①的思路，对这些文章所能呈现的教学样态，综述如下。

（一）基本路径。由画作（一般是中世纪与文艺复兴画作的对比）或其他历史材料引出神性与人性的关系，导入文艺复兴的教学；基于文献与图片的材料解析，理解文艺复兴和宗教改革的背景、内容与作用；高唱人文赞歌，关照宏大的社会现实。

（二）基本路径上的内容。导入的切口、文艺复兴向宗教改革过渡的桥段各有不同，历史材料的选用、教学主题的提升各有差异。10多年来的进步标识，也就是材料研习的彰显与课程目标的因时而变——三维目标或学科素养。在能见的教学例证中，看不到宗教改革是文艺复兴在教会内部的发展，是文艺复兴运动表达的人文主义在"复古"与"人文"两个层面的延续，是文艺复兴时期的一个段落。文艺复兴与宗教改革总是被分别讲述。

（三）基本路径上的内容感知。教学中的历史总以历史的逻辑来展开，教学进程由名叫"历史"的物象来组织，而不是名为"学习"②的主体在行进。眼见教师用材料与问题来行"历史在线"之事，眼见学生经历"请君入瓮"的课堂生活，看不见怎样感知内容的具象境域，基本是无"我"之境的课堂。

（四）不见"学习"的身影。10余年来的10多篇文章，过于关注课程内容，学生的学习总在"后台跑龙套"，而内容又缺乏好的关联，教学进程不能连贯叙事。10余年来，教师执拗于学科本位，没有想过"历史"与"教学"可以换位站立，没有想过课堂结构是历史叙事与教学叙事相互依存的二元结构，他们背后的教学信念是布施历史。

基于简单的教学史回顾，我们尝试换位站立，并运用认知学习的语言

---

① 课堂想象：教育叙事学的术语，是指教师期望课堂中发生何种情况，以及他们该在实际情况中扮演怎样的角色。它蕴含教师的教学信念、行为与教学的知识，强调"情况"与"角色"，是建构教学的重要途径。

② 学习：在施良方看来，它是指学习者由经验并因经验而引起多方面变化的过程。

符号，解构这节让学习者"在场"的《我的步伐，"我"的发现——人民版〈神权下的自我〉的教学设计》。

二、学习客体的样貌：连续的历史叙事

课程内容是学习者面对的客体。作为学习客体的内容，越是连贯地叙事，越能体现历史运动自身的真实样貌，越能推动学习者感知、把握和解释历史内容。这就需要教学者发现并遵循连贯叙事的主题线索，沿着这条主题线索渐行铺展。

基于人文主义的精神视角，文艺复兴和宗教改革都是"人"的伸张，是对神性和神权控制下的人的"自我"发现与伸张。"自我"的感性与理性，"自我"的物欲、尊严和自主，是14至17世纪这两场运动的历史主题——它内存于历史运动的连续叙事中。本课依据这一主题，展现清晰的历史叙事进程，使学习者看见了学习客体——连绵的叙事。

教学伊始，在师生"自我"形象的展示中，"我是谁？我从哪里来？"的问题，将学习内容引向欧洲中古晚期的历史，在具身认知的情境中，[①]开启历史叙事的5段进程。

第一段，在意大利，14至16世纪初的"我"，初识文艺复兴中的人文主义。薄伽丘《十日谈》的故事和达·芬奇《蒙娜丽莎》的画作，简约地呈现出意大利文艺复兴的概貌，显示了这样的"我"：摆脱宗教束缚、寻求人性解放，追求现实的、质朴的人间幸福。这是感性的"我"，是蕴含在文艺形态中的精英阶层的人文主义。

第二段，在德意志，16世纪前期的"我"，又见宗教改革中的人文主义。天主教会所绘七个头的马丁·路德像、马丁·路德的言论及包含其中的与天

---

① 具身认知，第二代认知科学的核心概念，相对于无身认知，它与情境认知并立，且强调人的学习行为与个体的身体感觉与运动状态相关。这与Rogers的"学习是自我的身心运动与改变"观点也是一致的。

521

主教会的冲突，勾勒出德意志宗教改革的基本进程，引出"因信称义"和"直接与上帝对话"的历史解释，展现了又一个"我"：灵魂自救的自主和精神（思想）的自由。这是植入了理性的"我"，是渗透在人们日常宗教生活中的人文主义。

第三段，在英格兰，16世纪晚期至17世纪初期的"我"，再识文艺复兴中的人文主义。剧场图、莎士比亚像和《哈姆雷特》海报，关联为一个图片整体，框定出文艺复兴高潮中的史事界面。经由《哈姆雷特》经典台词的回响，凸显人性解放进程中复杂的"我"：人性的高雅与精致，贪婪与残忍。这是面对庸常、高歌理想的"我"，是烙印在人们世俗生活中的人文主义。

第四段，在西方，14至17世纪的"我"，整合文艺复兴时期的人文主义。在前3段连缀成"线"的叙事后，本段作"点"的驻留：文艺复兴与宗教改革运动对"我"的形塑。"点"的聚焦和尾随其后的跨越几百年的西欧文化地图，延展出人文主义的内涵，整合出立体的西方的"我"：摆脱神性和神权控制，强调人的中心地位，彰显人的感性与理性、自然与高雅的交织。这一段也是"我"的站位：古典时代的人文主义在中世纪晚期"复苏"，并因文艺复兴和宗教改革运动而光大，形成文艺复兴时期的人文主义，奠基启蒙时代的人文主义。

第五段，在东方，14世纪以来的"我"，内化文艺复兴时期的人文主义。驻留、站位以后，历史叙事继续进行：文艺复兴时期中国人文主义的表现，文艺复兴被引介到中国并与民族复兴相比附的史事。在这一俯瞰式的中外关联中，西方的"我"投射到东方，并走向家国天下里的"我"。文艺复兴时期的人文主义，经这一投射与衬托，含义进一步明朗。

在5段历史叙事进程中，每一段都有一次时空转换。从达·芬奇的自画像通道走进文艺复兴；由"文艺复兴运动中的人文主义者以复古名义重新注解《圣经》"的叙事，切入宗教改革；由"英国的天主教修道院被剧场代替"的场景，再转回文艺复兴；由"文艺复兴时期的'我'出落成形"，进入对西方之"我"的形塑，等等。这些转换或过渡，使得各段叙事进程贯通起来，也使得两场运动在同一时期里，以同一屋檐下的两兄弟样貌表现出来。

两场运动所彰显的相同主题——神权下的自我，在连续的历史叙事中连绵伸张，这是时序推进与空间转移相伴的史事的连绵伸张，也是史事解释与概念凝练中的思想的连绵伸张，伸张得顺畅而简明。学习的客体以顺畅而简明的叙事样貌呈现，学习者的主体姿态也就获得了"具身"叙事的依凭。

三、学习主体的姿态：多样的教学叙事

课程内容是历史学习的客体，师生则是历史学习的主体。当师生在课堂上以学习主体的姿态，运用他们自己的身体与心智，与叙事的历史相互依凭，彼此建构时，他们就处于主体叙事的境地，并且都是学习者。本课以"我的步伐，'我'的发现"为教学立意[①]，前者指向教学，表征学习者的学习进程，后者指向历史，表征人文主义的揭晓。合起来理解，就是"教学"以主人的身份徐徐打开"历史"的卷轴，叙述和建构。这是课堂里的我，在学习进程中渐次发现历史的"我"，进而走向我与"我"相遇并重构"新我"，学习历史之"我"的课，就成了有我之境的课。它表明，学习者以主体的姿态，迈开学习的步伐，演绎学习的故事，让历史追随主人的学习进程渐次铺展。它表明，历史教学可以是特定教学时空里"具身"的教学叙事。

第一环节，自画像的自我审视。从课堂里的师生之我，走向历史上的"我"，彰显课文的教学主题，确立学习者为主、历史相从的身份位次。这里有自画、竞猜和穿越画面等行为要素，教师有打开和激发之意，学生有感知与嘻嘻之乐，具有行为化的叙事元素。

第二环节，我对历史之"我"的历时性叙述。学习者观看柯西莫·美第奇"我很纠结"的视频，追问"纠结"如何化解和能否化解，打开"自我"解放之门。接着，学习者在薄伽丘讲的故事、达·芬奇画的画、马丁·路德讲的话、莎士比亚写的台词和当代学者的解释中，连贯地钩沉和素描14至

[①] 将课程内容的历史主题视为教学立意，这是误将内容立意视为教学立意，难免片面抢位之嫌。

17世纪"我"的解放历程与阶段特点。我对"我"的追溯,有听故事、观画作、配音图片、朗读文献、表演台词、抢答得分、化解纠结情绪等感性方式,也有与感性方式相随的透视、讨论、思辨、概括等理性认知。学习者运用多种追溯方式,集体劳作,对人文主义初识,又见,再识,逐渐逼近那个时代的"我"的全貌。教学,因历史的有机叙事而呈顺流之势,因学习的多种样态和逼近"我"的学习效果而呈情节之状。[①]

第三环节,我对历史之"我"的共时性阐述。作为学习者的我,将文艺复兴与宗教改革运动置于文艺复兴时期这一共时段之内,驻足剖析。观看慕课视频,析离视频中的结论及其支撑材料,参悟其中的历史阐述方法。然后,将视线移至课桌上的学案,摹效解析视频的步骤来研习学案,在任务驱动中分组抢答,完成有侧重的文艺复兴和宗教改革运动的影响阐述。随即,借道"侧重点"而折回对"我"的形塑,运用时间轴和空间图,综述和勾勒"我"的多个面相,并用人文主义的概念统而言之。在我对"我"的历史阐述中,添加一段线上慕课,并解读这段慕课,有"课中课"的况味,随后的线下学案研习,则有摹效"课中课"的机智。因为摹效,两者的过程性路径与结果性目标呈复合态势,彰显着教学叙事的机锋。在共时性的历史阐述中,拟人化的"我"行走在叙事进程中,又被课堂里的"我"用诗一般的语言提领出来。伴随教室里的琅琅念白,"我"的精神之美镌刻在历史的天幕上,叠合为历史概念,烙印在学习者的脑海里,学习进程也抵达某种情绪与情节的高潮之巅。

第四环节,师生从西方踱步到东方的历史转述。作为学习者的"我",先让文艺复兴转身面向中国,发现"我"在中国的历史语境里伸张了人的"民族"与"社会"特性;再与历史的"我"直面、对话,在师生自画像的现实语境里,用中西方的历史之"我"重构当下之我。在听讲、转译、议论、抢答、相互转述等系列行为中,夹杂了七嘴八舌、转身自语、自我审视、抖

[①] 情节,叙事学的核心概念,是指有组织地叙述的故事,它有一个行为带来另一个行为的链式递进功能。学习作为一个叙事进程,也有在教学时空里链式推进、琢璞成玉的情节。

搂自画像等情态,历史的"我"与当下的我、小我与大我,相遇相知,绽放出《神权下的自我》的教育价值。这一转述,依然循着历史的、叙事的逻辑顺流而下。

4个环节,在我发现"我"的视域里,由当下回溯历史,从14到17世纪的西方转到同一时期的中国、19世纪末20世纪初的中国,再重回当下,形成了首尾呼应并螺旋式上升的叙事之链。在这叙事之链上,有学习客体的历史叙事,也有学习主体的叙事姿态,而叙事姿态中又镶嵌历史的解释与教化使命。4个环节里,学习者身影绰绰,学习境域具象清明。历史学习的客体简明而顺畅地铺展,历史学习的主体则春风化雨般地摇曳。

四、学习效果的显影:在双重叙事的样态里

历史叙事是学习客体的"原始"样貌,如何展开历史叙事,则是学习主体对"原始"样貌的建构。因主体的建构,教学就具有了教学叙事的色彩,也便捎带着学习情节的推进。情节讲究效果,在课堂的双重叙事中,历史情境与教学情境叠合下的"真实效果"如何?

学以成人、形塑自我,是本课树立的教育"风声"[1],此处不予展开。就具身认知带来的心智效果而言,有两点值得显影。一是历史概念的同化。本课以我的学习步伐来丈量"我"的历史演进,在一根主题线索上,由分到合、由点到面地展现"我"的面相,再转化为文艺复兴时期的人文主义这一历史概念。随后,这一概念像化学试剂,先滴入中国历史的水波里,再溶入当下自我的重构里,用时序性叙事包裹的对比与联系的思维,推动着这一概念的化学反应,概念获得再认性的运用。当学习主体从原初的自画像中的我出发,经过历史之"我"的五次学习刺激,逐渐将"我"整合到自己原初的认知"图式"中,形成迁移和概括时,这一概念得以同化,并且是与"顺应"随行

---

[1] 中国传统史学视价值导向为要务,所谓"史之为务,申以劝诫,树之风声"。

的同化。二是历史解释的经验。^①学习者在3个阶段贯穿着对"我"的解释。在叙述阶段，从具体时空里的个别性解释、到长时段里的系列化解释，学习者感知着不同时空下的叙述性解释。在阐述阶段，先围绕观点、依据和方法等维度来解释文艺复兴，再发现并摹效这些维度来解释宗教改革，学习者走向了运用性解释。在转述阶段，既在中国历史的语境里解释，触及形成不同历史解释的原因；又从历史中的"我"推及课堂场域里的"我"，将解释指向历史与当下、历史语境与学生生活的关联，产生了"新解释"。在这综合了知识、方法、情感态度与价值观的解释进阶中，教师4次板书历史解释的要领，实际上是彰显、落实和巩固历史解释的经验过程中所产生的经验性认识，使学习者形成了学习反应的联结。

当然，本课对学习效果的判断，未能在教学叙事中显著地建构。"后来呢？""结果呢？"历史的叙事、学习的主体、教学叙事的规则，都期待这一点；亘古以来，历史、历史学习和历史教学能持续不断地叙事下去的动力，也离不开这一点。不过，本课运用比赛的正强化方式来推进学习进程，并累积学习的局部收获，也不失为一种对效果的潜在关注。

五、遥想课堂图景

以历史之眼来看，本课不够丰茂，却难掩深邃。用教学之怀来度，本课立足课程的必修层次，用900字的文献、两段视频和若干图片（侧重教学示意图），简明地铺叙历史，却细致地走稳达标所需的起承转合，深藏为"学"而教的匠心和为"我"而转历史的教学信念。

在所见教学文章洋溢史学与史料表达的"血性"，却昧于学习用语的苍白之际，我们试着这样问：当基于网络技术的人工智能可以便捷地、分主题

---

① 学习视域里的经验有两层含义：接触学习客体的过程；由此而在头脑中产生的反映或初步认识。这种在经验过程中产生的经验，在认知发展心理学中也被称为因信息刺激而在神经系统里形成的联结。

地满足历史材料需要时，课堂上的学习主体能无可替代地做什么？回答是：学习主体的身心与历史材料经纬穿梭的课堂图景的编织——"琢玉"式的工艺与"琢玉"般的效果相依共荣的教学叙事。本课结尾终曲所表现的具身认知与课堂想象，正是人工智能无法顶替"琢玉"式叙事的最好诠释——有"我"之境。

（本文原刊于《历史教学（上半月刊）》2019年第6期）

系列六：初中课堂

【评点】

观于象　言于志　思无邪

——"五四杯"初中历史学科课堂教学点评

在江苏省第五届"五四杯"初中青年教师课堂教学展评活动中，历史学科选送了6节课。6位青年才俊以同课异构的方式，呈现了七年级的《明朝的统治》和八年级的《中国特色社会主义理论的确立与发展》的史事底色与历史认识。

《明朝的统治》一课用的是国家统编教材。授课教师或者进行生动的叙事，或者穿越时光的隧道，创设历史情境，讲述明朝前期的政治、经济状况。例如虚拟某一历史上可能存在的某个读书人，让他在科考、做官、归田与经商的一生中，呈现教科书叙述的经典史事，让学生在虚拟人物的经历中找出真实的历史存在。授课教师还充分运用教科书中的辅助栏目，如"材料研读""相关史事""问题思考""知识拓展"和文物图、历史遗迹图、场景示意图等材料，引导学生观察、描述与解释，使学生在对话性的学习活动中展开学习进程。授课教师能以民主意识批判明朝的专制政治，以多民族国家的历史感肯定明朝的中央集权制度。

《中国特色社会主义理论的确立与发展》一课用的是北京师范大学版教材，叙述了从中共十一届三中全会到中共十九大的中国特色社会主义理论的探索历程，内容跨度大、抽象性较强。授课教师努力实行教学转化，发挥当代史特有的影像资料丰富的优势，采撷新闻照片、新闻纪录片等资料，在影像史料与教科书叙述中往返穿梭，并结合大量的生活实例来引导学生理解中国特色的社会主义理论。例如以新闻记者或杂志刊物的"新闻评述"视角来回顾历史、综述要点。他们在用好教材史料的同时，还援引了许多经济数据来佐证教科书的价值判断。他们在课堂上自觉地落实家国情怀的教育目标，积极引导学生初步理解理论与实践的关系，引导学生表达他们对"中国梦"的期待与肩负的使命。

可以说，不管哪个年级的哪节历史课，不管是来自苏南、苏中还是苏北的历史教师，课堂教学都有3个鲜明的特色：历史情境中的叙事性，史事串联中的生本化，生本进程中的价值观教育。6位参展选手的课堂教学还运用了诸多教学方式，如故事擂台赛、小型辩论赛、角色扮演、合作探究、时事播报、写作与绘制等，彰显了课堂教学中的学生活力，也有效地推动了历史知识的教学转化。一言以蔽之，观于象、言于志、思无邪。

本次教学展评活动，有机地贯穿了参与式的评课与议课活动。除了分时段的评课议课，还有汇总性的评课议课；除了专家的评课议课，还有授课者与听课者之间的互助式评课议课。通过这样的活动，对如何上好初中历史课，形成了一些基本的经验与诉求。首先是基于课程标准的理解，合理有度地用好教科书的正文与辅文系统，彰显其学本功能和国家意志，使作为意识形态的历史课程服务于立德树人的教育目标。其次是创设历史情境，以多样的史料（如文字、文物、表格、地图、视频等）来展示历史的丰富、生动与有趣，让学生不但爱历史，也爱历史课，使历史的育人功能润物细无声地得到落实。再次是充分运用教学设计的有关原理，搭建学生学习的平台，以多种学习方式（如诵读、研习、感悟、制作、表达、会讲、竞赛等）来调动学生的学习热情，在学生的学习行为中而不是单一的教师行为中体现生本特色，也明晰教师的帮助者与引导者的角色定位。最后是将"教学评一体化"纳入备课的系统思考中，重视即时性评价与过程性评价。一节课的历史教学总有3个左右的核心知识，在教学进程中，既有每个核心知识的跟踪性练习与评价，也有几个核心知识相整合的练习与评价，借助结构性张力与步步为营的节律，追求"让学生跟进"和"让知识内化"的有效性。

  作为初中历史教师,广泛的史学阅读、丰厚的人文底蕴与稳健的教学创新是提升历史教学魅力、实现历史课程目标的 3 大支柱。在江苏省"五四杯"初中青年教师课堂教学展评的舞台上,每位教师都有不一样的精彩,但又都沐浴在同一片蓝天下,跃动在同一个平台上,指向培养社会主义事业建设者和接班人的同一个星座,有着教育的基本原理与情怀的一致性,就像河流两岸的深处便是源头的契合,好似历史与现实对话的交集处就是性灵的合唱,仿佛教师与学生互动的文本演绎处就是知行合一。

  (本文原刊于《初中生世界·初中教学研究》2018 年第 7 期)

在见证历史中感受并感动

——第六届"五四杯"初中历史学科教学点评

◎

见证历史，是历史教师的常用语。它将见证的主体"留白"，这主体可以是历史的当事人、历史的学习者，也可以是作为历史材料的文献、实物，甚至是声音、影像等。它还将见证的历史"留白"，这历史可以是历史概念与结论，可以是时代、史事、人物，也可以是生活、思想，甚至是见证的主体——当事人自身以及历史材料本身——它们本身就是历史！

何以思辨这个彼此包含、相互折返的"（历史）见证历史"？在江苏省"五四杯"初中青年教师课堂教学展评活动中，这些朝气蓬勃的"五四青年"，普遍以"见证历史"的方式教历史，演绎中华人民共和国史的两个专题：《社会生活的变迁》和《科技文化成就》。

《社会生活的变迁》一课叙述了新中国成立以来人们衣、食、住、行、用等方面的变化，特别是改革开放前后的巨变，而一衣一餐、一屋一车之变还折射着新中国政治、经济与科技领域的变迁。这一课见微知著，经验世界与理性认知一体两面。这一课头绪众多，日常生活的现象感与琐碎感显而易见，如何设计成一个整体，并在整体的琐碎中提升理性认识，是对教师的教学理解的挑战。4位上课教师努力在视域各异的教学设计中，再现往日时光的年代痕迹与怀旧情愫。他们带着学生从当下的生活经验出发，追溯流金岁月，用"我奶奶的衣柜、饭桌与出行""泛黄或散发墨香的报刊字迹""黑白或彩色的胶片记录"等情境化线索，串联社会生活的变迁，烛照社会主义的康庄大道和改革开放的英明决策。图片与影像是他们普遍追求的教学素材，"见证历史"是他们普遍使用的表述。他们或以亲和力见长，或以穿透力占优，或因设问诱思而风景独好。徐州的戈老师，用"历史的物证""历史的解读""历史的创造"来组织教学内容，让年代感与变迁色交相辉映，让历史在社会生活的变迁中闪烁人生观、价值观与审美观的历史变化，并最终指向"幸福的生活与国家的发展、与劳动者的创造息息相关"，在日常生活的天空点亮价值指引的星辰。在感受中感知，是4位教师演绎本课的相同旨趣。

《科技文化成就》一课讲述了"两弹一星"、航空航天、杂交水稻、青蒿素等领域的科技成就，展示了"双百方针"指引下文艺领域的硕果，蕴含丰厚的情感态度与价值观教育资源。但内容跨度大、抽象性强，难度也是显见的。讲授这一课的4位教师，运用影像与档案材料，让历史材料与教科书的概述相互佐证，彰显新中国科技和文化事业的非凡成就，引导学生认识科技就是生产力，理解和增进文化自信。太仓的陈老师在备课过程中读了若干中国当代科学家的传记，用具象的细节拓宽学生视野，滋润正确的价值判断。他们带领学生走进"航天展厅""农业展厅""文学展厅"，感受"追梦""筑梦""圆梦"，为中国的两弹元勋、航天英雄、诺贝尔奖获奖者撰写颂词，他们还将抗击新冠疫情的感人故事与科技文化事业相连接，让历史里的科学昌明、文化自信赓续当下。无锡的王老师以"人"的故事讲科技文化成就，她用吴江的"中国核司令"程开甲引入课文后，钱学森、邓稼先、袁隆平、屠呦呦等科学家"奉献到倾尽所有""虽九死犹未悔"的精神迤逦而出，严谨、创新与实验求证的科学精神，也在科学探索、太空漫步的进程中有所显现，感动着中国，感动着课堂里的学生，学生因此而有话可说。在感动与熏陶中落实立德树人，是这4位教师演绎本课的基本风向。

总之，在老师们的演绎下，现代社会生活摇曳生姿，新中国的科技文化辉煌灿烂。情境、情感与情怀，是这8节历史课的灼灼其华。用见证的方式感受历史，是初中生历史学习的起点；感受蓄积到一定程度而心生感动，是初中生历史学习的重要节点；在这样的节点上建构"社会主义事业建设者与接班人"的品相，便有了历史教学的初中生世界。本届展评活动让我们看见了这一世界的局部面相。

何以是局部？历史学习要更多地与文字对话，图片、视频等影像资料的富裕会使历史学习浸没在图像消费中，况且图像往往比文献更具"后真相"之虞，"见证"需要显著的实证精神。社会生活史或科技文化史的教学，只有在背景与意义的加持下，缘于史事的感受或感动，才是有教学价值的走向理解的"有感"。历史教学也要在感受并感动的路上，选择主干知识并以知识进阶来培育课程的核心素养。这些面对初中生世界必须细察的一丝一缕，尚待知行共进。

（本文原刊于《初中生世界·初中教学研究》2021年第11期）

第七辑

教师模样

像水一样
—— 历史的倒影

———◎———

1983年8月的某一天，在一个歇山式屋顶、黑瓦红砖墙的乡镇汽车站里，我等到了前来接应的人。我跟在两位身强力壮的小伙子后面，踩着嘎叽嘎叽直响的青石板路，来到了一座庙门前。门口挂着白底黑字的"丹徒县大港中学"的行书体招牌，大门是木结构的，二层，楼上的窗户被一根木棍子撑着。进门，转弯，踩踏已经被摩擦得凹下去的木梯，木质的香味、灰尘的气息在午间的阳光下飘荡，我进了刚才看到的撑开了窗户的那一木屋，领我的人说，老师，你先住下来。

我，成为这所农村中学的老师了。

一、班主任：水随天去秋无际

这所学校的前身是东岳大帝庙，大殿的菩萨和神像早已不在了，殿前的4棵大银杏树依然神清气爽。学校仅有一栋上半年完工的楼房，黄土操场在学校围墙之外，标准的400米跑道是煤渣铺就的。

那年我20岁。自己淘米蒸饭，被值日的老教师指为犯规：你的饭盒不放在你们学生饭框里，却放到老师饭框里，哪个班的？我没有回答。他将它移进学生饭框，告诉我饭框编号。中午，我就去编号28的饭框找我的饭盒。我在饭堂的教师窗口打菜，食堂师傅说，你到学生那边排队。我坚持把盘子递进去，一言不发。就有人插话：他是老师，好像是教历史的。

上历史课可以讲讲故事，用上几幅挂图，让学生到黑板上填填图表，大家鼓鼓掌，还一起做些小制作。没有学生溜号，教导处也没有人找我谈话，一节课又一节课的时光就打发了。但是做初中班主任颇费脑筋，老教师、老班主任就会找我谈话，帮我管，帮我出主意。

那时的自习课比较多，课堂纪律就成问题。有两位男生，特别喜欢惹是生非，而且以串联起来和我斗为乐事。有一次，把他们带到办公室训话，相互较量之间，有一位说，你以为教训我时嗓门儿高就有用了？另一位说，你的嗓门儿可以再高些，再高些，高八度——他的话说得很轻。这是一句令我终生难忘的话，这是彻底扫荡了我的自尊的话，这也是终止我教训式、打压式教育的历史转折点。第二天，我的喉咙沙哑了。第三天午睡醒来，发现宿舍门口放了一篮子水果，深秋时节的苹果香非常诱人。我的"心腹"告诉我，是"肇事者"送的。

直到我做高三班主任，仍然有男生喜欢犯规违纪的同时，以逗班主任生气为乐。但是我不再单刀直入了，不再采取打压措施了。我会把他们犯的事当成别处听来的故事，剖析其危害，想象其发展下去可能导致的恶果，我再进行自我批评，然后出题目要每个学生无记名地自我反思或检举揭发，再分析危害。过几天再把犯事的学生找来聊天。我努力营造班级文化，组织生命、事业、价值和自由的学生讲堂，百家争鸣、百花齐放。我容忍学生看武侠小说、穿牛仔裤和喇叭裤、打牙祭喝点黄酒，甚至个别高三学生的轻度谈恋爱行为，只要他们和我通气。而他们和我通气不仅不会换来批评，还能换来一次思想沟通，对我来说，则能够和他们签订君子协定：限度、信度。我悄悄地"监控"他们，就像我写过的一篇教育散文《风筝》。于是他们非常争气，我的话成了"圣旨"，他们为在运动会上没有拿到分而来道歉，他们为在期中、期末考试期间未能门门争先而来发"毒誓"。

其实，在师生之间，在教育和被教育之间，总是存在杰瑞鼠和汤姆猫之间的游戏，没有这种游戏就没有师生的共同进步和教学相长。

初为班主任时，有一位女生，在晚自习回宿舍后，直喊肚子疼，生活委员来办公室喊我。我吓坏了，不知哪儿来的劲，背起她就朝镇卫生院跑，几个学生跟着跑，他们找值班医生、挂号、护理。在她感觉好转以后，我们轮换着背着这位学生走了3里地，把她送到她家里，记得是敲了许久的门，家长才开门。

高三班主任任内，一位女生热衷看主题为"逃避自由""生命的虚无"之类的哲学著作，而且总是很郁闷。我还没有这个功力，从心理学层面打开她的性灵之窗，就在星期天下午骑车进山（丘陵），公路是石子路，坑坑洼洼，偶尔有卡车经过，粗劣的黄石路上尘土满天，公路两旁是密密的山林，大概有十几里才可到达。我是去家访，是去寻找这位女生家长的支持。返回时，天已擦黑，自行车前轮碰上石块，车子朝前面飞去，我则下意识地有了一个鱼跃动作，但是膝盖和手掌都磨破了。我坐在地上发呆许久：为何而来，为何而去？

1991年深秋的一个周末，我买了一瓶丹阳黄酒回宿舍，准备自己庆祝一下30岁生日。晚上6点左右，宿舍的铁皮门"咣当"一响，学生的声音随之而来：束老师，生日快乐！十来个自己班上和非自己班上的学生提着蛋糕、挂面和熟菜蜂拥而入，让我这个孩子王大为高兴。拉开书桌，拖来饭桌，小煤油炉和小电炉一齐上阵，师生同堂排成长阵，开吃！

其实，做教师似乎不要多么新鲜的教育理念，学生是自己的衣食父母，你一不种地二不织布，你得感激他们、善待他们；学生被家长和社会交到了自己的手里，有无数双眼睛看着你，你是牧羊人，你是园丁，你得有敬畏之心。

教师先有朴素的感激之心、敬畏之心，就会有爱心的大道理，有爱心，就会动脑筋，凭借职业的经验、职业的敏感和职业的学习，你就会生成理论界谈论的教育智慧。

二、教学：秋水时至，百川灌河

当时，学校规模不大，初中和高中都是4轨，全校历史课的总课时数是 32 节课，两位专职历史教师加一位年龄略大的语文教师，就全部包揽了。1984 年下半年，我的师傅准备调去镇江师专教历史教学法，那是高就了。他教的高三文科班的部分作业就会交给我批改。1985 年上半年，出于一些原因而有所耽搁时，就时常让我代上高三的课。暑假以后，他毅然决然地走了，也没有同意学校设定的每周来上几节高三历史课的条件。这样，我接手了高三文科班的教学。

20 世纪 80 年代中期，中国思想文化领域正在经历新的启蒙运动，那是一个寻求政治变革、思想革新的激情澎湃的年代，金钱意识很淡。我也是离家较远，索然寡居的"客家人"，读书是唯一的业余生活。那时，学校的高中生是在全县精选出来的，单纯而又思想活跃，逼着你讨论问题，也就意外地逼着你看书了。下午第四节课，我们年轻教师是必然会和学生在一起打排球、打羽毛球，或者踢足球的，和他们谈得来。上毕业班的历史课似乎没有什么经验和技艺，我只追求不带课本，只带粉笔的教学准备；我会在课堂上放点音乐，会把刚刚背过的中国古诗词或外国诗歌结合到相关的历史内容里去；我会在课堂上与学生发生争论；我会把李泽厚的《美的历程》借给他们，会让他们一齐讨论刘再复的散文诗，谈甘阳先生主编的"走向未来"丛书的读后感。他们会要求睡到我的宿舍里，谈他们喜欢的女生。但是考试成绩我还是要的，考完以后，我会把一个个学生喊到面前讲评试卷，时间或长或短，但是每个学生来到我面前听我讲评的机会是均等的，以致曾有学生递纸条给我：为什么这么长时间不"召见"我？80 年代末，是中国思想界、知识界最活跃的时代，我正好做班主任，居然敢带大部分学生到南京栖霞山看枫叶和庙宇，居然敢带少量学生去不远处的绍隆禅寺讨论存在和虚无的问题，学校领导特别关注我的班级是否稳定。86 届、87 届、88 届的高三历史教学都以胜利告终，学校领导对平均分是满意的，每届文科生总有人考上北大、南大和复旦等高校，89 届是文科"命运"比较悲惨的年代，许多专业被砍了或招生数急剧减少，但是仍然有武大、南大、西南政法的录取通知。在只有一个文科班的规模下，在一个理科生源绝对超过文科生源的背景下，如此成绩当然是令人满意的。

80 年代后期，因为经常鼻孔流血，因为胃酸泛过后会吐出几丝血迹，年轻的同事们就喊我"束呕血"。麦乳精和人参蜂王浆这些当年的补品就进入我上课前的零食生活了。1988年分配来一位历史本科生,如今已在政府部门任职的他见到我还会开玩笑:"师傅哎,你当初上课前喝一支人参蜂王浆,就以为有精神了,还记得吗?其实啥营养也没有,还感觉有劲了,那时的人真有意思,哈哈!"

体质下降,除了单身汉的生活原因之外,与课务繁重有关。1988年上半年,曾经达到每周22节课,跨高一到高三3个年级。高二文科班分出来,让我接手时,我一言不发,当着所有高二年级的老师,将课表退还给分管教学的副校长,他开始喊我"束老""束老前辈",我拂袖而去。他派人做我的工作,后来我还是接受了。

20世纪90年代初,一个理性的、功利的时代来临了,学生似乎对人生价值、对中国前途等宏大的话题不怎么感兴趣了。但是我在课堂上仍然会问柯林伍德式的问题:什么是历史?仍然会问斯芬克斯式的问题:你是谁?仍然会说,你能进入历史,历史能够进驻心灵。我在周末讲座中仍然会用"回望×××""血祭×××"式的标题。90年代初,历史教学界掀起的能力培养运动,给了我解释历史、分层理解历史的机遇,因而也给了我继续引导学生讲心得式的历史的抓手,因为它与思维能力是同步的,因而与高考也是同步的。普鲁斯特的《追忆似水年华》式的思维方式也影响了我的课堂教学。至2000年,我送走了目前为止的教学生涯中的最后一届高三学生,先后有了14届高三教学的历程。

其实,文科教学尤其是历史教学本来就没有那么多的理论上的种种教学法,小器似乎难成大器,教学技艺的考究会切割历史的流畅性和人文性。从突然接手高三教学,走到20世纪80年代末,似乎毕业班的成绩只来自下列因缘:凡人文学科的书籍我都看,都向学生表达和"炫耀";认知心理上的"愿不愿学"的问题就无意之间处于被解决的过程之中了,是否可以说是"桃李不言,下自成蹊"?至于认知心理学上谈到的"能不能学"的技艺问题,当时根本没有这种意识。学生跟着老师的思想转了,历史兴趣来了,似乎也就容易再认再现了,也就历史思维了。90年代,虽然我的历史教学的理性分析成分有所增加，但是历史教学的成效主要还是源自师生对历史的百川灌河式的讲述和体悟。近几年，八九十年代毕业的高三学生陆续举行10周年、20周年同学会，他们会把包括我在内的任课老师喊去。其间，总有学生说："束老师，都是你害的。你用百家讲坛式的讲法和激励我们表达，骗了我们去读文科。我们起码是中等优秀的，甚至比理科的有些家伙要优秀得多，结果报了文科，文科大学生出来以后能到哪儿去？没有令人羡慕的好职业了。"我说："我也不好意思，我没有害你们的想法呀，不过包括历史在内的文科学习是让人终身受益的。"

那时的历史教学和教学的成效真的在师生之间处于一种混沌状态，我一直感谢庄子的混沌说，感谢庄子的万川归海而海不盈的说法。

历史教学不可太在意专业技能，不必囿于学科领域的技艺。历史的解读价值被发掘了，师生的主体精神得以充填和张扬了，有一种宋代先贤的"等闲识得东风面，万紫千红总是春"或"半亩方塘一鉴开，天光云影共徘徊"的理趣了，就会有真的历史，世俗的成效考核也会不期而至。

我总怀疑目前众多论文里对历史教学的静态的条分缕析是否得了历史教学的真精神，是否是"科学技术是生产力"的头脑风景。

三、写作：秋水共长天一色

20世纪90年代初，随着知识界政治热情的降温和科学主义盛行、人文主义退隐，金钱追逐和功利意识渐成主流，工具理性在教育界时髦起来，并且渗透到我们这所长江边上的农村中学了。我听说了教育科研，听到了实验法、数字化等概念，教学过程遭遇了条分缕析的工艺处理，尤其是1991年和1992年的高考学科能力目标的出现，历史教学的技术时代和分析岁月开始了。这一历史进步颇有迎合科学主义的嫌疑，颇有证明历史教学是科学的强迫症嫌疑，它一方面有利于推动教师的理性思考，另一方面也逐渐阉割了历史课堂曾有的老师的洋洋洒洒和学生的滔滔不绝。因为单位时间的效率、课堂节奏上的短平快、师生问答过程中的短兵相接等教学技艺的时尚，已经不能容纳水银泻地和江河滔滔了。

于我来说，随着经验成为缄默知识，随着自己"与时俱进"地、不知不觉地赶着培养学科能力的潮流，教学环节的技艺思考固然多了，历史本身拥有的叙事性和哲学味在我的课堂上有些花朵飘零，教与学之间的层层涸流占据了课堂的主导地位。只有在阶梯教室的讲座上才会昙花再现，学生的反驳与较真也才出现（而且难得）。1995年，我去了一趟山东临沂，听了一次陈庆军先生的报告，后来又在南京听了来自上海的郭景扬先生的报告。在分析的思维框架下，我开始了自己的课堂教学改革，从教学内容的处理到学生座次的排列，从教材的能力目标分解到学生相应的学习行为的确定，都作了机器生产般的工艺设计，这就有了我在1996年和1997年的两篇公开发表的教学论文——《试述中学历史教学内容的改革》《高中历史课堂教学模式新探》。我的论文写作生涯出现了。

其实在这之前，文学曾经是我长期的爱好，学究曾经是我长期的景仰。在这之前，我在地方报刊发过一些散文，曾经自编《束鹏芳现代散文选》，在学校的手摇油印机上印刷。于写散文而言，我是为着汉字有奇特的质感而去体味文字组合之乐趣的。在这之前，我为镇江史学会的年会而应景地写过《试论印度佛教的中国化》《20世纪的中西文化交流》《王安石和苏东坡的精神根柢》等文章。于写历史论文而言，我是为着学问有引经据典的美丽而去感受逻辑之魅力的。对于我这个村叟而言，20世纪90年代中期之前，既不知道什么叫教育科研，也不知道有教学论文评奖的事，更不知道写历史教学文章对于个人的名利有什么价值。

但是20世纪90年代中后期，发表两篇教学论文，引来校长的赞誉，并因此而能够破格申报高级教师的职称，却是意想不到的。在此，我感觉到写论文是反思自我，也是展示自我的载体。然，述而不作、行而不言的习惯，还是左右我的教学生涯的。不到激愤或自己感到要清"浊"一下的时候，是懒得动笔的。1998年到2000年，也就是每年写一篇，发一篇。《生活教育论：一个值得反思的话题》，论证陶行知教育思想中的某些反智倾向，思考学校与社会、与生活之间的恰当关系。《主体性教育：演绎和实证》，论证主体性教育的哲学背景、基本含义和实践可能。《论心理健康教育的课程化》，以自己从事心育活动课程的实践，论证了心理健康教育作为课程来实施的必要性，同时讨论如何课程化。这些文章基本与历史教学无关，但我认为这是历史馈赠我的人文情怀，而且是有助于历史教学的。

一位历史教师，教了十几年书，搞历史研究的可能性又不存在了，却还写文章，不写历史教学论文似乎不像话了。2000年夏的一篇《课堂教学素质化：镣铐之舞》，爽快地抨击素质面具下的应试教育和课堂教学中的技术化倾向，悲观地认为，教育的理想即将一去不复返。写完之后，曾对自己和办公室的同事说，我不会再有心思讨论教育层面上的话题了。

2000年秋，我进入华东师范大学参加教育部的跨世纪园丁工程的骨干教师培训。脱产培训3个月，很爽。在丽娃河畔，与徐州的陈伟国、顺德的梁仁华、长春的林絮、昆明的赵灿东等名师相遇，在华师大的文科大楼聆听了王斯德、王家范、聂幼犁等众多大家的教诲。李月琴老师带着我们观摩和分析上海、浙江等地的中学历史课，让我大开眼界。其间，2000年全国历史教学年会在上海举行，我认识了王宏志先生。这段时期的生活对我以后的教学和教学思考影响很大。其中之一就是收缩文史哲乱闯的"摊位"，变得有些"术有专攻"了，而"术有专攻"的表现之一就是在两年之内发表了若干篇历史教学类论文，诸如《张扬人文大旗》《让中学历史教学鲜活起来》《关注中学历史教学的课堂生活》《问题登录：历史教学中的创新教育》《历史知识与主体精神的同构——关于高中历史主体性教学的思考与实践》《历史教学：在生活世界和意义世界之间》等。我是敝帚自珍的人，这些文章是近20年的教学生涯里的缄默知识的集中显露。它们表达了这样的历史教学思想：教育要培养一代人的主体精神，必先使历史进驻个人；历史教师和学习历史的学生都是教育的主体，主体能够站立起来，不是取决于教学中的地位和形式，而是取决于双主体的思考、追问和由此而来的精神；这种精神和意义世界是由历史课堂中的理性生活、审美生活和交往中的道德生活有机构成的；历史教育要有叙事的喜悦和精神的充填与满足，师生之间须有一种斗智、斗勇的张力。这些文章的标题也约略呈现着这样的思想轨迹,这些文章还呈现着一种写作方式的轨迹:历史教育的科研是叙事之上的抽象和自己读出来的理论。

2005年,因扬州大学朱煜先生的推荐,为东北师大出版社的"聚焦新课程丛书"计划,写了一本32万字的《中学历史教学评价》,出版社给了我充裕的写作时间,人教社的王宏志先生审读了书稿,承蒙慨允,欣然为我作序。我也算能够写书了。未曾料,20多年前的作家期许成为写教学类著作的"作家"了。丹徒区文联主席、画家张友群先生呵呵一笑:我们把你送到省文联,参加作协的青年作家读书班学习,没承想,你做起了转基因作家。我无声地咧一下嘴:作家嘛,就是写作的人。其后,也为江苏教育学院方国才教授、北师大朱汉国教授主编的著作写一两个章节,做一个写著作的人而不是写论文的人。

读点书、教好书,写点小文章,如果可能再写点书,当是中学教师的醇美的精神生活。读书当然是兴之所至,得意忘言为最佳状态,那是采菊东篱下,悠然见南山的陶醉。读书如果是被强迫的或者太功利,似乎就没有读书之品相了,也就没有思考之乐趣、冶情之爽朗了。书读到一定程度就会想,书读到一定程度就想用,书读到一定程度就能写。

我最初的写作一直是文学之梦牵引下的自娱自乐,然后是出于对教育界口号流行和盲从跟风习性的激愤(我自称为是"愤青"的生气之作),再然后就夹杂一点成名成家之妄图了,之所以是夹杂一点,实在还与下列情境导致的逆反有关:有同事对我说,领导讲过了,束鹏芳这个人,不可不用,不可重用。你这个人也就是教教书、卖卖嘴、再想法写点东西来证明自己的存在了。我对他说,是呀,你这么一提醒,让我确证自己确实没有大出息了,鸡肋一条,食之无味,弃之可惜。残存的蕞尔理想不付诸笔端,那不枉活了?!如今的写作则有两层动机:我看、我想、我写,所以我存在,是为一;我戴着特级教师的帽子,碰巧又评上了正高职称,不看、不想、不写,既对不起这些称号,又有船到码头车到站的不思进取之嫌,是为二。

月盈而后虚,雷鸣电闪之后,往往是淅淅沥沥的雨。2002年以后,我似乎找不到宏大的历史教育的叙事话题了,而技艺总让我提不起写文章的兴趣。

述而不作、行而不言的习性，潜意识里对"形而上"的热情，使自己在很长时间里没有写教学论文的干劲儿。

然而，对着电脑屏幕过日子的教师，终究是要与文字打交道的。写作是教师生命的组成部分，写作是对教学实践的反思，是对思想边际的挑战，是对读书和理论的反刍，是对教学行为的修正。

继 2004 年参加江苏省首次高考自主命题活动之后，在省教研员刘克明先生的引领下，先后参与了 2005 年、2006 年的江苏省文科综合考试（俗称会考）、2007 年的江苏省新课程学业水平测试的命题工作，参与了江苏省普通高中历史新课程的"教学要求"和学业水平测试说明的制订工作，体会颇多，也自娱自乐地写点命题与教学的小结存放在电脑的某个位置。很奇怪，我教了那么多年的高三，也有不少的大型命题经历，却从来没有发表过一篇高考文章。

2004 年夏，我随省教育厅前副厅长吴椿先生去杭州拜会浙江教育学院鲁林岳院长等浙江的教育研究人士，之后，对素质教育的思考再次浮起。2005 年协助省教科院副院长杨九俊先生搞义务教育均衡发展研究，2006 年协助省教科院党委书记方国才教授搞"学习型学校建设"的研究，2007 年参与省教科院孙孔懿研究员进行"社会和谐进程中素质教育新发展"的研究。期待在教育的视野里看历史教学，期待历史教学的文化觉醒。

《罪过：剑指何方》《农村学校的文化重建》《远离教育的功利与浮躁》等文字交付之后，自己安静得就像冬天的水面。2001 年申报特级教师时的 3 个材料袋的名称《大美无言》、《大音希声》和《大象希形》，作为一种憧憬和自慰，像图腾一样和我如影相随。

偏居农村中学，漆黑的夜空下，听不到喧闹，看不到灯红酒绿，钟塔敲打的整点钟声穿破了寂静，那是米勒的《晚祷》所拥有的精神张力……

四、生活：一蓑烟雨任平生

有饭吃，有衣穿，出门偶尔打的不发愁，500 元钱的西装和 1000 元钱的西装对于教师来说，并无本质差别。这是我喜欢和年轻老师讲的话，尤其是当大城市和大牌学校发出加盟邀请时，我会这样地为自己的谢绝而确定一个不求上进的理由。

20 世纪 80 年代，我在学校是没有星期天上课和晚上坐班的现象的，只在毕业年级的第二学期有下班答疑的任务，也就是每周一次，用不着在班级静坐，只是下去转转，再喊几个学生到办公室里谈谈。客居港中，孤家寡人，一台用铅丝当天线、能够收到中央台的 14 寸的飞跃牌黑白电视机（学校在 1988 年以后从仓库里找出来的），一台红灯牌收录机。业余生活显然就应该有别的内容，那就是阅读和骑自行车逛遍大港镇周围的水洼和山洼。春天里，坐在金黄的油菜和墨绿的麦苗相交织的田间陌上，诵读"春日载阳，有鸣仓庚"。冬天时，徜徉河边，看水面波纹粼粼，阳光跳荡，背诵"上善若水，水善利万物而不争"。正午之际，站在圌山报恩塔下，啃一袋面包，喝一瓶啤酒，俯瞰山下滔滔长江水，呆想"人生代代无穷已，江月年年望相似，不知江月待何人，但见长江送流水"的空寂。午后时光，在竹柏掩映的绍隆禅寺，听沙陀唱经，久久地感动于那种音律，痴想高更画作《我们从哪里来？我们是谁？我们往哪里去？》的"天问"。上灯以后，在自己的宿舍里，按计划读范文澜和尼采的著作，剪辑自费订阅的《中国美术报》和《光明日报》，做《杜诗详注》和《东京梦华录》的卡片，再写一些发表不了，也不想投稿的诗歌和散文。80 年代中期，还曾经在操场（那时学校操场没有围墙，与农田相连）旁边种了一点青菜、大蒜，以便下面条。于是"年年岁岁花相似，岁岁年年人不同"，光阴就这样流逝，像水一样。我可以称为大姐的女教师曾经说，束鹏芳，你是个神经病，不食人间烟火哪能找到老婆？我灿烂地回答：我吃鱼、吃肉，养气、养心，长命百岁。

现在想来，一个教师有一点乘兴而来、兴尽而去的随缘心态，真好。有一点养得浩然之气，方可指点江山的规划意识，真好。有一种不被紧张而匆忙的科层体制管得紧紧的时代背景，真好。

2007 年 12 月，在一次省教科院的"教师发展学校"研讨会上，有一位老师问过我一个问题：你是怎样在 40 岁之前就成为特级教师的？

我大体上表达了如下意思：

感谢历史学科，是历史的沧桑与宏大提示我，尽量不要成为时间的过客。感谢自然，是自然的自然本性让我任其自然而后水落石出。感谢古典文学与宗教哲学，它们对生命的追问有意无意地推动了我对意义的追寻，尤其是独处和万籁俱寂之时。感谢一段孤独的生活，是对孤独的反抗让人走向精神的超越。最最值得感谢的是学生，学生的成长需要以及他们对教师的挑战，促进了教师的思考和教学行为的改善。还得感谢前辈和友人，他们的提携和奖掖发酵了我的"勿负人"的情愫。学生成就我，生活成就我，宁静而不求上进的价值取向成就我，命运让我碰上大腕而成就我。否则一个村叟能够怎么样？这个世界优秀的人太多了！

在学校的年度校园文化节上，我讲过几次年度文化扫描。"2005·大师和平民，同样的纯粹"曾经提到巴金进入历史的方式，后来我就想过中学历史教师也许无望进入正史，但是也许可以进入笔记体的史料里，从而进入细节化的历史中。进入历史的方式又是什么？在教书过程中做点研究，发点文章，循着现行的评审体制而成为"名师"；教学但更写文章，以此而成为著作家似的"名师"；大多数的老师亦思亦行，将思考和别人的经验熔铸到自己的教书育人的繁复的生命进行曲中，进而进入成百上千的学生心中，他们的生命在学生的成长中延伸，他们的名誉在学生的记忆中辉煌。这样的繁复和循环，不是一个研究者或写作者所能想象和承受的。从这个意义上讲，述而不作，行而不言却在人文化成的教师，是无名的"民师"，是利万物而不争的上善之水。

至功无功，至名无名。

像水一样，奔腾也罢，潺潺也罢，总是往下流，在下流的过程中，挥发了，滋润了，渗透了；顺势而流，不求上进，就活泼着，安详着，化育着，渐渐地与天地同在。做历史老师的就像这下流的水，渐渐地，与学生同在，也就与名同在，与历史同在。

荡舟浩歌而去，可乎？

设若成为"名师"而失却恬淡、疏于学生，可乎？

后记：《中史参》主编任鹏杰先生金针度人，让我走进"走近名师"栏目，遂在"月涌大江流"的意象里，草写了《像水一样》的流水账。力图在追忆中，让历史教学的同人能够看到一位教师的成长历程，从而获得一些如何发展的启迪，力图把这本流水账当作教师发展的镜子。同时，力图呈现个体成长的历史背景，抹出过往的风云烟雨。

历史不可逆，发展之路离不开时代的特定条件。

生命的泥委于地上，不生乔木，只生野草，是历史教学的罪过。

谨记。

（本文原刊于《中学历史教学参考》2008年第5期，人大报刊复印资料《中学历史、地理教与学》2008年第7期全文转载）

暗香浮动的梅

——我的那些课题研究

─── ◎ ───

一、数枝梅

1996年6月底，窗外细雨如烟，大港中学承担的省"八五"规划课题"农村中学校园文化建设研究"现场结题，省教科所组织了不同地市教科所与师范学院的专家参与结题鉴定。在主报告之外，我作了题为《史地组的教研文化：挑战和接受挑战》的发言。扬州市教科所的徐然很认真地问我：如此激情沛然又细致，你的教科研搞了几年了？

其实，我是工作10年后才受命进行课题研究的，截至"八五"课题结题的这一天，也才公开发表过一篇教学文章，且无一份获奖证书。这一篇还是我的年会发言稿，镇江市教研员庄老师径自荐送苏州大学主办的《中学历史》杂志，收到样刊后，我才知道有这回事。

从1996年至今，已过去多年，我那课题研究的农庄里开出了数枝清雅淡瘦的梅。

2000年，我主持完成了省"九五"规划课题"农村高中生心理健康教育研究"，南师大班华、省教科所成尚荣带领的专家鉴定组认为："该课题初步形成了面向农村学生的重点中学实施心理健康教育的基本模式和心育框架，为中小学进行心理健康教育、提高德育工作的针对性和实效性提供了一种具有创新意义和借鉴价值的基本操作样式，初步形成了学校教育教学的特色。

通过研究所形成的实践与理论成果,在我省农村中小学心理健康教育领域,具有超前价值和领先意义。"此后,学校就一直开设心理健康课程,致力于特色打造。

从 2001 年完成镇江市"九五"规划重点课题"高中历史师生主体性整合的教学模式研究",到 2005 年完成省教育学会课题"中学历史主体性教育评价指标的研究",初步探讨和建构了中学历史学科的主体性教育。以镇江市教委陈国俊为组长的鉴定组认为:"历史学科的主体性教育致力于师生双主体的张扬,基于历史知识的性质分类,展开知识的陈述——阐述——迁移的教学行为,既彰显了历史学科的思想意义、体验特征和人文特性,又使双主体的互动获得了有效的操作程序,关注了课堂教学的精神生活。"此后,这一双主体论的教学思想渐与新课程合流并轨,在教学实践中迸发出模式的张力。

2010 年 6 月,省"十五"规划重点课题"基于文科新课程的学生认知发展和价值观养成的整合"顺利结题,以江苏省教育科学规划办主任彭钢为组长的鉴定组认为:"它用叙事的方式,将积累的一个个案例作为文本,进行文本分析,具体扎实地展现了价值观课程如何创建的过程与模型,研究方法新颖,成果叙述方式也颇具实验和探索意义。"

15 年弹指一挥间,我的课题研究在自在和自为之中,墨水泼纸一般氤氲开来。

二、自在开

1996 年秋,学校成立教务处领导下的教科组,我忝列为组员之一。1997 年,我被吸收进"农村高中生心理健康教育研究"课题组,当课题进程临近中期汇报之际,开课的老师没有能够提供像样的教案,活动课的实施也是有一茬没一茬的。1998 年秋,我被确定为主持人,在几次被教科研之后,我不得不在历史教学之外,时时盘算联系华东师大,购买心理健康教育的诸多量表和书籍,联络培训活动,忙于每周一节的"心育"课的备课和上课。于我而言，这是全新的任务，惶悚和犹豫感在最初的一年里，从来没有停止过对我的袭击，理由很简单：它可能影响我的历史教学专业的发展，而且另起炉灶的效果难以预测。

然而随着课程的开设，随着与学生的个别访谈的增多，更随着学生主动上门找我现象的发生，我窥见了学生的期待——期待老师不仅仅功利性地谈学业，谈纪律。我还在教学"效率"之外，窥见了教育无"人"的伤痛。那时，我已经在教务处工作，办公室橱柜后面的小房间有沙发和茶几，原是可以午休的。中午时分，晚自习课间，每每有学生来到小房间与我谈心，所谓的效果担忧、专业迟滞等念想渐次远去。教育研究不仅仅是追求教学质量的智力游戏，更是春风化雨、直指本性、心心相印的佛事，教育研究是需要信仰意义上的驱动力的。乐趣由此而生。我和学生一起舞动养生、养心的课堂旋律，我用手工方式作量表统计，再以谈话方式印证统计分析的结论。每当我翻阅学生的自测，每当我分析测量的结论，每当我用当事人的自我陈述佐证结论，我就仿佛是医生，似乎是艺术家，好像是透视者。每当反思和修改自己的课程设计、翻阅样本对象的成长记录，将自己框定在教育者的角色范围内时，我会因学生痛苦迷惘的倾诉而形成"于我心有戚戚焉"的悲凉一体感，我会因学生"爱生活赐予的一切"而涌动"飞鸟相与还"的自在使命感，也许这是教育的爱意，是教育研究的角力场。这意味着，教育科研的原初动力是根植于学生成长的，那是会倾注感情的教育科研。

20世纪90年代末，校本课程的概念已经流行，我在两轮上课的实践中，试图将教学设计纳入课程框架，完成了《论心理健康教育的课程化》一文，投寄到《江苏教育研究》，居然在"理论经纬"栏目上发表了。借助这一理论框架，我着手编印《高中生心理健康教育教学设计》。恰逢认识了一位学生家长，他帮我联系了市文化局新闻出版处的领导，于是我带着教案的草稿和构想，申请公开印刷，不仅没有收费，而且核发了JSE—002412的准印证，在我这个偏居大港小镇的村叟看来，更有破天荒的喜悦感了。

2000年春季开学后，我开始编制用于结题的相关材料，我开始学着用Word来处理文本。在校长室的支持下，有了《镇江日报》、丹徒电视台等媒体关于学校心理健康教育的报道,尽管我隐在媒体的背后,但我依然有一种欢欣鼓舞的滋味。随后,我和美术老师一起商量材料封面的装帧设计;我找关系请印刷厂降低收费;我使用486电脑,俯伏机房的电脑桌上敲打键盘。午休时分,来到机房,哈欠连天、趴在桌上淌口水是不能忘怀的细节;常常出现键盘操作的失误而前功尽弃,捶胸顿足、几欲抚体痛哭的纠结情绪,是不得不揭示的伤疤。宣读研究报告和开设成果展示课一并承担,并且拒绝展示课的试上,这又是我不想抹杀的旧事。

2003年,课改之风吹来,我已履新丹徒县教科室工作两年有余,在服务基层学校的同时,继续自己的课题研究。其间,我带着由四所学校的历史老师组成的团队进行"主体性教育评价指标"的研究,同时又以较大的业余精力先后加盟省教科院方国才主持的"学习型学校建设"和孙孔懿主持的"社会和谐进程中素质教育新发展"等若干课题研究。加盟这些课题研究拓宽了教育视野、提升了研究品质。不过,也使自己主持的另一项课题研究迟滞了——省十五规划课题"基于文科新课程的学生认知发展与价值观养成的整合"的研究。这是2003年即已立项的,偶尔念及,翻出申报方案,看看少量的活动纪要,几次出现放弃的念头。一是研究有难度,二是团队的实力不强,三是受牵制的事情太多,四是教科研环境的逼仄。但看看评审书后面的"同意立项为重点课题"的蓝色印戳,想想这是丹徒教育史上第一个省级重点课题,又不忍搁置。在疏烟淡日的孤馆,用香烟和茶水说服自己:因为难度所以才有价值;因为不强,所以才有提升空间;因为牵制,所以才有意志力;因为逼仄,所以才有凌越品质。这项研究起于一个雄心勃勃的计划,做过两次团队重建工作,时断时续的,先后有3个学期只字不提,每次重拾牙慧,都是一次对自己和对团队失望后的咸鱼翻身,都从一个简单而必需的"为什么要研究"的话题开始,采用了我并不喜欢的励志方式。这项研究横跨4个学科,转战6所学校,历时近7年,3度颠覆成员们的研究思路和素材,柔韧地又一意孤行地循着申报方案设定的8个梯度进行探索,召开12次专题研讨会,在我认可的《江苏教育》、《江苏教育研究》、《上海教育科研》、陕师大《中学教学参考》系列杂志和师陶杯论文评选上,斩获相关性很强的10篇论文以后，进入结题阶段。

在研究过程中，凭借市学术技术带头人的身份，得到过申请项目资助的机会，做了一系列申报材料，获得了市、区两级组织部人才办公室的项目资助，当课题临近结题时，依靠这一"存货"，敢于向用钱的地方赊欠。受主客观条件的限制，打入账户的专项费用迟迟拿不到，而交涉不当又导致我陷入独立寒秋的状态。有赖团队成员的协作和努力，有赖镇江市名师工作室的奖掖和支显宗中学校长李文化的鼎力相助，本项研究于2010年6月结题。那天下午结题活动结束，黄鹤一去之后，面对满溢的赞誉，犹有远山含翠却只在墙角遥望的甜美神伤。

肩一筐希冀，拎半箩叹息，兀自开放；扞格和萦系，拎起来跟放下去一样自在，这是教育的叮咛所致，是教育科研的真问题、真研究的心路历程所在。历程之后是花开的暗香。

三、暗香来

2000年5月下旬，新绿芊芊。南京来的、镇江来的、其他县市来的专家、领导和同行，鱼贯步入圆形拱门一个挨一个的青砖砌就的大港中学图书楼。"农村高中生心理健康教育研究"在此现场鉴定。我和我的学生一起演绎了应对焦虑和愤怒情绪的心理剧，我和我的同事共同阐释了心理健康教育的过程与成就，铺展了专家质疑和课题组成员答问的场景。门外的阳光很是灿烂，空气里有栀子花的芳香，我在敬重中等待，等待闭门讨论、现场综述后的专家鉴定，等待艰辛的求真求实后的乐趣降临。我看到镇江市教委副主任刘国荣颔首微笑了，省教科所所长成尚荣扬起他看云一般的头颅了——这是一种肯定和激赏，他转向班华："班教授，你可以破例收束鹏芳做研究生。"太阳悬于头顶，我在午阴嘉树清圆中感受冉冉飘起的惬意。这种光与影里的惬意，与研究报告呈现的基于数据和个案跟踪的分析生活相比，有显著差异。且看研究报告中呈现的SCL-90量表测试统计（表7-1，表中数字为人均值）。

表 7-1　SCL-90 量表测试统计

	阳性项目数	阳性症状均分	若干因子式		
			焦虑	人际关系敏感	强迫症
对照班	45.3	2.42	1.68	1.95	2.00
实验班	37.9	2.01	1.43	1.67	1.70
差异性	｜Z｜=2.39 1.96＜｜Z｜＜2.58 差异显著	｜Z｜=1.98 ｜Z｜＞1.96 差异显著	｜Z｜=3.51 ｜Z｜＞2.58 差异非常显著	｜Z｜=4.07 ｜Z｜＞2.58 差异非常显著	｜Z｜=1.59 ｜Z｜＜1.96 差异不显著

显然，量表所折射的研究过程更像"凭栏久，黄芦苦竹，拟泛九江船"。

2010年6月上旬，在支显宗中学这所乡村初中，春阴垂野，香樟滴翠。基于语文学科的单一价值观课程《天人合一》和跨学科的综合价值观课程《黄河魂》，分别在七、八年级的两个班级开设。返回会议室，我用课件叙述"基于文科新课程的学生认知发展与价值观养成的整合"的行动研究过程，在行动叙事中嵌入文本分析，盘点九大研究成果，亮出团队成员专题研讨与课堂教学的"历史"照片，自豪地宣称本研究没有复制和粘贴。专家组的丁伟红清亮绵柔地阐释本项目寻找真问题、展开真研究、演绎真成果的特征，着一袭藏青色T恤的彭钢所长在确认研究方法和表达方式之创新的同时，因着本课题的话题而思绪飞扬，飞扬至苏格拉底和柏拉图时代。现场鉴定也让市教育局人事处的领导颇为激动，他看到了教师发展诉诸课题研究的伟力，发言结束已是满脸红润。

那是"幽花一树明"，在"基于文科新课程的学生认知发展与价值观养成的整合"研究报告的"摘要"里，似可闻见那一树幽花的暗香："'价值观课题'的研究报告采用按时序叙事的方式展开课题研究的过程，将研究行为、研究方式与研究成果按不同的时段作通史式的呈现，它是曾经的行为史、曾经的思维史、曾经的观念史，是对研究者、课本和学生的存在事实和存在意义的回眸。它用实践说明了如何从学科里的价值观教育走向价值观课程建设。"——课题研究走上这样的历史叙事之路，难道没有风雨声里，洪波涌起的状态？

无论是做诸如心理健康教育类的具有实验和科学色彩的课题，还是做诸如主体性教育模式、价值观教育之类的带有实证和人文色彩的课题，其过程都应该是"墙角数枝梅"，都应该是"晚泊孤舟古祠下"，应有其清瘦和高洁，有其自在和自为，然其成果和影响又一定是"暗香摇曳来"，"满川风雨看潮生"。而这一切的出发点，又一定是基于对教育的爱与痛而展开的思想与行动，一定是为着佐证一个真理：教师的生活世界，是一个基于学生成长的从存在性走向意义化的世界。

不过，"当自己以为是真理时，真理其实已经被变动不居的鲜活的事实所颠覆"，于是我看到了《布鲁克林有棵树》：奋斗着，爱着教育生活所馈赠的一切悲欢，那是一种实现。

（本文原刊于《江苏教育研究》2010年第11期）

师者，传道授业解惑也

━━━◎━━━

如果我们确认中学历史教育要服务人生，中学历史教育的上位目标是人格教育和公民教育，那么中学历史教师首先就应该具有人格魅力。教师的品格对于处在人格初步形成期的青少年来说，是克蒙特·马修唱响的《放牛班的春天》，它所产生的效果是任何教科书、任何道德箴言、任何惩罚和奖励制度都不可能替代的，它会让学生心中形成自己的道德价值观念和道德价值判断。

如果我们确认中学历史教育要有历史味，要把历史还给历史，那么中学历史教师就应该在意自己的专业素养，除了教材就是教参，除了学生作业就是《××晚报》的状态就必须了断。当我们引经据典地真实再现教科书中的某一历史时，当我们准确把握历史的内在联系，展现专题史体例里的纵横网络时，教材的自如取舍、课标的深浅层次就会"纵一苇之所如，凌万顷之茫然""浩浩乎如冯虚御风""飘飘乎如遗世独立"，这是课堂教学的羽化仙境，是职业的幸福指数，那时的学生就感受了基丁老师的《春风化雨》。

如果我们认可新课程所倡导的学生学习方式的转变，认可学生的自主、合作和探究学习，那么师生之间的对话以及由对话带来的学科专业素养和教师职业素养，就必然要求我们讲究教学设计和对话技艺。当我们知道历史就是过去与当下永无止境的对答，当我们知道课堂教学就是基于历史的人际交往，就是教师和学生共同度过的一段生活历程，那么自己的教学语言和教学行为，学生对教师的言行回应就都是我们关注的对象，也是我们进行教学评价的对象。教师的一个眼神、一款姿势，一份期待、一句训诫，一段留足生成空间又经过精心"预谋"的教学流程，就是玛丽娅的《音乐之声》，是基于设计的教学技艺应该考虑的内容。

如果我们想成为一名优秀的中学历史教师，成为受学生欢迎、家长称道、社会认可的优秀教师，那么就要不断反躬自问，那种日复一日年复一年的摆钟状态就得终止，教学反思就要如影相随。今天，我把学生的喜怒哀乐、寒暑冷暖放在心间了吗？今天，我在平等的基础上善待每一个学生了吗？今天，我的课堂教学是有效的吗？今天，我抽出时间读一读墨香四溢的书刊、跑一跑车水马龙的"网路"了吗？这当是魏敏芝的《一个都不能少》"吾三省乎己"之后的"百炼钢化为绕指柔"的名师——涅槃凤凰就诞生了。

现在不用如果，我们是高中历史新课程的实施者，是在充满竞争与合作氛围的现实社会里生活着的教师，是戴了神圣光环又被无数人的目光盯住的、有着比其他人群规范更多的文化群体，我们不得不进入《炼狱》（但丁《神曲》之一部），再跨入《雅典学院》（拉斐尔之壁画），我们必须期许自己有渊博的历史学识和教育能力，我们必须期许自己有善良和慈爱之心，有宽容和信任之怀，我们必须期许自己有"天行健，君子当生生不息"的执着精神和反思意识……

可以了，我们不要再期许自己别的什么了；可以了，我们的事业会因为这些期许的累积而进入《雅典学院》；可以了，我们的世俗情调以至"孤舟钓浅滩""宝马雕车香满路"，也会因为这些期许的累积而"千树万树梨花开"。

（2007年，教育部组织了以朱汉国、赵亚夫为首席专家的高中历史新课程远程研修活动，本次活动做了多期《全国历史课程研修简报》，本文刊载于《全国历史课程研修简报》第11期，《中学历史教学参考》2007年第11期予以转载）

细节与视角的再现：一堂作文训练课的记录和评述

一、缘起说明

　　江苏省大港中学的青年语文教师徐凯在高二年级上了一堂作文课，课题名称是《记叙文训练之亲情篇》，电教馆在课堂教学现场用 3 台设备进行录像，制作了光盘，参加 2008 年的镇江市优质视频课评比，荣获一等奖。学校领导将光盘交给我，希望以此为例，和教师谈谈如何听课。我大概用了 16 个小时，对这堂课的教学环节、时间分配、内容呈现及师生言行进行了细致的笔录，并将其记录为 24 个教学步骤，切割为 7 个教学环节，根据教学活动的特点命名了这 7 个环节。笔录之后又对照光盘进行了两次核对，然后依据这一"现场材料"，在教师教学的视角对这堂课作了简要的评述。

二、过程笔录

　　（一）呈示目标"积聚点滴，细节感人"，并作适当的解释（1 分钟）。
　　1.教师强调：本课要解决（写作的）情感问题：情感选择与情感使用。
　　（二）阅读范文《娘·菜园·我》，含自读和听读两阶段（5 分 30 秒）。
　　2.自读：学生轻读高三同学的文章《娘·菜园·我》，先行感知（1'50"—3'57"）。教师站在讲台上 48 秒后下来巡视，习惯性地在前 3 排巡回并与学生交谈。

3. 静心聆听《娘·菜园·我》（4'18"—7'38"）

教师要求同学闭起眼睛静心聆听作者自己的朗诵，同时用动作示意同学闭目聆听，自己则手持文稿，或看文稿或看学生或轻轻摇动身体。有部分学生看着文稿听配乐朗诵而不是闭目聆听，教师没有在意和干预。

（三）点评范文《娘·菜园·我》（7'39"—13'49"）

4. 师：请哪位同学点评一下，这篇文章写得怎么样或者说他读得怎么样？

生1：写得很好，是记叙文的典范，符合记叙文写作的细节要求。

5. 师接应：细节描写让人感动，能不能读一段？

生1选读了自己认可的一段并且作出说明。

6. 师接应：她讲了这一段落的一些细节，有没有其他地方？

生2站起来讲了新的有细节描写的段落，并作解释。

7. 教师评价和发问：解释非常到位。文章中的"娘"这样做的背后是什么？（稍作停顿，见学生没有反应，继续启发）除了细节外还有什么？文章为什么这么感人？为什么让你感到这么揪心？（此时课程进行到10'57"）

生2在32秒里无法回答，教师转向其他同学，生3站起来讲第4段感受比较深，教师让其选读这一段。读后，教师带头鼓掌，引发学生的掌声。

8. 师：文章写了生活中的琐事、小事，写出了真情，因而引起我们的共鸣。还有没有其他理解？

生1继续，教师给予接应，作出自己的解释，评价她解释得非常好。但没有说明是否就是自己所提问题"还有没有其他理解？"的解答，就转入下一教学环节。此处留了悬念。

（四）朗读和品鉴学生习作片段，教师命名为"倾听同学的感悟"（13'56"—30'04"）

（学生朗读和品鉴8篇习作片段，包括高三学生的2篇和同班同学的6篇。教师将它们制成PPT，并且插入了大体与文章内容相匹配的图片。其中的"爸爸送来老棉鞋"是高三学生所写，也是这一教学环节中呈现的第一篇习作片段，它实际上已经奠定了教师渴望在这一环节传导的主题：亲情描写中的细节、温馨感和淡淡的忧伤感。"妈妈在我肩膀上的按摩"，是班上同学的习作片段，也能解析出其中包含的写作训练的主题要求：细节、温馨和忧伤。它们是具有代表性的）

9. 学生朗读和品鉴两篇高三学生的习作，教师在引导、补充时强调了细节描写里的对比和以小见大等技法。随后，教师呈现同班同学的亲情描写的习作片段，所提教学要求是：自己朗读并品鉴作者自己的习作。

10. 辛俊朗读和品鉴（18'30"—19'30"），教师开始问题的转向：除了细节还有动作描写，还贯穿了一种情感。（一问）文章贯穿了什么情感？（启发并应和学生）这是一种亲情，一种温馨，一种……（教师用频繁的手势和期待的眼光）这种亲情能不能给予一种程度上的定义？学生没有答出教师期待的定义，继续下一篇文章的朗读。

11. 穆慧朗读和品鉴（20'39"—21'35"），教师接应：继续挖掘下去，什么叫细节？一个眼神、一句话都是，这篇文章还有动作和神态描写。（二问）思考一下，通过这些描写表达了什么情感？（教师应和学生的回答"是温馨的"，然后继续呈现PPT）

12. 在潘栋朗读和品鉴的过程中使用了"用……来说明……"的表述思路，教师没有在意和反馈，而是接着说自己的感悟。（三问）这一细节描述表达的情感是什么？学生零散回应：是温馨。学生实际上接受了教师在前面的提示（温馨），教师就继续下一篇。

13. 姜青玲朗读和品鉴结束后，向教师颔首示意并且说：就这些。教师没有在意她的礼节性行为，评价说：她理解得非常到位、非常透彻。（四问）那么这一段又是表达了什么样的情感？教师期待着，接应着"是温馨吗？不太准确"。时间是25'40"，教师期待的答案仍然没有出现，继续下一篇。

14. 崔惠朗读和品鉴（内容如上所示PPT），并且说：那一刻，我很感动，是女儿和妈妈的真挚情感。教师：（五问）这是什么样的情感？一旁的学生回答"温馨的感觉"。教师提示：妈妈的眼角已经出现了鱼尾纹，让你感到什么？学生说，辛酸。教师期待的答案已经呼之欲出，但教师的行为是"继续，下一篇"。

16. 又是姜青玲的朗读和品鉴，又一次向教师颔首示意并且说：就这些。教师没有在意她的礼节性行为，教师概括了她的品鉴以后，（6问）在这细节里包含什么情感？教师流露出期待的眼神，有些急切了，双手不断地打开和合拢，连续提问：这一行动细节的背后是什么？这种情感是什么？有什么更好的词？学生始终在讲"令人感动"和"温馨"的答案。

（五）教师小结和阐明结论（30'05"—32'15"）

16. 师：这些文章贯穿了什么？描写生活细节和亲情描写。我们还有问题没有解决，情感是什么？文章贯穿的情感是什么？我先告诉大家，（出示PPT）"如何积聚：真情、发现。如何感人：细节、忧伤。"（然后他要求分清忧伤和悲伤的区别，并且使用肢体语言，做了演员式的示意性动作）

（六）情感熏陶（32'16"—42'30"）

17. 师：我把我对这4个词的理解做成一段小电影：爱你的人，你也要爱他们。（接着教师播放小电影。这是由24组图片构建的绘本作品，配以伤感的背景音乐，展示了父母抚育子女和子女回报年迈父母的人生历程。人的心灵中最柔软的那一处——恻隐之心、感恩之心被彰显出来，尤其在现代社会的生存境域里，令人黯然神伤、悲从中来。本文截取其中10幅绘本图片。）

18. 是绘本呈现的内容及其背景音乐深深地感动了学生，班级非常地静。教师请学生谈感受，并喊一位女生回答。

19. 一女生有些哽咽地讲，她努力抑制，但是抑制不住地哽咽，她的表述似乎在忏悔和祈祷，还有其他女生在抹眼角和摘眼镜。在她中断讲话时，教师和学生都静静地等着，静得针掉下来都应该能够听到。实际上教师和同学都没有完全听清楚她断断续续的从35'44"至37'33"的表述。在她坐下来后，教室响起一片掌声。

20. 师：情感不能悲伤，而只是忧伤，我把我对亲情的理解写给大家，与大家分享。

（出示自己的"情感点拨"：在爱的漫漫长路上，我们每个人都在寻求亲情的真谛，然而我们得到的却是岁月似无情的刀刃，将我们至亲的亲人削向苍老，时光如水，一路流逝，处处让我们欲哭无泪。一切都怨我们拥有观察的眼睛，看着却无法阻止亲人的苍老！我们可以告别自己的幼稚与轻松，却无法丢弃父母在我们心中的笨拙）

教师动情地朗读了这一段材料，没有对学生提出什么要求。

21. 教师又让学生看一段视频，来自网络的社会故事：74岁的老太为了让孙子上学和为丈夫治病而拉车运货。从38'50"至42'30"，看完后，也没有让学生谈感受。

（这是一个酝酿和积聚学生情感的教学环节，奠定最后两分钟的作业所需的情感基础。）

（七）基于情境材料的说话（口头写作）训练（43'09"—45'30"）

22. 在放完网上的那段视频后，投影出一幅图片：一只苍老的皮肤松弛的手在换自行车轮胎，标题是《父亲的手背、儿女的牵挂》。至此，教师才提要求：假如你是那位老奶奶的孙辈，根据图片中的意境，想象生活中的一个细节，用自己的方式表达内心的感受。

23. 一位女生缓缓地站起来，抹了一下眼角，似乎还没有从那位老奶奶的故事里走出来，她说，我看见一只苍老的手，内心无法排遣忧伤。她用时29秒。教师询问还有没有其他同学，一位男生站了起来：是父母拉着我们的手长大，我们长大了，父母衰老了，我们无法阻止，但是我们以后要想着能够为他们做些什么。他讲了44秒。

24. 这时已经是44'47"，教师未及回应学生，就说，由于时间关系，我们再看一段细节叙述，一个忧伤的细节。（投影学生习作：在公交车上睡着了，口水顺着父亲的手背淌下来，……父亲说：……）要求续写下文。然后宣布下课。

三、评课实录

（一）教学环节中的时间配置

1. 在《娘·菜园·我》的感知部分，学生自主的朗读用时 2 分 7 秒，聆听配乐朗诵用时 3 分 20 秒。这说明：（1）学生自主的朗读时间不充分；（2）教师未能向学生提供足够的时间，以保证阅读的抑扬顿挫和感情投入。在随后进行的点评阶段，教师的接应和点拨用时 1 分钟，学生的感悟发现用时 5 分 10 秒，其中，对细节的关注用时 3 分 37 秒，对情感要素的关注用时 1 分 24 秒。这样的时间分配说明：（1）学生的文本理解和语言表达获得了主体地位；（2）相对细节要素而言，文章表达了什么情感和情感如何表达的目标预设显示了它的欠缺和匆忙，而且也造成了后面的教学环节中，学生关于情感要素的叙述始终答不到教师期待的答案上去。它进一步说明，教学的铺垫不仅仅是内容铺垫，而且还有程序设计的铺垫问题。

2. "倾听同学的感悟"采取了学生朗读文本、品鉴文本，教师适度补充的流程，用时 16 分钟。8 篇同学习作，除去文本切换、学生轮替和教师接应，平均每篇用时都在 1 分 30 秒之内。它要解决的问题是记叙文里的细节描写和忧伤感的表达。这应该是课堂教学的核心环节。它表明：（1）文本解读是语文教学的核心话题，在文本解读里发现写作要领是作文教学的先声。（2）以学生自己的习作来训练写作落实了学生的主体地位，彰显了学生的主体性。（3）每篇 100 余字的习作，从朗读到品鉴，学生能在 1 分多钟里作出的解读是有限的，要彰显语言的人文性，也微乎其微，也就难怪学生的品鉴只能是片言只语。（4）在 16 分钟的教学时段里，有一个问题历经 6 次教师询问，学生都没有能够自己解决，起码反映了用于解读和发现的文本不够典型，也反映了问题与答案之间有较大的空隙，反映了启而不发的状态里师生双方都有责任，责任何在？这值得探究。最后不得不由教师点题并且阐明结论。这一结论的阐明，在课堂教学进行到 2/3 进程时，对学生的认知状态（这里主要表现为对文本的感悟）进行小结和提升，是完全合理的。这一结论包括细节感人和亲情里的忧伤表达两方面，如果这些结论完全是建立在学生发现基础上的概括和提升，就会出现水到渠成的理想状态。可惜没有。

3."情感熏陶"，包括两段视频材料的放映、学生谈感受和教师的写"情感点拨"3部分，用时10分14秒。其中视频放映6分40秒，教师的情感点拨1分45秒，由学生来谈亲情感受，就只有1分49秒，也就仅能容纳一位女生在哽咽状态下出现了。一方面，学生在观看视频和聆听教师情感点拨的过程中，内心是在活动的，是在接受熏陶式的教育的，可以视为缄默的冰山底下的学习行为；另一方面，面对如此出彩的情感熏陶的教学材料，只有一位学生的1分49秒的外显行为，于教学活动而言，学习材料的教学价值未能得到充分彰显，教师对学生的"发现"和基于"发现"的引导，也就捉襟见肘了。当来自优酷网上的视频故事讲完后，教师又呈现了一幅图片情境，提出了问题，对此有两位学生试着回答，在1分40秒以内有两人表述，并且从表述要求来看，要挽住"细节"和"忧伤情感"这两大要素，还要用自己的方式表达内心感受，这何等艰难！我们能够看到：（1）亲情教育而不是亲情写作，成了课堂教学后15分钟的主体，这也是本课最感人的地方。（2）呈现了11分30秒的教学材料，却只有学生3分29秒的情感叙述，材料的教学价值是否被浪费了？（3）期待学生发现"忧伤情感"是所有教学材料里内蕴的一条目标主线，这一期待在10分57秒时首次呈现，在19分30秒以后又先后6次发问，这一期待终究没有得以"启蒙"，从引而不发到弦断弓落，教师自己有没有忧伤？何以忧伤？是很好的反思话题。（4）教师最后一问的着眼点较多，无论是学生的回答还是教师的应答，在狭仄的时间范围内，效果一定是有限的。（5）因为材料较多，时间有限。材料的教学价值的利用就只能是囫囵吞枣、草草了事。

显然，7个教学环节24次"教→学→教"的往返活动，需要充分考虑教学时间的配置，特别是能够实现预设教学目标的教学活动，要获得充分的时间保障。不同的教学环节对不同教学内容的处理所涉及的时间配置，是一个细节，一个影响目标达成度的关键细节。备课时更多地关注教学内容，而不是教学内容的教学价值如何挖掘和彰显，导致了时间配置因素的淡忘，进而使课堂教学中某些学生活动环节无法充分展开，使学生活动抹上了"跑龙套"

的痕迹，结尾匆匆也就在所难免。预设才有生成，预设包括时间的预设，时间的预设又包括对学生理解和表达教学内容所需时间的度量，制约时间配置的因素则是教学内容以及学情。

（二）对教学内容的取舍

这堂以亲情为主题内容的作文训练课，使用了如下教学材料："学兄"（高三学生）的范文、同学的习作片段、绘本材料、来自视频网站的社会故事及教师自己的感悟性文字，主题清晰，亲情、细节、忧伤感贯穿在所有的教学材料里。认知逻辑上的由知性到感性，情绪逻辑上的由铺垫到升华，呈现出逐层递进推向高潮的剪辑特征。教学内容的选择是颇为用心的。然而，这堂课的内容取舍仍然值得探讨。

1. "倾听同学感悟"用了8位同学的习作片段，教师期待学生能够发现"情感的内在特质"，但成效甚微。能否换上一些经典的名家文章或表达忧伤情感的时文，从而推动学生的发现？毕竟学生的作文是稚嫩的，表情达意的精准性不够，因而学生的发现也就必然是困难的。其实，在教师选择的学生习作里，也就只有两篇左右基本能够体现出来。如果再选两篇体现得不充分的学生习作，进行适当对比以便于学生"发现"，目标也许就容易达成了。接着再辅之以名家经典加以佐证强化，一定会有很好的效果，而且还可以腾出时间，留给后一教学环节，以便挖掘"情感熏陶"部分所呈现的教学内容的教学价值。

2. 在教师主动揭示了亲情写作如何感人的要领（写细节，写忧伤）后，本课使用了绘本材料、社会故事、教师自己的感悟性文字3段材料，它们将亲情置于时光如流和生活艰辛这两把刀刃之下，这样的教学材料分外地具有"感时花溅泪，恨别鸟惊心"的情感色彩。这样的情感如何通过写作来恰当地表述出来呢？这似乎才是课堂教学要解决的问题，也就是说，教学应当围绕情感表达的要领来展开。然而无论是教师的情感点拨，还是学生的情感叙述，都没有在写作的层面上体现情感表达的形式价值。教学内容宣泄了一种情感，教学活动却没有涉及如何表达情感的写作技法的点拨，教学活动侧重的是情感表达本身而不是情感如何表达的写作本体。最后 2 分钟呈现的教学内容是"一只苍老的手"和"口水顺着父亲的手背淌下来"两则材料,试图让学生围绕"亲情、细节和忧伤"来写作,但其实际效果是:诉诸情绪感受而不是诉诸如何表达情感。如果最后 2 分钟呈现的仅是一幅罗中立的油画《父亲》,然后从观察和尝试口语写作入手,发现亲情表达的要领,效果如何?

在教学过程进入到最后 1/3 时段时,本课先后呈现了 5 则亲情主题里的教学材料,要想围绕"情感选择和情感使用"的学习目标来展开,理论上是困难的,事实上留给学生的余地是狭窄的,一是因为内容多而时间不够,二是因为教学目标有所游离。

细节和情绪是以生活和生命的价值附丽为前提的。生活经验的体验、敬畏之心、感恩之心和恻隐之心的养育、传统中国的诗文涵养(尤其是忧伤、忧郁之类)及对自然岁月和历史沧桑的感知,都是生发和表达情感的条件,写作训练离不开它们的支持。亲情的表达也应该是有思想价值的。如此看来,教学内容的选择是有标准的。

好的教学材料如何最大限度地发挥它的教学价值?备课时,会有许多情境材料供我们使用,重要的是选择经典的能够实现教学目标的情境材料,这是一个教学内容的取舍问题。教学材料作为实现教学目标的出发点,如何沿着主航道准确穿越?这是一个目标指引的问题。对于写作教学而言,材料、材料解读和基于材料的写作方法的点拨,应该是三位一体的和连贯进行的活动过程,如同普鲁斯特《追忆逝水年华》那样由一块小甜点产生联想,也如同伍尔夫《墙上的斑点》那样,由墙上一块很小的斑点使意念发散开来,然后再拉回到斑点上来。其实对于其他学科而言,同样存在一个在目标意识里选择材料或例题的问题,存在一个所选择的材料或例题获得由此及彼、由点到面的连贯穿越的教学活动的支撑问题。我们不怕没有材料,而怕材料的价值没有得到张扬,因此,教学内容的多少取决于目标需要。

(三)在课堂教学中的提问和应答

教师的提问和应答不是教学活动的主体,但它是锁钥,是引导学生前行的推动力。

1. 在点评习作范文《娘·菜园·我》的环节中，教师有两问：（1）"请哪位同学点评一下，这篇文章写得怎么样或者说他读得怎么样？"此后学生一直是评点文章本身，教师也没有再提起读得怎么样的问题。（2）"她讲到了一些细节，有没有其他地方？"这一问里的"其他地方"也许是指其他细节，也许是指情感特质。此后，学生的回答只是补充其他细节。教师那个"其他"的另一所指就泯灭了。在"倾听同学的感悟"环节里，关于"情感是什么"的问题，为什么最终由教师给出答案？原因很多，例如教师提问的指向过于宽泛，但连续发问所表现出的急切心态也是原因。有时一连几问，绝非短时间一两个词句可以回答的。

2. "倾听同学的感悟"是一个师生与文本的对话过程，教师能够认真地倾听，也能够在概括学生话语的基础上，进一步拓展。但是对学生评点本身的评点，是有欠缺的，有时也只是给出了"到位、透彻"之类的简单的评述，而且在8个学生的往返中只有2处，从应答或者即时评价来看，毕竟大而化之了。姜青玲同学有两次在品鉴结束后向老师颔首示意并且声明"就这些"，教师似乎都忽略这一礼仪行为了，忽略这一教化的时机了。

显然提问的指向明确，提问的语调从容，是启而有发的良好开端。提问时应该是教师的注意力高度集中之时，是教师的思维趋于缜密状态之时，否则会出现提问时的"跑冒滴漏"的损耗，会导致学生的回答找不到路径和切口。提问是教学活动中的一个细节，但它是教学活动中起承转合的细节，是发现和解读学生的起点。

教师的应答是一种讲述，不仅仅是照着学生讲的讲，还是接着学生讲的讲，更是发现和解读学生的讲述过程。发现和解读学生的思维、情感、仪态和价值观，在课堂教学中是很重要的接应，是醍醐灌顶式的提醒和提升。此外，教师的应答理应包含肢体语言的形象化阐释，徐老师在本节课里有两处对自己的口语表述进行了动作阐释。

四、过程笔录及评课的普适性说明

听课不是为了直接吸取学科知识，而是为了观察和研究别人怎么讲课。听课其实就是课堂观察，听课记录应该是课堂观察记录本和思考记账簿。通过观察留下"教学现场"和"思考图"，我们的评课才能成为一个有细节性事实支撑的论述过程，才能成为一个既有宏观的全面性，也有微观的细小处的反思过程，这样的反思正是对自身教学的主观建构。

评课需要一种视角，例如时间配置、学生状态、内容呈现方式等，评课的视角取决于听课的视角和记录的内容。仅仅记录教学内容是听课的通病，东鳞西爪、含含糊糊是评课的陋习。我们要把听课和评课视为研究行为，视为被赋予了表现性评价意义的质性评价，它们是涉及细节、态度与规范的工作作风和教学技能，甚至是一种"士风"和"世风"建设。

要让听课和评课都成为教学场域里的记叙文，成为师生主体、起码是教师主体之间演绎的教学故事，就像徐老师的这堂课一样。

我是历史教师，在不征求任何一位语文教师的意见的情况下，独立地不揣浅陋地观察和评述一堂作文课，是想说明：隔行未必隔山，教学也罢，观察也罢，评课也罢，它们是有通则的，是有基本的视角和框架的，"行"与"行"之间是互有启发的。教师的专业发展不能囿于学科畛域，而当向其他学科并向学生去学做老师，一如孔子。然否？

（本文原刊于《江苏教育研究》2009年第6期）

追求并快乐着

——记丹徒县大港中学历史教师束鹏芳

《江苏教育》记者 王昱

———◎———

时值深秋,镇江市丹徒县大港中学的校园里,冬青环抱,翠柏掩映。一位面容清癯、身材瘦削的历史老师正在授课,他不是刻板、八股地照本宣科,而是不拘一格,或娓娓道来、如数家珍,或旁征博引、娓娓而谈,或逻辑严谨、丝丝入扣。不知不觉中,我们被他浓缩的诗意、张扬的激情、旁逸斜出的历史趣谈吸引了。他就是丹徒大港中学的历史教师束鹏芳。

"理想的素质教育应该是充满人文理想、创造意识以至浪漫情怀的。"

束鹏芳出生在丹阳一个淳朴的农家,在他很小的时候,就常缠着父亲给他讲历史典故。也是冥冥之中的缘分,从那时起,"历史"就为他开了一道透着奇异光芒的门。

1981年,束鹏芳考入了扬州师范学院历史系,从此他便与历史教学结下了不解之缘。1983年,束鹏芳被分到丹徒县大港中学任教。"浩浩长江,巍巍圌山,激荡我们年轻的心房。艰苦创业,校史辉煌,点燃我们奋飞的希望……"校歌优美昂扬的旋律,激励着这位刚刚走上教师岗位的年轻人,在这里，束鹏芳开始了他的教书生涯。

他记得读书时，先生教给自己的一句话："要耐得住寂寞。"束鹏芳时时以此提醒自己要踏实地做学问，不要蜻蜓点水，浮于表面。为了追求教学的真谛，汲取知识的甘露，束鹏芳给自己提出这样的要求："凡是与历史相通的，与人文知识相关的书籍，都不应该陌生。"他从《论语集注》《古文观止》读到《西方美术史话》再到《中国哲学史简编》《现代西方哲学》……凡是对历史教学有益的书，他都锲而不舍、孜孜以求。因为看的书很杂，他渐渐养成了对精神和理想的关注。中国古典文学中的生命意识、历史烟雨背后的成就积淀和哲学领域的永恒追问形成了他的教育理想——素质教育应该是充满人文理想、创造意识、浪漫情怀的。

束鹏芳开始从历史学科教学展开探索，力图突破当前平稳却缺乏活力的教学现状，向他理想中的教育逼近。束鹏芳说："我时常觉得有一股强烈的使命感，推动着自己去实现新的自我超越，这种意识，也许正是历史赋予我的吧！"在长期的教学改革中，束鹏芳逐渐形成了个性化的教学风格，力求历史教学达到教育意义上的对话和思想文化意义上的精神熏陶。以建构学生的主体性为目标，以教学内容的重组为载体，以便于讨论的马蹄形为组织形式，以师生共同的陈述与阐述为主要的教学行为，使历史在语言实践中再现鲜活性、生动性与厚重感，并进而激荡思想，解读历史提供的精神文化价值。

束鹏芳认为历史教学应该涉及这样两点：一是历史给了我们什么样的精神财富，如何借历史来传递一种教育领域的价值关怀；二是如何借历史本身丰富多彩的内容来展现前人的生活、来感悟前人的生活，从而进一步引导我们当今的生活趋势和生活状态。所以他的历史教学，主张一种体验，不是将知识强行灌输给学生，而是让学生真正参与到课堂教学中来。

从20世纪80年代开始，束鹏芳已经在镇江丹徒教育界崭露头角。他的历史课不仅深受学生的喜爱，同样令教育同行刮目相看。

在他的课堂上，学生能充分感受历史的精彩与生动，解读历史提供的精神文化价值，也能在广泛的参与中提高历史思维能力，体验历史的人文关怀。同行们评价他的教学：知识面宽广，思想活跃，有比较浓郁的人文色彩，学生的活动量大大提高。以工业革命的教学过程为例。束鹏芳认为有关发明成就、发明人等陈述性知识完全可以由学生自主提取，无须在课堂上搞"虚假问答"。而瓦特的成长与改良、推广蒸汽机，虽然是教材略去的知识，但具有丰富的历史意蕴，生动性与哲理性兼而有之，还能从一个侧面反映出工业革命的进程。因而他就对此展开阐述，从而在生动的历史叙述与体验中提析出有关个人成长的历史机遇、科技发明的社会环境、科技创新与经济效益等领域的知识。

"你不是最好的，但别人是无法替代你的，你应该也可以作出自己的贡献。"

大港中学是一所地处农村集镇的省重点中学，高中生源大部分来自乡村或小集镇。由于考试升学、精英选拔、"鲤鱼跳龙门"等压力，学生们大部分存在心理问题，症状主要集中在焦虑、人际关系敏感，强迫症及偏执。2001年5月，由束鹏芳参与完成的省"九五"教育科研规划课题"农村高中生心理健康教育研究"成功结题。成果得到了专家鉴定组组长、南师大博士生导师班华和省教科所成尚荣所长的赞赏，称大港中学的这个课题的研究和实践"规范、科学、有效"。

在课题研究中，束鹏芳了解到，一位从丹阳新桥来的借读生由于成绩不好而非常自卑，进而产生了对学校和老师的恐惧。她说："我每天都过得提心吊胆的，怕老师提问，怕进办公室，更害怕同学们说我是花钱进来的。"本来她是很喜欢交友的，但强烈的自卑让她不敢和其他学生交往。束鹏芳和其他任课教师商量，制定了适合她的教学目标和进度，并对她进行了比较系统的心理辅导。一年后，这名女生渐渐开朗自信了。她对束鹏芳说："学习我可以慢慢赶，我想急是没用的。我一定能和其他同学一样取得成功。"

束鹏芳认为，喜欢优秀的、长得漂亮的孩子是人的天性，但一名教师不能也不应该忽视那些成绩差或行为表现上有问题的学生，因为他们往往有着更丰富、更微妙的精神世界,更需要教师关爱。对"农村高中生心理健康教育研究"课题的研究,更加强了束鹏芳对弱势群体的关注。对弱势学生一视同仁是师德的底线,为此,他常和学生说:"你不是最好的,但别人是无法替代你的,你应该也可以作出自己的贡献。""求助老师,老师会助力。"

在讲台上,束鹏芳是位思理条畅、使课堂妙趣横生的老师,课堂外他又是位可亲可敬的朋友。学生们遇到一时难解的结,无论是学习上的,还是生活上的,总爱向他倾诉,求取开释之法。而他总是不厌其烦,使那些在生活中暂时遇到挫折的学生重新树立起正确的信念,具备前进的勇气,学生们因此而由衷地敬重他。

1991年初冬的一个周六,束鹏芳买了一瓶丹阳封缸酒回到宿舍。今天是他30岁的生日,他想自己庆祝一下。晚上6点左右,门外忽然响起学生们的喊声:"束老师,生日快乐!"随之铁皮门被推开了,十来个学生提着蛋糕和熟菜蜂拥而入。"孩子们为我记着生日呢!"束鹏芳心头一热,眼睛一下湿润了。"我想我这辈子都不会忘记,我30岁生日是和孩子们一起度过的。"

1985年以来,束鹏芳已担任14届高三毕业班的历史教学任务,是85届、86届、87届、92届、93届、98届6届6位镇江市文科高考状元的历史老师,这些高考状元中有3人报考了历史系。鉴于束鹏芳在师德修养和"以心育德"方面的成绩,1996年和1998年他先后被评为江苏省学陶先进个人和江苏省中小学德育先进工作者。

天道酬勤　脱颖而出

在历史教学的实践中,束鹏芳思考着,斟酌着。1987年,束鹏芳的第一篇历史教学论文发表在苏州大学主办的《中学历史》上,随后他的《试述中学历史教学内容的改革》发表于华南师大主办的《中学历史教学》,并被人大复印报刊资料全文转载。自20世纪90年代中期以来,束鹏芳在市级以上的获奖数有15项,各类著述达40余篇(项),在同行中产生了较大影响。

1999年，束鹏芳应邀参加了中国教育学会历史教学研讨会；2000年，他作为正式代表参加了历史教学国际学术研讨会，并在大会上宣读论文《生活世界的教育与文化意义的建构》；2001年，他参加了《历史教学》创刊50周年纪念大会和全国历史教学研究会天津年会，同年受邀参加江苏省首届历史教育高级论坛……这些交流活动为他提供了汲取养分的机会，也让束鹏芳的科研更有深度，学识走向丰富。

束鹏芳在教育科研领域边学边思，边思边做，凭着他对教育科研顽强的钻劲，他先后主持或参与完成了"展开历史知识的陈述和阐述，建构学生的主体性品质""培养中学生历史评价能力的研究""高中历史主体性教育评价指标的研究""农村高中生心理健康教育研究"等多项省市级课题，研究成果得到了专家的一致好评。

由于其在教学领域的锐意进取和创造性工作，1997年以来，束鹏芳接连获得"丹徒县学术技术带头人""县优秀教学工作者""镇江市首批中青年骨干教师""镇江市中小学教师学科带头人""镇江市学术技术带头人""江苏省'333工程'培养对象"等荣誉称号。他成了一名科研型、学者型教师。

春华秋实，18年的历史教学生涯，让束鹏芳找到了潜伏在内心里的快乐和喜悦。他的成就来自他对事业的热忱和不懈努力。工作至今，束鹏芳仍住在外面自己租的房子里。然而在采访中，给我们印象最深的却是他对中学历史教学的执着追求与快乐。在谈到工作和家庭时，束鹏芳说："我认为家庭和工作对于我同样重要。我并不追求什么华丽的生活，我希望自己可以洒脱地工作，快乐地生活，闲暇时可以听听古典音乐、读读喜欢的书。""路漫漫其修远兮，吾将上下而求索"，束鹏芳默念先人的诗句，激励自己向更多未知领域探索、追求。

（本文原刊于《江苏教育》2002年第1期）

士的潜伏

——束鹏芳老师印象

江苏省大港中学　潘锋萍

———◎———

单薄的身材、朴实的外表，常常是行色匆匆，往往是默然如山，总让人产生"知我者谓我心忧，不知我者谓我何求。悠悠苍天！此何人哉？"的感慨。他就是我的老师——江苏省大港中学的束鹏芳。

一

在高三之前，我的人生规划中从来没有教师这一角色。意气风发的我一直做着作家、记者或律师的梦，而这一切的改变就在老师担任我的高三班主任之后。

那是 20 世纪 80 年代末，文理分科后的日子，昏暗得没有尽头。每每抬头看着阴郁的天空，总会怀疑这样的自己还会存活多久。那些时日里，我想得最多的不是我会不会考上理想的大学，而是，灰暗的日子还会持续多久。束老师带来了高三时光中最绚烂、最温暖的记忆。讲台上的他谈古论今，纵横捭阖。幽默诙谐的语句和结构严谨、线索清晰的知识巧妙结合。最有趣的时候，他会挂出纸质的历史地图和图片（统称历史挂图），让我们左图右史，眼前就亮堂起来；最浪漫的时候，他会播放一段贝多芬或肖邦的钢琴曲，让我们听背景音乐，耳鼓也律动起来。这一切都让我们沉醉：原来历史课可以这样上，高三历史课还敢这样上；原来历史老师可以这样博学。

如果说，束老师的专业知识能让我们的历史学习自然天成的话，那他的人文关怀则让我们的青春生活"风乍起，吹皱一池春水"。平时他话语不多，但其言行总释放着人文精神，让我们内心充满了温暖。以前一旦被老师叫到办公室，学生就有大难临头的感觉，而对于束老师，如果被他叫到办公室，那是何等幸福的事情！周围同学都会投来羡慕的眼光。很多时候，我们都是故意犯错，只是为了获得被他喊到办公室的机会。来到他的办公室，他会从别人的言行说开去，诱导我们展开自己的思绪，然后他再思接千载地说下去。于是，我们有了平等的真心交流，我们获得了一种思想的力量，他把这种力量归结于文科素养。和他交流的最后，总能发现一个内在理路：未经考察的生活是不值得过的，审美的、道德的和理性的考察。与他的交流，不是认识到错，而是看见自己，看见方向，不是仅仅知道如何学习和认知，而是知道如何让学习为自己的未来成长作准备。他不喜欢开班会，他不喜欢集体训导，我们就特别期待老师小范围的真诚而充满爱意的教诲之机。

在我的箱子中，至今还保留着一支已经褪色的绢花，这是老师在高三那年的"三八"妇女节送的。那天，当我们做完课间操回到教室时，突然发现每个女生的桌上都有一支绢花，颜色各异，形状各不相同，我拿到的是一支粉红色的百合花。在高三昏天黑地的拼搏中挣扎的我们，几乎忘了自己的性别，而这支花唤醒了我们女生的自尊和自信，意识到女性所受的尊崇和呵护。后来这支花被我带到大学里，当我告诉舍友这花的来历时，她们那羡慕的表情足足让我得意了好一阵。现在每年"三八"节，我也会给女生们送花，圣诞时，会给她们送贺卡，看她们那激动的样子，延续老师教我们时的那份精神脉络。

填报高考志愿的时候，我从本科到专科所有的志愿，填的都是师范类历史专业。后来我如愿以偿地上了南师大的历史系，大学毕业后，我回到母校工作，成为一名历史教师。作家、律师或记者的梦在高三那年中止了，老师一年的教学和班主任工作改变了自己的梦想。事实上，从20世纪80年代中期开始，受他的影响，很多学生选择了文科，又选择了教师这个职业。如今，我和老师成了同事，十几年的教学生涯也箭一般地飞度。有过彷徨，有过困惑，有过悲伤，有过失意，却唯独没有后悔过自己当初的选择。相反，做历史教师的幸福感却与日俱增。

二

时间的流逝悄然无声，流逝中的沉淀却大道有形。似乎并没有看到或听到他追求着什么，他就是上课、看书、写点东西，洞穿幽暗和平淡之后，我们知道了他的特级、教授级、教育硕士兼职导师之类的功名。我不知道他还有没有其他功名，因为他从来不提及自己的作为。

老师带了14届高三毕业班，分数理应成为他的信念，事实上他也讲过，于一个工具理性大行其道的时代，我们不能没有分数。但他的分数却不是一个起点，不是一个过程，而只是一个自然的阶段成果。我做学生的时代，他没有在班上搞成绩排名，也感觉不到他以成绩好坏评判学生。但他时时会私下和我们就成绩问题交换意见，让同学带着信心和期待回到自己的座位。老师的历史教学虽时有变化，但讲述、精彩的讲述，始终是他的习惯；老师也阅卷、也作试卷分析，但是一个学期也就考三四次。然而，总有好的高考成绩出现。这大概缘于他的教育信念和"服其师、信其道"的晕轮效应。

后来他兼教研员，偶尔一次随他参加全国历史教学年会，看他主持分会场的活动，看他与那么多历史教学的高端人士相互招呼，看到"粉丝"和他合影，感觉了什么叫名动天下。然而，历史的沧桑和生命的历练使他总显得谦逊随和，无论是强者还是弱者，领导还是群众，教师还是学生，他都付出一份平等和真诚。他经常对我们说的一句话是"不论贵贱和成败，人既不应当变为圣像，也不应当遭受藐视。说话，基于对话的说话"。我一直记得老师的话，也努力像老师那样去做。我有时候也抱怨："不是我不努力，而是现在的学生太难教了，他们一点都不想学习。我有什么办法呢？"老师听了先是睿智地一笑，后是平淡地询问："学校是干什么的？学生到学校来干什么？""你们靠什么来评判学生？""除了考试和分数之外，还有什么途径能够促使他主动地、认真地学？"这一连串的苏格拉底式的追问，推开了对话的视窗，也植入了教育信念。2007年底，我开设的镇江大市级公开课，获得了市教研员的"这是束老师的模式，省港中的风格"的褒奖，心中暗暗得意。但束老师却在指出不足时又连续发问："当我们沉湎于知识时，如何不忘过程与方法？当我们陶醉于情感、态度和价值观时，如何彰显出理性思维？形象思维与逻辑思维的思维连接线如何显现？"身兼教研员的他时不时会将自己的教学主张付诸实践，以佐证其"没有课堂实证的言语就是没有事实的诳语"。高中新课程推进之际，老师带着我们前往河北、四川、陕西、浙江等地献课，传播教学之大道。

寻思老师的教学生涯，曾经想过，年届50岁的人，他的时代过去了，20世纪八九十年代是老师风华正茂的时代，是构建知识结构、大开大合地概述与比较历史的讲授年代，是一度被批判为灌输式教学的时代。他的时代过去了，我们的时代来到了。然而，21世纪的新课程时期，他有了新的转身，这一转身没有颠覆过去，在承续高屋建瓴、知识分类、图文并茂的讲述旧迹中，有了更强的历史叙事、材料解读、以学定教的新思维，就像黄河转过壶口以后继续奔涌而下。我已经是教师，他是我的老师，但这个时代似乎仍然是他的时代，我们大概还得继续追随老师，追随这位"鸡声茅店月，人迹板桥霜"的前行者。

三

在老师的办公桌上，一直有一些单面打印过的旧纸张，他从不扔掉，而是用来做草稿或再打印，有时候用过的信封也成了他的便笺。我曾经不解地问："学校里最不缺的就是纸了，你这样能节约多少呢？"他很不经意地说："节约钱是一回事，环保又是一回事，节约与消耗是一体两面。"如今我也习惯如此了，我也会向周围不理解的人淡淡地说，"为了环保"。就像当初老师给班里的全体女生送花，我心里最大的愿望就是把老师的身教再传给我的学生和我周围的人。

老师的起居生活很是简单，甚至马虎。他在镇江租了一套约60平方米的老房子。我们去过他家，由于年代久了，门窗甚至墙壁都有缝隙，石灰墙面，塑料地板。冬冷夏热、木质门窗关着，室内外空气照样流通。老师却安之若素："这是最环保、最与自然相通的天人合一。"2004年，学校搬迁到新的校区后，老师一家三口挤在一间20多平方米的学生宿舍里。我们经常劝老师改善一下居住环境，可老师总说："现在没有时间和精力，况且你们还不是回家睡个觉吗？"2007年，他买了一套160平方米的大房子，却到2009年才装修，现在还习惯于住宿舍，因为"办公生活一条龙，简洁省时，学校的干活氛围也是居家无法替代的"。看来，节制和简单不仅是习性，还是为了给自己的行动研究增效。

他的行动研究似乎很是考究。有一次他让我帮着找一些试题，结果发现有几个地方因为格式的问题，回车的符号不是Word中正常的符号，而是向下的箭头。老师不愠不火地对我说："这次你好像很马虎，是不是有什么事情让你不能静心干活？"我无言以对，老师关切的目光就像无形的鞭子打在我身上，以后每当我想偷懒、放纵的时候，我总会想起老师的目光，想起他办公室的灯光。有一次，我们做完一个项目后，他把我们集中起来，选择了我们的几个作业片段，呈现一稿、二稿、三稿、四稿直至五稿的修改全实录，逐一指出和分析修改的痕迹及修改理由，关于文字、关于结构、关于历史理解、关于逻辑、关于引文出处……听完以后，我们惊骇，我们汗颜，我们默然。他没有怪罪的意思，他只是说，教学研究这点东西，谈不上学问，却关涉学风、教风甚至社会风气与人性。

白天他忙于工作，把时间的财富给了教师和学生，总看到他行色匆匆。晚上和假日的时间属于他自己，他可以刹那禅定、默然如山。节庆假日，整幢办公楼熄灯的时候，唯一亮灯的多数是老师的办公室。这似乎是老掉牙的小学作文，但这确实是老师的生活写照，是他勤勉治学的写照，是给年轻人最醒目的激励。此时此地，他面对价值的和意义的世界，而此时彼地，多数人可能在品尝工具的和生活的世界。

简单的生活显然是研究和读书的习性使然，更可能是他内心深处的"士"

的情怀使然。环顾四周，面对当下，我们这一辈似乎无法认同他的旨趣，他多少有些孤独。

孤独，于他来说，有些难免。学生时代，听过老师两次传统文化的讲座，也知道他读着萨特和尼采。他应该是追求"内圣外王"的，况且成名很早，高薪去外地的机会也不少，夫人还夫唱妇随，居然从南京回到丹徒，回到丹徒这方相对贫瘠的土地，他竟没能"学而优则仕"。他追求独立的人格和精神的自足，恐怕也只能不仕，世间少了一个"仕"，却多了一位"士"，校园里走着一位"束老"。

低调、简单、不轻易言说，远离浮华，潜入深层，像秋天的芦苇，在淡泊中，筛风弄月，以内心的坚强和清淡将野地的清苦和宁静浓缩成亘古的静默。而一旦滔滔，则水银泻地，畅达而且渗透，尽显士风。当教师成为士，古风乎？奢望乎？

（本文原刊于江苏省教育厅主管《教育家》2012年第1期）

他在哪里

——忆念陈伟国先生

————◎————

一早听说徐州教研室历史教研员陈伟国去世了,我一阵惊愕,以至食堂师傅反复问我"你买什么",我都没有回应,排在我后边的老师提醒道:束老,你吃什么?

拎着早点木然地回宿舍,也没有对夫人说,嘴里咀嚼着食物,眼睛直勾勾地盯着某处看,夫人对我喊道:你发什么呆?

2000年10月,我参加教育部主办、华师大历史系承办的"跨世纪园丁培养工程"的脱产进修,在高中历史教学界已经声名鹊起的陈伟国也在这里。由于都是江苏人,也由于都跟着聂幼犁先生做测量评价类课题,于是厮混得很熟。我们三五成群地出去吃饭时,他不喝酒、不抽烟,很是随和,进食时分,也温文尔雅。他和苏州一位仁兄,往往能包办饭桌谈资的一大半,而且讲话直爽,容易激动,迥异于我的内敛,听他讲话就有过瘾的感觉。在丽娃河畔,我和他也会单独散步,说起最近在看的书,说起值得去"上海书城"淘书的事。当时留给我的印象是,他爱书,他读的历史书很多,很健谈。

我们在华师大流连了整整3个月。其间,他将这个培训班的5位江苏人的短文搬上了《中史参》杂志。他还和《中史参》策划了"如何看待公开课"的专题笔谈,我的名字第二次出现在这份门户期刊上。6年后的一个秋天,我意外地接到陈伟国的电话:你是否申报江苏省首批教授级中学教师了?我答:是的。他说,我就感觉这两篇匿名评审的文章是你写的。我有些诧异。

他说，我和南师大的经盛鸿教授说，讨论历史教学的权力和历史教学事件，提出历史教育中的所指和能指，只有你才会写，其他的中学老师不会考虑这些命题的。我惊异于他的阅读力和洞察力。在这之前，我和陈伟国、赵士祥在刘克明的主持下，编写《高中历史课程标准教学要求》时，赵士祥曾对我说：陈老师有声望，且乐于金针度人。他的电话声音消逝时，我有一种温暖感，沐浴着他这一光辉品性的温暖感。

高中新课程推进以来，我和陈伟国在编写、修订历史教材等文案活动中，多有接触，常在宾馆房间内听他神游历史、评点当下的圈内人事，有点听陈版《世说新语》的感觉。近天命之年，那"愤青"的气息似乎仍然在他的语气中游荡。我流露一些同感时，他表现出洞彻之后的激愤与无奈；我觉得不必要如此时，他会哈哈一笑，挥挥手说，算啦算啦，逍遥一些，人生难得糊涂。然而，他不够"糊涂"，容易记挂和顾念，他不够逍遥。

他一直胃不好，从我们在华东师大同学起，每每见面相聚，朋友们都会记挂他的身体，劝他少干点活，学会生活。他也应然。一方面，他生活得似乎拘束；另一方面，对上苍赐予他的生命与聪明，却是李白饮酒般的浪掷，著作一本接一本地问世，对教材建设、课堂教学、高考复习多有建树。我一直想有机会问问他：你想要什么，你把自己放在哪里？

一周前，得知他病情每况愈下的消息，我先因家事所系，后因"镇江好课堂"的运动式工作所羁，终于未能在异地最后见他一面，想问的问题也就因为他放手离世，而星海相隔了。

其实他把自己放在哪里的答案，同行都能回答。他是读书人，是布鲁门贝尔格所指的那种"知其虚无守其笃爱"的人。

"凡事不计算人的恶，凡事包容，凡事相信，凡事盼望，凡事忍耐"，这是驾鹤西去的陈伟国该随身携带的吗？"原来我们不是顾念所见的，乃是顾念所不见的；所见的是暂时的，所不见的是永远的"，这是陈伟国一路西行后值得我们念念不忘的吗？

2014 年 12 月 9 日深夜

（本文原刊于《中学历史教学参考》2015 年第 1 期）

第八辑

业界风景

十方谛听塔铃声

——"全国历史教师学科素养与高考教学胜任力研讨会"影像

———— ◎ ————

主席台上没有任何嘉宾,也没有领导讲话,杂志主编任鹏杰径直站在礼堂舞台一侧,热情地表达谢意、诚恳地表达歉意。他向与会者转述阿里斯托芬的寓言故事:最初的人是现在两个人的合体,双头四臂,能量很大,总想上天造反。宙斯不能容忍人类的蛮横无理,把人全都劈成两半,人成了现在这个模样。人由此而懂得了敬畏,滋生了仁爱。

这一场景出现在2016年7月16日上午的西安。《中学历史教学参考》发起和组织的"全国历史教师学科素养与高考教学胜任力研讨会"在这座城市举行。

他继续解读这个寓言:我们都是"半个人",必须找着自己的另一半。这一寻找是对人的完整性的追寻,更是对以历史为镜鉴的人格教育目标的致敬。然而人的完整性究竟有哪些?又该如何寻找、怎样致敬?这是我们办会的初衷,是本次会议的智慧难题,我们期待专家和同人们贡献伟大的看法。

一、风行水上

西安的太阳十分火热,任主编的开幕致辞格外热情。人的智慧从远古的中华文化飘摇过来。先秦史专家、陕西师大赵世超先生的《中国传统文化与教师素养》的报告掀开了专家讲座的篇章。场内安静得只有他老先生的黄钟大吕之声。他从三代的占卜记录（易）、宗庙乐歌（诗）、政府文告（书）、贵族周旋记录（礼）等文献解说入手，以诸子百家、汉代儒学的阐释为主干，简明扼要地说明了以"人"与"人事"为枢纽的中国传统文化的特点，据此表达了他对中国传统文化优劣之处的独特看法。听众惊异于他引经据典、出口成章的学者风范，感慨于他"不忘本来、重视外来、面向未来"的思考广度与深度。他显然不是一个冬烘先生，但他显然又是一派醇厚古风熏习的意气书生。座无虚席的礼堂内，没有快门按下时灯光的闪现，因为老先生没有使用PPT，也很少翻动稿纸。他就那么端视听众席，偶尔摆摆手，文言史料、白话解说，信手拈来，交错推进。不知不觉，规定的报告时限到了，他说："历史教师对任何文化观念都要有自己的理性判断，要合乎常理、顺乎常情。但面对常理，又不等于墨守成规，要与时俱进，养育创造性思维。"话音落地，掌声雷动。

学习历史，当然是为了滋养人的心田，化身为人的素养。素养如何界定，又怎样判定，这显然是令在场的全体中学历史教育工作者关注的重大问题。中场休息后，中国青年政治学院的郝瑞庭教授"开坛十里香"。因为课改的机缘，他时时移驾中学历史教育圈，课标制定、教材编撰、命题测量、课程培训等课改经验，赋予这一《高中历史课程标准的转换与测评——从三维目标到核心素养》的报告以强烈的底层期待和技术气息。底层期待是一种"升空"，他让场内听众望见三维目标到核心素养的变化轨迹及内涵圈层。技术气息是一种"接地"，他让与会者窥见核心素养的水平层次及可测的标尺。他解说标尺上的刻度与刻度的移动，仿佛是魔术师在拿着素养的皮影在抖搂。听众们大概都忘记看他是什么样的人了，关注PPT的呈现与变换，瞩目PPT上的文字与图表，担心皮影的遁逝，专注于纸笔速记与手机拍摄，场内蔚为大观。平心静气的场内气氛弥漫开来，硝烟一般遮住了郝瑞庭黝黑脸庞上的智者光亮，封缄了时间流淌的感受。他不无忧虑地表达自己的困惑："核心素养真能层层考查吗？核心素养的考查是各自独立的，还是整体的？"此时，场内的听众方才松懈，因为他把这个问题交给大家思考去了。这时，大家才从硝烟中看一看郝教授"道士下山"的神情。主持人任鹏杰只来得及说一句谢词"谢谢郝教授,我们的好教授"。因为离预定的结束时间延后了20多分钟,早该回到肚子要吃饭的生活常理了。

下午2:30,首都师大张汉林博士开讲《以理解为中心的历史教育》。一个教过高中,又做过北京西城区教研员的人,以研究的视角讲述历史的理解与理解的历史教育,自别有洞天。汉林从盲人摸象的寓言故事开始其对历史理解的层层剥蒜。他从历史、历史学和历史教育的递进关系中探究理解的重要性与层次性;他从历史教学特质出发,在教学实例的分析中阐明历史理解的3种方式与6种水平表现。听众在接入自己的教学经验与理性运用中,神入历史教育的时空隧道,感悟他理性又不乏情意,严肃又时露机锋的"历史理解"。至于如何帮助学生理解历史的技巧说明,更令听众在不悱不发的状态中产生了豁然开朗的通亮感。"理解学生能够理解的历史,并且能够有效地解释他们所能理解的历史,进而认识人类自身,这是基于教育立场的历史理解。如此,我们就会讲究历史学习的过程、深究历史学习的方法,让历史理解的历史教育服务于学生的发展。"当这一中心思想渐次聚集呈现时,学理的剖析、技术的讲解,走向了思绪的飞扬与心灵的怦然,与会者的吞噬转向反刍。面对张汉林旁征博引、精密细致的温婉阐述,貌似不苟言笑的主持人(郑林)也难抑其滔滔感悟,在张老师的基础上,他又紧抓历史理解这一历史教育的肯綮,铺展了一阵,让张汉林讲课内容的余韵挥发出来,同样赢得了满堂喝彩。

历史理解既是教学的话题,也是史学的主题。历史的理解与理解的立场与观念密不可分。接着登场的东北师大王邵励博士的《史学理论修养与历史教育实践》的专题报告,诠释了理解背后的哲学基础。他立足于自己的史学理论专业,举证高中教师面对的高考试题,深入浅出地阐述了史学理论的特征与研究方法,侧重阐述了中学历史要掌握的6大史观,尤其是文明史观、进步史观、全球史观与人本史观。史观的表述是一种抽象的思辨,举证史观的史料解释则是一种具象的体悟,史观与史料的结合,成就了史学理论用于历史理解与解释的实践所能激发的活力。显然,王邵励的报告是活力四射的,因为他的报告是对星空的仰望和对星座的找寻,是一种"道"与"理"的炫示。当他从高校的小众教坛走向中学的大众讲坛,面对来自全国的500多"信徒",布施他的多元史观的信念时,讲课的激情自然不言而喻。事实上,"70后"的王教授在聚光灯下,语言高亢、满脸涨红、额头汗珠晶亮。大概只有挚爱和布道,方能解释这一现象。听众在他朗诵用于结尾的自创诗歌时,血脉偾张的光芒,洒落一地。主持人冯丽珍的总结,恰如王教授献给历史教育的诗句:以多情的回望,让往昔驻留;以温存的目光,让过去燃烧。

暂且在专家讲座的光芒中驻留片刻,看看脑洞大开后的洞中火光。

人类文明是从"分"开始的。走出野蛮始于分,分男女、分长幼、分父子、分君臣,讲究区分,划定秩序,推进了文明社会的到来。基于秩序维持的"礼",延伸出仁爱精神、集体观念、稳定意识。但是三纲所构筑的等级依附关系却会消磨人的独立性与个性,妨碍人的创造性。显然,对传统文化的继承应该在抽象地继承中赋予当今社会的价值观念。例如"忠"是值得继承的,但已非忠君的"忠",而是忠于祖国的"忠"。

传统文化的素养是师生的核心素养之一,是价值观的养育。中外优秀文化中的价值观,同样也是历史的价值观,是历史教育核心素养的目标组成。这一目标大体可以分为4个层面,即时空观念、史料实证、历史理解和历史价值观。每个层面的素养目标均是有层次的,都是可以尝试测量并作水平划分的。当然,作为目标的核心素养,是从三维目标演化和发展而来的,恰如传统文化的话题,核心素养的培养和测量,也应该承接三维目标的课改成果,从而廓开课改新视野,走向课改新境界。

不过,师生应有的核心素养最要紧的恐怕还是历史理解。恰如布洛赫所言:千言万语,归根结底,理解才是历史研究的指路明灯。而历史理解之所以可能,是因为历史材料里所表现出来的前人的言行,与我们今人的言行具有根本的类似性,只要我们以"人"的普遍性原则来看待历史。由此,历史教育中的历史理解就当基于"人"的立场,立足历史材料,寻找理解历史的具体方式、探明历史理解的水平层次,从而让学生像史学家那样思考,使历史理解具有师生交流、赋予意义的教学可能,历史教育才由此生成。

然而，历史理解不仅是态度取向，也不仅是解读方式，更是意义提升的理性认识。因此，历史理解的决定性因素在于理解者的历史观念。史学理论就成了理解历史不可或缺的基石。了解基本的史学理论，把握理解历史的角度、方向和视阈，认识各种历史观念，谨慎运用史观来引领历史理解，形成系统的历史认识，就毋庸置疑。事实上，分析诸多高考题，都可以发现史学理论的影子，觉察史学理论的运用价值。中学教师需要面对史学理论的思想之乐与思辨之苦，恰如核心素养之风吹来，苦乐交集。

　　凝视脑洞里的思想光芒，我们有意无意地拼接了历史教师学科素养与教学胜任力的4种基本原色：追问文化的赓续，勾连历史的碎片，荡漾理解的波纹，沉潜思想的标尺，最终聚焦于苏醒教师的生命与使命。这一束包含4种原色的光芒，有着风行水上的气势。这一气势在当晚全体与会人员聚餐的音容中便依稀可辨。《中史参》编辑部的几个人撬动了来自全国各地的500名中学教师的众神之欢。

二、天在山中

　　7月17日的上午，分会场的专题研讨开始了。4项专题，4个分会场，每个分会场都由4位主持人围绕本场专题作10分钟以上的微讲座，都有参会代表的发言和提问互动，最后都由第一主持人进行本场的专题概括。专题概括首尾呼应、主题鲜明，既有合理的溢出，又有鲜明的主题回收。

　　第一分会场由李惠军、王雄、戴羽明和唐琴主持，主题是：学生历史学科素养与教师教学胜任力。王雄的设问、穿插，戴羽明的哲学思辨，李惠军的现场诘难，使这一议题虚实相生，既追问概念与原理，又行走实务与路径，学科素养的含义与教学胜任力的维度渐次清晰。戴羽明以《回到原点与常识，思考历史教育》为题，阐述了历史教育的"三要三问三维"。他说，历史教育要满足人的积极需求，满足社会的实践需求，满足学生健康成长的需求；历史教育总得解决"是什么（探究真相）"、"好不好（判断价值）"和

"该不该（分析解释）"这3个问题，因此，核心素养当是史学研究、育人目标与认知规律的三维统整。唐琴站在历史教育的原点，感慨"学生是什么"、"学生怎么样"和"教育的价值在于培养健全人格"等原点认识都不到位。"所以，核心素养指向人本身，核心素养的培养需要教师的养'人'之心与教学胜任力"，她说这句话时，将长发掠向脑后，声音清亮而坚定。王雄的坚定来自他对"历史思维能力测试设计"的实务表达。他展现核心素养目标下的历史时序、历史理解、历史解释与历史研究等方面的思维层次的分解，并作了例证说明。他外溢的提问是一份细切的关怀："如何评估与训练？"

评估与训练显然是其他分会场的内定使命。

第二分会场由郭富斌、束鹏芳、朱能和赵剑锋主持，主题是：2016年高考试题特色评析。高考试题评析的使命是基于试题的文本分析，推究命题者想告诉我们什么，从而寻找教学的路径。朱能以《命题是守夜人的事业》为题，对2016年全国各套试卷进行了整体分析。他以PPT的形式再现了发表于《中学历史教学参考》2016年第7期上的论文要点，分析说明了2016年高考题如何守卫史学特质、彰显学科素养的表现所在。他说：历史教学要让学生自己发现历史、形成认识再证明，像史学家那样经历过程。他浑厚的声音终结于一个发人深省的问题上："我们的孩子需要怎样的学习才能长大成人？"郭富斌力图以6个变化来回答朱能的问题：从知识中心到问题中心，从教材中心到课程中心，从能力立意到素养立意，从刚性答案到弹性答案，从单一史观到多元史观，从追求难度到追求态度。他追溯了近5年的全国卷，以其特有的饱满热情和字正腔圆、抑扬顿挫的声音，阐述了"人的关注与教学的革命"。相对而言，赵剑锋和束鹏芳俯下身子，关注了试题评估的技术路径。赵剑锋聚焦概念性试题，佐以学生答卷的实证材料，讨论了概念教学的策略，彰显了他严谨治学的个性特征。束鹏芳力图以体悟的感性方式，直陈2016年各套历史试卷的核心特征：大开大合的全国卷，主题鲜明的上海卷，细腻谨慎的江浙卷等。他以"授人以鱼不如授人以渔"的立场，展现了试题分析的框架与路径：试卷在内容选择、能级设置、价值观考查、情境创建和材料与所学的勾连等方面的结构性布局，命题者所愿与应考者所能之间的灰色遗留。这一分析框架推开了与会教师分析与评估的新视窗。应该说，高考试题评析是高中教师的年度大戏，是人人皆能言之、人人皆愿言之的众神狂欢。所以第二分会场内，热议不断，来自赣州、宜宾、黔江、深圳、北京、安庆、厦门等地的老师争相发言，或研读试题，或质疑问难，或体味教学，一派霞鹜齐飞、水天一色的共欢景象。

　　第三分会场由成学江、李爱笃、朱启胜和柴松方主持，主题是：高考历史试题对复习备考的启示。第四分会场由戴加平、李树全、李付堂和丁林兴主持，主题是：高考历史模拟试题的创新命制。这两个分会场均与高考试题相关，是第二分会场议题的连带和递进：真题评析—真题引领教学—真题引领评价—摹效与创新。这一连带和递进展现的恰是历史教学的流程与方法。由于各位主持人均认定高考命题致力于核心素养的考查，并从这一视角解读真题，从这一视角阐释复习与备考策略，因而它就是探讨核心素养目标下的历史教学，关注高考教学胜任力的实际操作。不同议题各有侧重，但又彼此交叉和外溢。李爱笃详细陈述了他的"高三历史课堂应把握好六个度"的复习教学思路，萃取了复习备考的精要节点，即一轮复习课的"知识跨度"，二轮复习课的"思维深度"，三轮复习课的"能力高度"，专题复习课的"学科厚度"，热点复习课的"课堂精度"和试卷讲评课的"总体效度"。李树全针对备考过程中模拟试题的命制，阐述了学科知识、能力价值和学科素养之间互为表里的关系，提出创新命题思路要关注4个方面，即渗透学科方法、发展批判思维、培育开放观念、彰显价值引领。丁林兴以摹效高考真题的分类对仗方式（真题—模拟题）来谈论命题创新。由此出发，他强调了专业阅读的重要性，引发了与会者的求新冲动。诸多史学研究的新成果众口播撒。戴加平在《试题的创新与坚守之道》中，同样强调了援引史学研究新成果的必要性。"但是，基于史学阅读与成果援引的新材料、新情境和新问题，必须有坚守之道相呵护，这一坚守之道应当是任鹏杰所主张的'魂'（价值引领）、'根'（健全人格）、'命'（思考能力）。"他是扬着头、目视前方说出这句话的。

　　目视前方，绵延之路上还有怎样的纷至沓来？

由于是分会场，进行的是分议题，参会者难以鱼与熊掌兼得。当天下午的集中交流议程，满足了全体参会者的心愿，纷至沓来就此形成。王雄、郭富斌、朱启胜和戴加平各自汇报了所在分会场的交流情况、归纳概括了所在分会场的思想认识，实现了情境再现与智慧分享，使参会者能在思想的交集与分叉中，寻求深度认知和绵延思考，寻找那"另一半"。在这个议程中，参会者依稀看见了各个分会场既聚焦大会主题又扩大领域话题的热闹场景，仿佛看见了第二分会场不设主席台、团团而坐、频频举手的火爆场面。根据各分会场的汇报，"众神"的基本思想如下：素养的主体是学生，而学生的素养相当程度上取决于教师的学科素养。教师的学科素养需要从人之为人的基本素养、自然人与社会人的素养、实然与应然的素养等方面进行统整。其实，核心素养之说，是新课改推进过程的自然结果。在破茧成蝶之前，它已经在孕育与发力，尤其已氤氲在近几年的高考试卷中，只是没有被说破而已。如今，说破了，天变了，高考倒逼着历史教学的革命，道与术也都该变了。让教科书成为教学进程中的一份重要的材料例证，让考试成为平素的修习涵养的一次主要验证。然而，对于高考和核心素养，"众神"之欢里，除了风行水上的顺接，还有浪遏飞舟的逆迎。北京和山东的老师质疑高考试卷与学生最重要的学习资源——教材（甚至课标）渐行渐远的话语霸权。我们需要直面"试题出彩、学生挂彩""专家叫好、学生叫惨"的现状，就像束鹏芳一语中的表述：我们需要反思"所愿"和"所能"之间存在的巨大缝隙和灰色地带，避免象牙塔里的自我娱乐，探寻引导人与选拔人的合理区间。还有部分参会老师质疑核心素养分层检测的机械和自恋。江苏的老师问道：将核心素养包装成新产品闪亮登场，是否属于遗忘已有教育研究成果的无知无畏？有无市场产品意识在作祟？

分场研讨与专题分享，展现了众神之欢。这里有理论与实践的嫁接，有不同地域与个体在平等的语境中展开的美美与共，是"山中宰相"托生斯世。当然，这一"天在山中"的景象，不仅呈现于分会场的庭前，也昭告在主会场的嘉宾院落。

三、地势坤厚

宾华以《课程的变化与课程理解力》为题，开启了嘉宾发言的门厅。他以历史人的习性和思考者的神态，回顾新课改前后的教学观念，并基于这一课改观念史的线索，表达自己的认识。他认为，新课改前的学科教学阶段基本就是教教材，视历史教科书为知识的全部，这一固有观念迄今依然存在；第8次课改的课程教学阶段，初步确立了课程意识，在三维目标的指引下，明确了教学是用教材教；当下则开始了课改的新时期，即基于立德树人与核心素养目标的课程执行。他的愿望是：历史教师要在增进课程理解力与执行力的基础上，确认有水平层次的评价方案之后，再行教学设计，此谓"评价先行"。

李惠军的发言则开启了嘉宾报告的殿堂，他的发言是激情洋溢的和爆发式的，就像地火在地下运行，积蓄了许久的能量，终于找到了喷发的山口。他的即兴演讲包括三方面的基本内容：批发西方理论的困境，滥用"史料教学"的俗气和素养目标下的"三化教学"——教材问题化、问题方法化、方法逻辑化。他将目光锁定在课堂教学的现场，以自己的受教与教授的教诲生涯为例，陈述了运用史料但绝不为所谓"史料教学"阻隔的教学主张，为此他具体说明了实现这一主张的"三化"技术。我们在他那"俗不可耐""教学进程中的肠梗阻""历史叙事中的堰塞湖"等表述中，不难想象他的批判锋芒及这一锋芒中的激情火花。我们在他那"于教材问题化过程中，学会解决问题的方法，体悟解决问题的路径逻辑"的观念表达中，不难感受他的独特个性。他在昭示自己较系统的历史教学主张时，大气磅礴。在这个七月流火的日子里，他手舞足蹈、满脸绯红，空调的冷气抑制不住他酣畅的热辣。鸦雀无声的会场内，我们仿佛看见舵主的气息在绕梁。

不是舵主胜似舵主的气象出现在7月17日下午4时许。研讨会的组织者，在素养之风吹起、高考改革之天变脸的大背景下，中学历史教学的同人有机会、有平台聚集于西安，共欣赏、相与析。两天的会议从上午8：00开到下午6：00，主会场、分会场均座无虚席，走动者寥寥，《中史参》的人当然得感动自己。他们的感动应该还因为他们看不见的花絮：彼此熟悉的扬州人、长春人友朋相聚，在西安的夜店谈论历史教育的人格与素养；前来与会的青岛团队相约作专题反思，感悟历史研究与历史教育中"人"的温度，追寻"诗和远方"的情怀；芜湖团队居敬而不乏浪漫地挽留着会场的激情，"仿佛看到一群心怀梦想，高举圣火的教师在奋力前行，无名的我们愿意跟随，每天一点点努力，每天一点点改变，和学生们一起素养"；东莞人和中山人归纳了与会者讨论的热词："学科素养""教学胜任力""高考""批判性思维"；镇江人和天津人在会后游大兴善寺，还有从佛陀之心到素养之意的话题迁移。这确实应该感动和感激。那天下午 4 时许，在主编任鹏杰千谢万谢之中，在他动情得难以自我中断的闭幕演讲中，会场的"众神"分明听出了、看见了《中史参》人的感动。

他在闭幕演讲中，再次讲到了阿里斯托芬的寓言故事，并阐述历史教育如何就能寻找和塑造人格。他的演讲主题是《呼吁历史教育回归常识》，他坚信史事背后有价值性知识，失去价值省察的教学是致命的认知。为此，他列举善恶美丑的价值判断逃离课堂的教学事实，批判少数教师丧失良知、甩掉本土文化的错误做法，揭示"人同时用多种价值观来引导自己行动"的逻辑荒谬与实然臆想。"大家说说看，这不是常识在萧条吗？常识的背离不正是人格的欠缺吗？已经是一头双臂的'半个人'，再缺了另一半，那还可以成为人吗？"不如意、不合理，总是令人愤慨，他也不例外。当他发出这一连串的反问时，激愤之情溢于言表。"所以素养之核心乃是健全人格，教育就是寻找和唤醒这样的人格。"他用铿锵有力的结语，将历史教育人的黎元之忧排遣开来。

酉时的阳光掠过会场的屋顶，晒向大雁塔的檐角风铃。

毕竟会议到了不得不结束的时刻，他的思绪重返办会时空：因为条件限制，《中史参》人不得不残酷地谢绝部分报名参会的老师，到会的你们从各地汇聚在 38 摄氏度高温的西安，住宿都分散在 4 个地方，天天顶着酷热的阳光往来会场。然而我们相会相识、如切如磋，一定有一个相同的目标，一定有一项共同的使命。使命的驱动，集体的贡献，成就了本次大会"成人之美"

的智慧。成人之美是大地的厚德，厚德的实现将以素养与胜任力的问题解决为条件。《中史参》期待各位继续为问题的解决贡献智慧，表达自己的伟大看法……

这一"地势坤厚"的宏愿，是"历史教师核心素养与教学胜任力"启程的响铃。

四、洞穴影像

李惠军的嘉宾演讲是这样启程的：一位古代的哲学家，有一天，他面临浩瀚的爱琴海，低头沉思。陡然之间，他仰望星空。任鹏杰在本次大会的开幕式和闭幕式的致辞中都是这样说的：柏拉图在《理想国·会饮篇》中援引乃师苏格拉底的话，告知我们，人的教育要寻找另一半。

大雁塔的风铃声，随着会议的结束，渐次飘散四处。现在，让我们设想一个基于柏拉图的《理想国》和鲁迅的《呐喊》而建构的场景。在爱琴海岸边的一处鲁迅的"铁屋子"里，苏格拉底继续讲述寓言故事：洞穴中有一批囚徒长期生活在黑暗中，他们将来自远处的、背后的火光所投射的影子，看成是唯一真实的事物。其中有一人碰巧获释，成为偶然到光明世界生活过，认清了阳光、黑暗与洞穴"影像世界"等关系的"明白人"。他怜悯同伴，试图携带一缕阳光，说服他们走出洞穴，看清真身，沐浴光明，但很困难。苏格拉底问道：他和洞穴囚徒较量"影像"与真身时，他会遭到笑话吗？洞穴囚徒会说他到上面去走了一趟，回来眼睛就坏了吗？他们甚至会连一个往上去的念头都不起吗？如果允许把那个打算释放他们并把他们带到上面去的人逮住并杀掉的话，他们会杀掉他吗？苏格拉底话音未落，按捺不住的鲁迅便说：一切都会的，他们还会说他"疯了"，甚至把他的血蘸着馒头吃下去。柏拉图的问题来了：个别觉醒了的启蒙者，如何面对数量庞大的"洞穴囚徒"？"灵魂转向"的关键是改善"洞穴囚徒"的境遇，还是造就"真正哲学家"？哲学家又怎样引导他们"上升"到光明世界里去？鲁迅答曰：一切理想家，不是怀念"过去"，就是希望"将来"，而对于"现在"却都交了白卷，"引导"需要肩扛黑暗的闸门，它远比畅谈"光明"要困厄许多。鲁迅其实也未能很好地回答柏拉图的问题。

这是事实性常识。人是有限的，而且人们个个不同，不能像印版书似的每本一律，人将始终既生存于"真理"中，又大量地生存于非"真理"中。人群中既有生活在光明中的"明哲之士"，也有大量的习惯并生活在黑暗中的凡庸之众。凡庸之众体内存在着光明，存在着"可拯救性"，有拯救之心的"明哲之士"体内，也存在着黑暗。人类的真理不仅对着四周的黑暗闪耀，而且这些真理本身恐怕也有自己的黑洞。"万物负阴而抱阳"，彼此共存于一体的事实，是"明白人"和"洞穴人"都应该承认的常识。

回到常识，回到事实性的"现在"，"核心素养"高调标识的各类素养和强大的教师胜任力，也许不是因为信仰、力量或技术的限制而在能力上的"不能"，而是因为人性自身有其天然的不可能性。高调的目标在思想上存在，却在实践中部分地沦为空想，这既是历史的经验，也是教育生活的常识。核心素养的"明白人"，历史学科的"人的教育"，似乎都应根植于这一常识，以及《中史参》人所提及的其他常识。否则……

"如果我们承认自己是历史教育人，对'全国历史教师学科素养与教学胜任力研讨会'的意义发现，就不应仅仅定格于西安会议特定场景里的短暂激情，而应设法弥散成此时此地的'意义'拯救下的事实。"束鹏芳以"洞穴隐喻"的方式对这一会议的报道者这样说。

报道者也便探询着说：也许我们的报道也是洞穴影像。束鹏芳说，就算是，在十方谛听大雁塔的风铃声中，影像总能淬成局部的真实，就像历史……

（香港城市大学传播与新媒体学院戴尚昀对本文的建构也有贡献。本文原刊于《中学历史教学参考》2016年第9期）

锦江两岸一束火

——记忆"学科素养与历史教学"全国学术研讨会

———◎———

2017年7月16日，雨点淋在温热的空气里，来自全国各地的800多名教师聚集成都七中嘉祥外国语学校。8：35，他们听到了《中学历史教学参考》主编任鹏杰的声音：高举思想的火把，照亮学生的心田，"学科素养与历史教学"全国学术研讨会开幕！

一、雨还是火

"好雨知时节，讨论学科素养与历史教学正当此时。"陕西师范大学出版总社党总支书记、期刊编委会主任魏立安专程来感谢与会代表，四川师大党委副书记刘鹏对大会的召开表达了衷心的祝愿。他俩都期待历史教育能够随风潜入夜地应和这一教育改革的最好时期。

浸润的雨是从华东师大史学理论专家张耕华的《是理解还是解释——史学理论研究中的难点》开始的。面对这一难点，他强调学理和公共讨论的基础。为此，他从史学史的回顾入手，对历史理解与历史解释作了广义与狭义的区分，并就历史理解与解释之间的关系展开了极具思辨色彩的说明。他说，理解具有多元、多变、非终极性与永无止境等特征，它是有限的，也是难以"定于一"的。那么，能否取消"理解"，专用"解释"？由于解释的工具

（理论与方法）五花八门，解释的结论会大相径庭，而且解释的工具在累积式（诸说并存）而不是淘汰式（新旧替代）地更新，所以，解释更难以"定于一"。更重要的是，解释往往就是"事后诸葛亮＋概然性＋可能性的假设"，结论性的历史解释是弱检验的。就此而言，人文的历史学很难说是科学，起码是说不清的科学，一定要说清楚是做不到的。

当与会听众迷离于颇具学理色彩的"不确定性"时，张教授又继续考验听众的心智承受力。他说，回到历史课程标准关于核心素养的"解释"上，我们可以列举如下表述：史料实证是理解和解释历史的关键能力与方法；历史解释是在形成历史理解和认识的基础上叙述历史的能力，是检验学生能力发展水平的主要指标；历史解释是指以史料为依据，以历史理解为基础，对历史事物进行理性分析和客观评判的态度、能力与方法；区分历史叙述中的史实与解释，知道对同一历史事物会有不同解释，并能对各种历史解释加以评析和价值判断。当我们把分散在课标的不同条目里的这些"解释"归并到一起的时候，"解释"的含义清晰吗？它与其他诸素养之间的界限清晰吗？唯一清晰的是概念术语的混用、叠用与含义的不确定。没有确切的界定，教学可以操作吗？部分与会者对这样的省察，既有幡然醒悟之感，又有对自己过往浑浑噩噩的沮丧感，内心听见雨点在火把中哧哧作响。当他说到"对史事的讲述就是历史解释，解释又可以多元和无止境"时，与会者又欣然自喜，仿佛看见了雨与火的结交言欢。

思辨的过程是雨的浸润，思辨的过程也会是火的燃烧。这天下午，烈日当空，从报告厅后场走向前台的"暂保密"先生延续了张教授的思辨。他的报告主题是《学科素养视野下的教学内容分析——以18世纪法国启蒙运动为个案的思考》。他从苏格兰的启蒙运动切入，以丰富的史料和大时空观念，详细阐释了18世纪启蒙运动的深刻含义与对现代世界的影响。在他看来，启蒙运动改变了人们对世界的认知，并且按照这一新的认知重新编排了思想谱系与知识世界、实体世界的秩序，从而实现了社会规则的重建。所以启蒙运动不仅是思想观念，还是社会批判与社会建构。启蒙运动的批判与建构源自运用自己的理智，将理性与怀疑的对象指向一切，把所有的一切置于理性批判的视角中。这一"运用自己的理智"恰恰"是认知、思维模式的变化，是知识的更新和重新建构，以及知识秩序的确立"。"暂保密"先生对启蒙运动的深度剖析，是他对历史的解释，也是他的思想在建构，这一历史解释与思想建构，燃烧了他自己，也燃烧了会场。

当他从17世纪的思想传统来理解18世纪的思想光谱，表征时间上的延续、断裂与复活时，听众看到了火光内层的蓝色火焰，"历史时空不仅是自然而然的物理意义上的时空，更是动态的有社会意义和文化观念的时空，是内涵观念意识与互联关系的时空"；"只有在思想谱系中进行延续性思考，才能把历史问题讲清楚、讲正确"。思想的火焰里，启蒙的讲台上，站立着的"暂保密"先生讲完他最后的激情话语，宽阔的额头沁出细密的汗珠。他极力洞察，寻找大势。任鹏杰在会前认定的"暂保密"先生，在"芝麻开门"后，露出了他的真容——复旦教授李宏图。在他的时空隧道里绵延的思想谱系，是历史深处的空谷足音。

教育深处的大音从首都师范大学教授赵亚夫那儿传来。17日上午，一夜暴雨过后，纯净的阳光还沾着清新的水汽。赵教授声音清越：在"知网"上搜索，近10万篇论文在讨论核心素养及其如何落地，但我到今天为止，也不清楚它如何落地和是否能够落地。"是什么"的判断有着太多的角度，而后撇除"不是什么"，也许我们能更好地理解"是什么"。于是《"历史学科核心素养"不是什么》就在学理辨析中徐徐拉伸。他从核心素养的词源概念与语境理解开始，询问从 Key Competences 到 Key Competencies 的综合能力或关键能力为什么要转译为核心素养？他以学者的求证与瞻望理路，逐一廓清诸多"不是什么"，继续问：用一个如此复杂且语义纠缠的"核心素养"能否解决历史教育存在的问题？基于道德性与思想性的教化落实，超越文本倾向的多样化学习，三维目标的操作难度等历史教育问题，是否因为"核心素养说"横空出世就得到解决了？

在"基础—目标—行动"的问题框架下，他阐述了如下观点：不能把基础教育中的历史教育做成"史学的教育"，而应致力于培养有视野、有思考力与行为力的现代公民。在阐述这一历史教育目标的过程中，他是结合自身的中学教学经历来陈述的,是旁引国内外的历史教育案例来说明的。他努力思考这样的历史教育如何落实的"至简大道"与"至希大音":减少教师的表现欲与控制欲,减少材料的展示,让学生学会思考和行动。然而,"我说不清楚'历史学科核心素养是什么'的问题;我只能思考到,它或许不是什么……",他这样回环,低沉而浑厚的京腔,仿佛飘自天穹的雨,他如此结语,露出光明重现般的一笑,好像很轻松,但隐现忧世的慨叹,如地心里运行的火。

如果说张耕华是思考史学是什么,李宏图在洞穿历史是什么,那么赵亚夫就是在辨析历史教育是什么。他们都站在一定的高度追根寻底,但旨趣不一。耕华先生的"是理解还是解释",剖析史学理论,呈现历史解释的复杂性,虽然睿智而幽默,却满溢启蒙的纠结。亚夫先生的"不是什么",洞开历史教育的机理,探寻核心素养的源头,机智而且深切,却一样是面对潮头的迷离。我们在"是……还是……"中逡巡,我们需要面对学理与复杂作出慎独的判断。他俩没有告诉我们确凿无疑,留给我们的是水墨影绰的软糯吴语,但他俩告诉我们"明辨与行动",运用自己的理智去明辨与行动。宏图教授倒是确凿无疑地告诉了我们"启蒙何谓",坚定而乐观地表达了"讲好西方传统才能讲好中国话语"的信心,这一历史研究者的"我注历史"的定论,仿佛霹雳直射的北方劲舞。然而,他又告诉我们,历史的建构是多样而宽广的。如此,放宽历史解释的视角,谁又能保证这支劲舞不会面对"是……还是……"的两难与柔弱?

二、金抑或木

学科核心素养的"此在"是课堂,专家们"彼在"的语词演绎要化解在课堂教学的进程中,融化到学生的历史学习中。为此,这次研讨会安排了向学生供给"素养"的教学活动,并安排了如何"素养"、是否"素养"的评课环节。

上海的李惠军是想上课的，由于时空限制，他以报告的形式向800多与会听众演示了《欧洲一体化的前世与今生》的教学设计。"欧洲一体化60花甲"的时事图片导入以后，他首先叙述了20世纪50年代以前的欧洲整合，接着以"渴望与可能""复兴与崛起""变革与窘境"为标题，图文并茂地讲述了欧洲一体化的进程、影响与走向。他以大开大合的视野与恢宏博张的气度，展示了欧洲一体化的历史面相，叩问了欧洲一体化的是是非非，后缀了欧洲一体化进程中的戴高乐、阿登纳等人的生命故事，表现了一位中学教师深厚的历史学养。他将这一教学设计冠以"沉潜课堂，倾听历史深处的回音"，并将自己的断言与普罗迪、陈乐民的言说并列呈现，表现了一位中学历史教师的勇气与自信，仿佛是羽扇纶巾的诸葛亮。此时，听众面前矗立的是历史的镜像，而教学的招式与行为则是一缕无须捉摸的烟尘。

嘉祥外国语学校的林娟老师奉献了《敢为天下先，永铸改革魂——农村经济体制改革记》的初中公开课。它以成都人"今天吃啥子"的生活场景导入，以录像资料"我奶奶的口述回忆"为主线，渐次地展开十一届三中全会前后的农村经济体制改革历程。她借助地方史志、个体口述、主流文献和影像资料，用"进退两难的抉择"、"胆战心惊的改革"、"翻天覆地的变化"和"坚持不懈的探索"等标题来展开教学过程，表征了历史演进的步骤，嵌入了情感态度与价值观，而"敢为天下先，永铸改革魂"的先行主题，更使历史的价值判断与情感体验分外妖娆。她以激情演讲"看得见绿水青山，听得见虫鸣鸟叫，寻得回初心，留得住乡愁"来结束本课教学。相对于李惠军的历史沉潜，林娟更多地关注历史体验。这位温润如玉的妙龄美女，在课堂上秀出了温度与情感，也秀出了学生的活力。在大历史与身边历史的彼此呼应中，寻求历史的理解与解释，把握家国情怀，最终赢得评课专家"灵魂飞动"的奖赏。

同样是改革话题，北京的陈昂捧上了高中历史公开课《商鞅变法：强国之道的再省思》。他首先解读云梦秦简中的士兵家书《黑夫木牍》，然后抛出充满感喟的问题，"这场战事不知道还要持续多久"。这一烽火连天中的家书奠定了本课的情感基调——家国与人性。随后，他以《战国形势图》为载体交代商鞅变法的背景。接着，援引原始材料，解释商鞅变法的措施。其中，既有扫除阅读障碍的说文解字，又有概括材料的白话解说，更有对商鞅的"强国弱民"所作的现代阐释——历史的省思由此开端。陈昂拉开了"乾坤变革——历史回响"的省察大幕。先是商鞅变法之后的10年、20年、100年、130年、150年的乾坤变革。他精选史料章句并补以史料章句的注疏，据此分析变法对秦国与秦朝的深远影响，既有正面的国富兵强、平民进流、统一天下，又有负面的社会堕落、虎狼之辈、专制苛政、短期族亡，更有商鞅本人从权势炙热到车裂灭家的命运落差，分析细致入微、扣人心弦，听者嗟叹。继之是商鞅变法之后200年、300年和1000年、2000年的乾坤变革，他精选汉代以来的学者宏论，从贾谊、严安、朱熹、黄宗羲到当代的阎步克，据此肯定制度建设的成就，透视制度建设上"强国弱民，兵强民弱"的问题。当陈老师站到"有见于国，无见于人"的价值高度时，他让《黑夫木牍》的思家之情归来，让商鞅的"民之见战也，如饿狼之见肉……不得（敌首），无返！"的政策恐怖降临，于是"这场战事不知道还要持续多久"的秦制VS人性的历史拷问杀将出来！学生的价值判断由此引爆，教学进程止于高山登顶。毫无疑问，以历史的身份来看，功底深厚、新意迭出、往事重构、思想高度等评语，满场洋溢。累计近3000字的文献资料的引用和对商鞅"强国公式"的分析，堪称大学课堂，令在座师生感叹不已。

凝重的历史，厚实的历史，铁桶围阵，尤其是高中历史课，更是显著地密布了这样的强磁场。于800位与会粉丝而言，史学的大纛远远大于教学的雕虫，场域里的学生之嫩苗会如何吐纳与秀出，似已无暇虑及。大家没有想到，公开课的教学班均是用两个日常行政班重组而成的。大家更没有想到，这些学生精英会对密布的历史磁场表现出惊人的穿透力。

在林老师的课堂上，初中学子踊跃举手，争抢作答，答问的程度几乎行云流水，不亚于电视上的"真人秀"。在学生的评课环节更出现了如下表达：林老师擅长运用多样的细节化的史料；林老师的课使人对当时的情况有同情之理解；历史的变迁沧海桑田，但一切历史都是当代史，要让历史关注现实、照亮当下。主持评课活动的齐健教授不得不说，孩子们太棒了。齐教授还用鼓励、激将等方式，触发了学生更多的教学点评：教学思路清晰，课堂气氛活跃；课堂的结尾表达了创建农村新文化的精神意义，这是历史课的高境界。当某学生讲到"林老师的课过去也这样上，这堂课不是刻意的，节节课都这样"时，齐先生终于逮住了机会：你们就不能超越林老师吗？便有学生说，教学结构还不尽合理，结尾部分还可以提出值得思考的问题。而在高中文科班教学中，学生对陈老师侃侃而谈：商鞅既推动了历史发展，也为后世的政治家树立了不好的"榜样"，他将单一的理论体系贯彻到极致，秦国与秦国百姓都沦为法家治国理论的实验品；"汤武不循古而王，夏殷不易礼而亡"，不能因为一次尝试的失败而放弃创新；民为邦本固为王道，但以德为核、以法为外的精神，才是商鞅留给我们的思考与遗产。当学生说出"陈老师的课让我们时刻警惕人与社会被异化为理论工具的危险"时，观众席上不得不掌声与叹服齐飞。不管其历史解释的学理如何，总之，"我们看到了理想的历史课堂"。在郭富斌的主持下，点评环节的现场一派圣殿气象，大历史观得到进一步阐发，解读历史的人性意识熠熠闪光。

在"素养"的这一端，历史之给养云蒸霞蔚，在"素养"的那一端，学生的表现高山仰止。如果不对学科核心素养作深层次的追究，那么我们尽可开心地说，唯物史观、史料实证、历史解释、家国情怀云云，皆已拿捏，尽在囊中矣！上课教师和学生精英都彰显了"人人都是他自己的历史"和"永无止境的答问的历史"。然而，学生这一端的"素养"是不是教师所给的那一端的"素养"所涵养出来的？无论是粉丝们还是评课专家团队，实在感奋于这场"真人秀"的宏博与思想的"饕餮盛宴"，顾不到它的特定时空，念不及"他"和"我"的设身处地。

过往的历史可以金刚塑身，眼前的学生却在嫩树光合，如何相生？这会不会面临"是……还是……"的"今我度兹，戚戚其惧"？

三、土也是岸

如果说专家报告与教学展示，是锦江中流的飞舟，则专题学术论坛与总结互动，就是两岸观众面对中流飞舟的相向雀跃。这次会议吸引了来自全国各地的800多名老师，其中有25所高校教师，67名中学特级教师和"百人专家团队"，他们是飞舟的帆，更是坚实的岸。

16日下午，李宏图教授的报告结束后，众人如出笼的馒头，热气腾腾，从庙堂散开，走向各自想去的山林讲堂，参加专题论坛活动。4个分论坛以学生学习、考试改革、教学研究和教师发展为题眼，辐辏于学科素养。每个分论坛既有主持人的10分钟讲演，也有教师代表的微讲座和提问互动。15:30至18:30，嘉祥校园啁啾起"山林党"的百鸟鸣放。学科素养怎样教？考试中的学科素养在哪里？学科素养如何促进师生发展？与会者聚焦这些核心问题，结合自身的教学实践，致力于分享、交流与碰撞。为了获取更多的资讯与思考节点，有些老师奔走于两三个分论坛，有诸多名师工作室还将成员分派到不同场地，以求智慧叠加。后来，他们说：我们的思维始终处于兴奋状态，老师们的热情持续到18:45还意犹未尽，主持人不得不压缩自己的演讲内容，大家在坐而论道的激情中表达了起而践行的愿望……

4个分论坛的思想火把齐齐点亮了17日下午的主会场。分论坛派出了各自的代表予以陈述，与会者再次品味了各路神仙的"我思我在"。学生学习与学科素养是《中学历史教学参考》特别属意的领域，列为第一分论坛，参与者众多，讨论时间一再延宕。在这里，主题探究、互联网+、"做历史"、社团学习、合作学习、自主学习、主体展示等多种学习构图竞相展示。第二论坛的嘉宾演讲更能一窥分论坛的风云气象，且摘引如下："素养在没有讲素养之前就已经在素养，并且作为主观化的客观知识存在于历史教师的知识系统中。本组发言的山寨专家历数高考题、中考题，证明了时空观念、史料实证、历史理解与解释在考试测量中的存在与层级。当素养这层纸被捅破以后，大家言必诉诸学科素养，题必证之于学科素养，学科素养这个被主观加工过的客观知识迅速蹿红，并且在大家的佐证中被强化。原来缄默的经验知识成为显性的理论知识，原来边缘化的民间知识成为公共的王者知识，这是观念的进步。必须将学科素养置于中国学生核心素养框架内进行分析，判断这一学科素养笺注和测量的是中国学生的哪一核心素养，这是行动的进步。但在核心素养的火焰霍霍中，传来了微弱而又坚定的声音：真正的核心素养的考查远远没有到达，核心素养中的关键能力只不过是起于某一知识再转向另一知识的接力棒，知识的转换与生产才是素养所在，人的德性养成才是素养的本质存在。这是论坛里的异见。这些研讨成果，是第二论坛的 120 余名老师、14 位专家发言、6 次互动交流的过程而素养出来的'素养'，当然这一'素养'难免包含我的当下解释。论坛的百鸟啁啾犹如《婆希史多瑜伽精义》的描述：正如云层突然显现而又消失于清明的上空，整个宇宙和观念也从自我那里显现，并交融到自我里面。"第二论坛的嘉宾演讲表征了各论坛的基本特征：公共讨论、话题深入、众神出镜、思想交锋、各自证悟。

分论坛的总结汇报结束之后，有一个长长的颁奖仪式。为了筹办本次会议，主办方组建了成都年会微信专家群和主持人微信专家群，征集了 400 多节 "学科素养与历史教学" 视频公开课，在海选中评出了若干特等奖、一等奖作品，也设置了若干年度奖项。大家欢欢喜喜地上台领奖，在台上发射各种表情包，一支几乎听不见的巴赫谐谑曲在会场内轻快地演奏。颁奖环节之后，组委会特意安排了张耕华、赵亚夫、李惠军和李靖与到会的老师们开展互动交流。史学阅读、教科书解构、专业发展、课堂境界等众多议题，从听众席的各个角落抛向主席台，令专家们或喜出望外或滔滔不绝甚或闪烁其词。言辞传切[①]之间，主持人发现时间已到了 17:35，应该出镜的众神太多太多，要说的话太多太多，但时间无法驻留……

四川师大的陈辉教授还得让他背后的团队闪现一下。作为协办方的总策划，他组建了历史文化学院的学生志愿者团队，集结了嘉祥外国语学校历史组与信息组的老师，场外调度、技术支持、文本传输、专家接送等会务，有赖于这支团队的劳碌奔波与精益求精。这支团队的背后又有嘉祥外国语学校

---

① "传切" 为篮球运动中的术语，此处借用过来能恰当描述台上与台下、专家与听众之间的言辞互动。

的鼎力支撑。校长多次召集诸多部门专项研讨、督查指挥，甚至临时添置设备，设立同步直播会场。"此刻已经接近18点了，在咱们会场外面，那位穿着白大褂的嘉祥医护人员还默默坚守在门口；那些四川师大的学生志愿者和嘉祥的老师们也想来聆听诸位高见，但他们还站立在各自所值守的不同的服务点。这是嘉祥的魅力，是本次全国学术研讨会得以飞流直下的坚实夹岸！"任鹏杰饱含深情地总结道。

谦谦样、敦厚相的陈辉扶了扶度数很深的眼镜："大家来到成都，相聚锦江，奉献学术智慧、感受思想尊严，每个人都为本次会议的召开和未来的历史教育辛勤付出，做着自己的贡献。众人拾柴火焰高嘛！"他邀约任鹏杰作闭幕演讲。任主编在深情地感谢协办方以后，又对与会的各路神仙深深鞠躬。他接着说："成都的晚上来一场雨，白天递一束火。我们期待的是高举思想的火把，沐浴实践的清流，照亮学生的心田。学科素养与历史教学的融通，必须作用于学生的发展，只有学生发展了，学生素养了，历史教育才是真教育！教学不能忘掉孩子的存在，不能炫耀自己的学识。历史与历史解释难以定于一，但老师是孩子成长的工具，这是唯一可定于一的信条！"这大概是火把能够照亮的历史教育的至深之处。

7月17日18:05，会场频频闪现留影、问道、惜别的场景。太阳依然热辣，像四川的火锅，但晚上还会有一场雨。18日早晨，笔者离别川师大时，太阳躲在厚厚的云层里，淅沥的雨丝渐断，锦江两岸是晓看绿湿处。我们突然产生这样的意象：没有此岸与彼岸，一条河的两岸在其深处，原本就是相连的。尼采说过，等你凝视深渊时，深渊也在凝视着你。同理，当你凝望火把时，火把也一样在凝望你，深渊与火把需要彼此凝望，彼此感召才有大慧力，并借这大慧力而定于至深的一。然而，此与彼，是与还是，新文化运动的启蒙思潮所开启的纠结，似乎迄今没有解决。20世纪90年代，思维能力的潮来了，21世纪初三维目标的潮来了，21世纪的第二个10年，核心素养的潮又来了。潮平两岸阔，新旧相暌违……

四、新旧一张纸

　　历史是记忆的学科，无论是为了什么，记忆都是它的出发点，即便是忘却，也是因为记忆的存在。我们简单回顾一下2016年7月的西安研讨会。2016年的主题是"教师学科素养与高考教学胜任力"，议程是专家报告、名师讲座与嘉宾演讲，间以"众神"的自由畅言。那是中学历史教学界的思想峰会，脑洞里盛开的思想花蕾是历史教师需要文化的赓续、史事的勾连与历史的理解，需要基于历史与教育作出合理的价值判断。那时候，风行水上的学科核心素养是时空观念、史料实证、历史理解、历史解释与历史价值观；那时候，众人尚在仰望半握在专家手里的被称为"核心素养"的"天球河图"；那时候，基于教师基点的年会主题，使得思想花蕾中还站立着"教育之魂"。一年以后，"历史理解"融入"历史解释"，"历史价值观"分蘖为"唯物史观"与"家国情怀"；一年以后，专家手里的"天球河图"流散于市肆，虽秘而不宣，却已"金人玉佛"；一年以后，《中学历史教学参考》在成都主办的思想火把节上，分外耀眼的是"史学之魂"，以及向史学深处追问时涌起的"是……还是……"的纠结，少了些许盲信，多了一些质疑中的理智运用；一年以后，成都研讨会的主题漫向日常教学并属意学生学习；一年以后，成都研讨会的议程多了一项教学实践，但终因学科素养自带的历史之力太强，终因教学自身的仆从地位和技艺的停滞，而使"教育是什么"颤巍巍地向着历史深深鞠躬。这一追忆非常必要。一方面，"建构主义"本来就是在追忆中进行的；另一方面，思想的限度由记忆设定，思想的发展是在从现在出发的反复回忆中进行的。

　　于是，我们可以回忆中国的启蒙故事。在新文化运动的启蒙时代，破旧立新很激进的钱玄同常常遭遇"精神感受痛楚极矣"的纠结。过年了，"中国幸而已改阳历，岂可依旧顾及阴历？至从阴历过年者必有许多迷信可笑之无意识举动，大为（与）革新社会之道相反……但不能不预备数日之饭菜及点心耳。然大兄之家近年来却极端复古……吾虽满腹不愿，亦有不能不勉强敷衍者，今日午后三时许，偕妇、子、使女同往兄处，举行（除夕）典礼"。

后来，遇大兄忌辰，其妻要让儿子过去磕头，他制止道：三纲者，三条麻绳，新文化运动起，大呼解放！我们以后绝对不得再把这三条麻绳缠在孩子们的头上，可是我们自己头上的麻绳不要解下来，至少新文化运动者不要解下来，再至少我自己就永远不会解下来……如果借着提倡新文化来自私自利，新文化还有什么信用？还有什么效力？还有什么价值？所以我自己拼着牺牲，只救青年，只救孩子！那时的启蒙精英，面对新与旧，并非义无反顾地一往无前，往往在精神纠结中"牺牲自己、救救孩子"。

于是我们可以延续去年大会报道所讲的铁屋子寓言。钱玄同到 S 会馆为《新青年》向鲁迅约稿，鲁迅抛出了铁屋子的启蒙故事。在他的铁屋子里，"拔吾人出于荒寒""致吾人臻于善美刚健"的"明白人"，打开窗户，引入火光，"惊起了较为清醒的几个人"。其后呢？这几个人又要惊起更多的像"较为清醒的几个人"那样的其他人。再其后呢？精神得调适为日常生活，"梦是好的；否则钱是要紧的"，这是"为人生"的完整认知，鲁迅如此说。来到学科素养面前的"明白人"则恍然道："清醒的人"正沉迷在"思维！思维！"的算计中，并未致人于善美刚健。鲁迅回应道：思维与能力是好的，健全人格更是要紧的；追究史学机理的击楫中流是好的，但"牺牲自己，救救孩子"的岸土之行煞是要紧。

报道者问束鹏芳，为什么要回忆启蒙故事，以致捡拾木火土金水五德相生的历史观念？他说，西学东渐以来，致力于发现本国的越来越少了。究天人之际，通古今之变，重证据考辨，讲相生互倚，曰人物评品，虽"事有实据，理无定形"，但最终必诉诸"申以劝诫、树之风声"的垂教价值。这不是传统史学"天道明、人道定"的核心素养及其层次所在？西学东渐以来，知识界其实就是新旧之间一张纸地生活着，提倡新文化的人依旧收藏古董哼京调，整理国故、拖长辫的人照样跳舞说英语。必须在不能也不该忘却的记忆中建构，开启完整的"为人生"的认知与践行。历史的狡黠，包括已成往事的成都会议的狡黠，在于它不会以直接的方式带给我们答案。那就在记中、在忆中，想着、做着，并运用自己的理智……

五、彼此融于一

报道者对主办方说，海德格尔说过，如果对"此在"的解释仅仅是词语（概念）之拥有，那词语之拥有就真的成了我们的灾难——我们在词语中而非实事中从事活动。这是否意味着，此与彼确乎存在，就像沟与岸，它需要通过实事之拥有而趋于"一"？

主办方答曰：古希腊思想家就已追问：这是什么？在希腊语中，"是"字写作"eimi"，它是有着多种含义的词，它可以解释为万事万物的存在。这意味着运用概念、尝试质疑与推理，也意味着寻求思想与事物的关联。《中学历史教学参考》在锦江两岸燃起的火把是发出"这是什么"的理智追问，是追溯新与旧、思与事在至深之处的合一。这是本次会议的理性果实。

报道者若有所悟：只有在实事中，在记忆过往的实事中，求"eimi"才有价值。

（人民日报社海外网的戴尚昀对本文也有贡献。本文原刊于《中学历史教学参考》2017年第9期）

高峡平湖唱三叠

——"探索新时代历史教育：核心素养与教学改革"全国学术研讨会之声

———◎———

会议结束已经半个月，与会者回忆起来，仍津津乐道。有老师在微信群里发送感慨：心中燃烧的激情之火未退，受到的千钧之震未消，我们带着朝圣的心情而去，抱着沉甸甸的收获而归。有老师表达了孩子过节般的兴奋感：我们工作室成员一行6人参加这场学术盛会，会高端、遇高人、听高论，厚植学养，感觉定会"高升"，喜不自禁。

这场年度盛会，由陕西师范大学基础教育研究院、《中学历史教学参考》编辑部主办，选择在倚山临江、高峡出平湖的宜昌举行，宜昌市人文艺术高级中学、齐光环历史名师工作室协办了此次大会。

一叠"书"：秦风·蒹葭苍苍

7月16日那一天，宜昌剧院里的开幕式充满庄严热烈的仪式感。"秦人"任鹏杰在开幕式上的发言，洋溢着主旋律的高昂格调：无论学生是否在场，这里上演的一幕幕思想交流大剧的聚焦点，都是如何促使学生成为新时代"有理想、有本领、有担当"的人格健全的合格公民……应声出场的首先是3位高校教授。

王加丰以学界耕者的勤勉姿态，援马恩经典、据历史事实，自问自答，尽显思想者的风姿。

　　他聚焦于经济因素和精神因素在历史上的作用。他引用恩格斯的话直言，把经济因素视为人类历史发展的唯一决定性因素是对唯物史观的严重误解，事实上，精神因素在具体历史发展过程中也起某种决定性作用，万不可忽略两种因素的相互作用、互相转化，即物质变精神、精神变物质。"弄清精神因素的作用或反作用及其限度非常重要，是全面掌握唯物史观的基本环节。随着教育的普及和人民群众文化素质的提高，精神因素在历史发展中的作用有增加的趋势。"他舒展一下自己的身姿，展开第二个核心话题：多种多样的史观及我们的态度。他通过追溯这个概念的源流与基本含义，认定当代流行的各种史观都只是突出历史发展的某个侧面，唯物史观、唯心史观与所有其他史观不是并列关系，而是统领关系。"如果把它们并列起来，那么唯物史观会变成众多史观中的一种，而且无意识中会让人觉得它似乎与其他史观是对立的，造成史观认识上的混乱。"他停顿片刻后，提高了自己的音量："我们应该慎用'多元史观'的概念，在掌握唯物史观基本原理的同时，对其他史观可以有所了解，以扩开认识或解释历史的视角。重要的是，我们要确认唯物史观是唯一科学的史观，并坚守那些学习和研究历史'永远有效'的原则，这些原则往往是关于证据、关于语言理解的常识。"当场内报以热烈掌声时，他的结语如古越黄酒般醇厚：史学的创新扎根于坚实的基础知识，基本的史学"常识"和源自现实需要的问题意识，创新绝非依靠如获至宝的"新史观"就能做到，就像前述整体史观都并非真正的"整体"一样。这番话颇有导师在书房里耳提面命的教诲感，令会场听众在前述不同史观的激辩后，思绪安定下来，在聆听绕梁余音中感受绵远久长的史学品格，领略他严谨、平和与谦逊的君子之风。

　　赵亚夫像一册单色印刷的书卷一样站立着，他略带沙哑的京韵声腔里唱出了内心忧伤："完全由学科专家来掌控的历史课程改革，如果不慎偏离了课改主旨以及对未来的把握，我们获得的很可能只是专业化的历史学教育，而不是历史教育。"

　　他以长廊展示的样态，梳理了 20 世纪 70 年代以来世界基础教育课程改革走向——基于国家发展战略、全球发展走势的课程改革，基于学会学习、学会生存的社会化与多样化的课程设计，基于知识经济和学习型社会的核心胜任力的课程架构，带人一步步向前。当21世纪的课程改革拿着各种各样的"核心素养"方案走来时，他双手用力地按住讲台，让听众驻留"长廊"，看美国、芬兰和新加坡等9个国家的课改方案。大家瞩目一个个国家的课改思路，判断那些可以称之为"核心素养"的课程指向。他挺了一下自己弯着的腰背，"事实上，'核心素养'本身就是综合性的东西，以常识、常理达成'核心素养'，对于每个学科都是挑战"。

接着，他阐述"历史课程走向"，并落脚于两个方面：历史课程面临的挑战和历史教育发展的专业化。他审慎地辨析政府导向、史学专业和公民教育与历史课程之间的关系，说明新时代需要怎样的历史教育。"历史课程所具有的教育价值在于它所蕴含的批判性思维、公民教育性质和服务于政府期待的政治与社会目标"；"基础教育所需要的历史学，不是因为它的学问性（专业）有多么重要，而是由于它内在的教育性（育人）所具有的独特价值"；"如果排除这些，知识、道德、思考，都是有闲者的需要"。此时的宜昌剧院里可谓"万籁此俱寂，但余钟磬音"。这一"钟磬音"里，流露出平静的激奋，这平静的激奋映照出内心的忧思："现在有一种可怕的倾向，那就是少数人的学科跃进、专业狂欢。史学理论或历史哲学主导的历史教育，掩盖了目前历史教育的实际情况，而且也不是基础教育应有的走向。"他扫视了一下全场，"历史教育者要脱去'为学问而学问'的史学外衣，着眼于让学生喜欢历史、知道历史能够做什么和不能够做什么。于学生而言，历史理解比历史解释重要，历史分析比史料实证重要。我们需要基于历史常识进行反思，我们需要基于历史事实进行批判。学习主体者的主动回应质量，决定了历史教育是否有效"。我们能听出其语句里的标点符号，能触摸他的教育情怀，甚至能感受"众鸟高飞尽，孤云独去闲"般的安静。

火热的骄阳安静地挂在午间的宜昌上空，桑拿天的"蒸笼"罩着宜昌剧院。但剧场里的颜值男主角吴伟，让听众回到了今年的春天——普高课标修订版的正式发布。他从2017年版普高历史课标的创新之处入手，聚焦于"学业质量标准",阐释学业质量标准及其水平划分的概念,说明它们在教学中的地位与影响。他认为,学业质量与核心素养对接,体现了标准化与系统化;学业质量与教、学、考统一,体现了连贯性与相关性;学业质量在历史教学中担当了监督员、裁判员的角色。"这一具有两化、两性、两员特色的学业质量标准给我们带来了怎样的冲击?"问题提出之际,他眼神发亮、脸颊泛红,听众期待着问题的答案。他说:"我们面对新一轮的头脑革命,面临教、学、考3方面的难度提升和学业质量的全程监控。"他的角色背景决定他只能讲到这个份儿上:"我们必须主动适应,一是把握关键,寻求教学统一与学考结合;二是善于实践,理解学业质量标准并在以往的实践传承中寻求出路。"

接着,他列举了几道测量学业水平的试题,"该题如何赋分,理由何在?"这个实践性话题,引发了听众的广泛参与,现场呈现课堂教学式的互动场景。作为史学专家,他很快让大家回到了宏观架构之内:"对接学科核心素养的学业质量,是创新,但也是传承,有其传承的必要性与必然性,无论是传承还是创新,学科核心素养及其质量体现,都可以落实到测试中。测试是核心素养养成过程的组成部分。"学业质量标准及其运用,显然是参会者最关心的问题,然而这样的问题终究需要一线实践者的自证自悟。他完成了激发思考、指引方向的报告使命,也让本次会议的专家主旨报告的大幕徐徐落下。

赵教授在世界基础教育课程改革的全景框架内,梳理历史课改的源头,思考以公民人格教育为特征的好的历史教育。王教授和吴教授则分别抓住好的历史教育的两端——价值指引和学业评判,进行深入浅出的理论说明。在宜昌剧院,他们用传承与变化的分析思路,书写着他们怀想的新时代历史教育的思想岸线。岸线荡荡,思想的芦苇深邃而茂盛。

蒹葭苍苍,白露为霜,所谓"伊人",在水一方。

二叠"言":小雅·呦呦鹿鸣

7月16日15点以后,专家的思想摇曳着滴入与会教师的话语世界。研讨会设置了以学科核心素养为主体的4个分论坛,近60人的分论坛发言,加上听众席上的举手提问与互动,汇成了一片语言的森林,言说着他们心目中的历史教育。

在课堂教学领域,他们以自己或他人的教学案例为根基,提出了一系列建议。例如,做好史学真实和历史解释的奠基性工程,教导学生"像历史学家那样思考";围绕"核心知识、核心能力、核心价值",实施"结构化、情境化、探究化"的教学;推进历史教学的主题设计,组织合作探究教学;推进"以情促思""以思促情"的情思教学;开展对话教学与史话教学;创建学术型课堂,实施创生教育;等等。

在学生发展指导方面,他们运用自身的实践性知识,提出了诸多独特的想法。例如,结合社会现实,让"家国情怀"浸润学生成长;关注学习主体的主观体验和批判创新精神;以讨论历史议题和探索历史项目的方式,强化学习指导;运用"云思维"工具,推进"天地学习法""尺规学习法"等自主学习法;以课堂上见"人"、有"魂"、见"料"、有"悟"来发展学生;等等。

在中高考研究范畴,"熟稔"于此的发言者,拿着5方面的核心素养,裁量自己所处地域当年使用的中高考卷,进而推及近3年的中高考卷,充分认可"素养"在测量中的全面渗透。他们提出了主动适应的举措。例如,加强开放性试题的研究与训练,培养学生的质疑精神与批判性思维;以考促教,依据素养目标分层落实、专项训练;探寻初中历史课程"三维目标"与核心素养的关系,以其中内含的高中学科素养来引导初中历史教学评价;等等。

在教师专业发展场地,他们的发言引人注目。例如,乘"素养"东风,走向学术性教师,不但读书,还能写书;争做学养和教养转化为营养的"三养"性教师;塑造学科核心素养之下的个性化教学风格;等等。为此,他们蹚出了不少路子。例如,专家名师引领、团队激励共进;创新教研方式、细节推原精进;关注和分享史学阅读特别是史料阅读;强化教师的史料实证意识与科学精神；营造家庭读书、协作读史的氛围；等等。

　　林林总总的发言，都高举"学科核心素养"的谱牒，在"红旗漫卷西风"的强劲态势中，雀跃的中青年教师，散发着啸聚山林、登顶如履平地、过江如驾云雾的绿林气概。某些提法或创意，是顶层设计或理论研究专家们想象不到的，应了一句"人民群众是历史的创造者"。

　　第二天下午，主办方会集宾朋，散落在4个分论坛的教师话语，"鼓瑟吹笙"而来，鸣唱着熙熙攘攘的历史教育交响曲。分论坛的代表截断巫山云雨，汇报讲演也各自陶醉。

　　核心素养的经幡之下，历史教育工作者要看到"中国学生发展核心素养"的18项素养，要关注"全球最受重视的7大素养"，要看到中学生累计要接受80项左右的素养指标的培育和检验。我们不能陷于学科本位而坐井观天，要在特定的教育体制与课程体系中思考历史教育可以为发展学生核心素养作出什么贡献。

　　课堂教学是学科核心素养的生长基地。老师们关心基于史料教学的问题，探讨史料的含义、分类以及一二手史料的价值等问题。有老师回顾和总结自己"让每一个文字都有生命、每一幅图片都有意义、每一个动作都有内涵"的实践追求。

　　老师们表达了对学科核心素养落地的坚定信心，也就它的落地提供了诸多实证，但我们的理论充满学术与精英色彩，目标建构得高深精致，我们的实践又蹒跚、粗糙、标签化。上课与命题，只要出示史料就欢唱史料实证；只要画一根时间轴，就山呼时空观念。其实，史学家那样的学问之养，未必是中学历史教学的本真之养。

　　在本论坛的互动环节中，有老师提出了学科核心素养培育离不开教科书的教学事实，引发了由此及彼的抢答现象，隐现保守与激进的阵营。落地还是落空之争，再次引发举手潮。现象表明：高大上的隔空喊话，会让生存于形而下里的人以沉默和失语相告。

　　这"嘈嘈切切错杂弹，大珠小珠落玉盘"的思想原野、语言蒿草，既显示了"学科核心素养"流布以来的丰富与驳杂，也吹奏着积极回应"学科核心素养"的善意与大音。

"呦呦鹿鸣,食野之蒿。我有嘉宾,德音孔昭。"

三叠"志":王风·彼黍离离

专家报告与论坛言论营造着历史教育的穹顶。7月17日上午,穹顶之下的学生看到了什么?

宜昌剧院的教学屏幕上。一滴鲜血,四处飞溅。一串文字跳入学生眼帘:1400多万亡魂,8000多万人大迁徙,一场战争。沈清波的《从局部抗战到全面抗战》开始上映。

基于密集的照片与文字材料的历史叙事,学生目睹日本的侵华罪行,了解抗日民族统一战线的建立,体会中国军民的伟大抗战精神。也许是老师前一天晚上发高烧,也许是学生不解"上海风情",他们对老师设定的几次历史解读,回应微弱,常常让老师重新告知。在走向全面抗战时,他们听到沈老师对上海四行仓库保卫战的描述,看见身裹当时的国旗上前线的初中女生。在他们目光聚焦、心绪起伏之际,身边的历史——宜昌保卫战和宜昌大撤退的镜头切换过来,南京大屠杀的血迹与证据又奔突而来,他们的心智在接受子弹飞般的考验。教学时间飞逝到了40分钟,沈老师将"暴虐—抗争;危亡—重生"的思想主题直接推送过来,主题的旁边是抗战形势图上的大事记。蒙太奇的深意下,学生或在努力理解,或游弋在另外的历史碎片里。这时,那滴四溅的淋淋鲜血又震撼来袭,以抗战这一特定历史主题为依托的"家国情怀",偾张开来。

本课使用了22则短小的文字材料、24幅图片,所有的文字材料都详尽地注明了来源,显著地表达了沈老师对"史料实证"的万般钟情。如"1931年9月18日晚,日本关东军突然袭击东北军驻扎的北大营。[①]也许是沈老师

---

① 余伟民主编:《高中历史第五分册(试验本)》,华东师范大学出版社2008年版,第116页。

作而不述，含而不露，学生就课堂答问与课后收获谈，都未能参透老师的这一机锋。但听课的老师终究不是学生，他们发现了这一学理，对此感奋不已。诸如"'一二·九'运动是动员全民族抗战的运动……"之类的材料呈现，让一些听课者看到了上海教师的史学功底与学科核心素养的落地。评课者盛赞了这节课，认为这一"抗战"课的教学让"家国情怀"素养悄然落地，这一"非常规范化与学术化"的材料呈现，则显示了史料实证素养的生根发芽。在互动环节中，有老师如此评价："史料运用恰当，深入浅出，充分体现了历史学科的核心素养，最终达到了育人的根本目标。"这让主持人得意地对本埠弟子沈老师说："你不要骄傲，你还嫩着呢！"

嫩着的高中生又生发了哪些根芽？沈老师的抗战叙事与抗战人物的讲述，无疑是他们最大的感知。当主持人询问"让你感动的历史片刻在哪里"时，他们毫不迟疑地说出了那些人物、那些事迹，甚至有哽咽的声音预示必有涟漪随之。当询问"你最大的收获是什么"时，他们的回答是：知识和对家乡认知的加深。当询问"你有问题吗？有问题为什么不在课堂上提出"时，他们表达了对某一史事的细节好奇，之所以没有提问，是因为"不好意思打断老师的讲课，老师讲课节奏快，话筒让我们听不清老师的讲课"等。他们给了授课者与主持人一个愉快的中国式总评：师生要互相服务，互相配合；能让我们参与评课，很爽。

他们未能说出"史料实证"的公开秘密，老师也没有给他们捅破这层窗户纸。也许，可以"美篇"为"润物细无声"。不过，学生离场后的评课环节中，这张纸却在教师圈子里反复揉搓。

解读学生对主持人的应答，再解析教师的评课话语，我们能否猜度学生没有明示的"悄悄话"？也许是，感觉不到专家们所称的"沈老师的思想力、设计力、呈现力以及阅读力"在哪里发力；也许是，对沪版教材感知不足，未能和教师优质互动，还迫使老师大量采用"你们认不认同"的问答技术，对不起发着高烧来上课的老师；也许是，课程标准在内容要求上的准星遭遇太多星辰的干扰，"全面抗战"与课标意志不够明朗。更可能的是，嫩着的学生该对"还嫩着"的老师与自己都说一句"每一朵乌云都镶有银边"。当然，这些都只是也许，只是我们对学生的"窥视"。

在宜昌国贸大酒店三峡厅里的教学屏幕上，一幅古代仕女的沙画，在梦境般的橘红里涂抹成形，苏丹老师的《莫道不销魂——透过李清照看"都市与文化"》闪身而出。

"李清照汴京成婚"的故事，在学生面前晃了一下，真实的学习任务就摆到了6人一组的台面上：对话"汴京是一个怎样的城市"，比较"唐朝长安与北宋汴京的城市风貌与生活风尚"。"李清照的悲苦"人生，在他们眼前荡了一下，临安更发达的娱乐业就"暖风熏得游人醉"。在与长安的比较中，在《清明上河图》的动画里，他们感觉汴京胜长安，又在老师屏蔽掉李清照的"寒日萧萧"后，领略了李清照"酒阑更喜团茶苦，梦断偏宜瑞脑香"里的饮茶之乐，宋人生活好精致。李清照携《如梦令·常记溪亭日暮》和《夏日绝句》第四次出镜时，学生不必"寻寻觅觅"那"凄凄惨惨戚戚"的词风，他们享用到老师清丽的断言：李清照的词句由"世俗生活"的表达走向了"家国情怀"的抒发。他们跟随老师一个筋斗跃上新台阶：宋词反映出这个时代的社会生活和风貌，一定时期的文学艺术及社会生活深深打上了时代的烙印。他们似有所悟时，"合作探究"的高台上又举起了新旗帜：造成宋代都市和文化发生新变化的原因是什么？

宋词像宜昌上空偶尔闪过的一绺白云，它敌不过都市之"物"的盛大魔力。11世纪开封街头的车马、20世纪初北京前门大街的阔绰、当下宜昌夷陵广场的高楼，送来了历史的延续与变化。他们瞧见一盘大餐：我们今天熟悉的街市形态，现代人的文化生活，审美价值观，都可以在宋朝找到根源，历史是割不断的，感受历史变化的同时，也要认识到今天的现实就是昨天历史的延续。当这根宋朝与现代相接的时间之链伸出时，结束本课教学的又一根历史缰绳抛出：看《宋朝时期世界主要城市人口分布图》，想"宋代社会经济和人民生活达到繁盛，中世纪欧洲封建国家的情况又是如何"。他们接连老师的语重心长，家国情怀何愁不油然而生？

本课由视频、图片、文字等30多根材料丝线用情织就，听课老师的感悟确乎油然而生。在问题化教学中，唯物史观、时空观念和家国情怀落地了；

学生跟着女词人的步伐梦回大宋，是眼中有人的教学；本课以初中教师少有的高度和深度对话历史，培养学生的历史意识，语言清丽；苏老师自撰"李清照传"，用李清照这根主线，贯穿起历史的时空变化，涵养学生的家国情怀，着意培养学生用唯物史观分析历史问题。

也许是这样的情境创设，也许是内容的生活化，也许是历史主角与教学主角的女性化，也许是爱国更爱宜昌的"家国情怀"，学生的评课也"入"了"藕花深处"。学生们说：课件很好，老师讲课有感染力，吸引人；没有什么其他不足，很完美，唯一的不足是时间太短，没有听到这节课的学生一定会很遗憾的。主持人笑了，听课的老师也笑了——学生的话说到这个份儿上了，还能怎样？但主持人很会旁敲侧击。问：你们愿意生活在唐朝还是宋朝？为什么？答：生活在宋朝，接地气，有娱乐场所，而唐朝太简朴。问：真的吗？苏老师就是教给你这些？学生默然。主持人涉及李清照的词及其课堂体现时，学生一边支吾、一边寻找理由。针对本课的小组合作，主持人亲切地"开导"他们：你们就知道跟着老师走，满意吗？学生回应为"满意"。后来，评课者给出"师生对话顺利，互动性强"时，起了质疑之声：表面的顺畅能否改变单向传输与单层对话的遗憾？质疑的质疑：初中生能够怎样？

且"沿着女词人的步伐"，猜度一下初中生"油然而生"的某些奥区。女词人是"销魂"于市井生活还是一己凄清？"李清照传"里的"锦瑟和弦汴京梦"和"秋风秋雨愁煞人"是女词人的语句还是老师的自创？女词人"看到"的文化是老师标注的"课程标准"还是老师的"自定义"？评课者在女词人"眼"里挖出的唯物史观的高度和家国情怀的温度，是老师的眼力还是学生的体认？这些初中生的"接受史"，我们窥视不到。至于《夏日绝句》以诗的身份混入词的阵营，是否"家国情怀"的逼迫，更是学生不会去想的。

无论是高中生还是初中生，站在他们的田园里，面向历史学做起来的穹顶，要仰望什么？如何仰望得舒坦而踏实？要不要有一个望得到的基本面放在那里？这基本面由谁来定？教学层面的"这次第"，会不会荒芜？会不会

"怎一个愁字了得"?

彼黍离离,彼稷之苗。行迈靡靡,中心摇摇。

收叠"传":大雅·实发实秀

大剧接近尾声,研讨会安排的3场演讲让不在场的学生"重返"学习田园。

王英姿以自己对中学生活的回忆为起点,开启了《做一名眼中有"人"的历史教师》的嘉宾演讲。她说,我们挖掘历史中的"人"的因素来展开历史教育,但这一展开要从儿童的视角出发,在生动有趣的历史课堂中,彰显历史的育人价值,涵养良好的人的品质,和学生同做一个享受历史教学的有趣之人。

束鹏芳持无座票、拎行军小马扎,乘晃荡的绿皮车来参加这次研讨会。他用这一参会的"朝圣"之行导入,展开《素养学科核心素养》的嘉宾演讲。基于"素养"的词性解释,他引出"语言与逻辑是历史教育中无处不在的触角"。他取譬于误会还是正解杜甫的"江流石不转,遗恨失吞吴",引类于"制情猿之逸躁,系意马之奔驰"和"历史是任人打扮的小姑娘",阐述语言解读的简约与丰富、历史文本的语境表象与深意。"诚如皮亚杰所说,语言学是人文科学中最先进而且对其他各学科有重大作用的带头学科。历史教育时刻不离语言,历史核心素养满布精致的语言与逻辑圈层!教师还天然地占据着话语制高点,就如《伊索寓言》所讲:羊站在屋顶上骂狼,狼说,骂我的不是你,是地势。因此,教师要清楚自己站在屋顶上,话语对象还不是狼,是小羊。勿忘核心素养的根蒂在语言,勿忘面朝小羊,语言花开。"

任鹏杰的闭幕演讲,使思想花开,满场缤纷。他从专家答疑环节的互动中引出话题,阐述了历史教育是公民教育也是人格教育的主张。他接续中西贤哲的"良心"思绪,引用习近平的教育思想,聚焦良心取向、求善向美的学生成长。他说:"新时代的历史教育,体在史学、根在人格、命在思想、魂在价值。"他的动情阐述及对全国同人的热切期盼，使他忘掉了主持者齐光环的存在，竟自宣布"大会闭幕，朋友们明年再会"。当热烈的掌声飘逝、参会老师缓缓离席时，他才发现了原本坐在他旁边、现在幽幽地走下主席台的齐老师——这一意外反而成了开启下一征程的神经突触。

《中学历史教学参考》研讨会的下一征程是什么，那是未来，是历史教育工作者的翘首以待。从西安到成都再到宜昌的前3个征程，已成为时间轴上的过去，成为可以追忆的事物。

"学科核心素养"尚在孕育时，西安研讨会举起"教师学科素养"的令牌。"学科核心素养"分娩前，成都研讨会围起"学科素养与历史教学"的场域。"学科核心素养"以"标准"身份降生、中国面临"新时代"转向后，宜昌研讨会筑起"学科核心素养与新时代历史教育"的探索平台，正视它、呵护它，期待它蹒跚学步。《中史参》所关注的教师专业成长和学生健全成长，由门外逡巡走向了堂奥细察，教师对它的"顺应"与"同化"进程也已开启，尽管难免幼稚，难免贻笑大方。

3年研讨会步步推进的轨迹和宜昌研讨会的牵挂，都如任鹏杰《写在"探索新时代历史教育——核心素养与教学改革"全国学术研讨会召开前》一文所言，全国历史教育工作者跨千山、越万水，倾心相会，以"人"的良知为根本点，寻求课标要求与教学行动之间的教育转化。这是站在时间中的某一点注视着过去并试图看清未来。

然而，"什么是时间？"奥古斯丁在《忏悔录》中问道。"我不知道。但如果没有事物流逝，就无所谓过去；如果没有事物到来，也就不存在未来。既然过去已经不存在，将来又尚未到来，那么过去和将来这两个时间又是如何存在的呢？"在漫长的世纪穿梭中，爱因斯坦将这个问题变成了可操作的"我们怎样测量过去"，发现了相对运动的不同观察者会得到不同的时间定义。物理学家使用强大的测量工具给出了"过去与未来是没有区分的，是叫作'熵'的无序与混乱制造了过去与未来的区分"这个定律。估计历史学没有想过这天真的"天问"，它的时间"活"在有记载的过去里，也不会去想那区分过去与未来的'熵'的存在与能量，它的未来会依靠过去而存在。

我们能否在历史教育中追问那个叫作"熵"的不守恒度量，以便窥视一下它可能的未来——尚未到来的"事实"？《中史参》主办的、已成过去的前3次会议，尚待对"事实"进一步关注，对影响未来"事实"的无序制造者的关注尚待开启。宜昌会议结束后，笔者与《中史参》编辑的微信交流有如下信息：人心对看法的倚重和受看法的影响程度，远胜于事实；史学的关注，远胜于对历史教育学的关注；小牛拉大车地趋鹜于精英化，远胜于量力而行地着眼于基础性；教师的穹顶规划与学生的洼地反应之间的矛盾，远胜于矛盾的化解。所有这些，是不是探索新时代历史教育进程中需要考量的函数关系？其中，哪些是被叫作"熵"的因素？

追讨"熵"的能量，抵御无序的捣蛋，就像园丁拔除荒草，让好的谷子茂盛起来。

"茀厥丰草，种之黄茂。……实发实秀，实坚实好。"

我们报道历史教育研讨会，何以引入《诗》的歌咏？《诗》是否收藏了求解函数关系、探索历史教育的工具？

《诗》被称为"经"，对应"五常"中的"智"，既有人的生活之"智"，也有人的表达之"慧"，蕴藏"好的历史教育"的矿脉。《诗》之发乎情、止乎礼义的情感态度，"思无邪"、益于世风人心的价值观传输，赋、比、兴的传输过程与方法，不正是教育之所以成为教育学的滥觞吗？持人之性情，用赋比兴的手段，掘"性灵之奥区"，求"温柔敦厚而不愚"的德才兼备和情智同构，还有什么历史教育的煌煌宏论可以与《诗》之"经"媲美？

我们报道历史教育研讨会，借用"书""志"等古史例则，史与诗是历史教育在有序与无序的螺旋式演进中内存的函数关系，如何求解？

10多年前出师的"三维目标"是立体建模而非平面切割的问题，但历史教师未能用他们的建模智能予以化解。现在新问题来了，它的解决还有一个凝心聚力的求解过程。求解的结果如何，不得而知，但有一点很清楚，史料与史学方法无法抵达教学的核心，重视史的身，更要寻找诗的神，无诗之神，则史之身终将孤悬于学生之外，至多鼾鸣于卧榻之侧，无法渗入学生内心。

在一个系统中，"熵"总是随时间增加，这增加的趋势使得我们能区分过去与未来。我们是否要在追寻师与生、史与诗的"熵"量中,用"事实"来显现历史教育的过去与未来?

只有在"熵"的度量中让"事实"到来,历史教育的"新时代"才显现。让我们唱起《诗·周颂》之"亦服尔耕,十千维耦"!

(人民日报社海外网的戴尚昀对本文也有贡献。本文原刊于《中学历史教学参考》2018年第9期)

姑苏城南说不惑

——《中学历史教学参考》创刊 40 年纪念暨历史教育全国学术研讨会的镜与灯

———— ◎ ————

年届 40 的启守兄已是第 4 次参加《中学历史教学参考》历史教育全国学术研讨会。他从苍劲刚健的关中抵达绵柔蕴藉的东吴,怀揣历史教育的使命之问,悬想使命如何担当的智慧图谱。

他先去了一趟"姑苏城外寒山寺",带着"开悟"的期待,前往城南的吴江。途中,他欣遇司马雪生,说起禅门没有义理、不讲禁忌,颇为愤懑。雪生笑他是愤青,他说,禅宗修行常常就是一个"此在"的自我声称,留下的不就是"小我"的废墟?

7 月 17 日早晨,他走进苏州吴江海悦花园大酒店名为"国际厅"的主会场,但见人头攒动,一派"尔服尔耕,十千维耦"的壮观景象,他顿生"大我"的豪气。

《中学历史教学参考》主编任鹏杰也难抑兴奋与豪气。他说,为了追求历史教育的"大我",来自全国各地的一千个"我",用一千颗跳动的心,共忆《中史参》40 年峥嵘岁月,共话成就"大我"的办刊行为,共商改造世界的使命担当,路越走越宽,也越走越长。40 年来,历史教育界的众多大家小兵,都在《中学历史教学参考》的平台亮相,都在这条路上行走,带着身家国天下的使命,连通过去、现在与未来,镜鉴生命之本,链接无数师生,走向美好远方。

镜鉴·第一天

镜鉴，是原生态的汉语词吗？开幕式结束后，司马雪生问启守兄。

启守兄答：作为史学用语的"镜鉴"一词，早见于《诗·大雅·荡》："殷鉴不远，在夏后之世。"它直接把镜子比成可以借鉴的历史。《史通·惑经》："明镜之照物也，妍媸必露，不以毛嫱之面或有疵瑕，而寝其鉴也。"这是把写历史比喻为照镜子，强调实录。《旧唐书·魏徵传》："以铜为镜，可以正衣冠；以史为镜，可以知兴替；以人为镜，可以明得失。"这里的"镜鉴"已从实录性的反映转向了认识性的解释，体现了"镜鉴"的引申之义——辨认和体察。显然，镜鉴有3层内涵、3个梯度：历史、照写历史、体认历史。

司马雪生想象着自己照镜子时的顾盼之姿与扪心之问，然后说："镜""鉴"，名词兼动词，是基于镜中的物象而"鉴"（辨认、体察并揭示）出能照见现在与未来的经验与教训。难怪历史人都喜欢用它，不过用镜之人不同，"鉴"出来的认识定然不同。

启守兄应声：是的，镜而鉴。咱们不玩语文，靠语言学过日子的历史学登场了。

这时，南京大学历史学院的陈晓律教授开启了他的"镜鉴"之旅。

陈教授立意于"主要国家的意图与其达到目标的能力影响着世界历史发展的方向"，用90分钟历数"15世纪以来世界主要国家发展的历史轨迹"，探寻"历史的世界性"和它对"正在崛起的中国所能具有的意义"。与会听众在这一教学目标的指引下，得以阅尽葡萄牙、西班牙、荷兰、英国、法国、德国、俄国、美国与日本等9个国家崭露头角——崛起的风貌，检点各个国家"自己的绝活或亮点"。在制度设计等众人皆知的亮点之外，英国实施战争与贸易齐头并进的"全球投放"，德国宁愿放弃短期经济利益也要谋求长期效应的基本生产能力，日本发挥国家政权的超常规作用，美国激发竞争甚至不惜"寻找敌人"来激发竞争，俄国不计功利地崇尚教育与读书，等等。这些成功崛起的绝活，逐一亮灯，串联起历史大街上一路的璀璨灯火。课时虽短，满头银发的他却在如数家珍中，举重若轻，要而不繁，点面结合。大家小说，才是真的大家。这位低眉善目的学者，以闲庭信步、沙滩拾贝的姿态，有史有论、点到即止地历数9国崛起中的绝活经验后，又浓缩起共性的"历史轨迹"。他说：从16世纪开始，一个国家的发展已不再是自己的事务，而是整个世界历史的组成部分，每个能够成功的国家，哪怕短期成功的国家，都有一个共同点，即勇于进取，敢于创新，能用前人没有的方式去为自己国家谋取利益。带着一点四川口音的陈先生谦谦地说：大会给我的发言时间到了，但这段历史的意义不止于此。他说，现代化是一个没有止息的过程，一个对手众多的全球性竞争过程；现代化是浪潮和逆流都能动展示、都向前奔涌的浩荡洪流。因此，任何一个国家都要遭遇挑战，而如何应战呢，从根本上说，就是要看一个国家能否将压力转化为动力，促使内部进行变革。陈先生的这一延展性陈述，行云流水，气象浩大，内蕴"百年未遇之大变局"的时代镜鉴。他抬头朝向会场，脸上洋溢些许笑意，似深山古刹弥漫智者气息，对历史的洞悉和辨析就像谈论日用衣食。他宣布下课的"铃声"都散发着林中地衣的恬静：我占用各位宝贵时间，只为历史上一个个高考竞争中的优胜者编一份大纲精要，便于我们复习和借鉴。

用什么方法去"复习和借鉴"历史，显然是复旦大学章清教授的报告主旨。他以中青年学者的激扬姿态，讲述了《理解史学的几个关键词》。这几个关键词是：历史——过去的意义及其呈现形式；历史学——阐述证据的一门学问；历史学家——想象力、理解力与批判力相综合的主体。基于上述3个关键词的阐释，章教授最终落脚到历史教育的目标及其达成上。他认为：历史教育的目标，可以通过培养学生核心素养来体现，更应该通过对历史学的了解来体现，要捍卫史学作为"知识"的尊严。他提出，应指导学生了解"存史"的意义，即培养国民意识，并能情不自禁地将自己置于我们生活的连续体中，置于我们所属的家庭和群体的统一体中。他的最终结论是："历史学科的核心素养，正可以通过回归史学进行培养。离开专业训练，离开对史料的把握和好的研究成果，目标难以实现。"他在表明这个观点时，不断挥动手掌，绽放笑颜。他也许担心听众不能回味其中的深意，又用设问的方式予以强调：是否具备学科素养，端赖于是否了解：历史学家如何重塑过去？"史料"怎样"存史"？如何呈现"过去"？历史事件如何被编入意识形态的"谱系"？

章教授用期待的、有些挑战的眼光，抛出这些本体之问，结束了90分钟的讲课。

本体之问已栖息于会场屏幕，而认识性的作答能连绵不绝，那指向学生"素养"的实践会如何"开悟"，"端赖于"我们中学教师了。然而，即便一个"开"，也有打开、推开、敲开、撬开、掀开等种种手法与机缘，即便一个"悟"，还有感悟、解悟、顿悟、邪悟、小悟等种种成就，殊非易事。回归史学以培养历史学科核心素养，是不证自明的道理，在以史学理论为知识背景的章教授那儿，这样的回答自然圆融。但我们何时离开过史学、多大程度地离开过史学？假如需要"回归"史学，又如何回归？恰如怎样"开悟"。这些问题的回答，在以教育知识为执业之基的中学教师那儿，很可能千折百回之后还会怆然涕下。

启守兄这么想着，眼前晃动起柏拉图的身影。柏拉图说：你拿起一面镜子，到处走动，可产生世上一切事物的图像，但那充其量是事物的外表，是他者的外表。启守兄问自己，历史这面镜子在中学教师手中转动，照认的是历史这个他者，还是他者里的"自己"——教育？

西安中学的郭富斌在午后作了《历史教育与历史判断力》的主题报告。他从沪教版高中历史教科书风波说到英美等国历史课程价值取向的争议，他从民国时期历史教科书对社会主流意识形态的遵循说到当下历史教科书的一标一本，让听众感受了他强烈的批判精神与开阔视野，体悟他所说的"历史教育只能是'主观内容的相对化'"的困窘。但郭老师的演讲不在于展示这一困窘，而是要阐明历史教育中培养历史判断力的必要性，进而展示可能性——在追根溯源、跨界视野、学术积淀、批判思维、尊重事实、价值引领等维度上培养历史判断力。他以仰望星空的教育情怀、旁征博引的知识视野、深沉顿挫的表述风情，彰显历史教育的功能，守望历史教育的使命：在历史教育中获得洞见、获得信心，从狭隘走向广阔。

陈先生铺展世界大国的历史轨迹,是史学成果的镜鉴;章教授提溜史学关键词,是如何缔结史学成果的原点镜鉴;郭老师提倡历史教育要培养历史判断力,是史学原点走向史学成果的策略性镜鉴,虽能体认其教育身份,但更多的还是史学品格——历史判断力,"他者"的镜像胜于"自己"的镜鉴。启守兄暗自思忖,对教育智慧若有新悟,期待验之于后续议程。

叙事·第一天

"叙事应是历史书写和历史教育的基点",启守兄感到"思想"的负荷有些重,便对坐在身旁的司马雪生说。雪生用手机搜索时,找到刘知几的一段话:国史之美者,以叙事为工,叙事之工者,以简要为主。

两人未及细说,前面的大屏幕上吹响了苍茫云海、长风万里的天籁之声。仙鹤在朝阳与芦苇交集叠加的空中,划出一道白色飞痕,振动的翅膀发出江南水滴的声响,仙鹤翅骨制成的骨笛,吹来4000年前的悠扬笛声。

南京外国语学校的一位初中女生翻开统编历史教科书的页面。贾湖骨笛、龙山黑陶杯、秦代铜方升、汉朝击鼓说唱俑等教科书里的文物图片,从她扑闪的眼睛里联袂闪出。她转身走进六朝博物馆,伫立到了瓦当墙的对面。

博物馆课程的生活气息,扑向端坐"国际厅"舞台上的吴江初中生。南外的唐园园老师亮开了水洗过的清脆嗓音:同学们见过了教科书与博物馆里的文物,现在我们一起来学习《透物见史——瓦当会说话》。

4个小组,每个小组的同学都拿到了一件瓦当复制品。课前以问卷调查方式征集的、来自学生的问题被和盘托出:瓦当用来做什么?瓦当怎样制作?瓦当何时出现,何时达到鼎盛?瓦当上有哪些纹饰,其寓意何在?

唐老师借助视频与图像建构的材料,希望学生先行解决瓦当的功能与材质问题。尽管他们观看、触摸,还是一阵卡壳,经历试错和似懂未懂,最终从唐老师那儿获得了正确的"物理"认知。接着,西周的半面瓦当启动了时间轴上的瓦当"说话":从东周到魏晋六朝。随后,来自六朝博物馆的8片人面瓦当定格在大屏幕上。虽然他们经历过瓦当"纹饰寓意"的阐释铺垫，经历过幽闭—不解—豁然的心智历程；虽然他们依然可以透视、猜测和说明瓦当上的人面表情包与表情包背后蕴含的历史，但初中生们对这8片人面瓦当所蕴含的历史精神，还只能是表象化的感知。唐老师遂顺势而让学生"连一连：瓦当人面 VS 卡通人面"，将它们的"纹饰寓意"留给了接替她上场的美术教师郝世奇。

郝老师引导学生逐一观察和解析8片瓦当的人面构成，展开对瓦当的点、线、面的营造法式与美术构图的解析。在此基础上，她让学生开展两项活动：推荐代表在白板上画一画夸张多变的人脸造型；人人都在牛皮纸上用黑色蜡笔创作一个瓦当表情，以表达自己在这节课中某一瞬间的心情。轻快的音乐声中，唐老师启用手机上的希沃小程序，拍摄并投射吴江学生创作瓦当表情的现场。郝老师又播放南外学生用3D打印瓦当杯垫的实践场景。异时异地的学习图像一帧帧交叉闪耀，这是教学中的对比与激励。而当吴江学生展示并解释自己的文创成果后，一系列南外学生的瓦当文创又联翩闪现，这是又一次时空交错的对比与激励。

唐老师再次上场，各式纹饰的瓦当在中国地图上映现，瓦当以外的不同时期的文物在中国地图上联袂成线，仿佛在串联一条无声的历史长河。她的结语伴随铮琮滴水的古筝之音，柔美传递："文物会说话，历史活起来。"

在评课环节，专家立足于文物背后的历史话语，微词于史味的不足。启守兄则在脑海里回放了两位年轻女性的教学步履，感觉20多位学生的学习历程踏实可掬。他们眼、耳、口与手、脚、心联动，他们见、闻、触与问、思、行相贯通。他们在两位老师的柔性诱导下，尝试历史与美术、文献与文物、课本与生活的跨界对话，感受视频影像与希沃录播技术融合的学习时代，面对自己与南外学生的学习行为与学习效果的对照与激发……

启守兄勾起了对《学记》《荀子·劝学》等古典教育文献的忆念。但他尚未来得及翻篇勾连，来自上海这一教改高地的李惠军老师已健步登台了。在西北土风里教书的启守兄，虽也听过华师大专家"课堂革命"的报告，但未曾目睹李老师的"海派"风采。

李老师铺开的是《时空的对话：读懂马克思》的长卷。一句"维多利亚时代的无限荣光，工业革命的无限荣光"，开启了李老师"萍踪19世纪40年代"的激情闸门。吴江高中的20多位学生，在他雷霆击地般的讲述指引下，目睹了幻灯片上对应精致的语词符号和炫目的概念组合（图8-1所示）。好在，李老师大鸟飞掠式地扫过后，展开了经济异化与社会分化之下的工人运动与空想社会主义的历史叙事。

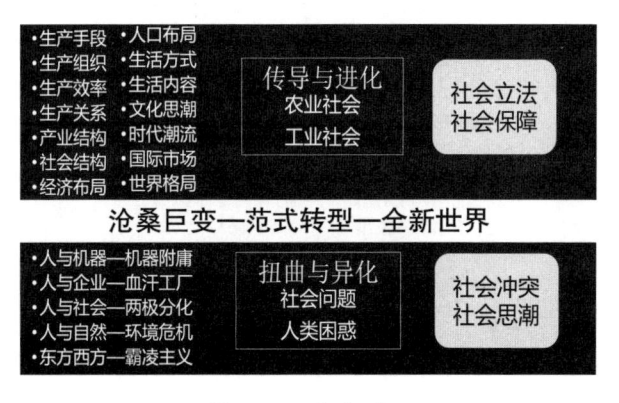

图 8-1　幻灯片 1

28分钟的时代风云展现后，学生们看见了一条知识链：1845年的《神圣家族》，马克思哲学理论形成过程中的重要里程碑；《关于费尔巴哈提纲》，为唯物史观建构框架；《德意志意识形态》，标志着马克思主义哲学的成熟；1848年的《共产党宣言》，马克思主义应运而生。在短暂的提问没有出现正确应答时，李老师很慈祥地宽容了他们。随即，他将13幅图片聚集在一张幻灯片上，回望"理想走向现实的足迹"：第一国际、巴黎公社、十月革命以及"这个幽灵又借道苏俄在中国大地徘徊"的新民主主义革命。李老师感慨于实践历程中"马克思主义的理解出了问题"："我们行走了许久……别忘了，我们到底因何而来！我们经历了许多……别忘了，我们需要回读经典！"原来，李老师要"倾听思想创新的回音"。为此，他用4个案例来"回读经典"，阐述他对马克思主义的正确理解。也不知学生们是否读懂这些"正确理解"，他们感受李老师的质疑精神、思想冲动与陶醉神情，是定然的。好在李老师绘就了一个体系（图 8-2 所示），即使他们未能大声答出李老师的问题，也可以在幻灯片上一睹李老师提供的体系，还可以在同一张幻灯片的另一区域看到两个高纯度的提示：科学的历史观——系统理论与基本规律；科学的方法论——历史哲学与实证方法。

图 8-2　幻灯片 2

理论的洪波滚涌而过，教学时间进入 50 分钟辰光，马克思主义的历史追溯也进入 20 世纪末，苏联解体与福山宣告"历史的终结"的史事呈现出来，李老师对马克思的"读懂"也进入读完环节。他以思考的形象、演讲的姿态、抑扬结合的思路，满脸绯红地总结道："一个时代结束了，共产主义的世纪落幕了，马克思这个缠斗不休的幽灵，终于可以'寿终正寝'了——这或许是那个年代大多数人的真实想法。但历史真的终结了吗？……只要我们真诚地思考历史，理性地面对国际共产主义运动中哪些'已死'的陈迹，'方生'的现实和'理想'的未来，马克思主义学说，就是一座不可绕过的理论高山。"他的行吟彰显出这个声像时代独有的传播效应——文字符号里的含义不重要，图像与神情才是硬道理，会场报以热烈的掌声。此时，李老师的"孩儿们"像一片浸没在思想洪流里的芦苇……

司马雪生对启守兄说，依然老辣磅礴，续写不可复制的豪迈，闪耀独步舞台的光芒。

在评课环节，专家们向偶像致敬，会议微信群里还出现了"教父"字样与"献花"表情。有专家使用了"李惠军现象"和"读懂李惠军"的表达，也有专家礼赞"李老师是中国历史教育的一座高峰"！启守兄从"海派的课堂革命是什么模样"的纠结中醒过神来，他将脑海里的视听图像整理了一番，提请司马雪生再现以下现象：当评课者询问学生"你读懂的是马克思还是马克思主义"时，他们闪烁其词的作答里，没有运用本课的课程内容；当评课者询问学生"你期待不期待老师的单独提问"时，学生的反应很是干脆，"期待"！而当问及"你们想不想对李老师提问"时，他们似乎被拉回了课堂，使主持人陷于片刻孤寂；评课者背诵课程标准的内容要求以暗示什么时，在场的学生没有任何反应。雪生却另表一枝：李老师对本课的预期是"我只想让学生记得理论的真理性"，很有魏晋高人之风，这也算是李惠军现象吧，我等恐怕不敢。此时，他俩的耳旁飘来窃窃私语：如果把台上的学生撤走，课是否照样演播？如果我们这样上课，专家们会首肯吗？启守兄觉得这是"本事"以外的事了。

本事·第二天

"本事"是不是当下所说的本领呢？启守兄又掉书袋，他对雪生说，古人就怕讲了好多意会的话，却失去了"本身所事"。左丘明要"论本事而作传"，刘知几说"本事之外，时寄抑扬，难免浮词"。雪生觉得论坛也有"本事"与"寄寓"的话题。

在今年的4个分论坛上，来自江苏、广东、安徽等全国各地的60余位发言者，用第二天的一上午时间，聚焦"担当历史教育使命，探寻历史教育智慧"的大会愿景，放射五彩缤纷的思想礼花，踊跃至午间12点半左右，方才"笑语盈盈暗香去"。这天下午，包括启守兄在内的上千个"我"汇聚"国际厅"，饱览各论坛鸣放的思想礼花，他有一种花千树、星如雨、凤箫声动的节庆感。

历史教育研究是教师专业发展的阶梯，是《中学历史教学参考》成长的种子。新设这一分论坛，是对创刊40周年的纪念，是对辛勤耕耘的教师的厚爱。感受这样的厚爱，发言嘉宾倾诉教科研的幸福，展示教科研的路径，回眸《中史参》刊过的经典文章，展现"文章千古事，得失寸心知"的创意体验。他们认为，在立德树人的目标指引下，历史教育研究要连接现实生活，彰显研究的理性与实证。为此，研究需要实践的革新、敏锐的视角、跨界的深思、认真的打磨和长期的积累。有老师展示了"在学生所提问题中研究，在学生创新活动中研究"的路径，把文章写在学生成长的大地上。有教师分享了"精读100篇方可写作1篇"的研究体会。四川师大的陈辉将本论坛的发言观点综述为"为何写"、"写什么"和"怎么写"3个方面，温和而恳切地说：历史教育研究不同于历史研究，要重视实践，用脚丈量。

  历史教育研究离不开教材与课堂。在《中外历史纲要》试用和推广之年，"新教材"成为第二论坛的热词。他们分析新教材特点，直陈使用中的困惑，寻求解惑释疑的门道。在他们看来，要明确新教材的时代价值，基于专业素养来合理取舍，运用时间轴、空间图、问题链和现代信息技术等各种教学工具，尝试项目学习，探究学习，在"厘清""拓展""生成"等维度上，让课堂充满生命活力和思维张力。"教的设计离不开学的思考"和"基于学习的既雕且琢"，成为首都师大张汉林作汇报讲演时特别传递的"足音"。随后，他生发了"课程、教材与教学"之链上的"顶天立地"问题。他认为，历史作为人文学科、社会学科和叙事学科，要区分与它相邻学科之间的界限与关联，也要明白当下的学生群体的学习特征，只有想透了这些问题，才能言及有智慧的使命担当。

  想透这些问题，委实不易。想透这些问题，将不仅有使命担当，还将整体提升师生的学科素养。第三论坛展开的正是这样的话题。他们认为，历史教育要明确国家发展战略与全球发展走势，向"善"求"道"，讲做人的道理，讲人类改造社会、改造自然的道理，要引导学生开展有意义、有价值的思考与学习。为了这样的使命，历史教育要探索系列化的、多样的师生共舞的教育智慧。有教师燃放了问道之外的"求实"烟花。陕西师大徐赐成在汇报演讲中，历数了"求实"于"师生学科素养"的"道"之种子、"行"之果实。由此，他伸张了历史教育的精神价值问题，并对一线教师的理论与实践未能融通的状态，不胜感慨。他说，目光只盯住眼前的2017版课标，有些问题不能想透，将难免理论示"强"而技艺示弱。

呈现技艺的最佳竞技场当数中考与高考。在第四论坛，发言嘉宾基于试题分析，将目标指向考试的社会功能与核心素养，提出了诸多应对策略。例如，设置生活化、生命化、生态化的知识情境，唱响以德为魂、身临其境、"纲"举目张的课堂，等等。该论坛的主题是"命题创新"，发言者或分析开放性试题，或强调逻辑思维，或指出试题所具有的历史态度、历史体验、历史情感意向、创新精神等隐形特质。还有老师认为，高考已经走向"考做事"的高阶水平，即应对和解决陌生的、复杂的、开放的问题，能应付许多情况和集体工作。也许是真切感受了新高考改革的滋味，嘉兴教育学院的戴加平老师在汇报时如此陈述：历史教育处于最好的时代，又处于混沌的时代。他期待大家用思考力和行动力来面对这样一个时代。

这时，已经下午5:30，启守兄也有了"混沌"之忧。他看到试题分析的各种标签，命题专家未必想到。他听到教学应对的众多新词，教学专家难免诧异。"我"如何命题，命题本身之事，却杳然于高远星空。

启守兄想：4个论坛一晌欢腾，释放众多的声音，杂花生树；清澈不见底的思想，展开无数面旗帜，也模仿起昨天的几个世纪的大国发展、一个半世纪的马克思主义闪耀，尽情于观念风暴的贪欢；有些寂静的知识、技术的实务，或无人提及或匆匆飘散。星空寥廓、概念之声杀伐四起，但大地寂寥，概念赖以存活的"劳"与"动"却在掩体里观光。哪一天，概念将陨落为填塞掩体的尸首，以魂魄的姿态一个个找上门来，索要筋骨与血肉。古代史书倡导的"本事"变成了专家和教师"溺于烦富"的说话本领。

启守兄为自己的推测打了一个寒战，如果论坛的"本事"就是"寄寓"，那么老师的"本事"是什么，又该"寄寓"什么才好呢？

这么想着，启守兄抬起头看了一眼国际厅里星光般的灯火，那灯一个照着一个。

历史教育：主体在"知""识"之间叙事

一灯·第一天和第二天

"一灯燃百千灯，冥者皆明，日月终不尽。"启守兄看着国际厅里的百千盏灯，想起了燃灯比喻教化、传灯比喻传承的典故。这一典故从他的记忆库里闪出，他的脑海里映现出昨晚"天禧厅"的场景 ——《中学历史教学参考》创刊40周年纪念主题沙龙。

40年的筚路蓝缕，是《中史参》的一路闪耀，而40年的锲而不舍又照亮着无数人的前程。"创刊的初心很重要，用行动来证明教育的担当更珍贵。"任鹏杰的开场白爆燃了老中青三代《中史参》人的记忆火花。他们叙述了自己怎样走近、走进《中史参》的往事。无论是李惠军处女作的问世，还是成学江手捏电报奔西安，或者是齐健在西安小宾馆里编写高考专刊，都是珠玉滚淌的故事，有他们的付出，也有《中史参》的嘉勉。期刊为教师的成长付出了心血与汗水，如张汉林所言，《中史参》刊文不拘一格，从课例展示到理论阐述，不论你是谁，只要是有力量的文章，都会在编辑的修改中隆重登场。受他启发，一批曾经寂寂无闻、如今崭露头角的年轻与会者，都动情地叙述了自己与《中史参》结缘、成长的故事，感恩的暖风习习而来。唐琴的绵软之音更让感恩之风沐浴了熏人的醉意：真的感谢《中史参》的一路引领，不仅是我，还有那么多我的小伙伴们，不多说了，真的不用多说，唯有用持续的寻"人"问"史"来回报。作为同行，《历史教学问题》期刊的李月琴这样说：我们的影响力在中学历史教育界就是不如《中史参》，它举办的研讨会，我总是毫不含糊地赶来参加。她的自述，引出了新的话语线索。《中史参》的"人文性""平民化""理想力""实用性"以及它致力于学生成长的办刊良知和"大我"精神，被一一"点播"。这让编辑们不胜感慨，老编辑王育民、卢兴轩和张艳云倾情讲述了编读往来的故事，厚爱溢于言表，艰辛敛在手中。一灯燃而千百灯燃，满庭生辉，一幅不与现实割裂、不与大众割裂的"活生生"的历史教育图景。

启守兄收回思绪，在"国际厅"的灯光下，他看到了这一燃灯和传灯故事的延续。

深圳的宾华忙完教育局公务后,特地赶来参加研讨会的最后议程。他在历史教育新思考演讲中,提及了他和期刊的往事。他说:"以生为本,是《中史参》的主张,也是我历史教学的主张,并已成为我们区域的教育主张。《中史参》成就了我,堪称'红了樱桃,绿了芭蕉'。"吴磊在她的新思考讲演中,陈述了在《中史参》激励下开展表现性评价的教学实践,充盈"星星点灯"的圆满感。唐琴在演讲中回忆了《中史参》的引领故事,又在闭幕式上说:"这两天我听得最多的是'辛苦啦',但相比我们团队从《中史参》受到的益处,那是微不足道的。"然而,期刊编辑们谦虚而冷静。启守兄记得,昨晚的沙龙上,编辑们都发自肺腑地表达了感恩作者、致敬读者的心情。"没有作者对历史教育的真诚付出和赐稿,没有读者对《中史参》的关爱与呵护,就不会有它今天的发展,你们是我们的动力之源。"任鹏杰在主题沙龙结束之际如是说,"编辑是很普通的人,杂志也很普通,我们向普通者开放。我们努力像各位谈到的那样,用一双慧眼,识无数的珠玉,养无数的千里马"。金声玉振,蕴藉千钧感召之力。这种感召之力,在闭幕前夕的颁奖活动中进一步散发。

作为识珠玉、养千里马的继续,大会为赵亚夫等15位功勋作者、丁林兴等100位优秀作者颁发荣誉证书,同时又对年度海选公开课与年度征文大赛的获奖者给予表彰。颁奖活动持续了半个小时,获奖人员一拨接一拨,红榜证书一闪又一闪,欢快旋律绕来绕去,阵阵掌声更如浪潮般起伏。颁奖活动鼓舞了与会教师,积攒了《中史参》的拥趸家底与潜在粉丝。

启守兄和司马雪生洋溢着一脸欢喜,这种欢喜在任鹏杰的闭幕演讲中走向鼎沸。

任鹏杰的闭幕演讲,在欢喜中夹杂忧愁:"办会是大我行为,大会主题是大我行为,千人规模的参与和传播,将给历史教育带来怎样的影响?这是令人欣慰的话题,也是自我担当与自我省视的话题。"他的声音有着夏日阳光的强劲穿越力:"历史学往前走才叫历史教育,侧重于过往的历史学必基于关乎孩子当下成长、关乎国家与社会未来发展的教育学,它才能成为历史教育。长时段的眼光不仅属于历史,更属于历史教育。教育要有跨学科的视野,因为生活是不分科的,生活智慧是不分科的,师者要有进入学生生活、高于学生生活的情愫,要有给学生机会、让自己'退隐'的姿态,更要有契合学生成长诉求、引导学生提问与表达的教学技艺。"

启守兄听着,听着,觉得这是灯在照耀,更觉得他是拿着"大会"这面镜子,找寻大会的镜鉴,显现"向着学生"映照、揭示且预示的镜像魔力。这是"他在镜子那面现出灵魂"的魔力,这是探查和挥发教育心智的"问学"魔力。

学而·第二天及以后

"学而时习之",是《论语》的开篇。在儒家语境里,学习的首要含义是人的德性训练与成长。在价值的层面上理解《论语》的开篇之作,应该是"学以成人""动作与实践"。

研讨会第二天的晚上,在吴江一家"陕西面馆"里,启守兄和司马雪生煮酒对谈。

4年的研讨会都以"人"的良知教育与学生成长为中心,以"师生学科核心素养"为抓手,努力探索人格健全发展的教育智慧,追寻意图与效果相辅相成的实践性。在各路与会者发布的会议感慨语料库中,思想盛宴、难以忘怀、未来期待和学生为本,是频率最高的词。

每次研讨会,我们都会说"享受思想盛宴",这场"盛宴"的中心和焦点非"历史"与"思想"莫属。历史有着无穷无尽的探索空间,能极大地满足人们的喜新与窥探天性。思想借历史的广袤而伸展触角,并可扬扬自得地说,新鲜、深广、智慧。但思想有时是有毒的。当你说"有思想"或"在思想",就意味着你蔑视成规和常理,对成规和常理的禁忌不予理睬,并无穷地一味窥探。逾越甚至僭越一定的禁忌或基线,会是什么结果?夏娃偷吃禁果是一种隐喻,阿里斯托芬说雅典的衰落是因雅典人总想让自己更聪明而不是更善,则是实在的历史经验。抑制不住地窥探并享受,会不会毁了我们的实践力甚至是已有的思想？马克思墓碑上所镌刻的"哲学家们只是用不同的方式解释世界，而问题在于改变世界"，能否警告那些无尽地贪图和"生产"思想盛宴的中学老师？

每次研讨会，我们都会说"深刻的记忆"，这是研讨会的影响力所在。但我们真的记忆吗？那种常理的认知化的"记忆"被我们记忆了吗？历史作为人类过往的经验确实是基于语言的记忆——民族记忆、国家记忆或全球记忆，但我们念兹在兹的历史记忆，也只是在特定场合——讲座或上课——拿出来翻录一下，并未作出记忆的"本事"——让一个已经完成的经验与新出现的事件进行对照、比勘，进而认出这个新事件，就像启守兄过去见过司马雪生，几年后的某一刻又遇见他，凭借记忆认出他来。况且，依靠记忆而生存的历史学如何以认知科学的身份进行记忆，已好久无人问津了——无论理智还是课堂实践。

每次研讨会，我们也会说"美好的期许"。"期许"可以很美好，它是对未知的未来的诺言。而未来的期许依靠过去而存在，是一种自我安顿。过去的可依靠性和这种可依靠性的成功教育及成功教育带来的权威与延续，才有未来的可实现性与可安顿性。由此看来，有两点至为重要。其一，历史教育的未来需要历史教育的过去来作依靠，而不是单一的历史的可靠过去；其二，好的历史教育的内容或过去的知识，需要宏观的、社会的选择眼光，否则被别的什么无良知识瓦解或替代，那它伤害的一定是好的历史知识的权威以及与此相联系的社会文化与制度。

我们真该在会后想想要什么样的记忆，如何记忆，期许从哪里延展过来等问题。

每次研讨会，我们还会说"学生的学习与成长"。然而，我们并未在"何谓学习"上用过心。许多人的教学深藏着祭司布施历史的信念，何曾看见"学"与"习"？研讨会安排的南京外国语学校英语老师尚媛媛的专题演讲，倒是展现了值得我们学习的"学"与"习"。她的"用英语讲述历史 让历史见证成长——选修课程'Facing History And Ourselves'的开设实践与思考"，是着眼于全球胜任力培养的外语大课程，它包含多门从历史出发的课程，再专设"纳粹屠犹与南京大屠杀"的综合课程，致力于国际视野的跨文化理解与合作，将历史和我们今天面临的道德选择联系起来，提升个人宽容度，培养人文精神，以史为鉴，成为有正义感、责任感的公民。在课程实施中，课程团队组织了辩论、调查、访谈、戏剧表演、媒介展示等多种"学"与"习"的活动。本次研讨会倡导的使命担当与智慧探索在此融会。她的"走进FHAO的课堂中，你将体验史实的厚重与思维的灵动，兼收视野的广度和思想的深度"，让教师面对历史和我们自己，更让教师想到历史教育之"体验"与"兼收"在认知层面的意义。也许是习得了尚老师吹来的飒飒之风，束鹏芳老师在演讲中说：向跨学科的知识体系开放，让风从跨科的畛域吹来，让学生熏习基于历史记忆的文化之风……

"熏习，我好想玩味。"司马雪生说。

第三天早晨，年届40的启守兄再遇司马雪生，两人在会标前补了合影。他说，四十而不惑，4次研讨会让我有智识，但未必不惑。今年的研讨会还让我在跨科学习的熏习中，感念起百年前的五四，期许不惑。

是也！每年的研讨会都身怀家国天下，荡漾启蒙情怀，研讨会的长篇综述也都凝虑于"某只是做得个引路底人，做得个证明底人"的师道难张，托举着鲁迅在1919年提出的"幼者本位的道德"，充盈了"力行其所已知"的期待。启守兄会不会因此而思念"呐喊"的五四？

百年前的五四，是直面"全球时刻"与反思欧美现代性相交织的历史界碑，今年的研讨会偾张着远航欧美的现代激昂，今年的长篇综述又点亮了致敬《论语》与《史通》的传统豆灯，这里有没有历史教育的界碑性镜鉴可言？启守兄会不会因此而神通"热风"的五四？

五四运动100年，网络诞生50年，《中学历史教学参考》创刊40年，启守兄参加的第4次研讨会将是忆念中的城南旧事了。千量计的"小我"，等待五四喊出的"公理"，被《中史参》人转述为历史教育的公理。"一代过去，一代又来，地却永远长存。日头出来，日头落下，急归所出之地……"中学教师的"地"或"所出之地"在哪里？

我们不知道启守兄和司马雪生有没有作这番知识考古，不知道他们是惑还是不惑。

我们只知道,雪生登上开往中州的列车后,用微信私聊给启守兄发了一则禅语:启厚爱,守良知,二司马,一学生,执此念,可入定。启守兄回复:镜取形,应物录像,历史之谓乎?灯取影,感物吟志,历史教育之谓乎?镜鉴转而灯照,历史化为史育。

(备注:"呐喊""热风"皆系鲁迅作品,其寓意可自悟,恰如文中化用的诸多典故)

(人民日报社海外网的戴尚昀对本文也有贡献。本文原刊于《中学历史教学参考》2019年第9期)

宝塔山下山丹丹

——记"明理·增信·崇德·力行"历史教育全国学术研讨会

一、人物一时新,乡人间焉

司马雪生[①]的眼前或明或暗,列车带着他穿行于黄土峁峁的陕北高原。当他看到嘉岭山上的九层砖塔时,太阳正在下山,土黄色的宝塔身板硬朗地挺立着,俯瞰山下那渐趋暗绿的河滩。大街两侧,庆祝建党100年的红旗一杆又一杆,这是他"几回回梦里回延安,双手搂定宝塔山"的"圣地"了。他没有去登山,他急于去延安大学见左先生,听他解构《曹刿论战》。

7月16日早晨,司马雪生走进了建在半山坡上的延安大学杨家岭校区大礼堂。高大宽敞的礼堂没有空调,也没有电扇。8:30,《中学历史教学参考》主编任鹏杰注目会场,宣布历史教育全国学术研讨会正式开幕!

在雨点般的掌声中,他说:党中央的延安13年,凝聚起强大的中国心和中国力量。"为人民服务"的中国共产党人,让我们看到了"站立起来"的中国人,看到了"有理想、有本领、有担当"的中国人,看到了"有志气、有骨气、有底气"的中国人。在隆重庆祝中国共产党成立100周年之际,全国数百位历史教育工作者会师延安,为更好地服务中华民族伟大复兴而尽责尽力!

[①] 文中的寓意为"二司马(司马迁与司马光)的学生",是参会历史教师的代称。

话音落地，掌声炸开。他深受鼓舞，就"德"与"得"，"智"与"知"进行辨析，明确历史教育的根本目的是培养"得""德"皆立的"双立人"。演讲台上的繁花，簇拥着他坚毅的脸庞，他阐述了大会主旨：做到学史明理、学史增信、学史崇德、学史力行！他顿了一下：请注意，"做到"是关键……

陕西师大杨祖培副校长致辞说：全国各地的历史教育工作者，齐聚红色圣地，聚焦"明理·增信·崇德·力行"的主旨，研讨历史教育的理论与实践，用历史映照现实，关注未来。我们期待《中学历史教学参考》更好地发挥育人功能，立足人类社会生活的舞台，彰显仁、智、勇的历史价值，搭建中学历史教育的高质量平台。接着，延安大学高子伟校长致欢迎辞，介绍该校得天独厚的党史研究与教育的实力，期待历史教育工作者继承和发扬延安精神，为培养社会主义事业的建设者和接班人而作出更大的贡献！

受疫情影响，对 260 多位代表，研讨会只好割爱了，部分报名者临来之前又被迫禁足，但现场仍有来自京沪、江浙等 20 余省、自治区、直辖市的 500 余名参会者，仍然高朋满堂、名师荟萃。

左先生坐在不显眼的位置上，历史的篇章在他视觉模糊的眼前闪现。1936 年岁末，黄土沟来了大作家，毛泽东充满"人物一时新，洞中开宴会"的欣喜之情，盛赞"纤笔一支谁与似，三千毛瑟精兵"。如今，在探索历史教育新发展的延安"会战"中，"肉食者"集矣！"乡人间焉"！群贤、大家毕至，也是人物一时新！

二、红旗卷西风，必以分、必以信、必以情

2021 年的研讨会离不开"杨家岭的红旗啊高高地飘，革命万里起浪潮"！

首场学术报告是北京大学历史学系黄道炫教授的《中共根据地的成长——从苏维埃到抗战》。他没有用电脑，没有用 PPT，他站在演讲席上侃侃而谈。

"中国共产党在挫折中发展，经历了起起落落。中共的发展、苏维埃革命

的发展、中共根据地的发展,息息相关。"与会者在他沉静如水的叙述中,逐渐看到了中共根据地的成长历程与模样。

建党之初,党员数是 50 多人,但到"五大"时,已经 5 万多人,足见发展之快。1927 年初,党已经是县级基层组织体系与意识形态的建构相辅相成的党,并且拥有一定的军事力量。国共合作的大革命进一步推动了共产党的发展。这是一起。

1927 年 4 月,蒋介石发动政变,7 月,汪精卫"分共",中共发展进入低潮时期。1928 年,中共党员锐减到不及 1 万,军队由两三万减至几千人。这是一落。

中共毅然决然地反击,在城市暴动失败后,毛泽东作为"识时务"的俊杰,转向井冈山,创建第一个农村革命根据地。到 1930 年,全国党员已经超过 12 万人,红军发展到约 7 万人,大小根据地十几块。这是神奇的发展,革命走向复兴,这是二起。当然,这与国民党内部的军阀混战所造成的"裂缝"有关。1932 年底以后,随着鄂豫皖、湘鄂西等苏区的失去,也随着第五次反"围剿"的失败,红军被迫进行战略转移,"活下来"又成为迫在眉睫的问题。这是二落。

遵义会议对"活下来"起了至关重要的作用。毛泽东指挥红军"走弓背",过雪山草地,是面对现实、寻求"活下来"的务实之举。党中央和红军到了陕北后,尤其是 1938 年以后,中国共产党奇迹般地成长起来。这与毛泽东在 1938 年 4 月作出的"山地游击战"转向"平原游击战"的战略布局有关。华北沦陷后,日军急速向黄河南线推进,驻留的日军很少,部署在平汉北段的仅两个师团,保定只有 100 多日军,由于"国军"也溃退了,华北成了"真空"地带。毛泽东抓住契机,迅速出击华北平原。这年 4 月出动 1 万余人,随后部队迅速扩容到成建制的十几万人,在平原地带建立了抗日根据地。尽管日寇在 1939 年回撤,加强"扫荡",但中共拿到了宝贵先机,打下了坚实基础。虽然,1940 年的敌后抗日也进入了困难时期。但中国共产党挺过了 1941 年至 1942 年的最艰苦阶段,体现了顽强的生命力。随后基本是一路凯歌、蒸蒸日上,这是三起。

10:20，他仿佛从20世纪30年代的场景中"拱"了出来，黑白纪录片在与会者眼前放映结束。会场的红色大屏上依然只有报告的主题，没有别的字符，他那"别样红"的党史，以声音刻录的方式，留在了听众的记忆里。他回到当下，几句轻声慢语的感叹，泛出老红木般的隽永光泽：历史就是经验，中共从苏维埃到抗战的历史经验告诉我们，抓住先机、关键决策、挺过困境、审时度势，是重要的，也是困难的，因而是非凡的。就挺过困境而言，中国共产党人对百姓有信、有情、共甘苦，更是值得敬重的经验。

与黄教授讲课风格不同，延安干部培训学院康琪教授以强烈的当下情怀讲述了《党中央在延安13年》。他采用给党政干部作党史教育的讲课模式，沿着第五次反"围剿"、红军长征、到达陕北、从保安迁到延安、敌后抗战、反内战和转战陕北的时间线索，图文并茂地展开宏大叙事，适度穿插延安时期的历史细节，如，延安办了30多所学校，抗日军政大学的办学成绩，边区的"三三制"与"豆选"等。在讲到党中央进驻西柏坡后，延安13年的历史叙事结束。随后，课件呈现出一帧帧的"历史贡献"与"延安精神"的阐释。他用了近一半的讲课时间，与大家分享自己的红色激情与革命义理。在他看来，中国共产党的延安13年，形成了以毛泽东为核心的党中央集体，实现了马克思主义同中国实际相结合的历史性飞跃，在思想上、政治上、组织上成功实施了"党建"工程，中国革命实现了绝境求生的神奇崛起，造就了一大批革命的领导人才，积累了局部执政的经验，铸就了正确的政治方向、实事求是、人民至上、艰苦奋斗的延安精神。

他是延安人，沉浸在"延安13年"的红色记忆里，充满对这块"圣地"的热爱，因而也满怀对当下的期待，他努力基于党史来传递精神，阐释其中蕴含的正能量。这一侧重历史经验所建构的中共党史话语，满溢真诚与真情。

两位教授一上午的报告，再现了"山丹丹开花红满山，红军来了大发展"的历史。这样的历史在中学如何建构与讲述？

17日上午，"纪念中国共产党百年华诞历史教育发展论坛"的参与者试图予以解答。他们认为，要将党史教育置于新时代历史教育的框架下思考，要兼顾基础教育、思想政治教育和学科核心素养培育的多重因素，要追求学术性和政治性的相得益彰，党史也是历史。他们认为，广义的"知识立场"和"融学的课堂"是党史教育有效的必要保障，"人物传"、"场馆考"与"田野志"是党史教育"活"起来的重要向度。由此，"行走的党史课"和"本土变迁看党史"的校本化实践，就值得深入尝试。论坛的众多发言，反映了大家对党史教育如何在中学历史教育中践行"明理·增信·崇德·力行"的关切。徐赐成在下午的汇报讲演中说，关注党史教育的话语建构，也是关注历史教育的话语建构。

司马静心聆听，感觉他们的解答有些支离。他觉得，建构中共百年发展史的话语，要将党史置于人类社会发展进程的历史长河、中华民族自强不息的历史脉络中；要科学地把握历史主线、合理选择重大事件、准确评价历史贡献、系统诠释历史经验，深切体悟共产党人精神，这是建构党史话语的五种方式。他想请教玉佩在身的左先生丘明。

丘明却沉默在自己的君子之唱里：延安，全国向这里汇聚，全国从这里展开；实因中国共产党扩展了、提升了并且做到了鲁庄公的"必以分、必以信、必以情"。

三、伟业立东方，勇气也

16日的中午，太阳明亮暖热，不断怂恿万物圆满它们的生命，火花一般洒落的阳光在草丛里吱吱作响。在万物忙着圆满自己的时辰，建构中共党史话语的课堂教学火热展开。

"延安犹如一座灯塔，指引着千万爱国青年来这里寻找光明。"当视频里的这句话溢出屏幕后，柴改莉老师开讲中共党史视角的抗战史——《抗日战争的胜利》。她给这篇课文加了主标题：中华民族伟大复兴的转折点。

第一子目"全民族坚持抗战"是以"中国共产党——民族大义的坚守者"出场的。借助历史地图与史事年表，她与学生一起追溯1944年前的抗战概况，再以结构知识的方式，引导学生把握该子目的史事，明确"中国共产党是实现中华民族伟大复兴的民族先锋"。

第二子目"中共七大"是以"中国共产党——民族前途的探索者"亮相的。在概述1943年以来国际、国内形势，彰显中共七大召开的背景后，她出示延安清凉山和杨家岭的图片，创设这样的学习情境：包括《解放日报》在内的很多宣传机构都聚集在清凉山，杨家岭的会议和决策都从这里传播出去，可谓"万众瞩目清凉山"。假设你是延安时期《解放日报》的记者，要去杨家岭中共七大会场采访，并写一份新闻简讯；新闻发出后，你又到城里回访，了解老百姓的反应。"演员"迅速行动起来，他们遵循课前写好的剧本，活泼泼地展演，响亮亮地播报，演绎出中共七大指明方向、鼓舞人心的民众反响。她一边让同学们列写中共七大的知识要素，一边以"中共七大为争取抗战的最后胜利准备了条件，为实现中华民族伟大复兴指明了方向"来强化正向的价值判断。

随着柴老师一声"鬼子的末日到来了"，课文最后两个子目整合为"中国共产党——民族复兴的引领者"登台。5分钟的视频概要地展示了从战略反攻到日本投降的胜利进程。接着，她依据经典而通俗的图文材料，引导学生讨论抗战胜利的原因与意义。学生七嘴八舌的意义叙述渐趋平静，她补充道：抗战胜利成了中华民族走向复兴的转折点，中国共产党在抗战环境中孕育了新的民族精神。"中国共产党——民族精神的缔造者"高高矗立，她让学生自主表达"中国共产党缔造的新的民族精神有哪些内容"。她没有理会学生表述中的纷乱杂色，她开启自己预设的程序：齐读习近平所论的抗战精神。诵读声中，她进一步助推昂扬的激情："我们强烈地认识到，中国共产党不仅是团结抗战的中流砥柱，还是什么？"PPT在推送，青春期的嗓音在起伏，对中国共产党四种角色的定义——民族大义的坚守者、民族前途的探索者、民族复兴的引领者、民族精神的缔造者——在孩子们的嘴里爆红。她意犹未尽，引用习近平《在庆祝中国共产党成立一百周年大会上的讲话》，宣誓一般说：在中国共产党的领导下，在中国人民用血肉筑成的钢铁长城里，我们一定能实现中华民族伟大复兴。

场内满溢着师生共情的气流，国歌响起。司马雪生仿佛听见了"枣园的灯光照人心，延河滚滚喊前进"，仿佛看到了猎猎红旗卷西风。

同一时刻，不同场地，红旗飘飘把手招。在延大图书馆10楼的报告厅里，枣红色的课件页面上，《经始大业——未曾辜负的选择》挂在天安门城楼放射的万丈光芒里。

李元亨老师亮开嗓子，独自高歌《没有共产党就没有新中国》。他说：新中国成立了，新中国面对现代化的期待，那什么是现代化呢？

他从师生日常的现代化生活经验入手，转向学术意义的现代化表达。当学生愤悱于"新中国的现代化是什么"时，他出示材料1：来自教科书的"中华人民共和国成立意义"的表述。他解析材料："人民成了国家主人"，人民为何能成为国家主人？怎么就成了国家主人？"根本上改变了中国社会的发展方向"，方向的改变指什么？为何是根本改变？如此这般，本课的学习模式"主题—问题—解释—论证"逐渐显现了。

他遵循这一模式，依据"历史的选择—工业化；人民的选择—民主化；信仰的选择—现代化"的内容进阶，试教《中外历史纲要（上）》第26课。

在"工业化"主题中，他问：为什么必须实现工业化？西方与苏联的工业化道路是什么？中国的工业化道路怎么走？在答问过程中没有常见的图片、史料、数据等事实性知识，而是通过学生做概括性表述来完成问题探究，显示鲜明的抽象与论证的目标指向。在25分钟的聊天式问答中，他的天蓝色衬衫，渐渐出现一条黑线，洇出一片墨，作答的学生鼻梁上也闪着晶莹的汗珠。他出示PPT（见下图）小结第一个主题。他看了一下手表。尽管"民主化"和"现代化"的主题依然宏大，问题串里的小问题依然深刻，例如"构建国家和个人现代性意义系统"和"构建国家与社会发展的理论体系"的内涵与作用，他还是只用15分钟完成了上述"两化"的解读。当学生滑向枝节处，说出"人民有信仰、国家有力量、民族有希望"时，他收手了，似乎新中国成立初期构建三大系统的"经始大业"已基本完成。于是，他出示材料2：费正清的"1949年以来的中国革命，从其牵涉到的人数或从其变革的广度和速度来说，是历史上最大的一次"云云，他以这一高度概括的观点来挽住本节课所涉及的历史。

一、历史的选择：工业化

工业道路中国化

强大的组织动员能力	科学的利益分配格局
➢ 保持国家统一，社会稳定 ➢ 保证独立自主，关系良好 ➢ 保持民主决策，群策群力 ➢ 保障资源统筹，运转高效	➢ 平衡各方利益，关注民生诉求 ➢ 动员各方力量，关心各类群体 ➢ 统筹现在未来，关照生存发展 ➢ 清晰利益边界，关怀理想现实

图 8-3 幻灯片 3

此时，面向问题串的师生"对话"已进行到 50 分钟。他开始小结：我们只是找了一个角度解释历史，还会有更多角度，但不管什么角度，都是找到一个主题、串起一组方法，展开事实的和理论的论证。让我们运用这一学习模式，论证上课之初的问题"什么是社会主义现代化"。在这宏大的论题面前，回答的破碎感，掘进的艰涩性，黑天鹅一般振翅扑腾。学生扑腾 5 分钟后，他微笑着告知：社会主义现代化有 4 层含义，即集中统一领导的工业化、人民当家做主的民主化、追求和平平等的国际化、马克思主义的中国化。学生释然了，老师终于给答案了。李老师在意的是解释与论证的方法运用，是他们层层概括的努力。

坐在最前面的男生受邀独唱《没有共产党就没有新中国》。歌声里，李老师的旁白传来：这首歌的歌词也是小论文的架构，总论点、分论点、概括性论证。他布置了两项开放性作业：据今天所学，重填歌词；你是否认同《经始伟业——未曾辜负的选择》这一课题，说明理由。

司马雪生感到李老师已经论证"入魔"了，他还发现，歌声、课题、"现代化"之问，都在首尾呼应，有着逻辑秩序之美。《经始大业——未曾辜负的选择》的课题立在枣红色的天安门剪纸画上，让司马雪生想起了"宝塔山下留脚印，毛主席登上了天安门"。

他眺望左丘明所在的位置，那里玉佩闪动，浮着云杉柏树的气息，那气息是从黄帝时代飘过来的。若隐若现的左丘明，在柏树的幽香中建构他的稀声大音：1937 年的清明节，中共代表团祭奠华夏始祖，毛泽东撰写《祭黄帝陵文》，有云：聪明睿知，光被遐荒。建此伟业，雄立东方。这何尝不是中共的抱负与功绩的写照？建此伟业，"勇气也！"述此伟业，自当"一鼓作气"！

四、裁汝为三截，公将战、公将鼓、公将驰

17日上午，"乡人间焉"的论坛在不同的场地点燃炉火，又在下午的主持人汇报中散作航灯。

以"新时代历史教育研究选题的创新"为主旨的论坛，不断扩展历史教育研究的选题范围和创新途径，并将学生主体与学生立场视为选题创新的核心领域。他们关注学习创新，关注基于价值立意的学习设计。"为什么是价值立意""为什么是学习设计"的选题，具有返本开新的意义；"中学生做口述史"的实践选题，实证着研究者的学生立场与素养意识。主持人唐琴在下午的论坛成果汇报中，分享了"没有累并快乐着就没有研究成果"的共情。她的结语有些抒情："选题和研究会让我们渐入佳境、欲罢不能，大家用不同的表达形式呈现那些创新选题的灵感吧！"

以"深化教育评价改革的历史教学变革"为主题的论坛，认同"教育评价改革是历史教学变革的动力与途径"，聚焦大单元概念教学、项目化教学、史料教学、活动型教学等教学变革，反映了他们对变革风潮的追随。虽然评价改革的经验取向遭受发言者理念热情的冲荡，但人文关怀之光无法掩藏：不能止步于数据的静态与孤立，要有整体的发展性评价。主持人楼建军在下午的成果汇报中，没有掩饰自己的"受教良多"，他补充道：此次来延安参会，具有"朝圣"般的意义。

以"基于新课标新教材的课堂教学智慧"为旨趣的论坛，解决课堂教学真问题的实践智慧不断闪耀。如，高中新教材"来不及、讲不完"的解决之道，初中生"时空认知浅表化"的求解门道，课堂教学中"图片史料泛化与含糊"的辨析，等等。重点发言与自由发言交替进行，发言者有备而来与主持人即兴点评同步跟进，成为本论坛的一个特色。李惠军点评时的循循之诱

或谆谆之教，尽显其走遍五湖四海的沧桑，论坛因此而气氛热烈，因此而延宕逶迤。范蕴含在下午的汇报演讲率真而利落：作为李老师的主持小搭档，见证了本论坛在众筹中迸发的课堂大智慧！

上午的论坛是口语的暴雨，思想的表达噼里啪啦，教学的果实也雨烟四起。

午饭后，湿热的气流集结成雨水的倾情演唱。下午，赵亚夫的学术报告《事实的边界与处理——中学历史教学的"视界"》是在真实的雨声伴奏下拔节生长的。

他在解释了"事"与"视"的联系与区分后，申明了历史教学必须知晓的大前提是政治性、教育性与历史性，强调认知事实是第一要务，一切都得从认知事实出发。接着，他宏观地展现历史学习的时间、空间与知识3个维度，逐一展示和解释时间、空间和知识这3个视界中的事实。他说：历史事实意味着，不仅知道"它是"，还必须探寻"它为什么是"；历史事实也意味着，任何单一的因果关系都不能构成历史解释，应该排斥想当然的推断。最后，他给出了纲要性的结论：事实的边界来自教科书给定的知识以及教师的视野和能力；对事实的处理有3项要求：将粗放的、碎片化知识处理成整体且系统的知识；多角度、多方面分析问题或史料；克制过度解读史事的教学行为。他用平静而又十分恳切的语气重申：学生是在时间、空间与知识这3个维度获得学习成就，形成历史理解，拥有人类经验。他们所感受（被接受）的历史，其实是解释——因为影响学生的往往不是事实，而是对事实的解释。

他走出思辨的太空，意味深长地说：我们与事实之间的距离，即是我们的理解力与事实之间的距离，因此，开放我们自己的理解力，即是有意识地缩短与事实之间的距离。

先生阐述的事实，主要还是历史事实，但偶尔提及了"教学事实"。当他起身离席、身影远去后，留给大家的教学事实及其处理的视界渐次打开了，这时雨点变小，云层开眼，白色的光一幅一幅地从天空降落。

会议进入"历史教育新思考"的嘉宾演讲阶段。李惠军的"历史本体思考",缘于初中课全民族团结抗战的话题。他手持麦克风,像歌手那样摇曳生姿。嗓音的撕裂与"呃""呃"的内卷不时外溢,有关团结抗战的"历史本体"奔腾如铁流。邓晓鹏讲述了西南大学附中建设历史课程基地的故事,展现了"基地建设"走向校际联系的宏大场面,这是历史教育的行动画面,教学事实的有机组成。张汉林以《面向未来的历史教育》为题,以学者的温情,延续赵老师的思绪,指向事实的真相与后真相,追问"何谓真实""求真,历史教育之能事毕乎"。在他沉静而又倔强的韧性叙事中,面向未来的历史教育平铺开来:理解事实,批判思维,多样解释,整体拿捏……

左丘明所在的位置,有木铎之音从云杉柏树的气息里传出。这声音盘坐在《春秋》之上:从"整体理解事实"的历史教育思路出发,追溯 4 个论坛、3 场学术报告、两节示范课展评,历史教育的场域是,"倚天抽宝剑,把汝裁为三截",一截遗历史事实,一截赠思想事实,一截还教学事实,三截同为"莽昆仑",赢得"同此凉热"。公将战,看清历史事实,可矣!公将鼓,积聚思想事实,可矣!公将驰,铺展教学事实,可矣!

司马雪生虽没听到左先生那里的木铎之声,却在"整体理解事实"的畅想中,对自己唱出了"社会主义路上大踏步走,光荣的延河还要在前头!"

五、俱往看今朝,下视其辙、登轼而望

17 日 18 点左右,任鹏杰综合各方面的反馈信息,对研讨会作了"视辙—登轼"式的整体回顾,盘点了会议显露的知识与德性、明理与立人的思想光芒与践行事实。这让司马想起了"德性即力量,这种道德力量,作为勇气……也被称为真正的智慧,也即实践的智慧"。

历史教育中实践的智慧是要面对教学事实的。司马翻开研讨会上显影的那一页页事实。

事实之一,示范课的整体面相。两节课都显著地表现出主题先行、价值判断引领历史事实的教学思路。学生普遍认可本课的价值主题,初中的"中

华民族伟大复兴",高中的"新中国构建现代化意义系统的经始大业",都是高位上的历史阐释。这两节课也一改以往常见的材料"轰炸",初中的文字史料短小精悍,是绝大多数老师在证明东方主战场时都会使用的,高中仅用两则观点性材料,且都聚焦新中国成立的意义,服务于主题论证的课堂类型。初中生感兴趣于课本剧的表演和延安本土资源的运用,他们基本能把握本课的重要史事和结论,映射了柴老师对知识体系的关注。高中生赞扬和认同主题论证的套路,反复念叨他们"学到了方法"。两位老师的个人素质,其情态、表达以及与学生互动的课堂调度能力,都受到了专家的普遍赞誉。初中课是一节有意义的、师生精神昂扬与意气风发的课,但历史味有些寡淡、思想的成人化过强。高中课是一节立意高远、注重论证方法、强调概括与思辨的课,但课文是有还是无、教材是新还是旧,都与课堂教学无甚关联。

事实之二,高中评课的现场片羽。当学生深切感受"学到了方法"时,主持人问他们学到了哪些方法,他们回答"国际、国内,政治、经济"等,再追问"这是思路还是具体的方法"?几个学生重复着"概括论证、迁移运用"。主持人询问"能否想象或期待与李老师不同的上课套路",他们支支吾吾;主持人要求"说出你在本课所学的事实性知识、概念性知识和这篇课文的子目结构",连续8个学生说的都是一些历史认识或历史结论,个别学生说到了社会主义现代化和人民公社化,他们甚至只说出了课文名称"中华人民共和国成立和向社会主义过渡"的后半句。主持人戚戚然。评课专家看出了"大概念教学""核心素养""全国卷论证题模式"等,也看到了"学生抽象概括力不足、思维跟不上趟、大脑皮层刺激单一"等状况。到了自由发言阶段,高考教学模式能否牵引新教材的试教?学生所能可否平抑教师所愿?以学生为受众的党史话语如何有历史味地建构?这些问题成为炸开油锅的冰水。约9个省市14位"乡人"的发言,持续了近70分钟,那些像爆米花一般膨胀着、喷香着的发言,刺激与会者询问、辩护、重启话锋的热情。李老师以实践者的身份参与应答,答问之间,有更多的新教材实践者加入进来。大家获知良多,却是"仁者见仁智者见智"的满天飞的鸡毛,它们关乎教学事实而非历史事实,没有刚性标准的实证与规约可言,于是发言者"信"抑或"不信",大概都付诸"子非鱼""子非我"的"自得"之中了。

事实之三,汇报演讲的现场声音。那高师院校的教学论教授踢开门户之见,实诚而又决绝地表示:当前,老师们的教学外功修炼有余,学科素养的内功严重不足,应该多从历史学的本体出发说些行话,少些教育学、教学法术语。那中学一线老师则"刻意"追加一个实例:一道考查历史"点—线—面"的中考真题,4位命题教师(包括两位特级)的预估难度是0.65,但实测难度是0.24,测试学了一年《中外历史纲要》的高中生,难度显示是0.58。他说:"苏南的历史教学水平在全国怎么也该处于中游水平吧?何以教师所愿与学生所能有这么大的差距?这是考试结果,又何尝不是一种教学事实?大家回忆一下,一个'教无定法',老师们就各自欢喜散去,日复一日地'三尺讲台我做主',这不是我们常见的教学事实吗?"

当然,还有事实之四,如各论坛有所展播的实践之果,有事实之五,如初中教学现场听课者们的嘈嘈切切……

教学的事实有多少?教学的事实能否被谱系化的教学认知所规约?水一般随物赋形的教学认知能否走上"求是"之路?

面对教学事实,司马像"密涅瓦的猫头鹰"那样起飞,追溯在事实中"求是"的思想脉络。汉朝时,河间献王刘德"修学好古,实事求是";到唐朝,"实事求是"从辨别文本材料的真实性上升到了追寻文本思想的真实性;明末清初,"实事求是"提升到了以实际成效来检验思想认识的高度,突出了思想认识来源是否"实"和思想认识自身是否"实"的"双实"。1941年,毛泽东的《改造我们的学习》将"实事求是"的治学态度、精神追求和思想方法升华为中国共产党的思想路线。简单地讲,"实事"在前,"是"在后,在事实中引出固有的而不是臆造的理性认识。那么,中学历史教育工作者,包括搞课标、教材的专家,他们真正面对教学事实了吗?他们让"实事"在前,"是"在后了吗?教学事实的复杂与浩瀚不逊色于历史事实,但这琐碎的"熟悉"的陌生,有几个掌握主流话语权的人士在经略?

成都会议的报道结语是:只有在实事中,在记忆过往的实事中,求"eimi"才有价值。宜昌会议的报道结语是:只有在"熵"的度量中让"事实"到来，历史教育的"新时代"才显现。吴江会议的报道呼唤老师思考自己的"所出之地"，延安会议大可进阶到"教学事实能否与教学知识彼此规约并由此而'求是'"。令人不安的是，在言、知、思、行的纠缠中，很多经略历史或思想事实的人穿梭于谋稻粮的话语场，却反讽着自己对教学事实的静默。

司马雪生意识到自己的溯源，触及了常被遮蔽、今又被汇报演讲者揭开的一个存在——从"教学事实"出发，让"求是"的德性力量去"力行"。

散会之际，合影留念的闪光灯照见了一个身影，一尊青铜铸像的身影，站起来又弯下腰，低头刻字的样子。很快，这影子魂魄一般从左丘明所处的位置滑向春秋晚期。

那刻下的字是：设若历史事实、思想事实和教学事实俱各得其所，犹尚"下视其辙，登轼而望"的现场判读。未来某一年，"既克"以后"公问故"，乃以此相复。

六、长缨可在手？对曰……

司马未能见到左丘明，那身影在滑翔的过程中，满载两千多年的时间，散发松柏的幽香，厚积竹简的古雅，充满警觉的反思气息，他顿时觉得落荒于黄土峁峁的沟沟里了。他抖擞一下，决定去找延大校园内的路遥墓。

他意外地遇见了我，我俩遂开辟平凡世界的话语场。

总觉得《左传》示我以历史教学的宝典，但我只读过《曹刿论战》。

你只要解构它，就可发现：时空、史事、人物、言行、因果、人文精神与历史观，都寓于线索清晰、详略得当、不露声色的连贯叙事中。

从"公将战""乡人间"到"公问故""曹刿对"，也是本次研讨会的叙事逻辑呀！

是的！假如左丘明在那个时代教课，别人在那个时代评课，一定彼此遵循5方面"历史教育核心素养"：辨识和呈现不同的材料；舆人之诵，城者、筑者之讴也有闻；面向受众的有效编次和花样布局；以文叙事，记言写人，寓论断于叙事；"国将兴，听于民""有德不可敌"的历史观寓于叙事中或在叙事结束后冠以"君子曰"。

俱往矣，俱往矣！现在多的是翻炒陈芝麻、创设利益场的巧言者。

义理阐释的"烟花"摧折着沉默的多数，但他们却身在教学事实而疏于认知教学事实！

……

明天咱们去宝塔山转转？说不定能听到地道的"山丹丹花开红艳艳"。

你认识山丹丹吗？它又名红百合，"色赤，蕊若胭脂"，"山陬水湄，最蕃艳"。

那延安会议的与会者，该是浸染红色基因的山陬水湄的山丹丹了！

我走出延大东门。延河对面，山色精力旺盛，雨后的风从宝塔山那边飘来，从杨家岭礼堂的顶上滑下，掠过一道道山来一杆杆旗，摩挲正在结实的果子，吹拂坡谷河滨的山丹丹，这鲜亮饱满的世界！可是，那对教学事实进行知识规范的"规约"世界是不是"薄命书生鸡肋尔"？对那一世界的判断能不能"夫实事在前，吾所谓是者，人不能强辞而非之"？

【附记】专家报告的记录是依据现场笔记与录音所作的整理，部分史事进行了核实。课堂教学的记述参阅了课堂录像。文中的"烟花"是2021年夏的著名台风。

（本文原刊于《中学历史教学参考》2021年第9期）

情境与对话、多样与开放

——新课程历史课堂的新特征

———◎———

新课程背景下的历史教学，在目标设定、内容呈现和教学行为等方面出现了一系列新变化，这些新变化集中表现为用史料说话，与现实应答，让学生解读，使学生多动，彰显历史及其学习的过程与方法，使得历史教学呈现出情境与对话、多样与开放的新特征。

一、目标设定：从单一、封闭走向多维、开放

以往的历史教学目标基本局限于知识的陈述，附带所谓的概括、比较和归纳能力，这样的概括、比较和归纳实际上还是教材知识重组后的记忆。教材提供的知识及知识的记忆，几乎是课堂教学孜孜以求的唯一目标。教师总是习惯于史事要素的罗列，也总是习惯于历史事件的原因与结果的要点归纳，这些结论性的要点既是教材的告诉，也是教师的转告，其单一和封闭不言而喻。

历史新课程教学是"用教材教"而不是"教教材"，逐渐淡化了知识本位与能力本位之争。这就促成了课堂教学转向基于过程与方法、映带史实与能力、内蕴情感态度与价值观的三维目标。课堂教学的流程聚焦于过程与方法（包括历史本身的过程与方法、历史学习的过程与方法），在解读历史和

理解历史的对话过程中组织教学，历史学科的人文特性和思辨色彩凸显出来，体现出历史理解与解释的多维性与开放性的特征。

二、内容呈现：从教材的复制转向史料情境的创设

受制于知识本位的目标定位，以往的教学内容呈现，往往就是沿着教材的顺序，原因、过程、结果和意义的逐一交代，甲乙丙丁、一二三四地罗列，并不顾及这些结论何以成立、历史材料如何支撑等问题。在教师先入为主的认定中，学生的历史学习也就是记住，再记牢，至于为什么是这几点，还有哪几点，教师不去探究，学生也不会探究。

新课程背景下的历史教学改变了传统的排布网状知识的呈现格式，强调了"获取—发现"的呈现方式，也就是创设历史情境，在置身于历史情境之后，获取材料信息进而再发现和概述历史知识，并且是通过分步发现，最后合成知识结构网。课堂上创设的历史情境包括文物图片、影像资料、文字史料、统计图表、历史漫画、海报广告等，不一而足。包括史实、概念和结论在内的知识网络因生动且多样的历史情境的"遮蔽"而幽远起来，历史学习成了进入情境以后的"探幽去蔽"和"脱脂还原"的过程。如此呈现教学内容，遵循了历史认知的由感性到理性、由现象到诠释再到本质概述的历史逻辑和教学章法，史论结合的学科特征非常明显。这种建基于史料解读来"发现"和认识历史的呈现思路，是新课程中学历史教学最突出的表现，它必将成为新传统。

三、学习行为：由单调、沉闷朝向多样、活跃

以往的学生学习，过多地受制于史实的记忆与结论的明晰，学习行为基本局限于听讲、记录和勾画，作为记忆容器的学生，课堂感受是单调而沉闷

的。当教学目标趋向于多维和开放时,当教学过程是基于史料情境的文本解读时,学生的学习行为就多样起来,就活跃开来,历史奉献给读史者的精神和智慧便渐次地累积起来。

首先是体验和感悟的高频率出现。这种体验和感悟的学习行为,被转译过来的"神入历史"所命名[①]。神入历史意味着"交游"人物,即"古今相通,神交古人",站在历史人物的立场上去理解历史。神入历史还意味着"进入"事件,即"顺古识势,解释事物",站在历史发展的"真实"情境中去理解历史事件的发展趋向和变化规律。角色扮演、对话想象、人物访谈、重走历史古道等学习行为成了神入历史的经典载体。"假如我生活在某一历史时期,我能够看到……""假如某人经历了某一历史事件,某人会写出……"等学习指令,铺展了新课程背景下方兴未艾的讨论、讲述、制作和写作等历史学习路径,这样的路径是开放的射线而不是封闭的端线。

其次是探究和发现在课堂上时时跃动。因为课程内容的史料性,因为史料解读的人文性,因为人文解读的主观性和现实经验的前摄抑制性,学生对历史的探究和发现变得多元而有趣、丰富而开放。教师会提供尽可能多的,甚至是互相矛盾的史料与史论,去引导学生对历史问题进行多角度的思考和讨论。这样的学习行为被冠名为历史的"探究性学习",或者是基于教师提供的材料和设定的问题来展开探究,或者是基于所征集和归纳的学生的问题来展开探究。这种基于材料的问题探究又势必推动学生的自主与合作,问题推演、课堂辩论、成果展示是这类学习行为的常见模式。一旦探究性学习有效展开,学生的思维就能激活,历史认识的生成就有了可能,历史的精神价值就能得以揭示和提升。

多样的主体化的学习行为在改变学习方式,并创造了课堂教学的新生活。

历史是以叙事的方式展开的,而不是以历史知识的方式加以结构的,历史知识是在历史叙事里被发现和被概括的。新课程背景下的课堂教学,以材

[①] 20世纪六七十年代,英国"新历史"课程改革推出了"神入"的概念,80年代成为一项学习要求。

料情境来构建历史教学的内容,"还原"了叙事的历史,再基于叙事的历史,组织起以"获取和解读——描述和阐释——论证和探讨"为逻辑特征、以"体验——感悟——发现(启迪)"为心理特征的样式众多的教学活动;过程与方法被凸显出来,解读历史材料的对话性被张扬开来。这样的历史教学,是故事与思考同在的教学,是知识与方法共生的建构,是理性与情感交融的学习,是逻辑与历史相一致的情境运用和点化。也只有在这样的教学中,历史才是智慧之学,才是性命之学。

上述历史课堂的新变化,正在使历史教师面对史学功底与教学组织变革力的巨大挑战。在应对这一挑战中,历史课堂特别是公开课或比赛课性质的历史课堂,正在发出偏离中学课标的内容规定而滑向缩微版高校历史教学的信号,这也是一种新变化。与这种新变化相应,还可能是:因为基于材料的解读,而材料是碎片和局部的存在,所以历史教学与测评会是碎片的和局部的深度,将不再有知识的系统联结,将不再有面上的整体勾连。这一新变化会有怎样的未来?

(本文原刊于《江苏教育研究》2009年第6期)

我们怎样面对公开课

———◎———

历史课以公开课的形式向外展示，既彰显历史学科的地位，又表达上课教师的教学理念与教学水平，从而展示教师自己的形象，进而也能向教育市场推出自己。这本无可非议，但值得讨论的是，公开课如何准备和如何评价。

由于公开课既涉及个人形象，又关系学校声誉，准备公开课时，学校往往既有行政上的统一意志，又组织一批教师共同策划，再借班上课，进行演练，如此，这堂课一旦展示，便可获得一片喝彩。殊不知，这里有不真实的一面。这不是教师个性化的日常教学状态的体现，也不是学生当时水平的真实反映。而且，教学过程的周密设计不仅不能体现教师的教学机智，还会妨碍学生的即兴发挥。一旦上完公开课，教师又可能返回原始状态，教学理念可能依然陈旧，教学过程可能依然随意松散。由于公开课是集体智慧的结晶，是耗时多日的精品，离实际状况较远，所以，听课的老师一番赞誉之后，回到自己的工作岗位，也不会真正学习多少新东西。因为他在日常的课堂教学中，没有时间，也没有精力来琢磨这样的一堂课，尤其是学科地位不高的历史课。如此说来，精心准备的公开课只是一种门面，效益不大，领导也需要这种门面，公开课的泡沫状态和粉饰之风就难以避免。

听课的老师在评课时，既要考虑人家认真准备实属不易，又要考虑对方领导在场，况且，还得吃人家的饭，于是评课就会有以下两种倾向：一是多说好话，稍提希望，客套多多，皆大欢喜。即使提意见，也是稍点瑕疵，隔靴搔痒。二是每个人自说自话，既不能从上课者的立意出发来进行同一层面的对话，又不能有针对性地寻找相同的话语系统来进行对话，虽然每个人发表了自己的精辟见解，但只是他个人的，与上课者，也与其他听课评课者处于不同的层面和不同的生活圈，鲜有观念上的冲突与辩论的交集，评课者之间也你说你有理，我说我有理，皆大欢喜。于是在评课现场，一番众说纷纭，留下一大堆宝贵意见与建议。大家在"获益匪浅"的背后反倒获益甚少，回去之后，还是沿着自己熟悉的教学路子教下去，听课与不听课差别不大。也不会因为他听了一两堂公开课，他自己的课就有多少改变。这番景象，过去有，现在有，将来也会有。课堂教学作为一种经验的存在，会有循环往复的特点，这就需要螺旋式上升。公开课场域里的听评课应该是螺旋式上升的重要契机。

结合上述事实性存在，我们必须向公开课的某种不真实性和评课时的客套与自说自话，说一声"不"！我们主张开出真实的个性化的反映教师与学生教与学的状况的公开课，看到师生所表现的实际状况，理解一堂课所花费的时间成本。我们主张在评课时寻找相同的对话主题，展开真实的讨论，解决一两个问题，找到一两点具有创新意义和可供大家操作的教学建议。像解剖麻雀一样，针对公开课的案例进行研讨，可以先就课论课，而后再自发阐发，这样才能既帮助上课的教师和开课的那所学校，又帮助听课者自己取长补短，并在沙龙式的学术气氛中推动大家共同进步。这样一来，授课者和评课者如何在一个彼此认同和遵循的标准上对话，就是关键。授课者能够在内心深处自觉到本节公开课中哪些是自己的，哪些是同人的，就是洗课和洗自己的门道。

（本文原刊于《中学历史教学参考》2001年第8期）

余力学文（代后记）

"史者儒之一端，文者儒之余事"，中学历史教师是可以业余属文的。所属之文可否汇编出版？这一念想生成于 2016 年。那年深秋，《江苏教育》宣传"镇江市束鹏芳名师工作室"，对工作室的跨学科课程建设和历史教育主张进行介绍，概述了历史教育的愿景：以"历史教育是历史的叙事建构与教育的价值省察相融合的知性彰显"为信念，以历史的阅读与理解为底色，以课堂的温度与深度为主轴，在"叙事—分析—知性"的路径上含英咀华，既讲活泼的史事建构，又重严谨的学理分析，于平素的修习与涵养中助学生拔节成长，用精细、笃实的匠心服务学生的成长。这是来自实践的愿景概括。既是实践，就有"已然"；既是愿景，就得"应然"。那何不搜罗旧作，并持续诠释，以便聚沙成塔呢？不过，这只是王子猷忽忆戴安道的那种"乘兴而行，兴尽而返"，况且中学教育界那么多书、那么多文章，又有几多真正的实践成效与传播效应？这一念想随后淡去。

此后，偶遇"廊桥"，遂重拾"遗梦"。

2017 年的《江苏教育》"苏派名师"专栏和 2020 年的《江苏教育》"名师谈教学设计"专刊，又先后邀约供稿，按照"教学主张—经典课例—专家点评"的布局撰写相关篇章。2019 年，我有幸作为《中教参》阵营的代表，入选陕西师范大学出版总社的年度优秀作者，并在贾平凹、王之今等大咖之后发表获奖感言，阐述我对历史教育的理解。这样的媒体连廊，让我回望"已然"的通道，也让我朝向"应然"的前路，还催生些许的飘然，将业已发表的文章汇编成册，以致敬自己教龄 40、光荣退休的时刻，似也理所当然。

历史教育：主体在"知""识"之间叙事

其实，《江苏教育》和《中教参》的青睐，源自刘克明和任鹏杰两位仁兄在业界的力荐。我与他俩亦师亦友，在历史教育观与为人处世上也深受他俩影响。2020年去西安讲课时，鹏杰兄和我谈起他编选自己的历史教育文集一事，《历史·教育·人生》甫一出版就送我"雅正"。克明兄著述等身，历史考订与实地考察相融的"寻踪""探古"系列，用功极深，独领风骚。疫情之下，绢本设色装帧的《山陵稽古》又快递过来，我钦羡弥至。"临渊羡鱼"促我"退而结网"，汇编旧作的念想走向坚定。去年，在省高中历史评优课活动中，我与南师大刘军兄说起文章汇编之事，他给了我一些编次建议，并帮我联系东方出版社。几个月后，东方出版社的李小娜老师就与我沟通编辑出版事宜。这一"贵人"立交桥，让我的念想成了可以触摸的3D。

去年起，搜罗旧作。但2004年前的文章，多有散失，能找到的也是期刊上的纸质文字。有意思的是，年轻时颇为在意的散文作品，虽在本地的报纸副刊与文学期刊上发表过，也被全国性的《语文报》转载过，却都找不到片言只字了。业余爱好是不抵职场刚需的，在职场，生活行程与功名利禄可以有机结合，正所谓"行有余力，则以学文"，也正说明人有烟火俗气。那些深烙教育职场印痕的纸质文章，则烦请夫人敲打键盘，让文字在电脑屏幕上日日蠕动。

终于，经年累月积攒的那些"雕虫""小道"，聚拢起来，并在东方出版社的大力支持下规模化列阵。读者若能从中察觉师生双主体在"知""识"之间叙事的"自性"，则那出书念想里的"匠心""良知"就被读者诸君"发明"矣；业界诸公的照应，夫人的键盘之力，也有"知"与"识"的澄明回报了。

话说回来，教师之为"泛爱众，而亲仁"的儒者，所以能余力学文，概由"自性本自清净""自性本自具足""自性本无动摇""自性能生万法"所致。

束鹏芳

2023年6月于江苏省大港中学